当代俄罗斯语言学理论译库
北京市科技创新平台项目
俄罗斯叶利钦基金会资助项目
总主编 刘利民　　主编 杜桂枝

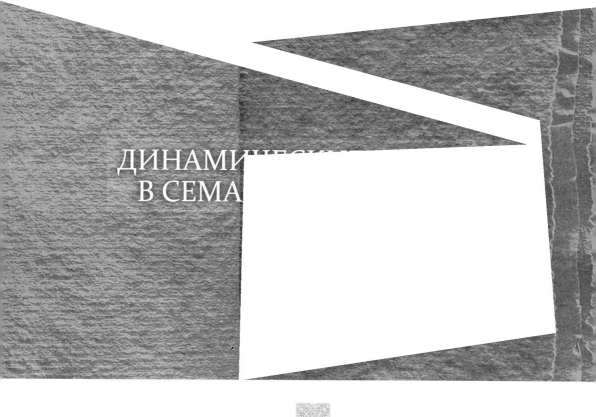

词汇语义的动态模式

〔俄〕E.B.帕杜切娃 著
蔡晖 译

著作权合同登记 图字:01-2011-1990
图书在版编目(CIP)数据

词汇语义的动态模式/(俄罗斯)E. B. 帕杜切娃著;蔡晖译.
—北京:北京大学出版社,2011.4
(当代俄罗斯语言学理论译库)
ISBN 978-7-301-18793-7

Ⅰ.词… Ⅱ.①帕…②蔡 Ⅲ.①俄语—词汇—语义学 Ⅳ.H353

中国版本图书馆 CIP 数据核字(2011)第 067768 号

Е. В. ПАДУЧЕВА
ДИНАМИЧЕСКИЕ МОДЕЛИ В СЕМАНТИКЕ ЛЕКСИКИ
© Е. В. Падучева,2004

书　　　名:	词汇语义的动态模式
著作责任者:	〔俄〕E. B. 帕杜切娃 著 蔡晖 译
组稿编辑:	张　冰
责任编辑:	李　哲
标准书号:	ISBN 978-7-301-18793-7/H·2813
出版发行:	北京大学出版社
地　　　址:	北京市海淀区成府路 205 号　100871
网　　　址:	http://www.pup.cn
电子邮箱:	zbing@pup.pku.edu.cn
电　　　话:	邮购部 62752015　发行部 62750672　编辑部 62759634　出版部 62754962
印　刷　者:	北京鑫海金澳胶印有限公司
经　销　者:	新华书店
	730 毫米×980 毫米　16 开本　35 印张　650 千字
	2011 年 4 月第 1 版　2011 年 4 月第 1 次印刷
定　　　价:	72.00 元

未经许可,不得以任何方式复制或抄袭本书之部分或全部内容。
版权所有,侵权必究　举报电话:010—62752024
　　　　　　　　　　电子邮箱: fd@pup.pku.edu.cn

总　序

俄语语言学理论研究在世界语言学中一直都占有重要的位置。从18世纪的罗蒙诺索夫到20世纪的维诺格拉多夫，从历史悠久的喀山学派到著名的莫斯科语义学派，俄罗斯产生和培养了一批批颇有影响的语言学家。他们一代代传承着语言学研究的优良传统，以敏锐和细腻的语言感悟，用完全不同于西方的研究方法，在斯拉夫语言的沃土上开垦和耕耘，建立起许多独特的语言学理论，收获着令世人瞩目的成就。

将俄罗斯语言学的发展变化置于世界语言学的大视野中做个粗略比照，便不难发现，在世界语言学发展的每一个历史转折时期，每当有新的思潮和范式涌现，俄罗斯语言学界都会同期出现伟大的语言学家和语言学理论，譬如，与索绪尔站在同一时代语言学制高点上的博杜恩·库尔特内；可与乔姆斯基"转换生成模式"并肩的梅里丘克的"意义⇔文本"语言学模式；20世纪80至90年代，当西方语言学界在为乔治·莱考夫的以解释学为中心的认知语言学新范式欢呼雀跃时，解释学方法早在1974年出版的俄罗斯语言学家阿普列相的《词汇语义学》中便得到了详细的论述和应用，这一方法在俄国的许多语言学家，譬如博古斯拉夫斯基、什梅廖夫、沙图诺夫斯基等的语义学研究中都已广泛应用与发展；进入21世纪，帕杜切娃进行的"词汇语义动态模式"研究震撼和颠覆了传统语义学理念，她进而提出的"动态语义学"理论更是让人耳目一新。由此，可以不夸张地说，俄语语言学理论研究一直是与世界语言学的发展律动保持着同一节拍的，在个别时期或个别领域有时候甚至是领先一步。当代许多著名的俄罗斯语言学家的思想都具有国际领先水平和前沿性，俄语语言学理论是当今人文社会科学中极具价值且尚待努力开掘的一方富矿。

然而，由于种种原因，我国语言学界对俄罗斯语言学研究的发展历史和目前的理论水准缺少应有的关注，对俄罗斯语言学取得的成就了解得较少，致使俄罗斯语言学领域中的许多重要理论和先进思想没有得到应有的传播。中国语言学界并没有真正地全面了解和学习到俄罗斯语言学理论研究的精华，未能在实质上分享到俄语语言学先进理论的成果。

中国当代俄语语言学理论研究真正兴起于20世纪80年代,发展在改革开放和中苏关系正常化之后。虽然目前呈现出蓬勃发展的良好势头,但与我国的西方语言学研究相比,俄语语言理论研究尚缺乏系统性、本源性和宏观整体性,许多语言学理论的引介或者通过第三种语言翻译过来,或通过二次评介传入,致使俄罗斯语言学理论研究显得支离破碎,或者说只见树木不见森林。究其根源,就是在我国的俄语语言学理论研究中缺乏系统、宏观的本源性、整合性研究,而理论研究的缺失与偏误必然会影响和阻滞整个学科的进步和可持续性发展。

如此局面的形成,作为俄语工作者的我们深切感受到的不仅仅是愧疚,同时还有一份不可推卸的责任。要全面了解俄罗斯语言学理论的发展和现状,把握其精髓,必须对俄罗斯语言学理论宝藏做本源性的开掘,必须对语言学理论的精品做系统的直接译介和潜心研究,让人类文化的这一块宝贵财富不仅能够哺育圣·西里尔的后人,也为中国的语言学者所共享,也为丰富中华语言和文化发挥作用。

基于这样的理念和目标,杜桂枝教授主持申报了北京市科技创新平台项目,精选了九位当代俄罗斯语言学著名学者的理论代表作,邀集了国内俄语界相关领域理论研究造诣较深的学者,担纲翻译及研究工作。毋庸置疑,这是一项颇具挑战性的巨大工程。

我们说,这项工程是一个创新性的大胆尝试,因为这是一项史无前例的工作:自中国开办俄语教育300余年以来,虽然有过个别的俄语语言学理论著作的翻译引介,但如此大规模地、系统地、有组织地进行翻译和研究,在我国的俄语教育史上尚属首次。

我们说,这项工程是一种可贵的无私奉献,因为在当今的学术氛围下,在当今的评价体系中,每个人都清楚,学术著作的翻译几乎不具学术"价值",甚至是一些人回避不及的"辛苦"。然而,我们邀请到的每一位学者都欣然地接受了这份几近无酬又"不增分"的"低性价比"的"纠结和折磨":缘于一份浓郁的俄语情结,期待的是自身理论的升华和自我价值的超越,为的是先进的前沿性俄语语言学理论的传播。

我们说,这项工程是一份默默耕耘的艰辛劳作,因为这九位俄罗斯语言学家都是各自研究领域的顶级学者,这些代表作中的每一部几乎都是作者倾其一生的研究成果之集成。没有对该学者的深入了解,没有对其多年研究脉络和方法的把握，没有对其理论、概念和相关术语的理解和领悟，要想完成这一翻译任务是根本无望的，译者在其间的艰辛可想而知，其中的付出不言而喻。

我们说，这项工程是一个庞大而艰巨的综合项目，因为这一工程涉及语言学的各个领域：句法学、语义学、语用学、词汇学、语言哲学、语言的逻辑分析、逻辑语义、功能语言学、社会语言学、心理语言学等等。面对语言学理论林林总总的学科，站在语言学前沿理论的高端上，体验着俄罗斯语言学家的思维脉动，感受着学者们思想的敏锐和理论的深邃，这无疑是对语言学大千世界的一次鸟瞰，此时此刻无人敢言内行。因此，在制定翻译计划和领受翻译任务时，我们有约在先：每一位翻译者应对所翻译著作全文负责，力争使自己成为各自领域中的专家、内行。

简言之，这是一项有责任、有分量、有难度的大工程。有人说，翻译是一门艺术。其实，学术著作的翻译更是一门特殊的艺术。在走进艺术殿堂的行程中，要经历崎岖与荆棘，需要努力跋涉，要不断地克服困难，不停顿地向着目标艰难攀登，才有可能摘取艺术的皇冠。也曾有人形象地比喻：翻译是"带着镣铐起舞"。如果说一般语言翻译的镣铐尚是"舞者"可以承受之重的话，那么，学术理论著作翻译的镣铐对译者的考验、束缚更让"舞者"举步维艰，即便使出浑身解数，也未必能展示出优美的舞姿。所幸，中国的俄语界有这样一批知难而进的学者，他们不畏惧这副沉重的镣铐，心甘情愿地披挂在身，欣然前行。当我们亲历了艰难起舞的全过程，当一本本沉甸甸的译稿摆上案头，我们会释然地说，无论舞姿是否优美，我们尽心，也尽力了。

当我们即将把这样一套理论译著奉献给读者时，心中仍存一份忐忑：毕竟这是俄罗斯著名语言学家的理论代表作，毕竟民族间语言与文化差异的存在、某些术语的无法完全等译，会给译文留下些许的遗憾，难免会有不够精准的理解、表述和疏漏之处。在此，真诚地欢迎语言界同仁和广大读者提出意见，同时也真诚地希望给"带着镣铐的舞者"们多些宽容和鼓励。

再谈一些技术性问题。

1. 我们所选的九位俄罗斯语言学家代表着语言学不同的方向和领域，各自都有独特的研究视角，独特的研究方法和独特的语言表述风格。因此，我们不力求每部作品在形式、风格乃至术语上都一致，而是给予译者相对的独立性，以此保证每一部译著的完整性、统一性和独特性。我们希望读者在不同的译著中，除了能读出原作者的风范外，还能品读到译者的风格。

2. 对于国外学者译名的处理问题,我们采用了如下原则:①对在我国语言学界早已耳熟能详的世界著名学者,沿用现有的译名,如索绪尔、乔姆斯基等;②对西方的语言学家、哲学家等,采用国内学界已有的译名,尽量接轨;③对俄罗斯及斯拉夫语系的学者,我们按照国内通行的译名手册的标准翻译,同时兼顾已有的习惯译法。

3. 关于术语在上下文、前后章节中的使用问题,我们的基本原则是:在准确把握原文意图的前提下尽量一致,前后统一,减少歧义;同时又要考虑作者在不同时期、不同语境下的使用情况做灵活处理,术语的译文以保证意义准确为宗旨,以准确诠释学术理论思想为前提,随文本意义变化而变,因语境不同而异。

4. 为保持原著的面貌和风格,在形式上遵循和沿用原著各自的行文体例,没有强求形式上的统一,因此,即便是在同一本译作中,也会有前后不一致的情况。

5. 鉴于篇幅问题,个别著作的中译版分为上、下卷出版。

最后,由衷地感谢北京市教委,为我们搭建了这样一个坚实的大平台,使诸多俄语学者实现了为俄语学界、为我国语言学界做一点贡献的愿望。

本书的翻译出版得到了俄罗斯叶利钦基金会的支持和帮助,在此表示衷心感谢。

我们还要感谢北京大学出版社对本套译库出版给予的大力支持。

唯愿我们的努力能为我国的俄语教学与研究,为我国语言学的整体发展产生助推和添薪作用。

总主编 刘利民
2010 年 12 月

缩略语及常用符号对照表

акт.	未完成体的当下持续意义	твор.	工具格
БД	数据库	ТО	起算点
буд.	将来时	трив.	未完成体的(多次)寻常意义
вин.	宾格	d	(来自英语词 direct)
ГГ	生格组合		直接角色配位
ГК	生格结构	i	(来自英语词 indirect)
д	派生角色配位		间接角色配位
дат.	予格	⇒	语义衍生
З/кдр	话语外(交际等级)	⇐	来自
ИГ	名词组合	→	替换符号(包括隐喻和换喻迁移)
инф.	不定式	⊃	语义推涵；X ⊃ Y 表示 X 的意义中包含要素 Y
КВ	间接问题		
компл.	说明从属句	<	之前(例如 $t_1 < t_2$ 表示 t_1 在 t_2 之前)
МР.	说话时刻	¬	否定
МН.	观察时刻	&	合取关系
мн.ч	复数	∨	析取关系
наст.	现在时	≡	等值关系
НСВ	未完成体	∅	零位形式；零位符号，包括零复指
Об	客体	i, j	指称标记，包括∅这样的上下文
ПГ	前置词组合	T, R	主位和述位的标记，如 [Курица]$_T$ не [птица]$_R$
Периф	边缘位(交际等级)		
перф	行为完结后状态保留意义	#	公式符号，如(12#)是(12)的公式
прош.	过去时	*	不准确的搭配或形式
ППГ	前置格词组合	°	用于该意义不可能被理解
Сб	主体	?	可疑
СВ	完成体	??	非常可疑语调标号：没有重音
Сд	辖域	/	提高音调
СС	意识主体	\	降低音调
СФ	语义公式	—	不带强调地降低音调(Кодзасов, Кривнова 2001:394)
сущ.	名词		
Т-категория	分类范畴	|	主位和述位界线
Т-класс	分类类别	√	动词没有体的对应形式

例句出处作家(作品)缩略语对照表

本项研究的例句出自作者搜集的自动文本语料库。它的基本部分是"乌普萨拉语料库"——普萨拉大学自动数据库(瑞典)。该数据库在Леннарт Лённгрен的领导下建立,大的集成文本来自莱顿大学(荷兰)Адриан Барентсен教授所赠,研究终期,一小部分文本使用了《俄语国家基金》的有关文献资料(参见Сичинава 2002)。还有一些例句引自词典,其直接出处可能不被注明。

Б. — И. А. Бунин

Г. — Н. В. Гоголь

Гнч. — И. А. Гончаров

Д. — Ф. М. Достоевский

И. и П. — И. Ильф и Е. Петров

Л. — М. Ю. Лермонтов

Мам.-Сиб. — Д. Н. Мамин–Сибиряк

Н. — В. В. Набоков

НМ — Н. Я. Мандельштам

Остр. — А. Н. Островский

П. — А. С. Пушкин

Паст. — Б. Л. Пастернак

С. — А. И. Солженицын

Серг.-Ценск. — С. Н. Сергеев–Ценский

Струг. — А. Н. и Б. Н. Стругацкие

Т. — Л. Н. Толстой

Тург. — И. С. Тургенев

ДЖ — Б. Л. Пастернак. Доктор Живаго

ММ — М. А. Булгаков. Мастер и Маргарита

УК — Уппсальский корпус

目 录

前言 ·· 1

第一部分　词义参数

引　言　词汇语义的系统观 ·· 10

第一章　动词的分类范畴 ·· 14
　第一节　从万德勒的动词分类到动词的分类范畴 ············ 14
　第二节　作为词义参数的分类范畴 ································ 15
　第三节　词义的形式化表征，分类范畴的语义分解 ········ 18
　　　3.1 表示特征意义的释义要素 ···································· 19
　　　3.2 行为的类别：特征及其释义格式 ························· 21
　　　3.3 完成体行为动词的范畴 ······································· 23
　第四节　行为方式 ··· 25

第二章　语义场的形式类似物——主题类别 ··············· 26
　第一节　主题类别和主题要素 ·· 26
　第二节　建构要素 ··· 30
　第三节　"接触"要素 ··· 32

第三章　角色配位 ··· 35
　第一节　角色配位概念的源起 ·· 35
　第二节　情景及其参项 ··· 36
　　　2.1 参项与角色，参项与句法题元 ···························· 36
　　　2.2 角色的语义依据 ·· 38
　　　2.3 内包参项 ·· 40
　　　2.4 参项的交际等级 ·· 42
　第三节　必备参项和非必备参项 ···································· 44
　第四节　题元消失问题 ··· 44
　第五节　角色配位迁移 ··· 46
　第六节　角色配位使用范围的扩展 ································ 50
　　　6.1 直接角色配位和间接角色配位 ··························· 50
　　　6.2 带有观察者的角色配位 ······································· 51

　　　　6.3 带生格词组合的分解；带有外在领属者的角色配位 ············ 51
　　　　6.4 双重角色 ··· 55
附录　　题元和副题元 ··· 57
第四章　参项的分类类别及其他特征 ··· 62
　第一节　分类类别 ··· 62
　第二节　本体隐喻及其在词典语义中的作用 ···································· 70
　第三节　分类类别和语义角色：相互关系的例证 ······························ 72
第五章　词汇意义的因素之一——语义要素的焦点位阶 ······················ 75
　第一节　述位突显 ··· 75
　第二节　主位突显：参项和语义要素的交际等级 ······························ 77
　第三节　语义要素化为现实：关注焦点从一个要素迁移到另一个要素 ··· 80
　第四节　含义和推论 ·· 83
　　　　4.1 含义产生的机制 ··· 84
　　　　4.2 含义的类别 ··· 89
　第五节　语义要素的聚焦位阶对搭配的影响 ···································· 92
第六章　部分意义联结成整体意义的规则和构建原则 ·························· 95
　第一节　意思的构建规则 ··· 95
　第二节　示例 ··· 100
　第三节　释义要素所处的修饰限定地位和句法中
　　　　　修饰述位的限定语地位 ·· 104
　第四节　焦点迁移和释义重构 ·· 110
插述 1　ВИНА 的语义和词位释义中的焦点迁移 ································ 112
　第一节　释义的基本要素和相关要素 ··· 112
　第二节　вина 情景的参项构成 ··· 113
　第三节　表示过失的 вина ··· 116
　第四节　表示内心状态的 вина ··· 121
　第五节　вина 和 виноват 的音律特征 ·· 123

第二部分　多义性和语义衍生

第一章　语义衍生 ·· 126
　第一节　有规律的多义性：保持词义内在统一问题 ························· 126
　第二节　参数和语义要素 ·· 129
　第三节　不同语言中衍生模式的一致性 ·· 132
第二章　语义衍生的基本机制——换喻和隐喻 ································· 134

第一节　现实的语言观念化,观念——语义结构 …………………… 134
   第二节　语义衍生的基本机制——换喻和隐喻 …………………… 136
   第三节　换喻迁移的类型 …………………………………………… 138
   第四节　换喻迁移实例 ……………………………………………… 140
   第五节　换喻在Пастернак诗学中的作用 ………………………… 146
   第六节　隐喻:对现实的语言范畴化问题 ………………………… 148
   第七节　我们赖以生存的隐喻 ……………………………………… 151

第三部分　动词的主题类别:初始意义及其语义衍生

第一章　阶段动词和始发语义 …………………………………… 156
   第一节　阶段动词的概念 …………………………………………… 156
   第二节　纯阶段动词和一般阶段动词 ……………………………… 158
   第三节　完成体和行为的始发方式 ………………………………… 172

第二章　感知动词　揭示主题类别结构的尝试 ………………… 175
   第一节　作为一个主题类别的感知动词 …………………………… 175
   第二节　感知动词的分类范畴 ……………………………………… 180
      2.1 范畴——角色配位聚合体 ……………………………………… 180
      2.2 分类范畴 ………………………………………………………… 183
   第三节　角色配位 …………………………………………………… 187
      3.1 带有体验者的角色配位 ………………………………………… 188
      3.2 带有观察者的角色配位 ………………………………………… 189
      3.3 带有"先天"观察者的动词 …………………………………… 192
   第四节　感知动词的亚主题类别 …………………………………… 193
   第五节　若干广谱感知动词 ………………………………………… 196
      5.1 увидеть和заметить …………………………………………… 196
      5.2 видеть 和смотреть:"虚拟运动"语义要素 ………………… 211
      5.3 выглядеть和казаться ………………………………………… 217
      5.4 появиться和показаться ……………………………………… 218
      5.5 动词обнаружить ……………………………………………… 224
   第六节　动词видеть的副题元 ……………………………………… 232

第三章　知晓动词的语义研究　事实性 ………………………… 237
   第一节　逻辑学和语言学中的预设概念 …………………………… 237
   第二节　事实性谓词与非事实性谓词 ……………………………… 239
   第三节　支配间接问题的动词 ……………………………………… 243

第四节　案例分析 ································· 246
　　　第五节　事实性与知晓 ····························· 247
　　　第六节　影响心智状态的动词 ······················· 249
第四章　情感动词的语义聚合体 ···························· 253
　　　第一节　作为一个主题类别的情感动词 ··············· 253
　　　第二节　情感动词的分类范畴 ······················· 255
　　　第三节　角色和角色配位 ··························· 258
　　　第四节　派生的主题类别 ··························· 264
　　　第五节　情感动词的语义聚合体 ····················· 266
　　　第六节　本章小节 ································· 285
第五章　决断动词 ······································· 289
　　　第一节　决断动词语义中的意愿要素 ················· 289
　　　第二节　动词решить意义聚合体中的直接和间接角色配位 ··· 293
　　　第三节　选择的语义问题：выбрать和предпочесть ········· 301
　　　　　3.1 выбрать的心智—意愿意义 ···················· 301
　　　　　3.2 выбрать的其他意义；常体问题 ················ 310
　　　　　3.3 消除肯定语境及其他一般因素 ················ 311
　　　第四节　назначить意义聚合体中的换喻和隐喻迁移 ······ 313
　　　　　4.1 直接角色配位 ······························ 314
　　　　　4.2 间接角色配位 ······························ 318
　　　　　4.3 小结 ······································ 320
　　　第五节　рисковать — рискнуть与词汇系统性问题 ······· 320
　　　　　5.1 рисковать——一个具有鲜明个性的动词 ········ 320
　　　　　5.2 关于动词рисковать — рискнуть的主题类别 ······ 323
　　　　　5.3 动词рисковать — рискнуть的词汇意义 ·········· 326
　　　　　5.4 案例分析 ·································· 336
第六章　言语行为 ······································· 339
　　　第一节　言语行为的定义 ··························· 339
　　　第二节　施为动词与准施为动词 ····················· 341
　　　第三节　言语行为动词与言语行为理论 ··············· 343
　　　第四节　关于言语行为动词的释义结构 ··············· 344
　　　第五节　有规律的多义性 ··························· 355
第七章　运动 ·· 358
　　　第一节　运动动词语义中的指示性要素 ··············· 358

    1.1 英语词 come 与俄语词 идти 和 прийти 的比较 ………… 358
    1.2 非派生的和带前缀的运动动词，观察者 …………………… 361
    1.3 非派生运动动词 ………………………………………………… 362
    1.4 带前缀的运动动词 …………………………………………… 364
  第二节 运动动词的静态语义衍生 ……………………………………… 369
  第三节 时间的运动 ……………………………………………………… 377
    3.1 时间模式 ……………………………………………………… 378
    3.2 静态时间和动词 следовать 的语义 ………………………… 381
    3.3 古俄语例子 …………………………………………………… 385
第八章 声响动词的规律性多义聚合体 ……………………………………… 387
  第一节 聚合体的结构 ………………………………………………… 387
  第二节 不完整聚合体 ………………………………………………… 394
  第三节 语义衍生 ………………………………………………………… 397
    3.1 动词主题类别的变化 ………………………………………… 397
    3.2 动词分类范畴的变化 ………………………………………… 399
    3.3 角色配位的迁移 ……………………………………………… 400
    3.4 参项分类类别的变化 ………………………………………… 402
  第四节 隐喻和换喻派生：在情景中纳入非固有参项 ……………… 403
  第五节 动词 звучать 的研究 ……………………………………………… 405
第九章 存在动词与生格主体 ……………………………………………………… 412
  第一节 存在与方位 ……………………………………………………… 412
  第二节 动词 быть 及其同义词：находиться, присутствовать, иметься,
      существовать ………………………………………………… 413
    2.1 находиться；быть 用于 находиться 意义 ………………… 415
    2.2 присутствовать；быть 用于 присутствовать 意义 ……… 418
    2.3 иметься；быть 用于наличие意义 …………………………… 419
    2.4 существовать；быть 用于 существовать 意义 …………… 423
  第三节 存在动词的语义：否定句中的生格主体 …………………… 428
    3.1 生格结构：句法还是语义？ ………………………………… 428
    3.2 生格结构的语义 ……………………………………………… 430
    3.3 两组生格动词：存在动词与感知动词 ……………………… 431
    3.4 貌似的反例 …………………………………………………… 437
    3.5 生格动词中阻碍生格结构用法的语境 ……………………… 439
    3.6 生格结构的强制性用法 ……………………………………… 442

　　　　第四节　动词быть的生格主体 ·················· 445
附言 ······································· 453
附录　　生格动词 ···························· 457

第四部分　词汇意义和语法

第一章　俄语动词瞬间性的语义来源 ················ 463
　　第一节　瞬间动词的界定 ······················ 463
　　第二节　瞬间动词的分类范畴 ··················· 464
　　第三节　瞬间动词的主题类别 ··················· 468
　　第四节　与瞬间动词对应的未完成体动词的本体范畴 ········ 471
第二章　带结果参项的动词及其体的性能 ·············· 474
　　第一节　结果参项及其交际地位 ·················· 474
　　第二节　结果参项及未完成体动词正在实现的意义 ········· 477
　　　　2.1 选择动词 ·························· 477
　　　　2.2 阶段动词 ·························· 478
　　　　2.3 心智影响动词 ························ 478
　　　　2.4 创造精神产品的动词 ···················· 479
　　第三节　创造物质客体的动词 ··················· 480
　　第四节　结　论 ·························· 481
第三章　带н/т的形动词的时和体 ·················· 483
　　第一节　体 ···························· 483
　　　　1.1 带系词的形式 ······················· 484
　　　　1.2 无系词形式 ························ 485
　　第二节　时间 ··························· 489
　　第三节　对结论的探讨 ······················ 490
第四章　完成体语义及其始发性 ·················· 492
插述2　ДАВНО 和 ДОЛГО：完成体语义中的静态要素问题 ······ 502
　　第一节　давно的指示性 ······················ 502
　　第二节　两个意义还是一个意义？ ················· 504
　　第三节　交际结构 ························ 509
结语 ································· 511
参考文献 ······························· 524
人名索引 ······························· 544

前 言

转换语法当年将一种生成式的,也就是动态的、解释性的句法研究模式推广开来。目前,预期可获得许多有价值成果的还有与其相似的、动态性的词汇语义研究,按照这种观点,一个词的各个词位之间之所以相互联系,在于把一些意义看成另一些意义的衍生物。句法的转换不会导致同义。有价值的是将这种转换思想有效地运用到对词义变化的研究中——这种变化被称为语义衍生,以此区别于研究构词的词汇衍生。

从上个世纪50年代末乔姆斯基革命开始,在理论语言学中生成的观点(句子生成于词,词生成于词素)一直占据主导地位。上个世纪80—90年代,一个尚未充分展现的、新的研究范式占据了优势:它关注的核心是阐释——理解。这一新范式的优势在于,它不要求假设,也就是说语言学家能够为语言的任何一个语句构建出一个理论性的深层句法结构。能够完成这一使命的句法,迄今为止尚未在任何一种语言中得到证实,而"句法自治"的光明前景也很难看清。从生成观到阐释观的转向过程中,可以把单个词语和结构的研究工作纳入到有规律的理论框架中,而旨在揭示整体句法结构的任务,则可以留待今后解决。

在很大程度上说话人的话语生成机制还是个不解之谜,但是,话语的阐释过程却完全可以揭示出来,哪怕是采用自我观察的方法:我们每个人经常处于这样的情景中,他需要自己提供对话语(无论是母语还是非母语)理解的有利根据。那些比较扎实掌握更多语言知识、世界知识、交际技巧、修辞技能的人,更容易正确理解话语。意思的转换是常有的事。但是,意思——它总是与形式一起,其初始生成机制尚未为人所知,而借助天赋语言能力的论断并不能充实我们对这种能力本质的看法。

语义学的发展使语言学家的注意力发生转向,着力探寻对语言单位的语言运作进行语义解释。显然,这种新视角与词汇语义研究所取得的成果密不可分。可以确认的是,词的语言运作(搭配性能、语法聚合体的不完整性等等)本质上受制于意义。例如,тереть(擦、揩)的未完成体表示过程/活动等当下持续意义,而терять(失去)没有,原因在于它们词义结构不同。

但是,词语通常具有多义性,也就是词有若干个意义,而每个意义都预先规定了自己的语言运作特征。马斯洛夫在词汇层面上研究斯拉夫语体的问题时曾指出,未完成体不可能表示当下持续的意义,例如Он приходит в дом.但在别的情况下却可以,例如 Он приходит в себя.原因可以从语义特征上找到解释。

多义是语言的基本属性,至少规律性多义——即多义性如此。(Апресян 1974)然而,在过去的语义研究中一度存在着重同义轻多义的现象。О.С.阿赫玛诺娃的《俄语同音异义词词典》(М.,1986)曾一度被看作标新立异而受到冷遇。也只有现在,在同义现象研究中成长起来的语言语义学可以说为多义现象的研究做好了必要准备。甚至可以换个说法,语言学是在看到了多义现象存在解决的可能性后,才将多义现象确立为一项研究任务。

在传统的词典释义中词语的各个词位被描写为相互独立的个体——似乎它们是偶然间获得了共同的语音外壳。И.А.梅里丘克(1998:346)认为,语言学中词是毫无价值的存在,有价值的是词位——词的某一个意义侧面——和具有同样语音形式的词典中的某个词条。但对于说话人来说,词的存在是毫无疑问的事实,这个事实不应回避。本书发展了词的语义描写方法,仍然将词划分为若干意义词位,但克服了随之而来的负面因素,我们的解决办法是:确定词的不同意义间规律性语义联系。

我们将描写词义衍生的普遍模式(它们将词的一个意义转换为另一个意义)视为恢复词义内在统一的途径。因为多义词意义的总和是一个等级系统,其中意义之间是互有联系的。但这样讲还不够充分:我们能够将这种等级结构描述为具有衍生关系的树形图:一个意义依据某种衍生模式派生出另一个意义(最终它们共用一个根系),意义衍生的模式很多,但并非不能穷尽,主要由于它们具有复现能力,适用于不同的词,成百上千的词。

事先应该说明的是,从本质上讲,语义衍生也是多义现象的一种描写方法。不能断言的是,这里提到的所有语义转移在现实中都曾经发生过,如同俄语历史上所发生的鼻化元音 O 转移到 y 的现象一样。而这里更多指的是一种共时相互关系,也就是一个意义相对于另一个意义的理据。顺带指出,这种方法也常常适用于研究词汇衍生、构词活动。(参见 Земская 1992 构词的动态研究)规律性多义被模式化为语义衍生——也就是从相对初始的意义向派生意义的转移。在现有的词典释义中,只有在明显语境条件下发生的语义迁移才被视为多义。在词义研究的动态视角下,恰恰相反,任何一个多义现象都被表征为语义转移的产物。模式化的价值就在于此。

随着意义描写方法的不断完善,多义现象的研究逐渐成为充满挑战的课题:在对词义的密切观察中,我们发现,几乎每个词都不是单义的,有些词的意义多达数十种。

语言的使用者通常并不会感知到词义在上下文中发生的变化;规律性多义在很大程度上是我们思想表达手段不完善造成的。

对词义的动态研究必须要弄清楚与词义相关的语境因素,并考察初始意义在语境影响下发生的变化。词典的动态安排要能够揭示派生意义同初始意义之间的转换模式。动态词典提供的不是一份清单,而是一个系统,即意义的聚合体。这样从总体概括出的语义转移方法能够形成一种特殊的作用于词内部的语法。(Апресян 1967:189–215)

词义在上下文中发生的种种变化不可能完全反映在静态的词典中,这种变化常常发生在话语中,因此对它们的描写必须使用普遍的规则。Н. В. 别尔采夫(1996:46)曾举例说明 выйти 在句子 Все мы вышли из гоголевской «шинели» 中的用法在最详细的语义清单中都难以找到。这个例子还可以接着展开讨论:其原因在于经典名句的意思常常并不单一。С. Г. 鲍恰罗夫(1985:169)在评述Ф. М.陀思妥耶夫斯基的《穷人》时说,"Новый писатель «выходит» из Гоголя〈...〉"指新作家既刻意效法果戈理,又拒斥果戈理这一双重性的意义。显然,对词的各种用法驾轻就熟的说话人能力的模式化,只能通过对词义的动态研究才能实现。每一步规范都和新义产生的鲜活过程(隐喻性、换喻性及其他转移方法)相碰撞,在这种碰撞冲突中,那些习以为常的词义发挥作用的机制依然继续运作。无论是极文雅的文学篇章,还是普通俚语,其新义产生的机制都彼此相似。(Nunberg 1978:163)(尽管并不完全等同,参见Розина 2002)

词义的动态研究是恢复词义内在统一的方式,同时又无损于对单个意义做准确的词典描写。因为它依据的不是语义常体,而是初始意义,它甚至还是一种比较经济的方式:在动态研究中,用一个词的释义能够建构出另一个词的释义。而寻找语义常体的目标必须在所有意义都得到描写的条件下才有可能实现。

理论上讲,对语义转移模式(或规则)的描写应能够从初始意义中得到整个聚合体——届时在词典中只需录入根词位,并表明存在何种类型的派生意义,目的在于说明释义产生的规则。然而,将初始意义的释义转换成派生意义的释义形式规则,只具有理论上的可能性,现实中难以实现。确定词位之间的衍生关系并不意味着取消相应的词典词条。衍生模式是词典系统化的需要,是对词义多样性进行解释的需要;有时它们会引起词位数量的增加,而非减少。并且借助于独特的词汇语法对偶然的、过渡性的词语使用提供解释是很吸引人的课题。

在兰盖克(1987)及其一系列的认知研究著作中,阐明了词义联合途径:一个词代表着一种认知结构,这种结构在某种意义上能够提供这个词的所有意义,但他并未描写一个现实中的词义。我们的经验证实,即便不利用这些补允性的(超语言的、认知的、深层次的)语义表征形式,我们也能有长足的进展:通常情况下,所有规律性语义变体都是从初始意义转换而来。无论如何,初始意义的思想在很大程度上符合现有的词典注释实际。而词或句子中存在某种认知结构,它反映的是非语言的、而是人的某种能力的论断尚未得到证实。(语言的认知研究参见Кибрик 2003)

有了具有能产性的语义转移模式,我们不必计较词典中相互区别的词义数量:也可以收录仅仅是预测到的词位,并对其意义按普遍模式加以描写。意义和用法之间划分界限的问题已不存在。需要用单独"词汇规则"加以解释的信息,也可能构成单一词条的内容。(Dowty 1979:360;Pinker 1989)

动态模式模糊了规范和创新之间的界限(该界限给词典编撰者带来了太多的麻烦),在这个意义上,它是对说话人能力的模式化,说话人能够同样阐释两类言语作品——符合规范的和偶然出现的。

当然,并不是所有的多义都是规律性的。例如,засунуть的两个意义 с трудом(费劲)和неизвестно куда(放到难找的地方)之间的联系未必就存在统一的转移模式(尽管在неизвестно和плохо之间有联系);尚未弄清楚的还有,普遍规则是否存在于угодить的两个意义сделать приятное(讨好)和попасть в плохое положение/место(陷入窘境)之间的联系中,заключить 的两个意义лишить свободы(拘押)和сделать вывод(断定)也是类似的情况。这种意义关系暂不列入我们的探讨范围。

建立动态(生成)词典(generative lexicon)的构想是帕斯捷奥夫斯基在1998年首先倡导的。但是应该注意到的是,动态研究所取得的成就本质上取决于词义表征的深度。我们的语义释义(语义分解)公式依据的是莫斯科语义学派多年的词典传统(首先参考的是梅里丘克和阿普列相的著作),依据的是A.维日彼茨卡富有创意的词汇研究思想。词义表征得越详尽,词典编撰者的经验越丰富,释义的预测能力也就越强。

在本书中发展的意义观,其动态性不仅体现在聚合关系层面上(指的是在词的范围内词义向另一个意义的转移),而且还在组合关系层面上:意思的构造——将部分意义联结成一个整体——同样具有动态性。

我们研究的出发点是:话语意义的描写由两部分组成:词典(最好是词汇数据库)和语法(包括纯粹语法和词汇语法。可以这样说,它是一个词汇意义库,其中包括从一个意义得到另一个意义的词汇规则)。本书研究的是词典,也就是词的意思。对词典的基本要求是:使它同词的语法诉求相适应(例如,如果语法上要求区分行为和状态,那么这两个范畴就应该反映在词典中),当然还有其他的要求。

对词位的释义按照特定的结构形式,如同化学里的结构公式。它可以回答大量形形色色的问题:词语如何对上下文做出反映?在上下文的影响下,它准备吸纳哪些要素作为自己的组成部分?原来的哪些要素需要放弃?哪些语义结构的不同侧面可以凸显,使其"面向"交际中的说话人?——也就是让一些要素退隐,另一些要素显现,体现于话语,并成为注意焦点?意思的各个要素如何化为前后连贯的、一种特殊的舞台出场顺序?

词典的动态安排能够产生语义衍生的清单。列出的清单对于共时语义学和历时语义学都很重要:概括而言,语言的历史发展进程中发生的语义转移,我们可以纳入共时平面中加以研究。对语义衍生进行清点是语义类型学的迫切任务。(在历史语言学中利用语义衍生模式的可行性详见Зализняк 2001)

同上世纪70年代相比,在科学研究范式发生的变化中,应该提及的是人们对语言表达和现实关系的日益关注。乔姆斯基(1977)仍然坚持认为语言学的任务是描写"语句的音和义"之间的关系。(Van Valin, Lapolla1997:9)与此同时,弗雷格(Фреr)三角关系中的第三极——所指(денотат)逐渐进入语言学的视野;并且按弗雷格的看法,相对于语言表达式而言,意义扮演着意思的角色,而相对于语言外客体而言,意义还常常扮演观念的角色。情景观念化(Wierzbicka 1996:55)和观念结构这些概念逐渐推广开来,后者强调现实及其在语言中的反映之间联系的任意性。显然,对这种任意性的研究构成了后乔姆斯基时期新的语言学研究范式的主流。许多从事世界的语言模式化研究的学者为该领域做出了重要贡献(参见Апресян 1995, т. II;Урысон 1995;Зализняк, Левонтина, Шмелев 2003)。不同的语言按不同的方式对恐惧、happy、直至因果关系进行观念化。

在语言语义学发展初期,对同义现象的研究占据了相当大的比重。语言学正是通过同义现象确定了意义的概念,在上世纪60年代,皮尔斯、Р.雅可布森、弗雷格,奎因的研究使意义的概念得到明确:意义作为同义转换中的常体存在着。目前,语言学家的工作假设多半是:不存在两个意义完全相同的词,只存在意义相近的词。对同义词的研究顺应了结构主义的研究方式。戈达德(1998:150)曾讲到:"为了引起人们对近义词之间区别的关注,对它们进行比较研究总是有益处的",他对英语中order, tell, suggest进行了分析。另一个例子是维日彼茨卡(1992b)对英语词happy的两个意义'счастлив'(幸福)和'доволен'(满意)进行的分析,这种比较研究旨在发现,同俄语счастливый(幸福的)相比,happy要"低"多少。

就这个意义而言,反义词和准反义词的研究价值并不亚于同义词。(参见Goddard 1998对threaten"威胁"和warn"警告"的比较研究)不无重要的还有词在其语义和词汇派生词、以及在等价转换词上的反映。例如,откровенный(坦诚的)和искренний(真诚的)之间的区别在于:前者存在衍生动词разоткровенничаться(过分坦率),而后者不存在类似的派生能力。(Н. Работный, Знамя 2002, №1)在这个意义上,由科学院院士Ю. Д.阿普列相主持编写的同义词词典(НОСС)就是一个巨大的结构语义实验室:词义是通过在意义相近、相对的词,以及逆义词和派生词上的反映得到的。但是,应该承认的是,不同词之间的差别——甚至是相近的同义词之间——通常会很大。差别最小的和具有复现性的语义关系通常只存在于词的初始意义和衍生意义之间。

我们注意到当前科学发展范式还有一个显著的特点：当代科学研究的词典化倾向。典型的例子是阿普列相为 НОСС(1997) 所做的前言，词典中使用的语言学概念和统一编撰规则也是以词典方式列出的（这次是以术语词典的方式）。词典已经成为备受欢迎的体裁，例如 М. Павич 的《哈扎尔语词典》（«Хазарский словарь»）(СПб.：Азбука, 1999)，Г. Хазагеров 的《斯维弗语词典》（«Скифский словарь»）(Знамя. 1999. №12)；М. Л. Гаспаров 的《笔记和摘录》（«Записи и выписки»）(М.：НЛО, 2000) 等等。给人造成这样的印象，在信息熵剧增的时代，字母表成为任何有序条理化的保证。从这个意义上讲，诞生于词典研究的这本书顺应了时代的要求。

对多义词进行描写、对词汇进行系统化表征是 "Лексикограф" 课题——对俄语动词语义进行计算机数据库研究——的研究任务之一。(Кустова, Падучева и др. 1993; Кустова, Падучева 1994) "Лексикограф" 项目研究的大量重要思想反映在课题组成员发表的著作中。(Кустова 1996, 1998a, 1999a, 2001; Розина 1998, 1999a, 2000)

"Лексикограф" 项目的指导思想依据的首先是梅里丘克(1974)和阿普列相(1974)具有重大价值的著作，他们的研究思想为下述变革奠定了基础：由过去以词注词方式转向含有变元的句子。事实上，这种研究确定了当前俄罗斯以及世界词汇学和词典学[①]的研究走向。

但是，在梅里丘克(1974)和阿普列相(1974)富有创造性的研究中，并没有给词典定义的传统方面——分类范畴——给予实质性的关注。维日彼茨卡(1980a)和道蒂(Dowty1979)的研究关注到了该问题，明确了词的分类范畴同释义方式之间的联系。当然，分类热还是由莱可夫和约翰逊在1980年出版的《我们赖以生存的隐喻》著作掀起，他们将语言学家的注意力转移到众人皆知，却已被人淡忘的事实上：范畴在隐喻引申甚至在换喻引申中发挥了重要作用——词汇语义的全部动态性就体现在隐喻引申和换喻引申上；并使学界认识到属概念在词典释义中的重要性——试比较亚里士多德逻辑中的直接的类属和区分性的种属。这种分类转向的结果是在词义研究中吸收了万德勒的动词分类研究思想，而在此之前，他的分类方法只是在体学研究中才得到采用。

我们在这里指出来自认知语言学的推动力量。词语同其他任何一个语言单位意义之间的规律性联系的设想构成对词义进行动态研究的基础。探寻词义之间的联系多由简达(1985)的研究所驱动。另一个现在盛行的重要思想是：焦点迁移和前景—背景的对立关系，大家都认为这一思想多半发端于塔尔米。

---

① 按影响力可以与之匹敌的可能只有 Fillmore(1968a, 1971a, b) 的著作。

(参见Talmy 2000和参考书目中对其70—80年代著作的引用)

本书的主要研究对象是动词,但这种词义研究方法中的某些思想(例如,词的语义聚合体中的焦点迁移)在对其他词类的研究中取得了效果,例如,插述1中对名词вина的研究;插述2中对副词давно和долго的研究;在第四部分第四章中对语气词еще和уже同完成体语义之间联系的研究。

本书共分四部分。第一部分奠定词汇系统性原则,概述了把动词作为整体描写的诸语义参数,这些参数确保了意义研究的系统性,原因在于它们确定了词义聚合体的基础;第二部分探讨词义衍生基本机制——隐喻和换喻;第三部分为核心部分,探讨了不同主题类别动词,从自身的语义衍生特性出发探究每一类动词。第四部分研究的是词义同语法之间的互动联系。

作者在此感谢"Лексикограф"课题组的成员,他们是Г. И. Кустова、Е. В. Рахилина、Р. И. Розина、Т. Е. Янко、Н. М. Якубова、С. Ю. Семенова、О. Н. Ляшевская、М. В. Филипенко、Е. Н. Хасина等。实际上,很多问题的解决是我们共同探讨的结果。"释义的形式化(也就是数据库的基本要求)原则上是可行的"是我们原初认定的思想,它来自于Е. В. Рахилина的创意,在她的参与下确定了Лексикограф简要释义的重要原则,把词分为不同的、能够反映它们共同特征的类别,而不是将每个词单列出来,以解释差别和不可复现的语义个性。释义模式化的实现得益于Г. И. Кустова提出的一系列基本思想,她负责动词数据库中初始常体中整整一半的词条编写。Е. Н. Хасина为我们所做工作已远远超出了程序员的范围。词位之所以能够获得生命的空间,我们能够欣喜地看到这些词位活跃其中,都应归功于她。

该著作中所贯彻的原则性思想"语言并不表示现实世界中的客体和情景,从某种意义而言,而是对它们的创造"得益于我的恩师Вяч. Вс. Иванов. Т. В. Булыгина已经永远离开了我们这个学术研究团队,但我们共同度过了一段难忘的时光,我们探讨的一些问题已经纳入了我们的研究;还应该向Н. Д. Арутюнова表达我们无尽的谢意,我们研究过程中的独特氛围、我们的语言学中的"人的因素"皆由她倡导,因为她举办的会议、讨论和亲临指导,"人的因素"永远不会逝去。还要感谢Барбара Парти充满善意的、不遗余力的指导,在她的支持下,司空见惯的语言学被纳入"国际"大语境中;感谢В. Б. Борщев孜孜不倦地参与讨论和热情的帮助;感谢忠实的战友Р. И. Розина在Лексикограф课题遭遇疑惑的艰难时刻提供的支持和帮助;感谢我的严格而善于思考的读者М. В. Филипенко,感谢Ю. Д. Апресян和他的讲习班不徇私情的批评意见,我们因此修正了初稿中的许多不足之处。

在此感谢所有阅读本书初稿的专家:И. М. Богуславский、Д. О. Добровольский、Л. Л. Иомдин、Анна Зализняк、А. А. Зализняк、А. Е. Кибрик、

С. В. Кодзасов, С. А. Крылов, Н. В. Перцов, В. А. Плунгян, Е. Н. Саввина, С. Ю. Семенова, А. С. Чехов, И. Б. Шатуновский, В. А. Успенский，感谢他们为本书提出的建议、意见和指正。感谢在俄罗斯和国外参与讨论我的报告的学者：Р. Бенаккио, Д. Вайс, Р. Лясковский, Ф. Леман, В. Лефельдт, Х. Р. Мелиг, Т. Ройтер, И. Мельчук, А. Тимберлейк, Х. Томмол, Ф. Фичи。

感谢在莫斯科大学和俄罗斯人文大学听课的学生，我要求他们更加细心地思考每一个问题(他们有时也参与到我们的研究中，A. Соловьева 负责了带话语外观察者动词的卡片库的搜集整理工作)。

感谢 А. Барентсен 和 Л. Лённгрен，是他们将俄罗斯篇章语料库的电子版提供给我。在第三部分第一章和第一部分第四章的第三节所选取的例子中，使用了 А. В. Санников 开发的搜索软件。

Н. М. Якубов 对这本书所做的贡献怎么评价都不为过，在将近一年的过程中，他一直都是我忠实的听众和建议者，为了完成这本书，他给予了充分的关注和支持。我感谢 Е. А. Мишина 和 С. Ю. Семенова 为本书例子所做筛选和校对；感谢 С. А. Крылов 为整理本书参考文献所付出的繁重劳动；感谢 О. Н. Ляшевская 所做的术语索引；感谢 И. С. Пекунова 为本书配置的图片和表格。

感谢编辑 Маргарита Норайровна Григорян——这样的人已不多见——真诚参与这本书出版和为此付出的大量的工作。

本书的最终完成还得益于以下基金的资助：国际 INTAS 基金，项目名称《动词的形式化描写——形态句法组合和意思转换的语义预测》(A formal description of the verb lexicon, semantic prediction of morpho-syntactic combinability and meaning shifts)(项目编号为 INTAS-96-0085)；国家社科基金，项目名称《词汇语义构建的整合描写——英语和俄语中的生格词》(Интеграция лексической и композиционной семантики: генитивы в английском и русском»)(项目编号为 No BCS-9905748)；俄罗斯人文科学基金给予"Лексикограф"课题的长期支持，项目名称《用作数据库的词典研究》(Словарь как база данных)(项目编号为 №95-06-17044)；《搭配语法》(Грамматика сочетаемости)(项目编号为 №97-04-06-358a)；《俄语动词的主题类别及其规律性多义聚合体》(Тематические классы и парадигмы регулярной многозначности русского глагола)(项目编号为 №99-04-0262a)；《题元的分类类别及动词多义性聚合体》(Таксономические классы актантов и парадигмы многозначности глагола)(项目编号为 №02-04-00294a)；俄罗斯基础研究基金，项目名称《词汇系统组织揭示的计算机研究》(Компьютерные подходы к выявлению системной организации в лексике)(项目编号为 №01-06-80419)。

第一部分　词义参数

引言

词汇语义的系统观

来自普通结构主义语言学的论断——建立词汇系统组织的任务早就提出来了,但长期以来并不让人感到十分信服。

词汇系统如果真的存在的话,是语音系统和语法系统根本无法与之相比的,语音及语法系统只作用于数十个、最多上百个单位;而词汇的系统性是建立在庞大的、数量多达几万、几十万个单位基础上,同时,他们又很容易受到社会及其他因素的制约,因此会发生乍一看上去毫无规律可言的变化。

在信息时代建立词汇系统的可能性逐渐成为现实。(例如,要求非人工筛选各种可能性的一系列数学运算等问题能够得到解决)数据库技术为揭示和有效利用参数提供了可能性,根据这些参数,词语之间多次发生对立,就如同一个词的不同意义,尽管参数本身及其语义在上百个词语中复现,尽管起决定作用的从来不止一个参数,而是各种各样参数的组合形式,尽管不同类别词语的相关参数也不一样。

无论是从语义、搭配性能或是其他特征层面上,词汇如同人类,没有一个词完全等同另一个词。但是,可以断言的是,这些个性差别是由复现在大量词汇中的参数及参数意义形成的。非复现的差别很难被语言使用者所证同,尽管在某些方面(当然不是全部)这种差别可以被忽略。

我们所说的词汇语义系统观点的基本原则是:

原则1. 应将一个词与"意义公式"相对照。该公式有助于我们对可以直接观察到的该词运作的某些方面作出预测并提供解释。例如:

· 与从属词(题元、副题元)的搭配。举例来说,为什么可以说издалека звучит(远处传来),但不能说 *издали мелькает.

(1) а. Откуда-то издалека звучит колокол;

  б. * Что-то издали мелькает, словно волк бежит.(Словарь Даля)

· 与支配算子(否定、情态标志词等)搭配。例如,在(2)中оказаться为什么不能用于否定:

(2) Оказалось, что он женат.

· 同各种语法范畴的搭配。包括能否使用动词命令式;(Булыгина, Шмелев 1997:153)能否用于被动结构。例如:видеть(看见)和обнаружить(发现)在 Он обнаружил признаки жизни.(他表现出生命的迹象)中不能用被动式，不能说 *Им обнаружены признаки жизни. 但在句子 Химическое исследование обнаружило признаки яда.(化学研究揭示了毒药的特征)中可以使用被动结构 Химическим исследованием обнаружены признаки яда.(毒药的特征已经被化学研究所揭示)；以及动词有无对应体偶、体貌意义参数的完整性等；

· 构词能力。为什么 наблюдать(观察)可以构成两个动名词：表过程的 наблюдение₁(观察)和表结果的 наблюдение₂(研究结果)；而 заметить(发现)只能构成表结果的 замечание(见解，意见)；为什么来自于过程动词 звонить 的名词 звон(叮当声)表示的不是过程，而是声音。

· 搭配能力上更加细微的方面。动词用作插入语的可能性；(Зализняк, Падучева 1987)能否引出从属的间接问题等。例如，为什么可以说 знаю, зачем(知道，为什么……)，但不可以说 *сожалею, зачем〈я это сделал〉；用于施为结构的可能性(обещаю 可以，但 доказываю 则不可以)；否定句中主体的生格问题(试比较：可以说 сомнений не возникло, 但 *сомнений не исчезло 不行)；意动动词(конативность)能否表示"努力失败"，为什么可以说 решал, но не решил(做了，但没做出来)，但不能说 *обещал, но не пообещал；事实性表明动词有事实性预设，肯定性和否定性蕴涵，如 осмелился(敢于)，удалось(成功做到)，успел(来得及)等就有肯定性蕴涵，当说 удалось отправить 时意味着"已寄出"。而 забыл(忘记)，избежал(避免)，опоздал(迟到)，постеснялся(羞于做)等动词就只能有否定性蕴涵，当说 забыл отправить 时，蕴含着"未寄出"的意思；能否用于各种性质转换；(Levin 1993 年通过析取方式揭示出数十类语义相关的动词，诸如去使役化和省去非专指客体等)；为什么同一种转换方式对(3a)可行，对(36)不行。

(3) а. Войны истощили казну — Казна истощилась от войн；

б. Брат продал дачу — *Дача продалась от брата.

· 句子重音的位置。为什么在含有 решить 的句子中，重音的位置可以发生变化，而含有 предпочесть 的句子中不能带重音。(语音标注引自 Кодзасов, Кривнова 2001:394)

(4) решил\,что делать _ ; решил ⌣ уехать\.

(5) предпочел ⌣ уехать\;? предпочел\уехать.

为什么在 подозревать 上的主要句重音用于现在时显得异常(需要有强有力上下文的支持才能用)，但在过去时中就是正常的。

(6) а. подозреваю/, что там есть проход\;

б. ? Я подозреваю\, что там есть проход _ ；

в. Я подозревал\, что там есть проход _ .

本书的第三、第四部分我们将对以上大部分问题做出回答。

规律性多义现象是我们可以看见的词的语言运作的一个侧面。比如,"位于"转而表示"存在"(находиться — существовать),这种多义性是动词появиться和быть的特点,特别是начать находиться — начать существовать(参见 Lyons 1968/1978:413; Kimball 1973a, Levin, Rappaport Hovav 1995:120)。在(7a)和(8a)中,动词表示的是начать находиться,而在(76)和(86)中表示начать существовать(例(7)摘自 Lyons 1968/1978:413)。

(7) a. Через минуту кофе будет здесь = 'начнет находиться';

б. Кофе будет через минуту = 'начнет существовать'.

(8) a. Появился Петя = 'начал находиться';

б. Теперь появился новый лекарственный препарат = 'начал существовать'.

从某种意义上而言,一个词的所有衍生意义都源于其初始意义。因此,具备衍生潜力是词语的特征,它在原则上也是词的语言运作的一个方面。

原则2. 利用词语与其他词语共同的语义要素和意义参数,可以对该词大部分的搭配限制和其他语言运作特征做出预测和解释。

在"Лексикограф"体系中,语义公式包括对意义的注释(或表征),用来揭示词义中一套命题结构要素,诸如"运动"(движение),(X движется),"使役"(каузация),(P каузирует Q),"知晓"(знание),"感知"(восприятие)等等,词汇系统化是借助在大量词语中复现的共同语义要素来实现的。释义不追求对词语作详尽无遗的解释,而是简要释义,用来揭示不同类别词汇之间的异同。

语义公式确定了词义中对于某类别所有词语共有的一系列参数,这些参数是分类范畴、主题类别、角色配位、参项的分类类别。参数构成词义聚合体。

在释义组成中,各语义要素以一定的方式结构化。例如在спрятать和скрыть中,包括"感知"和"运动"等要素,但它们在整个词义结构中占据不同的位置。

不同的语言学学说对词义的解释(或者说如何展现词典释义、表征词义)有不同的要求。我们释义的出发点是:它不是穷尽无遗(因为很可能无法做到)的解释。只要求解释我们可以观察到的语言运作特征。诸如意义和动词体的相关性,意义和超音质特征的相关性、意义和句法搭配的相关性,意义和构词能力之间的相关性等等。释义是一种意义的结构公式,从中可以获得很多信息,尽管不是全部。涉及大大小小类别的词语所表现出的语言运作特征尤为重要。

原则3. 在通常情况下,词语具有多义性,而且词的各种意义之间的联系具有复现性,也就是说多义现象一般都有某种程度上的规律性。进而言之,规律性多义可以表述为从一个意义到另一个意义的转换,也就是意义发生变化。为每一个新的意义找出相应的转换方式,我们就可以将这些意义组合成一个树形联系。

一旦特定词中词义之间的相似联系出现在其他词之中,就可以宣称,该特定词的联系符合语义转换。(参见 Апресян 1974:189 对规律多义现象的界定)由于所有的多义在某种程度上都具有规律性,那么如果有两个词都由同样的转换方式联系着,就能找到更多的词有这种联系。

这样一来,可以将意义转换视为一个意义为另一个意义提供理据。

多义词中的两个意义中,一个理应被视为初始意义,另一个是派生意义。那么以意义变化为方式来表征呈现多义,就不仅仅是一种方法。但是,还存在规律性多义派生方向难以确定的情形,例如 греметь 的初始意义在(9a)中,还是在(9б)中?

(9) a. Студенты гремят кружками.

б. Гремят кружки.

例(10)中也存在类似的问题,初始意义是反身动词还是非反身动词?

(10) a. растворить, увеличить, радовать;

б. раствориться, увеличиться, радоваться.

同样道理:

(11) a. На работе он застал только секретаря;

б. Елена на днях застала меня целующим руки у Зои! (Тург., МАС)

这里的问题是,为什么要素'и это плохо для X-а'('这对 X 不利')在上下文作用下于 11б 中出现,或者相反,为什么在 11a 中消失?

同理,要有充分的论证才能确定 решить 的初始意义是表意愿的('决定')还是心智性的('算出,解决')。(详见第三部分第五章)

原则 4. 某一要素或参数除了具有区分词义的功能外,还能区分不同的词。在例(12)中本体分类范畴区分了一个词的不同意义,在例(13)中区分了不同的词。

(12) a. косить — деятельность (Егерь косил глазом на соседа);(表活动)

б. косить — свойство (Дуня косит на правый глаз.)(表性能)

(13) продавать — деятельность;(表活动)

торговать — занятие (表职业行为)

在语义层面上,一个词语的纯语义衍生和形式上表现出来的词汇衍生之间并没有什么差别,这并不足以为奇。(Апресян 1974:188)俄语中 глядеть(观看)和 выглядеть(看起来),нюхать(闻,嗅)和 пахнуть(散发出……味道)分别为两组不同的词,各组中的两个词的意义在英语中则都用一个词(look 和 smell)来表示。但在通常情况下,意义上非常接近的两个词在很多参数和要素上都会存在差别;而一个词的不同意义,若它们之间的差别很小,往往归结为一个参数的差异。

接下来的第一部分一至四章中,我们将阐述词义的四个参数,词的不同词位通过它们得以区分。1)分类范畴,接近于万德勒的体貌类别;2)动词的主题类别;3)角色配位;4)动词表示的情景各参项的语义特征,首先是它们的分类类别和指称状况。第五章讨论了释义要素的焦点位阶问题,第六章概括了词语同上下文的语义相互作用问题。

第一章 动词的分类范畴

第一节 从万德勒的动词分类到动词的分类范畴

在对词义进行分解研究的解释时代尚未来到之前,对词义的分析在相当程度上一直依靠分类。其中最有影响力的是万德勒(1967)的动词分类,尤其是体的重要性得到广泛认可之后。(参见 Miller 1970;Mehlig 1981;Булыгина1982 等)莱克夫和约翰逊(1980)甚至把万德勒的分类上升至本体范畴的高度加以肯定,为了简便我们称之为分类范畴。

显然,万德勒分类依据的是哲学传统,只关注以人为主体的动词。他的研究忽略了能动性(或可控性):行为与事变(происшествие①)之间的对立在他的研究中也没有得到反映,因为在他的示例中没有不可控过程及其转换。这一缺憾在迪克(1978)的分类研究中得到修补,可控性被单独当作一个区别特征。

可控性、可控性使役和不可控性使役的区分使使役在动词语义结构中的作用更加凸显。之后自然而然就将万德勒的体貌分类同菲尔墨的语义格理论中动词的角色特征分类结合了起来,菲尔墨将施事主体(有目的的使役者)同作为主体的自然力、工具和事件相对立。这样形成的分类包括了被万德勒忽略的行为范畴,并同事变范畴相对立。行为范畴作为动词的基本分类范畴,不允许在进行动词体貌分类时脱离其能动性。

长期以来,动词范畴主要使用在体学领域,(参见 Mehlig 1981;Булыгина 1982;Падучева 1996)在动词规律性多义研究中,动词范畴又获得了新的运用领域。研究规律性多义现象的途径之一是:将意义参数化,并揭示这些能够轻易改变意义的参数。分类范畴(简称 T-категория)就是其中参数之一,它包括:行为:закрывает кастрюлю крышкой;过程:тучи постепенно закрывают небо;状态:эта шляпа закрывает мне экран.

---

① происшествие是Булыгина(1982)成功译自 Werzbicka(1980a:177)的术语'happening'.

语义学发展到一定阶段遇到的问题是:在对词义进行分解研究的"激进"语义学的背景之下,语义分类还能发挥多大作用? 我们知道,万德勒分类范畴的划分依据是纯粹的搭配特征,他划分出状态,活动,结果,更广义的还包括强调结果的行为/达成,有界限行为/完结,划分的出发点是这些类别的动词与时间状语、动词体的搭配特点不同。

维日彼茨卡首次将动词的分类范畴同释义公式联系起来。她指出,状态、活动、强调结果的行为和有界限的行为分别具有不同的释义"公式"。这样,这些分类范畴就获得了纯语义依据,而不再仅仅是搭配方面的原因。

在形式语义学中,将范畴同释义公式联系起来的思想是由道蒂(1979:124)提出的。他们使用的术语明显体现出术语上的对应关系:(以下左边术语引自Dowty 1979,右边术语引自 Wierzbicka 1980a; Булыгина 1982; Падучева 1996)

Non-agentive Accomplishments (fall) — происшествия(事变);

Intentional Agentive Accomplishments (murder) — действия(行为);

Non-Intentional Agentive Accomplishments — происшествия с действующим субъектом(уронить)(有行为主体的事变);

Stative Causatives (Кофе возбуждает, Его чрезмерная активность меня настораживает) — предрасположения(静态性使役);

Simple Achievements (discover a solution) — достижения действия с акцентом на результате(达成).

在第三节中我们将详细论述万德勒和后万德勒时期动词分类范畴同释义形式化之间的联系,并揭示范畴在"激进"语义学中的地位。

第二节 作为词义参数的分类范畴

动词的分类范畴统一了两种互有联系的对立关系:万德勒的体貌分类与能动性(可控性和意愿性)。具体包括如下范畴:行为(вычислить, открыть),活动(гулять, прыгать),过程(кипеть),状态(голодать),事变(уронить, испугать),趋势(задыхаться; задыхаюсь ≈ 'если так пойдет, то задохнусь'),性能(хромать, расплываться),关系(совпадать, превосходить),即将出现(я уезжаю),静态性使役(或диспозиция: подавлять, настораживать, впечатлять)。其中行为和活动是能动范畴,其他是非能动范畴。

在动词的不同用法中,范畴可能会有所不同。例如,соединять可以表示行为(Теперь соединяйте концы веревки),也可以表示关系(Дорога соединяет Ферапантово с Вологдой);напомнить可以表示行为或事变。(参见 Postal在1970年对remind的研究和Туровский在1991年对напомнить的研究)

（1）a. Она напомнила мне, что завтра выходной [行为];

б. Бой часов напомнил мне, что пора уходить [事变].

动词стучать在人做主体的上下文中表示要达到一定目的的行为,当主体为自然力或事件时,动词表示过程/事变,也就是范畴发生了变化。

（2）a. Человек стучит в окно [行为];

б. Дождь стучит в окно [过程].

词的不同意义由于表达不同的范畴而彼此区别。例如:

（3）a. Я застал его на даче [行为:当Y还在W时,X来到W是为了和Y产生接触];

б. Война застала его в Ленинграде [事变:当Y曾在W地点/状态时,发生了触及到Y的事件].

（4）a. Кони звенят уздечками [过程];

б. Эти бокалы приятно звенят [性能].

（5）a. Шина спустила [事变];

б. Шина спускает [性能].

（6）a. Он мужественно плыл против течения [活动];

б. По реке плывет бревно [过程].

动词кусаться在句子Собака кусается中表示性能意义,但在Ну что ты кусаешься!中表示另一个意义——活动。

范畴的转换也就是范畴的迁移,在去施为化过程中会发生范畴迁移:（参见 Падучева 2001a）

（7）a. Машинист увеличил скорость [行为];

б. Возникшее чувство вины увеличило ее страдания [事变].

如同其他词义参数一样(以下我们将要谈及主题类别、角色配位和参项的分类类别),分类范畴一方面区分词的不同意义,另一方面还能区分不同的词。近义词的区别有时在于范畴不同。

есть [行为] — питаться [概括行为];

красть [行为] — воровать [概括行为].

范畴有时还能区分动词不同的体。例如:дотронуться的未完成体 дотрагивается表示行为,коснуться的未完成体касается表示状态。

从分类范畴出发能够在动词的体貌研究方面取得不少成果。(Падучева 1996:103)

·范畴能够预测词的对应体的存在及其语义类型:

（8）a. огласить — оглашать [行为];

б. гласить [关系].（没有对应的完成体动词）

·范畴能够预测体的意义聚合体的完整性/不完整性

（9）а. выступил — выступает ансамбль [行为];（未完成体有正在实现的意义）

б. подбородок выступает [静态词].（没有正在实现的意义）

·范畴能够成为解释有标记行为方式的理据。例如表示活动意义的动词，通常会有派生的持续界限动词和始发动词。而对于别的范畴则不一定（例如过程动词）或根本不可能。（参见Апресян1988）

（10）а. глядеть — поглядеть [活动];

б. видеть [状态].

分类范畴与题元结构也有对应关系;施事参项只能在行为动词中出现。

范畴的变化还有可能伴随动词角色配位的变化（参见第三章）。区分出角色配位变化和范畴变化后，我们得到两个"纯"关系，在例（11）中，а和б分别表示行为和性能意义，工具参项在а句处于边缘位，在б中成为主体：

（11）а. повар режет мясо острым ножом;

б. нож режет хорошо.

同样：

（12）а. вода течет в лодку [过程];

б. лодка течет [性能];（摘自Янко1999）

（13）а. человек смотрит в окно [活动];

б. окна смотрят на юг [性能/关系]

很多动词的分类范畴是可以发生变化的，因此范畴对动词而言更多地表现为参数，而非属性，并在词语的不同词位中获取不同的意义。由于词语分类范畴的可变性，范畴聚合体得以形成。

Е. В. 帕杜切娃和Р. И. 罗吉娜（1993）的研究描述了表面接触类动词（залить, усыпать）的范畴聚合体，（研究这类动词的还有Гаврилова 1975; Wierzbicka 1980б: 70—82; Levin, Rappaport Hovav 1991 等学者）利奇（Leech 1975:19—23）揭示了英语感知动词统一的范畴聚合体。在历史上，感知动词应该是第一个被确定有范畴聚合体的动词主题类别。在第三部分第二章的研究中我们会发现，其实这类动词的聚合体不是单纯范畴意义上的，而是范畴—角色配位层面上的现象:范畴的迁移伴随着角色配位的变化。

例（14）—（16）显示，人作主体时，动词可能不表示行为，而是事变。

（14）Я порвал пиджак, зацепившись за гвоздь [事变:使役性质;带责任主体];

（15）Во время строительных работ Иван выкопал снаряд [事变:使役性质;带行为主体;结果不符当初的愿望];

（16）Ребенок упал в канаву; Вера чудом избежала ареста [事变:非使役性质].

综上所述,分类范畴概念提出的必要性不容置疑。我们在此强调的是分类范畴相对于主题类别的独立性:状态范畴有可能属物理的、生理的、心智的和情态的主题类别。因此,находиться, голодать, знать, радоваться属同一个范畴类别,但属不同的主题类别;另一方面,心智动词有可能表示行为、活动、状态和事变等等,因此,动词решать(задачу), размышлять, понимать, забыть虽属同一个主题类别,但属不同的范畴类别。

第三节 词义的形式化表征,分类范畴的语义分解

范畴问题是在对词义进行形式化表征时遇到的一个问题,原因是动词的范畴绝不仅仅是词义的一个参数,而是决定整个释义结构的参数,它对词义所起的作用就如同词类相对于语法一样重要。

词义衍生的形式化要求对词义进行形式化表征。60—70年代的转换句法理论如果说没有产生转换语法的话(至少对于俄语研究来说如此),但至少为语言学留下了明确的句法结构概念:语言学从此有了从属树形图和组成部分树形图。我们现在要研究的仍然是转换,但指的是词汇结构转换,有所不同的是,它不是同义转换,而是初始词位意思的变化。

在"Лексикограф"课题的框架下我们制定出词位形式化表征的方案,(参见 Кустова, Падучева 1993; Кустова, Падучева 1994a)在"Лексикограф"体系中,释义具有特定的形式。形式化释义的必要性有以下原因:

第一,对于数据库而言,形式化有助于对不同词的释义进行比照;

第二,针对多义问题而言,一般情况下,词语具有相近但不同的意义,它们是初始意义的语义衍生词。对于形式化词义表征而言,可以认为存在从初始意义转换到派生意义的模式(即普遍规则):对形式化客体采用简便的操作,诸如进行填补或部分迁移等。而形式化任务本身就要求形式化。

对词义作形式化表征,以期对其进行形式化运算的思想,在当今得到了普遍运用。例如杰肯道夫(Jackendoff 1993)的类逻辑公式,在其他学者的研究中也能找到佐证。(Levin, Rappaport Hovav «Building verb meanings»(1998)分析了意义来源于其他意义的可能性,采用的也是形式化释义方式)

第三,对于我们来说是主要原因。释义形式可以看成是独特的意义解释方式:它是对分类范畴的分解,在这里范畴可以像词语一样得到解释。

说明:Wierzbicka(1987)的研究使用了形式化释义:语义要素等同于特征意义,它包括初始的假设、陈述部分和意向目的,其形式化的目的在于揭示言说动词结构的共同特征。我们形式化的目的旨在解释说明分类范畴的语义特征。

3.1 表示特征意义的释义要素

Лексикограф体系中的释义表现为一个述谓结构,其中是单个的、句法独立的语义要素序列,(它类似于Wierzbicka(1987)或Goddard(1998)的释义:要素之间的结构关系表现为将它们纳入序列中,并做不同的标记),试比较 TKC 中句法上有联系的释义。要素是意思的组成要素,例如有这样的语义要素:"X 移动"(X перемещается);"Y 的行为带有目的"(Y действует с целью);"X 中有正在实施的过程"(идет процесс в X-e)等。

每一个要素都表示某种特征,例如:初始情景交待,活动方式,使役,结果等等,还有一个特征是目的。动词 укрыться 的两个意义 укрыться чем? 和 укрыться куда? 的区别就在于"目的"要素,它的第三个意义(按 MAC 的分法)属于事变范畴,例如 от меня не укрылось, что...,"目的"要素在此不能出现。"目的"要素还能区分动词 заслонить 的两个意义,试比较:"防护"(заслонить кого-то от вредного воздействия)和"遮挡"(заслонить кому-то что-то)。

在对词位的释义中,我们区分出范畴框架和语义核心(它是词汇常体,类似于 Levin, Rappaport Hovav 1998 所说的константа现象)。在范畴发生迁移时,语义核心并不发生变化。比如动词 резать 的语义核心是"用具有锋利边缘的硬物压迫"(давить твердым предметом, имеющим острый край),它在句子 мама режет хлеб 中得到充分显示,резать 表示有结果的行为;该语义核心甚至在句子 шляпа режет лоб 中多少也得到保留,动词表示性能和结果,而(切分成)部分的结果不出现。

每一个特征都是一组特定的可能意义,这就是释义要素,它可以分为两种:一类用来说明语义核心,诸如"X 作用于 Y"(X воздействует на Y),"X 变形"(X деформируется),"X 变热"(X нагревается)等,另一类表示该词位的范畴属性。范畴要素不多,核心要素的清单则是开放的。

"Лексикограф"系统中的释义不要求完整全面、也就是穷尽所有意思,它是一个简要释义,反映的只是能够将该词位与其他足够多类别词语区别开来的语义特征。例如 звенеть 和 греметь 的句法语义特点吻合,简要释义也一样(详见第三部分第八章)尽管它们并不是同义词。

以下我们简要列出 разрезать(表示有意图的行为)初始意义的词条注释。
разре́зать 1.1(切开)(例如 разрезать арбуз)
说明域:聚合体的初始词位

---

① 有关释义的其他方面,特别是焦点和陈说地位的问题详见第五章。

题元结构:

名称	句法位	交际等级	语义角色	分类类别
X	主体	核心位	施事	人
Y	客体	核心位	受事	事物
Z	名词工具格	边缘位	工具	有锋利边缘的事物
W	на+名词四格	边缘位	结果	事物的部分

分类范畴:一般行为

简要释义:

0) 初始情景表征:在观察时刻以前的t时刻之前,Y还是完整的

1) —

2) —

3) —

4) 活动:在观察时刻之前的t时刻,X的行为带有目的

5) 方式:借助于Z,对Y进行物理作用

6) 使役:这导致

7) 客体中的过程:在Y里发生过程:与活动同步:具有界限:Y失去完整性

8) 结果(与目的吻合;结果是过程的界限):在观察时刻出现状态:Y的组成部分——W开始存在

9) 推涵:Y不再作为完整事物存在

10) —

主题类别:使变形动词

体的性能:完成体;对应未完成体:разреза́ть1.1,行为

词条是给定一个词位的特定结构公式。

在题元结构域中,所包含的5列为每一个参项指定了在释义中的名称、句法表现形式,等级、参项语义角色和分类类别(对于谓词题元来讲就是范畴)以及其他可能的语义特征。(题元结构问题详见第三章)针对非初始意义而言,在所谓的"说明域"中,指明了派生意义与生产意义的联系方式,这样就能够在大量意义基础上形成一定的结构层次。在主题域中则标出了词位的主题类别。(详见第二章)

在体的性能域中说明了词位的体属性。如果是完成体动词(多数情况下是体偶的生产词),那么对应体为未完成体。和其他词典一样,未完成体动词有单独的词条注释,但我们提供的信息更多。关于未完成体和完成体共用一个词的情况,我们暂不考虑。(这种情形参见第三部分第五章中对рискова́ть的分析)

分类范畴形成了非常复杂的(并不完全是有等级的)系统。完成体动词的

基本范畴有:行为、有界限过程和事变。下节中我们讨论行为动词的范畴分类问题。

3.2 行为的类别:特征及其释义格式

行为范畴取决于以下语义要素组态,这些要素必须在释义中出现:

4) деятельность – X действовал с целью(X 的行为带有目的)

6) каузация – это вызвало(引起)

8) результат (совпадающий с целью) – ...(与目的相符的结果)

在所有的行为中,活动和使役特征都包含上述要素,结果特征也是必需的,但表示结果的要素会因不同的行为而有所不同。(试比较:открытое окно, разделенный на части хлеб 等等①)

行为范畴还可区分更小的亚类(体的性能等等),所有这些在语言学上相关的动词类别均有各自的语言运作特征。(详见3.3节)

每一个特征都有一个无标记性意义,由它来确定最概括的行为亚类,并至少要有一个有标记性意义,由它来确定具体行为亚类。所有特征都是无标记性意义的动词称为一般行为动词。如открыть, вытереть等。

第5行:方式(即活动方式)。在这一特征中界限动词②具有无标记性意义。这些动词的焦点位置可以迁移:从结果转换到活动。例如вытереть的未完成体вытирать.这样,活动也可由表结果的同一个词来表示。方式特征可由指出施事者(Агенс)所使用的工具或材料来确定,如对于动词красить而言,应该标明参项кисть或краски.

强调结果的动词表示方式特征的有标记性意义;它们的活动特征则用其他的动词来表示(例如прийти — идти, найти — искать 等等);焦点不能转移到活动意味着相应的未完成体动词没有当下持续的意义。方式特征的第三个意义"非专指",详见第四节。

因为瞬间动词(подумать, предпочесть)属于行为范畴(它们具有活动范畴固有的意向要素),在它们的语义公式中也有活动特征,但不占据时间;确切地说,这样的时间段不会成为关注焦点。所以,这里的焦点在结果特征上。应该指出的是,只有意念行为才可以成为瞬间动词,如心智、意愿和言说动词。诸如расколоть类的动词不是瞬间动词,而是超短动词。(详见下文)

第7行:在客体中的过程。在动词забить(гвоздь), покрасить(забор)中有该特征的无标记性意义:这种行为设定的活动特征是随着活动展开而累积效果,(参见Гловинская 1982:72)这类动词的释义中纳入了在客体中发生的与主体活动同步进行的过程要素。

---

① 同样的组态在事变范畴(能动性的/非能动性的)和过程范畴(有界/无界)上也存在。
② 指相应的、具有实际活动意义的未完成体形式的完成体动词。

有些动词的客体不存在上述同步变化过程,这类动词中有一类意动动词(借自拉丁语conatus,表"试图,企图")此时,如果客体中不存在主体的同步活动,取得的结果不仅仅靠主体的活动(主体没有足够条件取得结果),还取决于运气,或事先未言明的因素。例如,在动词убедить所描述的情景中,主体的活动不能保证产生同步递增的效应:即不能保证交际对象由于主体的劝说而变得更为信服。(不同于把钉子钉进墙中的过程)

意动动词的行为似乎由两个部分组成:努力和结果。换句话说,这类动词的未完成体表示"努力取得某种结果"(убеждать, объяснять, соблазнять, решать等),由此得出这类动词的特点:在否定时也包括预设"努力过"。(не убедил ⊃ 'убеждал' т. е. 'пытался убедить'①)

意动动词不仅存在于界限动词中(如убедить),还存在于强调结果的行为动词中;后者又称达成动词(выиграть, найти)。但强调结果的行为不一定能达成;像найти, достичь, выиграть就是达成性意动动词,而прийти, пообещать就不是:не нашел ⊃ 'искал',但не пришел不意味着曾经'шел'。

> 说明:语法中所说的未完成体动词的尝试意义表示努力无效的过程意义。被我们归入意动动词的完成体动词,它的努力无效意义出现在否定上下文中:не убедил ⊃ 'убеждал'。相反,还有一类未完成体动词,不允许使用努力无效意义:不能说*предупреждал, но не предупредил,但可以说объяснял, но не объяснил(例句摘自Бондарко 1971);这类动词使役成功是得到保证的(详见第四部分第一章)。(参见Падучева1996:45)

"在客体中的过程"特征的第二个有标记性意义"客体中的过程与主体活动是非同步过程",这一意义使用在下述情形中:主体的活动使客体产生运动或进入其他过程,之后主体活动结束,过程自行进行。比如:сбросить(со стола), бросить(на пол), отравить等。(主体中发生的过程与活动的不同步所导致的后果参见Падучева 1992b对убить的有关研究)

同步积效动词(也就是在客体中的过程特征为无标记性)的运作可以表现为以下几种情况:

在一般时间段里(无标记性意义),例如собрать игрушки;
在超长时间段里(воспитать);
在超短时间段里(расколоть орех)

当主体活动为超长时间活动时,与其同步发生的客体中的过程具有超长时间性质(воспитать, вырастить);与其相反,超短时间则是与主体活动不同步的

---

① 意动动词的论述详见Toммала(1986:79);带有推断的意动动词详见Апресян(1980:64—65)和Гловинская(1982:89—91)。

在客体中的过程的属性;而且正是这种情况,它最易被觉察到,因为这样的动词的未完成体没有"顺利进行"当下持续的意义,比如:отравлять, взрывать.对于与主体活动同步的、在客体中变化的过程,超短时间特征不起决定作用,例如включить, выключить有正常的、具有当下持续意义的未完成体词偶。

表示客体中的变化过程,并与主体活动非同步的动词,还有一个对立关系。动词сбросить与бросить(бросить в нее камень)的区别是,前者只是确定了运动的起点,(сбросить на пол:最先的驱动由施事者控制并保证其能够成功)而后者过程的结果是不可控的:施事者并不知道是否会成功。

说明:界限和瞬间动词之间的区别有时等同于achievement和accomplishment的区别。有学者试图将后者的区别归就于一种对立。如Van Valin和Lapolla(1997:104)区分出瞬间过渡和逐渐过渡到新状态的两种谓词:瞬间进入INGR(来自ingressive),例如explode(炸毁),以及渐变成BECOME,例如melt(消融)。我们的词义分析方法能够揭示更为细微的语义对立,完全没有用到这种分类方法。

第8行:结果。结果特征的无标记意义——指状态变化产生的结果。受事主体转换到新的状态:высушил одежду⊃'одежда стала сухая'.有标记性意义是数量结果(выплавил 10 тонн стали)。它们在语言运作上的区别参见3.3节。

第10行:解释(或框架)。这种特征的标记性意义出现在阐释动词中。(参见第三部分第五章第五节中对рисковать的分析)有标记性意义通过下述要素来表示:"说话人知道P好或不好"(говорящий считает, что P хорошо/плохо),"观察者听见声音"(Наблюдатель слышит звук),例如,покрасить(油漆)是一般行为动词,украсить(装饰)就是阐释动词,无标记性意义是没有框架成分意义。

3.3 完成体行为动词的范畴

以下我们列举出可借助上述一套程序确立的范畴,表明属于某范畴动词的特征。

一般行为:

вымыть(тарелку), вымести(мусор), открыть(окно)。一般行为动词包括以下特征的无标记性意义:方式,客体中的过程,结果,并且具有相应的具有正在实现意义的未完成体动词。

一般行为:意动动词

вспомнить, добиться, догнать, поймать, решить (задачу), убедить, уговорить.这类动词的语言运作特征是:否定时可以确定曾付出过努力。(Апресян 1980:64)从не уговорил中可以推断出уговаривал.但是,上下文可以让力求要素消失,例如Почему ты не уговорил его остаться?

强调结果的行为：

послать, прийти, прислать; стащить, украсть.反映在语言运作中的动词范畴属性的是：具有当下持续意义的未完成体动词不存在。

强调结果的行为；达成

выиграть, найти, понять, попасть（на концерт）, удержать[не уронив],动词范畴属性的语言运作特征是：强调结果的动词没有表示正在实现意义的未完成体动词；强调达成的动词是意动动词, не нашел肯定曾经'искал'.

强调结果的行为；阐释

нарушить, испортить.试比较 украсил свою каморку портретом Байрона.属于阐释动词的还有 выручить，它的未完成体动词是否有正在实现的意义令人怀疑。

强调结果的行为；带非同步过程

убить, отравить, взорвать, выкинуть. 类似 бросить 的这类动词叫做驱动动词，但这里非同步性比使役者类型更为重要，因为正是前者规定了未完成体动词没有正在实现的意义，这种意义要求观察者（Наблюдатель）与整体情景同步展开（详见第四部分第一章）。

超短时间行为：

ударить, сбросить（горшок с балкона）.超短时间行为；意动动词

выбить（из рук）, расколоть.与一般超短时间行为动词不同的是，超短意动动词的否定形式意味着曾付出过努力（не выбил ⊃ 'пытался'）。

超短时间行为：非同步过程；不可控结果

бросить（в нее камень）, выстрелить（в зайца）. 在行为结束之前，过程还没有达到预想的结果；因此，在实施行为过程中，目的尚未达到。因此 толкнуть（кого-л. в канаву）的意义是不确定的：人倒没倒下并不知道。

瞬间行为：

воздержаться, отказаться, прекратить（занятия）. 未完成体动词没有正在实现的意义，在这里没有也不可能有表示活动的动词，这使它区别于强调结果动词。

带有数量结果的行为：

накопать（три мешка картошки）; выплавить（10 тонн стали）.未完成体没有正在实现的意义：выплавляет 10 тонн стали = 'в год'.

超长时间行为：

вырастить, воспитать.未完成体动词没有正在实现的意义，只有静态意义。

第四节 行为方式

有学者将方式动词和结果动词对立：前者行为方式已被确指，后者则没有[①]。(Levin, Rappaport Hovav 1995:147, 155)在帕杜切娃(2001a)的研究中，将结果动词纳入到更宽泛的状态变化类动词中。(它不一定属行为动词)

在行为动词упростить, улучшить中，方式并未明确指出；这样的行为被视为抽象行为。(术语引自Плунгян, Рахилина 1990)расшатать的语义确定了行为的结果和方式，而它的类反义词укрепить则是抽象行为。"获得特征"类动词常常表示这种抽象行为，例如облегчить(сани)。抽象行为动词常常有这样的搭配特点：没有典型的工具。试比较нарисовать和изобразить，前者是方式动词，后者是抽象动词；可以说рисует карандашом，但不能说*изображает карандашом。

与这些特征(强调结果，瞬间性，数量结果、超短时间和超长时间，过程和活动的非同步性)不同的是：抽象性并不是范畴特征，而是语义特征，抽象性影响的是动词体的性能，例如是否存在表示正在实现意义的动词的未完成体形式，而且这种影响并不是直接的，只是出现在某些"令人难以处理"情形中，例如动词добиться(разрешения), достать(денег)(一般行为：意动动词；抽象)中的方式特征并未确定，但它们体的性能与一般意动动词(уговорить, решить(задачу))并无区别；动词предотвратить(行为：强调结果；达成；抽象)与найти相似；动词увеличить, задержать(выход книги)(行为：带数量结果；抽象)的未完成体正在实现的意义与动词выплавить(行为：带数量结果；但不抽象)一样，表达不是很自然。

非专指的效应常常会出现在意义中有另一些要素在场时。例如阐释动词(испортить)：阐释动词总是抽象的，而且我们已知的超长时间行为只有抽象动词(вырастить, воспитать)。换句话说，抽象性产生的效应常常是多样的，它并不由抽象性本身来决定，而是这些补充要素发挥的作用。

[①] 关于行为方式也可以参见Апресян(1980a)的研究。

第二章 语义场的形式类似物——主题类别

第一节 主题类别和主题要素

主题类别通过共同的主题要素将词语联合在一起,它在词义结构中占据核心地位,我们可以划分出如下主题类别:

存在动词:быть, существовать, водиться;

阶段动词:начать, кончить;

拥有动词:дать, иметь, купить, подарить;

物理作用动词:ударить, разбить;

运动动词:уйти;

移动客体动词:тянуть, толкать, бросить;

体态动词:наклониться, сесть;

成事动词:построить, сварить, 其中包括创造形象动词:нарисовать, скопировать;

补偿动词:наказать, оштрафовать;

言语和告知动词:написать, сказать; 以及符号类动词:постучать(в дверь);

感知动词:видеть, нюхать;

情感动词:пугать, радоваться;

决断动词(выбрать, предпочесть, решить)

心智动词,包括知晓和推断:вспомнить, выяснить, догадаться, забыть, напомнить, объяснить, осознать, помнить, понять, решить(задачу), узнать;

声响动词:звенеть, грохотать;

使役动词:вызвать, заставить;

特征获得类动词:пожелтеть, высохнуть.

Э. В.库兹涅佐娃(1988)是第一批对俄语动词进行分类的学者之一,Л. Г.巴宾柯(1999)词典继承了她的思想;另一个方向反映在 Н. Ю. 什维多娃(2000)主编的词典中;以句法变异性为依据,对英语动词进行类似分类的学者是列文(1993),我们的主题分类有别于А. И.斯米尔尼茨基(1956:174)的普通语义分类。

　　严格而言，主题类别的概念与分类没有直接的联系，这里并没有一个先决条件，也就是每一个动词都应归属于某一语义相关的主题类别。我们应该合理地将词语"组织"到（从语言学上讲有关系的）某个主题类别中，与普通分类不同的是，后者是将词"划分"到不同的类别中。

　　在释义上，同一主题类别的词语具有非寻常（Апресян 1974：185）的共同要素，在第二节中我们将详细阐述建构要素的概念，我们将非寻常的共有要素确定为非建构要素。建构要素（使役、开始等）可以进入或不进入词语的语义公式中，它们并不会改变词语的主题类别或次主题类别。例如感知动词不仅包括видеть，还有它的使役动词показывать，"运动"要素不仅存在于пройти，还存在于пропустить中。

　　主题类别是一个比语义类别更为狭义的概念。动词的分类范畴同样将词语划分到不同的语义类别中，但这一类别不是主题类别，主题类别是与语义场相似的形式化的现象。（关于各类语义场的论述可参见 Faber, Mairal 1997; Faber, Pérez 1997）

　　在词语的语义结构中包含一些可以作为鉴定依据的要素，能够把该词语同时划归若干个主题类别，例如убедить既是言说动词，也是对心智状态施加影响的动词，застать既是运动动词，也是方位动词。требовать的词义结构中有'说'的要素，同时也有情态要素"必须"，后者在挥发性使用中保留为唯一要素：Обувь требует ремонта.斯米尔尼茨基还曾以非多义词лошадь（马）为例，指出"лошадь"同时属于动物和交通工具两个类别。

　　主题要素在词义结构中的位置会对动词的主题类别产生影响。例如"不知晓"在动词скрыть, спрятать中被"隐藏"在词义结构深处，因此，该要素很可能还不足以将它们归入心智动词类别。在动词оглянуться（'посмотреть назад, повернувшись'）中，相对于"感知"要素而言，'体态'要素只扮演从属角色，因此оглянуться属于感知动词。

　　另一方面，同一动词在不同的上下文中可能属于不同的主题类别，也就是具有两个或更多的意义。例如стучать可以是声响动词，也可以是符号类动词：

　　（а）стучать кулаком по столу；

　　（б）стучать в дверь（кому-то）.

　　作为一个语义参数，动词主题类别的重要性体现在以下几个方面：

　　第一，同一主题类别的动词在句法上常常有独特的表现，如某类动词要求有典型参项作为判别其意义的标记。例如告知动词一定要有交际对象（сказал отцу），成事动词一定要有结果（связал свитер），运动动词通常要有终点参项（иду домой），还要有环境场所（плывет по реке）。因此，在包含前置词по的上下文中，Язык Италии златой / Звучит по улице веселой（П.）给звучать增添了

"运动"要素:运动的可能是声音,也可能是观察者。

同一主题类别的动词存在特定的角色参项并不奇怪,我们在第三章中可以看到,角色是由释义要素给定的;共同要素通常也就是共同角色,即共同参项。

具有同一角色的动词拥有许多共同特征。例如,结果参项规定了动词意义对否定、未完成体过去时和将来时的非寻常依赖性。例如:отрезал ⊃ 'есть Результат',не отрезал ⊃ 'нет Результата',выбрал ⊃ 'есть Результат',如果是выберу,在当下就没有结果。因此,动词的过去时和将来时的参项数量并不相同。(参见第四部分第二章)

第二,同一主题类别的动词往往具有共同的词义衍生能力,也就是产生相同的语义衍生词。Падучева(1998а)以声响动词派生的统一语义聚合体为例研究过该问题。

动词的主题类别与其分类范畴可以具有相关性。感知动词中有很多瞬间动词(参见第四部分第一章):完成体感知动词通常表示事变,而不是使客体发生积累效应的行为,这种对应与现实感知的瞬间性相关。试比较:动词увидеть, услышать, заметить.

动词的主题类别在所有用法中可能保持不变。例如动词думать, считать, прогнозировать总是心智动词。但是还有许多动词的主题类别可能会发生变化。例如:

(1) выбрал местом отдыха Ялту [心智—意愿行为];
выбрали председателем Иванова [社会行为];
выбрать незрелые ягоды (и выкинуть) [物理行为];

(2) а. ударил кулаком по столу [表达情感/发出响声];
б. ударил в колокол [符号行为];

(3) а. Самовар пошипел-пошипел и заглох ='不响了';
б. Мотор заглох. ='不运转了'.

решить在使用过程中,主题类别也有可能发生变化。它可以属于决断动词,如例(4)(решил ≈ 'стал иметь намерение'),有可能是推断动词,如例(5)(решил ≈ 'подумал')。

(4) Я решил поехать в Крым.

(5) У вас не горел свет, и я решил, что вы уехали.

维日彼茨卡(1969)以видеть为例,探讨了动词主题类别的转换。

(6) а. Я вижу Джона [感知];
б. Я вижу, Джона здесь нет [evidential inference][1].

---

[1] А. Д. Шмелев将evidential inference译为"заключение по очевидности",即根据所见做出的判断。

在(66)中,动词видеть转换成心智谓词主题类别,搭配相应发生转换,动词可以带否定从属命题(否定从属句),而它的初始感知意义则无此用法;借助前置词по,可以引入依据参项,例如:вижу по выражению лица(试比较:догадался по его смущенной улыбке);主句和从句描写的非同步情景也有可能出现,例如:

Теперь я вижу, в чем была моя ошибка.(摘自Арутюнова 1998:421)

还有其他主题类别发生转换的动词。动词тронуть, поразить在不同的上下文中可以属于物理行为动词和情感动词;колебаться可以表示移动和心智状态意义;передать可以表示移动和言语行为意义;удалить可以表示移动和消除意义。因此,动词的主题类别也是一个参数,该参数可以体现同一动词的不同意义。

改变动词主题类别的途径之一是改变参项的分类类别:(参见第四章)

(7) а. встретить незнакомое слово [感知];

　　 б. встретить знакомого [人际交往:感知对象为人].

(8) а. человек идет [定向运动];

　　 б. Дорога идет [空间分布]①.

主体参项分类类别的变化也能引起动词主题类别的变化。以声响动词звучать为例,该动词的主体可以不是发出声音的人,如солдаты грохочут сапогами,也可以不是声源,如грохочут сапоги,而是声音本身,如В парке звучала музыка. звучать在近百年来已经改变了自己的主题类别,失去了作为声响动词识别标记的声源参项,现在可以把它归入感知动词类:带有话语外的观察者。(详见第三部分第八章)

另一个改变动词主题类别的的途径是释义要素焦点位发生变化。(参见第五章)

(9) а. дверь хлопнула.[='произвела звук, ударив',焦点在发出声音上];

　　 б. хлопнула Пашку суповой ложкой по голове. [='ударила, произведя звук',焦点在实施打击上].

而且(9а)和(9б)之间的差别还在于参项的分类类别不同,后者的受事是活物。

动词主题类别的变化有可能伴随范畴的变化,行为动词的派生意义有可能表示物体在空间上的相对分布。如загораживать, скрывать, касаться, упираться等。(详见第三部分第七章)

---

① 主题类别之所以改变是受语境中名词的影响,它们表示不动的,但可沿其移动位置的客体,类似тропа, улица, забор等。

还有庞大类别的动词，它们既没有范畴类别，也没有主题类别，如阐释动词（参见第三部分第五章第五节）和状态变化动词等。(参见Падучева 2001a)

第二节　建构要素

建构要素概念的提出使主题类别的概念轮廓更加清晰。在词义结构中，建构要素可以发生变化，但并不改变词语的主题类别，它通常是许多词的词义包含的要素。

建构要素具有最为广泛的搭配，但并没有建构主题的性质：它们并不决定一个词特有的词义。为了明确词汇的主题属性，需要从释义公式中"剔除"其建构要素。建构要素在改变词义的同时并不改变词义的主题类别。很多词汇函项都描写了由建构要素导致的词义变化。(Мельчук1974)

以下我们对几个广泛使用的建构要素作一说明：

（1）使役要素。它以各种不同变体方式存在。(参见 Падучева 1994；Апресян 1998a 中对使役类别的描写)例如：показать='каузировать видеть'。使役要素的广泛搭配性能可以用以下清单来说明，通过使役可导致：

状态变化：открыть, закрыть；形状变化：размолоть；产生实体：учредить (комиссию)；建造事物：построить (гараж)；创造形象：нарисовать (картинку)；销毁：израсходовать；产生接触：приколоть；物体移动：нести (арбуз)；安置：посадить (на стул)；摆放：поставить (портфель)；改变参数或特征的意义：увеличить (скорость)；情景出现：перенести (собрание)；пробудить (жажду)。

此外，通过"使役"还可以使人感知。例如 выдать Z-у X-а за Y-а = 'каузировать Z-а принять X-а за Y-а'（通常是根据外表）。

由于"使役"是建构要素，使役动词和非使役的初始动词可划入同一个主题类别。例如 показать 与 видеть 具有同样的多义性（'восприятие'—'знание / мнение'），并非偶然。

（2）始发要素（начинательность）。在以下词汇中存在这种建构要素：

уснул ='начал быть в состоянии'；побелел ='начал иметь признак'；возник, уничтожился ='начал существовать/не существовать'；появился, исчез ='начал быть/не быть в поле зрения'；увидел ='наступило: X видит'；P прекратилось ='наступило не P'；Y лишился X-а ='наступило состояние: Y не имеет X-а'；X облысел ='наступило состояние: X лысый'；X заглох ='наступило состояние: X не звучит'。

（3）否定要素。动词 остановиться 和 промолчать 理应归入 идти 和 сказать

所属的主题类别中；промахнуться和попасть в, бросить в在同一主题类别；звучать和заглохнуть同属一类；исчезнуть、пропасть与возникнуть、найтись属同一类。在这些词对中，意义之间的区别仅在于否定要素。例如否定要素使скрывать和показывать得以区别：

Y показывает X（Z-y）='Y делает так, чтобы Z видел X'.

Y скрывает X（от Z）='Y делает так, чтобы никто（или Z）не видел X'.

在反义词对中（завязать — развязать, создать — уничтожить），其成员在释义的某一位置中肯定有НЕ；而且其中肯定有一个词永远是初始词，另一个是派生词。（参见 Wierzbicka 1972）

（4）评价要素（оценка）。动词подозревать与считать属同一类主题类别；застичь尽管有'X нежелательно для Объекта'的要素，但与застать属于同一主题类别。

（5）体的性能（аспектуальные значения）也是建构要素：界限性（предельность）（如идти, дойти）、惯常性（узуальность）、重复、反复性（итерация）、超长时间特征（如кормить, воспитывать, украсть是行为，воровать是概括行为；"机遇"要素是意动动词的组成要素，即在资源不充分条件下的行为）。

（6）情态要素（модальность）。情态性（впустить ='разрешить/дать возможность перемещаться внутрь'）可以包含在被动性能意义中，例如материал хорошо гладится; книга хорошо продается ='родовой субъект может успешно продавать（эту книгу）'等。因为人体器官具备相应的能力（参见第四节），我们就有理由相信，诸如видеть, слышать, понимать等动词含有器官情态要素，它们是动词的内包参项。从这里可以引出同义关系（как я заметил/понял ≈ как я мог заметить/понять）以及感知者的类指指称：можно видеть='любому можно видеть'.

（7）知晓要素。许多词的词义结构包含这种建构要素。（参见Апресян 2001）如事实预设和非事实预设。（参见第三部分第三章）动词показаться, послышаться锁定的形象和造成形象的诱发物不一定吻合，两动词含有要素'Субъект не знает, есть ли Стимул'。但在一定的句重音下，甚至会出现非事实预设：'говорящий знает, что Стимула нет'；动词скрывать, прятать(ся)的释义揭示了语义结构中的要素'не знать'；动词застичь, застукать, накрыть包含要素'X не хочет, чтобы Y увидел его（в месте W）/знал о его существовании / свойствах'，包括所在地点；动词застать, обнаружить中"知晓"要素可有可无：У него обнаружили в ботинках наркотики; 动词поглядывать, шпионить, следить中包含要素'Y не хочет, чтобы X знал, что он его видит'.

(8) 预期要素(ожидание)。该要素包含在许多词的词义中。例如：

спас, предотвратил ⊃ 'ожидалось, что будет плохое';

удовлетворен X-ом ⊃ 'X соответствует ожиданиям';

разочаровался в X-е ⊃ 'ожидал, что X лучше';

продолжил ⊃ 'ожидалось, что прекратит';

очутился в овраге, оказался на кладбище ⊃ 'не ожидал этого'.

预期要素也包含在语气词уже的词义中。(Падучева 1974：147；1992б)(уже Р ⊃ 'ожидалось, что будет Р')；因此 НЕВЕРНО(уже Р)= еще не Р .连接词хотя也包含此要素：(Крейдлин, Падучева 1974а)

Q, хотя Р = 'Р; поэтому ожидалось, что не Q; Q'

例如：В окнах горел свет, хотя было уже за полночь.

"预期"要素通常包含在完成体动词的否定句中，(Падучева 1974：151)例如 Она не оглянулась ⊃ 'ожидалось, что оглянется'.

"预期"要素还是动词увидеть, заметить的语义区别特征之一。原则上，увидеть的对象可以是预料到的、甚至是想看见的；而заметить的感知客体通常是某种意外的事物。(参见第三部分第二章第5.1节)

同一个要素在一个词中可以是建构要素，而在另一个词中可能是主题要素。"使役"要素在使役动词(показать, поставить)中是建构要素，在一般使役动词(вызвать, привести к)中是主题要素；"来临"要素(наступить)在阶段动词(начаться, прекратиться)中是主题要素，在类似увидеть, понять的动词完成体中是建构要素。

第三节 "接触"要素

同一个要素在词语的语言运作中的表现不一，这取决于它在词义结构中的地位。例如动词помешать, закрыть都包含要素'создание препятствия/преграды'。但在前者它是基本陈说要素，后者是一定物理行为的结果(而且不一定被注意到)——这原先是让一个物体与另一个物体产生接触，因此，这两个动词的语言运作在本质上并没有相同点。

这里非常有意思的是"接触"(контакт)要素，该要素为许多动词所拥有，但各自表现不一。根据该要素在释义中的地位，动词可以分为以下类别：

1)"接触"要素是动词释义中基本的或唯一陈说要素：

коснуться, дотронуться, притронуться, обнять, привлечь (к себе), примкнуть.

例如：X коснулся Y-а ⊃ 'X пришел в контакт с Y-ом'.

这类动词的完成体不能确切说明情景的动态方面(也就是该情景是如何形成的),未完成体只有静态意义,表示接触的状态,例如:

коснуться—касаться, обнимать(意义之一), привлечь—привлекать, примкнуть—примыкать, тронуть—трогать.

动词держать, схватить表示着力接触,держать与взять相比较而言,没有始发特征,而схватить没有静态特征。

2)为了达到某种"非物理效果",动词的语义要求物理接触。例如:非离散物质或有弹性的物体同物体表面接触, покрыть, усыпать, наполнить(наполнила комнату ароматом духов);与容器口的边缘或场所的通道接触;目的可能是多种多样的:给出口或入口设置屏障;保护并使其不受到外界影响,例如закрыть квартиру/ закрыть кастрюлю.(Падучева, Розина 1993)这类动词的未完成体通常也有静态意义,它或者作为一种可能意义,如例(1);或者成为唯一的意义,如例(2):

(1) наполнять, заливать, покрывать;

(2) обагрять, затуманивать, преграждать, застилать(от застлать)

未完成体非静态理解的依据是,在接触之前要搬移参项:为了把锅盖上,应该把锅盖取来;因此,未完成体закрывать具有正在实现的意义。

这类动词中的许多动词都有纯静态派生词,并且没有对应体偶。例(3)中的запирать未必有对应的完成体。

(3) крепость запирает вход в ущелье.

同时,"牢固接触"要素一般不会影响对应体的存在:例如приклеить, прикрепить, пришить等,这种接触是特定活动的结果,该活动为未完成体正在实现的意义的存在创造了条件。

3)"接触"是对X施加影响(或与X进行互动)的前提。这时,接触通常以不同方式来实现:

(4) a. 急速、短时接触:побить, столкнуться, стукнуть, ударить;

б. 通过运动给力的接触:бросить;

в. 使物体与主体同步移动:волочить, тащить, толкать, тянуть.

这类动词的"接触"要素在体的性能中并没有反映(移动物体动词和声响动词的初始形式都是未完成体),但这类动词有非常有趣的角色配位,它们会发生裂价——产生一个外在持有者结构(конструкция с внешним посессором)。(Пискунова, Минлос 2002)

(5) Ребенок тянул подол матери – Ребенок тянул мать за подол.

有补充参项就可能发生裂价:受事参项(Пациенс)和接触位置参项(Место контакта)(即施加作用的位置)不是同一个。但通常两个结构(初始的或裂价的)中的一个会显得比较异常:

（6）а. порезал кончик пальца;
   б. * порезал пальцу кончик.
（7）а. ударил его палкой по спине;
   б. ? ударил палкой его спины.

对于极具多样性的物理作用而言，发生接触是必要前提。例如，为了把物质溶解，必须把它同溶解剂接触；发出声音的前提是声源同运动物体发生接触。

因此，带有外在持有者的角色配位（详见第三章第6.3节）并不是"接触"要素的要求，而是在情景中存在两个参项，参项之间的关系是部分—整体关系。原则上，由于外位参项引起的焦点变换不会产生同义结构，同义结构是各种因素中和的结果。

4）还有一种可能性："接触"要素可能是另外的更为充实的要素的推涵。"接触"要素可以是拥有动词、方位动词（быть в городе）和安置动词（сидеть на стуле）的推涵。

借助这种"推涵性"接触要素，可以解释从物理意义转换为心智意义的语义衍生现象，如столкнуться（с неприятным явлением）。

"接触"要素有可能在动词的初始意义中以潜在的推涵形式存在，但出现在派生的（挥发性）意义中。在例（8）、（9）的a中，动词具有感知/知晓意义，但在б中只有接触意义：

（8）а. Я видел многое;
   б. Эти стены видели многое.
（9）а. Иван не знает, что вы приехали;
   б. Ее изнеженные пальцы не знали игл（П.）='никогда не были в контакте с иглами'.

综上所述，我们认为主题类别是保证动词研究系统化和对规律性多义现象进行细致描写的一个重要因素。我们再次强调动词主题类别和分类范畴的区别。状态有可能是物理的、生理的、心智和情感上的等等；也就是同一个范畴类别可以属不同主题类别；另一方面，心智动词有可能表示行为、状态和事变，也就是同一个主题类别可以属不同的分类范畴。

第三章　角色配位①

第一节　角色配位概念的源起

диатеза②（角色配位）的概念是梅里丘克和哈洛多维奇（Мельчук&Холодович）在1970年提出的。梅里丘克在1998年重申,其目的在于明确动词态(залог)的概念。角色配位被定义为语义和句法层面语言单位之间的关系;为了便于模式化,该定义还可以理解为参项语义角色和其句法地位之间的关系。

同一动词在不同句子中的用法具有不同的角色配位:也就是说角色配位可能会发生变化。如果角色配位以动词形式作为标记就是动词的态。如果我们的语义角色是施事和受事,句法位是主体③(简称С6)和客体(简称О6)以及施事补语(边缘位置периферийная позиция简称Периф),那么动词在由主动态(1а)到被动态(16)的转换中,角色配位的变化可以用模式(1#)表示:

(1) а. Разбойники убили крестьянина;
　　б. Крестьянин был убит разбойниками.
(1#)〈Агенс-С6, Пациенс-О6〉⇒〈Пациенс-С6, Агенс-Периф〉

例(2)中的角色配位也发生了变化,但没有形式标记,即不是态的变化④。

(2) а. Сторож наполняет бассейн водой;
　　б. Вода наполняет бассейн.
(2#)〈Агенс-С6, Место-О6, Тема-Периф〉⇒〈Тема-С6, Место-О6〉

通常情况下,动词的一些角色配位中,总有一个被视为初始配位;(Храковский 1974; Падучева 1974:225)相应地,在例(1)和(2)中,а就是初始角色配位。

70年代的转换语法忽略了这样一个事实:态的变化和意义的变化实际上是有联系的;例如主动结构转换为被动结构被认为是句法上的变化。现在这种说法就站不住脚了:任何一个角色配位变化,也就是参项的句法位同既有的角色发生变化,都会引起明显的语用方面的差异,这些差异可以表征为参项交际等

---

① 对该问题的补充论述发表在《Russian Linguistics》, 2002, №2。
② 我们将动词人称形式中的句法主体称为主语,但在形动词和副动词中,主体就是动词人称形式的主体;否定句中的主体可能是以生格形式存在,参见第三部分第九章;客体就是直接补语,在动词的否定形式中有可能是生格形式。主体有可能在以下搭配中被用作"语义主体":评价主体、言语主体和感知主体等。(Падучева1985:182)
③ 这里我们标出了宿生角色(роль Тема),按照Talmy(2000)的说法,宿生角色被认为是位置发生变换的参项。

级(或句法地位)的变化,(16)说的是一位农民,其主位是农民;(1a)说的是强盗。下面我们将详细探讨情景、情景观念,情景观念中的参项,它们的角色、等级和等级分布,之后我们再谈角色配位问题。

第二节 情景及其参项

菲尔墨在60、70年代的研究中提出了深层格和格框架的概念。(Fillmore 1968a, b, 1977/1981)乔姆斯基(1981)将这一问题引入了生成语法的研究,并对术语作了变动:深层格被替换成主题角色。(参见 Gruber 1976;在 Dowty 1991、Van Valin、Wilkins 1996等人的论述中全面反映了该问题的研究现状)我们所使用的术语——语义角色和深层格一样在俄罗斯得到了普及。

2.1 参项与角色,参项与句法题元

词典中的词通常有几个词位。语句中某一动词词位的用法是对某一情景的描写。词位(或称说话人借助于该词位)是对非语言现实片段的观念化,它与我们所说的"情景观念"对应。这个观念包含着特定的一组参项。借助同一动词构筑的观念,但以不同的形态句法组态出现,其区别仅在于参项等级,如例(1)、(2)。在这种情况下,我们可以认为动词不同用法区别在于角色配位不同,意义却是一个。在例(3)、(4)中,动词在a句和б句中同样用于不同的句法组态,问题在于它们之间的区别是角色配位的变化,还是动词在a句和б句中表示不同的意义:

(3) а. Внешне он [гость] ничем не отличался от многочисленных остальных гостей-мужчин(ММ);

б. Сложением девица отличалась безукоризненным. (ММ).

(4) а. Тайна такого движения лежала в гибкости вещества, которым изобретатель заменил живые мускулы (Н.);

б. Легенда заменила настоящую правду.

对词义(或某一词位)的描写可以看成是某一典型情景的"脚本":必须指明情景参项及其特征;参项之间的相互关系和在它们身上发生的事件。这些特征、关系等等就构成了词位的意义。

在对动词(或词位)的词典释义中,每个参项都对应于一个变元。(Апресян 1974:120)而这些关系和特征又对应于一定的释义要素和带有这些变元的谓词。释义要素决定情景中的参项角色(施事、工具、宿生等)。(参见2.2节)

但动词在句子中使用时,扮演特定角色的参项一般都对应其某个从属成分,如,主语、补语和状语是句法题元(синтаксический актант)。而在词典中,

与一定角色参项对应的是句法位(синтаксическая позиция),即在某句子中动词句法题元体现为语言表述的句法形式。例如:грохотать 在 Солдаты грохочут сапогами.中的使役参项和声源参项,对应于主体和工具格名词。

参项的句法题元确定了它在该句中的观念和指称状况。观念可由单个词位给出,例如在句子 Бабушка читает. 中,Бабушка 一词提供给动词 читать 以施事参项的观念;也可以是由名词性短语给出,例如 Машин учитель рисования заболел.动词 заболеть 的话题参项观念由 Машин учитель рисования 给出。不同情景中参项的指称状况也不相同,专有名词(Маша, Варшава)通常有具体的指称,也就是说在具体的语句中它们同具体的客体相关;无具体指称通常表现为量化的形式(всякий учитель, какая-нибудь иностранка),尽管也可能用更复杂的形式表示。(Падучева 1985:79—102)

除了角色和句法位,词典中的参项还与分类类别相对应(如 ЛИЦО, ПРЕДМЕТ 等)。(逻辑学中这是变元的各个域或谓词的范畴前提)(参见第四章)

在语言学中,变元是释义中用于参项的名称,(例如,拉丁字母 X, Y, Z 等)字母证同释义中各种要素组成中的参项,由于规约未表述完整,也可能代表同一个词不同词位中角色相近的诸参项。

因为参项首先是角色,不同的字母必须代表不同的角色,也就是说使用这些字母不仅起证同作用,还有区分角色的作用。在词典框架中变元不具有意义(角色还没有具体扮演者);但它们能够被量化,在释义中可以纳入不同角色参项必须共指的信息。

因此,句子中一定的角色参项通常与表达它的句法题元相对应。但并不总是如此:由于各种原因,表达一定语义参项的、从属于动词的句子成分原则上可能不出现。其原因一般有:

1. 释义中提到的参项如果是内包参项,在动词的初始角色配位中就没有对应的句子成分,例如在动词 видеть 描述的情景中,肯定有眼睛的参与,(Апресян 1995:145)但不能说,*Он увидел ее глазами. 因为 глаза 是内包参项。(参见 2.3 节中对内包参项的有关论述)

2. 观察者参项没有对应的句法题元。(有关观察者参项的论述参见 2.4 节以及第三部分第二章)показаться 描述的情景中,一定有观察者——体验角色参项,但它却不能被任何句法成分所表示:(摘自 Апресян 1986a)

(5) На дороге показался всадник.

一般情况下,观察者与说话人是同指。(Падучева 1996:266)

3. 由于词义特殊,参项没有显性表现,而以指示性方式体现。(参见第三部分第七章中有关 прийти 的论述)尽管 взять 是移动动词,但终点并未明确,因为在动词的初始用法中,终点是以指示性方式确定的。在句子 Зачем ты взял со стола яблоко?中,首先是指在某一时间段拿在其手上的苹果;(Рахилина 1990:

100—101）终点如果被表示出来的话，就意味着взять的词义发生变化：Он взял эту книгу в Германию. 表示 'взял с собой, переместившись в Германию.'

4. 如果在释义中与参项对应的变元被量化——词或词形，参项也有可能不出现。量化经常发生在情态上下文中。例如чувствуется在例（6）中的意义由（6#）（它显示出泛化的施事）给出：

（6）Прогресса не чувствуется;

（6#）X-а не чувствуется ≈ 'никто не может почувствовать X'.

同样道理，катастрофа не просматривается; Плохие новости лучше продаются.（Жванецкий）

5. 参项有可能在动词的某一派生角色配位中不出现。例（7）中，行为的目的在于把"冗余部分"去除；该冗余参项可意会，但不可出现在当前的角色配位中。

（7）вымел пол = 'вымел мусор с пола';

прополол грядку = 'выполол сорняки с грядки';

вытер стол = 'вытер грязь/пыль со стола'.

在内含否定意义的动词中，某些参项常常在句法上没有体现。例如：промахнуться = 'целиться в Y из Z-а и не попасть'；（Мельчук, Холодович 1970）动词промолчать = 'не высказаться по поводу' 的原因只有在上下文中才能明确。

（8）Тютчевская публикация в "Северной лире" весьма значительна. Ее положительно оценил "Московский вестник". Ее благосклонно встретил Вяземский. Пушкин промолчал.（Г. Красухин. Великий спор）

参项不出现有可能纯粹是句法限制。阿普列相（1974：128）认为，同一动词的工具参项和材料参项如果都要求工具格，它们是不可能同时出现的。不能说 *писать письмо авторучкой синими чернилами.

（9）а. его левая рука судорожно хрустела бумажками;

б. * левой рукой он судорожно хрустел бумажками.

借助参项可以很容易确定配价的概念：动词的语义配价就是参项的语义角色（如побить有两个参项：施事和受事，相应地，它就是两价动词）；句法配价就是用以和句中执行既定角色相对应的语言表达式的形态句法形式。

2.2 角色的语义依据

每一个参项（它的名称），在释义中都纳入到一个或几个要素中，这些要素构成该角色的语义依据。（Jackendoff 1996：60）

我们已经知道的角色有：施事、原因、地点、起点、终点、工具、材料、对象等等。施事就是参项X，与它相关的要素是'X的行为带有目的'；也就是X是行为的发出者。(Wierzbicka 1980a:162)工具是参项Z,Z作用于Y,此时还存在施事,他将Z置于行为中(也就是使用Z)来达到自己的目的。在材料角色的语义依据中,除了工具角色的要素外,还有'Z在活动过程中被损耗或开始与客体处于接触状态'的要素;(Апресян 1974:128)比如:看门人将水通过水龙带注入水池,水(材料)留在了水池(与之处于接触状态),作为工具的水龙带,然后会被收起来。运动动词本身决定了起点和终点参项的存在,地点动词决定了地点参项的存在,原因参项(也就是使役者,但不是施事)是事件或状态X,它与要素'X导致或作用于Y'相关。Приезд жены [X] нарушил привычный распорядок жизни [Y]. 如果在动词的释义中有要素"X让Z知道或发生什么",Z就是对象角色;如果释义中有要素"Z开始好转",Z就扮演受益者角色;如果在释义中有要素"X拥有或加工信息Y",题元Y就是内容角色,例如:читать(книгу), решать(задачу), обдумывать(проблему), знать(о приезде)。与感知者相关的要素是"X感知(看见、听见或感觉到)Y"。

也有人认为施事和受事不是角色,而是超角色。(参见 Lakoff 1977, DeLancey 1984;试比较 Van Valin, Wilkins 1996 中对макророль的研究)原因在于,规定受事角色的不同动词具体的释义要素可能有异;所有受事的共同点是:受到作用或被改变,某一规格参数可能发生变化(Y увеличил X);或状态发生变化(У успокоил X);客体可能出现或消失(Y построил X; съел X),还有一个超角色是宿生,该角色被划入特征载体;但宿生角色也用来表示移动的客体:

Новорожденный весил 4 кг; Иван хромает; Принеси чашку.

同一动词的参项之间互相有联系。一方面,有些参项在同一动词中可能不兼容:原因参项同工具参项就不兼容;另一方面,某一参项的存在能够预测到另外一些参项的存在:受事决定了施事或使役者的存在;材料(和工具)决定了动词中存在施事参项。(Fillmore 1977/1981)

历 史 补 遗

有必要说明 下我们提出的语义角色在其他类似主张中的地位。我们根据两个最重要的参数进行对比:将角色同交际等级分离以及确定角色的方式。

菲尔墨(1977/1981)将交际等级作为深层结构转换到表层结构的出发点,尤其在确定主体或客体的句法位属性时,提出了交际等级这一概念。但在他的等级序列中没有话语外这一等级,这就无法展示情景画面的全貌;至于通过释义对角色进行语义说明,在菲尔墨的研究中也没有反映:角色归入某一参项依据的是很模糊的规则。

在阿普列相(1974)的研究中,没有把语义角色同交际等级分离开:主体、客体与工具、地点并置到同一角色序列中。另一方面,从历史发展的角度看,这毕竟是第一本著作,它对大多数角色(这些角色当然有别于施事、受事、感知者、使役者等,它们是由处于主体或客体等级的参项来扮演的)作了语义界定,语义界

定方式也得到传承。(Jackendoff 1990)

在ТКС中没有预见到把不同词语的语义角色视为同一的现象:参项的角色差异只是表现在动词描述的情景中。例如вырезать的一个意义中有以下角色:1[кто вырезает],2[что вырезает],3[чем вырезает],4[из чего вырезает])1—4都与深层句法题元相关,对вырезать而言,理想的状况是,1对应于主体,2对应于客体,3和4则对应于边缘题元。但深层句法题元与交际上的以及其他任何内容上的区别都无联系;如скорость的第1和第2题元(即回答问题[чего / кого]与[каково значение величины]的参项)将不再是主体和客体。(ТКС:80)而且参项还用X、Y、Z、W等变元表示,在角色配位发生迁移、产生互有联系的换喻意义时,细心的读者会根据这些变元探寻参项迁移的轨迹。

在认为角色没有语义依据的主张中,曾经列举出一些划分角色的各种原则。这些原则从语义分析角色的观点来看已变得多余。

原则1:有些角色对所有动词而言都是必备的。这不可行,例如резать和лежать的许多角色是不交叉的。

原则2:同一参项只能扮演一个角色。这也未被遵守。同一个参项可能出现在数个不同的释义要素中,自然能够扮演数个不同的角色。例如:在извиниться перед ним搭配中,同一个人既是对象也是受益者;(还可参见Падучева, Розина1993的关于地点/受事,受事/材料双重角色的研究)在下述句子语境中,上述双重角色被赋予题元бассейн和вода:

(10) Сторож наполнил бассейн водой.

阿普列相(1974:129)还对所谓的兼容配价进行了研究;例如在ехать на пароходе中,句法题元на пароходе对应于两个参项:工具和地点。(参见Муравенко1998)杰肯道夫(1990:60)的研究给动词to chase(跟随)如下的释义要素:

'Y движется',(Y在运动)

'X движется по тому же пути, что Y',(X沿Y的路径运动)

'X хочет прийти в контакт с Y-ом'.(X想和Y产生接触)

由此可以看出,X扮演两个角色,而Y是三个。

原则3:同一动词的两个参项不可能扮演同一角色。这一规则也没遵守。在带有配合施事(Контрагент)参项的动词中(покупать, продавать),实际上有两个交际等级不同的施事(一个处于核心位,另一个处边缘位)分别作用于不同的受事。禁止同一角色的复现可能出现在句法层面中,例如俄语(其他语言中也有类似的禁忌):同一动词不可能出现两个非并列四格。

2.3 内包参项

很多动词都有内包参项。如глаза对于 видеть, уши对于 слышать, ноги对

于 ходить, руки 对于 держать, принести, взять 等等。(在 МАС 词典中对 брать 的定义是 принимать на руки, схватывать руками；身体的其他部分也很容易被内包)同样道理，голос 对于 говорить, огонь 对于 гореть, звон 对于 звенеть；对于其他声响动词也如此，比如 пылесосить, утюжить 等都内包了相应的工具。(参见 Бирюлин 1984；Jackendoff 1990：61；Kiparsky 1997)

与其他参项性质不同，内包参项并不是变元，在词典中就已经能把它准确地记载到每个词位名下。内包参项的指称状况可能是类指(如在观念化情景 он женат 中，内包参项 женщина 的指称就是类指)，但内包参项经常依附于情景其他参项的所指，并有事先确定的指称。(参见 Падучева 1985：151)例如动词 видеть, целовать 的参项 глаза / губы 是整体中的部分，所指取决于 видеть 和 целовать 的主体。在句子 Мы все его видим. 中，在观念化情景中不仅有一双眼睛，而是每一个目击者都有自己的一双眼睛，于是产生了"均分单数"，(参见 Падучева 1985：157；А. Шмелев 1996：85)它是具体指称的类似现象。

当动词用于初始角色配位时，内包参项处于话语外地位，它没有对应的句法题元。只有在句子里，对释义给出的观念增加了限定语(атрибут)或量化词(квантификатор)的情况下，内包参项才能在表层结构中出现：

(11) Простым глазом мы может увидеть около 6 тысяч звезд (Зощенко. Возвращенная молодость)；видел своими глазами；Я своими полуслепыми глазами и то вижу, что рубашка неглаженая；видел одним глазом(*вижу глазами)

(12) поднял мой рюкзак одной рукой (试比较 *поднял рукой；поднял руками).

(13) уздечки звенели тихим звоном(试比较 *звенели звоном)

可以说，此时内包参项"外显"了：从话语外位进入前台，成为变元，获得了角色和句法形式，并构成动词的派生角色配位。

例(14)的有趣之处在于，在没有限定语和量化词的情况下，参项 ноги 外显了，显然是因为动词 прийти 的要素已减少，此时 ноги 并不是情景参项：

(14) Неужели Х. жив 〈...〉потому что он может прийти на это собрание, а Марсель Пруст потому, что он никуда уже ногами не придет, — мертв (Цветаева)

所谓非专指客体(参见 Levin1993：27)的省略在一定上下文中可以看成参项内包。实际上，如果必备参项类似于 глаза 相对于 видеть 的情形，也就是说，如果这一观念对谓词的范畴前提不能做任何补充，它在句中就没有相对应的句子成分。例如，женат 的第二个参项的范畴前提是 ЖЕНЩИНА；因此，

(15) *Он женат на женщине. ⇒ Он женат.

Он женат 与 Он на ком-то женат 的区别在于, женщина 在前者内包于动词, 因而话语中没有, 在后者则置于前景中。

例(16)显示, 内包参项有可能是不可或缺的。письмо 决定了必有收信人; 但在没有任何收信人信息时, 也就没有交际上突显他的必要, 这样收信人内包于动词:

(16) *Это письмо от обвиняемого кому-то ⇒ Это письмо обвиняемого.

在词位的词条范围之内, 顶多在一个词所包含的诸词位范围内, 变元等同于参项。同一句法位并不能毫无歧义地给出参项, 因为角色配位是要发生变化的; 句法位也不能决定角色, 因为同一个参项可能扮演不止一个角色, 而且不排除不同参项有可能扮演相同角色。(Dowty 1991)句法位也不能给定分类类别, 因为不同参项的分类类别可能相同, 例如 разговаривать 的两个参项都属相同的主题类别: 人。但在不产生歧义时, 参项可按自己从各种角度限定的名称命名: "主体参项"、"施事参项"、"地点参项"。不妨简化一点, 可把内包参项(它在初始角色配位中没有变元表示)等同于它的词位, 如, 可以说 слышать 有内包参项 уши。

2.4 参项的交际等级

现在我们回到参项的角色及其相应的句法位的关系上来。理由是参项的句法构成不仅取决于角色, 还取决于参数, 也就是交际等级(коммуникативный ранг), 后者至今没有得到应有的重视。(Dik 1989:209; Gruber 1976; Givón 1990; Тестелец 2001:420; Кибрик 2003:121)等级是参项在话语主题层级中所占的位置。(参见 Croft 1991:151)

语义角色取决于参项在动词所描述情景中的运作, 比如说有施事、工具、对象、地点等角色。而等级是语用特征, 它通过参项与说话人关注焦点①的关系来规定参项。主体和客体是进入关注中心的参项; 其他参项处于关注的边缘; 除此之外, 情景参项在动词的句法层面中还可能没有表现, 也就是在边缘之外, 在话语以外。如例(5)和(7)中动词 показаться 的观察者参项。

等级概念反映了这样一个事实: 主体和客体与句子其他成分的对立在交际上是很明显的, 它发挥着一定的语用功能。动词的角色配位按照一定的顺序编排着参项, 有时甚至 "不管" 它们的角色。例(17)中, 按照自己的角色可能处于边缘地位的参项却是主体:

(17) Его рассказы [Место] пестрят междометиями;
Эти реки [Место] изобилуют рыбой.

---

① Fillmore(1977/1981)用术语 "前景"(перспектива)表示关注焦点, 该术语显然出自于 Р.Якобсон(1936/1985)的研究, 在 Якобсон 的研究中, 进入前景的中心格与未进入前景的边缘格相对立, Dik(1989)的研究也用了前景一词, 相应章节称为 "Perspectivising the state of affairs: Subject and Object assignment"。

动词содержать在句子Книга содержит массу опечаток.中的意义，同样发生了角色配位的迁移：地点参项对应于主体等级。

说明：角色配位反映编排次序如同词典和句法给定的那样，如同大家默认的排列（Dowty 1991：564）它可能在线性语调中被修正。在句子Нами были получены следующие данные.中，被动态将施事从词典中规划好的主位（тематическая позиция）上撤下；试比较Мы получили следующие дынные；但线性语调结构将其还原到原先位置，在此例中的施事补语位不是主位。(Mel'čuk 2001)

维日彼茨卡(1980b：70)提出的思想对等级概念的形成有重要意义。在例(18)中，从(18a)转向(186)，地点参项提升了交际等级，宿生参项降低了等级。

(18) a. загрузил <u>наши кирпичи</u> на свой грузовик；

　　　б. загрузил детский грузовик <u>кирпичами</u>.

在例(19)中也是如此。在(19a)中参项щель(占据客体位具有高等级)是关注对象，在(196)中деньги是关注对象：

(19) a. заткнул щель ватой；б. заткнул деньги в щель.

反方向运动中的隐匿现象。Veyrenc(1980)把反身动词分为两类：自反型和隐匿型。自反型动词(如одеться)的主体仍保留原先的位置；隐匿型动词(如сломаться, открыться)中主体退居边缘地位或话语外(Ветер открыл окно—Окно открылось.)

对角色配位的界定应该还要注意这样一个问题：角色可能不完全独立于它的句法位。配合施事参项应该占据边缘位置，否则它就是施事：(Апресян 1974：127)

(20) Я получил от него указание；Я знаю это от Ивана；Она родила ребенка от иностранца.

材料参项不可能占据客体位。(Fillmore 1977/1981：528)而受事恰恰相反，应该占据客体位。

说明：Dowty(1991)认为不存在完全取决于前景(也就是等级)的角色。我们认为是合理的。这里指的是图像和背景概念，Talmy(1985)把它们看成角色。如，Talmy认为图像在Дерево рядом с домиком.中是дерево. 在Домик рядом с деревом.中则是домик.

第三节 必备参项和非必备参项

　　动词在句子中往往有很多各种附属于它的形式和带前置词的格形式、副词和副词群等。它们都表示动词观念化情景中的某些参项。一般认为,参项(所指)一如从属于动词的形式(能指),可分为两类:题元(就所指而言;相应的就能指而言,则是句法题元)和副题元(针对所指而言;相对能指来说,这是状语;因为没有句法副题元这一术语)。这些术语分类来自于Теньер的研究,实际上是来自于把句子中的状语同主语和谓语区分开来的传统语法。例(1)中,я和дыня是句法题元(题元),на улице就是状语(表疏状的副题元):

　　(1) Я купил дыню на улице.

　　题元和副题元是情景中的主要和次要参项。这种分类有利于解决很多问题,但未必适合解决其他问题。(Успенский 1977)因此,鉴别标准是很难确定的。(致力于该研究的还有Плунгян, Рахилина 1990, 1998; Падучева 1997а, 1998б; Филипенко 1998等,参见补录)

　　当涉及角色配位和动词态结构运算时,将参项分为题元和副题元就显得非常重要。(Мельчук, Холодович 1970)但原则上副题元同题元一起参与角色配位迁移。(Храковский 1998)因此,对于角色配位的概念而言这种分类意义不大。

第四节 题元消失问题

　　在第一节中角色配位被定义为参项角色与其句法地位(也就是等级)之间的相互关系。那么角色配位的迁移就是参项等级的重新配置,而动词态的变化就是有形式作标记的角色配位迁移。

　　不难发现,这些定义的立足点是:表示既定角色的诸参项的地位可以发生变化,而动词所有的与之相配的一组题元角色(语义价)却可以保持不变。但该定义的使用初期出现了一些问题:在变换过程中,该过程理应可纳入态的变化,也就是角色配位的变化,参项不仅会改变等级,而且还可能会消失。"无施事"的被动结构就是这样的例子:

　　(1) сообщается о потерях;
　　　　занятия проводятся на воздухе;
　　　　подача газа была приостановлена.

　　在主动态中,动词сообщать, проводить, приостановить有施事。但在被动态的例(1)中施事者不仅改变了等级,而且从反映该情景的观念中消失。在这种情形下,动词在无施事的被动句中的用法不符合通过角色配位迁移确定的态的定义。

但是仍然存在解释这种无施事被动句的可能性,这种可能性允许我们将这种情形重新纳入我们的定义框架中。普伦吉扬(2000:199)建议将例(2)中的不定人称结构,也就是主体为"不定人称",看作是例(1)的初始结构:

（2）сообщают о потерях;

　　занятия проводят на воздухе;

　　подачу газа приостановили.

这种情形下,在被动态结构中,该不定人称只是改变了自己的句法地位:从不言而喻的主体地位转换为不言自明的施事补语。

还存在另一种解释方法。例(1)中的结构借助于"非专指性施事缺省"的转换,有可能来自于施事的被动结构(1'):

（1'）сообщается ⟨кем-то⟩ о потерях;

　　занятия проводятся ⟨кем-то⟩ на воздухе;

　　подача газа была приостановлена ⟨кем-то⟩.

普伦吉扬(2000:214)把这种转换解释为"解释性的题元衍生"——省略非专指参项。例如,对例(1)同例(1')的关系的解释如同(3a)与(3б)的关系:省略了非专指性客体:

（3）a. Больной поел; б. Больной поел чего-то ⟨еды⟩.

在中性的去使役化动词中有时能够看到参项消失现象。普伦吉扬(2000:209)依照科姆里(Comrie 1985)的观点将例(4)解释为"降低题元衍生",也就是使役者丧失了题元地位,因此在去使役化情景中减少了一个参项。初始动词表示的情景如同某种积极的力量(也包括人)作用下的结果,而派生动词表示的情景则没有外在施事,好像是自己发生的事变:

（4）a. Порыв ветра разбил окно;

　　б. Окно разбилось от порыва ветра;

　　в. Окно разбилось.

这样来考虑例(4)中a和б的语义关系与我们的直觉不符。在帕杜切娃(2001a)中,我们对разбить和разбиться之间的理据关系进行了研究。我们把它们视为两次迁移的结果:1.去使役化,它是类似于被动结构的普通角色配位迁移,没有改变参项数量;2.解释性的题元衍生,在没有得知使役者任何指称信息时,它允许情景中使役者参项的缺位:状态发生变化的原因可能不清楚,这不重要,或者相反,它在上下文中可以非常明显地被暗示出。去使役化与被动态实际上完全类似,区别仅在于:在被动态中使役者是施事,而在去使役化结构中使役者除了不能是施事,什么角色都行。这样,使役者在例(4в)中不确定的原因就如同(例1)中的不确定人称。

第五节 角色配位迁移

在第一节中我们把角色配位简化地表示为一组成对的形式(角色、等级)。角色配位的全貌应是一个表格,其中横行代表参项,竖行是参项的属性:第一纵行是变元,也就是参项的名称;第二纵行是它的句法地位(也就是等级),第三纵行是角色,第四纵行是它的分类类别。

角色配位是一种题元结构(角色结构)。格里姆肖(1990)使用的是术语是论元结构,但术语题元结构具有多义性:它还可以用来表示词位的一组角色,这样,词内在角色配位上有所区别的词位,可能有雷同的题元结构①。

与参项对应的一组形态句法位,我们称之为组态。如果发生变化的只是参项的等级,词的角色和意义的其他方面没有变化,组态的变化就是角色配位(等级)关系的变化。比如,主动态向被动态的迁移,如例(1)和规则(1#)(角色配位中的分类类别我们略去)

(1) Разбойники убили крестьянина; б. Крестьянин был убит разбойниками.

(1#)	X	Сб	Агенс		Y	Сб	Пациенс
	Y	Об	Пациенс	⇒	X	Периф	Агенс

动词的一组角色都没有变,因此例(1)中的组态变化是纯等级迁移;再来看看例(26):

(2) a. Я открыл дверь своим ключом;

б. Новый ключ открыл дверь без труда.

(2#)	X	Сб	Агенс		Z	Сб	Инструмент
	Y	Об	Пациенс	⇒	Y	Об	Пациенс
	Z	Периф	Инструмент		X	З/кдр	Агенс

该句中工具参项出现在主体的位置上,工具意味着有其使用者施事的存在,但(26)中没有。但施事只是在句法层面上没有,他仍保留在动词открыть所描绘的情景中(施事正是做出容易把门打开这一评价的主体),但在工具参项提升到主体等级时,施事退隐到话语外。因此,(2a)和(26)的相互关系仍是纯等级迁移。

背景中的参项提升到主体等级,是出现频率很高的变化过程。(O. Кузнецова 1966;Григорьян 1986,2000;Nishimura 1993)例如:

Этот могущественный предмет [деньги] с легкостью покупал все, что вам было угодно.(Зощенко. Возвращенная молодость);

Мне и рубля не накопили строчки(Маяковский).

---

① 在И. А. Мельчук(1974:70)的研究中,支配模式通过句法地位不相容的一系列复杂规则,给定的不是一个,而是同时给定词位的所有角色配位。

以下这些例子都是等级迁移：

Он загородил проход мешками — Мешки загородил(и) проход;

Эта новость наполнила сердце радостью — Сердце наполнила радость;

На рисунке изобразили пляшущих человечков — Рисунок изобразил пляшущих человечков;

Ветер хлопал дверью на террасе — На террасе хлопала дверь;

Сопротивление только укрепило ее намерения — От сопротивления ее намерения только укрепились;

Она смотрела вдаль усталыми глазами — Ее усталые глаза смотрели вдаль.

这种类型的等级迁移由于换喻和语义焦点的缘故而显得很有意思。(这种例子的换喻解释参见Д. Шмелев 1973:227)再看一例：

(3) a. Сигарета прожгла дырку на скатерти; б. Сигарета прожгла скатерть.

动词прожечь在使用时角色配位的变化，我们用(3#)来描述。类似的动词还有пробить, прорезать, проломить等。(Апресян 1974:205) Z 参项退居话语外，Y 的角色发生变化，它同时还是受事，因而表现出交际等级提升。

(3#)	X	Сб	Каузатор		X	Сб	Каузатор
	Z	Об	Результат	⇒	Y	Об	Место/Пациенс
	Y	Периф	Место		Z	З/кдр	Результат

动词резать在(4a)和(4б)中的用法，也是等级迁移：

(4) a. Я резал мясо тупым ножом.

б. Нож резал плохо, у меня вся рука в мозолях.

(4#)	X	Сб	Агенс		Z	Сб	Инструмент
	Y	Об	Пациенс	⇒	Y	Об	Пациенс
	Z	Периф	Инструмент		X	З/кдр	Агенс

在例(4в)中，резать 表示的不是(4б)中的过程，而是性能：

(4) в. Эти ножницы режут только бумагу.

但从(4б)而来的(4в)，动词分类范畴也发生了变化。因此根据模式(4#)所发生的配置变化才是纯角色配位迁移。

说明：例(4б)中话语外的施事只有在动词резать用于非能动过程意义时才出现。因为резать 的初始意义表示行为，这点使其区别于初始用法表示过程的动词гореть，后者描绘的情景并不意味有一个有目的行为的施事——无论是扮演使役角色，还是倡导者的角色。(гореть语义中的倡导者角色是Апресян1991提出的假设)虽然圆木的燃烧通常是因人点燃，但麦草不是。句子Дрова горят和Солома горит描绘的情景带有相同的一组参项。句子Дрова горят хорошо.中，由于хорошо的存在决定了评价主体的存在，但他们多半又是说话者。

在例（5）中，又是另外一种情形。配置的变化伴随着动词分类范畴的变化。

(5) a. Маша залила картошку водой; б. Вода залила луга.

参项вода在(5а)和(5б)中的分类类别不同：在(5а)中，залить是行为动词，вода是施事用来达到目的的材料参项，它的分类类别是集合物质；在(5б)中，вода的分类类别是自然力，充当使役者角色；与施事的区别是，使役者不能充当工具或材料使用；在(5б)中，вода还保留着(5а)中的分类类别，但作为次要特点，不再扮演材料角色。因此，例(5)中的转换不是纯等级迁移：除了等级，动词залить参项的角色和分类类别都发生了变化，动词的范畴，也就是它本身的意义也发生了改变。

还有一个更为复杂的例子：

(6) a. залить бензин [Y] в бак [Z]; б. залить бак [Z] бензином [Y].

我们将залить在(6а)中的用法视为动词的初始角色配位。在(6б)中，Z从边缘位上升至中心位，获得客体等级，这时参项角色也发生了变化：

(6 #) a.⟨Тема-Об, Место-Периф⟩⇒

　　б.⟨Место/ Пациенс-Об, Тема /Средство-Периф⟩

在对(6б)的角色配位迁移的释义中，包括要素'这样一来就改变了Z的状态'，该要素为参项Z提升至客体参项和成为第二角色——受事提供了理据。同时，转入边缘地位的参项Y也发生了变化：它的材料角色也变得清晰了。

我们在第二节中看到角色对句法位的依赖性。在从(6а)到(6б)的转换过程中，可以笼统地说，参项角色发生的变化是它们的句法位发生变化的结果：бак参项获得受事角色是因为它占据了客体位；而бензин扮演材料角色，是因为它降至边缘位。换句话说，新的组态表达了这样一个事实：改变油箱的状态是施事的目的。因此，如果说到角色，它们的变化可以被视为等级的表征；залить在(6а)和(6б)中的意义有可能是一样的。但它们之间有涵义上的区别，这种区别在角色层面上看不出来。(6 #)模式适用于这样一些动词，这些动词描述了'让物质（或者有弹性的物体）与事物某部位发生接触(沿内外表面、周边和横断面等）'的情景。(Падучева, Розина 1993)因此，(6а)和(6б)表示的是(6а #)和(6б #)：

(6а #)'X переместил Y [MACCA] в Z [MECTO]';

(6б #)'X переместил в Z [MECTO] Y [MACCA]; тем самым Z изменил состояние'.

(6а #)公式表达的是搬移：作用于集合物质；(6б #)表示的是状态的变化：作用于地点。因此例(6)中组态的变化导致了动词主题类别的变化：(6а)中动词是搬移客体动词，(6б)中动词是状态变化动词，因此公式(6 #)描述的角色配位变化不是纯等级变化。

'全部覆盖'语义是表面接触动词的特征,(Fillmore 1968a;Апресян 1974:279;Pinker 1989:78;Levin 1993:52)这一特征使例(6)这类动词受到关注。事实上,(6б)与(6a)的区别在于,它表示的是整个油箱都被注满的意义。

前缀за-承担了залить的"全部覆盖"义,它在(6б)中表示的是'全部'义,并以地点作为辖域。菲尔墨(1977/1981:528)认为,如果物体受到的作用是被覆盖,那么这种新的状态就成为把它纳入句子前景的依据。但'全部覆盖'意义本身未必能够决定参项的等级;但它能够将该参项纳入注意焦点,保证它的高等级。

在俄语中,具有(6#)公式角色配位迁移的动词数量并不多。实际上,为了使动词有两种角色配位,前缀在表示向终点搬移的同时,如(6a#),还应有状态变化意义,如(6б#),从而保证新的角色配位(Место/Пациенс-Об, Тема/Средство-Периф)。前缀за-具有这样的搬移意义,但搬移应该是到极限,如засыпать,завалить,загрузить等,(Зализняк 1995)застелить就没有这样的搬移意义,例如:

(7) a. *застелил скатерть на стол; б. застелил стол скатертью.

并不是所有具备(6#)公式角色配位迁移的动词都有'全部覆盖'意义。前缀по-不表示'全部覆盖'义,因此带前缀по-动词的等级迁移并不伴随'全部覆盖'义:

(8) a. посыпал соли на хвост; б. посыпал хвост солью.

(9) a. повязал платок на шею; б. повязал шею платком.

带有表示圆周运动的前缀об-的动词,也很难觉察到'全部覆盖'这种意义:

(10) a. обмотал шею шарфом; б. обмотал шарф вокруг шеи.

因此,与(1)—(4)例相比,(5)和(6)的组态变化不是等级迁移;它与使用频率很高,用于改变词典解释的词汇规则有关(лексическое правило/lexical rule),(Dowty 1979:360)这一规则改变的不仅是参项的等级,还有动词的主题类别,增添了'全部覆盖'的解释。简言之,用一个释义构建了另外一个释义。

如同其他词义参数一样,角色配位不仅区别一个词的不同意义,如例(7),还区别不同的词。宽泛而言,动词бояться和пугать具有相同的题元结构,但角色配位不同:

(11) a. бояться⟨Экспериент-Сб, Содержание-Об⟩

б. пугать⟨Каузатор-Сб, Экспериент-Об⟩

阿普列相(1974:256)将类似于бояться/пугать这样的词称为逆义词(конверсив)。应该说,真正的逆义词,也就是它们之间的语义关系应该是纯等级上的,它们即使存在的话,也很难找到。(对бояться和пугать研究详见第三部分第四章)我们在此指出,组态对动词的参项角色组成会有影响。试比较典型的逆义词купить和продать。不能说,被买的角色是商品:购买者获得价值;而商品是被卖出的东西。因此,得出与купить和продать结合的一组角色是不同的结论。换句话说,这两个动词的词典释义中,施事有不同的目的:购买者的目的是用钱来交换商品;而售货员的目的是用商品得到钱。

讲到角色配位,还应强调自反的特殊地位。如同我们所说过的,释义的变元不能用于去证同不同参项在指称上是同一的参项,因此我们对参项的各种限定不足以描述像自反化这样一类现象。例如,句子Слишком он любит самого себя.中有两个不同的参项,动词любить决定了两个角色。为了将自反化表述为角色配位迁移,应该在角色配位中纳入指称证同语,也就是有关参项间同指性联系的信息。(Храковский 1981;Geniušiene 1987:53)在普伦吉扬(2000:212)的著作中将自反描述为说明性题元衍生,而不是角色配位迁移。

第六节 角色配位使用范围的扩展

6.1 直接角色配位和间接角色配位

随着时间的推移,角色配位这一概念的使用领域逐渐扩大。(例如Крылов 2001对角色配位概念取广义的理解)一个不大典型的角色配位的例子是可支配间接问题(косвенный вопрос)和参数性名词(параметрическое имя)动词的直接角色配位和间接角色配位。(Падучева 1999б)在例(1a)中是直接角色配位:参项之一是选举的结果,(1б)是间接角色配位,选举的结果没有指出或不能指出:

(1) a. Американцы выбрали президентом Буша;

     б. Американцы выбрали президента.

间接角色配位的概念让我们发现了一个重要的句法现象——在某些主题类别的动词中,角色配位和体之间的对应关系。(参见第三部分第三章和第四部分第二章)例如在выбирают президента中,未完成体具有一般的常规意义,但在выбирают президентом Буша中未完成体形式只能用于历史现在时意义才讲得通。

带有参数的角色配位通常是具有超常搭配限制的句法结构。(Падучева 1980)如果动词的参数参项占据客体位,那么参数的值就不能被动词的句法题元来表达。(*выбрал себе жену Марию; *назначила цену своей любви смерть)用非实指名词表示的参数值可以借助同语性联系同参数名词联结,выбрал себе профессию машиниста; назначил пенсию в 500 тысяч,但从不和动词本身联系。

直接角色配位和间接角色配位能够区别一个词的不同意义和不同的词。动词решить在例(2a)中是直接角色配位,在例(2б)中是间接角色配位:

(2) a. решил уехать \; б. решил \, что делать_.

предпочесть 与 решить 区别在于前者只有一个直接角色配位：предпочел уехать \。

6.2 带有观察者的角色配位

带有观察者的角色配位表现在感知动词中。

（3）a. Охотник обнаружил на опушке следы медведя;

б. На опушке обнаружились следы медведя.

在(36)中，反身语气词显示了角色配位变化，去使役化的结果是感知对象（Перцепт）占据了主体位，感知者离开了(3a)中的主体位，退隐至话语外，成为观察者。

6.3 带生格名词组合的分解；带有外在领属者的角色配位

你的裤子破坏了这里的节日气氛

——С. Довлатов. Чемодан

角色配位迁移还包括生格词短语（ГГ）的分解[①]。例（4）、（5）中，a 是初始的角色配位，6 就是分解的角色配位：

（4）a. [Сын Маши Смит] пошел в школу;

⇒ б. [У Маши Смит] [сын] пошел в школу.

（5）a. [Жалобы этой женщины] мне надоели;

⇒ б. [Эта женщина] надоела мне [своими жалобами].

生格名词短语可以区分出中心词（5a 中的 жалобы）和从属于它的生格——生格名词或带有生格控点的词组合（5a 中的 этой женщины）。生格名词短语从广义上来讲表示的是领属关系，从这点出发，可以将生格称为领属者[②]，将中心词称为被领属者。(Payne, Barshi 1999)那么，依据吉布里克(Кибрик 2000)的观点，在(46)中具有带有外在领属者的结构，该领属者同被领属者一起直接从属于动词(у Маши 和 сын 从属于 пошел)，但是(56)就是升级了的领属者结构(领属者直接从属于动词；эта женщина 从属动词 надоела)。外在的被领属者占据了更为边缘的位置：жалобы 在(5a)中是第一格，在(56)中是工具格。两种分解都产生了带有外在领属者的结构，且在句法上同直接的被领属者分离。

在帕杜切娃(1974:235)的著作中，类似于例(4)这样的结构被解释为带有全句限定语(детерминант)的角色配位，（术语 детерминант 是 Н. Ю. Шведова 提出的，Мельчук1995:139 在讲裂价时曾提到）术语 детерминант 准确反映了事物的本质；领属者在初始结构中参与主体构成，在全句限定语中同整个句子相

[①] 这种现象被 Апресян (1974:152—155) 称为裂价。

[②] 在所有重要的关系中，领属词的短语的运作与生格词短语一样：мой сын пошел—у меня сын пошел; твои жалобы надоели – ты своими жалобами надоела.

关,具体说来,它还控制着其未表现出的替代者(以零位形式出现):

(6) [Диагональ ромба$_i$] [является его$_i$ осью симметрии] ⇒

[У ромба$_i$] [диагональØ$_i$ является осью симметрииØ$_i$].

与此类似,例(7)中,带有全句限定语角色配位的动词соответствуют出现了一个"多余的"句法位(与角色的词典配置相比而言)——相当于带有前置词у的全句限定语;动词的从属成分则相反,消失了一个句法位;谁的配价和谁的题元,则由全句限定语显示:(摘自Падучева 1974:325)

(7) а. Синтаксические валентности наречий не соответствуют их семантическим актантам.

б. У наречий синтаксические валентности не соответствуют семантическим актантам.

梅里丘克(1995:150)以人体部分这一分类类别做中心词的领属词组合为例,详细研究了这种类型的分解结构,并称之为焦点化。

Н. Д.阿鲁玖诺娃(1976:156-161)用下面的例子分析了带有升级的领属者和外在被领属者的结构:

(8) [Его проведение] меня удивило ⇒ [Он] удивил меня [своим поведением].

(9) [Величие гор] поражает ⇒ [Горы] поражают [своим величием].

外包参项(экскорпорированный участник)也属于分解结构:

[Ее усталые глаза] смотрели вдаль ⇒ [Она] смотрела вдаль [усталыми глазами].

领属词短语的分解显然是一种角色配位迁移,它如同传统意义上的角色配位迁移:参项的语义角色及其句法位之间的关系至少在两个方面发生了变化;在例(4)、(5)中出现了以下两个情形:中心词领属配价的禁止;动词句法位的增加,指例(4)中的领属者和例(5)中的被领属者[①]。

Д. Н.什梅廖夫(1973:226)探讨过这样一种角色配位迁移:

(а) Он осветил картину рефлектором ⇒ (б) Рефлектор осветил картину.

其中工具格参项转移至主体位,同时什梅廖夫以(в)为例提出反驳,认为工具格仍然存在:

(в) Рефлектор осветил картину слабым светом.

但从我们的语料分析中可以看出,(в)是(г)分解的结果,(в)也不能成为对(а)⇒(б)角色配位迁移的反证。

(г) Слабый свет рефлектора осветил картину.

[①] 带有多余配价的分解角色配位动词колотить(*колотил голову Петра ⇒ колотил Петра по голове)是支配模式的一种方式。(Мельчук 1974:137)

融合型和分解型角色配位的区别能够表现在自反标志中。下面的例子表现的是角色配位的另一个方面。例如：

[Голова куклы] вращается → [Кукла] вращает [головой];

[Направление ветра] изменилось→[Ветер] изменил [направление]. (摘自 Апресян 1974)

并不是每一个生格词短语都能发生并总是发生分解。其必要条件是谓词的静态性质，例(4)中，带有全句限定语结构成立的理由是пошел用作静态意义：'начал ходить в школу'。(参见第四部分第三章关于完成体语义的静态要素和事件要素的描写；以及Вайс 1999对前置词y的相关研究)试比较У Маши муж писатель 和* У Маши муж подарил мне свою книгу; 而 Окна гостиницы выходят на юг /Гостиница выходит окнами на юг只能在выходить用于静态意义时才成立。

这里出现的问题是：分解对句子的语义阐释有什么好处呢？吉布里克(2000)指出，俄语中生格词短语的分解可能在主体位、客体位和状态位。客体位上的分解很大程度上与特定的词汇有关。(参见 Podlesskaya,Rakhilina 1999) 我们只限于研究作为主位的主体和作为主位的状态的领属词短语，参见例(11)。在这种情况下，领属者的外位将领属者转移至主位，参见例(46)中的у Маши，而被领属者的外位将被领属者转移至边缘位——交际上的述位位置，参见例(56)中的жалобами。

总体上，角色配位迁移同交际等级的变化相联系，这是一个已经确定的事实。但是带有外在领属者的角色配位有什么特殊性呢？

吉布里克(2000)对分解语义进行描写时，使用了焦点移情[①]这一概念。(Chafe 1976/1982；Kuno, Kaburaki 1977：628)另外两个互补的概念更有说服力：自主指称(Keenan1976)和指称依赖(或所指)。(Падучева 1979,1985：151)这里指的正是名词对自己的论元指称依赖，例如，同其他的关系名词(如причина,часть等)一样，сын不具有自主指称；在例(4a)中它对名词Маша Смит就有指称依赖，而后者的指称独立于任何名词[②]。我们发现，在例(46)中сын已经不从属于论元，但仍保持着这种指称依赖。

基南将自主指称看成是主语的特征之一。主语的这种特性多半是由于它多在句首的主位上的结果(它在传统定义中表现为："主语是句子叙述的对象，即主位")。因此我们可以设想，存在一种更为普遍的句子建构的"指称有序化"原则，该原则把名词结构同它在句子交际结构中的位置联系起来(客体称名同

---

① 有学者将эмпатия定义为：将说话人"认同"为被描写事件的参加者。(Kuno,Kaburaki1977：628)

② 如同Langacker(1993)中指出的那样，领属的基本功能在于：一个实体是作为一个计算点而使用的，其目的是同另一个实体建立心智接触。

它在句子实义切分中的位置的联系详见Падучева 1978)：

对指称自主的名词(特别是带有说话人已知的指称)的研究应该早于指称上取决于它的名词研究。

因此，Маша Смит и ее муж搭配，在没有特殊的交际状语"激活"的条件下，当然比муж Маши Смит и она⟨сама⟩好。

如果句子有统一的"指称控点"，句中所有非自主名词都取决于它，而且它还占据句子的主位，句子就能够被成功构建出来。俄语中主语、带有前置词y的全句限定语(例(46))、以及任何在句首的名词性短语(ИГ)都可以做主位。因此，句子(56)比(5a)表达要好，因为其中的领属者由于迁移充当了主语。

如果指称控点同时还回指的话，情况会更好，这时代词和未出现的替代者受到控制：这就使构造指称紧凑。因此，(106)比(10a)表达要好，因为其中的领属者虽然不是主体，但由于词序的变化提升到了主位：

(10) a. Муж Маши побил ее; б. Машу побил ее муж.

例(11)中，指称上取决于领属者(非等边三角形)的不仅有边，还有角：

(11) a. [Против наибольшей стороны разностороннего треугольника] [лежит наибольший его$_i$ угол] ⇒ б. [У разностороннего треугольника$_i$] [против наибольшей стороныØi лежит наибольший уголØ i].

因此就有了全句限定语"创造新境界的角色"。(Богуславский 1996:444)实际上，它最终决定句中所有关系名词的配价。

紧凑简明的指称构造在有量化形容词的句子中起着重要的作用。因此(126)要比(12a)好：

(12) a. [Биссектриса угла при вершине всякого равнобедренного треугольника] является осью симметрии ⇒ б. [У всякого равнобедренного треугольника] [биссектриса угла при вершине] является осью симметрии.

指称依赖表现的另一个领域是反身代词。指称不独立构成循环圈词组(如слуга своего господина)，指称不彻底，也就是没有具体的指称。(Падучева 1985:203)

说到移情(эмпатия)概念，严格说来，它只是用在表人名词中。因此，它可以与观点载体(НТЗ/носитель точки зрения)相比对，后者在Падучева(1978)中是以例(13)来说明的：

(13) Однажды царь жестоко поссорился со старшим сыном и в припадке бешенства избил его [НТЗ—царь]. От страшного потрясения и побоев царевич Иван слег и скоро умер [НТЗ—царевич Иван]. Смерть старшего брата [НТЗ—Федор] открыла

перед Федором путь к трону.

显然,在最后一个句子中观点载体不占据主位。

有学者以带有领属者的领属词短语为例对移情焦点概念进行了说明。(Kuno, Kaburaki 1977)例如,(14a)比(14b)要好,因为(14a)中移情焦点——指称独立的名词——位于主位上:

(14) a. John hit his Wife; b. Mary's husband hit her.

但是这样的现象也可以用非表人参项的句子来说明,(15a)比(156)要好:

(15) a. Событие более важно, чем его причина;

б. Причина события менее важна, чем само событие.

如果参项不是表人名词,那么说话人可以同句子中的谁等同起来呢?也就是站在谁的立场上呢?但这里关说话人什么事呢?说话人只是在认定他参与了主位确定的时候才重要。这里更重要的是听话人,他能够从主位上有独立指称的名词开始很容易地就逐一确定指称。

由于移情的概念并不明确,有时容易把它和观察者相混。有学者将теряться存在两种理解的原因归于移情的区别:(Israeli 1997:24)

(16) a. Когда мы с Максимом ходим в универмаг, он всегда теряется;

б. Когда я вхожу в этот огромный универмаг, я всегда теряюсь.

其实,只需说明теряться的两个意义(两个意义在MAC词典中都有界定):前者属于感知动词类,需要观察者的参与(потерялся如同нашелся, утратился等词,要求有这样的观察主体,该主体刚一开始注意某种东西,后来就不再注意什么了),而后者则表示情绪'由于激动不知道该怎么做',它并不需要观察者。两种情况都与移情无关。

6.4 双重角色

由于一个句法题元可能同时兼有多个角色,参项角色和地位之间的相互关系变得复杂。来看例(17):(该例出自Вайс 1999,我们将给它另一种解释)

(17) Проблема залога обсуждается у Пешковского.

这里的问题在于如何确认被短语у Пешковского表示的参项语义角色。

下面的角色配位迁移系列改变了动词обсуждать(ся)的参项等级:

(18) a. В своем "Синтаксисе" [Y] Пешковский[X] обсуждает проблему оалога[Z];

б. В "Синтаксисе" [Y] Пешковского[X] обсуждается проблема залога[Z];

в. У Пешковского[Y/X] обсуждается проблема залога[Z].

从(18a)到(18в)中可以看出,前置词y+生格短语具有双重功能:第一,它可以表示施事(у Пешковского обсуждается Z ⊃ 'Пешковский обсуждает Z'),第二,换喻性地表示被施事创作的文章,在这些文章里讨论Z(у Пешковского обсуждается Z ⊃ 'в текстах Пешковского обсуждается Z'）：前置词у+生格短语在言说动词（参见第三部分第六章）中表示必备篇章参项（участник Текст）。

例（18）中表示的角色配位关系转换适用于很多言说反身动词，如 у Х-а излагается, оговаривается, рассказывается, описывается, обсуждается, сообщается 〈на первой странице〉, объявляется, отмечается, замечается, упоминается 等等；也适用于仍以篇章作为其结果的一些心智动词：у Х-а исследуется, расследуется, изучается, анализируется, вскрывается, выясняется 〈причина〉, определяется〈так-то〉, вычисляется, устанавливается 等等。有趣的是，结构上相近的例（19）中，并没有兼有几个角色的参项，跟例（18）一样，前置词у+生格短语表示的是篇章总和，不表示动词прослеживать的施事：

（19）Эта мысль прослеживается у Тютчева.

综上所述，我们得出如下结论：不存在任何一个能够"客观"地存在于某一个现实片段中的客体。一切取决于对现实片断的观念化，而观念化则以说话人选择的动词为前提。（参见Успенский1977:78）取决于说话人在使用该动词时，在既定角色配位中，该片段中突显的是哪些客体。角色配位是动词词义的重要参数，它对于揭示不同上下文中词义的统一性不可或缺。即使参项交际等级变化不是改变动词句法上下文产生的唯一结果时，也应该考虑到它①。

---

① 作者在此对本章初稿提出建议和批评的专家Барбар Парти, В. Б. Борщев和Е. В. Рахилина表示感谢。

附录
题元和副题元

我们这里分别探讨几个涉及到将参项划分为题元(актанты)和副题元(сирконстанты)[①]的问题,并向大家说明,这种划分会因任务不同也随之变化。

任务1 参项在词典中的信息表征。在"Смысл ⇔ Текст"经典模式下词典给出的只是动词的题元信息,这些题元就是与释义中的变元对应的参项。并认为副题元信息应该包含在语法中,在单个词的词条释义中。例如,原因状语是用一大批前置词表示的,如от, из-за, с等。(Иорданская, Мельчук1996单独描述了每一个前置词的意义和搭配[②])

实际上并不存在确定参项题元地位的标准。梅里丘克(1974:134)指出,"情景的参项取决于……相应词语的释义";准确地说是题元来自于释义。根据阿普列相(1974:21)的观点:如果没有它,便无法给出释义,则该参项就是必备的(即题元,Апресян没有使用副题元这一术语)。与此类似,И. М.博古斯拉夫斯基(1996:23)也指出:题元是"为保证对词的释义做到穷尽和不冗余,在释义中必须提及"的参项。

为确定题元,释义者使用的是特殊的结构原则:题元发挥着语义区分的作用——一个动词与另一个动词的区别在于题元组成。例如:"钱"的参与区分了"买"和"拿"的情景;"工具"的必须参与使высечь区别于побить,为了высечь,必须使用工具,而побить可以用手,因此动词побить的工具多半是副题元[③]。必用工具使动词прибить区别于прикрепить(Апресян1980:55),动词резать的工具是必备参项,它就是题元,因为在释义中必须指出它有锋利的刃。(参见резать在ТКС中的释义)但是该结构原则并不总是行得通。

另一个原则是语义上的必备性。博古斯拉夫斯基(1996:101)指出,题元是动词描写情景的必备参项,而副题元是非必备参项。

该必备原则并没有得到公认。根据阿普列相(1974:125)的观点,题元可能是语义上非必备的。例(1)和(2)似乎就证明了这点:сказать⟨что-то⟩可以只是为表达自己的思想,也可以作为对以前说过的话的回应:

(1) Что он сказал?;

(2) Что он на это сказал? [参项на это就是非必备参项]

再一例:побить可以表示由于什么原因欧打(за что),也可以表示只是这样做:

(3) а. Его побили хулиганы;

б. Его побили за предательство. [参项за предательство是非必备参项]

但是非必备参项由于和释义中引进它的要素对应,它能够改变词义[④]。那么就每一个词位(也就是特定意义的一个词)来说,所有的题元都是情景必备参项,在例(2)中短语на+四格改变了动词的主题类别,变成了反应动词,属于这类动词的还有ответить, возразить,

---

① 题元和副题元的划分与传统语法中主语和状态补语相对。(Мельчук1974:287)美国语言学中类似的对立关系是用术语аргумент—адъюнкт表示的。

② 这种情况下,在前置词词条中编制的搭配规则,仍然要求考虑其语义特征(如可控性、意愿等等),这些特征应当在动词词条中有明确显示。

③ 为了бить/колотить,必须将两个参项进行接触;(Мельчук1974:136)但是,在句子колотить бутылкой по забору中,没有一个参项不是工具。

④ 非必备要素是两个释义的析取关系,其中一个释义包含该要素,另一个没有。(Урысон1998)

отказаться；нахмуриться，побледнеть等等。通常情况下，不带за что-то的动词побить在（36）中的意思因要素"为匡扶正义而遭受损失"而扩大，(Падучева1997a)动词的主题类别因而发生变化，变成补偿动词，如оштрафовать, поблагодарить等等。

例(4)、(5)显示，交际对象题元的缺失改变了动词сказать的意义：

(4) Неужели он сказал это вслух?

(5) Ты сказал так тихо, что никто не слышал.

根据维日彼茨卡(1996)的观点：动词сказать要求对象参项作为必备参项。实际上，сказать在例(4)、(5)中只能使用сказать. 但是这里的сказать ≈ 'произнести'，只有在情景中有受话人时，才能把'произнести'意义转换成更加常规的'сообщить'意义。

例(6)中，带前置词перед的短语给动词краснеть赋予'стыдиться'的意义。

(6) Мне еще придется перед ним краснеть.

但是即使在认可了词位题元必备原则的情况下，还不能解决问题。因为把通常认为是副题元的参项当作是非必备参项的观点并不正确。同真正的非必备副题元（如目的或原因）一起的，还有这样一些副题元，它们是根据情景的必备参数来描述情景：不能够从行为中取消时间（如果对Когда произошло? 的回答是Никогда，这表示的是'не произошло'），也不能从运动（如跑步）取消速度，从声音中取消响度等等。(Падучева 1997a, Филипенко 1998)副题元参项的必备性取决于于它是否是参数或限定语，例如，如果该情景中有时间参数，该参数肯定会具有某种意义。

因此，释义要求在动词反映的情景中分离出一组有特权的部分——题元：词典为它们标明了角色和句法地位，副题元的角色与句法地位则不一定要标明。

任务2 在句法层面上描写搭配性能。这里出现了一整套新的标准。

1) 句法上的必备性：题元在句法上是必需的，也就是说，没有它句子就不正常，副题元不是必需的。

这个标准相对于副题元来讲是正确的。因为事实上副题元可能一直没有。例如取代例(1)可以说(1´)Я купил дыню；但对于题元来讲未必合适，因为我们知道，题元有时会被"缺省"。例如Иван пришел.在语法上是正确的，虽然动词прийти有表示终点的必备参项。

存在各种形式题元的缺省情况——句法零位形式，它们具备一定的解释规则：

а) 零复指：

Ты был в Париже, а я не был = ['не был в Париже']；

б) 指示性解释（дейктическая интерпретация）：

例如Ваня пришел = 'пришел сюда'；句子Он убежал中，可能不知道跑到哪去(куда?)，但如果不知道从哪里跑(откуда?)，此时句子毫无意义——因为变元与指示相关。

в) 量化：

Он скрывает свое прошлое = 'скрывает от всех'；отличается мягкостью = 'отличается от всего/ от всех'。

г) 参项内包：

该题元通过衍生的阐释性题元可弄清楚，因而可以省略。例如он читает, он ест, он женился. 句子Он поехал в Варшаву.中，缺少了交通工具参项，这一参项对ехать来说是非定指的。

显然,只有考虑到这些缺省规则时,谈及题元的句法必备性才有意义,而且参项的语义必备性与其相应句法位上的必备性之间并无直接联系。例如поселиться的地点参项句法上是必备的,выбрать表示从中选择的集合参项则不是,尽管二者在语义上都是必备的。

2) 选择性(избирательность)。题元具有选择性,因此每一个动词的题元是具有个性的;而副题元则没有选择性,它能够同很多或者所有的动词搭配。这一结论会产生这样一个命题:同题元的搭配关系应当在词典中得到描写,其余的则在语法中体现。但该结论不能理解为:情景中若出现副题元,动词同副题元的搭配就没有任何限制。(对这一观点的反证参见Плунгян, Рахилина 1990)

我们对动词同副题元的搭配性能的研究关注还不够。但是我们知道动词同时间状语搭配的语义限制。(参见Падучева 1996:172)例如,时间标志词不能同恒常性能的动词搭配。动词与地点状语的搭配同样也受到严格限制。(参见Падучева 1996:149)有很多静态动词不能同地点标志词搭配(*Он всюду претендует)。我们熟悉的例子Я знал ее в Париже.中,地点状语实际上做时间状语,因为地点状语在该情形下不合适。(Maienborn 2001)甚至原因状语也不能同所有的动词搭配,例如同表示自然现象的动词(расти等)不能搭配。(Мельникова 2002)

3) 习用性。长期以来这种观点一直占上风:副题元参项的句法表达形式的习用性不及题元。非必备参项的表达就是非习用性的,这种观点并不正确。(参见Иорданская, Мельчук 1996的俄语中原因副题元表达的复杂系统)

相反,很多题元的表达并不具有稳定的习用性。一般情况下,施事总是以主格形式出现,工具总是以工具格形式出现,对象总是予格形式,但动词стрелять工具的特殊形式(из ружья)与从里到外的运动形式的语义特点相关。

4) 句法限制。(Плунгян, Рахилина 1998)虽然语义特点在确定参项题元时被视为首要条件,但实际上参项的题元地位并不完全独立于句法。不管被主语或直接补语表示的参项扮演什么角色,它都是题元。反之不成立:状语也经常是题元。如поселиться в, уехать из, выбрать из等。

关于这一点我们来看看原因参项——非能动的使役者,如果它不是主语的话,它的题元地位就得不到保障。(参见第四节)在例(7)中,词组порыв ветра的角色在(7a)、(7б)中是一样的,但在(7a)中的使役者毫无疑问是题元,而在(7б)中的作用就有多种解释:

(7) а. Порыв ветра распахнул окно; б. Окно распахнулось от порыва ветра.

句法限制在分析阐释动词时可能会比较合适,如изловчиться:

(8) Попугай изловчился и укусил меня.(摘自Богуславский1996)

假定动词和它的题元之间是句法性联系,而这里укусил这一行为和它的解释изловчился之间是复指联系,因此在例(8)中укусил不是изловчился的句法题元。

5) 交际结构。我们仅指出题元和副题元之间一个交际区别:副题元在句子的初始主位——述位结构中一般做述位,如例(1),显然,主体和客体凭借自己的交际等级,在句中占据主位。(Падучева 1998б)

因此,句法观点主导了一个特定的历史阶段,并没有给参项的题元地位确定明确的标准。

任务 3 意义构建原则。(Падучева 1999в)这里指的是将动词的释义同由句子从属成分来表示的参项观念的联结原则,原则应该是:a) 预见到该参项进入到观念化情景中的可能性;6)标明在形成情景观念的过程中,句法题元或副题元观念如何"嵌入"到动词的释义中。

题元能否出现在情景观念中由词典确定;题元对应于释义中"题元要素"变元,题元意义要素决定该题元在情景中扮演的角色。当句子中的动词同句法题元联结时,按逻辑术语来说,就发生了对变元的约束:变元获得了所指事物的范围,也就是观念,以及概括性的量词,也就是指称状况。

在词典中没有类似的"副题元语义"和动词的副题元变元,因此状语表示的参项观念以另外的方式纳入该动词表示的观念情景中。

副题元可分为两种语义类型:参数和限定语。如果副题元是参数的话,那么副题元同时把变元添进句子的语义表征中,换句话说,就是在情景观念中增加参项,(McConnell-Ginet 1982[①])同动词联结后,副题元显示出参项,参项作为释义的语义推涵尽管不进入释义,但构成动词的意思。如在例(9)中,говорит ⊃ 'произносит звук',而声音是有响度的;громко表明声音是大的,因此:

(9) Y говорит громко ⊃ 'ПРОИЗНОСИТ ЗВУКИ С ГРОМКОСТЬЮ (Y, X) & БОЛЬШОЙ(X)'.

限定语副题元不是变元,而是内包参项或已经进入到动词释义中的要素。例如читал наизусть = 'читал, держа текст в памяти' (текст是动词читать的参项);在句子Порежь колбасу тонко. 中тонко是动词порезать表部分的题元的限定语;在ходить的释义中,副词босиком是作为内包题元ноги的限定语被联结的。与бежать不同的是,мчаться释义中的速度带有限定语(因为需要标明速度是快的),速度显然成为内包题元;因此,与бежать相比,мчаться同速度标志语的搭配更受限制。(Филипенко 1998)

状语将动词表示的情景的各种参数(逻辑需要,但在释义中没有显示的时间、地点、速度和响度等等)化为现实,并给动词的释义补充新的要素,携有了新的变元并与之发生联系。

因此,由动词表示的情景所有题元参项都被词典标出;而有状语的句子给情景观念增加副题元参项,与此同时,动词的语义不变:

(10) a. Он переходил улицу; b. Он медленно переходил улицу.

但是,副题元有时也能改变动词的意义,因为意义的联结可能不是通过组成要素。(参见第六章)例如,为了在情景中创造适合自己的辖域,副题元限定语可以改变词的初始意义。例(11)中,еще больше将状态变化动词побледнеть转换为它原本不曾有的表程度变化的动词(градуальный глагол)。постепенно在例(12)中将情景表征为某种特征渐增的诸阶段,在时间上有序展形的情景[②]。

(11) a. Он побледнел; b. Он побледнел еще больше.

(12) a. Он решил эту задачу; b. Он постепенно решил эту задачу[③].

如此,任务3将题元和副题元之间的区别规定为:题元表示的参项是词典规定情景中应

---

① 在非形式语义学中,动词同非必备参项之间的搭配性能是在更广泛的语料中被描写的。(Филипенко2003)

② 可以用Goldberg(1995)的"结构语法"思想来解释这种类型的例子:如果将从属于动词的词组合看成是副题元,就可以"解释"动词新的参项的出现,就不用在词典中增加新的词位。另一个解决方法是:承认该词组合是句法题元,将其作为纳入词典的单独词位。

③ 参见Апресян(1980:72)和Филипенко(1997)对постепенно的研究。

有的,该参项总是同该动词一起构成情景观念;副题元出现在句中时,才能将参项纳入到情景观念中。

因此,题元和副题元的区别在于对"缺席的解释":句子中如果没有某种状语,并不意味任何副题元参项,该情景的这一方面本来就不包含该观念,它在说话者的注意范围之外;但是题元参项总是能同动词一起构成情景观念——甚至在没有表层显示时。句子Я выбрал Венгрию.让人不明白,因为没有标明选择的集合参项和确立被选事物参项。(关于выбрать的研究详见第三部分第五章)奥涅金的Я выбрал бы другую让人能明白是因为选择集合参项和确立被选事物参项在上下文中很清楚。换句话说,题元是通过动词释义进入到情景观念的,而副题元是通过句子相应成分。所以,状语同补语的区别在于,状语不能被缺省,如果没有状语,则相应的参项也没有。

综上所述,尽管由词典给定的题元和副题元之间"自然"界限极不稳定,但这种界限在篇章和意思之间关系的统一体系中能够发挥重要作用。

主要应该弄清楚的是:一般说来,任务1—3依据的是题元不同的概念。根据阿普列相(1980:55)的解释,动词прибить在表示自主行为意义时,带有工具题元,但是如果工具题元没有被表示出来,它就不能够被理解为构成情景观念中的题元,也就是成为任务3中的题元,如例(13):

(13)Ваня наконец прибил мне вешалку.

在句子Иван поехал в Варшаву.中没有指出动词поехать的交通工具参项(乘火车、汽车或公交),因为它们并不重要。

动词видеть可作反证。видеть的题元通常被认为是感知的主体或客体。(Мельчук 1998:163在运算角色配位时曾研究过)然而感知客体的地点也很可能是题元。(Wierzbicka 1980a:121)(参见第三部分第二章中对видеть的解释)

如果在词典中只是载入题元信息的话,完全预测动词及其从属词之间的搭配是不可能的。阿普列相(1980:55)(特别是Апресян 1996年对搭配所做的描写)根本没有将参项划分为题元和副题元,他确信有必要将情景中所有的参项都标明:它们的地位、状态、性能、相互关系、实现它们的行为和方式等。顺便要说的是阿普列相(1980:55)为动词прибить所做的释义看起来并不完整,因为他没有注意到例(14)中所表示的参项:мне, в прихожей和за пять рублей:

(14)Он прибил мне вешалку в прихожей за пять рублей.

关于副题元参项有时仍然能够从释义被预测出的问题我们将在第三部分第二章中对видеть的研究中讨论。

由于在释义中被标明,内包参项因此是必备参项,但如果它未被显示在表层,而处于话语外的话,就类似于副题元。

第四章 参项的分类类别及其他特征[①]

第一节 分类类别

通常情况下,动词的语义会对情景参项的类别有一定的限制。例如 смеяться, плакать 在初始的、非隐喻使用时只能跟表人名词搭配;течь 只能跟液体或有粘性的物质名词搭配等等。因此,动词的语义表征通常包含能够填充其配价的名词特征,首先这是参项的分类类别,或简称T-类别。

在词典中,动词词位的每个参项都对应于一个变元——参项的名称。(详见第三章第二节)参项的特征是它的角色(如施事、工具等)和句法位(主体和客体)。在句子中使用动词时,某一角色的参项通常对应于某一句法题元。可以大致认为,某角色参项的分类类别就是充当句法题元的名词的分类类别。例如动词 решить 施事的分类类别是人,因为可以说 мама решила, Петя решил,但不能说 *камень решил, *дерево решило.

本质上,动词词位的意义取决于参项的分类类别。例如 входить в комиссию = 'быть членом' 和 входить в чемодан = 'вмещаться' 中,входить 意义不同,区别在于被前置词 в 引入参项的分类类别不同:前者表示集合(由成员组成),而后者表示容器。

参项之间在分类类别上保持自身的协调一致。例如可以说 вся вода вошла в бак,不能说 *вся вода вошла в вагон. 还有我们熟知的错位(анаколуф):сорок бочек арестантов(40桶坐牢的)。可以说 Венгрия входит в НАТО,不能说 *Венгрия входит в ученый совет ВИНИТИ. 由于名词分类类别的使用只是为了区别动词的意义,并不要求该类别(如容器类别)的所有成员在适宜该类别的所有上下文中都适用。

参项分类类别的变化可以导致动词的意义发生变化。例如与 назначить свиданье 或 консультацию 相比,назначить 在 назначить〈больному〉хвойные ванны 中表示作为治疗的手段。(参见第三部分第五章)在СЯП词典中,грозить 区分出两个纯施事意义:1)'обнаруживать враждебные намерения'(Отсель грозить мы будем шведу);2)'предстоять как бедствие'(И старость в отдаленьи / Красавице грозит)。前者主体为人,后者为事件:指衰老的来临。

再以 разбить 为例。在МАС词典中,该词的意义差别首先表现在参项的分类类别上:

[①] 本章曾发表在《Русский язык в научном освещении》,2002, №3.

разбить 1 = 'ударив, расколоть, разломать, раздробить' (о материальных предметах определенной физической природы) [该意义来自 'бить' 和前缀 раз-];

разбить 2 = 'повредить ударом' (о части тела), 例如, разбить нос;

разбить 3 = 'привести в негодность' (об артефактах с определенным назначением), 例如, разбить дорогу;

разбить 4 = 'нанести поражение' (о боевой единице), 例如, разбил вражеский флот.

разбить 5 = 'опровергнуть'; 例如, разбить аргументы.

参项的分类类别,比如物质,行为,非离散物质,物质客体,活物,自然力,事件,人等在描写动词语义时非常有用。

装置是名词的分类类别之一,表示用于完成某一功能。例如 звенит звонок (звонок 属装置类别),但 звенеть 在 звенят цикады 中却有另外的意义。这些意义的衍生物也不一样:可以说 прозвенел звонок,但不能说 *прозвенели цикады。交通工具(машина, поезд, телега 等)是装置的一个类别,尽管它们没有生命,却能像人一样行进(除非人不使用交通工具),例如: машина ехала, повернула, замедлила ход, остановилась 等,跟人一样,它们好像能够自己掌握到达目的地的时间,也就是说在某种意义上具有能动性。这是由于 автобус 不大可能出现在以生格表示主体的结构中(关于生格结构语义中的施事角色问题参见第三部分第九章):? Автобуса не пришло(摘自 Борщев, Парти 2002)几乎和句子 *Пети не пришло 一样不好。

姆拉维延科(Е. В. Муравенко 1998:76)研究了带有状语(на концерт, на лекцию)的到达动词的搭配特点,如 зайти, попасть, приехать, прийти, 其中包括及物动词 отвести, привезти 等。他注意到这些状语并不表示地点,而表示通常在某一地点举办的活动。因此,举措从语言学上看是有用的名词分类类别。(第三部分第九章对动词 быть, присутствовать 的语义描写中还将提到它)

人体部分是另一个有趣的分类类别。(Iordanskaja, Paperno 1996; Вежбицкая 1999:526)大量动词的语义描写都用到了该分类类别。例如运动动词 взять, дать, принести, 生理动词 жевать, кусать, 体态动词 кивать, кланяться, махать 等,就更不用说身体部分是动词的内包参项的这类动词 жмуриться, моргать 等。阿普列相(1995:541)曾分析过动词 греть 在 греть руки 和 греть кофе 中的意义,可以确定的是,греть руки 的搭配特点来自参项的分类类别(人体部分)。

动词 измениться 主体的分类类别是参数,(Падучева 1980; Апресян 1986а; Семенова 1991)在词的初始意义中,发生变化的是参数,而不是具体的事物或人(参见 Mel'čuk 1992)。我们理解 изменился адрес, изменился фасон 表示什

么意思,但不清楚изменился дом表示什么意思,普希金在说出Как изменилась Татьяна!时应该知道,她哪个地方发生了变化。参数分类类别在很多其他动词的题元结构中也会出现。如исправить（ошибку）, понять（смысл）, проверить（состояние）, измерить, расследовать（обстоятельства）, угадать（ответ）, узнать（время）, наблюдать（за положением）。

如果动词的某个意义要求特定分类类别的参项,参项分类类别的变化导致动词的意义发生变化并不足为奇,动词初始参项类别转换到另一类别是意义衍生的类型之一。(参见Розина 2002对带有表人参项动词的范畴转换研究)

实际上,在很多情况下,动词意义发生变化可以看成是参项分类类别发生变化导致的结果。例如动词плыть的初始意义MAC定义为:'передвигаться в воде с помощью определенных движений тела（о человеке и животных）'（游泳）；如果是涉及轮船或小船（这时用到的是плыть的第二个意义:行驶）,那么描述运动方式的要素就应该从释义中去掉。

参项分类类别和释义要素之间的联系具有规律性。受事是人（甚至是更宽泛的活物）的动词意义与受事是物质客体动词的意义就有所不同,因为人（或动物）对外界作用会有反应,例如会有疼痛感,колотить палкой по забору, колотить палкой собаку。(Кустова2001)

行为的对象用一定分类类别的词表示时,会产生在别的情形下不可能有的结果。例如对于植物这一分类类别而言,высохнуть意味着死亡（'перестать существовать'）。

这种"影响"通常发端于名词的分类类别,施加于动词的释义要素,如плыть, разбить等。但是反方向也有可能。例如,由于意义单纯,изменить实际上只有单义,通常是自身对名词的分类类别产生影响。为了理解词组дом изменился,我们更倾向于将дом参数化（有可能会有类似'атмосфера в доме изменилась'的理解）,而不是让动词的意义去适应参项的分类类别。

动词的分类前提,也就是动词对题元分类类别的预先要求,可能由于各种换喻引申而变得模糊:

（1）a. заработал торговлей компьютерами; б. заработал на компьютерах.

动词заработать要求"活动"为收入的来源；但在(16)中,从属词可能只是通过换喻同"活动"发生联系。

再看一例。在语义层面上,动词вызвать和其他使役性谓词的第一题元是"情景",如(2a)。(Wierzbicka 1980a:162)但在句法层面上,主语有可能是表示人或事物的名词词组,如(26):

（2）a. Короткое замыкание вызвало пожар;

б. Ваня опять вызвал всеобщее беспокойство.

(26)中发生的仍然是换喻引申:"人"换喻性地取代了有他参加的"情景"。

分类类别在心理状态使役动词(испугать, обрадовать, огорчить, разгневать, расстроить, угнетать等)中发挥着重要作用。这是使役动词中的庞大类别,动词的主语不是表人名词,而是情景,包括事件,状态,过程(отъезд, вялость, шум),或者是有关情景的信息(известие, замечание),这些动词参予类被动结构:

(3) Эта новость меня огорчила — Я был огорчен этой новостью.

Шум в коридоре меня испугал — Я был испуган шумом в коридоре.

在俄语真正的被动结构中,主体应该属人的范畴。(Апресян 2002)

如同动词意义的其他参数(范畴、角色配位、主题类别)一样,参项的分类类别一方面区分词的不同意义,另一方面区分不同的词。下列词对中,它们的区别就在于参项的分类类别:лить与сыпать的区别在于,前者表示的是液体物质的流动,后者表示的是颗粒状的物质移动;раздражать与сердить的区别在于,раздражать的主体可以是任何事物,而сердить的主体只能是人。

在词典对意义的释义中,通常可以将名词的分类类别当成直接的类属/类范畴(genus proximum/родовая категория):(Кнорина 1988)

молоток (по МАС)—'ИНСТРУМЕНТ в виде ... служащий для...';

вино (по СЯП) — 'алкогольный виноградный НАПИТОК'.

在ТКС词典中,对вина的释义是以тот факт, что 一开始的,好像这个词的类范畴是事实,事实意义的确能够出现在вина中,但只能在特定的事实语境中并在该语境的作用下存在:установить, доказать вину X-а = 'установить, доказать тот факт, что вина X-а имеет место'。只有在类似отцовство(父亲身份)这样的词中,确定事实为类范畴才成为可能。(Арутюнова 1988)在МАС词典中,给出了它在事实语境中的用法установить отцовство作为它的初始意义。

同一个词(在一个意义中)可能属于不同的分类类别,这些类别相互之间并不排斥。例如:同一个实体бак可能是容器(залить бензин в бак),有可能只是物质客体,它改变了自己的功能状态——以便使用罢了(залить бак бензином)。снег更有意思,在下面的语境中分别属于不同的分类类别:идет снег, зарыть в снег和земля покрыта снегом。

名词属于不同的分类类别的情况还有几例(摘自ТКС和НОСС词典):больница, почта可以表示机构或机构所在地;ветер是空气的移动或移动的空气,大部分情况下表示后者。风通常被观念化为实体,而不是过程,从而出现这样的搭配:дует, гуляет, раздувает, подгоняет, качает,并产生其他的伴随意义,如热爱自由和善变等等;дождь表示从天而降的水,它还表示以水的沉积物降落的过程(во время дождя);выстрел表示声音伴随的事件,它还表示声音,并且它还可以使用在测量距离的上下文中(на расстоянии пушечного выстрела);

голод 表示感觉（испытываю голод）以及没有得到满足的需要（умер от голода）；приказ 表示言语行为和书面的命令（в приказе отмечено）等等。

通常情况下，词在每个给定的上下文中，原则上只能划入一个它所属的类别。例外情况发生在具有换喻性联系的分类类别中。但在下面的诗句中，звонок 兼具声音和装置类别，(Б.Успенский 1996：323)这样的情况不可能在日常语言中出现。

Я на лестнице черной живу, и в висок

Ударяет мне вырванный с мясом звонок(Мандельштам)

分类类别能够揭示不同语言之间动词语义的重要差别，这些差别在词典中被视为翻译中的相互对等现象。例如英语 destroy 翻译成俄语大致是 разрушать，但 разрушать 不能用于以生命为对象的情景中，而 destroy 可以：destroy the animals infected by foot-and-mouth disease 表示的意思是'Убивали животных, зараженных ящуром'。

对于使役动词的语义而言，客体的分类类别比主体的分类类别更为重要。(Fillmore 1968a)使役动词释义中提到的主体分类类别数量非常少，包括"人"，"自然力"，"情景"和"工具"，还有尚待研究的"疾病"类别，(Delancey 1984)无法与客体需要的复杂类别对立相提并论。

改变使役动词客体参项的分类类别通常导致动词主题类别的变化，而且主体参项分类类别的变化通常导致的不是动词主题类别的变化，而是动词分类范畴的变化。例如动词 стучать, разрушать, разбудить 在主体是人的上下文中表示具有一定目的的行为，如果主体是自然力或事件时，表示的是过程/事件：

（4）Человек стучит в окно [行为]; дождь стучит в окно [过程];

Рабочие разрушают мост [行为]; Река разрушает мост [过程];

Отец разбудил ребенка [行为]; Шум в коридоре разбудил ребенка [事件].

分类类别可以形成层次。例如"容器"可以狭义地解释为：人首先为了保存或为别的目的而将物品放置在一定的地方，这时"容器"和"安置点"是"空间"的亚类，第三个亚类是空间的一部分，如 лес, море 等等。

分类类别层次的另一个例子。"事件"、"状态"和"过程"是"情景"的范畴亚类；"物质"（вода）和"集合"（люди）是"非离散物质"的亚类，划出这一类别有助于同一类型搭配的表达：много воды, много людей; бассейн заполнен водой, перрон заполнен пассажирами；"交通工具"是"装置"的亚类，而"装置"是"物质客体"的亚类。

个体和集合之间的关系是一个特殊的问题。在物理行为动词中，"人"和"集体"（也就是很多人，通常是形成一定结构的）类别常常可以互换：一个类别转换成另一个类别并不改变词义，例如 Террорист взорвал склад 和

Террористы взорвали склад是同义。但对于言说动词、情感动词和意愿动词而言，就不那么明显了，有许多心理状态是个体的特点，而不属于集体。(关于воля народа的搭配Фреr 1977曾有著名论述)

从参与情景的角度出发，重要的不仅仅有参项的分类类别，还有客体的某个专有特征。例如резать的工具应为有锋利边缘的物体；разрубить的客体应为硬质物，而不是粘性的。(Апресян 1974：63)разбить也同样。在обещать的语义描写中，承诺的内容表示的不单是行为，而且是将来发生的行为；动词выйти的起点参项不仅被描写为"空间的一部分"，还界定它特有一个封闭的地界。(Апресян 1995：490)而不动的/活动的/自动的这些对立关系在表面接触动词语义中，发挥着重要的作用。(Падучева，Розина 1993)在(5a)中камни可以理解为自己活动的客体，заваливают有两个意义(静态意义和过程意义)，因为单数石头不是自己活动的物体，那么动词只能做静态理解：

（5）a. Камни заваливают вход в ущелье；
　　 б. Камень заваливает вход в ущелье.

参项有确定的所指是语义衍生的重要机制。对于动词的词位来说，题元的指称状况可能很重要，特别是名词的确定指称。在例(6)中指称对立反映了найти意义的差别：

（6）a. Где бабушка нашла свои очки? [+定指；预设：寻找过]；
　　 б. Ваня нашел на дороге кошелек [−不定指；意外地].

阿普列相(1974：32，62)曾在语义和搭配之间划分出界限，称搭配性能不是语义的一部分。但后来语言学的发展倾向于从语义中能够预测到搭配特征。(Wierzbicka 1998)所以我们现在的任务发生了变化。以начаться和наступить为例，它们的区别在于主体的分类类别(前者是过程，后者是状态)，也就是区别在于搭配。但这些动词的区别还在于释义。例如，能够"开始"的过程有起始阶段，还可能有中间阶段和结束；而状态没有这些阶段，它的"来临"是整体出现的。但在这种情况下可以认为，这些动词主体类别上的区别来自于它们的释义，从释义中还可以获取许多搭配上的区别，例如наступить是生格动词(在否定形式下要求生格主体)：настоящих холодов еще не наступило. 而начаться则无此用法。(详见第三部分第一章)

按照梅里丘克(1974：94)的观点，词汇函项能够描述习用搭配①。但在语义的动态研究中(其目的是要展示词义是如何受到语境影响和词义如何从另一个意义引申而来)，词汇函项是受到语境影响的词义。例如произвести在произвести впечатление中的意义明显是从Завод произвел за год 10 тыс. тонн стали.中衍生出来的意义；帕杜切娃(1991)认为，词汇函项的意义取决于名词的

---

① 首先指Oper类型的词汇函项，如Oper 1是将情景名词同它的主体联系起来的动词。

分类类别,如 Oper 1;如果 Oper1(беспокойство)= испытывать,而 Oper 1(давление)= оказывать 只能从 беспокойство 表示"情感",давление 表示"影响"的区别中找到解释。(Reuther1998)

在扎丽兹尼亚克和帕杜切娃(1974)的研究中曾经阐述过这样的思想:весь(вся, всё)和все(在词典中标注是весь的复数)实际上是不同的词。весь 表示对单一客体的囊括,例如вся рука, вся семья,而все只适用于表示同类事物个体的集合,也就是适用于可数事物(все дома)。在все руки(измазаны), все чернила(исписал)搭配中,все被认为是第四种特殊的形式(pluralia tantum),它具有纯粹的协调性质,使用的语境是:单一客体被复数形式的名词表示。(А. А. Зализняк1967:75)

在Т. В.布雷金娜, А. Д.什梅廖夫(1997:195)的研究中,上述思想受到怀疑,他们的依据是:同一个名词的复数有时可以表示个体的集合,有时也可以是总和名词。例如все эти годы表示的是行为实施的全部时段,而不是年的个体集合。但是,在每一个给定的上下文中,名词的分类类别通常是很清楚的,все通常就有和名词分类类别相对应的意义,例如(7a)和(76)中все表不同意义:

(7) a. все руки измазаны ='обе руки целиком';
б. все руки были подняты за меня ='все элементы множества рук'。

如果我们选择мебель来命名房间里的东西,那么客体就被观念化为一个整体;如果选择了столы和стулья,那么客体被观念化为集合。все在有歧义的范畴化上下文中才出现不止一个意义。

在菲尔墨早期关于格的论述中,并没有将参项的语义角色与分类类别、其他深层格相区别。然而,将角色信息区别于分类类别有很多好处:例如我们可以把反映活物与非活物的区别不看作差别。迪克(1978)建议把句子The man died.'человек умер'和 The snow melted.'снег растаял'中主语角色等同看待,尽管菲尔墨(1968a)认为它们是不同的深层格。

同一个行为可以借助工具或人体的部分来完成。例如ударить кулаком, ударить палкой;这是否意味着工具格参项的句法题元可以承担不同的角色或一个角色,或者区别仅在于参项的分类类别?我们认为后者更为合理[①]。它使我们能把两者(手和棍子)看成一样的角色,又可以将ударить和рубить执行工具角色的参项加以区别,后者只有在转义上才能是施事身体的一部分。(参见Laskowski 2001)。

另一方面,同一个分类类别可能扮演不同的角色。例如"人"类别可以表示施事、感知者和受事。因此,"人"参项甚至在充当主体时,都不能保证参项的施

---

① Wierzbicka(1980a:171)明确将工具等同人体部分,她写道:"……'工具'(即与Y身体接触的X身体的一部分或者与X和Y身体都接触的某物)";Апресян(1974:29)则倾向于前者,并有相关论述。

事身份,如Петя упал中主体就不是施事;"空间"类别(指有一定边界的空间地段)可以表示运动动词(взять, приехать)终点参项和起点参项,同样也可成为方位动词(лежать, находиться)的地点参项。

分类类别并不能预测角色。属于"安置点"类别的同一个词(дом),可以扮演不同的角色,例如покинул дом, населяют дом.副词(там, туда, оттуда)的角色能够通过形式就可明确无误地预测出,但副词不是典型题元。

将参项的角色和分类类别加以对照时,当然不能否定角色和分类类别之间密切的联系。对于每一个角色而言,都有一类客体作为完成该角色的最适当的候选者,但潜在的能够扮演角色者要多得多。例如:工具角色一般由топор, молоток, нож来扮演。但在某些场合中,出于需要还可以使用石头来充当工具(булыжник — орудие пролетариата),石头是天然事物,它的形成绝不是为了充当某种工具的需要。同样,材料角色承担者经常是"物质":соль, стиральный порошок, яд等等,而стрела虽不是"物质",但按照阿普列相(1974)的观点,也可以扮演材料角色。冗余参项(在Кустова 2001的研究中包含在выбить, очистить, прополоть, стереть, стряхнуть等等词语中)经常是"物质"或"非离散物质",但вылечить的冗余参项是"疾病"。

我们无意给名词的分类类别开一张完整的清单,它们的数量会随着动词词典语义规模的扩大而增长。但是可以罗列出确定分类类别的基本标准,也就是该类别之所以存在的理由。例如,为了确定"容器"类别,至少需要拿出两个动词,而且每一个动词都有明显不同的意义,意义之间的差别在于,其中一个意义要求容器参项,另一个意义要求另一类参项。例如входить(в чемодан [ВМЕСТИЛИЩЕ] / в НАТО)和быть(в зале[ВМЕСТИЛИЩЕ]/в отчаянии)就是这样的动词。

"至少需要两个动词"的条件是阿普列相(1974:187)在定义规律性多义现象时提出来的。其实,如果存在两个这样的动词,那么很可能还会找出很多。

以上论述并不能得出这样的结论:如果动词允许不同类别的参项存在,那么在不同类别参项的上下文中,它一定会有不同的意义。例如видеть的感知对象可能是"物质客体"(вижу на горизонте корабль)和"情景"(видел, как он вышел из зала),但几乎所有的词典都认为видеть的意义并没有改变[①]。在许多上下文中对立的"人—事物",在动词показаться的主体中却没有显现这种对立。опять是事件重复发生和状态反复出现的标记(опять расстроилась, опять волнуется);但опять的意义不变。归根到底,是否看成同一意义取决于能否构筑统一的解释。

---

① видеть在带关联词как的语境中,在一定的语调中可以获得否定事实意义。如 –Я стараюсь. – Я вижу\, как ты стараешься ='вижу, что не стараешься',在名词性上下文中不可能有这样的意义。

судьба在TKC中的释义能够成为解决分类类别问题的成功例证。судьба有两个不同的意义：1）высшая сила, которая определяет важные события в жизни человека, ср. судьба решила иначе; 2）жизненный путь, т. е. важные события, которые мыслятся как заранее предопределенные судьбой 1（судьба Вячеслава Иванова）。

什梅廖夫（1994）建议将судьба的两个意义调换：意义1是意义2派生而来的。意义1是意义2主体的隐喻引申，也就是对于人来说重要的生活事件。这样会出现两个问题：第一，在纯语义层面上，如若删除"命中注定"语义要素，词位судьба 2不可能被引申出；也就是在судьба 2的语义结构中有тот, кто предопределяет的要素，也就是судьба 1。第二，它切断了судьба和судить之间重要的词源联系：历史上，судьба是来自судить的名词，如同ходьба来自ходить，учеба来自учиться。而从动名词转换成相应的活动者名词与经典的规律性多义相关，如защита, обвинение等等。（参见Апресян 1974:203）需要指出，过去这一模式在俄语中的复现率更高，如тварь现在的意思是'то, что сотворено'，过去表示的是процесс творения。(Фасмер т. 4:32)

参项的分类类别常常能够揭示搭配范围的本质。例如对于类似залить（рвы водой）, наполнить（корзины грибами）, усыпать（могилу цветами）这类动词而言，要素'同内表面接触'和'完全覆盖表面'非常重要。(Падучева, Розина1993)从中我们能够确定这类动词参项的分类类别是非离散物质。

第二节　本体隐喻及其在词典语义中的作用

在所有的感官中他唯有直觉

——А. Генис. Трикотаж

在梅里丘克（1974）和阿普列相（1974）的研究中并没有充分关注划类。例如учеба和победа在TKC中的释义相应为S。(учиться)和S。(победить)，关于учеба是活动，而победа是事件的信息，在哪里都找不到（包括在учиться和победить的词条中）。然而这些信息能够帮助我们对这些词在语言运作上的差别做出大量的预测：во время учебы — *во время победы; началась учеба — *началась победа等。同时，可以说до/ после победы, до/ после учебы，但不能说до/ после флага, до /после глобуса，尽管可以说до/ после школы，бани等。

莱可夫和约翰逊1980年出版的著作引起了人们对分类的注意。书中指出，诸如物质性本体、活动、过程、事件、状态等本体范畴，也就是我们所说的分类范畴或类别，实际上是隐喻现象：相应的观念是建立在从一类客体到另一类客体的隐喻性转移基础上。

以下是他们隐喻观念示例:容器。这一类别的核心是原型容器дом, чашка 等,这些名词的所指是表面有边界的客体;然后是лес, поле,它们也有可以看见的边缘,分内外区域。除此之外,属于这一类别的还有вода, воздух;该类别的边缘成员还有情感和状态,语言中也把它们想象成容器(Он в ярости; Я в тревоге)①。如果这样广义地理解分类类别,可以得出这样的结论:在很大程度上,词语属同一类别是源于它们在搭配上的相似性,至少也是部分源于已经褪了色的、语义上已不能充分解释的隐喻。也就是说词的类别能够从它们的搭配中得出。但是我们的任务是揭示出有助于描述搭配特点的类别。

然而,不能认为在词典编撰中使用隐喻观念的可能性被排除。在阿普列相(1995),Е. В. 乌雷松(1995а)著作中研究了这类词:воля, воображение, интуиция, память, слух, сознание, ум(有趣的是还有нервы)。词典依次标明了这些词的最近属范畴是"能力",同时语言倾向于将人的各种能力定位于相应的器官中,如хорошие глаза, низкий голос, острый ум, дырявая память。搭配特征和意义在上下文中发生的变化倾向于把ум, воображение和рука, желудок这类词很接近,这就有理由把它们与用于隐喻的"器官"相比。(在自己的初始具体意义中,"器官"是指身体独立的一部分,能够实施一定的行为和做出相应的反应等等),例如органы речи, органы дыхания, пищеварительные органы②。(这种广义的'器官'观念依据参见Щеглов 1964以рука, разум, воля为例进行的研究)

实际上,"能力"在词典中的定义为свойство мочь(лишил его способности),在一定的上下文中,"能力"可能用作表确有事实的名词(обнаружил, доказал способность);参数名词(покупательная способность понизилась);可对其作度量权衡本体的名称(способность велика);甚至是器官名称(умственные способности напряжены)。对于память来说,(除了最后一项)其余的用法都不允许。(Урысон 2003:38)

另一方面,只有作为隐喻观念的器官,память才可以有如下的用法:напрягать память; развивать память; память воскресила, изменила, отказала; отшибло память(как палец), потерял память(как потерял почку)。Память слабеет表示的是记忆器官功能衰退。

与别的器官名词(сердце, лекгие)相类似,记忆器官还被表征为具有边界的容器,这种情况下,память表现为同动词的各种搭配:врезаться в ~, изгладиться из ~ и; ~ сохранила/хранит; храни в ~ и; поройся в ~ и.

---

① 参见Булыгина, Шмелев(2000)有关情感的空间隐喻论述。
② Иванов(1980)指出,古希腊语φρενες, φρεσί(ν)在荷马史诗中表示(1)内部性;(2)主管人体内在机理的器官。在他的著作中还引用了Onians(1954)和Popper,Eccles(1970)将人体器官与能力联系起来的语言表象论述。

但在вернулась память的搭配中，память的属范畴是"能力"：вернулась способность 是正常搭配，就如同вернулось зрение一样，但不能说 *вернулись глаза。

хорошие глаза, слабые мозги这样的搭配表示的是器官的功能是否正常。在（не）хватило ума搭配中，表示的是可对其作度量权衡的本体的数量值，是智力的高下、活跃的程度（但已不是抽象能力本身了）。在这样的换喻引申中——从器官到它的功能，允许使用"真正"的器官名词：мозгов не хватает; насколько хватает глаз。

隐喻观念在词典编撰中（诸如ВОЛЯ, ВРЕМЯ, ГОЛОС等）的重要作用参见第三部分第五、七、八章。（душа在Урысон 1996a的研究中被划入器官隐喻的类别中）应该指出的是，свет可归于更高的属概念"非离散物质"，从而产生这样的用法：Сквозь стекла пепельный свет с улицы обливал их обоих (Н.) 有动词осветить 参与时，свет的角色配位发生变化：Я осветил надпись неярким светом（фонарем）— Неяркий свет（фонарь）осветил надпись — надпись осветилась неярким светом（*фонарем）。（参见第四部分第四章）

第三节　分类类别和语义角色：相互关系的例证

我们以创造形象动词（глаголы создания образа）为例来谈谈分类类别与角色之间的关系。(Levin 1993:169)这类动词的题元结构中有形象参项（участник Образ），该参项在感知动词中也有。видеть的句法客体在例（1）中表示的是两个参项——诱发物（Стимул）和形象（Образ）：

(1) Я вижу Машу[Стимул/Образ].

在证同动词中，上述这两个参项都有句法位，如例（2），但例（3）不是：

(2) Он узнал в бродяге [Стимул] родного брата [Образ].

(3) Он меня [Стимул/Образ]не узнал ='не узнал во мне [Стимул] меня [Образ]'.

只有当客体属于形象类别时，видеть的客体参项角色才被视为同一，即作为Образ：

(4) Я увидел вдали очертания [Образ] гор.

实际上，очертания只能出现于意识，而非现实中。形象类别中有这样的一些词：зрелище, контур, образ, панорама, пейзаж, профиль, силуэт, вид, фигура, тень等，对这些词的释义要有观察者参项[①]。

[①] 在лужайка词义研究中，观察者的介入详见 Урысон（1996б），还有其他一些表示地点的词汇，它们构成了观察者的视野：на горизонте, на фоне, в тумане, в облаках, вдали, в лазоревой дали。

另一方面,还有创造图文动词(глаголы создания изображения): нарисовать, изобразить, набросать, воспроизвести, показать, представить, отобразить, отразить, запечатлеть;此外,还有переписать,скопировать, сфотографировать,затранскрибировать,застенографировать, выгравировать 等。

(5) Художник нарисовал макет обложки — условный городской пейзаж в серо-коричневых тонах.(Довлатов. Ремесло)

形象参项揭示了创造图文动词和感知动词之间的语义亲属关系:图文是形象的一种形式①。创造图文动词和感知动词一样不止一个意义:句法客体既可以表示宿生角色,也可以表示图文:(Fillmore 1977, Апресян 1991)

(6) Я нарисовал Машу [Тема/ изображение-Об].

картина, рисунок, акварель, иллюстрация, портрет, натюрморт, этюд, эскиз, диаграмма, график 构成了图文类别。在这种类别的名词性上下文中,客体角色可以被视为图文:

(7) написал портрет [Изображение]Маши.

创造图文动词的客体还有这样一些名词:звездочка, стрелка, знак, квадрат, кружочек, линия, кривая 等,它们的分类类别是图形客体,对于它们而言,宿生角色与图文之间的对立消失。

创造图文动词的题元结构中除了宿生和图文参项外,还有可能包括图文方位参项,例如:

(8) Я [Агенс] нарисовал машин профиль [Изображение] на асфальте [Место];

Боб [Агенс] написал ее портрет [Изображение] на входной двери [Место].

карикатура(漫画)一词可以同时属于两个分类类别:图文和方位,所以例(9a)和(9б)都成立:

(9) а. Он нарисовал карикатуру [Изображение] на Чубайса;

б. На карикатуре [Место]его изобразили лежащим под колесами мотоцикла(Азольский. Степан Сергеич); На карикатурах [Место] и в фильмах они выглядели оборванными бродягами и бандитами(Кузнецов. Бабий Яр).

---

① 在 Борщев, Кнорина(1990:115)的研究中,образ 被广义地理解为包括头脑中的形象(теория поля),和显现物(слезы радости, след тигра)。

在客体和其图文之间具有自然的换喻性联系,所以图文(作为反映物)可以替换宿生：видел Николая Ⅱ на портрете = 'изображение Николая Ⅱ' 如同 видел себя в зеркале = 'свое отражение'.

因此,我们可以得出结论,参项的类别及其他语义语用特征直接影响着动词的语义：分类类别的改变通常导致词义的变化。

第五章　词汇意义的因素之一
——语义要素的焦点位阶[①]

这一思想的魅力在于她是真实的
——现哲

许多当代学说中，词位的释义多被视为谓词结构语义要素的总和。(Wierzbicka 1980a,1987)在句法方面这些语义要素是互不从属的，但在交际层面上，它们的地位并不相等。语义要素焦点位阶包括以下不同的、但相互联系的，交际上对立的这样一些概念：

述位突显——预设和陈说的对立；

主位突显与参项交际等级标尺；

通过焦点迁移实际显现语义要素。

除此之外，还有区分正常语义要素和不稳定语义要素的传统，后者指因上下文而产生和消除的各种含义和推论，因此占据比较低的位阶。

焦点位阶这一术语就是对上述对立关系的概括，以下我们将勾勒出这些关系并加以对比。

第一节　述位突显

句子的语义是建立在两个相互作用的结构之上——命题结构（论元—谓词结构）和交际结构。(参见 Mel'čuk 2001)交际结构近年来成为各种角度密集的研究对象，但许多问题并未弄清楚。

说到语句的交际结构时，一般认为是被语调和词序（线性语调结构）表达出的一种对反关系。但是，在交际分析之前的层次上——句法和词汇层次上就已经存在差别，它们正是我们要探讨的对象。

在研究句子交际结构的文献中，一般都把注意力放在述位突显上，还有与之相近的另一种现象，我们称之为主位突显。

述位焦点是位于确认的信息上、并同已知信息（也就是初始信息）相对立的信息，这种区别在陈说—预设的对立中能够得到合理的解释和广泛的使用。例

---

① 本章曾经发表在 Известия РАН. Серия литературы и языка. 2009, №1。

如,它可表征为谓词的语义要素与否定的相互作用:如果词的释义中包含两个结构上平等的语义要素,那么否定时只涉及陈说要素。

例如 бояться 和 надеяться 的意义都包含语义要素(1)对事件来临的预测;(2)对事件的评价。但二者的区别不仅在于评价"符号"本身:бояться 表负面的,而 надеяться 表正面的评价,还在于评价语义要素在 бояться 基本意义中是陈说,而在 надеяться 中是预设。(Wierzbicka 1969;Зализняк1983)

(1) боюсь X = 'думаю, что X вероятно'[预设];
  'считаю наступление X нежелательным'[陈说]
 надеюсь на X = 'думаю, что X вероятно'[陈说];
  'считаю наступление X желательным'[预设]

相应地:
не боюсь X = 'не считаю наступление X нежелательным, думая, что X вероятно'
не надеюсь на X = 'не думаю, что X вероятно, считая X желательным'①

两种情况否定的都是陈说。菲尔默(1971b)的研究分析了词位语义中的述位突显,对 accuse(指控)和 criticize(谴责)的释义中,两者含有相同的语义要素,但前者行为的实施是陈说,在后者是预设。(Булыгина, Шмелев 1997:409)

和预设同一序列的还有其他两个概念,用于描述语义要素在否定状态下的运作:蕴涵和限定。

卡廷纳(Karttunen1973)将蕴涵②定义为存在于肯定语境中的语义要素,但在否定语境中也会被否定。例如蕴涵是动词 вызвать 的第二论元:

a. Его появление вызвало замешательство ⊃ 'замешательство имело место';
б. Его появление не вызвало замешательства ⊃ 'замешательство не имело места.'

关于蕴涵和带有否定蕴涵的动词详见第三部分第三章。

限定③在释义中只是导致另一要素产生变异形式的因素。该特征首先影响的是否定状态下语言的运作:在否定语境中限定语义要素有可能失去意义或消失;例如,当否定语句 Нагрянула полиция [≈'Полиция появилась; это было неожиданно; это было плохо']时,更多指警察没来,而不大可能是"没突然来"。(限定要素的论述详见第六章)

---

① 陈说/预设的对立与句子的重音有关系,比较 Я боюсь \ идти к зубному врачу 和 Я боюсь ему надоесть\.(Зализняк1992:79)

② 术语 импликация 具有多义性,例如在 4.1 节中它用于另一意义。用于本文中的意义 импликация 还有另一个不太常用的同义术语 импликатив,详见附录 1。

③ Падучева(1996:243)称之为限定语义要素;Богуславский(1985:30)和 Зельдович(1998)称之为弱语义要素;Зализняк(1987)著作中有相似的概念:不稳定语义要素。

陈说、预设、蕴涵和限定区别在于述位焦点，换句话说就是语义要素处于陈说位。

现在再谈主位突显问题。如果说述位突显是同已知的信息对立，那么主位突显就同模糊、隐蔽对立。

对于主位突显的界定还没有一个公认术语。英语术语像：promotion（Wierzbicka 1980b：80），focalization（Iordanskaja, Mel'čuk 1995），foregrounding，topicalization 等，都只能反映该现象的局部特征。

第二节　主位突显：
参项和语义要素的交际等级①

从阴影飞向光明……
—— Арс. Тарковский. Бабочка

我们所要探讨的是词义中的主位突显，而不是通过词序和语调表现的主位突显。就本质而言，它在句子或词义的对立关系其实是一回事。

显然，将参项纳入主位被称作主位突显。美国语言学中与俄语术语主位—述位（тема-рема）相对应的术语是 topic 和 comment，有时用 focus 来代替 comment。(Comrie 1989：63；Van Valin, LaPolla 1997：208) focus 我们从来不相应地译成俄语词"фокус"，因为在俄语术语体系中，与该词有关系的往往多是主位突显，而非述位突显。(в фокусе внимания ='в позиции темы'也就是在注意焦点中="占据主位"）；因此，焦点化常被理解为将参项纳入主位。(Iordanskaja, Mel'čuk 1995)

主位突显和述位突显之间的区别至今没有得到清楚的阐释。我们从权威研究中列举数例。阿普列相（1974：257）探讨了带有 выиграть 和其逆义词 проиграть 的句子：

（1）а. Перворазрядник выиграл у чемпиона;

　　 б. Чемпион проиграл перворазряднику.

阿普列相认为："逆义词的语义使命在于传达逻辑重音（突显、强调）方面的差别。我们在说 а 时，作为新信息我们强调的是这样一个事实：一级运动员棋下得非常好"，我们在说 б 时，作为新信息我们强调的……是这样一个事实：冠军下得不太好"②。但在我们看来，两个句子的差别在于"已知信息"：它们表达的是发生在不同对象身上的事件：а 是发生在一级运动员身上令人意外的事件，б 是发生在冠军身上令人意外的事件，区别在于主位的选择，也就是主位突显，而非

---

① 本节内容已发表在 Падучева（1998б）中。

② 引文中的着重号为 Е. В. Падучева 本人所加。

述位突显。

在例(1a)和(16)中主位是被主语表达的。准确地说是被主体表达的。(参见第三章第一节对主位的定义)

再看另一例。阿普列相(1974:261)曾描述了一个著名的角色配位迁移的类型,其中,在某一个语言观念化情景中,所指层面上的某个必备参项从视野中消失。如,例(26)中处于隐退状况的是病人:

(2) а. Врач лечит Ивана от малярии хинином;
   б. Врач лечит малярию хинином.

但(2a)和(26)之间的区别却被解释为:

А лечит 1 Х-а от Y-а Z-ом = 'А воздействует на Х-а Z-ом, пытаясь прекратить Y'.

А лечит 2 Y(Х-а) Z-ом = 'А пытается прекратить Y, воздействуя на Х-а Z-ом'.

阿普列相(1995a)曾说:"副动词结构是将预设形式化的手段":例(2a)和(26)之间的区别是陈说和预设之间的区别,也就是述位突显:当X在(2a)中被明示时,语义要素 А воздействует на X 是陈说;当X在(26)中被暗示出来时,该语义要素就是预设。

然而,лечить 1 和 лечить 2 之间的区别还可从另一个角度来看:лечить 1 聚焦于病人,并用直接补语表示;лечить 2 中病人就没有出现在前台,留在了话语外,也就是说此时的区别与例(1)中的一样。

类似的例子还可以在阿普列相(1974:204)中找到。动词 выбивать 的两种用法,他做了如下的解释:

(3) а. выбивать В из С Х-ом (например, пыль из ковра палкой) = 'каузировать В переставать находиться в С, ударяя по С Х-ом';
   б. выбивать С Х-ом (например, ковер палкой) = 'ударять по С Х-ом, каузируя В переставать находиться в С'.

例(36)释义中的副动词部分,就像在(26)中,它只在"隐蔽"状态下,也就是没有在句子的表层结构中显示。阿普列相(1974:205)认为例(3a)和(36)之间的区别在"逻辑重点上,在思考情景的取向上"。但这里句法和意义之间的联系更为直接:(3a)中"灰尘"被直接补语表示,并纳入说话人的关注视野;(36)中"灰尘"退居话语外。

再看一例。阿普列相(1974:260)探讨了 покупать 和 продавать,认为它们"表示的是同一个情景,该情景可以大致可以这样描写:

a. некая вещь В переходит от лица X к лицу Y;
б. некая денежная сумма Z переходит от лица Y к лицу X;
в. в случае покупать (а) и (б) представляются как каузированные Y-ом,

а в случае продавать — как каузированные X-ом".

大体上说,这样的描写当然是正确的。但它对下述情景也适用:"当X没有将自己的东西卖给Y,却拿了Y的钱,还硬塞给他一些东西"。为了与情景切合,动词покупать和продавать的释义还应该反映如下事实:双方行为是自愿的。不能说钱或物的交换是由参与者一方导致的。交换应是由双方约定达成的,约定是相互的,自然双方的行为也是对等的。当然,在不同的情景中主动性可以来自买方或卖方,在阿普列相的研究中,покупать和продавать的语义中并没有反映这个区别,也就是说,在这两个情景中,买方或卖方在对使役行为的态度以及在主动性方面所表现出来的差别都未作区分。那么,这两个词义区别在何处呢?是什么让说话人将同样的情景有时称作是买,有时称作卖呢?很显然,在两个相互之间有逆义关系的动词中,说话人的选择取决于他在买或卖的情景参与中,他决定将谁作为自己报导的主要角色或主位:他认为情景中谁的角度是主要的;换句话说,让哪个施事(交钱的或交物的)作为主体?

从对例(1)到(3)的分析中,形成了关于情景参项交际(或句法)等级的概念(参见第三章第2.4节):参项的句法地位不可能由它的语义角色准确预测出,除了参项角色,句法地位还蕴涵有参项的交际价值。

主体占据交际等级的最高级别:被动词确定为主位的参项就是主体。在(1a)中主体是"一级运动员",(16)中,主体是"冠军"。例(2)中的"疟疾"和例(3)中的"灰尘"占据客体位,它们都占据高级别位(尽管在被动结构中客体有可能成为主体或主位)。句子的所有其他语义要素只能占据边缘等级位。在这种情况下,边缘参项在形态—句法形式上的差异没有直接的交际价值。在例(3a)中,被前置词短语(из ковра)表示的参项ковер的等级就是边缘位;更低的交际等级是在句子中根本没有出现、只是被暗示出的情景参项,如(36)中的"灰尘",(26)中的"病人",这些参项占据话语外交际位。

语言为说话人提供了各种各样的选择焦点的可能性,也就是说情景中参项的语义角色和它的交际等级之间的联系相对自由。逆义词、语义衍生以及简单的角色配位变化产生了各类提升和下降——即突显和退隐。试比较дать和получить:参项从明处退到暗处——甚至坠入只能意会的全黑深处;或者相反,它们并不改变(或者是几乎不改变)情景中自己的角色。参项的活物性质并不能保证其高级别位,活物性参项"病人"在例(2)中就位于话语外。

因此,等级概念填补了术语方面的空白,由于这个空白的存在,在主位突显程度上的差别常被人忽略。现在面临的问题是如何在释义中表征参项的等级。

原则上,本来可以将所有动词的用法与同一个释义做对比,而词位之间的差别通过参项的等级对立来表示[①]。但在参项等级描述中,可以在释义中直接

---

① 也就是超词位(гиперлексема),其区别仅在于角色配位。(Успенский1977)

对比语义要素的交际地位。我们认为语义要素也有核心和边缘之分，在"Лексикограф"系统的数据库中，等级是象似性地表达出的：即该要素在解释中处于核心Vs边缘的地位。如果由于角色配位的变化，参项的交际等级下降，那么相应地，它的语义要素也在释义中由核心交际位降至边缘位或话语外。（详见第三部分第八章）

在去使役化中也可以发生等级变化。(Падучева2001a)如例(4a)与(46)：

(4) a. Длинные перечисления [Y] утомили меня [X] ⇒

б. От длинных перечислений [Y] я [X] утомился

它们之间的关系我们可以转换成以下语义公式来描述（粗体字突显的是核心位的语义要素）：

(4a #) Y утомил X-а [происшествие; каузатив] =

<u>экспозиция</u>: X был в нормальном состоянии

: был способен действовать [пресуппозиция]

<u>Каузатор</u>: **произошло / имело место Y** [пресуппозиция]

это вызвало [ассерция]

<u>новое состояние</u>: **X неспособен действовать** [импликатив]

(46 #) X утомился (от Y)[происшествие; декаузатив] =

<u>экспозиция</u>: X был в нормальном состоянии

: был способен действовать [пресуппозиция]

(<u>Каузатор</u>: произошло /имело место Y

это вызвало)

<u>новое состояние</u>: **X неспособен действовать** [ассерция]

如同(4a #)和(46 #)中的图解所示，утомить和утомиться的区别首先在于使役者参项的交际等级：前者中占核心位。在反身动词中它占据释义中的边缘位，而且还是非必备参项，我们是用括号注明的。

第三节　语义要素化为现实：
关注焦点从一个要素迁移到另一个要素

关注焦点从一个语义要素迁移到另一个语义要素（相应地，词义会发生变化）不一定与参项等级的变化有关，改变的可能是涉及某一参项的语义要素的现实化。

А.К.茹可夫斯基(1964)所举的例子被认为是经典焦点迁移。动词облегчать, помогать, способствовать的意义由相同语义要素组成，А прилагает усилия к достижению цели С和Б присоединяет к ним свои，区别在于"强调点"，也就是焦点分布。为了表示不同的焦点需要用不同的词，在另一些情况中，焦点的差异可能在形式上没有表现出来。

当关注焦点从释义中的一个语义要素迁移到另一个语义要素时，可能会产生新的意义，动词的主题类别可能会发生相应的变化。(Падучева1998a)我们认为关注焦点的迁移是词义衍生的机制。例如：

（1）a. банка треснула [变形]; б. ветка треснула [声音].

（2）a. матросы скребли палубу [物理作用]; б. скребет мышь [声音].

（3）a. Где-то тарахтит мотоцикл [声音];

б. Мотоцикл тарахтел по пыльной дороге [运动].

聚焦就是侧重突显语义要素（这是认知语言学术语，Langacker1987：189中的积极域активные зоны的概念也同此理）。

焦点迁移及其在语义衍生中的作用还可以用выйти的引申意义加以探讨。выйти的初始意义可以简单解释为：(Апресян1995：494)

（4）X вышел из Y в Z = 'X, идя, <u>перестал</u> находиться в пространстве Y, замкнутом, и <u>начал</u> находиться в пространстве Z'①.

例如 выйти из комнаты（города, машины）; Отойдя от стойбища шагов триста, я вышел на отмель（МАС）; выйти на улицу.

当выйти用于运动意义时，起点题元Y和终点题元Z很少同时出现在句子中。(参见第三部分第七章)(МАС词典给出выйти两个不同的意义，一个只带参项Y，另一个只带参项Z，就很能说明这个问题)实际上，выйти的初始释义中含有两个句法平等的要素：перестать在释义中同откуда?问题相关；而начать同куда?问题相关。显然，在一种语境中，实现的是一个语义要素，另一种语境中实现的是另一个语义要素。

如果我们来探究выйти的派生意义，会发现它们不可能发生焦点迁移，焦点被牢牢固着于某一个语义要素中②。从выйти众多意义中区分出初始意义后，可以把выйти的派生意义表示为一个与运动意义无关的系统，并可分解为两类③：一类突显的是语义要素перестать，(同前置词из搭配)，另一类突显的是начать（同方向前置词в或на搭配）①。

---

① Апресян（1990）认为，空间Z经常是开放的。但并不一定，例如在А. Галич的歌词中，выхожу покурить в туалет; 或者"Раз **из** — то либо **в** (другую комнату)，либо **на** (волю)"(Цветаева1967：218)，如果Y与Z不邻近的话，空间的封闭与开放的对立关系便不再存在。

② 这里的假设是，焦点在初始意义中是可以活动的，而在派生意义中被固定下来。(Гак 1998：238; Кустова1999б)

③ 当讲到выйти的起始和终止阶段延伸时，可以将它分为两个类别。(Апресян1995：492，494—501)

属于第一类（带有语义要素перестать）的意义有：

1.1 'перестать находиться / пребывать: изменение устойчивого состояния'（выйти из больницы, тюрьмы）;

1.2 'перестать быть частью, членом'（выйти из состава комиссии, из бригады）;

1.3 'перестать быть в состоянии'（выйти из повиновения, из-под опеки）;

1.4 'перестать принадлежать к категории'（я вышел \ из этого возраста）

2.1 'перестать существовать в каком-то количестве: израсходоваться, кончиться'（у нас за месяц вышло пять кг муки）;

2.2 'истечь, т.е. перестать существовать (о сроке)'（этой тельняшке вышел срок службы）;

3. 'произойти, т. е. перестать быть в категории Y, будучи в ней в начале своего существования'（вышли мы все из народа; вышел из купеческой семьи）

属于第二类（带有'начать'语义要素）的意义有：

4. 'переместившись, начать действовать'（выйти на прогулку, охоту）;

5.1 'начать пребывать: в (социальном) положении: высоком'（выйти в генералы, в отличницы）;

5.2 'начать пребывать: в гражданском состоянии'（выйти замуж）;

6.1 'начать существовать'（из покрывала вышло три платья; ...и у вас выйдет оригинальный роман）;

6.2 'начать существовать <о произведениях печати>'（вышел (в свет) очередной номер журнала «Караван»; на экраны вышел новый фильм）;

6.3 'начать иметь место'（вышла неприятность）;

7. 'начать быть кем-то в результате работы, учебы'（из него вышел хороший инженер）.

第一类中，意义3需要做一下解释：выйти из народа中，语义要素'X перестал быть Y-ом'在释义中是作为背景；主要焦点移至较前的阶段——语义要素'X прежде был Y-ом'上，该要素构成'перестать'的前提。

第二类中，意义6.1和7中前置词из值得注意：和它连用的名词应该属于第一类别的词，但重要的是，из在这些词位的语境中不能占据述位：из的语义要素

---

① 与此类似，следовать的移动意义有两个参项，Откуда?和Куда?但用于逻辑结果意义时，只有参项Откуда?在отойти, сойти, уйти等要求从格的"来向动词"（элативные глаголы）也有类似的语义现象。（详见第三部分第七章）

属于释义中的背景部分。因此,这并不是一个例外,反而证实了在这些词位中突显了'начать'语义要素。

与初始意义的差别仅在于将идти替换成перемещаться的意义中,焦点是自由的,试比较:судно вышло из бухты 和 судно вышло в открытое море. 我们发现,在空间Y和空间Z不邻近的语境中,意义4中的条件X начал находиться в пространстве Z不一定能够行得通。完成体语义同观察者兼容,在时间上是同步的,该时段同X从Y到Z的路径相关:Автобус вышел из Бронниц в Москву в шесть утра.(例句摘自Апресян1995:495—496,但他用的是另一种分析方式)

几乎所有完成体动词都允许焦点迁移。(参见第四部分第三、四章)完成体动词的语义可以区分出事件要素和状态要素,(Падучева1996:154)至于哪个充当焦点,则取决于语境。

第四节 含义和推论

含义的术语和概念是格赖斯在1975年提出的。импликатура应该被理解为会话含义。含义是语句内容的要素,它不是规约性的,不是在语言中就已纳入到词或结构中的意义;而是依靠一定的语境,依靠合作原则以及由此而衍生的交际原则(或交际准则)中可以推导出来的意义。

格赖斯的交际原则可以分为以下四方面:

第一,量的原则(信息性):"你的语句应该含有足够的信息";"而不含有冗余的信息";

第二,质的原则(真实性):"得说真话",或者至少"不说你认为是谎言的话","不要说你认为没有根据的话";

第三,关系原则(临近性):"应该切题",也就是"要说该时刻与主题相关的话"。

第四,方法原则:"回避不清楚的表达","回避歧义","应该简短有序"。

含义的概念可以用以下例子来说明:(下面的例子6是a的含义)

(1) a. Левый глаз у нее видит хорошо;
    б. 'с правым что-то не в порядке'. (Fillmore1976)

(2) a. Он приедет в субботу или в воскресенье;
    б. 'говорящий не знает, в какой из этих двух дней'.

(3) a. А. У меня кончился бензин. В. Бензоколонка за углом.
    б. 'бензоколонка работает, так что А сможет заправиться'. (Grice1975)

(4) a. А: Никому не рассказывайте! В: Джентльмен не рассказывает таких вещей.

б. 'В — джентльмен'. ("Love and Friendship," A. Lurie, Падучева 1982)

4.1 含义产生的机制

近年来,广泛运用对含义的界定:含义的载体是说话人;他说出话语并暗示什么。(Brown, Yule1983:33;Bybee et al.1994;Wilson, Sperber1986)而解读话语是受话人的任务:为了明白说话人的用意,受话人从话语中推导出各种可能的结果并得出结论——推论[①]。

对潜在推论进行区分很有用处:一类是原则上能够从话语的字面意义中得到的潜在推论;一类是同作者真实用意相关的潜在推论。因为在进行推论时受话人有可能出错。帕杜切娃(1982)曾举过这样一个对话:

— Где здесь мебельный магазин?

— Мебельный магазин закрыт.

问话人交际上失败了:他打听的是商店的地理位置,而受话人的回答依据的是他潜在的推论:问话人想买家具,该推论此时却并不是问话人含义。

任何一个语句,甚至是最简单的,都有可能成为生发大量推论的依据,说话人遵循合作原则时,尤为如此。(Green1996:110中使用了一个简便的术语会话推论инференция дискурса/conversational inference)在语句的推论中,只有被启动激活、并使其发挥作用的推论才是其含义。换句话说,只要推论被"利用",它就成为含义,即如果说话人认为受话人能够从语句中推算出该语义要素,并且认定说话人遵守了合作原则。对推论的预期是一种机制,该机制使说话人可以在自己的语句中传递比字面更多的信息。

因此,在例(1)中含义来自量的准则:如果说话人对两个眼睛的判断都正确的话,他就能够更简短地表达;例(2)含义来自质的准则:如果说话人知道究竟是哪一天,他的判断就会更加肯定;例(3)、(4)来自相关准则,例(3)中的含义是:可以把受话人的答句理解为对满足对方请求的承诺。

含义作为语义要素,具有一系列特征:

1)含义区别于普通语义要素在于其隐蔽性。格赖斯将语句中的内容分为说出的和隐含着的信息;含义属于后者。

2)含义与推论的区别在于它才是作者意图所在。

3)含义不是规约性的,也就是没有被词语或结构的词义所编码,在例(3)和

[①] 英语词 inference 指'заключение'、'вывод'、'информация, извлеченная из сообщения, но прямо в нем не выраженная',但在俄语中没有与之贴切的对应词。我们只好使用其谐音инференция。试与 invited inference 相比较,其字面义为"应请求而来的推论",反映的是说话人和受话人在阐释话语时的相互作用。(Geis, Zwicky1971)

例(4)中表现得很明显；

4) 含义可以被取消。如此,对话语的解释可能不只一个。

(5) A: Smith doesn't seem to have a girlfrend these days.

　　B: He has been paying a lot of visits to New York lately. (Grice1975:51)

从语句 B 中我们可以得出结论：Smith 多半是有了女朋友；但是我们还可以认为 Smith 没有时间找女朋友。因此第一个含义被取消。

5) 含义是可以被推算的。(Levinson1983:113-114, Leech1983:24-25)它是从话语假设中推导出的。推导含义的依据是对以下因素的综合：语句的字面意义、话语假设、语境、交际者的语言外知识等等。我们认为理解例(4)的含义需要借助亚里士多德的三段论。

6) 含义与逻辑、语义推涵的区别在于：它依据的不仅是话语的意义,还有合作原则和语境。

7) 含义与预设的区别在于含义可以用于下文,而不会引起语义重复。例(a)中明示了含义,例(6)中,重复了预设,就显得有些异常：

(а) Некоторым понравилось. Но не всем.

(б) Его преступление непростительно. А он совершил преступление.

8) 含义与陈说的区别在于,如果它真值为假,但整个语句不为假。说话人说出含义为假的话语,并没有在说谎,只是自觉不自觉地误导别人。

9) 话语含义具有通用性,它可以从任何一个语言中具有相同意义的语句中推导出,这使它区别于规约性语义要素。

成功展示格赖斯思想的场合是那些相当于逻辑系词的连接词,两者的区别部分地可由交际原则推导出来。

例如,连接词 или 与逻辑析取关系（p ∨ q）的区别在于它含有 незнание 语义要素。例(2)中,如果说话人知道析取语义要素中哪一个是准确的,他会说出更有信息价值的句子。(这一点 Тарский 就已经明确了, Падучева1985:43①)

连接词 если 与逻辑蕴涵关系（p → q）的区别在于它含有一些补充语义要素,它们多半是含义：

(6) Если матч транслируется, то Иван сейчас сидит перед телевизором.

第一个语义要素"说话人不知道是否发生 q"（говорящий не знает, имеет ли место q）,否则他能够做出更为肯定的判断,不用明示条件 p；第二个语义要素"说话人不知道是否发生 p"（говорящий не знает, имеет ли место p）。这种情况下,俄语中,当 p 仅为真时,才可以用连接词 раз。(Иорданская1988)

---

① 还有一个区别是：在自然语言中,初始意义中的析取关系是可以分离的,不能分离的意义只用在一定的语境中：Если будет холодно или пойдет дождь, то прогулка не состоится.(Падучева19646) или 的分离意义也从一般交际原则中得出,参见 4.2 节。

(6′) Раз матч транслируется, Иван сейчас сидит перед телевизором.

第三个补充语义要素是——在 p 和 q 之间具有因果语义联系（例如 Если Иван опаздывает, то Маша сердится, Маша 的情绪可以理解为 Иван 迟到的结果）或别的约定联系（Если Ева на даче, то Адам в городе.）。该语义要素来自于质的预设：如果这种联系没有，说话人以什么为依据来做出自己的判断呢？我们还可以补充第四种含义：если не -p, то не -q。实际上，если 的意义经常可以理解为 если, и только если.（Падучева1996：239），这是从数量原则中得出的，特别是在只有 p 和 не-q 对立的语境中是这样：

(6″) Если позовешь, приду [имеется в виду:'а если нет, то нет']

最后，连接词 и 与逻辑合取关系（p & q）的区别在于，p 和 q 在语境中表示事件：在 и 的释义中会以默认的方式出现受方式准则制约的补充要素，该原则要求按照事件发生的时间顺序来陈述事件（Падучева1996：363 中列举了一些使人能够做准确解释的时间状语）。在例（76）中，说话人甚至要寻找与含义相关的推论（它有可能发生在火车卧铺的中铺上）：

(7) а. Он снял брюки и лег; б. Он лег и снял брюки.

带有初始意义 'сделать как можно быстрее' 的动词 поторопиться, поспешить 可以得到 'сделать слишком быстро, т. е. преждевременно или необдуманно' 的推论。（Апресян1995：186）

近年来，主张语句的主要意义都在语用学辖域内的"激进格赖斯语用观点"多次受到批评。（Davis1998）

运用激进格赖斯语用思想的一个领域是同语反复（X is X）。（有别于格赖斯的另一种分析参见 Анна Вежбицкая 1991：391-452 的一篇精彩短文）如果同语反复的意义可以用普遍原则预测，并不受语种的限制，那么它应该在每种语言中表达同样的意思。但是维日彼茨卡认为，X is X 的形式结构在各种语言中吻合，却有不同的意义——具有规约性、为每个语言所特有，也就是说，它不是从普遍原则中推导出的。并且相反，同一种语言可以有各种结构的同语反复来表示不同的意思。例如 Boys are boys 与 Boys will be boys 的所指就不一样。

维日彼茨卡分析了英语中的"X is X"模式的不同形式的同语反复结构，每一种都有自己的意义：

（a）表达对生活中事件的现实态度。

War is war 'Война есть война'; Business is business 'Бизнес есть бизнес'

（б）表达对人性的宽容态度。

Boys are boys 'Дети есть дети'; Woman is woman 'Женщина есть женщина'

（в）表达对人类某种活动的宽容态度。

A picnic is a picnic 'Пикник есть пикник'

A holiday is a holiday 'Праздник есть праздник'

以上英语例子(а)—(в)区别在形式上,数的形式和冠词的使用方面,但是,俄语译文的形式却都一致。我们想说明的是俄语中"X is X"形式总是表达同样的意义。

在莱文森(1983:125)给 Boys are boys 的释义中,这种形式结构的主要语义已有阐明,它被分析为带有含义'这种不良行为对男孩子来说是很正常的事情'。

这种表达式中最本质的特点是:虽然语句带有普遍的性质,但语句的说出是因被说话人注意到的具体的行为或事件,因此维日彼茨卡的下述一思想就很重要:在法语中,具有'X есть X'意义的结构形式并非能产常用,句子 Война есть война 译成法语是 C'est la guerre,具体的事件被指示语 се(это)标示出。

X есть X 形式结构有以下释义(在释义中,除标明参项 X 外,还用小写 x 表示具体参项:指语句所针对的具体客体或事件;句法上将其置于话语之外,即不是结构的句法组成部分):

X есть X (например, Дети есть дети) =

имело место событие, касающееся х-а

х относится к категории X

все объекты категории X обладают определенным свойством / требуют от человека определенного поведения по отношению к ним (и вызывают соответственную реакцию)

тем самым

х обладает этим свойством/требует от человека данного поведения по отношению к нему (и вызывает эту реакцию)

так что этого следовало ожидать/это следует принять как должное[①]。

"X есть X"形式结构意义的复杂性在于,其意义的主要要素'x относится к категории X'在释义中处于话语外的地位:作为语句产生理由的参项 x 在表层结构中没有出现。当这一语义要素(指 x)未被标出交际等级时(详见第二节),这种释义对法语结构更合适,在上面的例子中,C'est la guerre 中的具体参项 x 是由指示词(се)标明,对具体现象的范畴化形成了陈说;俄语中,则将这种对 x 的范畴化推至话语外。除此之外,由于 x 属于范畴 X,而且具有让人感兴趣的属性,它构成含义,也就是没有用明显方式表达出。为了理解语句,需要明白 X 范畴的客体有什么特征。例如 Дети есть дети 中,这多半是指孩子的淘气。我们再举一例:

---

① 在 С. Левинсон 的研究中标注了这种结构的语义要素 момент ожидания。俄语 Это же война! 的意义和 Война есть война! 极为近近,维日彼茨卡给出了合理的解释:说话人借助语气词 же 来表示他所说的一切对受话者而言是可以理解的。(Padučeva1987)

(8) Мать есть мать.

这个句子可能针对下述情景：当女人为了自己的孩子牺牲自己而值得赞赏时；当女人偏袒孩子不得体的行为，却应予以理解时；当她感到无助而需要我们施以援手时等等。在任何情形下都指某种显而易见的联想意义或伴随意义。(Иорданская, Мельчук1980) 含义也可以在下列话语中得到显现，如 Работа есть работа: работа есть всегда.（Окуждав）

参项 x 可能既不出现在话语中，也不出现在语境中，那时这种结构的意义只是为了让人关注某种存在于含义中的、范畴 X 本身的某个特征。特别是当该范畴现象本身存在的这一事实就可以成为含义：承认某现象的存在，我们就应该把它各个方面当成可以理解的事物来看待，特别是它的负面特征。句子 Терроризм есть терроризм 听起来有些异常（好像在同恐怖主义妥协），它在我们的文化背景中不是不正常，而更可能为虚假，因为我们倾向认为恐怖主义不同于战争，后者是合理合法地存在于我们这个世界。但同时我们也能为 Террорист есть террорист 找到合适的语境：当恐怖分子获得自由，再次发动我们能够预料到的新一轮恐怖袭击时。

维日彼茨卡（1991:411-412）给与各种客体范畴相联系的"关系和预期"开出了清单，并声明它并不全面。实际上这份清单也不可能做到穷尽，因为在语义的范围内含义是不可能被列举完的。我们在此举出她这本专著第 411 页中的一例：Мужчина есть мужчина.具有潜台词'男人什么都干得出来'（'от него можно ожидать чего угодно'），这里话语语境是在衣间里发现了死人。只是对于那些已经成为熟语的语句而言，联想意义才能定型，对构成比较自由的搭配而言，有多少推论，就有多少与 X 范畴有关的联想意义成为说话人所需要的含义。

当然，"X есть X"形式结构不会吸纳没有一定联想意义的范畴充当范畴 X 的角色。Вторник есть вторник.的联想意义就比 Суббота есть суббота 差，因为一周中的平常时间并没有一定的特征。但一旦在语境中出现了特定的联想（例如说话人在周二有课），Вторник есть вторник 就有了意义。

由范畴 X 的客体特征构成的含义，正面评价比负面评价更为常见，可能是前者在语调上略有不同的缘故[①]。例如 Мать есть мать.可以表示合乎情理的自豪之感；Праздник есть праздник 表示的是对张罗过节的认同。

综上所述，对"X есть X"形式结构的描写不可能不考虑到含义的问题：说话

[①] Булыгина, Шмелев（1997）将"X есть X"形式结构同"X — это X"做了对比，借助后者说话人表达的更多是对 X 的肯定态度，试比较 Женщина есть женщина 和 В то время женщины — это были женщины，原因在于 есть 表示的是范畴归属，也就是特征中的常规特征；而 это 表达的是等同关系，强调的是 X 的个性和独一无二。

人从难以计数的推论中突显一个与该范畴相关的一个推论,从范畴中抽取某特征作为主要特征。

唯一能够从整体上赋予该结构的含义是对x(来自于范畴X)某些特征的可预见性和常规性(它们由生产范畴X而来,或直接来自该范畴)。布雷金娜和什梅廖夫(1997)研究了"X есть X"形式结构中的让步意义,但"可预见性"包括了让步:如果表现出的某种性能是司空见惯的话,那么,出色性能的价值就会降低,而表现不好也能得到谅解。

因此,我们可以得出准确的结论:对"X есть X"形式结构的描写不可能在纯语义层面上进行,对它的释义不是要考虑词语X的意义,而是要考虑与X相关的含义,它完全取决于说话人。原则上,这种结构形式语句的每一次使用,都有其自身的含义。

应该说,这种推论现实化的原则对隐喻也同样适用。莱文森(2000:118)曾举过这样一个例子:Джон — это машина. 从Джон的范畴属性中得到的推论不止一个:Джон可能冷漠、可能效率高、可能缺乏创造性等,这些联想究竟哪一个能够成为含义取决于说话人,而受话人则从语境中推导得出,多少都能顺利地从可能的推论中找到含义。

布莱克(1962)认为①,这是为了表达常规联想,并且这种联想并不直接包含在词义中,而在于与该词密切相关的语言集体意识。他使用的术语是импликация(≈инференция),Г. И.库斯托娃(2001)的研究中也使用了该术语,她认为импликация能够预测到动词词义的衍生。例如(使客体)变形类动词:бить, рвать, резать等,它们的基本语义要素是'破坏客体的完整性'(«нарушение целостности объекта»),而产生新意义的蕴涵数量大,形式多:

«повреждение, ущерб» (порвать рубаху, порезать палец);

«невозможность функционирования» (ветер порвал провода);

«уничтожение» (объекта: порвать записку)/«прекращение» (ситуации: разорвать отношения);

возможно, даже «создание» (пробить дверь ⊃ 'сделать дыру').

此时在派生意义中,初始语义要素'破坏客体的完整性'退居背景,甚至完全消失。

4.2 含义的类别

4.1中列举的特征大体上属于含义的特征。但是,含义还可分为各种类别。格赖斯将其分为一般含义和特殊含义。只有像例(3)、(4)这样的特殊含义确实要依靠语境。如同我们所了解的,在俄语中"X есть X"结构,同样能产生特

---

① Black这篇文章是从语言学角度研究隐喻的内容最为丰富的成果之一。

殊含义,也就是说在每一个语境中都有自己的含义。至于说到带有"逻辑"联结词结构的含义,它们是一般含义,并不依赖语境。

不同类型的含义都具有4.1节中所述的不同特征。特殊含义无疑是可取消的,如例(5)。如果这时话语的连贯性是建立在含义的基础上,那么虚假含义自然就会破坏话语的连贯性。在例(4)中,通过下文我们明白,B还是说了不该说的话。他说 I never said I was a gentleman/Я не говорил, что я джентльмен来为自己辩解,以此来开罪自己。但在这种情形下,B应该承认,在第一个话轮中他违反了最大相关性原则(使话语失去连贯性),使人感到困惑。

再看一般含义的例子,'не все'语义要素是некоторый一词表达的意义。

(9) Некоторые книги он прочел [预设规定了并不是所有的书]。

事实上,一般含义不具备典型含义的主要特征——可取消性。例(9')用以证实一般含义(некоторый的意义)的可取消性,第二句话之所以可使用,只能当作对第一句话的修正:

(9') Некоторым выставка понравилась. На самом деле, всем.

莱文森(2000)探讨了由数量原则产生的一般含义的普遍推导原则。他认为,在语言中如果有两个意义相近的表达式,其中一句在某种意义上比另一句更为强势(含有更多的信息),那么使用更弱的一句表明,强势句真值可能为伪。由此,按信息性大小排列成对的词,可产生一系列的含义(符号⊃连接了带有联想含义的词和更富有信息的词)。例如:

⟨и, или⟩: или ⊃ 'не и'

⟨все, некоторые⟩: некоторые ⊃ 'не все'

⟨все, многие⟩: многие ⊃ 'не все'

⟨большинство, некоторые из⟩: некоторые из ⊃ 'не большинство'

⟨обязательно, возможно⟩: возможно ⊃ 'не обязательно'

⟨должно, может⟩: может ⊃ 'не должно'

⟨всегда, иногда⟩: иногда ⊃ 'не всегда'

⟨горячий, теплый⟩: теплый ⊃ 'не горячий'

⟨знаю, считаю⟩: считаю ⊃ 'не знаю'

方括弧内的第二个词语意味着作者认为使用第一个词的语句为伪。(在任何情况下他都不会为其真值担保)。例如:считает, что P.正如在哲学逻辑中早已公认的那样,含义为'не знает, P или не P'.在这样的语境中与其说是含义,不如说是对话语的推导。理由是所有这些根据内容所得出的结论都为负面的,也就是信息量小的,因此它们一般不是说话人的所指。例如,从列文森举的一例обручена导出'не замужем',但这既不是обручена的语义要素,也不是说话人的所指。

第五章　词汇意义的因素之——语义要素的焦点位阶　　91

但是，具有普遍（价值）性的推论可以成为意义的要素。如例（10），带有前缀про-的词具有下列多义特征：

(10) a. Мы сейчас проехали.（или: проезжаем）Аникеевку;

б. Мы проехали \ Аникеевку — теперь придется идти назад пешком.

在扎丽兹尼亚克（1994）在研究中，带有前缀про-的词的多义性表述为мимо的词义差别：例（10a）和（10б）可以换为：'проехали мимо Аникеевки'，换句话说就是'рядом с Аникеевкой'。我们会认为例（10a）是мимо 1, (10б) 是мимо 2。

在мимо 1 中，并没有运动客体 X 和定向标 Y 即将接触的打算，X 的路径是就近路过 Y：

мимо1 (как в Мы [X] проезжаем мимо Аникеевки [Y]) =
| X перемещался;
| в некоторый момент X находился рядом с Y-ом.

但是，мимо 2 的意义只出现在与 Y 有接触的打算，却又没有实现的情形中。只有这种打算（从语境得知）产生了接触没成的意义，即мимо 2。在初始意义мимо1中，"没有与 Y 接触"（«отсутствие контакта с Y-ом»）这一要素是没有什么意义的负面推涵，是从рядом词义中得到的推论，这一推论也并不是рядом的意义要素：如果рядом с Y-ом, 就意味着не через Y。一般含义就是：⟨через X, рядом с X-ом⟩: рядом с X-ом ⊃ 'не через X'.

М. А.克朗高斯（1998:165）研究了带有前缀про-的动词，他认为意义分化是它们的特征，此时"含义转变成了陈说"。但更准确的表达是：如同мимо的мимо 2, 这些动词的派生意义中，"没有接触"（«отсутствие контакта»）这一要素，同一时间 а) 从潜在的含义转换成意义的一般正常组成要素，意思转为"接触没有发生"；б) 取得陈说的地位。因此，проехать мимо 就有两个意义：1) 'проехать рядом с Y-ом'; 2) 'не попасть в Y/ не вступить в контакт с Y-ом, вместо этого проехав рядом с Y-ом.

与会话普遍意义推论一样重要的还有一种更为特殊的非必备推论。动词показаться 中的"运动"语义要素（«перемещение»）就是带有这种推论的例子。事物被看见，经常是由于运动的结果，因此 «перемещение» 是作为自然而然的推论出现的。在показаться的'стать видимым'意义中，«перемещение» 就不是必备要素，它只能出现在一定的语境中：

(11) Тотчас из-за одного из памятников показался черный плащ. Клык сверкнул при луне, и Маргарита узнала Азазелло. (MM)

然而，对于表示行为的показаться而言，例（12）中，"运动"推论成为正常的、稳定的语义要素：

(12) Он надел эту шапочку и показался Ивану в профиль и в фас, чтобы

доказать, что он — мастер (ММ).

在исчезнуть一词中也有非必备推论转变为正常语义要素的现象。如：

（13）Швейцар смерил сердитого чиновника полным сомнения взглядом, но все же исчез за дверью (Б. Акунин. Смерть Ахиллеса).

在исчезнуть的释义中，把它的初始意义区分出两个要素：主要要素перестать быть видимым是陈说；次要要素переместиться是非必备要素，作为近似结论的推论产生于下述语境中：Иван появился на минуту, но тут же исчез. 但在Изображение исчезло.中却没有'运动'要素。例（13）有一种特殊的效果：借助让步连接词но все же表达的是瑞士人的疑虑与其运动之间的矛盾，而不是与他被看见之间的矛盾；只能处于推论地位的'运动'要素不能进入这样的对立体中；需要焦点迁移把'运动'转换成正常要素，例（13）就是这种情况。

应该说明的是，例（13）除了焦点发生迁移外，范畴也发生了变化：语境要求主体的运动是有意识的。因此，исчезнуть充当的是行为动词，这样的特征在其初始意义的释义中没有。

动词скрыться是另一种情况：它的初始意义是表行动的，而'运动'要素是陈说。

从这些例子中可以看出，推导性是语义要素的特殊性，它并不同于陈说，是根据会话原则或从其释义中的其他语义要素中推导出的语义要素，份量并不重。这是更加"轻微的语义要素"（参见第三部分第二章第六节中副题元语义要素的推导）可以说，含义和推论是从来源角度讲的语义要素特征。由此出发，在历时平面上运用推论对词义的变化进行描写就成为理所当然的事了。（Traugott1997）

初始意义为"尽快完成"（делать как можно быстрее）的动词торопиться, спешить也可能具有'快速运动'（'быстро двигаться'）的意义。例如торопиться на поезд. 但这并不是推论，而是语境增生：«перемещение»语义要素来自语境。

第五节 语义要素的聚焦位阶对搭配的影响

Е.В.拉希丽娜（1992）曾列举出一系列例子试图说明，述位突显并不能涵盖全部词汇语义的所有交际方面。当然，可能形成陈说—预设这样的矛盾对立关系。下例中为什么（1a）可能，而（16）不可能？

（1） а. глубокая книга; б. * глубокая брошюра.

М.В.菲利宾科（1992）也举过这样的例子：

（2） а. красиво одевать; *красиво кутать.

用第二节中的主位突显和注意焦点的概念,就可以解释例(1)、(2)中的6例搭配受到限制的原因:在词汇的释义中,如果某一语义要素处于某一语义算子的辖域内,那么该要素或情景某个方面就实际上成为注意焦点;其他语义要素就退居后台,就不能成为谓词的主位—主体,(我们试图在句法层面上把该谓词同其他词联接在一起)如例(2)中的кутать中置于前景的是暖和的衣服(甚至是过暖的衣服);因此在句法上就不能再通过其他参数对кутать中包含的одевать行为加以描写了:在释义中,作为主位突显的是行为的一个方面,而其他方面则降低等级——退居背景中。

С. А.伊万诺娃和К. И.卡泽宁(1993)也考察过这种类型的搭配限制:

(3) a. Солома горела быстро;   б. *Солома полыхала быстро.

(4) a. Он плотно закрыл дверь;   б. * Он плотно захлопнул дверь.

例(3)中,гореть意义中的两个语义要素(испускает огонь和уничтожается под действием огня)(В. Апрясян1991)允许有外在语义算子。而полыхать的意义中,旺盛而耀眼的"火"这一要素是主位,而быстро要求主位突显«уничтожение»要素,该语义要素在гореть中可能现实化,但在полыхать中却受到限制。在例(4)中,动词захлопнуть表示的意义是:'закрыть, издав хлопающий звук',但在закрыть中,强调的是门与门框的接触,这种接触可以被描写为紧密的;而在захлопнуть中,现实化的是伴随接触行为发出声音的语义要素,而接触语义要素便不允许再有外在语义因子了。(其他的例子还可参见第六章第四节)

主位突显的概念可以对副词同动词体的形式和意义的搭配限制做出简明的解释。众所周知,描述过程(或进展中的行为)的副词是同动词的未完成体搭配,通常不和对应的完成体搭配,原因是完成体强调的是结果的达成;而过程语义要素,哪怕它是完成体动词语义结构的要素,(参见第四部分第三章)也不会现实化,它没有需要的聚焦位置,因此不允许有副词(不可能有它的辖域)出现。

(5) a. мучительно преодолевал;   б. *мучительно преодолел;

  a. медленно возвращался;   б. * медленно возвратился.

  a. гореть ярко;   б. * сгореть ярко.

因此,聚焦位阶是对一系列对立关系的概括:纯交际方面的——述位上的对立(陈说、预设、推涵、限定);同关注焦点有关的主位对立,也就是等级对立(核心、边缘和话语外);"词源"上的对立(推论或含义)等等。

根据我们的分析可以得出如下结论:存在着不属于述位突显的聚焦状态方面的对立。原先主位—述位被看成是语言学上有互补关系的概念:如果不是述位,就是主位,现在我们发现并非这样。Ю. С.玛尔捷米扬诺夫(1964:143)将一条"贯穿整个情景的运动走向"作为所有交际对立关系的公分母。而对于等级差异而言,则另一种描述更有用:诸如明处—暗处,前台—后台等。

如同其他参数一样,语义要素的聚焦位阶一方面可区分词的不同意义(或者不同的语法范畴),另一方面区分不同的词。在第三部分第二章中谈到了意义相近的两个动词увидеть和заметить,与在заметить中的地位相比,感知语义要素在увидеть中的语义结构中占高位。但是,如同我们在其他情形中所见,不同的词汇仅就某一个参数做出区别的单一性例子很少。词汇之间的区别通常不可能只归结为语义要素的聚焦位阶上——尽管从这方面的差异出发可以得到很多有益的结果①。

词汇语义的动态视角允许将聚焦位阶看成重要的词汇语义因素:意义在语境中发生的意义变动更经常地体现在聚焦位阶的变动上,而不是去删除释义中的某些语义要素。

---

① 该视角之外有很多遗留问题:例如,带有说话人参项的成分是否有特殊的地位;очутиться为什么没有否定形式;在类似于这样语境中:Тебе показалось\发生重音迁移现象,有没有可能存在统一的解释等等。

第六章 部分意义联结成整体意义的规则和构建原则[①]

构建性原则(有时称之为弗雷格原则)可以最简明地描述为"语言表达的意义(值)来自于它部分的意义(值)及其句法联结方式的函数"。(1984:318)该原则在形式语义学中发挥了重要作用,但取狭义理解:设定语义和句法之间是某种同形现象。然而,如同帕蒂(1984)指出的那样,在更加宽义的理解中,该原则在任何语言理论中都能占据一席之地。首批探讨构建性的语言学著作之一是威恩莱希(1966)。阿普列相(1974:81)对删除规则直接作了实证研究,阿普列相(1980:39)还研究了意义搭配原则。而博古斯拉夫斯基(1996)对意思构建研究做出了重要贡献。

说明:我们注意到,在有关构建的逻辑表述中,考虑的只是词汇和句法结构;既没有提到形态,也没有提到线性语调—重音结构。语言学中经过校正的表达式是:"句子的意义是由词位的意义、词形的语法意义和句法结构意义组建而成"。该思想Падучева(1974:12)曾经提到过,同时还提出了一个方法,用于描写句法结构语义对句子一般意义的贡献,同时将形态和实义切分都纳入到我们的研究框架中。以下我们主要关注词汇构建的方面。

我们将构建原则理解为一种主张,认为在语句的组成中,词义、法位、句法结构、线性语调—重音结构等之间存在着语义相互作用的普遍规则。这里所指的与其说是看作已知的构建性原则,不如说构建意思的规则本身。

第一节 意思的构建规则

语句将现实世界某个片段与某一语义结构相对照,因此产生了该世界片段的语言观念。(语义结构和观念结构之间的相互关系参见第二部分第二章第一节)

语义结构包含着句子的逻辑特征信息,从而使人们能确定句子间的逻辑和语义推涵、矛盾和等价关系,能否获得这些信息成为是否正确解释词句的标准。

在谈及句子或话语的语义时,我们将依据听话人对已经说出话语的理解,

[①] 本章是Падучева(1999в)的修改稿。

而非说话人话语的生成,这里说的是阐释原则,而非话语生成。因为现实存在的意思也只能是由话语表达出来。

这样,整体的意思是由部分意思构建而成。自然,此时句子结构中的单个词语的意思并不是简单地"挨着摆放"在一起:部分的意思在联结成单一整体意思时,不可避免地要加以改造。但我们可以认为,这种改造的依据是普遍规则——独特的"语义随位变化",对这些变化也应在构建意思任务的框架中描述。

意思的构建规则在这里被视为句子初始的词汇—句法表征向语义表征的转换。每一条规则只与单独的词组相关,但重要的是以最后得出整体意思为取向。

句子意思的初始表征包括两个主要成素(意思的其他载体我们以后谈及):句子的词汇组成和句法结构。在词位的集合中,句法会给出从属性关系,原则上可以根据它揭示语义结构中算子和运算域之间的谓词—论元关系。

每一个构建原则都旨在解决两个问题:1)明确某个结构中部分意思联结成整体意思的方式;2)明确表征在词汇和句法语境影响下词义发生的变化(也可能是相反情况,结构的意义在某一词汇语境中被改变)。我们指出,在形式语义学中"严格的"构建性根本不能够预测在语境影响下词义所发生的变化。(参见 Pustejovsky 1998:59)

谈到意思构建时,我们应该将个别词语的意思和句子的句法结构表征方式当作是已知的,句法则被看成是由树形图(以最普通的方式[①])给出。(Падучева 1964a)而词的意思应该由词典给出。(关于词的意思的表征方式参见第一章—第五章)

对语句中词的意思难作穷尽的解释。词典中的释义可以被各方面的信息充实:来自释义组成部分的各种推论,来自话语和情景语境、格赖斯交际原则,可能还有别的信息等等。

下面我们将主要研究这样的词语搭配,这些搭配中至少有一个成分是动词。同以前一样,我们的出发点是:动词在语句中的每一次使用都产生某个观念化情景。在这样的观念中,对参项的释义依据的是参项的范畴(或分类)类别。例如,动词 подарить 在句中:

Отец подарил ему на день рождения рояль.

主体参项是施事,客体参项是受事(它的所有者发生了改变),第三个用予格表示的参项是受话人,施事和受话人的分类类别是人,受事的分类类别是物质性本体。

---

① 但在某些情况下还需要组成部分的信息。(Гладкий 1973, Тестелец 2001)

说明：在我们的构建规则中，描述的不是词，而是词位，也就是用于一定意义的词。这样，要是决定哪个词位能在句中表示这个词，能采用类似构建意思的规则，那就更自然合理了。Апресян（1974：179）谈到了 быстро 的"快速往返运动"意义：它可以表示 'с большой скоростью' 和 'немедленно'，也就是 'через короткий срок'。быстро 的这两个意义很轻易交叉，因为它们之间有因果联系：如果运动具有很快的速度，那么结果会很快到来（而如果动词强调的是始发，那么行为将在短期内开始）。但并不是所有应产生结果的动词，同时也一定有速度；быстро 会从支配自己的动词语义中"寻找"适合自己的辖域，它受语境制约的意义取决于它寻找的结果。可以把这样的寻找看作是构建规则——быстро 意义在语境中的变化规律。但是，确定词在语境中表示的意义不是我们的任务。我们所说的构建是指词位，而不是词，也就是用于一定意义的词：甚至在句子语境中词位都能够改变意思，因此对各种词位来说，也有意思构建的问题。

除了词汇和句法，还有这样一类重要的意思：非句法的词变形态学——动词的时和体、名词的数等等，以及交际结构，也就是线性语调—重音结构。它们的作用可以用例（1）来说明。例（1a）中，令人惊讶的事物是从句的所有内容；而在例（16）中，由于在 свои 上带有主要的句重音，令人惊讶的事物是他送出去的钱是自己的：

（1）a. Меня удивило, что он дал тебе свои деньги \;

б. Меня удивило, что он дал тебе свои\ деньги.

线性语调—重音结构似乎是一种单独的意思因素，这一因素起先可放在一边，不涉及类似（16）带有标记重音的句子。但是交际结构常常同词汇语义密不可分，因为有的词可能"天生"就带重音（甚至还有词序倾向性，参见 Падучева 1989a 对 редкий 的描写）。阿普列相（1974：81）曾举例证明意思的构建不是意思的加合：

（2）Бутыль не вмещает пяти литров.

根据普遍规则，例（2）表示的应该是"瓶子的容量不是5升"（вместимость бутыли не равна пяти литрам），也就是"瓶子的容量要么少于5升，要么多于5升"（бутыль вмещает то ли меньше, то ли больше пяти литров），然而例（2）表示的却是"瓶子装不下5升"（бутыль вмещает меньше пяти литров）。

但此例还可以有另一种解释。（Богуславский 1985：29）理由是：'бутыль вмещает то ли меньше, то ли больше пяти литров' 意思属于（2'''）：

（2'）Бутыль вмещает не пять\ литров.

此句初始的肯定句为：

（2''）Бутыль вмещает пять литров\ [или: пять\ литров].

而例（2）初始的肯定句为：

（2'''）Бутыль вмещает\ пять литров.

动词上带有主要的句重音。例(2″)表达的意思为"瓶子能装5升甚至更多"("вмещает пять литров или больше"),因此,例(2)中需要表达的意思меньше пяти литров由初始句子意思和否定意思构建(相加)得出。由此可以推出:在句法联系中形成词汇意思构建规则时,我们一定要考虑线性—语调重音结构。(语义结构和交际结构的不可分离性参见Богуславский 1996:121)

因此,存在着初始的词汇—句法结构,它包含着(哪怕是隐性包含)基于词位集合所形成的谓词—论元关系的信息、句子交际结构的信息。在这种结构中,可以区分出三种动词与其他词位的语义互动类型,换言之就是三种类型的语义对接:

I. 动词同自己的一个题元(或论元)联结。形式语义学提出的普遍规则是:动词释义中约束一个变元,或者变元的意义被确定,(Bach1989)如例(3a);或者被量化,如(36)。根据这一规则,(3a)和(36)可以有如下结构公式:

(3a) Джон гулял.

(3a#) Джон(x): ГУЛЯЛ (x);

(36) Каждый студент знает Джона;

(36#) КАЖДЫЙ x: студент (x) ЗНАЕТ(x, Джон).

由于变元受到约束,动词拟定有的情景参项获得了应有的观念和指称地位。

用另一种术语来说,参项(它的角色)——这是动词的语义配价,不说约束变元,而说句法题元填充了某种形式的配价位置。

II. 动词联结副题元,也即参数性副词。参数性副词指动词所描述情景的参数在逻辑上是不可缺少的,然而并不进入动词的释义——指时间、地点、速度、响度等等。但情况简单时,会是如此。(McConnell-Ginet1982:167;Филипенко 2003)第一,参数性副词将新的要素引入动词的释义,由于增加了谓词论元数量,也将新的参项引入情景。第二,它约束同该参项相应的变元——赋予它意义。因此,例(4)中,ДВИЖЕТСЯ是бежать动词释义中的谓词;在有быстро的语境中,出现了谓词ДВИЖЕТСЯ СО СКОРОСТЬЮ;быстро将速度定为很高:

(4) x бежит быстро = ... & ДВИЖЕТСЯ СО СКОРОСТЬЮ (x,y) & БОЛЬШОЙ (y).某些细节问题将在以后研究。

III. 诸如знать, считать这类动词,或者其他的命题算子(НЕ, МОЖЕТ БЫТЬ, РАД, УДИВИТЕЛЬНО等等)与命题联结,命题处于其辖域内:

(5) Удивительно, что он все помнит = УДИВИТЕЛЬНО (он все помнит).

类型III在形式上的对接与I和II的区别在于:这里算子是命题性的,它的论元是命题,在I和II中,谓词的论元是有某一意义范围的变元。而命题意义的性质不同,它无法量化。(Падучева1991)

在简单的情形中,动词是命题的句法控点——如例(5)中的помнит;那么

命题算子的辖域就是从属于它的述谓联系。在例(1)中，命题由句子的述位来确定。(Падучева1985:117)

(1') деньги, которые он тебе дал, его собственные.

现在我们可以更加清楚地表明我们的任务。在初始结构中有两个实词：支配词和被支配词（或是词和名词性短语，词和句子），每一个词都有自己的意思。构建规则应该将它们转换成对（算子，论元），并回答两个问题：

1) 意思的结合是怎么发生的？也就是说论元观念被"纳入"算子释义的哪一部分？这一问题在情形 I 和 III 中已顺理成章地解决，其中支配词（算子）拥有变元（论元）。但对于情形 II 却成了问题。对于情形 III 的问题是：如何建构论元观念？例如(1')来自(1)。

2) 与另外一些词搭配时，词的意思如何发生变化？例如，名词的意思在支配其动词语境中的变化，动词的意思在与副词搭配时的变化等等。在 I 和 II 的条件下，临近交接处意思因语境而发生变动。

可以认为，以上三种语义对接类型完全概括了建立在其中一个词的配价基础上的词语间的句法联系，也就是说，涵盖了所有把句法语义归结为词位间的谓词—论元联系的领域。在我们上述研究之外，举例来说，还有像 дом отца 之类的生格词组，在这类结构中至少乍看起来，并不如此。

说明：В. Борщев, Парти(1999)研究了生格结构意义的两种可能的语义表征方式。1) 支配名词最初具有关系意义，因此，表示生格关系语义的谓词可纳入它的意思中（例如 ножка стола 被解释为 'ножка, составляющая ЧАСТЬ стола'）。2) 从属生格词实现了主导名词的意思迁移，因此主导名词由范畴性意义转换为关系意义；例如 дом 在 отца 的语境中表示 дом, в котором живет отец：大概可以说成 жилище отца。这样 дом отца 和 ножка стола 没有区别：在两种情形下，词语之间的句法联系可以解释为谓词—论元联系，因此句法结构的意义能够被表征为来自于支配词的词汇前提，如同类型 I。

意思的构建规则把人完成的语义操作加以形式化，人不仅理解单个词的意思，而且还理解整个句子的意思。看来，这样的规则系统能够最全面地描写语言使用者的语义能力。

构建（意思）规则反映了人所具备的对词与词能否搭配的看法，因此，应该可以用来诊断语义异常。例如，它们能够"顺便"捕捉到句子的语义异常：

(6) Петрович провозился с шинелью всего две недели. (Г.)

在这里，провозился 产生这样的推论：行为持续时间过长。但 всего 指向的意思却相反：две недели 时间并不长[①]。

---

① 而且，对于 Гоголь 来说，всего 可能有 в общей сложности 的意义，这时句子便无异常。(М. В. Филлипенко)

Ⅰ和Ⅱ对接类型的对立表现为题元和副题元之间的区别:题元参项一定要进入观念情景中,而副题元只有在展示它的词出现在句子中时方才进入。题元和副题元之间的界限常以不同的方式划分(参见第三章);但由于意思构建预先考虑到两种类型的参项,这种不确定性对规则并无妨碍。

指示语对于构建原则形成了鲜明挑战。在纯粹的用于指称的表达形式中,它的所指被确定后,意思本身(按照弗雷格的话说是引向所指的方式)相对于整个意思就变得无关紧要了。(罗素还在其他的表述中,谈到这一点)换句话说,在以指示语称名时,指示性名词词组的意思同动词意思的结合是非构建性的。(Stalnaker1972)例如:

(7) а. А ведь меня могло бы здесь не быть;

　　 б. Я нахожусь здесь;

　　 в. Я нахожусь там, где я сейчас нахожусь;

　　 г. * Могло бы быть неверно, что я нахожусь там, где я сейчас нахожусь;

　　 д. Для того места, где я нахожусь, могло бы быть неверно, что я там нахожусь.

здесь在词典中的释义是'там, где я сейчас нахожусь'.但是如果我们将例(76)中的здесь换成它的释义,就得到(7в),具有分析性真值;而将其放置在非事实情态语境中,得到的是(7г),则句子完全矛盾和语义异常。然而,(7а)却完全正常。原因在于,(7а)中的здесь只是表示地点,而它指称地点的方式(这里是指示性的)则在情态算子辖域之外:(7а)=(7д)。这样,(7а)意思的结合是非构建性的:在句法结构中,表达здесь意义的摹状词在情态算子的辖域内,而在语义结构中,它则在辖域之外。

第二节　示　例

Ⅰ.约束变元是最简单的意思构建规则方式:在动词释义中,变元被赋予自身的值。由于从 X любит Y 得出 Джон любит музыку,那么题元 X 和 Y 的观念就占据了动词любить释义的相应位置。有量化的更复杂的形式我们在这里不做探讨。

赋予变元以值(意义)要求题元的分类类别与谓词的范畴前提相一致,也就是同谓词要求的参项(该角色的完成者)类别一致。如果谓词的范畴前提和题元的分类类别不协调,但在某些情形下还能理解这样的搭配,就需要借助更加复杂的构建规则。阿普列相(1974)考虑到两种非正规的意思搭配类型:补充(增生)和删除其中一个词位释义的语义要素。我们举例来说明这两种类型:

a)在题元语义中增加语义要素。在例(1)中,река被理解为'наличие реки'——

补充了表存在的要素,因为способствовать的使役主体应该是命题性的:

(1) Развитию торговли в Новгороде способствовала река.

在例(2)中,前置词до在表示时间意义时,要求事件题元,所以до печати被理解为'до того, как дверь была <u>опечатана</u>(сургучной)печатью',这里是强调语义要素的增生。

(2) До печати, нет сомнения, разговор этот мог считаться совершеннейшим пустяком, но вот после печати...(ММ).

例(3)只有在жена被理解为同她度过的一段时光时行得通:

(3) две жены тому назад.

6) 从动词语义中删除语义要素。例(46)中删除了主体的目的行为'субъект действовал с целью'语义要素,该要素包含在(4a)ехать的语义中:

(4) а. Иван ехал на телеге в город;

б. Мимо ехали дрова.(摘自Рахилина1990)

在第一人称做主语的心智动词使用中,起作用的是下列删除规则。在知晓类心智动词(знать, подозревать, догадываться)中,具有'говорящий знает, что P'语义要素。因此,在例(5)подозревать的语义中,有下列语义要素 1) 'Иван склоняется к мнению, что его обманывают'和 2) 'говорящий знает, что Ивана обманывают':

(5) Иван подозревает \, что его обманывают.

但当第一人称做主语时,语义要素2)就消失了。因此,落在подозревать上的主要句重音就不合适了,或者需要更强的语境:

(6) а. Я подозреваю /, что его обманывают \;

б. ˀЯ подозреваю \, что его обманывают_.

在(76)这样的语境中,подозревать失去了自己的范畴前提'Y плохое',该前提在(7a)那样更常见的语境中是подозревать意思的一部分:

(7) а. Иван подозревает, что его хотят уволить.

б. Подозреваю/ что здесь будет празднество \.

算子的谓词前提和题元的分类类别不相称,还有哪些情况可以成立呢?在例(8)中,前置词благодаря给自己题元(没有玩成)的语义增加了评价要素,与普通看法不同的是,没玩成被说话人看成了一件正面的事情。

(8) Прогулка не состоялась благодаря плохой погоде.

这样的作用方向(从谓词到论元)处于词语与语境的一般互动规则的范围之内:意思增生是正常的现象。以下我们将讨论反方向作用,它更常见于隐喻性或非常规的理解。在一些直接的、非隐喻性的框架中,删除的只是意思中的不稳定因素,如例(7)中的否定评价。

II. 对于对接类型I而言,意思联结的正常规则是显而易见的,对于对接类型Ⅱ而言,公认的构建规则不存在。

相对于动词和副词限定成分(状语、副题元)之间的语义联系性质而言,存在两种观点。博古斯拉夫斯基(1996:101—111)将动词整体上解释为副词的论元。因此бежать быстро被理解为:

X бежит быстро = бежит (X) & БЫСТРЫЙ (этот бег) (Reichenbach1947:303)

McConnell-Ginet(1982:167)的观点则更为透彻地研究了这类词组的语义(参见第一节中的例(4)),他揭示了副词描写情景的依据参数。这使我们能够提出这样的问题:该参数是如何从动词语义中得到的?

如上所述,题元与参数性副词的区别在于:在词典的释义中,动词的题元预先就有,动词意思同题元观念之间的语义联结导致约束变元,而对于参数性副词而言,动词释义中相应变元不存在。关于两种类型的参数性副词(параметр, атрибут),相关两种意思联结规则参见第三章的附录。

现在我们来看联结类型Ⅱ的非常规构建规则。以下的例子说明,在同参数性副词搭配中,动词释义发生改变,某些语义要素被删除。

在例(96)中,次数标记失去了单一意义,该意义在实际发生事件的语境中被默认为完成体:

(9) а. Он поцеловал ее на прощанье = 'один раз';

б. Он поцеловал ее трижды. (摘自Зализняк1987)

我们比较一下次数标记同速度副词(идет быстро)的关系。如果动词идти, бежать没有表达速度的参数性副词,那么受话人不会产生任何关于这一参数的假设。然而,如例(9)所示,如果完成体没有表示次数的参数性副词,见(9а),那么动词在默认情形下被理解为一次意义。原因在于次数参数的这一不在场的意义是完成体动词的非固定因素。在相反的语境中,非固定因素被取消,正常语义要素不同,后者在这种情况下会产生异常。(Зализняк1987)而对于速度参数来讲,没有缺席(不在场)的意义。

另一些非常规构建的例子。бессознательно, импульсивно, случайно, нечаянно中删去了'потому что хотел'的因素,该因素根据维日彼茨卡(1980a:181)的思想包含在行为动词的语义分解中:

(10) бессознательно повернул рукоятку.

副词нарочно, намеренно, сознательно和事变动词连用后改变了动词范畴类别,由事变转向有目的的行为动词:

(11) Я нарочно забыл свою шпагу и воротился за ней(Л.).

例(12)中неправильно删除了蕴含的'правильно':

(12) Ты неправильно решил задачу.

例(13)中,на время将期限参项纳入到动词отдать的语义里,改变了动词的

初始意义'отдать насовсем':

(13) Он отдал мне свой велосипед на время.

作为情景必备参项的题元和副词性副题元(即参数性副词,它以"自身到场"的方式将参项包含在观念情景中)之间的区别我们以程度状语(слегка, совсем, наполовину等)为例说明。

似乎可以认为,程度状语能够取消蕴涵着的程度变量(完全的,也就是最大限度的变量),该变量由所有测量的特征和状态语义设定,也就是类似于次数参项能够取消单次意义,程度参项能够取消'最大程度'意义,该意义在默认情形中出现:

(14) наполнил = 'наполнил до краёв'; ср. наполнил на две трети;

дописал = 'дописал до конца'; ср. дописал до половины;

затупился = 'стал ⟨совсем⟩ тупым'; ср. слегка затупился;

успокоился = 'стал ⟨совсем⟩ спокойным'; ср. чуть-чуть успокоился.

但是,在这种情况下,使用совсем时会出现问题(特别是由表程度形容词构成的像оглох, затупился一类的动词)。阿普列相(1974:82)给совсем的释义是:(以Отец оглох为例)

(15) Отец совсем оглох = 'стал глухой, и говорящий считает, что не может быть более глухим'.

该释义要求将оглох/глухой理解为'оглох/глухой в некоторой степени',但这不符合我们的直觉。如果将оглох/глухой换一种理解(也就是)'оглох/глухой в максимальной степени',那么给例(15)所做的释义就同义反复了(第二部分是对第一部分的复制),而例(16)的意思发生了矛盾:

(16) Отец не совсем оглох = 'стал глухой, и говорящий считает, что может быть более глухим'.

将оглох释义为'стал глухой в максимальной степени'不适合的原因还在于:这种情况下,совсем区别于所有其他程度指数——它不能够取消不在场的意义,而出现语义反复:

(17) а. Отец оглох =

б. Отец совсем оглох = 'отец оглох в максимальной степени'.

但是(17)中的等式难以被认同。例如(17а)和(17б)在否定情形下的表现完全不同:

(18) а. НЕ (Отец оглох)=Отец не оглох = 'слышит нормально' (Ну что ты кричишь? Я не оглох); б. НЕ (Отец совсем оглох)=Отец не совсем оглох = 'слышит, но недостаточно хорошо'.

因此,把表示程度特征的动词解释为含有不在场的极限程度意义也不尽如人意。

但是,还有第三种可能性:将程度参项从动词的释义中去除,也就是将程度标志当成副词性副题元,而非论元,正如假定有不在场的最大程度所要求的那样。根据一般定义,副词性副题元同时将程度参项纳入情景,并赋予它以值(意义)。那么(17a)中,оглох就被理解为绝对的特征,而不具有程度强弱,(也就是程度已经不是оглох情景中的参项,就如同速度在бежит的情景中一样),而在(17б)中,则被理解为程度意义。程度标志改变了оглохнуть的意思,将其变成了程度动词。

Ⅲ. 最后我们来看看命题算子,诸如HE, МОЖЕТ БЫТЬ, ЗНАЮ, РАД等等。它们具有最大限度的搭配范围,因此这里的意思构建与Ⅰ和Ⅱ对接类型不同,不会因要求语义协调而复杂化①。但是又会出现辖域的问题。

在否定情形下,问题可由预设概念和预设—陈说的对立来解决,这种对立过去曾使一个最普遍的意思构建规则得以确定:否定只作用于动词语义结构中的陈说因素,而预设不会被否定。

预设概念起到了很好的作用。在对阶段动词的释义中,例如X перестал P 所表示的意义(近似于)(19),由此得出(20):

(19)1) до некоторого момента X делал P [预设];

2) после этого момента X не делает P [陈说].

(20)Иван перестал ходить на лыжах =

1) до некоторого момента Иван ходил на лыжах [预设];

2) после этого момента Иван не ходит на лыжах [陈说].

在否定情形中,陈说被否定,预设不变:

(21)Иван не перестал ходить на лыжах =

1) до некоторого момента Иван ходил на лыжах [预设];

2) и после этого момента Иван ходит на лыжах [陈说].

在别的命题算子中情况也是如此简单吗?准确地说还不清楚。但是,我们可以说,在第一节的例(1)中,陈说要素也是算子的辖域。

第三节 释义要素所处的修饰限定地位和句法中修饰述位的限定语地位

预设和陈说之间的对立关系并没有解决动词语义和否定之间相互作用的所有问题。博古斯拉夫斯基(1985:35)研究过这样一个例子。动词касаться的

---

① 可以解释成:有嵌入的算子ИМЕЕТ МЕСТО,参见 Падучева(1986б),或按Арутюнова的观点有"内隐的系词"(сокровенная связка)。

释义中有两个要素：

X касается Y-а = '1) X находится в контакте с Y ; 2) контакт слабый.

由此可以得到：

（1）Ёлка касается потолка =

    1) ёлка находится в контакте с потолком;

    2) контакт слабый.

例（1'）是对例（1）的否定，否定的辖域仅在要素 1 上，而要素 2 消失：

（1'）Ёлка не касается потолка = 'Ёлка не находится в контакте с потолком'.

这说明要素 2 在句（1）中并不是预设（因为如我们所见，它在否定时并未保留）——如看成预设会让（1'）的意思异常 '1) X не находится в контакте с Y ; 2) контакт слабый. 但它也不是陈说，如果是这样的话，例（1）中就出现了陈说的合取，因为要素 1 明显是陈说，对它的否定应该给出的意思是：'то ли 1) X не находится в контакте с Y, то ли 2) контакт не слабый'。——尽管意思并不异常，但显然和例（1'）（我们看成是例（1）的否定形式）的意思不一致。

博古斯拉夫斯基（1985）的另一个例子，动词прилететь（о человеке）的意思可以笼统表述为由两个要素构成：

X прилетел в Y = '1) X прибыл в Y ; 2) передвигался по воздуху (т. е. в самолете)'

但是在（2）的否定形式例（2'）中（按正常的语调），表示的多半是 'не прибыл'，而不是 'то ли не прибыл, то ли прибыл не на самолете'，也就是应该否定的是прилететь释义中的两个合取关系语义要素。

（2）Иванов прилетел〈в Москву〉.

（2'）Иванов не прилетел〈в Москву〉.

这是怎么回事呢？

在动词касаться和прилететь释义中，要素 2 需要独立的交际地位，（Богуславский1985, Падучева1996, Зельдович1998）我们来详细探讨这个问题。

动词касаться和прилететь释义中要素 1 和 2 以下述方式相联系：要素 2 表明了要素 1 所描写情景的特征：换句话说，要素 1 和 2 之间是限定关系。可以认为，正是借助要素间的限定联系来解释这类动词在否定情形中的特殊表现。

让我们从这种否定句式谈起，句子中的限定关系联接的是单个的词语（因此限定关系联系的是与单个词语相关的句子释义的语义要素），然后我们再回到例（1）和（2）中，那里限定关系联接的是谓词的释义要素。

帕杜切娃（1969）曾经举过一例：

（3）a. Они смеялись громко;   б. Они громко смеялись.

在两种情形下，громко和смеялись之间的关系就像语义结构的相应要素一样，具有限定联系。在(3a)中громко是述位，在语义结构中只有陈说和述位相关：смеялись处于预设的位置。对这样结构的否定不会产生困难：陈说被否定，预设没有变化。Они смеялись не громко. 在(36)中就是另外一回事，这里主要述位是смеялись，而且громко也有述位的性质并成了次要述位。(36)中的语义结构因此包含两个陈说要素，也就是合取陈说，否定合取就产生了意思的不确定——有多种否定的可能形式。因此，Они громко смеялись.的否定形式具有如下的意思：

(4) НЕ (Они громко смеялись) = 'то ли не смеялись, то ли смеялись, но не громко.'

在动词限定语(比如громко)可能占据的两个交际位中，(36)中的位于动词之前的交际位是初始的。громко在(36)中的交际位我们可以称之为述位限定语的位置，也就是限定语通常所在的交际地位——限定性的。((3a)中动词后的限定语是唯一述位，它的形成是由于在句中出现了二次谓词化：限定语义要素占据了本不属于它的唯一述位交际位，扮演了谓词的角色；而在语义结构中，它提供唯一的陈说)

述位限定语作为陈说组成部分，还可以用它和始发算子相互作用的关系来证明：

(5) а. После этого они начали смеяться громко.

б. После этого они начали громко смеяться. (Богуславский1998)

例(5а)说明，"до этого"他们笑了，但声音不大，唯一陈说громко是"始发"的辖域；而(5б)表示的意思是，"после этого"他们开始笑，而笑声从一开始就是大的，也就是说，在(5б)中"始发"作用于两个要素：смех和громкость。

(3a)述位位置上的副词与(36)述位限定语位置上的副词之间的交际功能上的差别通过词序来表示。如果句中副词的位置是固定的，这样的区别就不能通过形式表达出来，但在语义层面上却依然存在。因此，例(6)具有歧义：在该时刻之前或者没说话，或者说的不是德语：

(6) После третьей рюмки он начал говорить по-немецки.

因此，在述位限定语这一交际结构位置上的副词为语义结构提供了第二个陈说；出现了陈说的合取(一个来自动词，一个来自副词)，将 ∨ 作为析取符号，对合取P和R的否定可以表述为以下形式：

(I) ¬(P & R) ≡ ¬P ∨ ¬R ∨ (¬P & ¬R)

与模式(I)相对应的意思只能表述为列举各种可能，即三个析取的总和。在这种情形下，析取数量的减少是由于第二个合取成员。R，可采取Q(P)的形式，这里Q是限定语，是特征，是P的参数(如 (II)中смеялись 是P；громко是Q)。在(I)中将Q(P)放在R的位置上就得到：

（Ⅱ）¬(P& Q(P)) ≡ ¬P ∨ ¬Q(P) ∨ (¬P & ¬Q(P))；

但第三个析取成员在我们描述的情景中被删除：如果 P 被否定，那么 Q(P) 就失去意思，因为 Q 导致 P 产生变异因子（假定确有 P）。这样就减少了不确定性——如果第三个析取成员消失，则保留：

（Ⅱ'）¬(P& Q(P)) ≡ ¬P ∨ ¬Q(P)

这时，正如我们所见，因为只有在设定的情形中 Q(P) 才具有意思，P 为真值，可以将（Ⅱ'）换写成（Ⅱ"）：

（Ⅱ"）¬(P& Q(P)) ≡ ¬P ∨ (P & ¬Q(P))

我们现在回到(36)中，根据模式（Ⅱ"），它的否定形式可以描述为(4)。表达这种不确定的否定意思或者是通过例(7)中的条件句，或者是借助于特殊的线性语调结构，见例(8)：

（7）Если они и смеялись, то не громко.

（8）Громко/ они не смеялись \.

但也有这样的一些语境，它们取消了不确定性（否定意思（Ⅱ"）的析取），那时对带有副词—限定语动词的否定可以用否定语气词表达。

这样的语境有两种：

第一，预期语境。只要有下述情况就表明，公式（Ⅱ）是对合取 P & Q(P) 的否定：如果公式（Ⅱ"）中第二个析取成员（P & ¬Q(P)）被语境取消，因为预期的是，如果 P 将出现，那一定是带有限定语 Q（换句话说，预期的是 P→Q(P)）。那么否定句的意思就归结为¬P。有预期的情态意义中，现实片段 P & ¬Q(P) 对应于蕴涵 P→Q(P)。（Богуславский1985：31,160）在否定语句的语义表征中，这种蕴涵发挥了自己对否定语义要素¬P 的解释作用（背景命题）。在预先设定 Петров来莫斯科是为了参赛的情况下，例(9)即为正常句。

（9）Петров не приедет в Москву для участия в конкурсе = 1) Петров не приедет в Москву; 2) предполагалось, что если Петров приедет в Москву, то для участия в конкурсе.（Падучева1996：244）

在例(9)的"初始"肯定句(9')中：Петров приедет в Москву для участия в конкурсе. 有两个陈说（实际上，也许两个都不准确）：1) Петров приедет в Москву; 2) цель приезда Петрова в Москву — участие в конкурсе. 要素 2 是对要素 1 的限定。但 1 和 2 两要素之间预期性情态联系能够为符合公式（Ⅱ"）这样的句子建构合理的否定：限定要素作为一个独立的命题，已不在否定的辖域之内。可以换句话说，对事件应该有限定语的这一预期性情态意义，将两个分开的命题"粘合"（每一个都有自己可能的真假值）成一体，它很容易整体被否定。因此，例(9)中对动词的否定具有很宽的辖域，由于 приедет в Москву для участия в конкурсе 所有词的组合粘合成一个统一谓词。

第二，弱语义要素。另一种语境是：当句子述位的限定语位置上是副词时，

可以很好地被否定。如例（10）所示：(Зельдович1998 对该例的解释稍有不同）

（10）НЕ (Он кое-как справился с заданием)= Он не справился с заданием.

例（10）中产生于 кое-как 的限定要素只肯定了很低程度的（虽然不是没有）、被"主要"要素 P 表示的特征。这里限定要素与在语境 1 中表现的不一样：没有任何这样的预期，如果 P 来临，那么就会有特征 Q 的出现（即如果他完成了任务，也是勉强地完成）。句子否定形式的意思归于对主要语义要素的否定：限定语义要素完全消失。

Г. М. 泽里多维奇列举了一系列这样的副词，它们在否定语境中具有这样特殊的表现：немного, слегка, с грехом пополам, отчасти, изредка。（在作者的术语解释中，这些词汇表示的是"轻微意思"，用以描述与上述词相对应的句子要素的交际状态）这些词汇只有不完全交际聚合体：它们在句中主要的交际功能是作为述位限定成分；它们一般不表示独立的陈说。除此之外，这些词还有共同的语义特征：它们表示微弱程度语义。在这个意义上它们同弱不定标记相近。（Падучева1985：90，212）参见例（11）—（13）：

（11）НЕ (Он имел определенные заслуги перед обществом)=
Он не имел заслуг перед обществом.

（12）НЕ (Я испытывал некоторое недовольство происходящим)=
Я не испытывал недовольства происходящим.

（13）НЕ (Я немного отдохнула)= Я не отдохнула.

例（14）中的否定与例（9）中的否定不同的是：没有产生预期情态：

（14）—Иван говорит, что слегка простужен.
—Едва ли это так [= 'едва ли он простужен'; нет ожидания того, что если он простужен. то слегка].

现在我们回到例（1）和（2）。一个值得注意的事实是：句子中词语之间的相互关系和词的内部语义要素之间的相互关系一样：动词释义要素之间的联系像（36）中的述位和述位的限定语一样。释义诸要素之间有限定关系，其产生的效果可与动词及其从属成分之间存在限定联系一样，也就是存在两种类型的语境，在这样的语境下，在对谓词词语的释义中，限定要素占据交际述位的限定位，并不妨碍句子好的否定形式的存在。

1）例（15）中，对 прилететь 一词的否定是可能的，因为我们可设想这样一种语境，它满足这样的预期：这样的事件如果发生的话，一定要有"飞"这样的限定语。因此：

（15）Иванов не прилетел =
1）не прибыл; 2）ожидалось, что если прибудет, то самолетом.

2）在 касаться 的释义中，限定要素具有轻微程度语义特征。例（1）中展示的一个效果是：当否定时，限定要素从语义表征中消失。касаться 从一个方面，

прилететь从另一个方面在释义中具有限定要素;但是,касаться的这一语义要素具有轻微程度语义特征,在否定情形中消失;прилететь的限定要素则有一般语义特征,这种情形下对主要要素的否定应有预期语境。

在词语的释义中,陈说要素与限定要素的交际对立在句子中是以词序体现的,如同例(3a)和(36),但对立并不总能表达出来,也就是释义有可能是有歧义的。例(16)的否定是按公式(II″)建立的——保留了可能性的析取:对"横梁"的预期不是蕴涵'если контакт, то с давлением',而是对"接触"和"压力"同时有预期。

(16) а. Балка упирается в стену =
  1) есть контакт X-а со стеной;
  2) в месте контакта X оказывает давление на стену.
 б. Балка не упирается в стену =
  то ли 1) нет 〈даже малейшего〉контакта
  то ли 2) в месте контакта X не оказывает давления на стену.

如果句重音转移到动词上,焦点也有可能转移到限定要素上。例(17)中,限定要素正好是述位——在句子被否定时,正是它被否定。

(17) а. Ты не оперся\ о мою руку=
  'Не перенес тяжесть тела'[контакт, скорее всего, есть];
 б. X оперся на Y=
  1) X привел какую-то свою часть тела в контакт с Y-ом;
  2) перенес тяжесть тела на Y.

但是词汇释义中的限定要素多半还是不可能成为句子的主要陈说:语调能够轻易提高限定要素的焦点位阶,但达不到陈说的地位:

(18) а. Вода поступает по капле, так что ведро наполнится не скоро;
 б. ?Вода капает, так что ведро наполнится не скоро.(Зельдович1998)

限定要素在词汇释义中可能成为否定的障碍。存在动词中有很多动词禁用否定。例(19)中的句子就不能取得很好的否定,因为它们的语义中心要素具有强化的限定。但预期蕴涵语境 P→Q(P)让否定成为可能。例(20)中,在该时刻之前存在的情景构建了预期:

(19) * Выстрел не грянул; * Спор не разгорелся.
(20) Буря уже не бушевала.(Падучева19976)

因此,限定要素概念将动词同否定之间的相互作用问题向前推进了,但并没有使问题彻底解决。例如,还有两个尚未研究的现象:观念情景中同观察者有关的问题:正是观察者的出现使句子 Перед ним расстилалась бескрайняя равнина没有好的否定:

X расстилается перед Y-ом=

(1) X находится перед взором Наблюдателя;
(2) Наблюдатель представляет X как широкое полотно.

第四节 焦点迁移和释义重构

阿普列相（1974）的研究只涉及两种语义互动类型——语义要素的删除和增补。但是应该预见到的还有一种可能性：在变异算子的作用下，释义中有哪些要素化为现实：注意焦点迁移，释义重构。

例如，一个词附以状语将其辖域的要素置于焦点中，并把其他要素放在背景中，置于背景中的要素不能再有新的状语。

（1）а. Окно было открыто пятнадцать минут;
   б. Окно было открыто час назад;
   в. * Окно было открыто час назад пятнадцать минут. (Падучева 1996：172)

（1в）的语义异常可以做如下解释：在完成体动词открыть语义结构中有两个语义要素：1）事件发生：窗户的状态发生改变；2）行为结果的状态正在保留或曾经保留，在该句中是开着的窗户。时间状语час назад强调的是动词语义中的事件语义要素，而持续状语пятнадцать минут则强调其状态，(参见第四部分第三章和第四章对静态要素的研究)例（1в）表明：这两个焦点是互相排斥的。

例（2）中的语义异常有相同的原因。形容词强调的是动名词语义中的结果，而动词和状语强调的是过程，这两个焦点不能共存：

（2）* Удачная переработка рукописи длилась несколько лет.

在例（3）和（4）中，由于自身的语义特点，副词描述的是过程的最终状态，而不是过程本身，因此和它搭配的是完成体动词，而不是未完成体动词，表示当下持续意义，后者强调的是动词语义的过程要素：

（3）а. надежно запер; б.° надежно запирает;
（4）а. до конца растаял; б.° до конца тает.

动词запирать和таять都趋向终极界限，它们的语义包含"结果状态"要素，凡不在焦点中的要素，不可能有表终极的限定语。

这些例子表明，在词与词之间的句法联系中（如同一个词语同它的语法形式的联系）有些语义要素体现出来了，有些退居后台，因而其他的词语运作单位无法接近退居后台的要素。在这里所说的并不是删除某个意义要素，它不同于词义内一个意义要素与另一要素直接矛盾而被删除，语义要素只是改变了焦点位阶。

我们引用了说明意思构建规则的例子（其中还包括发生在词语"对接"中的语义迁移），这些规则具有普遍的特征，也就是适用于很多类别的词。这些规则的总和构成了语言使用者语义能力的重要部分。规则分为构建性和非构建性的,前者是加和性的,这时整体意思由部分意思和构造语义构成,后者在释义时要做出变动。

新的规则——焦点迁移是对已知的构建规则(像因语境而增加或流失意思的规则)的补充,这一规则将焦点从动词释义中的一个要素迁移到另一个要素上,从而允许某些搭配并抑制另一些搭配。

词语释义要素之间的关系和句子的句法突显部分之间表现出相似性,这具有原则性的意义。除了我们知道的语义要素陈说地位和词语的述位地位之间的联系外,值得注意的还有释义要素所处的修饰限定地位和句法中修饰述位的限定语地位之间的联系。

插述 1

BИHA的语义和词位释义中的焦点迁移①

第一节 释义的基本要素和相关要素

ВИНА是一个很有意思的词,这是因为它体现着词义和语境之间互动关系的一个重要方面。我们是指关注焦点的迁移改变了情景的初始观念。注意焦点迁移可以解释为换喻引申,这是语义变化的重要机制之一。例如(1):(Падучева1998a)

(1) а. Кувшин треснул = 'произошла деформация — быть может, сопровождаемая определенного вида звуком';

б. Что-то треснуло в лесу = 'раздался звук — быть может, вызванный деформацией определенного вида'.

对于动词треснуть,我们认可它的两个意义,也就是两个词位。可以确认焦点迁移发生在不同的词位之间,而且还出现在同一词位在不同语境中的用法中,即便不能够给这同一词位以适合其在所有语境中用法的释义。下面我们将会看到这样的例子,在句子Он признал свою вину中,вина语义结构中的'X совершил плохой поступок'这一要素占据焦点位;但在语境осознал свою вину中,占据焦点地位的是'поступок X-а плохой'要素。

вина一词派生于виноват,对виноват的释义可以下述方式给出②:

X виноват ⟨перед Y-ом⟩в / в Z-е =

第一,X совершил поступок P [陈说];

第二,поступок P плохой③ и/или привел/мог привести к плохому последствию Z (и субъект ущерба — Y) [背景];

第三,X несет моральную ответственность перед Y-ом/должен понести наказание [蕴涵];

第四,X находится в плохом психическом состоянии (:испытывает угрызения совести) [蕴涵].

例如:

(2) Это тренер виноват в том, что наша команда проиграла.

(3) Пеняй на свою шинель или на свои эполеты, а зачем же обвинять ее? Чем она виновата, что ты ей больше не нравишься? (Л.)

(4) Мы сами виноваты: мы были слишком мягкотелы, и вот развелась эта гниль в стране(С.).

---

① 本文的修改稿发表在论文集《Логический анализ языка: Языки этики》. М.: ЯРК, 2000。

② 参见ТКС词典中对вина的释义;Булыгина, Шмелев(1997)对обвинить的研究,Богуславский (2000)对виноватый, виновный的研究。

③ 例如违反了社会或道德准则。

例(5)中表示了вина和承担责任之间的联系：

(5) Нищета и народное горе вокруг, за которые до сих пор он не отвечал, теперь лежали на его плечах, и он виноват был, что они все еще длятся (С.).

各释义要素被赋予了强调序位。陈说是可否定的要素，背景是不在焦点中的要素，也就是接近于预设，但在同否定的互动关系规则中没有严格的限制。蕴涵是陈说的推涵：如果陈说被否定，它也被否定。(参见第五章第一节)

词的意义可能在使用过程中而有所增扩，增扩的内容来自某些释义要素的推涵，它们是过而不留的(不进入释义，非规约性的)某些语义要素的相关推涵。一旦在语境的作用下，推涵就可能转化为句子意义的实际组成要素。

这种相关事件推涵的来源之一是人类行为的公理，它可以解释行为的动机、状态的成因等等。这样，公理Ⅰ可解释признать вину(根据定义，"承认"是人)迫于某种压力不得已的行为或者свалить вину на другого这样的搭配。还可以参看公理Ⅱ。①

公理Ⅰ：人自身具有规避不愉快事情的特质。

公理Ⅱ：因为过错，人会有负罪感。

在вина的大部分用法中，都没有要素4 'X находится в плохом психическом состоянии'。但它出现的句子中(例如чувствовать вину)有可能是公理Ⅱ的相关推涵。искупить вину同样可以同公理Ⅱ联系起来。但是，我们认为，蕴涵要素4虽然是вина和виноват释义的组成部分，但很容易消失。例如在句子Кто станет разбирать, виноват или нет?中，说的是Х同Z是否有牵连。言语行为作为语境可以发挥很大作用：Я перед вами виноват!这一语句中，用第一人称主体，它不仅有要素4，而且还居于焦点位置。

以补充要素增扩词义的另一来源是对构成词义的诸词进行解释后产生的推涵。例如，既然Х对造成不好的事态负有责任，就意味着Х应该知道做什么能够改变事态或补偿Y蒙受的损失；这样，与"过错"相关的是责任，自然就该"承担"。

виноват的释义中有些要素事先就已决定在过错的情景中，必须有意识主体在场：在要素2中，对плохой而言，应有评价主体；要素3中的должен要求情态主体；有可能要素4也是意识主体对Х可能处在何种状态下的推测。(Падучева1996:263)

вина与виноват描述的是同一情景，但给说话人更广阔的焦点配置空间(关于动名词和动名词继用动词题元结构的问题详见Падучева1991)。

第二节 вина情景的参项构成

在вина所有价值不变的用法中，参项X应是人。如果X是情景或客体，不能够选择行为方式和没有内在状态的事物，此时就会发生语义衰减——词义贬值：蕴涵要素消失；留下вина成为'причина чего-то плохого'(拉丁语中accusare 'обвинять'来自causa 'причина')。词典将вина的衰减用法当作вина单独的意义。最常见促成这种衰减用法的是它用作谓语的语境：

---

① 这样的公理具有语言学上的独特性，因为它们的动机来自于文化语境中。(参见Вежбицкая1999:653对культурный сценарий概念的解释)

(1) Я теперь уверена, что она [война] была виною всего, всех последовавших, доныне постигающих наше поколение несчастий (ДЖ).

(2) Замужество. Однако, в ВВС

ужасно уважается невинность,

возводится в какой-то абсолют.

И этот род схоластики виной

тому, что она чуть не утопилась (Бродский).

在没有用作谓语的语境中,X若不是表人名词,这样的使用似乎不是很得体:

Она чувствовала себя заложницей по вине этой глупой Родькиной растраты и не находила себе места от бессильного возмущения (ДЖ).

Спектакль был серый, но не по вине Сергея Леонидовича, а по вине пьесы (УК).

参项Y是受损主体,它作为вина的题元,在表层结构中经常不出现。如果要素3体现为道义责任,而不是应受到惩罚,Y就是必备语义要素。在法律语境中,Y就是社会,因此参项Y就变成了内包参项。在词典中给出的вина的近义词проступок, промах, оплошность, неловкость, ошибка都没有参项Y,即没有相应的要素'моральная ответственность X-а перед Y-ом'。Y有可能是情景参项Z(例如Это моя вина, что забыли позвать Ваню; Z = 'забыли позвать Ваню'; Y= Ваня)。在情景САМ ВИНОВАТ中,受损主体(Y)同过失主体(X)重合,要素3被取消。

参项P是X有意识、有目的的行为。因此,例(3)中人对自己错误的否定正是建立在他的行为不是有意的基础上:

(3) "Дадим суровый отпор врагам мирового империализма!" С этим плакатом Буш шел от Кадриорга до фабрики роялей. И только тут, наконец, милиционеры спохватились. ⟨...⟩ Его сунули в закрытую черную машину и доставили на улицу Пагари. ⟨...⟩ Буш отвечал на вопросы спокойно и коротко. Вины своей категорически не признавал. Говорил, что все случившееся — недоразумение, ошибка, допущенная по рассеянности (Довлатов).

但决定权在意识主体:他可以不管行为是否是无意识的。

可以区分出直接错误和间接错误。例(4)中,X的过失是直接错误:

(4) Он не бил, кровь из носа не пускал, прямой вины на нем нет (УК).

例(5)中的前句表示直接错误,后句表示间接错误,X的行为P产生的不良后果Z是间接错误:

(5) И третья вина: наглая непрерывная подача заявлений в Совнарком о глумлениях местных работников над церковью, о грубых кощунствах и нарушениях закона о свободе совести. Заявления же эти, хоть и не удовлетворенные ⟨...⟩, приводили к дискредитации местных работников (С.).

вина无论表示间接错误,还是表示直接错误,都处于相同的句法位置。但是виноват原则上可以表示P和Z。例(6)中,如同第一节中的例(3),带что的从句表示的是间接错误 [Z],而第五格чем表示的是直接错误 [P]:

(6) ⟨...⟩и чем я виноват, /что слабых звезд я осязаю млечность? (Мандельштам)

例(7)的内容是这样安排的:尽管狼的不称心状态与小绵羊并没有关系,但这种状态被

表述为羊的直接错误,甚至不是间接错误(因为代词用第五格表示,如同第一节中的例(3)):

(7) Ты виноват уж тем, что хочется мне кушать(Крылов).

为了简化释义公式,可以认为,在过失情景中总有参项 Z,但在某些情况中它同行为 P 导致的状态重合。实际上,之所以有过错恰好在于导致了不良的后果。

有可能发生进一步的行为"使役性裂解":分解为引发和完成。在例(8)中,错误(也就是 Зина 揽过去的错误)不再是 P,而是 P'(велела),也就是行为 P 的引发者:

(8) Зина взяла вину на себя, сказав, что это она велела [P'] ему уйти [P].

P', P 和 Z 以因果关系相联系,自然也是换喻性联系,通常作为 вина 的附属而互不相容。

我们回来讨论意识主体。这一角色的候选人之一是参项 Y(因为过失多意味着不利于 Y),但意识主体与参项 Y 并不一定重合。在例(9)中,动词带有意识主体的句法位置:

(9) Он меня не видал, и, следовательно, я не мог подозревать умысла; но это только увеличивало его вину в моих глазах (Л.).

意识主体的内隐为猜测是谁的观点创造了条件。例(10)中,指明错误的人,显然并不认为错误该受到惩罚,这里的 вина 好像是带引号的:

(10) Вина этих людей [кулаков] была только в том, что они добросовестно трудились на своей земле.

在句子中,像 вина 这样的谓词性名词在两种机制的作用下改变词义。一是来自从属于它的题元,即"自下而上"对 вина 施压,因此发生语义衰减,如例(1)和(2);另一个是"自上而下"的作用,这时语义发生变化是来自支配它的动词或前置词的影响。主导动词所属的语义类别和其他语义是选择论元的前提,它们会改变从属名词的意义。

我们以下探讨的就是第二种机制:вина 的交际结构在主导动词或与前置词结合中发生改变。

我们给 вина 分出的两个意义均从 виноват 派生而来。例(11)中的 вина 1,和例(12)中的 вина 2:

(11) Вина Джулии состояла в том, что она оставила ребенка без присмотра.

(12) Ваня хотел свалить вину за разбитое окно на Петю.

例(11)表示的是 X 的行为 P,该行为本身不好而且(或者)带来不良结果 Z;这里 вина 的直接类属是 ПОСТУПОК,它接近于"Смыслы⇔Текст"的术语模式中被表示为 S_2 的情景第二参项名词,这种名词是根据它在该情景中所扮演的角色得到的。换句话说,在该意义上,вина 与 виноват 的关系相当于以下词对间的关系:наследство—наследовать; решение ('то, что человек решил сделать')—решить; выбор ('то, что человек выбрал')—выбрать 等等。实际上,вина 1 体现了阿普列相(1974:165)指出的参项名词的两个特征:

1) вина 1 参加带系词性动词的同义转换;

因此,(11)⇐Джулия виновата в том, что оставила ребенка без присмотра;

2) вина 1 原则上不体现相当于第二个参项的 P 的配价。实际上,描述 Джулия 行为的语句(она оставила ребенка без присмотра)并不从属于 вина,而是从属于系词性动词,后者证实确有过失。

词位 вина 1 与 S_2 这样的纯派生词的区别在于,在 виноват 的释义中有好几个要素,其中只有一个(也就是第一个)能够把 вина 1 释义为 S_2,还有一些蕴涵 'X несет ответственность/должен понести наказание за Z'。正是它们使 вина 1 区别于典型的 S_2(如преступление—一类的词)。例(11)中,重点在行为上。但是,不要忘记вина赋予行为间接称名特征。(同риск有关的间接称名参见第三部分第五章第五节)尽管行为 P 可能是 X 的过失,但是可以为行为 P 后悔,而不是为自己的过失;可以为朋友的行为而不是为其过失进行辩解;可以为罪行而不是过失而惩罚某人。蕴涵要素造就了вина同过失之间的区别——承担责任和受到惩罚:两种状态都独立于主体的意志,因此都不可能为它们而后悔。

说明:例(13)似乎推翻了我们先前的结论,即вина 1 原则上不能体现在 P/Z 上的配价。为什么我们不认为он остался без ключа是 Z 呢?

(13) Твоя вина, что он остался без ключа.

事实上,这里的原因在于释义公式不够准确。вина 1 中所谓的"禁止体现在 P/Z 上的配价"源自于它本身就已表明виноват的参项 P。вина同其他表明同一实体内容的名称有可能产生句法上的联系,如果联系的内容有共同所指或完全等同。(Падучева1988)例(13)就是这样一种情况:连接词что表示的就是твоя вина 和он остался без ключа所指的内容重合。

例(12)词位вина 2 表示的是一种内心状态,是人由于自己的"错误的"行为或自己的行为导致不良的后果(Z)而处于该心理状态:承担责任、面临惩罚和良心谴责等等。词位вина 2 能够很容易体现出参项 Z:разбитое окно.

名词意义的重要方面是它的本体范畴、属观念。如同莱可夫和约翰逊(1980)所指出的那样,对于抽象词语而言,隐喻①常常发挥着属概念的角色。(Арутюнова1976:95)词位вина 2 表示的是一种内心状态,而且是负面的,вина 2 的事物性伴随意义是沉重物质。вина 1 同任何专门的隐喻都无关联。

因此,вина对应于两个词位。简单地说,вина 1 表示的是 X 的过失,并且他应该为此承担责任;вина 2 表示由于过失而产生的承担责任的心态。

但并不能就此认为,将вина分为两个词位,我们就得出意义不因语境而变化的语言单位,我们并不能给出вина 1 和вина 2 适用于所有语境的释义,这就如同不可能给出вина的整个释义一样。(参见Апресян, Гловинская1996:16有关ругать释义的语境变体)

вина的这两个词位都有自己的适用范围,并且在使用中意义会发生某种变化,我们想要揭示的是,这些意义变化可以归结为焦点的迁移。

第三节 表示过失的вина

вина 1 = 'плохой поступок / плохое последствие поступка, который совершил X и за который он несет ответственность и / или должен быть наказан'.这时виноват释义中的要素 4 退居后台。

目前描写谓词的元语言已经得到充分的研究。然而当我们转而研究名词时却遇到了新的困难:叶斯别尔森认为叙述和连接性之间的对立关系缺少逻辑语义的相似性。例如,在语义上叙述性结构(a)与连接性结构(б)和(в)有何不同?

---

① 或事物性伴随意义(вещная коннотация),参见Успенский(1979)。

а. Орел уносит Ганимеда [название картины];

б. орел, уносящий Ганимеда;

в. Ганимед, уносимый орлом.

在形式上的区别是句法性的, 从意义上看, 则是焦点发生迁移, 也就是交际结构发生变化。(在感受动词的语境中, 有三种直接对立的可能性: я вижу, как орел уносит Ганимеда / орла, уносящего Ганимеда /Ганимеда, уносимого орлом) 由于没有更好的术语, 我们使用句法术语, 并认为(б)和(в)分别是通过一次或两次"转换"从(а)而来:

1) 句子语义控点的置换①。在(а)中的控点是уносит, (б)中的是орел; 控点决定了表达形式的分类类别:(а)是行为, (б)是动物。

2) 角色配位的改换。(в)来自(а)经过了两次焦点迁移: 角色配位置换, 从初始主动句转换到被动句;(а)Орел уносит Ганимеда ⇒ (а')Ганимед уносится орлом.接下来是语义控点的置换, 语义控点从(а')转换到(в);角色配位的置换并未参与意义(б)的形成。

词位вина 1用法的所有语境的共同特点是: 同参项Z不可能有句法联系, 原因在于вина 1本身就是对Z的间接称名。我们将依次研究各种不同的语境, 检验这一特点的表现(以证实вина 1), 并明确语境造成的释义区别。

3.1 词位вина 1可以用于系词性动词语境中, 作为动词состоять, заключаться的主语。因此, 在例(1)中, состоять给出与вина相同的内容。在以下的例子中, 变元X、Y、P、Z各自表示вина的情景参项, 括号里表示的是这些变元在该句中表示的意义, 斜体字标识的是支配вина的谓词和句子中没有被释义的句子成分。黑体字表示的是构成释义语义控点的变元。

(1) *Вина Джулии состоит в том, что она оставила ребенка без присмотра* =

X (X = Джулия) совершил поступок **P**;

P плохой;

X несет ответственность за **P**;

P *состоит в том, что* X *оставил ребенка без присмотра*.

换句话说:

(1) = 'плохой поступок, который совершил X(X = Джулия) и за который он несет ответственность, *состоит в том, что* X оставил ребенка без присмотра'.

在例(1)中, вина是直接错误(X 的过失); 但在例(2)中, 错误是间接的: развал лаборатории是X某种行为的后果; 在виноват的释义中后果就是Z:

(2) *Развал нашей лаборатории — вина заведующего* =

имеет место ситуация Z(Z = *развал нашей лаборатории*);

Z плохое;

Z *есть следствие* некоего поступка **P**;

P совершил X (X = *заведующий*);

X несет ответственность за **P**.

换句话说:

(2) = 'плохая ситуация Z, которая имеет место (Z=*развал нашей лаборатории*), *есть следствие* некоего поступка, совершенного X-ом (X = *заведующий*), за который

---

① 根据Падучева(1974:153), 这是深层语义。

он несет ответственность'.

可以看出，вина 在例(2)中的意义与例(1)并不完全相同：例(1)中的焦点是行为，例(2)则是行为的后果。

对例(2)提供的释义能够使我们预测到动词与否定间的相互影响—'Z плохое'这一要素从 вина 的语义中除去，因为它已经包含在主语的语义中：

(3) Развал лаборатории — не его вина = 'плохая ситуация Z, которая имеет место, не есть следствие какого-либо поступка, совершенного X-ом (X = заведующий), за который он несет ответственность.'

动词 состоять 主语位置上的 вина 表示直接错误，见例(1)；在谓词性用法中，如例(2)，вина 既可以表示直接错误，也可以表示间接错误。X 是施事的情景应该是对直接错误的描写。因此，例(4)是直接错误，而在例(5)中，主语 мы 不表示 X，这里是间接错误：

(4) В том-то и вина подсудимых, что они ⟨...⟩ столковывались и сговаривались между собой, каков должен быть государственный строй после падения советского (С.).

(5) В другой раз он [Сталин] говорит Горькому: "Это ее [интеллигенции] будет вина, если мы разобьем слишком много горшков..." (С.).

例(4)和例(5)之间的区别在于：例(4)强调过错的内容，重点就是 вина 词本身；例(5)在于指明是谁的过失，强调的是生格词(ee\ вина)。

例(1)和例(2)中，вина 一词及其内容之间的联系是通过系词性动词表示的，也就是主词—谓词关系。例(6)中连接词 что 表示 вина 和指出过失内容的语句所指重合：

(6) Ведь я вам ответил, Иннокентий. Ваша \ вина, что не слышали (УК.).

因此，вина 一词本身在例(1)到(6)的语句中没有内容上的句法配价，这对于 вина 1 来说是很自然的事。

例(7)中，指出过失的内容和指出行为的从属句并不从属 вина，而从属动词；因此这里的 вина 是 вина 1：

(7) Он поставил мне в вину то, что я его не предупредил.

若不出现特殊的语境（像例(1)和(2)中的系词性动词，或者例(6)中的所指重合），则 вина 1 所表示的内容不得而知：

(8) Его наказали за вину другого.

(9) Но какая-то дикая фантазия (или устойчивая злобность или ненасыщенная месть) толкнула генералиссимуса-Победителя дать приказ: всех этих калек сажать заново, без новой вины!.. (С.).

例(10)中的 вина 和 вина 的内容(не успели остеречь)之间的联系是同位语性质的：

(10) Мы все еще не распознали его детской доверчивости, затянуты были необычным повествованием и — вина на нас! — не успели остеречь против наседки. Да нам в голову не приходило, что из простодушно рассказываемого нам здесь еще не все известно следователю!.. (С.).

3.2 在 по вине 这样的搭配语境中，根据从属 Z 的特殊性质，可认为 вина 也表示 вина 1 的意义。

(11)〈…〉взыскивает с пастухов за барана, пропавшего не по их вине(УК.).

同初始的виноват相比,这种结构是主从关系倒置的结果:(12a)中参项Z(вина的内容)是由动词表示的(它支配вина、而不是从属вина,就如同(126)中的初始用法)

(12) а. Баран пропал по вине пастухов⇐

б. Пастухи виноваты в том, что пропал баран =

'Баран пропал [это плохо], что было последствием некоего поступка пастухов'.

在这样的语境中的过失都是间接性的:пастухи究竟做了什么,我们不得而知,我们仅知道他们行为的后果。

3.3 在有命题性谓词(诸如признать, доказать)的语境中,вина同样表示вина 1:

(13) Иван признал \ свою вину перед сыном =

имеет место ситуация Z;

Z плохая(и наносит ущерб Y-у);

люди допускали, что Z есть следствие поступка P, совершенного X-ом

(X = Иван)

X признал, что P имело место;

X несет моральную ответственность перед Y-ом(=сын).

换句话说:

(13) = 'X признал, что он совершил поступок P, про который люди допускали, что он его совершил, и следствием которого является ситуация Z, плохая для Y-а, и поэтому несет моральную ответственность перед Y-ом'.

виноват释义中的第二个蕴涵'плохое психическое состояние X-а'是不稳定的:在例(13)中,X 可能有负罪感、良心谴责和追悔莫及等感受,但在вина的语义中并未表现出来。例(14)中,似乎应该承认вина具有事实意义(ТКС 词典对вина 的释义始于тот факт, что)。事实上,例(14)表示的是'无人可证实的事实':

(14) 〈При чем же тут мальчишки?〉Их вина никем не доказана(УК).

但是,这样的解释与例(13)、(14)的вина没有参项 P/Z 相应的句法配价对立。(例如不能说Никем не доказана их вина в том, что возник пожар)与此同时我们知道,在命题谓词语境中任何一个名词,甚至是事物性名词,可以增生存在意义的方式,它被理解为是表达命题:

(15) Он продолжал идти, несмотря на боль в ноге = 'несмотря на наличие боли'.

正是通过这种增生的存在意义,вина被镶嵌在命题性语境中:

(16) Все-таки я считаю, вина Бухарина не доказана(С.) = ' не доказано наличие вины '.

(17) И хоть документы следствия не вызывали сомнения в его личной вине, слова "сел за других" беспокоили(УК).

在法律语境中,доказать вину ≈ доказать виновность. 而виновность的确是事实名词。

(18) Что их сегодня обвиняли и судили, никак не доказывает их реальной виновности даже в прошлом(С.).

因此,例(14)中的вина表示的是 вина 1,而事实意义出现在增生的存在意义条件下。

在命题性语境中,变元P(Z)的意义在句子中从不显露:过失到底在哪里,我们从句子中找不到。

增生的存在意义并不是将вина塑造成命题的唯一方式。在例(19)中,当вина上有重音时,突显了要素'Z плохое',它也就此成为命题谓词的辖域:

(19) Он осознал свою вину = 'осознал, что совершенный им поступок P плох или привел к плохому последствию Z'.

在否定情形下,按常规推涵要素 3'ответственность',同陈说(指 P——译者注)一起被否定。

(20) X отрицает свою вину = 'не признает, что это он совершил действие, приведшее к плохому Z, и, следовательно, не готов нести моральную, ответственность за Z'.

在否定句中,确有过失是否是预设取决于如何运作:例(21)中的物主代词表示的是存在预设,而例(22)中的за表示没有过错:

(21) Никто не знает своей вины, общее ощущение — хватают ни за что(С.).

(22) Он не знает за собой вины = 'не считает, что он совершил поступок, который привел к плохому последствию Z'.

3.4 词位вина 1还可以在间接角色配位(详见第一部分第三章第六节)中表现为参数名词,也就是发展为一种间接问题:

(23) Он понял свою вину = он понял, в чем состоит то плохое Z, которое есть следствие его действий.

就像通常的间接角色配位一样,内容Z也只有状态主体知道,但并未告知听话人(也许,说话人本人也不清楚),类似的情形还有:

(24) напомнил ему его вину = 'напомнил, в чем состоит вина'[как напомнил его долг = 'в чем состоит долг'].

(25) Бухарину слишком глупо и беспомощно было погибать совсем невиновному (он даже НУЖДАЛСЯ найти свою вину!)(С.).

[='понять, в чем он виноват'].

例(26)有歧义:

(26) Теперь его вина стала явной = 'теперь стало видно, в чем его вина / что он совершил плохой поступок'.

在 искупить, загладить, простить, отпустить вину (= 'снять моральную ответственность, не сердиться, не упрекать')这样的语境中,вина同样被视为过失,但这些动词的意思同过失意思并不按照意思的构建规则而互相影响,需要特定的语义构建意思的规则。

第四节　表示内心状态的вина

вина 2 = 'состояние, в котором находится/чувство, которое испытывает человек, совершивший плохой поступок'.

词位вина 2和词位вина 1的区别在于过失或不当的行为与随之而来的情绪状态(负有责任,良心谴责等)之间因果联系的发展进程不一样:вина 1表示'X — его поступок — был причиной плохого Z, и поэтому X пребывает в таком-то состоянии', вина 2表示'X находится в таком-то состоянии, потому что был причиной Z.'连接词потому что和и поэтому构成逆义关系(A, потому что B = B, и поэтому A)

同P/Z(вина的内容)之间句法联系的可能性表明,与вина 1不同的是,вина 2不是行为的称名。

вина用于表示内心状态意义时能够唤起人们意识中分量很重的实体形象(它可以被搬移,可以被定位于空间等)。

但仍然有一些语境可以改变词位вина 2的释义:焦点发生迁移。

4.1 在例(1)—例(8)中,вина表示当X因为Z而承担责任或面临惩罚时,出现的心理状态:

(1) Вина за проигрыш [Z] лежит на тренере [X] = 'моральная ответственность за плохую ситуацию Z (Z=проигрыш) лежит на X – e (X = тренер), потому что X совершил действие / действия P, следствием которых было Z'.

以下的例子与此类似:

(2) S возложил вину за Z на X – a.

(3) На X – e лежит вина за Z.

(4) На X – a ложится / падает вина за Z.

(5) X свалил вину за Z[с себя] на X – a.

(6) S переложил вину на плечи X – a.

(7) "Если в стране недостатки и даже голод, то как большевик вы должны для себя решить: можете ли вы допустить, что в этом виновата вся партия? или советская власть?" — "Нет, конечно!" — спешит ответить директор льноцентра. "Тогда имейте мужество и возьмите вину на себя!" И он берет!(С.)

(8) Патриарх берет на себя всю вину за составление и рассылку воззвания(С.).

вина同вина内容之间联结的基本方式是通过前置词за;例(9)中的生格(摘自Брокгауз和Ефрон词典)按现有的规范是不可行的:

(9) Вольсей был отставлен: на него взвалили всю вину неудачи.

4.2 在чувствовать, испытывать чувство语境中,蕴涵要素4('плохое психическое состояние X-a')成为注意焦点:

(10) Я <u>чувствую</u> свою вину в этом деле = 'X (X = я) находится в плохом психическом состоянии, которое вызвано тем, что X совершил плохой поступок P.'

(11) Осмотр дома ⟨...⟩ он начал почему-то со двора. Может быть, потому, что

почувствовал свою вину перед Звездоней (УК).

与表示感情类别的词чувство搭配时也是这样：

(12) Душа Павлова рухнула под нестерпимым чувством вины (УК).[注意：这里вина就如同沉重物质]

(13) Я так и уснул в ту ночь с чувством жестокой вины перед Рыжиком (УК).

词位вина 2经常表示主体X在Y面前的负罪感，尽管引起该情绪的过失（或行为的不良后果）并不存在，也就是"无过失的过失"的情景。例（14）和（15）中，该情景产生于Y蒙受了损失，X却逃脱了损失：

(14) Теперь она умерла, а мы, остальные, выжили. Хотя в ее смерти как будто бы меня обвинить нельзя, все же я вины с себя не снимаю (УК).

(15) Привычное еще с войны, с госпиталя, не проходящее чувство вины перед обреченным угнетало меня (УК).

4.3 在语言中，内心状态通常被隐喻性地解释为某种实体——松散的或流动性的物质。它对于вина这样的感受来说也适用。

(16) И вся-то жизнь — биенье сердца,

И говор фраз да плеск вины,

И ночь над лодочкою секса

По слабой речке тишины (Бродский).

在облегчить, преувеличить, смягчить, усугубить这样的语境中，вина用作可对其测量的实体的名称；而这时被测的是有轻重的量——与我们在第二节中所揭示的隐喻性观念"沉重物质"完全对应。

(17) Но у него за этой целью облегчить свою "извечную вину" была и другая, невысказанная, может, не вполне осознаваемая: испытать себя холодом и жарой, испытать себя Сибирью, увериться в своей "полноценности" (УК).

数量评价还可能针对вина情景的那些可量化的方面：Z不好到什么程度；惩罚严重到什么程度；X的感受有多强烈：

(18) главные лица и соучастники сразу же метнулись в сторону. И вся вина легла на одного Климова (УК).

(19) Слезы, сознание до сих пор не выветрившейся полностью вины сделали свое дело, в конце концов я махнул рукой: быть по-твоему! Пойдем, пойдем на юбилей (УК).

вина的最初分量取决于P的性质（如果罪行严重，也就是P非常不好，那负罪感就很重）可因实施犯罪的情节（主要是动机）而使负罪感加重或减轻。在法律条文中会出现新的换喻（这里说的是惩罚的力度）：

(20) Следователь обязан выяснить обстоятельства, также и оправдывающие обвиняемого, также и смягчающие его вину (С.).

(21) Заведомо ложные доносы государственным учреждениям 〈...〉 при увеличивающих вину обстоятельствах (личная злоба, сведение личных счетов) (С.).

为过错者开脱罪责促成了把вина打造为一个具体物质形象：

(22) Мы всегда выдаем себя сами, ⟨...⟩ хотя могли бы растворить всю вину в море точно таких же ситуаций, когда мы виноваты не были (УК).

数量评价仅适用于词位 2。如果 вина 用于计数,这就是 вина 1:

(23) Да и одна ли вина за тобой? А других не было? Ты действительно уверен, что не было больше ни одной? [т. е. уверен ли, что не было других плохих поступков] (УК).

一定类型的情景名词可用于表示计算数量的物质实体,这是规律性语义迁移(行为→行为数量的规则性多义参见 Апресян 1974:200):

(24) накопление [процесс] способствует — большие накопления [субстанция].
    доказал способность [факт] — большие способности [субстанция].

第五节　вина 和 виноват 的音律特征

我们在此举出一些使 вина 和 виноват 的有些意义被消解的语境。其中之一是"不是过失,而是不幸"情景。вина 在例(1)中没有完全体现出自己的意义,因为有过失的情景要求有过失的人在场,而这里恰恰没有:

(1) Но все решительно матери — матери великих людей, и не их вина\, что жизнь потом обманывает их (ДЖ).

对于 виноват 同样如此:

(2) Детей жалко — они не виноваты\ = ' находятся в плохом положении — как если бы были за что-то наказаны, хотя не совершили дурного поступка.'.

这样的意义只出现在否定上下文中,且与音律有联系。

在"问题在你"这样的语境中,它们与音律的联系会更加明显。виноват 的规范读法是无重音:重音在 X 上,виноват 的这种用法不容否定。виноват 有重音会形成分担过失这样一种情景;否定分担,哪怕是部分的错误,不仅使 X 无错,而且从整体上消除了过失情景:

(3) а. Я \виноват, что сын такой невоспитанный_[完全];
    б. Я виноват\, что сын такой невоспитанный_[部分];
    в. Я не виноват\, что сын такой невоспитанный_["问题在你"].

вина 从 виноват 那里同样继承了无重音用法的倾向。вина 上带主要句重音几乎是不可能的事(甚至用作谓词时),过失 Z 可以构成预设:

(4) ?Развал лаборатории — это твоя вина\.

综上所述,我们可以得出以下结论:释义(甚至涉及的只是个别的词位,更不用说整个词了)用作参照的仅仅是某种基本的、原型的词语用法语境,其他的语境(它们的数量很多)都会以某种方式改变释义。例如与情感动词连用时,聚焦的是 вина 词义中的 'психическое состояние X-а' 这一要素;与心智动词连用时,聚焦的或是评价要素,或是用作因果链中一环的 Z,它被视为与过失内容相等的表达方式。例如,在 признал свою вину 语境中,强调 'X совершил P' 这一要素(它变成主导谓词的辖域),在 осознал свою вину 语境中,强调的要素则是 'Z плохое'(也可能是 'плохое — Z'这样的变体形式)。

在语境的作用下词义的变化有相当一致的特点。基本上是焦点的迁移和各要素在前景

和阴影的、背景之间的重新配置。在范畴迁移时,才删除释义的要素。(参见第二节中的例(1)和(2))

　　词位 вина 1 和词位 вина 2 的区别有没有上述同一词位在不同语境中的区别那种性质——这还是个问题,也就是能否将 вина 1 和 вина 2 归于一个词位,只是从语境中得出强调方面上的差异。正如以上所说,вина 1 接近于 S_2,而 вина 2 接近于 S_0。但这样起不了多大作用,因为带各种指数的谓词性名词之间的语义关系问题不能认为已经解决。阿普列相(1974:195)将 ассигнование, обвинение 的意义 S_2 和 S_0 之间的相互关系表征为有规律的多义性,同时在著作的 166 页,将 требование, просьба 解释为表示不可分解的意义'S_2 или S_0'(而且作为单一语义的控点,却可析取,这非常让人怀疑,参见 Урысон 1998)。

　　вина 一词的限定语可能难于修饰其中任何一个词位(вина 1 或 вина 2):

（6）Юрий Андреевич обманывал Тоню и скрывал от нее вещи, все более серьезные и непозволительные. Это было неслыханно. Он любил Тоню до обожания. <...> В защиту ее уязвленной гордости он своими руками растерзал бы обидчика. И вот этим обидчиком был он сам. Дома в родном кругу он чувствовал себя неуличенным преступником. Неведение домашних, их привычная приветливость убивали его. В разгаре общей беседы он вдрег вспоминал о своей вине, цепенел и переставал слышать что-либо кругом и понимать.(ДЖ).

　　但是人还是回忆起了自己的行为,而负罪感的出现是不由自主的,就像闪现在人思想中的念头一样。(参见 Wierzbicka 1988 对情感动词的解释)因此,例(6)中的 вина 用作 вина 1。还没有发现能够同时实现 вина 两个意义的语境(它能够为 вина 意义的不可分割性提供佐证)。但是,在同一语境中可能兼有两个意义的要求对于将两个词位合二为一来讲,并不是必需的——只要有能从语境中得出不同意义的普遍规则就够了,或简单地从一个意义得到另一个意义。

第二部分

多义性和语义衍生

第一章 语义衍生

第一节 有规律的多义性:保持词义内在统一问题

多义现象,而且首先是有规律的多义性是自然语言词汇的属性。如果词义之间有系统的,也就是复现性的相互关系,则具有多项意义的词就是一词多义现象,而非同音异义词。

有规律的多义性可以看成是词义衍生的结果——这将是多义性的一个动态模式。术语语义衍生来自Д.Н.什梅廖夫(1964:56)的研究,他在1973年又对这一现象更换了名称。该术语的方便之处在于,多义词意义之间的相互关系,以及词及其构词衍生物之间的相互关系可以在语义层面上同等看待:词义衍生是词汇衍生(也就是构词)的一个特殊现象。(参见Апресян1974:187)实际上,词义衍生与构词之间的区别仅仅在于没有形式上的标志。因此,同一种语义关系在一种语言中可能是构词性的(例如расти和выращивать),而在另一种语言中可能是语义衍生性质的(例如 grass grows 'трава растет'和 to grow melons 'выращивать дыни'),就不足为奇了①。

语义衍生具有一定的方向,因此,在有规律的多义性被衍生模式化后,多义词的两个意义之间要么一个意义衍生于另一个意义,要么两者都来自于第三个意义。例(1)显示了第一种情况下的语义关系,растаять的感知意义'看不见'来自于该词的本义:

(1) a. Снег растаял; б. Корабли растаяли в тумане.

例(2)反映了第二种情况,наполнять在(2а)中的过程意义和(2б)中的状态意义,并不是来自于对方,而是派生于其完成体наполнить,只是它们强调的是完成体语义中不同的语义要素:

(2) a. Вода постепенно наполняет бассейн; б. Вода наполняет бассейн до краев.

实际上,完成体也能表示过程转变(从一个状态转向另一个状态)和已经出现的状态;在(2а)中的未完成体动词наполнять强调的是过程,就如同我们所说的таять语义衍生于растаять.而(2б)中的наполнить强调的是已经呈现出的状

---

① 不排除语义衍生的可能性要比一般的构词现象狭窄,也就是有些词义的变化一定有其表现形式。一般通过由一个意义向另外一个意义转移的规律性模式来界定多义词。(Ibarretxe-Antuñano 1999)

态,就如同我们所说的понимать的语义衍生于понять.

在衍生关系中,词义转移的方向非常重要;两个不同方向的转移几乎永远不可能归结为仅仅是"交替"[①]。例如,梅里丘克(1998:184,186)区分出及物化(транзитивация)(идут вокруг стола ⇒ обходят стол)和非及物化(детранзитивация)(бросать камни ⇒ бросать камнями);而在使役化和去使役化之间不能相互逆转。(参见Падучева2001а)

可以看出,语义衍生模式如同构词模式一样,尽管数量庞大,但仍然可以一览无余。如果相关的衍生模式具有能产性,那么通过一定数量的、某种程度上是普遍适用的语义转移模式可以产生绝大多数词义,这类语义转移涉及的不是个别词,而是数量很庞大的一类词。

在ТКС词典中,词的不同意义,包括通过有规律的多义性关系联系起来的意义——表现为不同的词位,在词典中为它们相应设立的是不同词条。有时同一个词不同词位之间的差别非常微小。但是为了让词的意义在每一个适合它的语境中都能充分得到显示,需要最大限度详尽的词位(既然决定采用在词典中显示词语在语境中的不同意义就不得不如此)。将词详尽切分为词位本身并不是缺点,而一旦导致破坏词义内在的统一,它就成了这样的特点。但这可以避免,可以用这样一种词位语义描写的方式,它既保留将词划分为不同意义的词位,又能克服由此产生的负面后果。

恢复词义内在统一的途径并不是通过将分散的小词位联合成一个更大的词位,即便是将两个受语境制约的不同意义合并为一个,都难免有信息的缺失。Л. П.克雷辛(1984)将резать分解为22个词位,每一个词条都包含某些在词典学方面重要的信息。

常体思想也不能保证词的统一:如果词位之间的联系不是辐射结构,而是链式结构,那么处于"边缘"的各词位就不可能有共同意义。词位间的"语义桥梁"(Mel'čuk1988)也不能解决问题,因为可以用不同的方法架桥。譬如,阿普列相(1998б)在выбрать众多的词位中找到了这样的桥梁'использовать'.但是,выбрать的内部形式还得让人去找另外的桥梁,或者哪怕是常体:其中之一是由前缀вы-表达出的信息:"将一个要素从集合中区分出来,脱离别的语义要素,或者从整体划分出部分。"(参见Перцов1996)并且将выбрать中的心智要素和体力要素结合起来。(Падучева1996б)另一个是由词根брать传达出的信息:"把接触当作结果(接触可以理解为不同的形式,从物理方面到心智方面,从必需的到潜在的)"。例如выбрать из связки ключей нужный/ выбрать щенка.(参见第三部分第五章)

---

① Levin(1993)使用的术语是alternation.

常体(即使像在выбрать中那样,确有常体)解决了恢复词义内在统一问题,却怎么也无法推动我们在描写每一个单个意义中继续前进。只有在所有变体(单个意义)被找齐的条件下,也就是最困难的一部分工作完成后,才能提出常体。我们提供的恢复词义内在统一的路径似乎更有效。对个别意义的各个释义将建立在通过由一种解释得出另一种解释的基础上,这就保证了词义内在统一。(Туровский1985的著作就包含着有关意义转变的衍生模式的思想)

语义衍生模式——这是一种规则,借助该规则,我们可以从对原先的生产词位的释义中得到派生词位的释义(与构词模式规则完全相同)。(参见Dowty1979:293)

因此,建立在以下基础上的词义分析方法是富有成效的:

1) 在多义词(而非同音异义词)的词位集合中可以找到根词位,也就是所有其他词位都是它的直接或间接的语义衍生体[①]。这样,词的意义就是一个衍生结构——词位之间存在既定的语义派生关系,也就是具有相互派生关系的意义集合。

2) 接下来出现的任务是列出从生产意义(或者更接近于生产意义)产生派生意义的词义衍生模式清单。同样的衍生关系应该在不同词语间复现,这也是模式存在的证据。

例(2)中,有共同的模式就显示出,应该选择两种描写方式的哪一种,例如,并没有从表示状态的наполнять引出表示过程наполнять的通用模式,或者相反;与此同时,过程性的与状态性的未完成体与完成体构成体偶是很平常的现象。试比较:открыл—открывает表示过程,而заслонил—заслоняет表示状态。

语义衍生可将词义集合表征为一个结构——一个词位聚合体,如同某一词类的语法形式或相应类别的语法聚合体。(Падучева1998a)

如果衍生模式具有无限的能产性,那么根词位的语义就能够预测出语义衍生聚合体,这种聚合体至少对于某主题类别或亚类是一样的。声响动词实际存在的各词位完美地组建出完整的有规律的多义性聚合体,因为该类别语义衍生模式的运作有很广泛的能产力。另一个很好体现完整聚合体的动词主题类别是表面接触类动词(наполнить, залить, усыпать 等)。(参见О. Кузнецова 1996;Гаврилова1973;Падучева, Розина1993;Леннгрен1996)但是最常见的聚合体类别在很多方面是不完整的。因此,词汇语义聚合体的提法是有价值的,把聚合体视为一个衍生结构,在这里指出每一个词位通过衍生模式在该类别词义系统中的位置[②]。

[①] 根词位也可能存在于该词之外,如例(2)。

[②] Апресян(1995:357)使用了语义聚合体术语,使用范围稍有不同:表示因特定的衍生关系联系在一起的词语集合。

第二节 参数和语义要素

在第一部分第一章到第四章中阐明了词义参数概念并指出,在很多情况下词义衍生只不过是对某参数意义的改变,例如非能动化,角色配位的变动和范畴转换。

在这种情况下,词的词位聚合体可以当成语法形式聚合体来考察——它的设置取决于一系列参数。语法聚合体的参数是语法范畴(例如对于形容词聚合体来说,这些参数是性、数、格和活动性),对于语义聚合体而言,这是词义参数:范畴,主题类别,角色配位和参项的分类类别。

另一个为数众多的衍生关系类别涉及的不是参数,而是在大量词义中复现的语义要素,如同此前说过的,语义衍生模式有可能是两种类型:一类是改变参数的意义,另一类针对的是释义中的语义要素。

让我们来看以下几例,它们的语义要素在语义衍生过程中"开始行动",也就是在意义转换过程中一个意义被另一个意义取代或补充,甚至消失。

例 1. 'находиться' → 'существовать'(特别是在始发意义的语境中:'начать находиться' — 'начать существовать'),该转换模式是 появиться 和 быть 两动词的意义转换特征,在第一部分序言中曾讲述过例(7)和(8)。在(7a)、(8a)中,动词表示'начнет /начал находиться',在(7б)、(8б)中,动词表示'начнет/ начал существовать':

(7) а. Через минуту кофе будет здесь ='начнет находиться';

б. Кофе будет через минуту = 'начнет существовать'.

(8) а. Появился Петя = 'начал находиться';

б. Теперь появился новый лекарственный препарат = 'начал существовать'.

例 2. 'быть видимым →существовать'。(参见 Faber,Mairal1997; Levin, Rappaport Hovav1995:120)在 появиться, исчезнуть, найтись, пропасть 等动词词义中具有转换形式'начать/ перестать быть видимым' — 'начать /перестать существовать';(参见 Кустова1999а)而 'начать быть видимым' — 'начать быть'的多义性参见Пупынин(2000:38)。

语义要素'〈начать〉быть видимым'和'〈начать〉существовать'之间的相互转换在动词возникнуть中也有体现:

(1) а. Дома возникли из тумана = 'начали быть видимыми';

б. На месте пустырей возникли многоэтажные корпуса = 'начали существовать'.

详见第三部分第一章中对возникнуть的研究。

'быть видимым' — 'существовать'这样有规律的变化在揭示带有生格主

体的语义结构中发挥了重要作用。(参见Падучева1976和第三部分第九章)生格结构本来与对立关系'(не)быть видимым'—'(не)существовать'并无关系：主语生格主要用在不存在的语境中，但事物在视野中不存在与实际不存在可等同对待，这点可由例(2)中不否定Ваня存在的生格来说明：

(2) Вани в комнате не было ⊃ 'Наблюдатель там его не видел.'

转换模式'быть видимым'—'существовать'(也就是быть)也为其他具有初始意义'быть видимым'的词语所有，例如обнаружить. 在原先的生产意义中，Y обнаружил X ≈ Y увидел X, 也就是 X стал виден; 而例(3)中的派生意义则是'X начал быть'：

(3) X обнаружил храбрость в бою [= храбрость X-а в бою была; Наблюдатель Y это увидел].

动词проявить, наблюдаться的派生意义的形成也是同样道理：

проявил любезность ⊃ 'был любезным';

проявил мужество ⊃ 'был мужественным';

не наблюдается ⊃ 'нет'.

(4) сумел проявить себя = 'сумел сделать так, что его достоинства появились на свет, начали существовать', а не просто 'стали видимыми'.

例(5а)中，наблюдаться是来自наблюдать的被动形式，表示'вести наблюдение', 强调的是活动, 预设的是客体的存在或它的参数; 而在(5б)中, 生格结构表示'X-а нет в поле зрения субъекта сознания', 也就是'стока нет'：

(5) а. Сток талых вод не наблюдался;

б. Стока талых вод не наблюдалось. (摘自Ицкович1974)

根据HOCC2000词典, выглядеть也可以表示'быть'意义(X выглядит как Y ≈ X есть Y)：

(6) а. Через миллиард лет Вселенная будет выглядеть иначе ='будет иной'(摘自HOCC2000：63);

б. До меня наш производственный процесс выглядел так: с утра мы садились и играли в сику⟨...⟩.Потом вставали... (Вен.Ерофеев) [процесс состоял из этой последовательности действий].

иметь вид (是выглядеть的语境同义词)经常用来表示'быть тождественным'：

(7) Теперь уравнение выглядит так; Теперь уравнение имеет следующий вид.

词组представлять собой实际上表示'быть', 尽管представлять原先的生产意义与показывать接近：

(8) Ну скажи, что он собой представляет? = 'кто он есть'.

动词 встречаться, попадаться 的语义经常衰减为 'существовать'，如例（9）：

(9) Говорят, среди жуликов попадаются /И такие, которые НЕ попадаются.〈...〉Даром сыщики утруждаются —/Эти Жулики НЕ ПОПАДАЮТСЯ（Заходер）.

являться 同样具有 'быть видимым'—'быть' 的转换形式。Фасмер 给所有的印欧语言中 явить 的词源解释是 'быть видимым'，而在现代语言中，являться 首先表示 'быть'。

很大一部分动词在语境中可以产生 '不存在' 的推论。

例如，摘自17世纪古版印刷的圣诗六十七之第一到第三首诗。(此处有省略)

Да воскреснетъ Богъ и разыдутся врази его, и да бѣжать t лица его ненавидящіи его, яко *исчезаетъ* дымъ да *исчезнуть*, яко *таеть* воскъ t лица огня, тако да погибнуть грѣшници t лица Божія.

反方向转换: '〈перестать〉существовать' 也有可能推出 '〈перестать〉быть видимым': корабли растаяли в тумане = 'перестали быть видимым',（参见第一节的例(16)）在更早一步来源的、生产性的，但也是转义的意义中 растаять = 'перестать существовать' (деньги растаяли как дым)。

例3. 'видеть' → 'находиться' 的转换模式可以下例表示:

(10) заглянуть к Х-у = 'зайти к Х-у' т. е. 'начать находиться у Х-а'.

原则上，能够相互转换的诸语义要素如何联系这一问题不一定有答案。在这种情况下，语义发展路数显而易见。为了能够看见事物，它应该存在于可以被看见的地方；因此，这种从情景到它的先决条件的转换如同间接言语行为中的情形一样。(参见 Searle1975)

"看见" (видение) 可在感知者与感知对象之间形成一个特定的接触类型，如果感知对象是人，就产生人际交往; видеть 由此产生出意义 'посетить'. 从另一个方面来讲，"看见" 要求感知者出现在感知对象所在的空间中，从中产生意义 'начать находиться'. 除了其他意义，英语动词 to show 还可以表示 'бывать в обществе'，因此 the guest failed to show = 'гость не появился' ≈ 'не пришел'；试比较俄语中 носу к нам не кажет /не показывает ≈ 'не бывает у нас'.

例4. 语义要素 "知晓" («знание»)。万德勒(1980/1987: 308)在其著名论文 «Telling the facts» 中证明: 动词 сказать 在间接问题中，意义可能发生变化。万德勒的观察可以这样表述: 在以命题为论元的语境中 (сказал, что Р)，动词 сказать 得不出有真值的推涵，也就是说，只有在间接问题中才能获得像 я знаю, что Р意义那样的真值推涵:

（11）а. Он сказал, что живет в Сан-Франциско.< А на самом деле он живет в Окленде>；

б. Он сказал мне, где он живет = 'он сделал так, чтобы я знал' = 'сообщил'.

（116）中不可能有这样的后续句子"А на самом деле он живет не там".（详见第三部分第三章）因此，"知晓"这一要素在语义转换中可能出现（如11a）或消失（如116）。（参见Апресян2001中«знание»要素之系统构建作用）

在许多感知动词中，如видеть，"知晓"这一意义要素只有权以推论（一种准结论）出现。该语义要素是обнаружиться和показаться之间最重要的区别特征。показаться经常是感知性的；但обнаружить的语义中，"看见"轻易就能转换为"知晓"。（参见第三部分第二章第5.5节）'看见'还可以转变为'拥有'（не видать〈как своих ушей〉='не иметь'），该意义同样与位于特定地点有关。

任何一种把一种语义要素转变为另一种语义要素的衍生模式，以其本身的存在就证明了词义结构中确有这种要素。如果由于语义的转移导致该语义要素消失或被替换，与简单地通过某要素的有或无而表现出的词义的异同相比，前者能在更大程度上形成它的语义真实性，并证同它的身份。在这个意义上，词义中的要素类似于音位中的区分性特征：由于有由一个特征转换到另一个特征的语音变化（或在对立中和的位置上，该特征已成为无关紧要；或有特征之间组合性随位变化）确认了彼此对立，它比对比 pig—fig 一类词能更好地证实上述每个转化语音的存在。而雅可布森«Fundamentals of Language»一书就是从对比这两个众所周知的词开始的。相应地，这对于语义要素也是如此：有规律的多义性类似于语音转移。语义要素在语言运作上的表现也同样重要。（语义要素«знание»与其能支配间接问题之间的联系，参见Падучева1988）

第三节 不同语言中衍生模式的一致性

经常看到这样的表述，不同语言中语义衍生模式是一致的。（参见 Nunberg, Zaenen1992）。对这种想法不太容易找到准确表达形式。有学者提出了英语空间方位动词的语义衍生聚合体（stand, lie, sit, hang），（Levin, Rappaport Hovav1995）该聚合体由以下四个要素组成：

1) 保持行为后形成的位置状态的施事意义。

   We sat by the fire and chatted 'Мы сидели у камина и разговаривали'；

2) 采取形成某种状态的施事意义——表行为开始。

   A strange woman came and sat next to her 'Вошла странного вида женщина и села рядом с ней'；

3) 消极非能动的空间位置状态——当主体无目的时。

The little parish church sits cozily in the middle of the village 'Маленькая церквушка уютно стоит [букв. сидит]посреди деревни';

4) 造成空间状态(使役性)的施事意义。

I sat him down and gave him a drink 'Я посадил его и дал выпить'.

1—4的不同意义源于它们有不同的必备参项。例如,在意义1和意义2中,地点参项是非必需参项(它是参数性副词,也就是副题元),而对于意义3而言,该参项是必需的。

俄语中具有该意义的动词的语义衍生只有上述四个要素聚合体中的两个。它也有表示始发的施事行为2)、表使役的施事意义4),但构成方式不是通过语义变化,而是通过外现在形式上的词汇派生,也就是构词模式。从сидеть产生行为始发动词сесть和使役动词посадить,从стоять产生行为始发动词встать和使役动词поставить,从висеть产生行为始发动词повиснуть和使役动词повесить.因此,大多数语义发展路径在很大程度上具有普遍性,但词汇衍生和语义衍生之间界限的划分常因语言而异。

第二章 语义衍生的基本机制——换喻和隐喻

第一节 现实的语言观念化,观念——语义结构

> 不用说,现实就是一个主观性的东西。
> ——摘自某定期刊物

在近年来的语义学著作中,经常和术语(语句的、句子的、篇章的)语义结构一同出现的,还有另一个术语——观念结构。(Traugott1997)观念结构理应被认为是语言对现实(或它的某一片段)观念化的结果。(Wierzbicka1996:55;Croft1991;Nuyts,Pederson1997)

在探寻语义结构和观念结构差异时,我们把目光转向符号学的基础——所谓的弗雷格三角上,按照弗雷格的观点,同一个对象相对于篇章(语句、词语,也就是形式)而言是意思(смысл),相对于所指而言是观念(концепт)。见图Ⅰ:

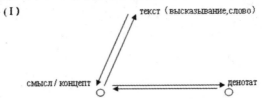

在此之前的语言学研究仅仅关注形式和语义的关系。语句同现实之间关系(组成了语言学指称理论)的探讨在很大程度上是独立于词汇语义或句法语义的。因此,近些年来基本的研究思路可以用图Ⅱ来说明(c_1, c_2, c_3代表同一个语句中的不同语义;三角形的第三个顶点实际上被搁置一旁):

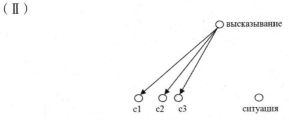

图Ⅲ显示了目前的研究路向,这里k_1,k_2,k_3代表与同一个现实情景相关的不同观念或观念结构,而"⇕"表示它们相互之间的语义关系:

(Ⅲ)

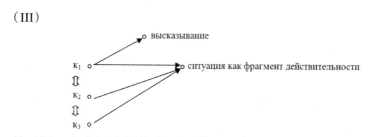

针对同一个非语言语境中可以说出极其多样的语句;例如,根据同一情景一个人说(1a),另一人说(1б):

(1) a. Иван полюбил Марию; б. Моя дочь связалась с негодяем.

(1a)和(1б)对同一个现实片段做出了不同的观念化。如果研究观念和所指、现实之间的关系,实际上不可能,因为现实并非作为形式化客体而存在,因此,描写同一个片段的不同观念之间的相互关系(而非同义关系),这是语言学的明智选择:每一个观念结构都对应于自己的语句,因此我们可以将这些语句之间的相互关系作为自己的研究客体。

同一个情景的不同观念结构之间的差异绝大部分集中在两个参数上:评价和注意焦点。在例(1a)中注意焦点是 Иван,(1б)是 Моя дочь,她的名字是 Мария。后一个参数——注意焦点迁移——是我们的兴趣所在。我们研究的对象正是对同一个情景的不同观念化结构,它们之间因注意焦点的转换而彼此区分。因此,图(Ⅲ)中的箭头"↕"表示的是这些观念结构之间的联系,它们因同一个情景而彼此能够比较,区别之处仅仅(几乎是仅仅)在于注意焦点不同。

我们可以从等同于某一语句的意思(它在某方面"最"接近于情景结构)观念化开始;例如,让 $k_1=c_1$:当情景尚未被(哪怕是某个语句)观念化时,它是不存在的;完成某个观念化就意味着在某种意义上创造了情景本身(情景和现实片段并不是一回事)。接下来我们可以研究各种观念结构,它们同第一个观念结构有着某种语言对应方面的联系。此时,k_1, k_2, k_3…等结构与现实情景之间的关系确实已退居二线,而决定观念结构间相互关系的焦点切换成为语义学研究的前沿任务。

因此,弗雷格的思想体现在同一个对象相对于符号来说是意思,相对于所指来说是观念,我们使用观念结构这一术语时,我们并不认为该结构就区别于语义结构;我们只是侧重于该结构同现实片段(被观察到的现实情景)的关联性。

在对现实情景任何一个观念化过程中,现实中的某些方面会被突显、得以体现,而另一些方面则被隐匿、退居背景中:发生了现实的图式化。(Борщев, Парти1999)但在观念化中被模糊了的情景方面,则是隐性地参与已经形成的语句语境中:模糊的那些方面同已体现出的那些部分有着部分—整体关系;或者是参数及其值的关系;原因—结果关系等等。此时我们想起作为语义衍生方式的换喻概念和换喻引申。

同观念化有联系的一个富有成效的思想是图形—背景的对立,(Gruber1976,Talmy1983,Langacker1987)。杰肯道夫(1996:553)做了如下说明:

（2）Кошка сидит на ковре.

例(2)中提到了两个客体,它们之间的关系在句法上并不对称:кошка占据中心位置,而ковер却在背景中。这些客体在语义关系上也不相同。кошка是中心事物,而把ковер观念化为空间的组成部分,只是在指出核心事物的方位时才需要。再回到我们先前使用的术语上,可以说,该观念化将кошка纳入注意焦点。如果翻转句法关系,会得到一个奇怪的句子:Ковер лежит под кошкой. 虽然"物质情景"仍然是同一个。显然,这种情况的原因是,有时候注意焦点的设置由现实生活中的事物关系(或接受它们的习惯)事先决定,不允许焦点转换。换句话说,在不同的焦点化中,有一些常常更为自然,另一些则不存在于现实。演算运作观念化的方式对于语言学家来说是一项新的任务。

应该指出的是,在允许范围内对现实观念化的能力从根本上取决于语言。在Ikegami(1993)的文章中分析了摘自日本作家川端康成(1968年诺贝尔奖获得者)的作品《雪国》中的一句话,最为接近原句的这句话的译文是这样的:"Пройдя через длинный туннель на границе, была снежная страна"。这句话翻译成欧洲语言,至少需要指出主体:Кто прошел через туннель?接下来的描写突显的是火车;但火车并未处于焦点中,而日语语法并不要求将它纳入情景概念中,但对于英语或俄语而言却是必需的。

第二节 语义衍生的基本机制——换喻和隐喻

本质上,语义衍生模式的绝大部分都属于这两大类别中的一种:换喻迁移和隐喻转移。

1) 换喻(或焦点迁移)。动词的衍生能力从根本上取决于初始词位的主题类别。主题类别大体上对应于某种概括性的情景,该情景被这一类别的所有词语以各种各样的形式表征。例如,声响动词(звенеть, греметь, стучать等)表示以下概括性情景:某事物开始运动;并把这种运动传递给在此条件下能够发出声响的物体;产生了声音。(Wierzbicka1980:111)准确地说,这并非概括性情景,而是观念结构,因为我们并不是通过对现实情景的观察,而是通过比较相关词语的释义得到这种结构。

存在着初始的、或者基本的观念结构是主题类别的核心信息和动词初始意义的特征,基本结构会发生各种变异。

观念结构会由于注意焦点由一个参项转移到另一个参项而发生变异,此时角色配位发生变化,提升其中一个参项的交际等级,而降低另一个。这种语义衍生我们可以划归为换喻引申。在例(1a)中,листья位于说话人注意的边缘,而在(16)中,листья转移到了中心位置:

(1) a. Ветер шелестит листьями в аллее; б. Листья шелестят в аллее.

(26)则刚好相反,参项лед由中心转移到边缘位:

(2) a. Тонкий лед затянул лужи; б. Мороз затянул лужи тонким льдом.

另一种注意焦点迁移类型。语义要素在词语的初始使用中可能只有平常的(逻辑推导出的)推涵地位,但在引申使用时获得中心地位。例如,大部分动词都以其主体存在作为通常的推导结果。(参见 Keenan1976/1982:248)

Соловьи поют. ⊃ Соловьи существуют.

与此同时,在一定的交际位置中,主体的存在成为动词意思的核心语义要素时,动词允许有作为派生意义的'存在'用法:

(3) a. Голос ее звенел [у звенеть обычное значение];

б. Вдали звенели голоса [бытийное значение:'были слышны звенящие голоса'];

2) 隐喻(或范畴转换)。基本观念结构产生变异的另一个类型——参项的分类类别变化(参见第一部分第四章)。从广义上讲,这是**隐喻转移**①。例如,主体参项分类类别的变化可以导致行为动词范畴类别的变化,成为事变动词,如例(1),再比如例(4):

(4) a. Маша закрыла дверь;   б. Ваша шляпа закрыла мне экран.

参项的分类类别变化也可以改变动词的主题类别。例如,在初始意义时声响动词表示无目的的过程,但如果发出声响者被指定为有目的的主体,动词就可能表示这个主体的行为,声响被此人使用来达到一定的目的。声响动词一般常有符号目的:施事者有意发出声音来发出信号或传递消息。派生词位因而成为符号动词:

(5) a. Дождь стучит по крыше; б. Кто-то стучит в дверь, откройте!

如果'目的'要素包含在动词的语义结构中,动词就表示行为。试比较动词хлопать在以下两种情况下的意义;表示无意识主体发出声音(ветер хлопал флагами)和表示带有夸奖目的的行为(хлопать артисту)。

同一个语义衍生模式内可以结合若干不同的初始观念结构的变异类型。例如,参项内包(参项转移至话语外,也就是换喻迁移)可能导致参项专指(也就

---

① 之所以称为广义的隐喻是因为隐喻是范畴或分类的迁移,所以我们将任何一个范畴迁移都称为隐喻。

是参项分类类别的变化）：

（6）выпить спиртного ⇒ выпить；

рыба не клюет наживку ⇒ рыба не клюет；

шина спустила воздух ⇒ шина спустила.

参项内包有时会改变另一个参项的句法地位：

（7）Выделить сестре долю в общем хозяйстве⇒выделить сестру（MAC）.

参项内包可以解释为换喻和隐喻合力转换（范畴的转换和焦点的迁移）的结果：隐喻转换确定了参项的范畴，而换喻转换则将其引至话语外。下例诗句中，动词стоять有内包题元'в очереди'，在表层结构中留下了它的方向配价：

Люди куда-то стоят—

Прямо, потом назад,

В подворотню сквозь дом,

В угол и снова кругом.（Олег Григорьев）

语义衍生将词语的不同意义联结成一个统一的有层次的整体。例如，动词тонуть的根词位意义是'погружаться в воду'（укреплял поплавки, чтобы сеть не тонула）；环境参项只限于液态物质类别的词。环境参项的变化会产生'вязнуть'意义（лыжи глубоко тонули в рыхлом снегу）。如果出现主体参项专指（分类类别变窄，主体只是活物），会产生тонуть的另一个意义'гибнуть'，这一过程以死（不再存活）为界限。接下来在"不再存活"（'прекращение существования'）基础上衍生出'看不见/听不见'（'быть невидимым/неслышимым'）（Окрестности тонули в туманном сумраке; Хлопки выстрелов тонули в свисте ветра），衍生依据是（не）существование和（не）восприятие之间的普遍联系。（参见第一部分）

以下几节我们将详细探讨换喻和隐喻。

第三节 换喻迁移的类型

可以划分出以下三种现象，它们都理应被视为换喻派生。

I.对同一情景的两种观念化可以换喻方式联系。这时，产生于换喻词直义的观念结构是异常的，也就是被重新理解为一种形象或转喻（троп）。对句子的理解要求恢复另一个与之有邻近关系的参项。这种换喻的经典例子是容器替代内容物：

（1）стаканы пенились и шипели беспрестанно（Пушкин. Выстрел）.

在例（1）中，"咝咝作响"（шипело）和"起泡沫"（пенилось）的实际上是вино，但стаканы也参与情景之中；换喻迁移只是将стаканы由边缘位转移到中心位。再比如：

（2）Вагоны шли привычной линией,

　　　Подрагивали и скрипели.

　　　Молчали желтые и синие,

　　　В зеленых плакали и пели.（Блок. На железной дороге）.

换喻迁移和通常在这种情况下产生的范畴错置营造出一种形象。在例（2）中将注意焦点从旅客（他们实际上是沉默状态）转移到车厢——诗中对驶过列车进行外位观察视角是一个死去女人的视角。

如前文所述，由于语言学家注意到说话人语句与（他们所感知并感悟到的）现实之间的联系，才使换喻关系的研究成为可能：邻近联系并不存在于意义之间，而是存在于现实中的客体之间。如果将语义结构理解为对现实观念化的结果，我们就可以说观念化结构语义要素之间是相应的、换喻性联系。换喻迁移是注意焦点的迁移：换喻也就是"邻近性转移"，将注意焦点转移到邻近客体上。邻近性可能是时间上的、空间上的和因果关系的，如同例（3）中АВТОР→ПРОИЗВЕДЕНИЕ之间的迁移：

（3）когда мужик⟨...⟩Белинского и Гоголя с базаров понесет（Некрасов）.

II. 如果一个意义通过焦点迁移从另一个意义中得出，换喻迁移可以把词典确立的一个词的两个意义联系起来。

焦点迁移有两类：它可能涉及情景参项和释义要素。

рот的两个意义可以对前者（焦点转移到情景的另一个参项）进行说明。рот 的 MAC 释义是："отверстие между губами, ведущее в полость между челюстями и щеками до глотки, а также сама эта полость."的确，рот有两个直义，во рту表示'в полости'，而тонкий рот，в уголках рта近似于тонкие губы，в уголках губ，指的是'отверстие'。而且，还可能两个参项都在焦点之内并均被激活；例如раскрыть рот，表示开启嘴唇（отверстие），同样还形成了通畅的腔（полость）。（参见 Taylor1989）

后一种情况（焦点迁移关系到释义要素）的例子，（详见第三部分第五章对动词рисковать的分析和第三部分第八章对声响动词的分析）焦点迁移的一个重要例子是完成体动词语义中事件要素和状态语义要素之间的换喻关系。（详见第四部分第三章和第四章）例如：

（4）a. Дверь вчера починили [强调已完成的整体行为];

　　　б. Дверь сейчас починили. [强调事件结束后的状态].

III. 题元配位转移及题元裂解产生的语义也可看作从一个参项到另一个参项的焦点迁移。（参见第一部分第三章）

（5）a. пробить дыру б стене; б. пробить стену.

（6）a. Ветер хлопает дверью; б. Дверь хлопает.

（7）a. Чиновники скрипели перьями; б. Скрипели перья.

占据这些例子中心位置的可能是动词情景中的某一参项,如例(6)、例(7)的主体位置,或者是例(5)的客体位置。从语义角度上说,例(5)—(7)中的 а 和 б 之间的关系可以表述为注意焦点从一个参项转移到另一个参项。

在很多场合下会出现这样的情景:如果其中一个参项进入前台(也就是占据中心位置、位于明处),那么另一个参项会退居后台(占据边缘位置,位于暗处),或者退居话语之外。(参见第四部分第二章):

(8) рубить лес [на дрова] — рубить дрова;
уложить вещи в чемодан — уложить чемодан.

动词 исправить 也可能发生焦点迁移。动词表示行为的特征是:施事者作用于某事物(物理性的或非物理性的),或受事、地点等等,去除其中的瑕疵(或损伤)。但此时占据客体位的可能是受事(исправил текст),可能是瑕疵(исправить ошибки в тексте)。在两种情况下,没有占据中心位置的参项从前台退居到话语外。有趣的是,动词 поправить 允许第三种角色配位,此时注意焦点在有过错的主体上:

(9) Я был склонен к мягкотелости. Меня поправили.(摘自 МАС)

另一例是动词 следовать。原则上,следовать 可以 откуда-то, куда-то, за кем-то 等等搭配。但在(10а)中不能说 откуда?(10б)中不能说 за кем?

(10) а. Иван следует за Петром; б. Поезд следует из Варшавы в Берлин.

在此,我们举出了三种换喻性转移。I 和 II 之间的区别在于,换喻(如同隐喻)是鲜活的、偶然的,还是陈旧的,也就是已经进入词义结构中。类型 I 是鲜活的换喻,它与能产性转换规则(如例(1)中的容器→内容物)相关,类型 II 是陈旧的,是被收录到词典中的换喻(例(2)中的 рот)。类型 I 是一个情景的两种观念化方式:与直义相对应的换喻结构,以及应该恢复起来的直接情景,见例(1)、(2);类型 II 通常没有两种观念化方式。鲜活的换喻通常不被词典收录。例如对于 рюмка 而言,无法预测其有'водка'的意义。总之,鲜活的换喻经常同专有名词有关,如例(3)。不过,这里很难期待完全前后一贯的变动。

类型 III 中角色配位的变化同类型 I 的区别在于,注意焦点的迁移有外在的表现形式。这时,类型 I 和类型 III 的相似之处在于,两者都可以用于营造诗学效果。比如从施事(也就是 тот, кто спускает курок)转向工具的配件:

(11) В граненый ствол уходят пули,
И щелкнул в первый раз курок (П.).

第四节　换喻迁移实例

各类教科书和参考书对换喻转移分类的共同之处在于,它们都不够全面。例如,昂格雷尔和施密德(1996)的分类中包含以下几类:ВМЕСТИЛИЩЕ→

ВМЕЩАЕМОЕ; АВТОР →ПРОИЗВЕДЕНИЕ; МАТЕРИАЛ →ИЗДЕЛИЕ; ОЗНАЧАЮЩЕЕ →ЗНАК; ЧАСТЬ →ЦЕЛОЕ; ЦЕЛОЕ →ЧАСТЬ; ПРОИЗВОДИТЕЛЬ→ПРОДУКТ; МЕСТО→УЧРЕЖДЕНИЕ等等。但他们却没有将以下重要的转移方式纳入其中，例如 ОТРЕЗОК ВРЕМЕНИ → (занимающее его)СОБЫТИЕ; ИСТОЧНИК ЗВУКА→ ЗВУК(参见第三部分第八章）；ЧАСТЬ ТЕЛА→БОЛЕЗНЬ(этой части тела)（参见Д. Шмелев1977：104；Якобсон1987：328；Гаспаров1997：404 对换喻引申的分类）概括而言，这样的分类未必能够做到全面。报纸上有这样一个标题：" Стриндберг продолжает эпатировать Москву"，文章说的是Стриндберг在莫斯科曾名噪一时的剧目重新上演。短语истолковать слово和истолковать значение之间的换喻联系应归哪类呢？

以下我们列举出若干换喻实例，它们基本上与时间和空间范畴有关。

ОТРЕЗОК ВРЕМЕНИ→(занимающее его)СОБЫТИЕ

初始意义表示时间段的词语和语句，根据邻近原则可以表示发生在该时间段中的事件，自然也就占据一定的空间。这里可以认为ВРЕМЯ→СОБЫТИЕ是换喻转移：

（1）поговорим о будущем = 'о том, что будет происходить в будущем'; расскажи про воскресенье = 'про то, что происходило/будет происходить в воскресенье'.

мгновенье 在诗句 Мгновенье, ты прекрасно 或 Я помню чудное мгновенье.中也有同样的换喻转移。在«Пиковая дама»的一个片段中，发生在这一分钟(эта минута)的事件只能从语境中才能弄清楚，它们指的是：

（2）Головка приподнялась. Германн увидел свежее личико и черные глаза.
Эта минута решила его участь.

没有一个词典会给出минута这样的意义'события, происшедшие в эту минуту'。在МАС词典中，минута被描述为'какой-либо определенный отрезок времени'.但是限定语злую当然不是跟时间段有关，而是和它同步发生的事件有关：

И здесь героя моего

В минуту, злую для него,

Читатель, мы теперь оставим (П.)

在罗曼语系中，词义的这种变化用构词词缀标示出，这种构词模式具有能产性，看以下法语例子：

（3）день — jour/journée; утро — matin/matinée; год — an/année.

俄语中没有这样的词缀，实际上所有表示时间段的词语都能表示发生其间的事件。例如：

（4）и речь бежит из-под пера

不 о грядущем, но о прошлом（Бродский. Конец прекрасной эпохи）.

（5）за окнами обычный день,

накрапывает дождь, бегут машины（Там же）.

время也有以下换喻引申：

время сейчас такое [≈ 'обстановка, условия жизни']; эти, с такой силой обобщающие время и события стихи(Чуковская1997); время было тревожное (ДЖ) [≈ 'жизнь в это время была тревожная']; Зрелищное понимание биографии было свойственно моему времени(Пастернак. Охранная грамота); сейчас не время шутить[≈ 'сейчас окружающая нас реальность не такова, чтобы можно было шутить']; дух времени — это господствующие взгляды и потребности людей, живущих в определенный период времени; Творчество — всегда противоборство с временем (Новый мир, 1997, № 6).

Л. К.楚可夫斯卡娅（1997：251）列举出阿赫玛托娃的语句：Я убеждена, например, что мои стихи "И время прочь, и пространство прочь"никто не хочет печатать из-за слова время. Оно воспринимается не как философская категория, а как "наше советское время".

время 表示 'погода' 时，也是换喻引申，例如普希金的语句 Время ненадежно: ветер слегка подымается; хмурое утро 指 的 是 утро с хмурой погодой.

原则上，任何一个表示时间段的词语，除了本身的意义，都可能表示发生在该时段中的现实片段的换喻意义①。

（6）⟨...⟩ приходят тени из 13-го года под видом ряженых（Ахматова. Поэма без героя）;

1940 год ощущался как погребение эпохи（Чуковская 1997）

⟨...⟩ социальная структура Запада в общем до сих пор аналогична тому, что существовало в России до 1917 года. ⟨...⟩в определенном смысле XIX век на Западе еще продолжается. В России он кончился（Бродский. Нобелевская лекция）.

Бродский的意思是XIX世纪特有的社会结构在西方保留了下来，但在俄罗斯没有。随后在俄罗斯发生的事情被描述为"социальная и хронологическая перемена"，也就是时代的变化。

美国报章中，9月11日成为记录发生在2001年9月11日发生的悲剧事件的

---

① 对于эпоха的意义而言，现实的片段被局限在一定的时间框架中(而非简单的时间段)，该意义被词典收录，例如эпоха 30-х годов, которая именуется 37-м годом.(Чуковская 1997: 321)

专有名词。

ДЕЙСТВИЕ①→ ВРЕМЯ [момент]

表示事件的动名词通常和三个前置词连用：до，после 和 во время，每一个前置词中名词性语义要素：事件的开始、结束和发展得以显现：

（7）до приезда, после праздников;

（8）в Рождество, во время войны〈свадьбы; переезда〉.

ДЕЙСТВИЕ→ ВРЕМЯ [продолжительность]

（9）Весь поход молчал.

这种类型的换喻是Д.什梅廖夫（1977：100）提出的。例（10）中跟 дорога 相关的迁移可作为补充例子：

（10）Она всю дорогу плакала.

根据 MAC 词典，дорога 有以下两个意义：1）полоса земли, служащая для езды и ходьбы; 2）путешествие, поездка; 例如：после дороги лег отдохнуть, в дороге не спал. 在例（10）中，дорога 表示的是第二个过程意义。

这样，例（11）中的异常现象可从语义上解释：由瞬间动词构成的名词，不能和前置词 во время 搭配，因为它们缺少该前置词要求的过程要素：

（11）*во время прихода; *во время ухода.

ДЕЙСТВИЕ→ МЕСТО ДЕЙСТВИЯ

在回答"Где он?"这样的问题时，可以说：на лекции, на концерте, на репетиции 等等。方位信息在这种行为意义中得以表征，这种行为被视为发生在一定的地点。在词组 письмо с дороги 中，也是这样的换喻转移：从 дорога 的过程意义转向该过程进行的地点。

一般说来，时间和空间②可以同时被兼指。例如 Г. А.卓洛托娃（1988：331）在论述另一个问题时所用的一个句子中 на пробуксовке 的用法：

Пришлось бы каждый рыбовоз протаскивать тракторами, портить машины, жечь на пробуксовке покрышки и горючее（Правда, янв. 1981）.

СВОЙСТВО → МЕСТО

这种转移方式在以下词义中可以看到：высота, духота, пустота, темнота, тепло, теснота, чистота 等等。试比较 темнота помещения, сидеть в темноте. 这类词语能够表示空间的一部分，因为这些词有充满空间的隐喻范畴 МАССА③：

---

① 这里我们将 действие 作为一个概括性范畴，用它表示行为、终极的过程、有开始和结束的活动，例如像 концерт, лекция, свадьба 等这样的举措。

② 众所周知，空间状语可以被理解为时间意义：Поеду я в Лондон или нет — не знаю, это решится в Висбадене ='тогда, <u>когда</u> я буду в Висбадене'.

③ свет, тьма, мрак 等也是属于 МАССА 和 МЕСТО 分类类别的词汇，例如 на свету, во тьме, во мраке.

(12) сидеть в тепле; жить в тесноте.

反向迁移较少，但仍然可行——从地点引申到发生在该地点上的事件、过程和活动：

МЕСТО →ПРОЦЕСС（развертывающийся на этом месте）

О, как внезапно кончился диван（Вишневский. Одностишия）.

在阿赫玛托娃的这一诗句中，当然不是指对城市的重建：

а тому переулку наступает конец.

在ЧАСТЬ→ЦЕЛОЕ的换喻引申中，可以划分出从边界点到邻接着的表面空间和立体空间的迁移模式：

ПОВЕРХНОСТЬ→ПРОСТРАНСТВО（примыкающее к этой поверхности）

以небо为例。БАС词典的释义是'видимое над поверхностью земли воздушное пространство в форме свода, купола'.这里将небо想象成一个三维实体——ПРОСТРАНСТВО。但是词组 на небе, с неба, под небом, небо высокое等让我们思考这样一个问题：небо在俄语中最早被观念化为呈拱状的面。(在词典中标注的是в форме свода, купола，但用到的只有свода，因为купол是从两个方向呈现给视觉，并且往往是从外部方向，例如видны купола. 而人们看свод则是从内部方向，因此可以说под сводом, 不能说*над сводом）因此，небо的属范畴是"表面空间"（ПОВЕРХНОСТЬ），这样就可以解释这些用法на небе, с неба, 而*из неба就行不通。

небо的第二个意义небо 2表示的是空中的方位，这个空间"好像邻接着небо 1中所指的拱形面"。属范畴"立体空间"（ПРОСТРАНСТВО）可以解释这样的用法：В синем небе звезды блещут; Высоко в небе летит самолет; Прозрачно небо等等。显然，небо 2是换喻引申的结果：占据与面相邻的领域。迁移的方向之所以是从небо 1到небо 2，是因为迁移是不完全的；否则*из неба的说法就成立。可以看出，небо 1的释义没有语义要素'воздушное пространство'.(但这里可与Урысон1998的研究做比较）

对于我们的描写重要的是，небо 1就像свод,属范畴是ПОВЕРХНОСТЬ, 而不是ВМЕСТИЛИЩЕ:相对于后一种范畴的词语来说，转而表示容器所盛的内容物有很高的能产性，(参见第三节中的例(1)стаканы пенились)而从表面迁移至邻接区域模式的能产力就比较弱。

如果词语的两个意义之间具有能产性的换喻关系，那么该词通常感觉不到具有多义性。例如我们在上文中所说的рот, 词典中只区分出两种可能的所指：отверстие和полость；而在对небо的释义中，也没有区分出表面空间和立体空间，虽然在上述例子中有一些明显是指两维的небо，另一些是三维的небо；原因在于рот两个意义之间的联系更为独特，而небо产生多义的方式对于很多词来讲都一样。

在对 море 的释义中也存在三维和两维式的释义(可以说 в море, из моря 和 на море, с моря, 参见 Рахилина1998),但是它的语义聚合体和 небо 不一样:初始范畴并不是 ПОВЕРХНОСТЬ,而是 УЧАСТОК ПРОСТРАНСТВА;当 море 用于'表面空间'的意义时,并不会被理解为是词义发生了变化。可以说:в море, на море, 类似于 в / на снегу, в / на доме, в / на шкафу 等等。总之,具有同一个意义的词可能属于不同的范畴,这些范畴互不排斥,例如:печь 属 УСТРОЙСТВО 和 ВМЕСТИЛИЩЕ 范畴,школа, почта 属 УЧРЕЖДЕНИЕ 和 ПОМЕЩЕНИЕ 范畴,время 属 ДВИЖУЩИЙСЯ ОБЪЕКТ 范畴(время идёт)、РЕСУРС 范畴(тратить время)和 МАССА 范畴(много времени);还可能属 ЖИВОЕ СУЩЕСТВО 范畴(убить время)。память 的性质也如此。(参见第一部分第四章)

ГРАНИЦА[линия]→ПЛОЩАДЬ [прилегающая]

一定空间的周围边界经常能表示该空间的领土。例如 круг 既能表示环形边界,也能表示被限制其中的整个内部空间。因此可以说,за Полярным кругом 和 в Полярном круге (Бродский. Конец прекрасной эпохи);不过,后者是一种创新用法。

但这不是能产性很强的转换方式。例如,черта оседлости 在例(13а)—(13в)中,черта 应该被理解为一种换喻引申,'定居区'的用法更具说服力:

(13) а. ⟨…⟩не видящих иного выхода за черту оседлости;

б. Одесса была крупнейшим центром еврейской черты оседлости;

в. ⟨…⟩ не имея права жительства за пределами черты оседлости. (Бабель1972)

可以说 в черте города, в прежних границах, в этих пределах 等等,但是例(14)就不符合现代语规范,换喻引申会受到一定的句法限制:

(14) заимки и дачи уже входили в черту города (Мам. – Сиб., БАС)

同样的换喻引申,也可以用来表示时间,也就是从边界点转移到以其为开始或终结的时段。以我们熟知的 неделя 为例,起先表示 воскресенье;(波兰语为 tydzień, 其生格为 tygodnia) неделя 初始字面意义是 день недели с тем же названием, что данный。再以 год 的词源意义为例:起初表示 срок окончания договора, 也就是一个时间点,在此之前可以"годить"。

时间段转而表示时间点的反向的换喻转移具有非常高的能产性,以至于我们对它们习而不察:до субботы 表示'до начала субботы',而 после субботы 则表示'после конца'.

不仅边界能够表示所圈的土地,其他有空间边界的客体也能如此。例如 на реке, на даче, встретились на лыжне, поехал на мельницу, пошёл на море(в значении'на берег моря')。

为什么词语不同意义之间的换喻性联系有必要确定下来呢？

词义之间的换喻性联系有可能成为逾越下述一般语义规则的一个原因是：一个词语不可能在句子中同时使用两个意义，如例(15)中(该例在第三部分第八章3.4节中有分析)，пианино相对于谓语бередит而言，应该表示的并不是乐器本身，而是它的声音，因为只有声音才能对听觉产生作用，而разбуженное说明的还是乐器：

(15) Одним пальцем разбуженное пианино бередит слух(Бродский).

兼把一个词的两个意义置于一次用法中，只能借助于乐器和声音之间的换喻性联系才能实现。另一个例子是：

(16) глядя задумчиво в небо высокое

修饰语высокое要求将небо理解为небо 1，而глядеть в又要求将небо理解为небо 2。同时使用一个词的两个意义，听起来并不是双关语，因为它们之间具有换喻性关系。

换喻性联系存在于词义要素之间或者是语法形式之间，可以用来解释各语言共有的某些语义衍生模式。塔尔米(1985)曾经注意到这样一种现象：在许多不同的语言中，表示处于某种状态的动词意义经常与进入状态搭配，而不是和脱离状态搭配。例(17)中，hide'прятаться'具有转入到该状态的意义(17a)，和处于这种状态的意义(17б)，但没有脱离这种状态的意义(这种意义并置的情况在俄语完成体动词中存在，参见第三节中的例(4))：

(17) a. He hid in the attic when the sheriff arrived 'спрятался';

б. He hid in the attic for an hour 'прятался';

в. *He hid out of the attic'*выпрятался'.

如果在完成体动词的释义中，考虑到事件和状态语义要素之间的换喻性关系，这种准共相就有了合理的解释：状态同产生状态的事件之间具有换喻性联系，类似因果关系；而状态和摆脱这种状态之间则没有这种自然联系。

第五节　换喻在Пастернак诗学中的作用

发现换喻在帕斯捷尔纳克诗学中作用的人当推罗曼·雅克布森[①]。马雅可夫斯基诗歌使用的主要辞格是隐喻，帕斯捷尔纳克的抒情风格在于"在散文或诗歌中贯彻着换喻原则，它的核心是邻近性联想，……邻近联想的基本形式是——涵盖最邻近的事物。诗人同时了解其他换喻类型：整体转指部分或相反，原因转指结果或相反……但他最钟爱的手法是用某种性质的活动去代替活动人本身；用某种状态、语句或现场中个人属性来代替某个人……"(Якобсон

---

① 这里为什么称为发现，详见Иванов(1987:17)。

1987:329-330)例如«Марбург»中的诗句:

  Тоска пассажиркой скользнет по томам
  И с книжкою на оттоманке поместится.

  加斯帕罗夫(М. Л. Гаспаров1997)统计出马雅可夫斯基和帕斯捷尔纳克作品中换喻类型:如ВМЕСТИЛИЩЕ—ВМЕЩАЕМОЕ, ЧАСТЬ—ЦЕЛОЕ, АВТОР—ПРОИЗВЕДЕНИЕ, 帕斯捷尔纳克的На днях я вышел книгой в Праге就属于最后一种换喻。加斯帕罗夫发现,换喻相对于所有语义辞格所占百分比在两位诗人作品中的比例是相同的。但依此为依据未必就能够得出如同加斯帕罗夫所言的雅可布森"夸大了帕斯捷尔纳克作品中换喻性"这样的结论。这多半是因为雅可布森持更为宽泛的换喻观。我们在此倾向于雅可布森的思想,因为正是这种换喻观在语言学研究中得到了卓有成效的运用。

  按照雅可布森的思想,帕斯捷尔纳克作品的主要特征(与Маяковский相比)在于"第一人称退居后台……,而以换喻的方式出现"。(Якобсон1987:329)加斯帕罗夫(1997:406)是用另一番话来评价帕斯捷尔纳克的,其实和雅可布森一致,"主体是通过他在周围事物中的反映来体现的。形象不是来自客体的状态,而是来自同客体接触的主体状态"。这是加斯帕罗夫所举的例子:

  вокзал, Москва плясали по насыпи [на самом деле зритель находится в движущемся поезде];

  гудели кобзами колодцы, скрипели скирды и тополя [оттого, что гудел и скрипел проносящийся мимо них поезд].

  洛特曼也指出了帕斯捷尔纳克诗歌中感知主体的重要作用:"……按照帕斯捷尔纳克的观点,真正的世界……是被看见和被感受到的世界";"那些建构帕斯捷尔纳克世界的真正的联系几乎总是可以看得见的联系"。(Лотман1969:227)说到诗人的特点时,洛特曼驻足在这行诗上:

  Оплывает зажженная книга.

  这是在空间联系的基础上展开的视觉形象蒙太奇艺术:现实是混合的,那些在语言中表现出与其他事物隔绝的东西,实际上是统一世界的定义之一。(Лотман1969:226)

  按照雅可布森(以及Лотман)的观点,内部世界和外部世界的划分在帕斯捷尔纳克的作品中被消解:外部世界被赋予生命,抒情主人公出现在无生命的事物中。茹可夫斯基后来发展了雅可布森以及洛特曼的思想,认为帕斯捷尔纳克诗句中的"Зазимки"(关于一棵可以在天镜中映现的白桦树)并不是简单的隐喻,(Ковтунова1995:178就是这样对она подозревает进行了分析)而是感知主体换喻性的出现。"帕斯捷尔纳克总是利用生活和景色中的元素置换'自我'"。(Жолковский1992:229)

  Она подозревает втайне,

Что чудесами в решете

Полна зима на даче крайней,

Как у нее на высоте.

在此之前换喻的研究曾经是诗学的应分之事。而对于语言学而言,诗学语言的研究是一个必须承担起来的很有吸引力的充满挑战的任务。

第六节　隐喻:对现实的语言范畴化问题

雅可布森(1987:331)对隐喻曾有这样一段论述:"当在某一个诗学体系中隐喻的功能被着力强调突显,传统的分类方法就会受到破坏,事物会被纳入到新构建的配置体系,遵循新的分类特征。"雅可布森在这里强调诗歌隐喻正是词汇语义学感兴趣的一个方面:隐喻的高明之处在于它揭示了词义中词的"分类特征",也就是它的分类范畴。

列文(1965)曾区分出三种类型的隐喻:I.比较式隐喻(метафора-сравнение)(колоннада рощи); II.谜题式隐喻(метафора-загадка)(били копыта по клавишам мерзлым); III.替代式隐喻(метафора-замещение)(жизнь сгорела)。首先引起我们兴趣的是第三种类型的隐喻,正是在这里"分类受到破坏":名词的原先范畴要求谓词语义应有特定的范畴预设,而这里它和预设矛盾,出现了范畴错置[①]。例如:Шарканье прохожих как бы месило сгущавшуюся темноту (Набоков. Дар)。

隐喻的机制和词语的隐喻用法,从语言学角度已经描述得很透彻。(参见Black 1962/1990)例如:

(1) Долина спит.

动词спать是隐喻性用法:这个动词正常的主语应该表示活物,动词本身表示生理过程。在例(1)中,主语是空间客体,спит表示(确切地说,这里不是表示,而是允许做这样的想象):山谷和附近的山峦安宁,寂静,没有嘈杂之声等等,我们还可能得出的推涵是:事情发生在夜里。

在揭示隐喻用法的机制时,布莱克划分出如下要点:

隐喻的焦点,指主要谓词,也就是在上下文中没有使用直义的词语;在例(1)中这是动词спит;

主要主体,指和主要谓词有联系的、充当其主语的词语。例(1)中是долина,或者也有可能充当补语(Я проглотил свои слова)。

辅助主体,指的是其分类范畴,对其参项而言,它构成主要谓词的范畴预

[①] 语义不相容(在字面理解的层面上)作为隐喻表达的构建性特征已有许多论述,对此有赞成有反对。(参见Stern 2000)

设。在例(1)中是话物.

在这些概念的基础上,可以形成两个阐释规则,它们可以共同描写隐喻表达的意义:

规则 I. 主要谓词,спать基本的词典意义表示生理过程,具有一系列与这一过程有关的联想和伴随意义[①],包括推涵、状态等等,它们可能没有进入词义结构中,在使用时可以出现在、或可能出现在人的意识里,布莱克称之为蕴涵[②](импликация)。"范畴不和谐"抑制了спать的基本要素,而这些蕴涵要素成为描述主体时的唯一特征。在例(1)中,蕴涵要素就是安宁,寂静,没有嘈杂之声,还可能有夜晚等等。

规则 II. (谓词对名词的反向影响)主要主体同辅助主体的相似性。例(1)中创造出这样一个形象——它迫使我们做出这样的想象:долина和附近的山峦近似于有生命的事物。

这样一来,例(1)的意思可以描述成这样:1) 'долина спокойна, неподвижна, бесшумна'; 2) 'долина похожа на живое существо'.

塞尔(Searle1991)对比了两种隐喻观:来自于亚里士多德的传统隐喻观强调的是隐喻表达的相似性;布莱克的隐喻思想侧重于隐喻词同语境之间的语义互动。显然,两种观点反映了同一现象的不同方面。

因此,为了理解鲜活的隐喻(例(1)долина),受话人应该立即在两个范畴层面上思考客体,一个是名词本身所属的范畴(долина表示空间客体),它把隐喻使用的主要谓词中与它不和谐的语义要素清除出去,只留下联想和伴随意义;另一个范畴是当主要谓词用于非隐喻性初始意义时,就已被谓词范畴预示的名词范畴(долина — живое существо)。

范畴不和谐显然只是鲜活隐喻的属性。如果词义发生了变化并可以在新的范畴框架中成为约定俗成的用法,隐喻就渐渐僵化了。例如: разбитые надежды, раскол в либеральном движении等等。相应地,在规则 II 作用下的隐喻用法中产生的意义要素也随之消失:主要谓词剩下的意义不再包含先前的范畴预设,也不会生成先前的形象了。

同已经陈旧的死喻不同的是,鲜活的隐喻常常能够被翻译成别的语言。例(1)就不会给译者带来太多的困难。但是,英语中 They shoot down in the polls. 译成俄语应该是: Их рейтинг резко упал. 而不是прострелил вниз,这里英语的隐喻是死喻而不可译。

但是活喻和死喻之间的界限并不稳定。例如 Л. Улицкая 作品

[①] 伴随意义参见Иорданская, Мельчук(1980)。

[②] 术语импликация用得并不是很贴切,因为它表示另一个公认的意义,(参见 Karttunen1971和第三部分第三章)这里更为合适的概念是 инференция.(参见第一部分第五章第四节)

«Счастливые»中的一个片段(вести, привести对于дорога来说是死喻,провести和оставить多半是活喻,尽管是同一个дорога):

Дорога 〈...〉 приводила их к кирпичной ограде, проводила под аркой и оставляла на опрятной, грустной тропинке.

死喻复活是比较常见的现象。例如Окуджава作品中的一句话:

Ну как дойти до цели, когда ботинки жмут!

死喻дойти до цели复活了,因为在这里ботинки只有在дойти用于本义时才合适。Бродский诗句中也如此:

(2) Память о тебе удаляется, /как разжалованная прислуга.

南恩伯格(1987:150-151)建议符合以下条件的表述可视为隐喻:如果说话人在语境C中,为了同客体A关联使用了e表述,而不是e′,因为说话人个人认为,受话人会以为e更合适。换句话说,南恩伯格认为,隐喻总是对某一本义表述的替代,这一观点我们很难苟同。布莱克的分析则更为准确细致:隐喻使用的谓词不可能有同义词,同义词也许就是它本来的字面意义。原因是在隐喻表达中,它的所有语义要素,也就是被激活的、并且与主要谓词相关的推论不是用作陈述[①]。它们在主要要素消失后,依然保留在谓词的隐喻使用中,保留作为推论的地位,也就是有歧义的、非确定性的和不一定出现的联想。概括而言,对于不同的受话人有不同的联想意义。例如以下表述可以有多种理解: он ребенок, он машина甚至是он свинья。

正如斯特恩(2000:23)明确指出的那样,从理论出发,本义阐释的概念比对隐喻阐释的概念还要糟糕。在第一部分第六章中,我们尝试把句子的字面意义表述为其组成部分的直义一步步相加形成的结果。期间,正如我们所看见的,有时这样的意思构建要求改变原先的生产意义,与理解一个隐喻所要求的变化一样。例如плыть的初始意义在语境человек плывет中得到实现;在语境бревно плывет (по воде)中目的要素以及所有同游泳者特有行为相关的要素消失;在语境облака плывут (по небу)中,范畴前提,也就是运动的媒介是水等等要素消失。因此,规则I描述的范畴不相容词语之间的语义互动,它不仅适用于诗学语言,也适用于日常语言。但是,赋予主要主体与辅助主体相似性质的规则II则不起作用。诗学隐喻同日常范畴迁移的区别在哪里呢?плыть的第二个意义产生于范畴迁移(从生命体迁移到非生命体,也就是规则I);但漂流着的原木跟人或动物不具相似性:规则II在死喻中不起作用。

鲜活的隐喻在形成语义不和谐时,充分展现其特质,显示出存在着名词范畴及与之相应的谓词范畴预设:在词语的日常使用中,范畴和预设是协调的,范

[①] 隐喻表达的意义同其本义的不相容性参见Stern(2000:193)。

畴协调被看作理所当然的而不被察觉;因此,隐喻现象的存在证明,名词的范畴和谓词应有的范畴预设是词义的重要组成部分。

第七节　我们赖以生存的隐喻

莱可夫和约翰逊(1980)的著作《我们赖以生存的隐喻》(Metaphors We Live by)是从举例开始的,例子显示,隐喻在语言中并不是孤立行使功能,而是呈家族式:意义相同或相似的词语所构成的各种表达形式,并非偶然地彼此关联。可以设想的是,作为一个整体,所有这些表达来自组成它们的词汇共同所从属的某个范畴,而且它不同于按词汇本义将该词划归的范畴①。因此,作者将这些搭配称为隐喻性的。根据二人的观点,有一系列的表达建立在时间等于金钱上(ВРЕМЯ—ДЕНЬГИ)(由此又继续生发出ВРЕМЯ—РЕСУРС和ВРЕМЯ—ЦЕННОСТЬ)。我们试举其中几例,它们能够被逐词译成俄语:

(1) Ты зря тратишь свое/мое время; Эта штука сэкономит тебе массу времени; Я на этом выгадал время; У меня нет на это времени; Я не смогу сейчас уделить [однако не дать!] тебе времени; Осталось ли у тебя время? Ты неэффективно используешь время.

这样的组合互相支持的同时,也支持其共有词汇纳入"非自身"的范畴,而事实上是基于该词的搭配才如此转类。应该说明的是,在英语中,和time搭配的动词可以严格地和金钱搭配(invest, cost, budget),通常情况下,它们不能被直译成俄语:不能说инвестировать время(英语中的:I have invested a lot of time in her);время也不同бюджет搭配(试比较英语中的:You need to budget your time);不能将отложить время на что-то用到откладывают деньги上(Put aside time for ping-pang);英语中的spend和俄语词тратить并不是等价词,因为тратить在俄语中被默认为тратить напрасно.因此:

(2) How do you spend your time these days = Как ты проводишь [не тратишь!]время?

俄语中,如果时间词和花销动词搭配(诸如стоить, одалживать),那会让人觉得是鲜活的隐喻:

(3) Эта спустившая шина стоила мне двух часов времени;
　　Я живу на время, взятое взаймы [borrowed]

实际情况是,如果英语中time的搭配确实取决于时间等于金钱,那么俄语

---

① Арутюнова(1976:93—111)曾经表述过类似的观点。在Успенский(1979)的研究中可以找到合适的措辞——抽象名词的"事物伴随意义"(вещные коннотации)。

中время的搭配更多地是建立在时间等同于资源上,简言之,是将время归入РЕСУРС的范畴中,而且对время而言,РУСУРСЫ并非没有疑义地成为其非自身范畴①。

但是在这种情况下,关于время的例子却属于成语,而完全不是隐喻:这里指的是对含有time的固定搭配可以更系统化地描写,将time归入ДЕНЬГИ的类范畴中;且只能对英语词time如此处理,俄语中对带время成语的描写则立足于将其纳入РУСУРСЫ范畴。

在莱可夫和约翰逊的这本书中,援引了大量的材料来展示非自身范畴对系统化成语的好处。例如,有这些等同关系:СУБСТАНЦИЯ—ВМЕСТИЛИЦЕ;ИДЕЯ—ПИЩА等等。但是本书关注的热点仍然是隐喻全方位的特征,作者的目的在于证明隐喻属于思维领域,而不是语言:从把ВРЕМЯ—ДЕНЬГИ等同出发,可以直接转到金钱关系对时间感知的影响:"我们每天都在用对金钱的经验,这种有限而宝贵的资源来对时间进行观念化"(Lakoff&Johnson1980:8)接着隐喻被大体界定为:由一个语义域,源域,向另一个域,目标域的映现,而这个映现服务于对目标域的客体和情景实施观念化。

撇下带有время的例子不谈(这个例子显然不十分合适,因为它有更为简明的解释)。可以说莱可夫和约翰逊提出了一个重要问题。众所周知,语言中有许多语义域(诸如感知、认识活动和情感)的观念化从根本上借助于"空间语言",也就是借助于物理客体及其运动来实现。столкнуться可以用作感知动词,колебаться可用作心智动词,потрясти可以用作情感动词等等。把客体范畴以及更为抽象的语义域中(诸如时间、拥有、存在等)客体之间的题元联系类比于物理空间中直接意义上的客体和题元联系。

实际上,我们对事件和状态的描述就如同在讲物理世界的客体,我们把最为丰富的事件置于运动中:пришел май就像пришел невод;Страна вышла из кризиса就像Маша вышла из комнаты.但是在这里,只有某些观念化被理解为隐喻,例如:появился на свет表示'родился';ушел от нас表示'умер'.莱可夫和约翰逊同时指出,所有的观念化都具有隐喻性质。如果真是这样的话,那么我们建立在范畴不对应基础上的隐喻定义就不存在了,因为从上述定义可以推出,它把范畴看作已有的事实。所幸的是,事实并非这样。(参见Jackendoff1996:557;Stern2000:176对Lakoff&Johnson观念思想的批评)

隐喻性表述(在第五节中它们是论述的对象,也正是它们具有范畴不协调这一不可分割的特征)并非观念化的隐喻,即并非对现实情景的隐喻式观念化。在观念隐喻的作用下,不协调从语言层面转移到非语言情景和它的观念之间的关系层面。例如:

---

① время在这些例子中的МАССА范畴是隐喻性的,则是另外一回事,(参见Падучева1999г)МАССА范畴在这里实际上是很明显的。

（4）Я стоял на перепутье.

当有"直接"所指情况下，该句还可能成为对选择生活道路这一情景的观念化隐喻：行为抉择被表述为（思考为，观念化为）走路人应该对方向做出的选择。

莱可夫和约翰逊的书中还有一个为大家熟知的例子：爱情即旅行（ЛЮБОВЬ—ПУТЕШЕСТВИЕ）的等同，它展示的正是观念化隐喻，只有当不使用 любовь 或其同义词的下述情况中，在语言层面才有协调可言：

（5）Мы на перепутье; Посмотри, как далеко мы зашли; Мы теперь уже не можем повернуть назад; Мы сошли с пути и т. д.

但是，只在一种条件下可以说成情景的"隐喻式"观念化：如果它与另一个对同一情景所进行的观念化相对立，而且后者还能被认定为非隐喻性的。然而，空间语言常常用在语言没有提供任何别的观念化的场合，此时就是错误搭配，填补词汇空白：这指的是在现有词典中没有直义表达的某些概念或特征时发生的现象。（详见 Stern 2000: 189）当我们同抽象概念打交道时，我们经常会借助空间运动语言来表达：

（6）время идет; отдать лучшие годы жизни; оставить разногласия позади; отложить переговоры; вложить много лишних эмоций; унести память с собой и т. д.

我们在这里又发现，我们并未置身于隐喻盛宴桌前，（曾在此享用的有人类伟大的智者，从亚里士多德到奥尔特加·伊·加赛特），却处在成语的破水槽旁。莱可夫和约翰逊的等同学说尽管在一定程度上可将成语系统化，但却不具备预测能力，为什么英语中可以说"声誉向下发射"（простреливать вниз），而俄语不行？（参见 Добровольский 2003）成语是隐喻的穷亲戚，不得不满足于小小的施舍。

隐喻经常作为换喻的结果出现①。换喻能产生隐喻，因为注意焦点从相容范畴位置上迁移到邻近客体上时，却成了不相容的。（参见第三节中的例（2））还有一例：

（7）a. Левой рукой он сжимал хрустящую бумажку;

б. Левая рука его сжимала хрустящую бумажку.

在例（7a）中，主体是人，可以将动词理解为行为意义；而在（7б）中，就不允许作这样的理解。从（a）到（б）之间的转换可以做出两种解释：

1）角色配位转换。也就是换喻迁移：边缘参项 ЧАСТЬ ТЕЛА② рукой 转移至主体位；动词同时失去了工具这一配价，因为相应的参项连同自己原有的句法位置一起转移了（如同员工离职带走了自己的工资）。

---

① 这两种迁移并不总是能区分开。О. Фрейденберг（1997: 211）曾经指出：机智和食物之间的联系〈……〉是隐喻性的，似乎这种联系是换喻性质更为自然些。

② 也就是工具参项，即将人体的部分看成工具。（详见 Laskowski 2001）

2) 范畴迁移：表人主体被表人体部分主体代替；而工具配价的消失可以用普遍规则加以解释：当有施事主体的条件下，工具才能存在；（参见Fillmore1977）

两种解释都站得住脚。一方面，ЧАСТЬ ТЕЛА 参项无论占据何种句法位置，都是主人的工具（这是有利于换喻的论据）；另一方面，主体位置明确了这个参项的独立行为能力，是根据《信步而行》原则而来（这是有利于隐喻的论据）。

因此，换喻和隐喻迁移从总体上能够解释词语的大部分语义衍生物。如果一个词的隐喻性用法变成常态，就会出现新的词义。

当隐喻尚未失去光鲜形象，尚未被语言当作规范，它就在违反规范，在这个意义上，它与带上星号的异常句类似。但是隐喻比人为编造的例子提供给语言学家的信息要多，因为它展示的不仅是错误，还有克服它的可能：不仅展示词语在新的语境中原有的分类范畴的消失，还有新范畴和新意义的获得。

隐喻只是违反规范的方式之一，为了寻找这些方式，语言学家可以到诗歌语言中寻找。还有另外的违反规则的例子，比如句法异常：

Река — как блузка,

на фонари расстегнутая (Бродский)

在这里有趣的不仅仅是替代隐喻（пуговицы на блузке ⇒ фонари на берегу），还有对搭配规则的违反，原因在于блузка, расстегнутая на пуговицы同样行不通。застегнуть 和 расстегнуть 的用法有两种角色配位：

1) застегнуть /расстегнуть блузку [整体];

2) застегнуть /расстегнуть пуговицу [部分].

如果Целое（女式衬衫）占据补语位置，如1)中所示，那么Часть（纽扣）就成为内包参项，只有出现修饰定语或全句限定语时，它才会出现在表层，如(a)：

(a) застегнуть /расстегнуть блузку на верхнюю пуговицу; на одну пуговицу; на все пуговицы;

可以说застегнул куртку на молнию/ на пуговицы，如果纽扣参项不是内包的，也就是如果外套有两粒纽扣，расстегнуть 则没有这种可能性：

(6) * расстегнуть блузку на пуговицы.

就像隐喻一样，诗歌的句法异常通常是有理据的，例如加斯帕罗夫(1997: 14)引述的马雅可夫斯基作品中的一句诗：скользящего в небесном паркете (应该是 ПО паркету)。但是небесный паркет就是паркет неба，是天空的隐喻，在这种隐喻的天空里可以随便怎样运动，包括滑行（скользить）。

换喻和隐喻 —— 这是无所不包的机制，它们囊括了语言使用的全部领域。在这里我们发现了有利于词义进行动态分析的一个重要论据，这个论据以能产性模式作为对词汇解释的补充，说明在语境作用下释义所发生的变异。成功深入了解在语言中运行的换喻和隐喻机制本质的必要条件是：深入研究分类类别系统、词汇单位的范畴和更概括的范畴。

第三部分

动词的主题类别：初始意义及其语义衍生

第一章　阶段动词和始发语义①

第一节　阶段动词的概念

阶段动词(诸如начать, продолжать, закончить这类动词)在俄语中具有以下共性：从属于这类动词的动词不定式只能用未完成体形式。(Грамматика 1980:41)，试比较：

(1) а. начал (продолжает, кончил) чистить;
　　б. *начал (*продолжает, *кончил) почистить.

А. М.别什科夫斯基(1938: 124)认为，"……我们将从这样一个显而易见的事实出发，完成体动词与表示过程开始、延续和结束的语义不相融"。

这样的话就产生了一个问题：俄语阶段动词的这个特点，即与完成体动词不搭配，是否是由于阶段性动词的语义引起的？换言之，阶段动词的这种语言运作特点是否有其语义理据？

我们的观点是肯定的。依照对术语的理解，阶段动词表示情景的某个阶段——开始、结束、延续，那么，阶段动词自然要求其后依附的不定式应该表示一种能够被分解成阶段的情景；而能够被分解成阶段的只有过程或活动，它们在俄语中只能用未完成体动词表示。完成体动词表示事件，根据传统表述，即表示"整体行为"。因此，在完成体的词形语义中，过程要素即便出现在动词的词汇语义中(如растаять中的'таять'要素，或者是построить中的'строить'要素)，它在语法上的"包装"方式使其不可能组成阶段动词的辖域：因为它不能成为语义焦点。因此，从属阶段动词的不定式动词不可能是完成体有其直接的语义理据：能被分解成阶段的只能是过程。

阶段动词成为俄语语法中的关注对象正是因为以上指出的它与动词不定式体之间的相互对应关系。但是，像начаться, кончиться这类不能接动词原形的词也是阶段动词。由阶段动词表示的阶段，其参项由述谓名词表示，并且总是过程名词或活动名词，而不是事件，试比较：

(2) а. началась перестрелка, продолжается бегство, закончилась посадка;
　　б. *началась его гибель, *продолжается ограбление банка, *закончилась авария.

---

① 本章曾发表在《Известия РАН》，Сер. лит. и яз., №4, 2001. 此处有修改。

第一章 阶段动词和始发语义

活动也是一种能动的过程,因此,相对于对非能动的过程和活动而言,过程是一个总的属概念。

阶段动词可以划分为纯阶段动词(如начать,正是它们表示过程的阶段：начал строить ⊃ 'строительство в начальной фазе');从广义上说,阶段动词还包括наступить或перестать这样的动词,它们表示从一种不存在的情景向存在情景的过渡或者相反。

除了述谓题元的范畴有所限制以及在动词体方面有严格的选择外,阶段动词还有一些其他典型的语言运作特点,我们将在第二节中分析它们。

阿普列相(1980:25)提出过这样的思想(现在理应被推翻)：阶段动词对动词体的要求是由其始发语义所致。实际上,始发语义并不仅仅是阶段动词特有的属性：始发性包含在所有表示行为始发方式的动词中,除此之外,也进入到绝大多数的完成体动词中。并且,那些通常接动词不定式的完成体动词中,有许多可以接两种体的不定式：захотел ехать / поехать один; решил строить / построить дом, отказался дать / давать информацию等。因此,阶段动词只能搭配未完成体动词不定式的特点不取决于语义的始发性。实际上,阶段动词的共同特征预先决定了体的选择性,这正是我们在以上谈到的对参项范畴的限制。下面我们将证明,这种限制是如何从释义中得出的。

在第一部分的第二章中,我们在词汇的语义分解中区分了两种要素：

主题要素,它确定了动词所属的语义场,如运动、感知、情感、言语等；

建构要素,它包含在大量不同类别的动词语义中,如使役、否定、始发、情态等。

有时,原则上属于构建性质的要素在有些动词中可能成为主题要素。如：动词начать, наступить, возникнуть的始发要素就是主题要素,因此这些动词理应视为始发动词。而在表示行为始发方式的动词(заиграть, застучать)中,始发性由前缀来表示的,这也是构建要素；而动词的主题要素由词干表示,因此застучать 与 стучать 属于同一主题类别。表示终结意义的动词,如прекратиться, прерваться, перестать,也以某种方式包含了始发要素(无论如何,从 P прекратилось中,当得出 'началось не-P', Апресян 1980: 25),并具有始发动词的一些属性；但是否定要素对其而言是本质性要素,因此它们至少属双重主题类别。

始发性不是语义基元(至少,在 Wierzbicka 1996 的研究中,它并未进入语义基元的清单),博古斯拉夫斯基(1998)的研究对началось P的搭配做了以下解释：

(I) началось P = "在某一时刻前,发生的是非P,后来发生了P",即"以前没有P,现在有了P"。

对动词начаться做这样的解释，只是大体接近了它的本质（这点 И. М. Богуславский也做了预先说明）。实际上，"以前没有P,现在有了P"也构成了许多不同的具有始发意义动词的基本语义内容，诸如начаться, наступить, настать, возникнуть等，但它们绝非同义词。公式 I 表征的是所有始发意义动词和词素中的共同要素。在俄语现有的词当中这个意义最好不应由动词начать来表示，而应用动词наступить，因此，公式 I 表达的是始发意义的一个最简单的变体，即'出现'。

"出现"作为建构要素包含在许多完成体动词的语义中。实际上，完成体动词总是表示"变化"（与初始意义为当下持续意义的未完成体动词不同，后者相反，表示说话时刻持续的情景），而变化通常是新状态的出现（关于остаться, сохраниться类型动词的例外情况，参见Падучева 1996:153 和第四部分第四章）。因此，在"典型"的完成体动词语义中，包含的正是这种最简单的始发意义"以前没有P,现在有了P"。

动词начаться, наступить, возникнуть的初始意义因为 P 的不同范畴而有所区别：前面已说过，начаться涉及的是过程（начался дождь, начались занятия）；наступить涉及的是状态（наступило молчание, наступило блаженство）；возникнуть涉及的是状态（возникло замешательство），也可以涉及实体，比如实物（возникли многоэтажные корпуса）。

在第二节中，我们将在与наступить, возникнуть的对比中，讨论动词начать, начаться的意义。我们的研究显示，在动词начать, начаться的语义表征中，并非'出现'要素，而完全是其他一些要素在承担纯阶段性义务。

第二节　纯阶段动词和一般阶段动词

наступить

根据 МАС 词典，动词наступить有三个意义。在其主要意义中，наступить 1 几乎与"出现公式"吻合，只是补充了表示完成体语义的要素：

(II) наступило P（P表示时段/状态/事件）=
1）在说话以前的时刻t,没有发生P；
2）在t时刻后发生了P；
3）在说话时刻发生了P。

说明：我们将释义定位在说话时刻依据的是 Wierzbicka(1996:131)的思想，说话时刻对应于语义基元 NOW(сейчас)。这种形式的注释只适用于以说话时刻维度的阐释以及动词的过去时，而且是超出时间状语的上下文。对于其他的时间维度，应当做出从说话时刻到观察时刻（当前文本时刻）的一个换算，必须提到说话时刻是因为наступить是完成体动词，说话时刻包含在其标准释义中。值得一提的是，完成体动词有两个意义，事件意义与静态意义。静态性意义是其初始意义：完成体动词的语义（在缺少对其相反情况指示的情况下）将观察者/说话人的位置默认为与出现的状态同步。在有时间状语（和其他一系列状语）的上下文中完成体动词衍生出事件意义，并且说话时刻不再起作用，相应的释义要素被取消。

公式Ⅱ未反映出наступить意义中的边缘状态中的一些要素（它们与前缀на-和词根ступ-的意义有关），这些要素在наступить 1中具有背景性质，但在其他意义中步入前台：

наступить 2 "脚踩在某人/某物上"，有对应的未完成体动词наступать 2；

наступать 3 [指部队]'向前推进'，未完成体动词，没有对应的完成体动词。

能够成为наступить 1主体的名词有：

时间段：вечер, время, сумерки, зима, ночь, полоса невезения, пора малины, <решающая> фаза, <тяжелые> времена；还包括一些用于时间段间接称名的事件名词，如антракт, праздник Пасхи。

状态：равновесие, блаженство, душевный покой, тьма, молчание, пасмурность, тишина, состояние пронзительной ясности и четкости восприятия。不是任何状态都可以做наступить 的主体，如情感或心智状态通常不用наступило，（参见 Reuther 1998）我们说сомнение возникло, 而不说сомнение наступило, 这里有搭配上的限制，这些限制不应在语义层面上描写，而是在词汇层面上描写。试比较"意思⇔文本"模型中词汇函项Incep.

事件：озарение, конец света, поворот, смерть, расплата.

名词化的形容词，如самое гнусное, нечто интересное, что-то новое等，可以是任何范畴的词。因此，可以说，Теперь наступит самое горькое.

начаться

动词начаться的意义比наступить要丰富得多。状态不可能分解出来开始阶段，状态是整个一下子来临。然而началось P（P表示процесс）意味着P开始了，即过程的一部分规定着其他部分。动词начаться有四个各不相同的意义。

начаться 1：'P 出现并处于开始阶段（涉及过程/事件）'；如 Началась перестрелка.

这个意义可以按以下形式分为几个语义要素：

（Ⅲ）началось P（P表示过程/事件）=

1) 在说话时刻前的t时刻没有发生P；

2) 在t时刻之后至说话时刻前发生了P；

3) 在说话时刻发生了P；

4) 说话时刻和t很接近；

5) P在说话时刻后将会发生而且是在相当长的时间段内[①]存在。

要素4和要素5将说话时刻确定在一定的情景P片段中,并显示由词位 начаться 1 表示的始发阶段语义。

公式Ⅲ表示的是完成体的静态意义,这时начаться的词汇语义将说话时刻确定在情景时间段的开始。在有时间状语的上下文中衍生出事件意义,这时,说话时刻没有确定,相应的解释要素也消失。如句子"Стрельба началась в два часа ночи"的语义并不排除在说话时刻射击已结束了。还存在其他一些上下文,在这些上下文中完成体有事件意义,并且在情景的开始阶段并没有确定观察者是否在场。例如:

Из-за собаки все и началось. [有可能:发生的事件现在已经结束了]

当静态要素位于焦点位时,情景的开始阶段(带有在场的观察者)就可以突显出来;如果事件要素位于焦点位,那么,除了t以外,任何时刻都不能被确定。(参见第四部分第三章)

начаться 1是初始意义;其他意义是它的衍生意义。

начаться1':'P以Q为自己的始发阶段';

如:Создание [P] института началось со строительства [Q] замка из красного камня, воздвигнутого в 1855 году.

这个意义可以视为начаться 1的派生角色配位,在начаться 1中始发参项以"胚胎"形式存在,它只能被说话时刻突显出来;而在начаться 1'的上下文中,始发参项是单独的过程或事件。

在начаться 1'中完成体意义只是事件意义,说话时刻不参与начаться 1'的释义。参项Q和P的对应关系不是过程阶段和过程之间的关系,而是事件和事件链条之间的关系:

Следователь не сомневался в том, что эти события [P] начались с убийства [Q] на Патриарших (ММ).

还剩下两个意义:

начаться 2:'Q 是 P 的起点(P 表示运动)';如,Наше путешествие началось от Шмаковки.

начаться 2的产生是由于начаться 1'参项P的分类类别专指运动,并且Q是这个运动的起点。

начаться 3:'P 从 Q 中产生(P 表示事物的本质)';Началась Москва с небольшого городица в том месте, где речонка Яуза впадает в Москву-реку (МАС).

[①] Goddard(1998)从英语"P began"中分离出要素"从没有P的时刻起,过了一短暂的时间段"。

начаться 3 也是начаться 1'的派生意义。开始的过程 P 在这里专指在时间中的发展,在空间中的扩展和增长,而 Q 是发展在初级阶段中的客体。

在探讨了начаться 和 наступить 的区别后,我们举出一些论据来印证начаться 1 的释义。

1. 主体的分类类别。正如上述所言,начаться 和 наступить 的区别在于P参项分类类别的限制——出现(наступить)的总是状态或事件,而开始(начаться)的始终是过程:

(1) a. Начался дождь; б. *Началась тишина; в. *Началась смерть.

句子(16)不成立的原因是因为 тишина 表示状态;(1в)不成立是因为 смерть 属于事件范畴。情景 P 的范畴类别使 начаться 区别于 наступить:

(2) a. *Наступил дождь;

б. Наступила тишина; в. Наступила смерть.

能做 начаться 主语的名词有:

表过程的名词:дождь, буря, ветер, спуск, шарканье, сморканье, кашель, день, трудные дни, новая жизнь, революция;反复发生事件的任何一个环节都能组成过程:начались звонки, сердечные неприятности, повороты.

表活动的名词:чтение, танцы, бегство, преследование, разговор, беседа, наступление, строительство <гаража>;也包括一些活动名词,如 урок, концерт, собрание.

某些状态名词也可以和 начаться 搭配,如,疾病(начался грипп)和病情(отрыжка, жар, озноб, дрожь в колене),它们可以视为持续的过程;和 начаться 搭配的也可以是控制和影响很多人群的状态名词:

(3) Сзади меня началось смятение; Осенью в осажденном городе начался голод; Волнение началось чрезвычайное; все заговорили (Д.); Начался шум, назревало что-то вроде бунта (ММ).

名词 расплата 本身表示事件,在含 начаться 的上下文中,强行将其释义为过程。

(4) Расплата с Андреем Антоновичем началась немедленно (Достоевский. Бесы) [正常的说法是:расплата наступила].

在 P 允许有两种理解的上下文中(也就是时间段意义和过程意义),наступить 和 начаться 的意义明显是相对的:

(5) a. наступило время расплаты [= '时刻来临了'];

б. началось время расплаты [= '时段开始了,它还将持续下去'].

它们类似于这种情况:наступил декабрь ≠ начался декабрь.

在 P 是状态的上下文中,如果可以用 начаться,则是挥发性用法,它的意义接近于出现,始发阶段的表征消失。

(6) <...> начался жар в руке и голове, кто-то ввинчивал в темя нагретый жаркий гвоздь и разрушал мозг (Булгаков. Белая гвардия).

因此，动词начаться的初始主体范畴是过程。P范畴的界限由于以下原因变得模糊，即начаться 1可以用在事物性主体的上下文中，主体换喻性地表过程。начаться的不同用法基于范畴的迁移（type shifts）。（参见Pustejovsky 1991）

在例（7）—（11）中，主语表示延展的空间客体，观察者沿着或顺着该客体的运动就是过程：

(7) Начался туннель = 'началось движение по туннелю'.

(8) Скоро начались людные жилые места <...> Наткнувшись взглядом на небольшой рыбацкий домик, он решил зайти (УК).

(9) Они миновали полосу белого опасного моха, потом полосу красного опасного моха, снова началось мокрое болото с неподвижной густой водой (Струг.).

(10) Они пошли быстрее. Начались заросли тростника (Струг.).

运动也可以在想象中进行：

(11) При допущении, что он еще увидит Антипову, Юрий Андреевич обезумел от радости. Сердце часто забилось у него. Он все снова пережил в предвосхищении. Бревенчатые закоулки окраины, деревянные тротуары. Он идет к ней. Сейчас, в Новосвалочном, пустыри и деревянная часть города кончится, начнется каменная (ДЖ).

过程P可以像词汇函项一样与начаться的事物性主体搭配；在例（12）中началась трава = 'начала расти трава'：

(12) Этой весной опять был сильный голод: уже второй год шла война. Когда началась трава, мать стала делать солянку из лебеды (УК).

在例（13）中，时段的流逝连同其间发生的事件表示过程。（时间段换喻表示事件，参见第二部分第二章）

(13) Суббота началась со скандала;
    Утро началось с того, что каша подгорела.

还有可能发生其他换喻衍生类型；在例（14）中，地点转指发生在该地点中的事件；例（15）中，物体转指对它的感知：

(14) Как называлась эта страшная картина с толстым римлянином в том первом отдельном кабинете, с которого все началось? (ДЖ)

(15) Лично для меня хрущевская оттепель началась с рисунков Збарского (Довлатов).

因此，наступить的主体是状态，начаться的主体是过程。例（7）-（12）表明,通过换喻衍生,начаться的事物性主体获得了这个范畴:在例(7)-(10)中,P的范畴是运动;在例(11)中是想象中的运动;在例(12)中是增长。

2. 始发阶段。начаться有别于наступить的另一个方面在于,只有начаться(而非наступить)可以分离出情景的始发阶段。并且,只有начаться有这样的角色配位,参项对应于始发阶段;наступить没有这种角色配位。例(16)显示的就是这种角色配位,词位是начаться 1',并带有始发参项:

(16) Следующий день начался мелким дождем, солнце не показалось над Чевенгуром (Платонов. Чевенгур).

3. 与行为方式副词搭配,是начаться的典型用法。

(17) Знакомство Коншина с Леночкой Кременецкой, работавшей в другом институте, началось не совсем обычно (УК) [= 'имело не совсем обычное начало'];

(18) О, это <...> началось невинно, с шутки, с кокетства <...> (Д.)

动词наступить与这样的副词不搭配。

(19) а. вечер начался весело;

б. *вечер наступил весело.

在例(19а)中,副词描述的是内包在动词意义中的始发参项,而在例(19б)中,动词不是纯阶段动词,就没有这种参项。

终结动词(кончить, кончиться)与行为方式副词的搭配类似于начаться.(详见Кириленко1997:11)试比较:

(20) кончился трагически — *прекратился трагически;

кончил словами — °прекратил словами.

4. 语气词только也能提供一个证据,说明начаться的意义不能归结为公式I;它作用于начаться语义中的4和5要素("说话时刻接近没有P发生的时刻t"和"P在说话时刻以后将会发生,而且是在相当长的时间内存在"),要素4和5将P的始发与持续形成对立;P только началось = '只发生了P的一小部分':

(21) В полночь игра еще только началась = 'имело место только начало';

Когда война только началась, паек был гораздо больше (УК).

5. 纯阶段动词有表示过程阶段的动名词,而另一些阶段动词只能形成事件名词,表某事件的开始或结束。如начало весны由纯阶段动词начаться而来,并且表示春天的阶段;而наступление весны由非纯阶段动词наступить而来,意义上的区别很明显。类似的例子还有:конец спектакля,其中的一个意义指戏剧的尾声,而прекращение спектакля就没有这样的意义;这点对于продолжение也适用。

6. 与前置词с+二格表示的嵌入时间状语搭配是动词начаться的另一特点:(Падучева 1996:175)

P由t时刻开始＝"P在t时刻开始并且持续至今";

（22）Пользы от этого мальчишества, конечно, не было никакой, но сейчас, вспомнив этот случай, Петр вдруг подумал: а не с того ли самого времени началась болезнь у брата? （УК）

同时，公式 III 中观察者的位置也得到了确认。动词 наступить 和嵌入时间状语不搭配；

*С этой минуты наступила тишина.

例（23）可能有两种理解方式：ночь 可以视为事件 P 发生的始发阶段，如例（13），或将其理解为纯粹的时间，如例（22）：

（23）С этой ночи началась для него новая жизнь.

7. 动词 начаться 和 наступить 的区别还在于能否用于否定的生格结构句中；наступить 可以用在这种句子中，而 начаться 不可以。为什么？先看例（24）：（Апресян 1985）

（24）Поворота в научно-технической пропаганде не наступило / *не началось.

当然，原因首先在于，поворот 与其被看作是一个过程，不如被视为一个事件，因此它不能"开始"。但是，也有另外一个区别。例（25）显示了动词 начаться 的以下特点：完全可以有一些没预料到的事情发生，参见例（25a）；但是否定开始必须是在事件完全被料到的语境中才能使用。因此，借助于 еще 例（25б）为正常句；但是预料引出了主体的确定性，便不能有生格名词出现（Ицкович 1974）；因此（25в）是不正确的：

（25）a. Началась драка; б. Драка еще не началась; в. *Драки не началось.

原因在于，根据公式 III，начаться 的语义里有几种陈说：P началось ≈ 'P наступило；这是在说话时刻不久前的事；P在说话时刻以后会持续下去'。而对陈述合取关系的否定只有在以下条件中才有可能，即存在对整个合取关系的预期（参见 Богуславский 1985: 32 和第一部分第六章）。因此 не+начать(ся) 要求 еще、或其他成分，甚至是更复杂的成分也就不足为奇了。

（26）Куда, девочка! Мы еще и не начали репетицию （Петрушевская, Квартира Коломбины）; Я читал до тех пор, пока не начали слипаться отяжелевшие веки （Булгаков. Записки юного врача）; И чуть было не начал рассказывать про Понтия Пилата <...> （ММ）; Лишь бы дождь опять не начался （В. Кунин）.

因此例（24）肯定了 начаться 和 наступить 的上述区别：наступить 很容易与否定搭配。

这样，通过对 начаться 和 наступить 进行比较，我们可以认为，"出现"本身不要求P是可划分为不同阶段的过程；将P划分为不同阶段的过程是 начаться 语义要素的要求，这些要素正好将其与更简单的наступить①区分开来。

начать

根据 MAC 词典，动词начать有三个意义：

начать 1'开始活动'：начал строить дом；

начать 1′（带有由动词начать 1而来的始发参项角色配位）：начал речь приветствием；

начать 2（非施事的）：Цены начали повышаться; Книга Казановы начала печататься в 1822 году.

像начаться一样，начать（X начал P）的P可以是活动，也可以是非施事过程。参见例（1）；говорить在（1а）是活动，而кружиться [о голове]在（1б）中是（非施事的）过程或状态：

（1）а. Он начал говорить [начать 1]；

б. У меня голова начала кружиться [начать 2].

在这个方面начать不同于其他有始发意义的动词：приняться, приступить, броситься, пуститься, повадиться, заняться,（Грамматика1980, II:41）这些有始发意义的动词表达的只是能动性始发。

在начать的非施事意义里，начать和начаться的区别纯粹是角色配位上的差别。如例（2a）和（2б）的角色配位是有区别的：由于领有者交际地位的上升，从（2a）中的начаться 1获得了（2б）中的начать 2：（参见第一部分第三章的第六节）

（2）а. Началось понижение температуры;

б. Температура начала понижаться.

因此，начать 2自然不和начать 1有关，而是和начаться 1有关。

至于能动性начать 1，它明显比начаться要复杂得多，因为它含有使役要素：（1а）中的主体是施事者。如果认为P(X)是主体X的活动，那么可以建立这样的释义：

（Ⅳ）начал P(X) (P(X)表示X的活动) =

1) 在说话时刻前t还没有发生P(X)；

1′) X进行了活动；因此产生：

2) 在t时刻之后和说话之前发生了P(X)；

3) 在说话时刻发生了P(X)；

4) 说话时刻接近t时刻；

5) P(X)在说话时刻之后仍将继续发生，并将持续更长的时间。

只有在过程语境中，动词начать才能完全实现自己的阶段意义：Я начал

---

① 关于延展性始发和接触性始发参见Шелякин(1969)。

мыть посуду; Начал накрапывать дождь. 在 P 不是过程而是状态的语境中，начать的意义可以归结为公式 I：

(3) <...> означенным спорным имением начали владеть помянутые г. г. Дубровские назад сему лет с 70 (П.).

在例(4a)里，начать也是挥发性用法，将начаться和наступить区分开的要素消失，(4a)几乎和(46)同义：

(4) а. Хлеба начало не хватать;

 6. Хлеба стало не хватать.

动词стать和быть只能接动词未完成体不定式：

(5) стал / буду целиться; стал / буду дрова рубить; стало / будет холодать.

将начать和стать进行比较，可以突显начать的纯阶段语义：

(6) а. не начал рубить дрова [句子仅仅在暗指"还没有开始"的情况下可以理解].

 6. не стал рубить дрова [= 表示"拒绝"，要么是由于别人的建议，要么是由于自己的想法，要么是由于在该情景中可以预料到的原因].

не начал 和 не стал 与даже的不同搭配也说明了这一点：

(7) а. даже не начал \ рубить дрова;

 6. *даже не стал \ рубить дрова.

例(7а)为正常句：行为的开始——行为的一部分——与整体行为相对立；而在(76)里，这种对于даже必不可少的对立没有出现。

与начаться一样，начать也带有始发参项的角色配位(词位начать 1')：

(8) а. Он начал лекцию [初始角色配位; начать 1];

 6. Он начал лекцию анекдотом [带始发参项的角色配位; 词位начать 1'].

角色配位对有时间状语的动词начать的搭配会产生影响，因此，在初始角色配位中这种状语可以出现，而在带始发参项的角色配位中就行不通。

(9) а. Он начал говорить — В этот момент он начал говорить;

 6. Он начал речь приветствием — *В этот момент он начал речь приветствием.

начинать — начинаться

未完成体动词начинать，начинаться的语义由对应的完成体动词начать，начаться派生而来(缺少完成体动词来源的начинаться 4，我们稍后加以论述)。因此，我们下面将分析这些动词体的性能意义。

начинать和начинаться让人初看起来像是瞬间动词，在含始发参项的角色配位中，它们确实只有寻常意义：

(1) Вечер нередко начинал он спектаклем (МАС).

但在初始角色配位中,可以体现完整的体的意义,在例(2a)中,начинать的体的意义是多次的和/或是历史现在时的;在(2б)中表现为趋势,在(2в)中表示即将呈现,即意愿:(参见Падучева 1996:113)

(2) а. Тут начинает звонить телефон, и он вскакивает.

б. Это начинает мне надоедать;

в. Я начинаю новую жизнь; Я начинаю мыть посуду; Занятия в техникуме начинались через два месяца.

而在例(3)中,начинать表示的是正在开始的活动:

(3) Когда я только начинала мыть посуду, кончилась горячая вода;

Когда я начинал эту книгу в 1958 году, мне не известны были ничьи мемуары или художественные произведения о лагерях (С.).

在例(4)中,начали是行为完成意义上的完成体,说话时刻赶在行为(用不定式表示)的初始阶段;而начинают是正在实现意义上的未完成体,该动词表示ставить这个行为在时间展开中的初始阶段;显然,(4а)和(4б)意义上相近:

(4) а. Смотри, они начали ставить палатку;

б. Смотри, они начинают ставить палатку.

上述情形在P表过程时成立。在其他上下文中,动词начинать不能从情景P中划分出任何时段,因为它们根本就没有。例如,特征呈现动词:успокаиваться, остывать, уставать, замерзать, засыхать, выздоравливать.这时начать和начинать几乎同义;它们表示的不是阶段,而是特征①累积标尺上的一个点。如例(5)中的начинать分离出的不是时段,而是在接近быть спокойным状态序列中的某一确定的阶段(因为完成体успокоился表示'平静了下来'):

(5) начинает успокаиваться ≈ начал успокаиваться ≈ успокаивается

与此类似:

(5′) начинаю забывать ≈ начал забывать ≈ забываю.

另一种特殊的情形是状态动词(非对偶的):心智动词(сомневаться, думать)、感知动词(казаться)、情感动词(надеяться, бояться, волноваться)、体态动词(дрожать),它们不仅没有时间标尺,而且也没有特征累积的标尺,并且未完成体动词начинать表示不完全确信或由动词不定式表示的不够充分的状态:

(6) Я начинаю сомневаться в его порядочности [⊃ 'возникли

---

① 但是,存在疑问的是这个点可能更接近刻度的上方,而不是起点。

② 动词следовать和предшествовать类似的语义迁移——从时间序列转向空间的序列,参见第七章。

некоторые сомнения', ≠ 'сомнения возникли недавно']; Я начинаю думать, что он был прав; Я начинал волноваться; Я начинал хотеть спать; Я начинал скучать; Вы начинаете сердиться; У меня, кажется, грудь уже начинает болеть (Ч.); То есть я сам еще на самом-то деле только начинал обо всем догадываться (Петрушевская. Любовь).

除了和начаться 1-3对应的начинаться 1-3意义以外,还有词位начинаться 4 'быть начальной частью P'(这里P是指同类事物的词语、文本或某个其他序列,它把观察者视线的移动规定在特定方向上),它不是以上分析的完成体词位中的任何一个词位的对应体:

(7) У нас фамилии и имена начинались с одной буквы; Он [роман] начинался с детства героя, с давних времен; Повествование начинается с 19 июня 1941 года (УК).

例(8)中начинаться用作意义4:设定读者去想象一个展开了的Пнин形象,同时还一定要以一个由上而下打量着的观察者的视线为前提:

(8) Пожилой пассажир, сидевший у окна неумолимо мчавшегося железнодорожного вагона <…>, был не кто иной, как профессор Тимофей Пнин. Идеально лысый, загорелый и гладко выбритый, он начинался довольно внушительно огромными черепаховыми очками <…>, но заканчивался несколько разочаровывающе, парой журавлиных ног <…> и хрупкими, почти женскими ступнями (Набоков. Пнин).

例(8)和例(9)既表现出观察者视线移动的区别(如начинаться 4),也展现出观察者本人移动之间的差别:在有观察者移动的情景中,可以使用未完成体,也可以使用完成体:

(9) Он [сосняк] начинался молодой рощицей искусственной посадки (УК)

这里还可以说начался,而在有观察者视线移动的上下文中,不适宜用完成体。

(10) Почти непосредственно над черными кисточками раскиданных бровей начиналась [*началась] густая головная щетка (Булгаков. Собачье сердце).

例(11)规定了观察者本人的移动,但是不能换成完成体动词,因为移动是惯常的,他对P本身有规定作用:

(11) <…> она [улица] шла с едва заметным наклоном, начинаясь почтамтом и кончаясь церковью, как эпистолярный роман (Набоков. Дар).

因此начинаться 4的意义展示了时间到空间的迁移。

возникнуть

动词возникнуть和наступить一样，都是始发动词，但不是纯阶段动词。

возникнуть和наступить的区别在于：наступить的主体是事件或者状态，而возникнуть的主体首先是新的实体：возникнуть的主体甚至可以是事物（новые города, облако），抽象事物就更不在话下了（ощущение, новая наука, рабовладельческий строй之类）。除此以外，наступать的主体是现实世界中的事物，而возникать的主体可以不是现实世界中的事物，可以是在视野中（反义词исчезнуть 也有这个特点）或在意识中（возникла мысль, предположение）。显然，在наступать的语义中，"脚踏实地"要素（在地面上移动）是很重要的；而возникать表示从不存在到存在的过渡。

возникнуть的不同意义在动词和语境的相互作用中获得：意义1.1–1.2因P范畴的不同而不同（开始存在/发生的要么是实体，要么也可以是事件/过程）；2.1–2.3的意义因存在世界（即地点，Мир бытия/Место）参项的分类类别而不同：正是在存在的世界中P开始存在/发生，在视野中（2.1），在意识里（2.2），或者最后在意识主体的现实空间里（2.3）。最后，还有возникнуть 1.1'（произойти из），它是возникнуть 1.1的句法衍生物，现在我们详细说明这个问题。

возникнуть 1.1 = '开始存在（P指实体）'；实体指所有不随时间侵蚀的事物，即包括вопрос, предположение, соблазн, мысль, рабство, хоккей, сила, христианство, смысл, ощущение, соперничество, повод, мнение, симпатии和антипатии：

（1） на месте пустырей возникли многоэтажные корпуса; возник рабовладельческий строй; вдруг возникшее чувство;

（2） В пространствах между реками, то больше, то меньше возвышенных, стоял повсюду лес, в один ярус, без подроста, без кустарника и без бурелома, ровный, как будто возникший в одно мгновение (УК);

（3） расплакалась в присутствии Феди Долгова, благодаря которому в биографии Еки возник период пусть недолгий, но вспоминаемый ею впоследствии с гордостью (УК).

возникнуть 1.1' = "从Q中产生（Q指实体）"；

И небо в эти минуты словно бы становится вестником нашего перерождения, доносит отголоски тех бурь, из которых возникли мы. (УК); Ее не волновали воспоминания о том, что она была на балу у сатаны, что каким-то чудом мастер был возвращен к ней, что из пепла [Q] возник роман [P], что опять все оказалось на своем месте в подвале в переулке (ММ).

возникнуть 1.2 = "发生（P是事件）/开始发生（P是过程）"，如：спор, переполох, конфликт, перепалка：

（4）однажды я стал виновником ссоры, возникшей между Валдаем и Федей（УК）.

возникнуть 2.1 = "开始存在于观察者的视野中":

（5）Наконец из шума возник слабый звук джаза; возник силуэт; дома возникли из темноты; Голос Алферова на несколько мгновений пропал, и когда снова возник, был неприятно певуч, оттого что, говоря, Алферов, вероятно, улыбался（Набоков. Машенька）.

这里，视野被广义理解为感知域：与视觉感知客体相比，возникнуть和声音感知搭配更为常见。

возникнуть 2.2 = "开始存在某人的意识里（指心智实体/感知形象，它们在现实中有/无对应实体）"

у меня возникла идея ="在我的意识中"

возникнуть 2.3 = "开始存在于观察者的物理空间中"①:

（6）Дядя Федя снова исчез и возник у *сарая*. — Меня ты списал со счетов?（УК）; <...> как вдруг решетка беззвучно поехала в сторону, и *на балконе* возникла таинственная фигура, прячущаяся от лунного света, и погрозила Ивану пальцем（ММ）.

在例（7）中，возникнуть的意义常常等同于意义 2.1：观察者仅仅是看到林带边缘，而他本人位于远处：

（7）Подождав минут двадцать, мы двинулись назад, как вдруг *на опушке* возникла наша собака.

在例（8）中，读者可以辨认出意义 2.3，在例（9）中是意义 2.2：

（8）на мгновенье возникло *передо мной* окровавленное лицо учительницы, но кровь не напугала, не отрезвила меня（УК）.

（9）<...> тут перед *глазами Римского* возник циферблат его часов ... Он припоминал, где были стрелки. Ужас! Это было в двадцать минут двенадцатого（ММ）.

意义 2.3 和 2.1 因多义性 'начать быть видимым / начать находиться' 而相互联系，这种多义性将动词возникнуть和早先已知道的появиться联系在一起，(Падучева 1998в)但是，在возникнуть和появиться间存在本质区别，появиться的意义 'начать быть в поле зрения' 和运动相关，而возникнуть的语义规定其运动可能仅仅是从下到上②，因此возникнуть用于начать находиться意义是通过某种语义强制而达到的。

---

① 在例（6）-（9）中斜体字标出的是存在世界参项。
② 前缀воз-限制了沿物体表面的运动，而表示自下而上的运动。

(10) Уже одно ее [балерины] появление было настоящей поэмой. Не выходила, не выбегала, не вспархивала — она возникала. Как облако в небе, белые хлопья вдруг сливаются воедино, и перед вами ее фигурка (Л. Зорин. Из жизни Багрова).

类似于例(10)这样,有明显运动语境中的возникнуть的所有用法,似乎都是强行的:表示客体在一个新地方刚出现的возникнуть没有规定客体的运动,在这点上возникнуть不同于появиться,явиться:

(11) По вашему приказанию явился = 'прибыл'.

与此同时,возникнуть典型的多义性'начать быть в поле зрения' — 'начать существовать',同样反映在появиться中。试比较возникнуть 2.1 和 возникнуть 1.1。

至于派生的未完成体,动词возникнуть是瞬时的,它的未完成体动词的基本意义就是多次性的:

(12) в сознании его снова и снова возникали глуховатый колодезник и дорога — зимняя и лунная; в памяти один за другим возникали другие, давно и недавно минувшие санные пути (УК).

(13) все ему вспомнилось сразу: мокрая трава, хлещущая по движущейся икре, по спицам колес, круг молочного света, впивающий и растворяющий тьму, из которой возникали: то морщинистая лужа, то блестящий камешек, то навозом обитые доски моста, то, наконец, вертящаяся калитка, сквозь которую он протискивался, задевая плечом мягкую мокрую листву акаций (Н.).

(14) <...>внимательно выслушивать всех, кто возникал перед ней в окошке; Федька умел возникать внезапно и так же мгновенно исчезать(УК).

未完成体动词возникать可以有事件刚刚发生的非寻常意义(就像оказываться, обнаруживаться, выясняться, сталкиваться的意义一样,参见Падучева 1996: 157):说возникает вопрос的时候,问题已经出现了。在例(15)中возникать具有否定状态的特殊意义:

(15) Это не было похоже на обычный ход таких разговоров — перепалки не возникало, и отец потерялся (УК).

возникать有俚语意义。根据Ермаков字典释义,以及泽姆斯卡娅和罗吉娜(1999)的研究,возникать表示'让人知道自己,了解自己的意见',具有施事性质,如Не возникай! 罗吉娜(2001)谈到非施事动词的施事用法是俚语的属性。俚语возникать表示'采取行动,目的在于出现在观察者的视野中'。这个空间不是纯物理性的,因此,不用运动就可以介入其中。这样,例(10)中的矛盾也得已消除:当物质客体出现在某个空间中时,可能表现得与其运动无关。

在分析动词возникнуть时,我们发现"存在"和"位于"之间的区别:客体开始处于某个位置之前需要它的运动,而"存在"的开始却不要求任何前提。开始位于某处的客体必须以其位移为前提,那样作为存在的开始就不要求任何前提。维日彼茨卡(1996:82)提出了新的语义基元(move:'двигаться')论据,在她以前的著作中,是通过地点的变化来解释运动的。正如我们所看到的,动词возникнуть的例子相当有力地说明了地点的变化和运动不是一回事:возникнуть可以表示客体开始占据新地点的情景,但是,它又以奇特的方式与运动无关。

第三节 完成体和行为的始发方式

这样,我们认定,动词начать, начаться的语义公式预先规定了它们属于两个不同的类别:始发动词和纯阶段性动词,它们都有自己独特的语言运作方式。但是,动词наступить不是纯阶段性动词:从наступило P可以得出,P是状态,它不具有阶段性。作为对动词наступить的补充,动词начать的语义把过去不存在的情景P可以划分为两部分:始发的和所有剩下的。换句话说,начать说得是初始阶段P的出现,而наступить是指情景P作为一个整体出现。

伊奥姆京、梅里丘克和别尔采夫(1975)提到了阶段动词的一个有趣属性:独特的句法上的透视性。在例(16)中,阶段动词的主体从后接不定式中继承了二格形式。

(16) a. Хлеба хватило; б. Хлеба начало хватать / перестало хватать.

透视属性并不是我们从分析阶段动词中得来的,而它也不只是阶段动词的属性,情态动词也具有该特点:

(17) a. Хлеба хватило; б. Хлеба могло хватить / должно было хватить.

透视性可以涉及词的不同属性。比如,许多意义上和所接原形动词相关的参项,可以转而从属于人称形式的动词;纯阶段动词和非纯阶段动词都具有这种属性,参见例(18a)和例(18б):

(18) a. Когда я кончила печь, в зале началось что-то невообразимое — так все орали! (Г. Вишневская); Гарусов <…> смотрел, как от огня начинали плакать и таять на стеклах толстые наледи (УК); между ними началось нечто неожиданное;

б. мелодия, от которой наступает душевное успокоение.

可以这样认为,动词начинать不仅有句法上的透视性,还有体的透视性。例如,动词опаздывать表示趋势,这种体的性能在例(19)中的начинать上有表现:

(19) Я начинал опаздывать (Довлатов).

公式(Ⅲ)还表现出一种有趣的状况:не-Р不能用来替代Р,通常不说*начал не работать, *начал не стрелять等。怎么解释这个禁忌呢?第一种说法是"结构置换":这个搭配不可行是因为它在语义上可以被其他搭配所替代:*начал не работать = перестал работать. 实际上,有大量例子能够证明结构置换是合理的解释。

例1:没有来自разбудить的去使役化动词*разбудиться,这点与该类动词普遍的去使役化能产性相矛盾。(Падучева 2001а)可以这样解释该现象,在语言里,该语义已经由现成的动词проснуться来表达。类似的现象还有:语言中不存在类似于баранина, свинина这些词的*коровина,这也可以通过语言中已有говядина来解释。

例2:在词组под утро, под вечер存在的情况下,*под день, *под ночь不可行(该问题在2000年11月于Чепел Хилл召开的斯拉夫认知语言学会议上由Г. Рубинштейн的报告提出),可以这样解释:对于一昼夜中的这一部分时间,在语言中已有现成的称名了:утром和вечером.

但是,总会出现这样的疑问:是否在语义层面上对这种搭配禁忌给予解释? 公式Ⅲ就是在语义层面上对не-Р不能代替Р进行了解释,原因在于,не-Р不表示公式Ⅲ所要求的过程,而是它不在场的一种状态,而начаться在语义上不和状态搭配。

人所共知的类似问题(早在1976年,Хализев就提出了)到现在还没有找到答案,这就是начать和运动动词(在施事意义上)不搭配的本性:为什么поехал应该替代*начал ехать,пошел应该替代*начал идти? 动词быть也有这个限制:没有强大的语境支持,不能说*буду ехать(如同буду читать)。

начать和наступить之间的差别能够揭示完成体动词和行为始发方式间的区别。行为始发方式动词(загрохотать, забегать)几乎无一例外地属于过程动词(无论是施事动词或是非施事动词,参见Исаченко 1960: 227; Зализняк 1995),它们的释义包含'始发'要素。在大多数情况下,甚至存在相应的转换:заговорить ≈ начал говорить,而在完成体动词的释义中,起作用的是"出现公式":

X успокоился = 'наступило состояние: X спокоен';(出现了这样一种状态:X 平静)

X обрадовался = 'наступило состояние: X радуется';(出现了这样一种状态:X 高兴)

X возглавил Y = 'наступило состояние: X возглавляет Y'.(出现了这样一种状态:X 领导 Y)

表示过程和活动开始的完成体动词(如заняться = 'начать заниматься',

参见Гловинская 2001: 115)数量不多。

现在回到别什科夫斯基的问题上来,也就是阶段动词不能接完成体动词不定式的语义理据。如上述所言,纯阶段动词所支配的动词不定式应当表示可划分为阶段的情景,并且只有过程才可以划分为阶段,这种过程在完成体动词语义中在语法上"被包装"起来,它不能组成阶段动词的辖域。确实,在完成体动词语义中,过程要素可以是一系列算子的辖域,比如,期限状语(Wierzbicka有一个大家知道的例子 Мицкевич написал "Пана Тадеуша" за год = 'писал год и закончил');副词和由其他词类转换来的副词(подошел медленным шагом = 'шел медленным шагом и подошел')。此外,有一些语言中完成体语义的过程要素可以进入阶段动词的辖域,比如立陶宛语,根据Генюшене(1985)的研究,在立陶宛语中,主要的阶段动词 pradėti ('начать'), baigti ('кончить')可以相对自由地和完成体动词的不定式搭配,如可以说 baigė peržiūrėti,字面意思是'кончил посмотреть'。但是,在立陶宛语中,带前缀的阶段性动词还是不可以和完成体动词不定式搭配:如 *už baigė padariti 就不可行,它的意思是'закончил сделать'。如同我们所见,俄语阶段动词表现得更为有序:完成体动词语义的过程要素不能成为其辖域。根据对完成体语义影响的性质,纯阶段动词在过程中可以在许多阶段中划分出一个阶段,应该将它与 два часа 类型的持续状语相比对,这些状语在一般完成体动词的上下文中,既不是持续界限,也不是时段界限,是绝对要排除的 *сварил суп два часа。(参见 Зельдович 2002: 13)。

因此,阶段动词是一个很有意思的主题类别,带有包括阶段参项的角色搭配。一个特殊问题与动词 начать 的能动性有关:施事用法对它而言是次要的,начать 语义是从 начаться 派生的。不管怎样,很明显的一点是对搭配进行语义预测的可能性并没有穷尽,从语义角度解释搭配可以得到越来越新的有价值的事实。

第二章　感知动词　揭示主题类别结构的尝试

第一节　作为一个主题类别的感知动词

为了确定动词是否属于感知主题类别,似乎只需确定它的语义公式是否包含'感知'要素就够了。但事实并非如此简单,因为感知要素很容易包含在各种类别的动词语义中。可观察到的运动动词,参见(1a);可观察到的状态动词,参见(1б);表示发光、散发味道、发出声音的动词,参见(1в)等等,这些动词的语义也规定有观察者:

(1) а. мелькать, промелькнуть, проступить, проскользнуть;

　　б. белеть, торчать, маячить; расстилаться, высовываться, выбиваться, раскинуться, разверзнуться, выступить;

　　в. блестеть, мерцать, светиться, пахнуть, вонять, звучать.

动词 раздаться 也设定有观察者(比如 раздался звонок),而且在(2)中的动词也有感知要素:

(2) заглохнуть, заглушить, затмить, смолкнуть, умолкнуть, стихнуть, сливаться (比如 гимнастерка и серые штаны почти сливались с землей —— Солоухин).

感知主体(或观察者)是(3)中使役动词及其去使役化动词(выразиться, выявиться, выделиться, запечатлеться, обнажиться, обозначиться, открыться)表示情景的必需参项。

(3) выразить, выказать (он выказал мне свое расположение); выделить, выявить, оттенить, высветить, запечатлеть, заслонить, обнажить, обозначить <границы>, открыть, отметить, отобразить.

有很多用来证同的动词,同样要求感觉器官的参与:

(4) идентифицировать, дифференцировать, опознать, отличить, отождествить, различить <очертания>, распознать, разобрать (比如 не разбираю второй буквы).

很多动词包含感知要素,但表示专指的行为或活动,对于这些行为或活动而言,最主要的是目的,而不是达到目的的过程中有没有感知参与。

(5) досмотреть [='произвести досмотр'], зарегистрировать, искать, разыскать, отыскать, выискать, исследовать, изобразить, обрисовать, отследить, проследить, выследить, охранять, подкараулить, просвечивать, спрятать(ся), скрыться, шпионить.

此外，这些动词仍可能还有非使役化动词或其他带-ся的派生词，例如регистрироваться, выискаться。最后，任何信息传递和获取动词，例如писать或читать，都要求有被感觉器官感知到的信号。因此感知动词的类别界限模糊。我们所研究的感知动词清单在本书的附录里列出。(1)和(5)类动词在清单中不是有序排列。

动词清单中理应包括动词показать和скрыть，因为在其释义中除了感知要素(可能是评价性的)以外，只包含建构要素：使役和否定；还有动词скрыться，尽管它的语义还包含'运动'要素；动词найти和потерять，尽管对它们的感知常常伴随拥有意味。

该清单包括动词ослепнуть-слепнуть（以及ослепить的一个意义）。它们都描述视觉器官的缺陷，因此永远丧失视觉能力；如动词очнуться，它指的是暂时失去知觉，然后又恢复知觉。

在该清单中还包括一些带有修辞色彩的感知动词：

(6) впериться, воззриться, вылупиться, глазеть, пялиться, узреть; застукать; засветиться.

主题分类定位于词汇的初始意义。但是，很多动词都由感知意义作为其派生意义，例如，根据MAC释义，бдеть的感知意义'неусыпно следить'源自于'бодрствовать, не спать'；感知意义可能从运动意义派生而来。(Розина 19996) 比如столкнуться <с проблемой>, проникнуть <в тайну>, выступить:

(7) Белые здания внезапно выступили из темноты.

下列词汇的感知意义是派生的或是受上下文条件制约的，它们没有被完全收录：бросить <взгляд, взор>, броситься <в глаза>, обратить <взор, внимание>, пробежать <глазами>, впиться<взглядом>, скользить <взглядом> '以一定的方式沿着表面移动视线'。(关于взгляд的研究参见Урысон 2003: 91—97)

我们特意把一些带有标记的行为方式类动词排除在研究范围之外，特别是下述动词，它们的语义要通过相应的构词模式来进行描写。(术语来自Маслов 1965)：

始发类动词，如засквозить, забелеть, зазвучать；

完结类动词：досмотреть, дослушать等；

行为饱和类动词：насмотреться, налюбоваться, наслушаться；

完全专注类动词：засмотреться — засматриваться, заглядеться — заглядываться；

有专项结果的动词：высмотреть — высматривать, выследить — выслеживать, отследить — отслеживать；

行为断续—轻微类动词：поглядывать, послеживать；

一次行为动词：глянуть。

因此，感知动词类别界限模糊，首先是因为动词语义中的感知要素通常不是唯一的。例如动词оглянуться和застать，这两个动词除了感知要素外，还包括'运动/位置改变'要素。它们通过地点得以区分，而地点在释义中是非感知要素：

оглянуться = 'посмотреть, обернувшись назад';

застать = 'прийти в место W в тот момент, когда там еще находится X, с целью войти с ним в контакт'。

'运动'要素在оглянуться的语义中仅仅指出了感知的特征；它在застать语义中更重要。因此，оглянуться是一般感知动词，而застать处于这一类别中的边缘位置。

如同其他主题类别，感知动词具有该类别特有的语义衍生规律（语义派生模式）。

1. 由感知到心智意义是感知动词典型的语义转移。下述动词都派生出心智意义：видеть, смотреть, замечать, рассматривать <как намек; и мы рассматриваем ваше предложение>, чувствовать, казаться, обнаружить, слышать, воображать, столкнуться, следить, показаться; представляться, видеться（与名词взгляд的多义性相同）：

(8) а. От прилавка ему хорошо виделось клубное крылечко（МАС）[视觉意义];

б. Мне видится это так [心智意义]。

动词свидетельствовать从词源意义方面来说要求有视觉意义；但是在Это свидетельствует о его незаурядном таланте这一语境中，该动词具有心智意义；пролить свет表示'使更加明了'，虽然需要光是为了视觉感知，参见第六节。动词предвкушать完全失去了味觉感知要素，成为心智意义动词。

使役动词也能派生出心智意义；如показать是感知动词，但也可以有心智意义доказать。

有趣的是，видеть的派生意义还包括知晓类动词和意见类动词：

(9) а. Я вижу, ты молчишь [知晓];

б. Он видит в этом препятствие [意见]。

在主题类别和语法的体之间存在一定的语义关联。比如完成体动词усмотреть可以有感知意义，而动词усматривать在未完成体的非寻常意义上（即不是多次性的，而是静态的）只有心智意义；рассматривать的心智意义只用在未完成体上；未完成体отмечать的非寻常意义只用在心智意义上（或是言说意义上，但不是感知意义上）。просветить表心智意义时，对应的未完成体动词是просвещать，而表示感知要素保留的意义时，对应的未完成体动词是

просвечивать.

动词 оказаться 把感知意义（Его там не оказалось）同心智意义（Оказалось, он здоров）结合在一起。

2. 动词 заметить 派生出言说意义，与副词搭配时可表示这种意义：

（10）Это ты верно заметил [= 'верно сказал']；

试比较 верно увидел [在 верно увидел в нем угрозу 语境中，动词 увидеть 用作心智意义，而不是感知意义]。

其他一系列感知动词也存在言说类别的派生意义，比如 отметить, подметить, выделить. 在下面的例子中有类似的情况：

（11）Обращаю ваше внимание на следующую неточность.

其中，обращать <внимание> 表示言说意义，甚至可能是由感知意义派生而来的施为意义。

在俄语中，从感知意义转移到言说意义的语义偏移模式不具能产性。但是，在德语中，感知动词（如 sehen, finden, wahrnemen emfinden）经常被用于言说意义，例如：

（12）In seiner Rede empfand er die Vorwürfe als gerechtfertigt.

'В своей речи он сказал, что ощущает (букв. "Он ощутил") упреки как справедливые'. (Dobrovol'skij 2001)

俄语中，用于调节从"感知"到"言说"衍生模式的语义弹簧目前还无法揭示。但是，在 5.1 节中，我们将看到，为什么对于动词 заметить 来说这样的转移很自然。有趣的是，动名词 замечание 正是从 заметить 的言说意义中构词而成。

3. 想象中的感知派生意义（视觉或听觉的），当情景中没有诱发参项时，形象在意识中的产生不取决于外部刺激因素。如动词 видеть——вижу, как сейчас; 该意义在动词 послышаться, представиться (взору) 中也有。

4. 动词 послушать, слушать, послушаться, внять 具有多义性 'воспринять'—'подчиниться'（"感知"—"服从"）：не слушай 可以解释为 'не слушайся, не подчиняйся, не относись всерьез'；прислушаться <к мнению> 就相当于 'отнестись с вниманием'（Sweetser 1984 研究过 слушать—слушаться 之间的转换）；их голос не был услышан 就相当于 'их мнение не было принято во внимание'. 关于消极的 слушать 与积极的 смотреть 之间的区别请参见第 5.2 节。оглядываться 也有同样的派生意义（Даже в играх он оглядывался на взрослых）。

5. "看"—"看待"的语义转移也具有规律性，即复现能力。

（13）Я на это смотрю просто = 'отношусь просто'；
　　　смотреть сквозь пальцы = 'потворствовать'；
　　　несмотря на ≈ 'безотносительно к'. 动词 коситься 具有"看"—"看

待"的多义性：

коситься = 1)'смотреть искоса, сбоку'；2)'смотреть косо, относиться с подозрением', 'выражать взглядом подозрительное отношение'.

заметить的语义中也有"看待"要素；如не замечать相当于'делать вид, что не заметил, с целью выразить отрицательное отношение'. 在заметить (旧)<кому-л. что-л> = 'сделать замечание'中还存在表达态度的意义。动词видеть没有这种派生语义。

（14）а. смотрю отрицательно；б. *вижу отрицательно.

6. "看见"—"有"的转换可以用найти, потерять的例子来说明。试比较не видать как своих ушей = 'не иметь'.

7. "感知"—"人际交往"的语义转移体现在动词встречаться, заглянуть <на огонек>, увидеться中。

8. '看见'意义可以消解为与客体的简单接触，即处于同一地点。并置意义是感知要素的一般推涵：为了让Y可以看见X，它们应该位于同一地点。在这里，主体参项的分类类别就是语义偏移的驱动因素：

（15）Эти стены видели многое; Крым всегда будет рад вас видеть.

在更加复杂的带有感知要素的词汇派生意义中也有这种意义消解：

（16）Война [Y] застала его [X] в Ленинграде [W] = 'Y произошло, когда X был в W'

9. 动词возникнуть和исчезнуть具有多义性"被看见"—"存在"①。具有类似多义性的动词还有обозначиться — обозначаться, теряться；(例如Тропинка терялась в кустах = "看不见了"和 Живость движений понемногу терялась = "不再有了")完成体пропасть等。(尽管未完成体пропадать只表示"没看见"：Где ты пропадал?)在数学语言中найдется X表示"存在 X"。

10. 如上所述，感知要素经常与运动共存：需要体验者处于某一地点才有可能感知得到，所以感知经常是运动的结果：要么是体验者的运动，要么是感知对象的运动。(17)中的动词表示的感知就是运动时产生接触的结果：

（17）столкнуться, наткнуться, напороться, нарваться; попасться 1 (如 Мне попался белый гриб), попасться 2 (如 Я попался).

动词наткнуться (以及напороться, нарваться)的多义性也产生于此：

1) 'двигаясь, прийти в контакт'；2) 'случайно увидеть'.

动词явиться词义间的区别在于关注焦点不同：一个是"(移动后)出现在观察者眼前"，如Гамлету явилась тень отца；另一个是"(出现在观察者眼前后)移

---

① Пупынин(2000:38)指出动词забелеть意义的非单一性：начать быть видным <о белом>和начать быть белым.

动",如явился по первому требованию.

英语动词glimpse具有相似的语义偏移,在字典中给它的释义是1) мельком взглянуть;2)промелькнуть.

移动的结果有可能相反,从视野中消失,如动词скрыться, деться, задеваться. скрыть中的"运动"要素是可有可无的;在скрыться中则是必备的。在выступать, высовываться中,在一定上下文中会出现观察者。动词проступить的意义"显出"是其基本意义。

在动词очутиться ='оказаться в новом месте, неизвестно как туда попав'的语义中,感知也与运动有关,但以另一种方式。动词очутиться在(18a)中体验者是主体,而在(18б)中体验者是话语外的观察者,运动主体和感知主体不重合。

（18）a. Не понимаю, как я здесь очутился;
　　　 б. Как здесь очутился этот чемодан?

感知类动词的所有语义转移在某种程度上都是有规律的。比如,动词вылупиться的意义"睁大眼睛看"经过了以下历史偏移过程:

1）来源意义(如 вылупить яйцо)是'очистить от скорлупы';(参见MAC)

2）вылупить глаза('очистить глаза от закрывающей оболочки')由вылупить яйцо通过范畴偏离而来;

3）вылупиться 有内包参项глаза,试比较причесаться和причесать волосы.

这样,我们勾画了感知动词类别的界限。接下来在第二节和第三节中将说明,两种基本词汇参数——范畴和角色配位是如何将该类别动词结构化的。在第四节中探讨独立于感知类动词范畴归属和角色配位的情况下,如何给它们划分语义次类。

第二节　感知动词的分类范畴

2.1 范畴——角色配位聚合体

对于表达基本感知类(视觉、听觉、嗅觉、触觉、味觉)的动词而言,可以揭示出统一的初始词位语义衍生聚合体,这是一个令人振奋的事实。而且,对于不同语言来说它们在本质上是相通的,区别仅在于聚合体的组织中是否填充了1)真正的原始词位语义派生物(如smell'散发味道'派生自smell'嗅');2)词汇派生物,也就是派生词(如выглядеть派生自глядеть);或者3)其他词汇或词组,如同смотреть对于видеть。

例如,阿普列相(1995: 357)指出,不同的语言中表达基本感知类别的动词具有相同的语义派生,也就是说具有相似的规律性多义聚合体。(我们以Leech

1975 以英语为语料所做的阐述为基础；还参照了 Rogers 1971《三类感知动词》一文中描述的感知动词的语义聚合体的研究）

英语中所有基本感知动词（see, hear, feel, smell, taste）除了初始意义外还有两种派生意义（有时这些理论上预见到的意义用其他词来表示）。它们的意义分述如下：

Ⅰ. 惯性状态意义（Leech1975: 20 的术语；Croft 1991 使用了一个不是太贴切的术语 inactive actions），感知者，即体验者仅仅是被动地接受。在该意义上感知动词（例如 see）没有进行时形式：

（1）a. I see someone through the window; b. * I am seeing someone.

对于表达身体感觉的动词来说，如 feel（'чувствовать'），这种形式是正常的：

（2）I feel well — I am feeling well.

Ⅱ. 活动意义（look at）。按照利奇（1975:23）的想法，它属于"积极感知"，当体验者主动关注某个客体时（并对该客体保持关注）。带有这一意义的动词具有进行时形式：

（3）I am looking at the door.

对于 smell, feel, taste 而言，也同理：

（4）I am feeling the ground 'Я ощупываю почву'.

在意义Ⅰ中动词描述的是某个感知事件"发生"在体验者身上的情景；而在意义Ⅱ中不是这样："我特意把注意力集中在一些客体上。"（Leech 1975: 23）动词 смотреть, слушать, пробовать 同其他活动动词一样，回答"你在干什么？"这一问题，并且与目的状语、工具补语相搭配；可以接持续时间的状语，也就是说具备所有过程性和能动性的标志。（Падучева 1996: 143）

Ⅲ. 被动状态意义，也就是说带有话语外体验者的角色配位：

（5）That sounds like Martha's voice 'Похоже, это голос Марты';
You look tired 'У тебя усталый вид'.

利奇（1975: 23）使用了被动状态术语，这个术语反映了意义Ⅲ相对其他两种意义的双重对立：与意义Ⅱ的对立是在范畴方面，与意义Ⅰ的对立则是角色配位方面，因为被动意义是角色配位的变换。但是称意义Ⅲ类型的动词是被动的并不完全准确。被动具有交际等级变动的标记：客体参项转变为主体等级，而主体则移至边缘。这里只有第一种观点是准确的：客体参项成为主体；至于感知者，即体验者，在这种情况下不在边缘，而是在话语以外；换句话说，转变为观察者。

需要指出的是，意义Ⅱ和意义Ⅲ在语义层面上是从同一个意义Ⅰ派生而来，即便是把带有Ⅱ类意义的动词作为语义偏移的形式基础。试比较，例（3）和例（5）中的 look.

这样，动词 see, hear, smell, feel, taste 的语义形式形成了如下表格：

Ⅰ 惯性状态	Ⅱ 行为	Ⅲ 带有观察者的角色配位
I could see / saw X	I was looking at X	X looks well
I could hear / heard X	I am listening to X	X sounds
I could feel / felt X	I am feeling X	X feels
I could smell / smelt X	I was smelling X	X smells
I could taste / tasted X	I was tasting X	X tastes well

动词 smell, feel, taste 的三类意义可以用同一个词来表示，也就是来自于语义衍生：

This peach feels (smells, tastes) good.

而动词 see 和 hear 没有广义的行为用法，表中的这些方格可以由 look 和 listen 来填充。

现在来看看俄语的基本感知动词。这里只说说三类动词就很有意义，因为它们没有语义派生物，甚至构词关系都不是很规律。但是令人感兴趣的是在其他语言中也存在这种语义关系。

利奇在惯性感知意义中区分了静止和事件变体，似乎是专门为俄语完成体和未完成体预留的位置。对于俄语动词 видеть, слышать, осязать, обонять, ощущать на вкус 而言，按照利奇的思想可以得到以下表格（在最后一行只填充了方格Ⅱ——活动）：

Ⅰ 惯性状态	Ⅱ 活动	Ⅲ 带有观察者的角色配位
Я вижу / увидел X	Я смотрю/гляжу на X	X выглядит <хорошо>①
Я слышу / услышал X	Я слушаю X	X звучит / слышится
Я осязаю X	Я ощупываю X	<X чувствуется>
Я обоняю (чую) X	Я нюхаю X	X пахнет
(Я ощущаю /ощутил X на вкус)	Я пробую X	<X имеет вкус>

在Ⅰ栏中完成体动词表示的显然不是状态，而是事变。在英语中 I saw 大多表示"我看见"，而静态意义在过去时中以换称的方式表示：I could see. 在俄语中事变和状态的对立则规律性地通过体形式进行表示。

动词 ощущать 同英语中的 feel 一样都是非单一意义的：它的基本意义是 bodily sensation（身体感觉），也就是一种内部的感觉，而不是外部的；在感知的意义中它要么表示触觉，要么表示没有相应器官的感知。在Ⅱ栏中占据触觉方

---

① 按照 Апресян (1995: 357) 的思想，形容词 виден 在这个方格中。但是 виден 与выглядит不同，不排除显在表达的体验者：Отсюда мне видна река.

格的动词 осязать 修辞上受到限制:

（6）И еще здесь, в этой вонючей яме, (...) возлюбил Илья Петрович жизнь и возрадовался тому, что уши его что-то слышат, глаза хилый свет различают и пальцы пусть стены темницы, но осязают (А. Варламов);

Если лишить человека возможности слышать, видеть, осязать, лишить контактов с миром — он перестанет осознавать себя и сойдет с ума(М. Веллер);

Высушенные пропыленные листы неприятно осязались, противный налет оставался на подушечках пальцев (С).

这样,我们确信,感知动词的三种著名的类别就是按照两个参数——范畴和角色配位进行区分的。

2.2 分类范畴

在范畴轴上感知动词的地位具有典型性,因为"原型"动词当然是行为类动词。对于大多数主题类别(运动动词、成事动词、使变形动词、言说动词等来说这是完全正确的。当然,还有纯粹静态的语义场,例如存在类动词。但是,感知动词也不一定总是静态的:在这个类别中也有行为动词(如 смотреть, слушать),但它们组成边缘的、语义派生的区域①。而基本感知动词,如 видеть, слышать 表示状态。例如,在 слышать-слушать 这对词中,动词 слушать 从历史上看是由 слышать 派生而来(与 сушить 由 высыхать 派生而来一样):在形态上初始动词是静态的,而行为动词是派生的。动词 обнаружить 中的初始意义表示事变,而有意识的行为意义是派生的。基本感知动词的范畴聚合体特征是由其观念结构所决定的。

状态与活动是动词主要的两个对立范畴。角色配位中有观察者的动词不参与范畴划分;对于带有派生角色配位的动词来说分类范畴经常不确定。下面列出根据范畴对感知动词进行的划分。具有对应体的动词,如果它对于该动词来说,语义上是派生的,并具有其他的范畴,则在括号中标明。动词可能只有一个意义属于这种范畴;例如,обнажиться 表事变(обнажилось колено),但也可能是一种行为。动词是否存在对应体要根据马斯洛夫标准进行确定。某些主体亚类(参见第四节)可能全都属于某种范畴:想象中的感知是一种状态;错误的感知是带有当事主体的事变。

状态。初始动词是未完成体;语义上派生完成体动词,如果有的话,那么它具有始发意义,并且表示事变或强调结果的行为:

видеться, （покоситься-）коситься,

---

① 关于感知动词还可以表示活动参见 Dowty(1979:114)。

виднеться,
взирать,
(внять–) внимать,
(воспринять–) воспринимать,
(восприняться–) восприниматься,
осязать,
(ощутить–) ощущать,
ощущаться,

(послышаться–) слышаться,
(почувствовать–) чувствовать,
(почувствоваться–) чувствоваться,
(почуять–) чуять,
созерцать,
(увидеть–) видеть,
(услышать–) слышать.

当情景中没有诱发参项时,所有表示想象感知的动词都属于静态词范畴(所谓的"内部视觉"):

(привидеться–) видеться,
(вообразить–) воображать,
(показаться–) казаться,
(померещиться–) мерещиться,
(послышаться–) слышаться,

(присниться–) сниться
(представить–) представлять,
(представиться–) представляться,
(почудиться–) чудиться.

活动。初始动词是未完成体;它表示在时间上延展的情景。活动动词语义上可能派生表示一次性意义或始发意义的完成体动词。例如 глядеть — взглянуть, посмотреть — смотреть. 但不可能派生完结意义的完成体动词,否则初始动词就不表示活动,而是表示行为。比如,подсматривать 是活动,因为 подсмотреть 表示强调结果的行为:подсмотреть 要求有结果,但这种结果与任何专指的目的不相关,偷看的人事先并不知道他将看到什么。对于 нащупывать, подглядывать, подслушивать, подстерегать, подкарауливать 也是类似的情况。动词 вглядываться 不单纯地表示结果;动词 вслушаться, прислушаться, всмотреться 也是如此:прислушаться 不表示动词 прислушиваться 所指的活动结果;выслушивать 不表是为达到 выслушать 目的的行为。成对动词 присматривать — присмотреть (за ребенком) 与 защищать — защитить 是同一类型:присмотрел = '发出行为并在适当的时刻停止';这种成对性不会影响未完成体动词表示活动。这样,活动动词有:

(вглядеться–) вглядываться,
(вслушаться–) вслушиваться,
(всмотреться–) всматриваться,
(выследить–) выслеживать,
(выслушать–) выслушивать,
глядеть,
глядеться,
любоваться,

(подметить–) подмечать,
(подслушать–) подслушивать,
(подсмотреть–) подсматривать,
(подстеречь–) подстерегать,
покоситься — коситься,
посмотреть — смотреть,
посмотреться — смотреться (в зеркало)
приглядеть за — приглядывать за,

наблюдать,
надзирать,
(нащупать-) нащупывать,
понюхать — нюхать,
обозревать,
озирать(ся),
осматриваться,
(подглядеть-) подглядывать,
(подкараулить-) подкарауливать,
(прислушаться-) прислушиваться,
присмотреть за — присматривать за,
следить,
слушать,
созерцать,
стеречь,
сторожить,
таращиться,
щупать.

动词наблюсти不与наблюдать成对：这种形式不仅很少用，而且重要的是，被观察的客体不可能成为观察者预期的结果，试比较：наблюдаю звезды 和 ⁰ наблюл звезду。

活动范畴与概括行为(或职业行为)范畴相对立。(Падучева 1996:149)如，следить 1 <за полетом бабочки > 是活动，而следить 2 (за человеком на протяжении достаточно продолжительного отрезка времени с целью выяснить, что он делает, обычно по чьему-то заказу) 是职业行为。动词 охранять指概括行为，而完成体动词охранить实际上不存在也就不足为奇了。动词шпионить是职业行为。

一般行为范畴。根据定义，行为动词组成界限体偶，完成体动词和未完成体动词都表示行为：

высмотреть — высматривать,
досмотреть — досматривать,
обнюхать — обнюхивать,
оглядеть(ся) — оглядывать(ся),
ослепить(в значении 'лишить зрения') — ослеплять,
осмотреть(ся) — осматривать(ся),
ощупать — ощупывать,
подкараулить — подкарауливать,
показать — показывать,
приглядеться — приглядываться
присмотреться — присматриваться,
проследить — прослеживать,
просмотреть — просматривать(бегло),
прочитать — читать,
разглядеть — разглядывать,
разобрать — разбирать,
распознать — распознавать,
рассмотреть — рассматривать.

прослушать对应的未完成体动词прослушивать只在一定的语境中表示行为意义 (Врач прослушал/прослушивает легкие; Он прослушал/*прослушивает курс анализа)。

强调结果的行为范畴。完成体动词。如果有对应的未完成体动词，要么只有寻常意义，要么除了寻常意义外还表示行为结束后的状态，例如动词различать没有表示活动结果的意义('различить')，所以различить是强调结果的行为：

взглянуть,
встретить (встречать —寻常意义，未完成体),
выделить (выделять — 行为结束后的状态，未完成体),
заглянуть (заглядывать —行为结束后的状态，未完成体),
заметить (замечать —寻常意义，未完成体),
заслониться (заслоняться —行为结束后的状态，未完成体),
застать (заставать —寻常意义，未完成体),
застичь (застигать —寻常意义，未完成体),
нащупать (未完成体 нащупывать 表趋势),
обнаружить (未完成体 обнаруживать, 寻常意义),
оглянуться (未完成体 оглядываться, 寻常意义),
опомниться,
отметить (未完成体 отмечать 只有在心智意义中才是非寻常的意义),
очнуться,
подглядеть,
подметить (未完成体 подмечать, 非活动),
подслушать,
подсмотреть,
проявить (проявлять 行为结束后的状态，未完成体),
различить (различать 行为结束后的状态，未完成体),
распробовать,
расслышать,
увидеть,
увидеться,
узнать (в ком кого) (узнавать 寻常意义，未完成体),
уловить (улавливать 行为结束后的状态，未完成体),
усмотреть (未完成体 усматривать 只有在心智意义中才是非寻常的意义),
уставиться.

事变范畴。完成体动词。对应的未完成体动词没有正在实现的意义：

заслонить (未完成体 заслонять, 行为结束后的状态),
обнажиться (未完成体 обнажаться, 趋势),
обнаружиться (未完成体 обнаруживаться, 趋势),
обозначиться (все резче обозначаются морщины, 趋势),
ослепить [о свете] = 'на время каузировать не мочь видеть' (未完成体 ослеплять, 趋势),

ослепнуть（未完成体 слепнуть，趋势），

открыться（未完成体 открываться，行为结束后的状态：Отсюда открывается вид на озеро），

пропасть（未完成体 пропадать，行为结束后的状态），

проявиться（未完成体 проявляться，行为结束后的状态），

утаиться（未完成体 утаиваться，寻常意义），

явиться [如同 Ты в сновиденьях мне являлся]（未完成体 являться 寻常意义）。

带行为主体的事变范畴。完成体动词。对应的未完成体没有正在实现的意义：

заслонить（未完成体 заслонять，行为结束后的状态），

нарваться（未完成体 нарываться，表阐释：Ты, Зин, на грубость нарываешься），

наткнуться（натыкаться，寻常意义的未完成体），

обнаружить（обнаруживать，行为结束后的状态，未完成体），

попасться（попадаться，寻常意义的未完成体），

столкнуться（сталкиваться，行为结束后的状态，未完成体）。

大量表达错误感知的动词属于有行为主体的事变范畴：

недоглядеть, недосмотреть, обознаться. принять за, проворонить, проглядеть, прозевать, проморгать, пропустить, прослушать, просмотреть, спутать.

这些动词要么没有未完成体动词(проглядывать 表另外的意义；прозевывать 偶尔使用)，要么只有寻常意义(часто пропускаю ошибки)。

特征范畴。未完成体动词：

видеть, слышать, выглядеть, впечатлять, звучать, пахнуть, просвечивать（如 Занавески просвечивают），смотреться.

在类指观察者上下文中，其他的动词也可以表示特征，例如3.2节中的例（4）：Сектор обстрела просматривается плохо.

感知动词范畴预先规定了体的运作特征(是否存在对应体和体的类别)以及其他一系列搭配特征。

第三节 角色配位

感知要素包含在感知动词的语义公式中，因此所有的感知动词都有体验者参项。感知动词的角色配位系统据此可以表征为对体验者所在位置的运算。

感知动词有完整的角色配位，在主体位置或是其他某个非零句法位上有体

验者的角色配位,它与有话语外体验者(即观察者)的角色配位相对立。带有观察者的角色配位可以用动词的反身形式表示,参见(16)并与(1a)进行比较;也可以没有特殊的标志,参见(26)与(2a);也可能对于该动词来说是唯一可能的,参见(36)中的выглядеть(глядеть与выглядеть在俄语中是不同的词语,但英语中的look可以作为这两个词的对译词):

(1) а. Марта смотрела на собор; б. Собор хорошо смотрелся.

(2) а. Мальчик выглядывает из окна[体验者为主格];

б. Кружева выглядывают из-под юбки [有观察者的角色配位].

(3) а. Марта глядит на дорогу; б. Марта отлично выглядит.

3.1 带有体验者的角色配位

体验者参项在感知动词的不同类别和角色配位中可能占据不同的句法位。①

I. 基本感知动词的体验者在初始角色配位中以主格形式表示,如видеть (и смотреть), слышать (и слушать), ощущать, обонять, воспринимать.

动词застичь, застать带有两个主题:感知和移动,体验者也可以用主格来表示。

II. 在表示想象中的感知意义的反身动词中,体验者用予格来表示。

(4) мне послышалось — слышится,

мне представилось — представляется,

тебе привиделось — видится,

тебе померещилось — мерещится,

ему показалось — кажется,

ему приснилось — снится,

им почудилось — чудится.

非反身动词вообразить, предвкушать没有这种角色配位,它们的体验者通过主格来表示。

(5) Я вообразил — * Мне вообразилось.

动词представлять有两个角色配位,有主格体验者的初始角色配位和带有予格的反身角色配位。予格表达感知情景不受感知主体的支配(关于俄语的予格主体可参见Wierzbicka 1992a: 406):

(6) Я представляю — мне представляется.

动词видеть, слышать有两个角色配位;带有主格体验者的角色配位表示一般的感知,而带有予格的角色配位表示想象中的感知:

---

① 参项的分类类别对于感知动词不起太大的作用:体验者可以是人或动物,感知对象则可以是任何事物。关于感知动词的对象和命题论元可参见Dik, Hengeveld(1991)。

（7）я слышу — мне слышится <что-то родное>;
　　я вижу — мне видится.

在动词 слышаться — послышаться 中,予格体验者表示不确定的感知,而（86）中的自足用法给出的是类化解释,在这种情况下,不确定性被取消,因此在例（8）中,句子（6）意味着有外部声音诱发因素,而在（a）中外部诱发因素可有可无:

（8）a. Мне послышалось, что кто-то плачет; б. Послышался плач.

有重音时,动词表示错误的感知: Мне так послышалось \. 如同 Тебе показалось \.(参见 Зализняк 1988)

在一些现实感知动词中,予格形式可以形成体验者,但带有更加复杂的语义:

（9）Мне попался хороший пример; Мне бросилась в глаза его бледность.

III. 在使役感知动词中,主体表示改变感知状态的使役者（Он заслонил мне экран ⊃ 'я перестал видеть'）,而体验者用予格来表示。例如:

（10）выразить, заслонить, показать, выказать（выказал мне свое расположение）, обрисовать, открыть.

动词 высветить, выявить, затмить, обнажить, оттенить 的体验者多数是类指的。

IV. 动词 спрятать, скрыть(ся), заслониться 中,"非自愿的"感知主体与移动主体不重合,前者用带有前置词 от 的名词性组合来表示:

（11）Он заслонился от меня газетой.

V. 在带被动角色配位的动词中,体验者可以用能动补语来表示:

（12）Этот астероид наблюдается нами с 1987 года;
　　Физиологами была замечена <обнаружена, выявлена> следующая закономерность.

3.2 带有观察者的角色配位

如上所述,感知动词可以有这种用法:体验者由于角色配位的变化或者其他语义过程而退居话语外的位置,并且在某些情况下成为观察者。如果动词的体验者参项在动词的某一用法中不占据这个动词的任何句法位,那么该动词就会有带观察者的角色配位。这样的角色配位是某种规律性转换的结果,这种转换把体验者"带到"话语外。

I. 去使役的角色配位

动词 потерять, найти 中的体验者是主体,派生的去使役动词 потеряться, найтись 获得带有话语外体验者的角色配位:

（1）Я потерял щенка — Потерялся щенок;

Я нашел свои ключи — Ключи нашлись.

动词найти的主体表示体验者,也就是Y,他起初在自己注意范围内没有X,随后才有X。去使役动词найтись表示的就是Y和X之间的这种关系;但是由于去使役化,以前的客体X占据了主体的位置,主体—体验者Y转而成为观察者:нашелся 蕴涵'出现在观察者视野内'。类似的动词还有:

выделиться, выискаться, высветиться, выявиться, задеваться, запечатлеться, заслониться, затеряться, изобразиться (На его лице изобразилось волнение), обнажиться, обнаружиться, отобразиться, проясниться (От его рассказа ситуация не прояснилась), разыскаться, скрыться, утаиться.

动词обнаружить的主体既是体验者又是使役者。在去使役结构中,体验者的角色由话语外观察者承担,而背景中的、非必备的使役者可以用前置词组合来表示。如例(26)中при поиске ключа(在找钥匙时)就是背景中的使役者:

(2) а. Иван обнаружил у себя в кармане дыру;

б. При поиске ключа у Ивана в кармане обнаружилась дыра.

II. 带有类指观察者的被动态—潜在角色配位

被动潜在角色配位包含在下述动词中:просматриваться, проглядываться, различаться, улавливаться, усматриваться, (参见 Падучева 2001а; Spencer 1998把反身动词这种用法称为中态用法):

(3) X просматривается =

'X таков, что родовой Наблюдатель может просмотреть X'.

(4) Сектор обстрела просматривается плохо (МАС); Здесь проглядывается стремление ускорить события; Это свечение улавливается фотоприемником (Из Интернета); Буквы Н и П различаются плохо.

被动态—潜在用法在未完成体动词上表现得最充分。具有这种角色配位的对应的完成体动词往往没有这种用法或者是强加的。比如,различилось可以用,但由动词уловить而来的这种形式听着就很奇怪,而其他动词的这种形式根本不可能。原因在于,被动态—潜在角色配位是更为鲜明表达意动语义(即尝试意义,参见第一部分第一章意动动词)的动词所特有的。

例(5)中的动词смотреться似乎也可以解释成带有类指观察者的被动态—潜在角色配位:

(5) Картины старых мастеров лучше смотрятся на расстоянии.

但是按照смотреться的意义,这种被动态—潜在角色配位来自 видеть,而不是来自 смотреть:

(6) Собор ниоткуда не смотрится во весь рост (МАС) = 'X таков, что родовой Наблюдатель ниоткуда не может видеть X во весь рост'.

смотреться与 видеть相关(而不是与смотреть相关)的一个特别的证据是:

смотреться与видеть一样,允许在观念中同时存在地点和感知对象这两个参项,而在смотреть中这两个参项相互排斥:

(7) a. Как хорошо смотрится эта роза в ее черных волосах!

б. Я вижу в море корабль;

в. Я смотрю вдаль / смотрю на корабль.

带有被动态—潜在角色配位动词的共同特点是:由于缺少предикатив和否定,被默认为是积极评价;因此смотрится = хорошо смотрится(如同работается = 'хорошо работается'):

(8) Куда поставить вазу, чтобы она смотрелась? = 'выглядела хорошо'.

III. 带有指示性观察者的角色配位

与例(1)-(8)不同,例(9)中观察者的指示性比类指性更强,感知主体位于说话者的旁边,不排除有时是说话者本人:

(9) а. Я чувствую похолодание;

б. Чувствуется похолодание;

(9′) а. Я почувствовал похолодание;

б. Почувствовалось похолодание.

观察者的地位通过这些词的分类范畴(临时的状态)就能够预见得到(关于临时状态没有类指性主体可参见 Булыгина 1982)。试比较在выглядеть, бросаться в глаза中的类指性观察者。

不能使用来自完成体动词ощутить的去使役动词,因为没有明显的语义禁忌:

(10) а. Я ощущаю запах гари;   б. Ощущается запах гари.

(10′) а. Я ощутил запах гари;   б. *Ощутился запах гари.

动词слышаться — послышаться带有予格体验者与带有观察者的角色配位相对立,予格表达想象中的或没有把握的感知:

(11) слышится шум ≠ мне слышится шум;

послышался шум ≠ мне послышался шум.

IV. 带有外部持有者的角色配位

阿普列相(1974:155)以(12)和(13)为例描述了裂价现象。这种转换的结果是持有者占据了主体的位置,而被拥有物通常则占据边缘,但是有时候也可能占据客体的位置。裂价可能伴随自反参项的取消,见例(12);但是非反身动词也可能发生裂价,见例(13):

(12) У нее голова = [ее голова] трясется — Она трясет головой.

(13) Решимость Джона нас удивила — Джон удивил нас своей решимостью.

后来,这种类型的裂价被称为持有者的提升。(参见 Payne, Barshi 1999; Кибрик 2000)持有者的提升是一种特殊的角色配位变化。变化的结果是又出现了一种带有话语外观察者的用法，它出现在那些在形式上不是反身动词，但语义上由反身动词派生而来的动词身上。在例(14)和(15)中，(a)和(6)中都有话语外观察者；但在(a)中是与例(12)中一样的反身动词，而在(6)中是直接动词：

(14) a. Обнаружилась солидная эрудиция Берлиоза
　　　　［去使役动词角色配位］；
　　 б. Берлиоз обнаружил солидную эрудицию
　　　　［带持有者提升的角色配位］.

(15) a. Храбрость Ивана проявилась в первом же бою;
　　 б. В первом же бою Иван проявил храбрость.

3.3 带有"先天"观察者的动词

以动词появиться为例，动词参项在情景中的角色依旧要通过要素'Y видит X'来描述，因此它在语义方面与体验者并没有区别；但是它没有体验者在句法上要依附于它的用法，此时观察者是"生来就有的"。

带有这种生来就有的观察者的动词有几个类别，在广义上它们属于感知主题类别。

Ⅰ. 具有进入视野和从视野中消失意义的动词：появиться, исчезнуть, пропасть.

生来就有的和被揭示出的观察者之间的语义差别不太显著；比如，在动词исчезнуть中先天就有观察者，而найтись差不多是исчезнуть的反义词，意义也应该比较接近，这是源自найти的去使役动词，而它的观察者是后揭示出的，参见第3.2节中的例(1)。

Ⅱ. 派生意义表示克服障碍物运动的动词：

высунуться — высовываться, проступить — проступать, выступить — выступать, выглянуть — выглядывать, проглядывать <сквозь>.

让我们以высунуться为例来看一下具体的语义过程，来揭示词义中出现的观察者以及相应的指示性要素。如果观察者的位置确定了，那么自然就可以认为他出现在情景中。动词высунуться的语义聚合体中包含带有指示性观察者的用法，这一用法是由障碍物参项产生的。

克服障碍(指的是防止进入的障碍；通常它也是视线的障碍)的情景预先要求有观察者。动词высунуться的能动用法中观察者可以与施事者同指(хочу высунуться и посмотреть)。而如果没有同指，那么他可以占据相对于障碍的任意位置，这个障碍把封闭的空间与开放的空间隔开[①]。

[①] 术语开放式空间和封闭空间依据的是Апресян(1995: 494)的提法，Ферм(1990: 38)用的也是同样的术语。

（16）Высунься и посмотри, что там за шум [观察者在里面];

Посмотри, Петя высунулся из окна и глядит по сторонам [观察者在外面].

如果высунуться用作事变动词,那么观察者的位置就不那么灵活了。例如,在(17a)中主体(шпага)克服的障碍可能对视野并没有形成阻碍,那么对于观察者来说这是唯一的位置;他的位置不确定,也就是说他似乎不存在。但是在(17б)中观察者必然存在,因为他不在旧的封闭空间,而处于新的开放空间:

（17）a. Конец шпаги высунулся из телеги и бил по забору;

б. Коряга высунулась из воды.

在未完成体动词中也是如此,它把行为结束后的状态放在关注焦点:

（18）a. Конец шпаги высовывался из телеги и бил по забору;

б. Коряга высовывалась из воды.

III. 带有观察者的动词,运动物体的路径经过观察者,这样的动词包括: проскользнуть, скользить, промелькнуть, мелькать.

IV. 空间放置动词（面向观察者）,例如разверзнуться, раскинуться, расстилаться.

V. 发出气味、声音、光线的动词,（关于这些动词可参见 Levin, Rappaport Hovav 1995）例如: пахнуть, вонять; звучать; светиться, блестеть, мерцать.

动词пахнуть在词典中被定义为'发出某种气味';而запах一词在НОСС词典(1997:120)中被定义为:'在空气中传播的物质和物体,而人和其他活的动物用鼻腔或是类似器官能够感知得到'。因此пахнуть要求有观察者:

（19）По-моему, здесь пахнет газом.

表示事物可观察到的特征的动词生来就有观察者:颜色(белеть, чернеть),（参见Апресян 1986a）,形状（маячить, торчать）,声音（раздаться — раздаваться）。详见布雷金娜(1982:29)对表示情景可直接观察到的动词类型（如реять）的研究。

第四节 感知动词的亚主题类别

除了分类范畴、角色配位以及建构要素之外,还有其他参数和语义要素在感知语义场中不同词位的意义中复现,并以此对其进行结构化,将词汇统一到大小不同的集合中。

感知类型。感知可以是:视觉的（动词的基本部分）,听觉的（слышать, слушать,（по）слышаться, выслушать, внимать, звучать）,嗅觉的（нюхать, пахнуть）,触觉的（осязать, ощупать, ощущать, чуять）,味觉的（пробовать）。

有一些动词的感知类型不确定。例如,заметить与увидеть的一个区别在于

увидеть必须是视觉感知，而заметить是默认的视觉感知，参见5.1节。对于наблюдать来说视觉感知不是必需的，而可以是任意一种感知。对动词отличить，различить，отождествить，распознать，обознаться，дифференцировать来说视觉感知不是必备的，例如，

узнать X-а（по виду / голосу）= 'идентифицировать X-а, восприняв X зрением / слухом'．

大多数表错误感知(прозевать, пропустить, спутать)或者不确切感知的动词，其感知类型无关紧要，例如，мне показалось中的показаться。

方式。动词смотреть 没有确定行为的方式，但有一些感知动词的行为方式是确定的：

рассматривать X = 'внимательно смотреть на каждую деталь X-а в отдельности';

различить X = 'увидеть X, отделив его от фона';

шпионить за X-ом = 'наблюдать за X-ом так, чтобы X не знал, что его видят / слышат'．

Faber, Pérez(1997)引入了区别特征'力求感知'，就是要求付出努力才能够感知，例如动词исследовать, вглядываться, разглядывать, рассматривать, присматриваться, приглядываться, вслушиваться, прислушиваться, разбирать（как в не разобрал одно слово）, различить（очертания）, искать（глазами）．

感知方式通过话语外的观察者而确定，它会指出体验者的外表或者状态。因此，在动词уставиться, коситься, таращиться, воззриться, озираться, впериться, пялиться, глазеть的语义中可以很清楚地看到观察者的存在，他可以从一旁观察体验者。这样，有两个感知主体参与情景。所有这些动词按规则一般不用于第一人称：句子Я на нее уставился造成一种从一旁来看自己的感觉。(参见Падучева, Зализняк 1982关于第一人称语句的论述)

想象中的感知。当缺少诱发参项时出现在意识中的形象：

вообразить — воображать, померещиться — мерещиться, почудиться — чудиться, представить — представлять, представиться — представляться, привидеться — видеться, присниться — сниться．

属于这类动词的还有предвкушать = '想象将来的情景并因此获得愉悦'，在мерещиться, чудиться, представляться的语义中包括了要素'形象不符合任何现实情景或事物'．

НОСС(2000:185)比较了动词заглядеться和любоваться，заглядеться具有抗自反的性质，любоваться就没有，试比较любоваться собой 和 заглядеться на себя. любоваться实际上可以有自反用法，因为对于欣赏来说只需想象中感

知客体就足够了,而 заглядеться на себя 也可以在镜子里(в зеркало)。

不确切感知。如(по)казаться, виднеться.

错误感知。在动词 проглядеть, прослушать, прозевать, проморгать, пропустить(其中一个意义)='由于没注意就没有看到', недоглядеть;动词 обознаться, спутать, путать 的感知类型不确定。动词 проглядеть, прослушать 在该意义上没有成对的未完成体,甚至还表示寻常意义。

评价要素进入动词 созерцать, любоваться 的语义结构。

强调心智要素。动词 заметить, отметить (отличие), узнать (по голосу), зарегистрировать (как в зарегистрировал подземные толчки), идентифицировать, распознать, наблюсти。例如,句子 Я ее не узнал='看到了,但没有认出'中,陈说要素是'证同';感知要素不在焦点上,并且不受否定。

人际接触。感知可能转化为人际接触,在补语表人的语境中几乎所有感知动词都有这种用法:увидеться, встретить, встретиться, заглянуть (к приятелю)。动词 подслушивать 不属于这一类别,因为人际接触要求参与者的相互作用。

目的。具有专指特征,例如,在动词 подкарауливать, подглядывать, шпионить 中,目的是'使感知对象受到损害'。在动词 следить (其中一个意义) 中,目的是'在跟踪 X 的时候揭露 X 不好的方面/给 X 带来损害=对其进行监视'。完成体动词 подглядеть, подсмотреть, послушать 中'使坏'的要素不太稳定;动词 охранять, стеречь, сторожить 的目的是'保护',也就是说给感知对象/拥有者带来好处'。

全部包括。动词有 выслушать, прослушать, просмотреть (通常很迅速), обозре(ва)ть, оглядеть, обнюхать. 动词 осмотреть, просмотреть (其未完成体动词 смотреть 支配第四格)不同于一般的支配关系 смотреть на,它们的客体主题类别是固定的,可以是景象、艺术对象、场所等。这样的限制在动词 видеть 表未完成体一般事实意义'просмотреть/осмотреть'时也存在。全部包括语义也表现在一些带有前缀 за- 的动词角色配位中。(参见第一部分第三章第5节)

除此之外,任何非必备角色都可以把感知动词统一到一个亚主题类,因为角色对应于一定的释义要素。

例如,障碍角色揭示了动词 выглядывать, проглядывать, заглядывать (例如 ветки заглядывают ко мне в окно), проступать 的语义共性。

背景参项可以揭示动词 оттенять, выделять(ся), вырисовываться, выступать (из темноты), обозначиться (о контурах), разбирать, различать, сливаться 的语义共性。试比较 различать 的两种角色配位:а) различаю X и Y; б) различаю X (на фоне Y-а)。

还可以依据复现的系统构成要素建立次类。这种要素有'X не хочет,

чтобы Y увидел X-a / некое свойство X-a（в месте W）'= 'X скрывает свое существование/ свойства'：

Яснее обнаружили себя и люди, для которых революционность "большевиков" была органически враждебна（МАС）.

这一要素包含在使役动词的语义中：спрятать, скрыть, застичь（不同于застать）, застукать, накрыть. 动词подглядывать, шпионить, следить的语义包含要素'Y не хочет, чтобы X знал, что Y видит X-a / наблюдает за X-ом'.

建构要素还可以具有系统组织能力，把感知动词分为亚类，例如：

使役动词：выявить（ = 'каузировать быть видным'）, обнажить, выразить, изобразить, обозначить（границу）;

始发动词: прислушаться = 'стараться начать слышать';

带内部否定的动词：пропустить = 'не заметить', скрыть = 'сделать так, чтобы не видели / не знали'.

在区别参数如此多样的情况下，未必能够建立感知动词主题亚类的层级体系（参见 Faber, Pérez 1997). 在动词语义中，各种参数的不同意义与要素的相互组合相当自由。例如，动词впериться确定了行为方式和观察者, 动词подглядывать（以及подсматривать, подстерегать, подкарауливать）确定了视觉感知类型；目的是"伤害感知对象"；方式是"不让感知对象发现被跟踪"；评价是'观察者状态是感知对象不乐意的；动词нарваться中确定了视觉感知类型，还有与地点变动的关系、评价等等要素。

综上所述，我们看到，动词基本参数——主题类别、范畴和角色配位将感知动词放到一个开阔的对立网络中，这种对立对于该类动词的语义是典型的。感知动词的基本分类范畴是状态和事变，它解释了该类动词特有的体的不对应性特征。感知动词的角色配位聚合体展示了它的一个独特方面：带有位于话语外观察者的角色配位。

感知动词类别的界限比较模糊是由人的一般认知规律预先决定的：感知建立在人身体和心理活动的基础上。"感知"要素具有意念性质：许多情景在语言中的观念化并不是以"发生了P"的方式，而是以'我看见 / 我听见发生了P'这样的方式来完成的。

第五节　若干广谱感知动词

5.1 увидеть 和 заметить

动词увидеть和заметить（对应的未完成体动词是видеть和замечать）虽然

意义上非常接近,但它们在语言运作上还是存在明显差别,表现在搭配、派生能力以及动词体的性能方面。在下面的第1—3节中,我们将主要描述这些区别,第4—6节将给出语义解释。

5.1.1 "能动的"搭配能力。动词увидеть和заметить二者都有体验者占主体位的初始角色配位,因此,原则上对感知语义场结构非常重要的角色配位因素,此时可置之一旁。

区分увидеть和заметить的搭配能力时,有时解释为увидеть比заметить表现出更大的能动性。(参见 Faber, Pérez1997)例(16)不能成立说明увидеть可以是无意中看见,也可以是有意去看,而заметить则不那么自由:

(1) а. нечаянно увидел; б. * нечаянно заметил;
  в. Выходя из дома, я заметил, что калитка открыта; Я заметил в толпе Петьку.

工具不能参与情景,如例(2),也是заметить非能动性造成的结果:

(2) увидел (*заметил) в бинокль, что она улыбается;
  увидел (*заметил) только в очках.

否定语境中则表现得非常典型:

(3) а. Я не увидел в саду скамейки ⊃ 'я имел намерение ее увидеть';
  б. Я не заметил в саду скамейки [不能是'я имел намерение ее заметить']

如果涉及到付出努力的情况,那就只能用увидеть,而不适用于заметить,这也可以证明увидеть和заметить在意图上的区别:

(4) а. Постарайся/попробуй увидеть вон ту звездочку над самой горой;
  б. *Постарайся/* попробуй заметить вон ту звездочку над самой горой.

(5) Я с трудом увидел (*заметил) в толпе Петьку.

给人造成的印象是,увидеть即使在不要求专门付出努力时,至少也不排除这种努力(例如,在与наконец, не сразу, напрягшись搭配时);而заметить则更倾向于描写自发的情景。比如,在一些上下文中:Я заметил X 几乎是 X привлек мое внимание的换位句(参见 НОСС1997:31)。原则上,换位词的范畴与初始词汇的范畴应相同,由于привлечь внимание是非能动的,那么заметить也应该是非能动的;заметивший没有刻意的行动:X是显而易见的,很难不被发现。

但是又不总是如此。一方面,увидеть这个动词不像найти这个词一样有两个意义,1)"找到,偶然碰到",表事变;2)"寻找后找到",表示强调结果的行为。(Vendler用的术语是 achievement)(如Найти меня!)увидеть从来不表示行为。另一方面,заметить不仅用于表示不由自主的感知,因为事物是自己映入眼帘的。相反, 还能表示在事物不显眼时, 需付出专门的努力才能发现它：

(6) а. Как ты ухитрился ее заметить? Как тебе удалось ее заметить?

б. Ты хорошо спряталась. Но я все-таки тебя заметил；

в. Постарайся заметить как можно больше ее промахов；

г. Видимо, он все-таки успел заметить, куда я положила ключ.

这里与其说是无意间, 不如说是感知的瞬间性。

не замечать 在字典中被定义为有意识的行为, 尤其是在客体为人的上下文中表示"没有注意"，"不理睬"。

此外, 在俄语中作为能动性标志的被动态, 也适用于 заметить（对于 увидеть 不适用）：

(7) Четвертый год существует театр, а вы уже замечены Москвой и заграницей (Станиславский, БАС).

заметить 有命令式形式存在也有利于证明它的能动性, 实际上, 在 заметить 不表示视觉感知的意义时可以这样用；但是 увидеть 在任何意义上都没有命令式形式。

(8) Заметь, что Бель приводит эту черту <…> как дело весьма обычное (П.).

因此, 正好相反, 与 увидеть 不同, 动词 заметить 可以归入事变范畴, 例如：

(9) Y заметить X = 'X привлек внимание Y-а' [情景是无意间发生的],

还可以归入强调结果的行为范畴, 如：

(10) Y заметить X = 'Y обратил <свое> внимание на X'.

我们再回到(10)的等式中。但是, 很明显, 在例(1)—(5)中表现出来的动词 заметить 与 увидеть 之间的搭配区别, 还不能用动词 увидеть 与 заметить 在能动性上的对立进行解释, 对于这两个词的区别还要找出其他的一些解释。

5.1.2 衍生能力。 动词 заметить 与 видеть 在语义的派生能力上有区别。

动词 видеть（像 слышать 一样）可以用作内部视觉的（派生）意义, 也就是幻觉。

(11) Вижу ее как сейчас = 'представляю мысленно'.

动词 заметить 没有这种用法, 也就是说它不能表达"想像"，"梦见"，"仿佛看到"，它也没有привидеться这样的派生词等等。(参见 Wierzbicka 1980a: 107 关于幻觉的论述)

从另一方面, заметить 有言说意义, видеть 没有；注意例(12a)中的 на это 和(12в)中予格交际对象是言说动词的特征。

(12) а. Гопнер на это заметил, что без шпунта не обойтись (Платонов. Чевенгур)；

б. Замечу, кстати, что это не первый случай；

в. Надо тебе заметить, что в доме у нее порядок.

我们也将试图从初始意义上的区别来说明它们派生能力的区别。

5.1.3 体的性能。 动词заметить与увидеть在体的性能方面有着本质的区别。两个都是瞬间动词。按照马斯洛夫的标准，二者都有对应体动词（увидеть — видеть; заметить — замечать）。但是видеть除了有一般多次重复意义之外，还有短时状态意义；因此，увидеть是видеть行为完成后的状态，是其对应的完成体动词，这样的组对还有понять — понимать。布雷金娜和什梅廖夫（1989）这样来描述它们：увидел ⊃ 'вижу'，就像понял ⊃ 'понимаю'，还有огорчило ⊃ 'огорчает'，пообещал ⊃ 'обещает'等等；заметить — замечать中，未完成体没有行为完成后的状态意义。

另一个体貌特征方面的区别。видеть有一个表示性能范畴的派生意义（这个范畴是初始的，这样的动词还有хромать, виться<关于头发>, противостоять等，参见Падучева1996:129）；X видит ='X способен видеть'.而замечать没有这个派生范畴。

是否应该把这些体的区别各自算在这两个动词身上，或者这些区别的产生是由于这两个动词的语义类别？

下面我们将展示，上面提到的увидеть与заметить的很多区别都是由于这些动词的词汇语义预先规定的，并可以通过共同的参数和要素加以表征。

5.1.4 视觉形象和观念。 从语言学有关资料来看，感觉由两个阶段组成。第一阶段是生理阶段，感觉器官发挥相应的功能参与到情景中。如果是视觉感知，那么在这个生理阶段就会产生相应的事物（或者情景）形象，包括形状、颜色、大小，所有可以用眼睛观察到的特征。第二个阶段中，视觉形象受到思维的"加工"，产生了分类识别（увидеть березу），可能还要确定事物与先验描述是否等同，揭示特征，进行评价等（увидел подходящее дерево）。

很难说这两个阶段的确切分界在哪里。根据米勒和约翰逊-莱尔德（Miller, Johnson-Laird 1976:93）的思想："认知能力在很大程度上受到已经形成的概念的固定和制约。"而且，维日彼茨卡（1980a: 112）提出区别动词видеть的两个用法：在一种用法中感知确实是停留在两个阶段中的第一个阶段上；在另一种更自然的用法中，感知包括了两个阶段：

（13）Я видел желтое пятнышко.

（14）Я видел вашу жену.

例（14）可以用到下面的语境中

（14'）Я видел вашу жену, но не узнал ее[也就是说，不知道她是谁]

而例（13）在类似的上下文中，句子听起来会觉得有些怪：

（13'）*Я видел желтое пятнышко, но не понял, что это оно.

可以认为，увидеть与заметить很多搭配上的区别都是由于下述因素：

заметить语义中第一个阶段（以及与其对应的语义要素），视觉形象的建立，并不位于关注焦点，位于焦点的是第二阶段的心智；而увидеть强调的却是第一阶段。因此这两个动词之间的区别在于焦点位阶（参见第一部分第五章），而不是前面所说的能动性。

动词увидеть可以简要释义如下，释义不求穷尽，主要任务是揭示动词的题元结构，情景的一组参项及其语义角色。在（15）中变元对应参项，在尖括号里的是内包参项变元，它们与увидеть初始用法中的句法题元不对应（它们可以出现在派生用法中）：

（15）Y увидел X=
体验者 Y 将目光投向感知对象 X 所在地 [Z]
（或者相反，他的目光投向 X 运动的方向）
这引起：
在 Y 的意识中，出现 X 的视觉形象<V>
（Y 将 X 与心智形象<K>进行对比）

"心智形象的形成"要素不是必需的，因为正如例（13）所示，没有对看见的事物有任何实质性的理解，那么这个过程就在第一阶段结束了。心智形象是所见事物的概念。它包含分类或观念上的证同、描写、理解、评价等。但是，在特定的上下文中，观念的证同有可能是本质的。例如，马尔沙克翻译的英国民谣《国王和牧人》的片断：

    Ты думаешь, сударь, что видишь аббата,
    меж тем пред тобою стоит свинопас,
    который аббата от гибели спас.

动词видеть的客体/补语对应三个参项：X 本身，视觉形象和观念。因此，在初始用法中，X、V 和 M 这三个参项由一个句法题元（补语）来表示；但是在派生用法中，这几个参项可能在表层结构中就区分开了：Они видели в Павлике [Тема] героя [Концепт]。

依据阿特金斯（1994: 52）的研究，感知动词可以区分出如下参项：诱发参项是现实的一个片段并作用于感官；而目标参项是感知活动有意识的目的，有可能是还没有达到的目的（就像动词смотреть<не пришел ли кто>）。而对于видеть来说就不存在这种对立，видеть不同于смотреть，感知对象总是诱发因素。

заметить的释义与видеть的释义区别在于'视觉形象'要素不是它的关注焦点，相反，'心智形象'则是必需的、被聚焦的要素。

从这一点出发，现在我们可以对例（1）—（5）提出另外的解释，而且预测заметить和увидеть的一系列其他区别。

在例子（1a）中нечаянно针对的是视觉形象的出现，而且非常合适，因为这里可能有'нечаянно'/'намеренно'的对立；而在带有заметить的(16)中，副词 нечаянно不能针对视觉要素，因为它不是заметить的焦点，也不能针对'补充观念'要素，因为这需要某种思维努力，而不可能是无意的。而且，заметить正是要求主体在心智阶段的能动性，увидеть和наблюдать的区别也在于此：

мне пришлось наблюдать, довелось увидеть — *пришлось /*довелось заметить.

例(5)可以这样解释：在увидеть语义中强调的是"视觉形象"要素；因此 увидеть可以用于表达近似'найти взглядом'，'разглядеть'，'отделить от фона'的意义：所有这些行为可能需要付出努力。而在заметить中视觉形象不在焦点上。因此，在视觉形象上付出的努力在заметить中，不在副词с трудом的辖域；而在例(5)这样的上下文中其他的任何努力都不存在。也就是说，заметить(不同于видеть)描写的是这种情景：建立视觉形象的阶段不需要费多大劲。费劲只可能在观念层面上，因此я с трудом заметил разницу是可以的。

例(16)表明，与увидеть不同，заметить的内包参项глаза不能外包。实际上，这是眼睛形成的视觉形象，而在заметить中'视觉形象的形成'要素不是关注焦点：

(16) а. видел (*заметил) собственными глазами；

б. Я своими близорукими глазами и то увидел (* заметил).

也是由于这个原因，在有заметить的上下文中不应该使用加强视觉的工具。这就可以解释例(2)。

例(17)中заметить与'наблюл'的意义相似，表示'сделал наблюдение'，指长期观察之后做出的结论，以及依靠工具观看者的视觉能力得到加强(关于 заметить的这种非瞬间意义我们还将谈及)。

(17) Я навел на нее лорнет и заметил, что она от его [Грушницкого] взгляда улыбнулась, а что мой дерзкий лорнет рассердил ее не на шутку (Л)

很明显，例(17)对于заметить而言不是典型的上下文：заметить在这里表示有目的的行为，而不是броситься в глаза, привлечь внимание的换位形式。而且，在例(17)中工具不能直接从属于动词заметить(*заметил в лорнет)。在例(18)中，这种类似的上下文中使用的是动词усмотреть：

(18) Соболев вновь стал приглядываться к Варе и, кажется, на сей раз усмотрел [не заметил!] в ней нечто интересное (Б. Акунин. Турецкий гамбит).

现在我们回到例(6)中。原则上，在形成物体视觉形象时可能出现一定的困难：事物可能被移到很远处，照明不好，无法从背景中分离出来等等。动词 увидеть甚至允许有说明这些障碍的副题元，而заметить没有。因此乍一看似乎 заметить的语义中包含'客观的显著性'要素和事物/情景的突显属性，如例 (1в)。实际上，事物的客观突显性是能观察到它的一个先决条件。根据例

(19)，无论加强的是什么，都会导致显著性（作为发现的可能性）的加强。

(19) <...> вот Прокофий приведет бедных — и коммунизм у нас усилится, — тогда его сразу заметишь ... (Платонов. Чевенгур).

但是也可能偶然发现一些不显眼或甚至被有意隐藏的事物。

(20) Она села в малый дальний угол. Я ее заметил совершенно случайно.

而例(6)说明，通过特别的努力也可以看到不显眼的事物，这与动词заметить所具有的感知短暂性、瞬时性特点有关。

阿特金斯(1994: 44)谈到英语动词 to spot 的双重性问题：在一些上下文中spot的补语表示很容易被发现的客体，而在其他上下文中则是比较难发现的客体。因此事物的突显性(Lyons1997:146所说的salience)不是заметить语义中的必需要素：可以发现容易被发现的东西，也可以发现不容易被发现的东西。①

带有前置词по的结构表示可见的特征，这些特征可以作为下结论的依据，这是很多心智动词具有的结构(догадался, узнал по)，它对(21a)中的видеть更合适，而不是заметить；例(21б,в)不太符合现代语言规范。

(21) а. по глазам вижу;

б. Все заметили по краске ее лица и по живости речи, что она была сердита (П.);

в. Нужно знать, что во все это время мы сказали с Катей не более пяти слов; но я мало-помалу заметила, по некоторым неуловимым признакам, что все это происходило в ней не от забвения, не от равнодушия ко мне, а от какого-то намерения (Д.).

可见的特征又是视觉形象，它不是заметить的关注焦点，这种用法不足为奇。

例(22)—(25)很典型，在这里заметить不只运用在视觉感知不是焦点的上下文中，而且用于要求其他感知类型的上下文中，这对于увидеть则完全不适用。

(22) Он не заметил холода.

(23) Давыд тоже заметил этот шум (Тург., МАС).

(24) Давно уже началось шарканье, сморканье, кашель и все то, что бывает, когда на литературном чтении литератор, кто бы он ни был, держит публику более двадцати минут. Но гениальный писатель ничего этого не замечал (Д.).

(25) Литографированный Колчак в клозете на полу. Приказы на полу,

---

① 形容词заметный表示视觉意义时往往用在这样的上下文中еле заметный, едва заметный, 而имеется заметный сдвиг则多表示不大的变动。

газеты на полу...Люди пола не замечают, ходят — не чувствуют...（Вс. Иванов. Бронепоезд 14 – 69）.

与感知类型完全无关出现否定的上下文中，即在 не заметил 这种上下文中。在例（26）中感知完全消失，动词表示纯粹心智行为：

（26）< ... > в вас я заметил несколько более благоразумия и ясного взгляда на вещи（Д.）.

因此，对于 заметить 来说，要求视觉感知并不是它的本质；只需从外部获得某种印象（或者分散在足够间隔中的印象总和）就已经足够了，不管它是什么性质。原来，在 заметить 这个词中"建立视觉形象"要素不仅不是焦点，而且形象也不一定是视觉性的。甚至可以认为，заметить 这个词本身没有视觉特点，它的特点要通过我们对外部世界的印象（大部分是视觉的）来补充。应该说，在这方面有不止一个像 заметить 这样的动词。这种与感知类型无关的现象在第5.3节中描述 казаться 的时候还会提到。

увидеть 与初始意义的 заметить 的本质区别是：увидеть 可以是有意图地看，如例（27），或者带有对视觉接触结果的预期，如例（28）：

（27）а. посмотрел в окно и увидел；б. *посмотрел в окно и заметил.

（28）а. Я увидела, что он действительно постарел.

б. ?Я заметила, что он действительно постарел.

而动词 заметить 初始用法表示意想不到的感知行为，因此经常用在有 вдруг 的上下文中：

（29）Обдумывая положение, я продолжал смотреть в окно и вдруг заметил, что портреты на фронтоне аэровокзала вовсе не те, с которыми я простился, улетая отсюда несколько лет тому назад（Войнович）.

这也可以解释例（4）。阿特金斯（1994:52）曾指出英语动词 notice 中的"偶然"要素。

"预期"要素方面的区别在 увидеть 与 заметить 超音质特征方面也有表现。动词 увидеть 由于体验者自己预料到感知行为而要重读：

（30）Наконец-то я ее увидел\（表示'разглядел'或'оказался в контакте'的意义）.

而对 заметить 的重读只表示感知的结果，也就是说在感知过程中出现的上文中提到过的某个观念：

（31）а. — Она располнела. — Я это заметил\；

б. Чепурный повел собаку в дом и покормил ее белым пышками — собака ела их с трепетом опасности, так как эта еда попалась ей в первый раз от рождения. Чепурный заметил \ испуг собаки и нашел ей еще кусочек домашнего пирога с яичной начинкой, но собака не стала есть пирог (Платонов).

很自然，相对于увидеть来说，内容的新意对于观念化位于关注焦点的 заметить 更为重要，而увидеть则着眼于通过意识中的视觉形象与客体 X 有某种接触，这种接触可以重复：

（32）а. Я один раз ее увидел, хочу еще раз <увидеть>；

б. *Я один раз ее заметил, хочу еще раз <заметить>.

因此，发现的内容应该在某个方面是很有意思的（不寻常的，奇怪的，不一般的，如：Хозяйки глаз повсюду нужен, /Он вмиг заметит что-нибудь (П.)= 'что-нибудь, что не в порядке'），而对于увидеть就不一定如此。例（33）中，客体并不怎么有意思，似乎与此有些矛盾：

（33）Я заметил это желтое пятнышко, но не придал ему значения.

但是显而易见的是，在感知的时候，人们并不说"Я заметил желтое пятнышко"，只有在斑迹很严重、在观念上突显的时候才这么说。

这样，应区分事物的感知突显性（它是事物进入视野的原因）和观念的突显性，前者对于заметить不是必需的，而后者则是赋予感知事实意义的依据。因此，从Я заметил, что он был в галстуке.这句话中可以得出，他不带领带是正常的（或者领带证明了一些什么）。

"突显"要素作为可被取消的推论，把увидеть和заметить区分开，见例（34）；не увидел蕴涵"没有过"，而не заметил蕴涵'没被发现'，可能再没什么值得关注的东西。

（34）а. Я увидел там одни развалины ⊃ 'больше ничего не было'；

б. Я заметил там одни развалины ⊃ 'не заметил больше ничего достойного внимания'.

与увидеть不同，заметить的语义包含感知的短时性、瞬间性（难怪动词заметить是瞬时动词），甚至当заметить用于言说意义时这个要素也得到保留。只有当заметить='наблюл'时，它才消失，如例（17）和例（35）：

（35）а. Коля заметил, что Лебедев по получасу простаивает у двери и подслушивает, что они говорят с князем, о чем, разумеется, и известил князя (Д.)；

б. Миллионеры, как я заметил, вообще люди прижимистые (Войнович).

但如果视觉感知只是次要的，如例（36），那么就不说заметить，而说понять更合适：

（36）Я у него и после бывал. С Зильберовичем и без Зильберовича. В конце концов, заметив, что я не имею против него никаких злостных намерений, Симыч и мне стал доверять (Войнович).

因此，例（1）—（6）并没有证明увидеть的能动性比заметить强。动词

заметить 的搭配不完整可以解释为：这个动词中'建立视觉形象'要素不在焦点，或者可能完全不存在。动词 заметить（至少在初始用法中）的纯感知要素确实是非能动性的：观察到的可能是进入视野的事物，也可能是偶然的。但是对于 заметить，最主要的是它是一种心智行为。因此，绝对不能把 заметить 归为非能动动词，参见例（7）和（8）中的被动式和命令式。在 заметить 的派生用法中，感知就可以是主动的，例如，感知不是瞬时性的，如例（17）；或者在有间接疑问的上下文中，如例（6г）。

但是，动词 увидеть 和 заметить 的分类范畴值得注意，因为还有带被动态的例（7）和含有命令式的例（8）。

我们回到动词 видеть 的题元结构上来，在看见的情景中有体验者和感知对象（也就是诱发参项），感知的客体是诱发因素，即在某种程度上也是情景产生的使役者，这可以解释例（37）和（38）的相互关系：

（37）a. Он остановил внимание на небольшой картине в углу；
　　 б. Небольшая картина в углу остановила его внимание.①
（38）a. Царь обратил внимание на Гончарову；
　　 б. Гончарова обратила на себя внимание царя（摘自 Падучева 1985：181）.

这两个例子反映的都是这样的情景：它可被注意主体和客体使役，前者是因为在某种程度上是自己注意力的掌控者，后者由于自身的特点使目光停留或吸引过来。有的动词的客体参项不仅不是受事，而且在某种程度上甚至是情景的使役者，这当然是语义句法上的特殊现象。客体在产生情景中的作用越大，主体的主动性也就越不明显：偶然性的作用加大（случайно увидел/заметил 这种搭配的高频率性就很典型）。

因此，例（37a）和（38a）就可以把带反身动词的角色配位（в）规定为初始的：

（37）в. Его внимание остановилось на небольшой картине в углу.
（38）в. Внимание царя обратилось на Гончарову.

从（в）到（a）的转变在于持有者的提升。实际上，（a）是带有外部持有者的结构，如同第一部分第三章6.3节中的例（6）—（9）。

通过对比 увидеть 与 обнаружить，主体的语义角色变得更加清晰。动词 обнаружить 的主体无论有意还是无意的，都是改变客体状态的使役者（客体的显露性），因此动词 обнаружить 的客体是受事。而 увидеть 的主体只是体验者。因此 обнаружить 与 увидеть 相比，派生意义完全不一样：обнаружить 有行为派生意义，参见 5.5 节。而 увидеть 则没有行为意义。可以看出，заметить 与 обнаружить 有一个意义相接近，即被发现的事物不只是感知对象，也是受事：只

---

① 该例摘自 Розина（2002），但她是用于另外的研究。

要被观察到,事物就改变了状态。因此 заметить 存在被动态,这就使之与 обнаружить 相接近了。

увидеть 没有被动态在语义上仍然无法得到解释。实际上,为了能看到 X,需要去看,或者是有意识地,或者是无意间,朝 X 所处的方向看(或者有可能是把 X 从周围的背景中分离出来)。接着,在有意看到的情景中(比如寻找的情景,也就是说希望找到),除了看到之外,还要把位于眼前的 X 与所寻找的事物在意识中的观念视为同一,而在无意间看时,要对 X 观念进行补充。而动词 увидеть 的语言运作不会将其归入强调结果的行为范畴:在图片练习中不会说 "Увидь утку!",而是说 "Найди утку!"。很明显,具有相当主动性的现实情景与其静态的观念化并不对应。即使在动词 видеть 的用法中存有意图,它都不会进入动词的语义;也就是说 увидеть 在这个上下文中也没有行为意义。可以促使完成的行为是 смотреть, искать глазами, 比较英语的 look 'смотреть' 和 look for 'искать'。也许,这是系统置换原则在起作用。

5.1.5 语义派生. 动词 видеть 和 заметить 与其他感知动词一样,(参见第一节)派生出心智类别的语义是正常的:

（39） я вижу, он не придет; и не видит в том потери [='не считает, что это потеря']; я вижу, что не уедем [= 'я чувствую']; я посмотрю [= 'я подумаю']; смотрю отрицательно; смотрю с неодобрением; рассматриваю это как саботаж; усматриваю в этом упрек; взгляни на это проще; представляется, что; он вообразил, что он гений [= 'он не правильно считает']; воспринимаю как намек [= 'понимаю, интерпретирую'].

但是,动词 видеть 的心智意义被视为语义衍生;而对于 заметить 来说,心智与非心智用法的界限并不很清楚,例如 Вся Россия населена гибнущими и спасающимися людьми — это давно заметил Сербинов (Платонов. Чевенгур)。

心智意义要求命题性客体。命题的内容可以通过词语传达,而不能通过形象。因此 Не могу вам передать, что я увидел 这句话就是正常的,而在 Не могу вам передать, что я заметил 这句话中 не могу 则是另外一种情态了。заметить 这个词的意义在大部分情况中都是属于心智的,它的客体是命题性的:只有在特定的上下文中表示视觉感知意义。

在间接疑问或是参数名词的上下文中,заметить 客体的命题性质就很清晰地显现出来:

（10） Y заметить X='Y обратил внимание на X'.

该等式出现在MAC关于 видеть 和 замечать 的词条中。在 X 是参数名词或者是间接疑问时,会"贯穿"于这样的上下文中。

（10'） заметить ошибку ≠ 'обратил внимание на ошибку.'

实际上，заметить ошибку ='понял, в чем она состоит'，动词有间接的角色配位形式；而обратить внимание必须用于出现在视野范围内的事物上，其角色配位应该是直接的，因此：

（40）*Я обратил внимание, в чем ошибка.

（41）а. не заметил разницы ='не понял, в чем состоит разница'⊃'не думаю, что разница есть'；

　　　б. не обратил внимания на разницу ='не счел разницу существенной'.

原因在于，对于обратить внимание而言，与увидеть一样，都是实现了一般感知的两个阶段中的第一个阶段，而заметить恰恰没有这个阶段。

在例（42）中，заметил пропажу ='что есть пропажа'，这里没有什么可以看见的东西，пропажа在这里不表示：

（42）Я, как только заметил（*увидел）пропажу, выпил и схватился за голову（Вен. Ерофеев）.

这样，在заметить的所有用法中，心智要素是共同要素。

在参数名词的上下文中，заметить的意义是主动的。因此чтобы заметить以及命令式形式都成立：

（43）Читай внимательно, чтобы заметить опечатки.

（44）Заметь, время ='заметь сколько сейчас времени'='который час'.

видеть至少有三个意义是заметить不具有的：

1. 动词видеть与其他的感知动词一样（参见第一节），可以把'想象'意义作为其派生用法，就是说具有内部视觉的派生意义（вижу тебя как сейчас）：воображать X的意思是在意识中有X的视觉形象，此刻并不对应现实中的任何诱因，而заметить不具有内部视觉意义。这种区别自然可以解释为：在заметить语义中不强调'建立视觉形象'要素。

2. 在客体为人的上下文中，увидеть就会产生"人际接触"意义，而заметить没有这样的意义：

（45）а. Постарайся / попробуй увидеть редактора;

　　　б. *Постарайся / *попробуй заметить редактора.

这是可以理解的：人际接触是以视觉为基础的，因为它要求客体位于某个空间内。

3. 当所有的语义要素中只剩下"空间邻近性"时，видеть具有挥发性意义：

<...>дубами, видевшими еще самых прадедов наших（МАС）.

这个意义的产生也是以视觉要素为基础的，当然заметить没有这样的意义。

另一方面，заметить能派生出видеть不可能有的言说意义，这一点与它的心智取向一致。

5.1.6 体的区别。 видеть和замечать体的区别主要是：увидеть — видеть中的未完成体动词在形态上是本来就有的，表示短暂的状态；而заметить — замечать中的未完成体派生自普通的瞬间动词заметить（正如我们看到的，заметить表示瞬间性的语义依据很充分），并且不表示状态。所以видеть — увидеть组成状态保留体偶，而заметить — замечать则不是。

瞬间动词（замечать）没有未完成体的任何非寻常意义，这很正常，例如马斯洛夫曾经讨论过这样的动词находить, терять, приходить等等。更有意思的是，缺少'行为完结后的持续'对заметить的语义所产生的影响。动词заметить不同于其他大多数完成体动词，它无法固定时间：感知瞬间就结束了；而心智事件不能固定于某一时刻。因此，заметил的意思原来更接近表示未完成体一般事实意义的видел，而不是完成体动词увидел，并带有推论'вижу сейчас'：

（46）Ты заметил/ видел/ * увидел в саду скамейку?

在所有常见的未完成体意义中，замечать的初始词义只有多次的意义，以及以此为基础的一般事实意义（如同находить <очки>）。确实，在下面的句子中

（47）Я вообще замечаю: если человеку по утрам бывает скверно, а вечером он полон замыслов, и грез, и усилий, он очень дурной, этот человек（Вен. Ерофеев）

замечать的未完成体意义不能表征为"发现"这个瞬时行为的多次重复。但是在这里замечать具有特别的意思："以观察为依据得出结论"，如同例（17）和（35）。在含有第一人称主体的上下文中，如例（47），未完成体和完成体同义；因此例（47）中未完成замечаю可以换成完成体заметил，它不具有一次感知行为的意义。

наблюдать也有类似的意义（失去了'意向'这个要素）：动词заметить在表示这个意义时通常被用于替换非标准语中的наблюсти。

видеть和замечать的第二个体方面的差别是：видеть有自足用法，表达性能意义，这种意义замечать却没有。性能意义与глаза参项有联系：看的这个能力要求眼睛在场和眼睛的正常功能。总之，器官参项与能力要素相关（也可以是它的体现，参见第一部分第四章），而能力的存在是一种性能。因此，видеть和замечать之间区别的根源显而易见。

我们单独说说видел和замечал在普遍事实意义上的区别。例如：

（48）а. Я видел человека, который переплыл Ламанш;

б. Я* замечал человека, который переплыл Ламанш;

в. Я* заметил человека, который переплыл Ламанш.（Wierzbicka 1980a:104）

未完成体замечать首先有多次意义。因此在（б）中不能用动词的未完成体，在（в）中不能用完成体动词，二者性质一样：句子（б）、（в）不合常规是因为在

заметить的上下文中,对感知对象的描述只包含体验者在瞬间感知行为中所获取的信息。现在时的видеть和увидеть本来也是这样的异常现象。句子(a)可以成立是因为未完成体видеть具有独特的"普遍事实"意义,它不包含多次性,时间上也不明确(Гловинская 1982):(a)的意思是,我曾见过这个人,而关于他的信息可以另外获得。

这样,我们可以给заметить归纳出以下几条结论。从初始意义上讲,заметить表示的情景可以包括:

1)一种印象类型,它是观察的依据,是视觉上的;
2)被发现的客体/情景从背景中分离出来,映入眼帘;
3)因此印象不是在体验者有意为此付出努力后获得的;
4)瞬间的视觉接触;
5)观察的内容具有部分特点。

在原型用法中,如(1в),存在所有这些要素。但是上述特点没有一个是必备的:

1') 印象可以不以视觉,而是以听觉、触觉为依据,如例(22)—(25),甚至可以不以感知为基础,如例(26);

2') 被发现的东西可能是不突显的,有可能相反,是不显眼的,如例(66,г);

3') 被发现的东西可能是有意识活动的结果,如例(6a),(43);

4') 被发现的东西可能不是瞬间的印象,而是预先相当长时间观察或者是反复观察后的结果,如例(17)或(35);

5') 在这种情况下观察的内容可能是普遍化的结论,如例(356)。

相应的,我们可以区分出заметить的几个词汇意义,它们都有自己的一套要素并且有一定的语言运作特点。

заметить 1.1 а '观察映入眼帘的客体X(突显的)':

Взглянув на него вопросительно, я вдруг заметил, что пока я читал, он успел переменить галстук (Д.); Он заметил у нее на руке кольцо; успел заметить ножку, с намерением выставленную<...>(П.)

заметить 1.1 б '观察到的不一定是某个突显的事物(甚至可能是隐藏的),因为认为它很重要/有趣/奇怪/不正常':

заметил в ее реплике скрытую насмешку; хотел, чтобы я заметил колкости в его письме; Мервиль первый заметил эту взаимную склонность (П.); заметил в его взгляде скрытую неприязнь; он вдруг заметил за самим собою, что ожидает Купфера (Тург.).

注释:

在'заметить'的情景中通常不能说,Y通过哪种感觉器官感知到被表述为X的事物。

заметить 1.2 "划分,分出";'意识到X不同于他人的优点,并使自己的评价让其他人都知道'（主体是社会/社会上重要的人物）。见例(7)和下例：

Старик Державин нас заметил <...> (П.)

注释：

1) "突显"要素作为背景出现在1.1a和1.16的意义中；在1.2意义中它来到前台；

2) 可以使用被动形式的原因是，在заметить 1.2的上下文中，X的"显眼"改变了他的状态。

заметить 2.1 <разницу>，由заметить 1.1中产生的间接的、参数性的角色配位，参见例(6)，以及：

с трудом заметил разницу; заметил перемену в наружности; заметил надвигающуюся опасность (= 'заметил признаки опасности' = 'знает, в чем они состоят'); разница была замечена сразу.

注释：

1) заметить 1.1的范畴是事变；而заметить 2.1是强调结果的行为。只有在X不表示形象/印象，而是需要回答的问题，或是应该解决的任务时，这种意义在间接角色配位下才能实现；

2) обратить внимание是заматить 1.1的同义形式，但对заметить 2.1而言不是。

заметить 2.2 (заметить время) "注意到参数的意义并记住它"：

Я заметил место (подъезд, дом), чтобы внимательно осмотреть его на обратном пути.

注释：

对连接词чтобы [= 'потому что хотел']的支配出自于заметить 1.16意义中的要素'важно'，要素'запомнить'使命令式成为可能。

заметить 3 "作出结论"；"通过无意间积累的经验形成对X的认识"；参见例(17), (35)和(47)。

注释：

下列例子也表示同样的意义：Иосиф Бродский любил повторять: — Жизнь коротка и печальна. Ты заметил, чем она вообще кончается? (Довлатов). 这样的语言游戏建立在违反所发现事物不易观察到的原则上。在第一人称的语境中（以及在问题中的第二人称），замечать对应的未完成体也具有同样的意义：

Я замечаю, брат, что ты приуныл (П.); Со Швабриным встречался редко и неохотно, тем более что замечал в нем скрытую к себе неприязнь (П.); А ты разве замечаешь, что я переменился к тебе? (БАС)

заметить 4 '简短地说'；见例（12），以及：

Минский мог бы ей это заметить（П.）；с ехидством заметил.

注释：

要素'кратко'（和'мимоходом'）以潜在的形式也出现在заметить 1.1a中，"知晓"要素（参见заметить1.1б）在动词заметить 4的言说语境中替换为'决断'要素。在主体是第一人称的语境中可以有施为动词的用法：В скобках замечаю, что <...>（П.），在主体是第三人称的语境中，未完成体动词замечать 4有行为结束后的状态意义，即表示行为的完结：замечает ≈ 'заметил'：Вольтер на это замечает, что <...>；Мур справедливо замечает, что <...>（П.）。

简要概括以上内容。在我们的分析中呈现出这样的一个重要事实，увидеть和заметить用法中表现出的差别源于语义要素或词义参数，这些参数在词汇系统的其他领域中也存在。

语义要素在释义中的聚焦位次也包含在我们所揭示的词义区别之中，要素的不同位次反映在词汇的不同搭配中，如同它们在语言运作其他方面的反映。

感知动词的语义可以分出两种要素：1）纯感知要素。相应感官对某种刺激的反应；2）心智要素。认知感知到的事物，证同客体并赋予其观念。在увидеть和заметить的语义公式中，这两个要素占据不同的位次：动词увидеть聚焦在"视觉形象"上；而对于заметить的语义而言，感知未必是可视的，通常感知要素位于焦点之外，心智要素成为焦点。

увидеть和заметить的对比确定了词汇系统建构的一个共同原则：同样的要素和参数不仅可以区分单个词的意义，而且可以区分不同的词；但是，在这样的条件下，一个词的不同意义常常因一两个参数而相互区别，而在不同的词中，即便是它们的意义相近，通常区分它们的参数和要素的数量还是相当大的。

还有一种比较强烈的诱人课题是将заметить语义中'感知'要素下降的位次与其句法地位联系起来，也就是与这种已具有'瞬时'属性的要素相联。试比较，在第一部分第三节中，通过与其他运动动词的对比，动词мчаться表现出的搭配限制，这点可以通过'运动'要素在释义中有'迅速'属性来解释。

5.2 видеть 和смотреть："虚拟运动"语义要素

对видеть和смотреть这对动词进行对比的价值是：它们可以体现由分类范畴导致的意义上的区别：虽然这两个动词的意义很相近，但它们的区别在于：видеть表示状态（对应的完成体动词увидеть是强调结果的行为），而смотреть表示活动。对于整个动词体系而言，以这两种范畴间的直接对立为依据的最小体偶根本不具备典型性。而在感知动词中，这种对立关系则是常见的，例如слышать和слушать, ощущать（其中一个意义）和щупать之间也是这种关系。

从体学角度看，这种对立很有意思。可以这样认为，活动动词所表达的异质语义要素被设定在强调结果的行为动词（увидеть, услышать等）的语义中：тот, кто хочет увидеть, смотрит; тот, кто хочет услышать—слушает.

视觉情境的语言观念化以运动隐喻为基础。例如，动词смотреть/

посмотреть的感知对象需要借助表地点意义的前置词来表达：на, в, под, в направлении等；作为运动起点的体验者所处的位置也能纳入视觉情境，例如，可以说с перевала увидели знакомые крыши.许多与词语взгляд, взор搭配的运动动词组合也同此理：

бросить <взгляд / взор >, скользнуть <взглядом >, окинуть <взглядом >, отвести <взгляд >, перевести <взгляд >, пробежать <взглядом >, скосить <взгляд>, устремить <взгляд>, обратить <взор / внимание>.

塔尔米（2000:103）揭示了不同词语的语义中'虚拟运动'语义要素。他认为,感知情景观念中有两个参项：体验者和感知对象：某非物质事物（无形的）从一个方向朝另一方向、或朝任意方向做直线运动；如果是从体验者向感知对象移动，就意味着体验者发射出一个探测器，这个探测器只要碰到感知对象就能够发现它。

实际上，动词видеть的许多搭配都要求假定其语义中包含'运动'要素：目光从体验者向诱发参项的移动。（Урысон 1995）而且，видеть和слышать是有区别的：视觉是从视线由体验者向感知对象（诱发因素）转移时始发，而слышать则是通过声音由来源向体验者传递来实现情境的观念化。由此产生了对地点状语的不同解释：当使用视觉感知动词时，地点状语指的是体验者的位置；当使用听觉感知动词时，指的是感知对象/声源的位置：

（1）С веранды я видел его машину[体验者站在凉台上]；
　　Отсюда я вижу только крышу.
（2）Слышу звон бубенцов издалека[声源很遥远].
例（3）设定了一个相反的运动方向，句子异常：
（3）Что-то издали мелькает, словно волк бежит（Словарь Даля）.

与其说уловить是视觉感知动词，不如说它是听觉感知动词，因为声音是由声源事物传出的。如果уловить用作视觉感知动词，那当'虚拟运动'是相反方向时，使用уловить就不恰当。

下面这个例子能够显示出смотреть和слушать的区别：слушать与смотреть的区别在于没有"куда?"参项：

[Раскольников] отворил дверь и стал слушать на лестницу（Д.）.

感知所蕴含的运动隐喻的不同方向对于活动动词特别明显：смотреть与слушать相比，是更为积极的过程，而слушать则处于活动的边缘，与получать类似。

不能否认的是，смотреть和видеть作为活动与作为结果的状态之间相互联系。动词смотреть（以及其译成其他语言的等价词）的特殊性在于，смотреть并非总是蕴含'видеть'意义。英语look at'смотреть на'有时有'видеть'的意义，有时没有。其实,смотрю и не вижу;посмотрел и увидел(或者посмотрел, но не увидел)①都有可能。(Rogers 1971&Faber, Perez 1997)

道蒂(1979)区分了英语单词 look"看"的两个意义:на что? 和куда? 第二种意义不要求有'видеть'的意思。在 MAC 词典中,смотреть 的初始意义定义也包含析取关系:"将目光集中到某物上/将目光投向某处",所以动词 смотреть 的基本意义能表示两种不同的情境:

смотреть 1.1 表示看并且看到;感知对象参与情境;

смотреть 1.2 表示没有感知对象参与:人只是朝某个方向看(有方向参项),可能目的是想要看见某物(目标物),也可能没有这种目的。

由此,我们可以得到如下结论:

Y **смотрит** 1.1 на X ='Y 将目光集中到 X 上,并且看到 X';'Y 的视野中包含 X'。

(4) Я смотрю на костер догорающий.

Y **смотрит** 1.2 в/на + 前置词/под + 第五格/第四格/в + 第四格/ в направлении +第二格 Z ='Y 将目光集中到 Z 方向(目的是要看到 X)'。

在 смотреть 1.2 表示的语义中,"目的是要看到 X"这一要素是可有可无的。因此,例(5a)中的 смотреть 没有目的,而例(56)中的 смотреть 则是没有达到目的:

(5) а. Целыми днями смотрит в окно;

　　б. Смотрел во всех углах, но ничего не нашел; Ты смотрел в прихожей? [смотреть ≈ '寻找',类似英语中的 look for]。

例(6)中,我们把 смотреть 解释为 смотреть 1.2,на нее 表示地点参项,而不是感知对象:

(6) Ты смотрел на нее и не видел.

感知对象和地点这两个参项不能共存(смотреть на себя в зеркало 例外)。 смотреть 与 видеть <кого-то где-то>的不同之处就在于此。

смотреть 有始发动词 посмотреть,而且,根据马斯洛夫的标准 смотреть — посмотреть 是一对体偶:пришел, смотрю там, смотрю здесь = "看看那儿,看看这儿"。动词 посмотреть 同样也有两种意思:

Y **посмотрел** 1.1 на X ="Y 将目光集中到 X,并且看到了 X":

(7) Я пристально посмотрел на нее и принял серьезный вид (Л.).

Y **посмотрел** 1.2 в/на + 前置词/под + 第五格/第四格/в + 第四格/в направлении +第二格 Z ="Y 将目光集中到 Z 方向(目的是要看到 X)",例如:

---

① слушать 也可能没听见:Говорите, я вас слушаю — [此时还没有什么可以听的内容]。

（8）Посмотрел под диваном, но ничего не нашел; Ты посмотрел в прихожей?

<...> я на минуту задумался, и когда снова посмотрел на крышу, девушки там уж не было（Л.）.

然而смотреть和посмотреть二者仍然存在区别。动词смотреть在1.1和1.2这两个意义中都表示活动：人在任何情况下都是有意识地看，而不可能是不经意地看。而动词посмотреть的可控性是不稳定的：也可以说нечаянно посмотрел. 因此посмотреть可用于两种范畴：行为（强调结果）和事变。

动词посмотреть具有专指方式的语义派生词：покоситься, впериться, воззриться, вылупиться等。但是所有这些动词都不能与намеренно搭配：

（9）намеренно посмотрел —* намеренно покосился.

而原因不仅仅在于可控性上。动词покоситься的语义焦点是方式要素，这就排除了使另一语义要素产生变异的副词；(关于这类现象参见第一部分第六章第四节）

现在我们要说明смотреть的所有语义如何联合成一个连贯的树形结构，即"下方"意义与"上方"意义通过语义派生关系相互联系，这种关系在其他词对或意义中也能复现。

смотреть 2 ="关心"，例如Посмотри за детьми. 这一意思在带前置词за（意思是"在……后面"）的语境中产生，而这种语境作用于смотреть释义中的"虚拟运动"语义要素："主体Y跟随在X的后面，看发生什么事情，并且会在必要时采取措施"。

动词подсматривать, наблюдать, следить, следовать, смотреть与前置词за搭配表示"观察"意义时也会产生附加要素：'跟随正在运动的事物后面'，并具有进一步的语义修饰意味。

смотреть 3.1（对应完成体动词为осмотреть）和 **смотреть** 3.2（其对应完成体动词просмотреть）意义的产生都是通过给смотреть 1.1补充了'目光在感知对象身上移动'这一层意义；但是3.1和3.2二者目光运动的轨迹并不相同：смотреть 3.1要求做圆周运动，而смотреть 3.2要求做直线运动，这是由参项分类类别决定的：

смотреть — осмотреть（*просмотреть）квартиру, больного [смотреть 3.1].

смотреть — просмотреть（*осмотреть）передачу [смотреть 3.2].

与смотреть1和2不同，смотреть3.1和3.2的词位是及物的，都会产生四格名词表达的'全部包括'语义。

смотреть 4.1 ="有……看法"，这一语义是根据感知动词语义派生的一般模式——由感知意义表示心智意义得出的：(参见1.2节)

（10）Мы на детское горе смотрим очень легко；

На меня смотрели как на сумасшедшего.

смотреть 4.2 ='对待'：

（11）не смотри на них ="不必在意他们"。

这也是感知动词的另外一种派生模式。

смотреть 5 ='朝……方向'；例如：

（12）Окна гостиной смотрели в сад.

在这一词位中,体验者的句法地位以及"视线运动"语义要素都已消失；只保留了一个物体(体验者的继承者)相对于另一物体(感知对象的继承者)的方向性。смотреть 5对客体的分类类别有严格的限定。这一词位最好是用在有名词окно的语境中。"眼睛—窗户"之间是隐喻性联系：窗户就好像眼睛,因为人要透过窗户/借助窗户看外面的世界。窗户有时被理解为障碍物,有时被理解为运动的起点。但是也存在换喻,因为方向正是话语外体验者透过窗户观望的那个方向。

意义**смотреть** 6我们以下例来说明：

（13）1. Явилось солнце, веселое, яркое. Голубые куски неба смотрели из разрозненных туч；

2. Звезды смотрят вниз；

3. Выбирай, какое на тебя смотрит.[指的是篮子里的苹果]

МАС词典将这一词位定为'显现出,看得见'是不恰当的。виднеться与видеть之间存在角色配位关系,与此不同的是,смотреть 6不是来自于смотреть1.1的角色配位,而是按对称性规律进行语义推导的结果：

'Если А смотрит на В, то В смотрит на А[①]（如果А在看В,那么В同时也在看А）'

这一规则与塔尔米(2000:115)将视觉视为运动的描述相一致；体验者和感知对象之间在视觉情境中的关系可能会减弱,而归为空间联系；在这种情况下动态特征消减,而对称关系形成。按对称性规律进行推导的规则特别适用于感知对象有视觉(眼睛)或者形状和颜色与眼睛有相似之处这样的语境中。

动词смотреть存在同义词глядеть,它们不但在动词体的表现方式方面惊人的一致(正如смотреть是посмотреть对应的未完成体动词一样,глядеть是поглядеть对应的未完成体动词),而且在所有的派生意义上也一致,例如глядеть 6平行对应смотреть 6：

（14）Из-за отстегнутого ворота рубашки глядела смуглая и крепкая

[①] А.А.Зализняк (1991)针对这一问题的描述很有意思：动词видеть在古斯拉夫语中的形动词在态的方面没有区别；试比较波兰语niewidomy("盲的"),旧的用法是"看不见的"。

грудь（Гнч., MAC）

MAC 词典提到的动词 смотреть 和 глядеть 的"外表看起来……"用法 (смотреть именинником) 在现代语中都被认为是很陈旧的：

（15）Николай Евграфыч глядит на этой фотографии простаком (Ч.);

Глядит таким смиренником (Тург.).

смотреть 和 глядеть 有许多共同的派生词：заглядеться — засмотреться; поглядывать — посматривать; проглядеть — просмотреть （表示两种意义：通览和误解）；недоглядеть — недосмотреть; поглядеться — посмотреться; вглядеться — вглядываться, всмотреться — всматриваться.

能将 глядеть 和 смотреть 区分开的派生词是 выглядывать, проглядывать < сквозь >, 它们添加了"克服障碍"的修饰意味（类似在 3.3 节中的высовываться）。因此，与 глядеть 6 不同的是，主体的类别对于它们并不重要：不仅眼睛可以 выглядывать, проглядывать, 而且尾巴也可以：

（16）Из-за деревьев выглядывает крыша нашего дома;

Небо проглядывает из-за туч.

此外，глядеть 具有一次体动词 глянуть, 而 смотреть 则没有：

<...> подснежника глянул глазок голубой.

对于在派生意义中成为感知动词的那些动词，其语义中的"虚拟运动"要素得以显现，因为这些动词需要有观察者。例如 просвечивать, проступить — проступать.

просвечивать 除具有活动意义 просвечивать 1 外，还可以表示：

просвечивать 2 = "透过……发光"（Сквозь деревья просвечивали огни изб）；

просвечивать 3 = "透过……显出、看得见"（Сквозь широкие рукава просвечивали ее тонкие руки）；

просвечивать 4 = '透光, 透亮'（Занавески просвечивают; просвечивающий, тонкий туман）.

可见，动词 просвечивать 的意义聚合体也与观察者和观察对象间的对称关系相关。

проступить 虽然与运动动词 ступить — ступать 在形态上具有的明显联系，但却不具有活动意义。唯一的表人参项就是话语外的体验者——观察者：

проступить 1 = "由内而外渗出、显出"（слезы проступили сквозь ресницы）；

проступить 2 = "透过……显露出"（бледность проступила сквозь загар）；

проступить 3 = "变得隐约可见或部分可见"（проступили очертания пароходов）.

5.3 выглядеть 和 казаться

выглядеть 和 казаться 在所有的基本词汇语义参数方面都有区别。

分类范畴（即动词体的类别）。казаться 表暂时的状态，其对应的完成体动词（показаться）与该类别的许多其他动词一样表示事变：未完成体作为完成体行为结束后的状态与完成体之间相互关联：如果 показалось，那么之后还有一段时间 кажется。如同其他暂时状态一样，也可能实现时间上的普遍化：мне всегда казалось <...> 和主体的普遍化：людям часто кажется <...>。但 казаться 的初始用法是与有具体指称的主体和指定时刻搭配。

(1) Мне показалось / кажется [сейчас], что кто-то пришел.

而动词 выглядеть 的初始用法表示性能，或者至少是表示稳定的状态（НОСС 1997 指出，与 казаться 相比，выглядеть 表示"更为持久的印象"。显然，持久性也就是稳定性。重要的是，这是许多其他词位都具有的范畴特征。与很多表示稳定状态的动词一样）如同 уважать, гордиться 一样，выглядеть 也合乎规律地没有对应的完成体动词。

角色配位。动词 выглядеть 有带观察者的角色配位：观察主体不能在句法上从属于动词，它始终位于话语外（即使是在 НОСС 1997 中提及的短语 выглядеть в чьих-то глазах 也仅适用于派生用法，而不适用于 выглядеть 的初始视觉意义），而动词 казаться 则具有完整的角色配位：带有予格体验者（予格名词的缺位表达的是类化：он кажется [постороннему наблюдателю] ребенком）：

(2) Мне казалось, что он по-прежнему молод;
    Неужели он кажется тебе бледным?

因此，казаться 的感知主体和感知客体可能同指，参见例(3a)，而 выглядеть 则不可能。выглядеть молодым 只可能是在别人眼中，而不可能在自己眼中；例(36)表达的是别人对自己的印象，而不是我个人对自己的理解：

(3) a. Я казался себе молодым; б. Я выглядел молодым.

一般说来，在有动词 выглядеть 的语境中，第一人称主体在存在"障碍"（hedge）的条件下更为真实：人只能够猜测自己在别人眼中是一个怎样的人，参见例(4a)。相反，在有动词 казаться 的语境中，当感知主体和感知客体同指时，使用猜测情态就不恰当：

(4) a. Наверное, я выглядел смешным;
    б. *Наверное, я казался себе смешным.

主题亚类。动词 выглядеть 和 казаться 感知的类型参数是不相同的（参见第四节）：выглядеть 要求视觉感知（去"自由"电台讲话的人不会考虑"我看起来将会是什么样子？"）。而 казаться 则适用于任何感知类型，并且能够描述来源于不同类型感知的各种印象（Кажется, где-то жгут костер）。这一区别不仅适用于上述两个动词，смотреть 以及其他视觉感官动词与 выглядеть 同属一类，而

чувствовать、чуять与казаться同属一类，它们之间也体现着上述区别。

5.4 появиться和показаться*

根据 MAC 词典的解释，появиться词位 1 是：到达或者出现在某地后，出现在某人的视野里（показаться）。而 показаться 的词位 1 是：变的可见、显眼，出现（появиться）。在有些上下文里，появиться和показаться也的确意思相同，（英语中的 appear 可以做这两个词共同的等价词），在例(1)中，我们完全可以用появился：

(1) Между двух мраморных львов показалась сперва голова в капюшоне, а затем и совершенно мокрый человек в облепившем тело плаще（ММ）.

尽管如此，这两个词的语言运作还是有一系列差别，我们将通过一些明确的概念来阐释这些差别。

动词 появиться 的所有用法（除了表示"开始存在"的用法，但它们明显是派生用法）都有移动要素。通常，主体移动，对于具有存在预设的主体来说，появиться理应表示的是"从另一地方移动之后出现在该地"：

(2) Вместе с женами партизан в лагере появилось новое лицо（ДЖ）.

在不能规定移动的上下文中，不能用 появиться，例(3)中应该用 оказывалась：

(3) "Лара" — шептал он и закрывал глаза, и ее голова мысленно появлялась в руках у него（ДЖ）.

同时，副词мысленно在这里也不合适，因为它有自己的搭配要求，并未在这里得到满足：мысленно要求主语必须是某个思考的人，因此：*Голова мысленно появлялась；*Голова мысленно оказывалась.* Он мысленно появлялся.都不可以，只能说 Он мысленно оказывался.

移动的可能不是主体，而是观察者，就像例(4)一样，表示相对的运动。

(4) Показавшаяся в двух местах нива с вызревавшим житом давала знать, что скоро должна появиться какая-нибудь деревня（Г., МАС）.

然而，对于показаться来说，主体或观察者的移动并不是必需的：主体可以通过各种原因出现在观察者视野中。比如，在例(1)中移动的是主体，在例(5)中，移动的是观察者，但在例(6)中，主体出现在观察者视野里是因为障碍的消失。在例(7)中，则是因为有光照到主体上（光线总是充当有视觉感知意义动词的主要参项，参见第六节）。总体来讲，показаться意为'因为障碍的排除而看得见'（而这些障碍尤其要包括事物与观察者之间的距离）：

(5) Юре казалось, что он узнает то место, с которого дорога должна повернуть вправо, а с поворота показаться и через минуту

---

* 本小节的删减版发表于НТИ, Сер.2, 1998, № 12.

скрыться десятиверстная Кологривовская панорама с блещущей вдали рекой и пробегающей за ней железной дорогой (ДЖ).

（6）Распахнули окно. Показался желтоватый рассвет, мокрое небо в грязных, землисто-гороховых тучах (ДЖ).

（7）При сверкании частых молний показывалась убегающая вглубь улица с нагнувшимися и бегущими в ту же сторону деревьями (ДЖ).

帕杜切娃（1998в）以下列方式阐述了动词показаться语义中观察者的来源。показаться的观察者是从动词показать的体验者那里继承下来的。某人被指给看某物，例如船，就看见了它，因此自己的感知状态发生变化（从'没看见'到'看见'）。在有показаться的情景中观察者也会经历完全相同的状态改变；区别只在于，показать的体验者参项是用予格表达的（Ему показали корабль），而показаться的体验者在话语外。

体验者是如何退居在话语外的？是去使役化的原因，即从показать到показаться的转变，在原则上不应涉及边缘参项。但是问题在于，去施事化发生在去使役化之前，（参见Падучева 2001a）同时还引起показаться的予格体验者退居话语外的位置。从показать转换到показаться，体验者退居到话语外的过程遵循下列规则：

在使役者不是施事的上下文中，不可能或很难用予格表示使役动词的体验者。

例如，обозначить, выделить, обнажить, выявить 的非能动用法不能可有予格的体验者。

（8）а. Он обозначил мне границы.

б. Это обозначило（? мне）границы.

в. Границы（*мне）обозначили.

（9）а. Он обнажил мне суть явления.

б. Это обнажило（*мне）суть явления.

в. Теперь суть явления（*мне）обнажилась.

很自然，去使役动词也没有体验者。如果动词强调感知上的错误，即体验者感知的形象与诱发它的实际刺激物不吻合时，只有这时在非能动用法中才能出现体验者：

（10）Мне так показалось. Ей послышалось, что кто-то стучит.

动词открыться是我们知道的唯一例外情形：

（11）а. Я открыл ему тайну.

б. Это открыло ему тайну.

в. Ему открылась тайна.

当感知客体是事物（而不是抽象的实体或事件）时，词位показаться 1 可以表示为показать去使役化的结果，而使役主体表示被消除的妨碍视线的障碍物：

（12）a. Раскрывшиеся губы показали ряд блестящих зубов.

б. Из-за раскрывшихся губ показался ряд блестящих зубов.

从此例中我们可以看到，去使役化不会妨碍予格体验者的位置，而在показаться中没有这个位置是因为在例（13a）这样的上下文里，在показать中也没有这个位置。

在用没有意图的使役者替换施事时，予格体验者位置的消失是普遍规则。帕杜切娃（1996：153）曾以подтвердить, доказать, объяснять, указать等词为例进行了说明：

（13）a. Он подтвердил мне свое согласие.

б. Последующие события подтвердили（*мне）его правоту.

выразиться的观察者源自体验者——交际对象也是类似的情况。帕杜切娃（1996：412）在古科夫斯基（Г. А. Гуковский1959）挑选的例子中明确了выразиться的观察者，讨论了果戈理小说《Старосветских помещиков》节选本中破坏真实性的问题，这与该小说第一人称讲述者不能成为所写场景直接见证者有关。

（14）На лице ее выразилась такая глубокая, такая сокрушительная жалость, что я не знаю, мог ли бы кто-нибудь в то время глядеть на нее равнодушно.

在施事是主体时，выразить的体验者是予格（Я выразил ему свое недоверие; Незаметным жестом он выразил мне свое порицание），而在其他类别的主体，包括动词反身形式的用法时，体验者不表达出来：

（15）Ее лицо выражаю тревогу. На ее лице выражалась тревога; но: *Ее лицо выразило мне тревогу;* Его жест выразил мне порицание.

在这种情况下，体验者是情景的必需参项：выразить什么，意味着要做得让某人感知到它，观察者——说话人或者叙述人也是由此而来的，他们被默认充当感知主体的角色。

показать一词语义的本质特征是，施事改变体验者感知状态的方式不表现出来：在通常情况下，视觉感知的可能是通过消除妨碍视线的障碍物而得以实现的。这就是说показать的主体不仅可以是人，而且可以是事件。

下面，我们研究появиться和показаться在语义上的区别，它们能够解释动词语言运作上的区别。

1) 范畴聚合体。词汇都有一定的规律性多义聚合体：一个词位即使在意义上接近其他词的某个词位，也具有本词所属语义聚合体的印记。（Wierzbicka 1994将这种现象称为共振，即一个词其他意义的存在会对其每个正在使用的意义产生影响)。

появиться 和 показаться 的范畴聚合体不同：появиться 在其基本的、不可控意义中，如同例(16)，很容易就获得了由上下文决定的、有意图的运动意义：

(16) На небе появились тучи.

(17) Он появился ровно в три, как было условлено.

　　　 Я появлюсь на минуту и тут же уйду.

而 показаться 则没有此种用法，当 появиться 表示可控的行为时，不能用 показаться 来替换：

(18) Он появился (*показался) в назначенный срок.

показаться 有行为意义：

(19) Тебе надо показаться врачу.

但这是 показаться 2，这时体验者不在话语外，而是来到前台，有可能用予格来表示。

появиться 与 показаться 范畴聚合体的不同可以简单地解释为：показаться 是有语法标记的非使役词，表示状态的改变，即与行为相对立。появиться 语义上不是派生的，没有什么能够影响它表示行为。

2) 对地点状语的阐释。 появиться 和 показаться 的语义都要求到达地点参项，因为动词表示的情景必须位于一定的空间。但是在默认情况下（也就是在句中没有表示地点的句法题元）появиться 的到达地（即终点）是近空间，即"说话者自己的空间"（如同很多指示性动词 прийти, вернуться, иметься 等），参见例(20)。показаться 的到达地默认是远空间。如果有地点状语，那它在 показаться 上下文中表示远空间。如例(21)中 на повороте дороги(在岔路口)，表示的是观察者看的方向，而不是他所在的地方。

(20) а. Теперь здесь появились фрукты（试比较：появились фрукты = 'появились здесь'）

　　б. <...> появились разбойники и распространили ужас по всем окрестностям (П.).

(21) Фуфлыгин посмотрел на часы, захлопнул крышку и стал вглядываться в даль, откуда к железной дороге приближалась шоссейная. На повороте дороги показалась коляска (ДЖ).

对"Где появился?"最通常的回答是"здесь"，而对"Где показался?"的回答则是"На горизонте".

在例(22а)中，показаться 不可以被 появиться 替换是因为 появиться 默认应有另一种对方位词组合的阐释。例如，在(22в)中，有表示"正确"地点的状语，这个句子是毫无争议的。

(22) а. На третий день пути показались скалистые берега Норвегии.

б. *На третий день пути появились скалистые берега Норвегии.

　　в. На третий день пути на горизонте появились скалистые берега Норвегии.

所以，появиться和показаться的语义要求对地点状语进行不同的阐释。появиться（初始意义为"开始位于"）的状语表达主体运动的终点（появился здесь = "出现，移动到这里"），该地点是观察者所在地。而показаться地点状语则表示观察者的视野，其远的极限可能与观察者离得相当远。它们对状语缺失的解释也不同。

3）观察者的位置。 在动词показаться表示的情景中，可能会有这样的参项，它描述在感知时刻观察者的状态，并不谈及主体的位置，参见例（5）中的с поворота，而появиться中观察者与主体的位置分开，不可能表达出来。

4）障碍物。 在带появиться和показаться上下文中用一些带前置词из，из-за的名词性组合来表示的参项具有不同的阐释。在带появиться的上下文中，这个组合表示主体运动的起点。而带показаться上下文中，它表示妨碍视觉感知的障碍，例（23）中，正是这一点把появиться和показаться区别开：

（23）Из-за туч показалась / появилась луна.

因为在例（24）中教堂是起点，而不是障碍，该句就不完全准确。

（24）<...> из церкви показались несомые на руках иконы（Б）.

5）感知要素。 它在показаться语义中所起作用远大于在появиться中的作用，例如，появиться的观察者可能被取消。例（25）没有指示性，这对показаться而言是不可能的。

（25）Первые механические часы появились в 14-ом веке.

6）感知类型。 появиться的观察者可能是不同类型感知的主体，而показаться则要求视觉感知，这使得观察者角色更加确定和有份量。

（26）У него появились боли в левом боку. В легком появились шумы.

7）常规多义性。"位于"—"存在"将появиться和其他许多动词联合起来，如возникнуть, исчезнуть, найтись, пропасть等，在例（27）中，появиться = "开始位于"，例（28）中，появиться = "开始存在"：

（27）а. Появился Петя.

（28）а. Первые труппы, появившиеся в России, не привлекали народа（СЯП）

　　б. Теперь появилось новое лекарственное средство.

　　в. В ее движениях появилась некоторая плавность.

同时，показаться没有这种多义性，它可以表示某个近似于上文例（1）中的"开始位于"意义，但是不接近'开始存在'意义，如例（6、7）。（参见绪论）

词典对动词появиться的"开始位于"和"开始存在"的意义没有作出区分，

有时这可能很难做到,但是前一个意义是瞬间意义,而用于第二个意义时,动词能与表期限的状语搭配:

(29) У Паши за последнее время появилась некоторая самоуверенность (ДЖ).

在原则上,"感知"向"存在"的方向发展很自然:результатов не видно(看不见结果)很可能意味着результатов не существует(结果不存在),показаться的特点排斥这种语义衍生,可能与不允许将焦点放在静态要素上有关。

焦点转换到静态要素上可以通过副词сейчас来表现,例(30)中,我们可以看到,показаться不同于大部分完成体动词,它不突显静态:

(30) а. Эти препараты сейчас появились (исчезли, пропали, нашлись) [как Река сейчас замерзла.]

б. * Корабль сейчас показался на горизонте.

8) 体的性能。 появиться和показаться在体的方面也不同,两者都具有完成体动词的一般意义,"观察时刻前事件已经发生,而且行为结束后的状态还在持续"。(Падучева 1996:153)但是появиться的行为结束后的状态可以是持续的,如例(29)和例(2)。而показался则总是表示"刚刚出现",强调的是事件。因此,可以说появился давно,但不能说 *показался давно。原因在于,在показаться描述的情景中,观察者自己应该在视野内看到主体到达的时刻,而对于появиться来说,观察者只需看到(或以其他方式感知到)结果就够了,例(31)中,句子б不可行,因为说话者本人应该是观察者,而句子в却可以,因为受话人充当了观察者。

(31) а. Откуда ты появился?

б. *Откуда ты показался?

в. Откуда он показался?

因此,动词появиться和показаться 1揭示了观察者出现的两种基本方式。появиться是其语义聚合体中的根词位;它的观察者本来就存在,他的出现是由于把观察主体纳入情景,词汇所表示的情景边界趋向换喻式扩大的结果。而показаться的观察者则是这个词位语义派生性质要求的,是показать语义去使役化时出现的,它是показать用予格表示的体验者退居到话语外的结果。

动词появиться可归入类似动词的一个庞大的集合中。描述非生物界状态和过程的动词语义通常要求有观察者,特别是表示存在意义的动词也具有该性质。正如费伯和迈拉尔(Faber, Mairal 1997)正确指出的那样,语言最乐于表达被观察到的存在,正如哲学家怀疑世界及其组成部分的客观存在一样。

虚构观察者的存在可以是过程(развеваться),也可以是状态(белеть)。至于主题类别,观察者可以存在于声响动词(звучать),方位动词(раскинуться, маячить），以及感知动词中（уставиться）。于是可以得到以下动词类别：被觉察到的声响动词、被观察到的位置分布动词，甚至被观察到的感知动词；появиться在被观察到的运动动词里占据一席之地。

5.5 动词обнаружить[*]

1）意义树形图。在动词обнаружить的许多用法中，存在一个表达该词所有情景的语义公分母。

Y обнаружил X=
（体验者 Y/ 事物 X /分隔它们的障碍物/妨碍视线或意识的障碍）发生了某事。
这引起了：
事物 X 进入体验者 Y 的视野中或意识中
因此
Y-a 的状态发生了变化：他看到了（同时也了解了）某事[陈说]
X-a 的状态发生了变化，（它允许被使用，或者相反，被占据）[推论]
例如：

（1）На галерее какой-то смятенный гражданин обнаружил у себя в кармане пачку, перевязанную банковским способом и с надписью на обложке: "Одна тысяча рублей" (ММ).

（2）Только теперь обнаружил, до какой степени он устал.

（3）<…> хотя мы и не можем обнаружить — в данное время, по крайней мере, — каких-либо его поклонников или последователей, тем не менее ручаться, что их совсем нет, нельзя (ММ).

（4）<…> обнаружил, что крыша с бочки сдвинута на бок (ДЖ).

（5）Пришедший откинул капюшон, обнаружив совершенно мокрую, с прилипшими ко лбу волосами, голову (ММ).

（6）Обнаруживая солидную эрудицию, Михаил Александрович сообщил поэту <…> (ММ).

（7）Никанор Иванович, пожимая плечами, открыл портфель и обнаружил в нем письмо Лиходеева (ММ).

下图是动词обнаружить所有用法（词位）的汇总表，在每一个词位的编号之后，都有关于其意义和分类范畴的简短解释。第二行中指出了该词位在语义聚合体中的位置，也就是其派生历史。接下来是例句，在下文中要讨论的例句用字母做了标记。

---

① 本节曾发表在Падучева(2000a)。

обнаружить初始意义的使役性是不可控的,就是说,该动词的分类范畴是事变,行为意义由上下文产生,参见例(3)。

动词обнаружить可以用在很多不同的结构中,哪怕仅仅满足了下列一个条件,就可以认为这些结构彼此不同:

1) 一个句法位表达了具有另一个语义角色的参项;
2) 要求填充它的名词性组合属于其他的分类类别;
3) 要求填充客体位置的名词与主体位置的名词部分同指。

在例(1)中,主体表示体验者,在例(5)、(6)中,则是事物,在例(1)中,被发现的对象具有物质性,在例(2)中却不是,例(5),(6)中暗示客体与主体部分同指(голова — прошедшего, эрудиция — Берлиоза),而在例(1)和(7)中,却不要求同指。

因为存在大量的不同结构,所以动词обнаружить的情景参项和句法位之间的对应关系很复杂。我们的任务就是在建立обнаружить的意义聚合体(树形图)之后,解释其不同意义间如何相互联系。

动词обнаружить的意义聚合体

- **обнаружить 1.1** 'начать видеть' 事变
  [聚合体的初始词位]
  (a) Геолог обнаружил в тайге следы тигра: Быстро светало, и немцы могли обнаружить колонну, укрывшуюся в низине; Отодвинув занавеску, он обнаружил потайную дверь.
  - **обнаружить 1.1 А** 行为:聚焦在结果上[1.1中产生的施事动词]
    (b) При повторном исследовании медицинский эксперт обнаружил присутствие в теле яда; На заводе обнаружили растрату; Вглядевшись в берег, он обнаружил хижину; Он обнаружил в документе ошибку; Пропажу (деньги) обнаружили только на следующий день;
    - **обнаружить 1.1 А(д)** 事变[由 **1.1 A** 派生的角色配位:方式参项提升]
      (c) Повторное исследование обнаружило присутствие в теле яда; Проверка обнаружила растрату; Вскрытие обнаружило паралич сердца；
- **обнаружить 1.2** ' прийти к заключению ' 事变
  [衍生语义1.1;客体的分类范畴①变化:事物 → 命题]
  Скоро он обнаружил, что океанское плавание — вещь малопривлекательная; Он только теперь обнаружил, до какой степени был одинок [= 'обнаружил', что одинок в высокой степени]
- **обнаружить 2.1** ' сделать видимым кому-то ' [об устраненной преграде]
  [由обнаружить 1.1 派生的角色配位]
  (d) Широко раскрытый рот обнаружил большое количество золота; Раскрывшиеся губы обнаружили два ряда белейших зубов (УК)
  - **обнаружить 2.2** ' проявить ' 事变:带客体
    [**обнаружить 2.1** 范畴迁移的衍生物]
    (e) Первое же сражение обнаружило его отчаянную храбрость; Петькино замечание обнаружило <у него> врожденный ум; Война обнаружила их враждебность; Резкий выкрик обнаружил ее досаду; Его внешность обнаруживала отличное здоровье.
    - **обнаружить 2.3** 领有者 - 主体 [обнаружить 2.2派生的去使役化角色配位+领有者提

升]
(f) В первом же сражении он обнаружил отчаянную храбрость; Берлиоз обнаружил солидную эрудицию; Он кашлянул и этим обнаружил себя [свое существование / местоположение]; Он не обнаружил признаков жизни; резким выкриком она обнаружила свою досаду; подтянул брюки, обнаружив <свои> клетчатые носки.

обнаружить 2.3A 行为：自反式[由 2.3 而来的施事动词]

(g) Он намерен был обнаружить себя [= свое существование / местоположение], появившись среди казаков; [он] считал неприличным обнаружить свою радость. (Ч.)

在不同的词位中分出最初的根词位（обнаружить 1.1），它的参项和句法题元之间的对应关系最直接，其余的则通过角色配位合和范畴变动产生。

我们详述几个"最复杂"的语义转变。

обнаружить 1.1 A（д）

在例（a）和（c）中，动词结构的相互关系如何？

(a) Геолог обнаружил в тайге следы тигра [обнаружить 1.1]

(c) Повторное исследование обнаружило присутствие в теле яда; [обнаружить 1.1 A(д)]

这两个结构的区别在于，在（a）中，主体是体验者（人），而在（c）中，主体的分类类别是事件，而这种主体不可能成为体验者。（a）和（c）之间的区别似乎与（a'）和（c'）之间的区别一样，（a'）的主体是人，（c'）的主体则是事件：

(a') Отец разбудил меня в шесть.

(c') Меня разбудил звонок в дверь.

然而，事实并不完全如此，在（a'）和（c'）中，主体只能是使役者，形成的差别是，在（a'）中，主体作为施事，控制着自己对客体的作用，在（c'）中却没有。但是，обнаружить 在（a）中的主体不只是施事（而且根本不一定是施事），首先它是体验者。因此，简单的分类类别的变化，将表人名词代换成事件名词，在（a）的上下文中会导致破坏 обнаружить 作为感知动词意义的本质。обнаружить 与показать 的区别正在于此，показать 允许这种代换，因为它的主体只有使役者，而体验者用予格表达（因此，在下例中показать 更适用）。

<...> это [то, что концы башлыков у детей были завязаны узлами сзади] обнаруживало, что у них есть еще папы и мамы（ДЖ）

为了从（a）"得到"（c），应该研究（b）中表现的结构：

(b) При повторном исследовании эксперт обнаружил присутствие в теле яда; [обнаружить 1.1 A]

尽管обнаружить 的初始分类范畴是事变，但该动词还可以用于表示有意识行为的意义[1]，（c）中的主格不单单只是使役者，而且是施事，五格的存在证明了

---

[1] 我们认为，обнаружить 1.1有被动态形式（пропажа обнаружена），这证明其完全可能有能动意义，并将обнаружить 与увидеть 区别开（*колонна увидена）。

第二章 感知动词 揭示主题类别结构的尝试　　227

这一点,五格表示施事达到自己目的的方式(手段)。这样可以通过角色配位变动,方式的提升实现从(a)到(c)的转换:

(b) ⇒ (c) Повторное исследование обнаружило присутствие в теле яда;

从(b)转换到(c)时,施事在话语外,与之一起消失在话语外的还有体验者(因为他们以同一参项表示),然而,这个体验者还不是观察者,обнаружить在(c)中蕴涵的体验者是исследование意义要求的施事。

现在很明显,(c)和(c')的不同之处在于其主体的分类范畴不同。在(c)中,主体不只是事件(如звонок, шум),而是要求有施事的行为(如исследование, проверка)。

因此,在обнаружить的初始用法中,词义把主体首先证同为体验者。正是由于这一原因在 обнаружить 1.1意义中的主体位上不能将表人名词代换为事件名词,这就将обнаружить与разбудить甚至показать区别开来,后两个词的主体只能是使役者。

在обнаружить的语义中,将句子分成主位和述位也起了很大作用;比如,在丢失东西的时候说обнаружена пропажа,而пропажа обнаружена大多表示丢掉的东西找到了(因此пропажа有两个意义)。在初始用法中,被找到的东西在述位,动词表示事变,参见例(8)。如果被找到的东西在主位,如例(9),那么动词大多表示有意识的行为:

(8) И вот, как согрешивший херувим,/ он пал на землю с облака. И тут-то/он обнаружил под рукой трубу (Бродский).

(9) Стену обнаружили в Ялте.

обнаружить 2.1

обнаружить 2.1是通过角色配位迁移从1.1转变来的,обнаружить 1.1中占据边缘位的地点参项(例如в тайге)转换到主体位置,并成为使役者,体验者则消失到话语外,试比较(a)和(d):

(d) Широко раскрытый рот обнаружил большое количество золота;
    [обнаружить 2.1]

这种迁移只能在把地点理解为已去除的障碍(不只是во рту,而是в раскрытом рту)时可行。обнаружить在这个意义上典型的语法形式是副动词。例如:

(d') Халат у нее распахнулся, обнаружив колени в рваных трико (УК).

副动词不言自明的主体表示作为障碍的物体,在(d')中它是халат。对обнаружить的语义来说必需的体验者在话语外:它已经变成观察者。

обнаружить 2.2 = 'проявить'

在(e)中,客体表示特征(храбрость),而主体则表示特征显现的范围或者只表示显现,作为体验者意识到特征的原因:

(e) Первое же сражение (проявление) обнаружило его отчаянную храбрость[特征].

特征显现的范围就像是其容器（比如 ум 表现在见解中，досада 表现在呐喊中，храбрость 表现在战斗中），所以句(e)使用(d)结构，赋予其新的内容：观察者在显现中发现了特征，就像例(d)中的在嘴里看到了金牙。

这样，обнаружить 2.2 通过双重范畴迁移从 2.1 转变而来：主体不被理解为地点，而是有事物参与的事件（первое же сражение）；客体不被理解为事物，而是在事物中表现的特征（отчаянная храбость）。

обнаружить 2.3

例(f)又是一个新的句法结构，带有必须部分同指的主体和客体：

(f) Берлиоз обнаружил солидную эрудицию.

尽管(f)中的主语表人，但它很明显不是体验者，就像在(d)和(e)中一样，(f)中的体验者在话语外。在(f)中很容易就可以识别出裂价结构，换句话说，带有外在领有者（参见第一部分第三章），因此，(f)是通过角色配位迁移从(f')转变来的，领有者成为了主体组合的最高点，而被拥有者则成为了客体：

(f') Обнаружилась солидная эрудиция [被拥有的] Берлиоза [领有者] ⇒

(f) Берлиоз [领有者] обнаружил солидную эрудицию [被拥有的].

обнаружить 2.3 的主体不是别人，而是外在领有者，其理由是，这个词位的客体持有者配价要么完全被禁止（*Иван не обнаружил признаков жизни Петра），要么由同指代词的反身形式来表示。（Резким выкриком Иван обнаружил свою досаду/ *досаду Петра）。

(f')结构本身就是中性的去使役化的结果，它把生格组合从客体位转变为主体位：

(f') ⇐ (f") Некто/нечто обнаружил(о) солидную эрудицию Берлиоза.

在(f')这类结构中，свой 存在或缺失的对立很重要：свой 意味着说话者预设事物有该性能。如果在例(10)中加入 свой，它就表示勇敢是说话者事先就知道的：

(10) В первом же сражении он обнаружил (свою) отчаянную храбрость.

如果没有 свой 就表示该特征对说话者而言是新的信息：

(11) Ливерий, в просторечии Ливка, рос сорванцом, обнаруживая разносторонние и незаурядные способности (ДЖ).

обнаружить 2.3A

обнаружить 2.3A 意义与 2.3 的区别仅是分类范畴不同，обнаружить 2.3 是事变，2.3A 则指有意识的行为：

(g) Он намерен был обнаружить себя [='свое существование/ местоположение'], появившись среди казаков (П.) 有意图的行为和事件之间的界限不是

很明显,例如,(g')可以有两种理解:

(g') Хорошо, что он все-таки не обнаружил свою лень при чужих людях.

2)语义衍生模式。将обнаружить的不同意义相互联系起来的所有派生模式都是能产的,即它们在其他词的语义聚合体中也多次复现。

例如,主体的施事化(范畴迁移)将非自主的使役者转变为有意识的施事(即把意义1.1变成1.1A),就是一种能产模式,声响动词也如此:①

(12) а. спускался по лестнице, звеня ключами [主体—非自主的使役者];

б. звенел ключами, чтобы дать о себе знать [主体—施事者].

1.1A(д)意义来自1.1A,这是一种普遍的角色配位迁移,方式参项提升(参见第四章):

(13) Мать убаюкивала ребенка пением ⇒ Пение убаюкивало ребенка;

Этим жестом он выразил свое негодование ⇒ Этот жест выразил его негодование.

具有外在持有者的结构(обнаружить 2.3)是角色配位迁移的结果(参见第3.2节)。

下一个施事化的对象是主体—持有者,它解释了2.3与2.3A的相互关系,它是范畴迁移,例如,它也可以发生在声响动词上,参见(146);(Падучева 1998б) броненосец占据主体位置之后,可被当作声音的使役者,实际上只是充当声音的来源:

(14) а. Якорные канаты броненосца скрежетали⇒

б. Броненосец скрежетал якорными канатами.

从обнаружить1.1到1.2的转变可以通过派生模式"客体专指"来说明:这是范畴迁移,是改变动词主题类别的主要语义派生模式(参见第一部分第二章):

(15) рассматривать фигуру [感知]

рассматривать вопрос [心智行为]

因此,обнаружить的不同用法是通过语义派生关系互相关联的,每一个多义类型都对应意义变化规则(角色配位或范畴的迁移),这一规则不仅对该动词起作用,而且还作用于许多其他词汇。

我们的词义衍生分析揭示了句子结构化为现实的条件,它确定了动词具体的语境意义。例如,可以解释为什么(16)中обнаружить的意义可以理解为2.3,而不是1.2,为什么涉及的是话语外体验者感知状态的变化,而不是主体感知状态的变化:

(16) Осип Брик в ряде статей обнаружил, что он никогда не понимал Маяковского.

---

① 施事化模式在俚语中使用得比标准语中更广泛。(参见Розина 2000)

原因在于，与连词что的搭配不能表示物理性事物，в ряде статей不表示地点，而是主体特征的显现，他对Маяковский的不理解：ряд статей是话语外体验者作出结论的依据。如果去除в ряде статей，就可能把例（16）中的обнаружить理解为1.2的意义：'Брик обнаружил про себя, что он…'。

另一例，在例（17）中主体表示施事，而不是外在持有者，即обнаружить表示2.3A，而不是2.3，为什么会这样？原因在于，如果主体是外在持有者，那么客体就应该表示新的、不为说话者所知的特征；而例（17）中反身代词和опять提出了反证：

（17）Почти в то же самое время и Афанасий Иванович Тоцкий < …> опять обнаружил свое старинное желание жениться（Д）.

3）观察者的指示性方面。我们再回到动词обнаружить意义聚合体中体验者移动的轨道上来。体验者在обнаружить 1.1 初始意义中占主体位置。在1.1A中，同一个参项兼任了体验者和施事两个角色，而在1.1A（д）中，体验者在话语外。然而，方式参项要求有施事，而施事者则兼任体验者的角色。因此，通过一般在上文提及的、被暗示出的施事，体验者发生了语境化。

但是，在2.1—2.3A意义中，话语外的体验者只能做指示性阐释，理应被称为观察者。

动词обнаружить与показаться一样，展示与观察者在场有关的效果。例如（18б）不正常，因为其中的第一人称不能做主语：在言语阐释规则中，说话者应该是主体，而不是被观察的客体；而（18в）是以句法方式阐释的[①]，句子就不反常了：

（18）а. Он не обнаруживал признаков жизни.

　　　б.* Я не обнаруживал признаков жизни.

　　　в. Иван говорил, что в тот момент я не обнаруживал признаков жизни.

обнаружить1.1具有派生的去使役动词；在反身动词中体验者参项在话语外，也就是说，他是观察者。

обнаружиться 1.1（обнаружить 1.1 的去使役动词）="出现在视野中"：

За дверью обнаружился коридор; Под брюками обнаружились клетчатые носки;

Губы спящего раскрылись, и обнаружился ряд стиснутых зубов.

因此，毫无疑问，观察者在обнаружить和обнаружиться的语义中都存在，但是它与показаться相比，"指示性更少"。为什么呢？

показаться行为结束后的状态是纯感知的，它是瞬间的，很快就不具备当下

[①] 关于阐释规则参见Падучева(1996:171).

意了(参见第5.4节)。然而在обнаружить的语义中视觉要素很容易转变为认知要素,并且与视觉不同,表示持久的状态。除此之外,认知作为社群交往的共同财富很容易在人与人之间传递。因此,обнаружить(ся)的观察者通常被理解为集合的。正因为如此,与показаться不同,在обнаружиться中可以出现存在意义[①],这使其与появиться的意义相近。

показаться的语义确定了观察者与体验者的相对位置很远,感知是视觉性的。而对于обнаружить来说,体验者接受信息的渠道没有确定。不管怎么样,这个信息不一定是可见的。例如,如果没有上下文,例(19)不能断定,发现是否是看见的结果。例(20)中的上下文表明,不是看见的结果:

(19) Она уже за дверью обнаружила, что у матери гость (ДЖ).

(20) В комнате вошла девочка лет восьми с двумя мелко заплетенными косичками. Узко разрезанные, уголками врозь поставленные глаза придавали ей шаловливый и лукавый вид. Когда она смеялась, она их приподнимала. Она уже за дверью обнаружила, что у матери гость, но, показавшись на пороге, сочла нужным изобразить на лице нечаянное удивление, сделала книксен и устремила на доктора немигающий, безобоязненный взгляд рано задумывающегося, однако вырастающего ребенка (Там же).

发现可以是意识活动的结果,而不仅是感知的结果:

(21) Она не заметила, как ушел поезд, и обнаружила его исчезновение только после того, как обратила внимание на открывшиеся по его отбытии вторые пути с зеленым полем и синим небом по ту сторону (ДЖ).

所有这些例证都有利于证明观察者的语义分解性。

因此,从角色配位的角度来看感知动词情景参项与句法题元之间的对应关系可以将观察者表示为话语外的体验者,并且将观察者与那些乍一看各种各样互不相关的现象归在一起,这些现象包括:"无主体性的被动态","参项省略"(выбить ковер中的пыль, вдруг、внезапно暗示的意识主体等等)。而冗余参项从前台退居到话语外,如выбить ковер中的пыль;而体验者参项(和意识主体)退居到话语外,其交际等级相反的还提高,化身为说话者,这些现象当然不是偶然的。研究显示,在观察者、体验者与角色配位之间建立的联系提高了这三个概念的价值。

[①] 在СРНГ(вып. 22, Л., 1987)中,обнаружиться的意义被表示为'начать существовать, появиться': Тогда ишь людей-то некому было лечить, да и нечем. Ето счас столько лекарств обранужилось.

第六节　动词видеть的副题元

阿普列相（1996）的词条释义中，动词видеть明显包含了题元和副题元的信息，但他没有对必备参项和非必备参项做任何区分。然而，我们认为，词典中题元（数量少）和副题元（数量多）信息的表征方法并不相同。题元—参项以及与之相应的语义要素显然包含在释义中。而与副题元的搭配是可预测的，其要素以某种方式方式可以从释义中去除。

如果用смотреть来补充видеть的释义，那么видеть情景的很多非必备参项可以预测。人看见什么要以看为前提：

видеть ⊃ 'смотреть'

（反之则不成立：就像5.2节中讲的那样，看不一定看见）因此，我们完全有理由用смотреть表现出的"虚拟运动"要素来对видеть做补充解释。实际上，如果在动词видеть语义中设定有"运动"要素，它的很多搭配都可以得到解释。这就是目光从体验者到感知客体的移动。

"运动"要素在видеть的语义中表现为：地点参项（体验者）作为运动的起点进入视觉情景；例如，可以说увидел с поворота дороги, с крыльца。这个参项甚至在выглядеть中也保留着：

（1）Представляю, как смешно это выглядело снизу.

"运动"要素在感知动词的语义中还通过这种方式表现出自己：在视觉情景中可以存在障碍和通道参项：

（2）в окно видел；вижу через полуоткрытую дверь；через щелочку；

（3）вижу сквозь стекло.

在5.1节中видеть的释义有感知客体的地点参项（参见 Wierzbicka1980 a：115），这就是说，它可以争取动词видеть题元的地位。依据"运动"要素，它的副题元地位可以被预测：即终点。地点和背景是同一个参项，原因在于关注焦点的分布，在下述动词中，背景参项被激活：оттенить和различить<背景下的轮廓>，выделить（ся）<从背景>；теряться в="消失在背景中"，可能还包括动词приглядываться="不仅观察 X，而且还观察 X 的周围"，即它的背景。动词сливаться表达感知对象和背景的不可分离性。

动词видеть的副题元还包括工具（видеть без очков, увидел в телескоп）：

（4）А в лучший телескоп мы можем увидеть примерно 100 миллионов звезд（Зощенко. Возвращенная холодость）.

工具似乎与видеть的静态语义不相配。但是，видеть属于状态类别，拥有内部使役的状态（Levin, Rappaport Hovav 1995：91）：为了看到，状态主体应该拥有相应的能力或器官——眼睛。显然，提高性能的工具参与情景的理由还可能在于，видеть情景的内包参项——眼睛也是工具。

（5）увидел при вспышке молнии；

Впервые я увидел его при вечернем освещении；в ярком свете；

с трудом увидел в наступившей темноте.

"光"要素在与видеть类似的词中有所反映，例如俚语засветиться'被看到'，тебе не светит＝'тебе не видать'（以及"没有接触，没有"）；动词просветить，высветить 在语义分布中有'увидеть'要素，因为这些行为的目的是保证要看见；пролить свет"有助于看到—理解"，在例（6）中выводит его <Юпитера> на свет＝"这样做的目的是让所有人看见"：

（6）Каким образом ваятель в куске каррарского мрамора видит сокрытого Юпитера и выводит его на свет（П.）.

同时，X во мраке＝"看不见X／或是不可理解"；затмить＝"放到黑暗中使无法看到"，试比较отсвечивать表示'反射出光芒'，即"位于说话者个人空间"，"没有必要出现"（Ну что ты здесь отвесчиваешь？）。

没有足够的句法根据把"光"看作видеть的内包参项。同时，无论如何也不能把它从该动词的释义中去掉。

反映不完全视觉效果的程度参项和视角参项，即使可由释义预测，但十分复杂，它们需要专门指出：

（7）Отсюда я впервые увидел его во весь рост；

Я видел ее только в профиль.

正如我们所料，由于заметить不突显'смотреть'要素，其参项—副题元就少多了；因此，увидел из окна是很正常的，而заметить из окна则会被质疑：

（8）Как я заметил еще из окна, каждый из них что-то нес. Кто горшок, кто авоську, кто кошелку（Войнович）.

这样，我们可以得出结论：应该在释义中直接指出一些非必需参项。但是总体上而言，从释义推导来解释与副题元的搭配是具有意义的研究方向。

附录：

感知动词 глагол восприятия[①]

√	белеть	возникнуть	возникать
√	блестеть	√	вонять
вглядеться	вглядываться	вообразить	воображать
взглянуть	√	воспринять	воспринимать
√	взирать	впериться	√

---

① 这些动词都是按照体偶的形式联合在一起的。没有相应的体则用√标出。第一个是完成体动词，它们按照在字母表中的顺序排列。而没有对应完成体形式的未完成体动词位于它本应有的完成体位置。

√	виднеться	√	впечатлять
видеться	√	вслушаться	вслушиваться
внять	внимать	всмотреться	всматриваться
воззриться	√	встретить	встречать
встретиться	встречаться	оглядеться	оглядываться
выбиться	выбиваться	оглянуться	оглядываться
√	выглядеть	√	озирать
выглянуть	выглядывать	√	озираться
выделиться	выделяться	оказаться	оказываться
выискаться	√	опознать	опознавать
√	вырисовываться	опомниться	√
выслушать	выслушивать	ослепнуть	слепнуть
высмотреть	высматривать	ослепить	ослеплять
высунуться	высовываться	осмотреть	осматривать
выявить(ся)	выделять(ся)	осмотреться	осматриваться
√	глядеть	√	осязать
заглохнуть	√	√	отсвечивать
заглушить	заглушать	открыть(ся)	открывать(ся)
заглянуть	заглядывать	отличить	отличать
задеваться	√	отметить	отмечать
засветиться	√	отобразить(ся)	отображать(ся)
заметить	замечать	отождествить	отождествлять
запечатлеть(ся)	запечатлевать(ся)	отследить	отслеживать
засвидетельствоваьть 1-		оттенить	оттенять
√	свидетельствоваьть 1-	охранить	охранять
заслонить(ся)	заслонять(ся)	очнуться	√
застать	заставать	очутиться	√
застичь	застигать	ощупать	ощупывать
застукать	√	ощутить	ощущать
затеряться	√	√	ощущаться
√	звучать	√	пахнуть
изобразиться	изображаться	поглядеть	глядеть
исчезнуть	исчезать	поглядеться	глядеться
√	любоваться	подглядеть	подглядывать
мелькнуть	мелькать	подкараулить	подкарауливать
наблюсти	наблюдать	подметить	подмечать
√	надзирать	подслушать	подслушивать
найти(сь)	находить(ся)	подсмотреть	подсматривать
наметиться	намечаться	подстеречь	подстерегать
напороться	напарываться	показать	показывать

нарваться	нарываться	показаться	казаться
наткнуться	натыкаться	покоситься	коситься
нащупать	нащупывать	померещиться	мерещиться
недоглядеть	√	попасться	попадаться
недосмотреть	√	попробовать	√
√	нюхать	послышаться 1	√
обознаться		послышаться 2	слышаться
обонажить(ся)	обнажать(ся)	посмотреть	смотреть
обнаружить	обнаруживать	посмотреться	смотреться
обнаружиться	обнаруживаться	потерять(ся)	√
обнюхать	обнюхивать	почуствовать(ся)	чуствовать(ся)
обозначить(ся)	обозначать(ся)	почудиться	чудиться
обозреть	обозревать	почуять	чуять
√	обонять	пощупать	щупать
обрисовать	обрисовывать	появиться	появляться
оглядеть	оглядывать	представить(ся)	представлять(ся)
привидеться	√	распознать	распознавать
приглядеть	приглядывать	распробовать	√
приглядеться	приглядываться	расслышать	√
прислушаться	прислушиваться	рассмотреть	рассматривать
присмотреть	присматривать	√	следить
присмотреться	присматриваться	√	слушать
присниться	сниться	√	созерцать
попробовать	пробовать	√	светиться
проворонить	√	√	свидетельствовать1
проглядеть	проглядывать		скользить
√	проглядываться	скрыть(ся)	скрывать(ся)
проглядеть	√	слиться	сливаться
проглядываться	√	смолкнуть	
		стихнуть	√
прозевать	прозевывать	спрятать	прятать
промелькнуть	√	спутать	путать
проморгать	√	√	стеречь
пронюхать	√	столкнуться	сталкиваться
пропасть	пропадать	√	сторожить
пропустить	пропускать	√	таращиться
просветить	просвечивать	√	торчать
√	просвечивать	увидеть	видеть
проскользнуть	проскальзывать	увидеться	видеться
проследить	прослеживать	узнать	узнавать<кого в ком>

прослушать1	прослушивать	узреть	√
прослушать2	√	уловить	улавливать
прослышать	√	√	улавливаться
просмотреть	просматривать	умолкнуть	умолкать
√	просматриваться	услышать	слышать
проступить	проступать	усмотреть	усматривать
проявить(ся)	проявлять(ся)	уставиться	√
прояснить(ся)	прояснять(ся)	утаиться	утаиваться
√	пялиться	√	угадываться
разглядеть	разглядывать	√	шпионить
раздаться	раздаваться	√	щупать
различить(ся)	различать(ся)	явиться	являться
разобрать	разбирать		
разыскать(ся)	разыскивать(ся)		

第三章 知晓动词的语义研究 事实性

对知晓动词的研究我们将从事实性的角度进行探讨。

在基帕尔斯基(1970)的权威性著作发表之后,术语"事实性"(和事实谓词)在语言学界得到了广泛的传播。该论著首次将"预设"的概念引入了语言学研究。事实性动词被界定为是带有命题补语真值预设的一种动词,换言之,即带有事实预设的动词。比如,具体语境 он сожалеет, что ошибся 中错误是事实,而在 он считает, что ошибся 中错误就不一定是事实。

对事实性的这种理解和使用反映在大量著作中。(参见 Karttunen 1971,1978; Shrage 1981; Зализняк, Падучева 1987; Арутюнова 1988; Бульгина, Шмелев 1988; Падучева 1988; Зализняк 1990 等)万德勒(1980/1987)将事实性与支配间接问题的能力联系了起来,但他的想法行不通,像 спросить 这类动词也能够支配间接问题(Я спросил, куда она идет),但它们谈不上具有事实性,即真值预设,因为 спросить 的间接问题不仅不表达真实命题,而且也不表达任何封闭的命题。由于预设概念在语言学研究中仍将起重要作用,所以在语义学发展的新阶段应重新关注和研究事实预设(它们同间接问题的关系)和知晓动词。

与先前一样,我们通过简要释义(即一种特殊的语义公式)来描写词义,这些公式并不在于穷尽反映词义,它们主要包括以下词义要素:a)体现在语言运作中的要素;6)复现在很多词义中的要素,它们将词联合到更大的类别中[①]。

'知晓'和'推断'就属于上述复现的词义要素。下面将探讨'知晓'要素及其在确定预设概念时的作用。

第一节 逻辑学和语言学中的预设概念

预设在逻辑学中被界定为:如果由S的真值性得出P且由S的非真值性也得出P,也就是说如果P的虚假性证明了S的语义异常,则语句S的命题要素P就是S的预设。如下例就是异常句,因为预设为假。对于预设为假的句子,它的否定为真:

(1) Иван знает, что столица США — Нью-Йорк.

---

① 参见化学中结构式的概念。结构式反映了物质形成其他化合物的能力;结构式的部分与物质的"物理"属性可能有的联系,等等;此概念也可用于词的语义结构式分析。

而实际上,例(1)的否定句 Иван не знает, что столица США — Нью-Йорк.并没有比例(1)句正确多少。

通过真/假值来判定的预设不适用于语言学研究宗旨:与逻辑学家不同的是,对于语言学研究者来说,真和假无论如何都不能作为初始概念。语言学中使用预设这个概念时,应对定义做些改动。如果逻辑学家说:"语句S具有预设P",那么语言学研究者则更倾向于说:"语句S的语义公式包含语义要素'我知道P'"。

对于语言学研究者来说,知晓是一个尚未确定的概念,它在维日彼茨卡(1980a, 1996)的研究中属于语义基元之一。知晓是一种先验出现的主体状态,甚至比使役化状态还不确定,试比较:正常句Почему ты так считаешь? 和异常句*Почему ты так знаешь?(Дмитровская1998)Р 的真实性一般等同于肯定"P",而"假P"在实际运用中则等同于"Я знаю, что не P"的论断。

预设定义中将真实性用知晓来替换后,我们就会得到一个语言学上有着丰富内容的预设概念:

如果在S句中命题要素P是预设,则S句的语义公式就包含语义要素"Я знаю, что P"。

应该明确的一点是,这种知晓是初始的、背景的认知,说话人对其没有任何疑问,并视其为客观现实。正因如此,就为预设要素的理解提供了条件;也正因为如此,预设要素在无需调整的情况下就可以从肯定句转化成否定句。

在此,我们列出语言学上对预设以下几个方面的理解:

1) 预设是语句意思的要素(这就避免了在其逻辑定义中成为任一语句预设的同语重复问题)。

2) 预设主体(载体)是说话人(带有预设的动词以自我为中心,也就是定位于说话者身上,参见Падучева1996:262)。

3) 预设是说话人知晓的。实际上,语句(1)绝不是对于所有说话者来说都是异常的,仅仅是对于知道美国首都不是纽约的人来说是错误的。

说明:Карттунен(1985)的说法稍有不同——"带有预设P的语句Q要求说话人认为是P(即P为真)。"Карттунен没有区分считать和знать之间的区别,然而重要的是把握住取决于说话人的异常感觉。

4) 预设是说话人不容置疑的背景的、初始的知识。

另外还有一个问题,说话人是否假定听话人也同样知晓;这是由共知性预设决定的(=语用预设),它既可以伴随、也可以不伴随真值预设。(参见Падучева1977)一般来说,共知性并不是词义的固有要素,而是由句子的超音质特征决定的。试比较下列两句:(2a)带有知晓性假设,(26)不带知晓性假设(\是主要句重音,/是次重音,_是降调,没有突出强调的作用):

(2) a. Иван не знал \, что там есть гостиница _;

б. Иван не знал/, что там есть гостиница \.

(26)中说话人说的不仅仅是关于Иван,而且同时在认为听话人不知道的情况下将宾馆的情况也告诉受话人。

知晓性预设很容易被取消:即使(2a)句的听话人不知道该宾馆,他也可以作出一副知道的样子。(有关说话人对预设的适应问题参见Chierchia1995)

与语义公式预设地位相对立的是陈说要素。当否定整句时,陈说要素也受到否定。

通过说话人的知晓对预设重新界定后,我们就可以解释动词знать一系列"奇怪"用法了,特别是带знать句子的合理性可能取决于动词的人称和时间。

示例1. 为什么(36)的表达是不正常的?

(3) a. Иван не знает, что она приехала;

б. * Я не знаю, что она приехала.

动词знать带有从属命题的真实性预设,所以就产生了上面提到过的'Я знаю, что Р'的要素。这就为由1、2要素组成的(4a)提供了语义公式:

(4a) Иван знает, что она приехала.=

 1)'Иван знает, что она приехала'[陈说];

 2)'Я знаю, что она приехала'[预设].

对(4a)进行否定我们可以得到(3a)的公式:

(3a#) 1)'Иван не знает, что она приехала'[陈说];

  2)'Я знаю, что она приехала'[预设].

(4a)句的语义公式中,陈说和预设的不同点在于动词знать的主体不同。而在否定句(36)的原始肯定句(46)中陈说和预设中的主体是一致的,主语Я在两个要素中都代表说话者本人,因此在句子(36)的语义公式(36#)中同一个命题作为陈说应当被否定,作为预设时应该保留:

(46) Я знаю, что она приехала;

(36#)'Я знаю, что она приехала'[陈说], [预设].

由此可见存在异常。(参见Падучева 1977对例(3)的研究)我们将在第四节中通过这一类型的其他例子来探讨通过说话人的知晓所确定的预设的合理性。

第二节 事实性谓词与非事实性谓词

内容不同,预设也不同:有存在预设,真值性预设,评价预设等等。在菲尔默一个有名的例子中,将动词criticise'осудить'和accuse'обвинить'作了对比,动词осудить的预设是真实性预设,而обвинить则是评价预设:

(1) a. осудил за P/ не осудил за P ⊃ 'P曾发生过';

 б. обвинил в P/не обвинил в P ⊃ 'P плохо';不存在P曾发生过的预设.

带有真值性预设的两类典型谓词①是情感动词和知晓动词：

(2) (не)сожалею, (не) рад, (не) удивляюсь, (не) забыл, (не) вспомнил +что P ⊃ 'P имело место'.

而推断动词没有事实性预设：

(3) (не)считаю, (не)сказал + что P — 不存在P曾发生过的预设。

真值性预设又称事实性预设、事实预设。根据逻辑学的一个聪明的定义，事实就是当真值是某个对应命题时，发生的事情。(Это не факт = 'сомнительно, чтобы это имело место')。这个小笑话里有其合理性：(显然在某人的意识中)没有命题就没有预设。(对事实的论述参见 Арутюнова1988：152)

一个句子里的事实性预设是从何而来的？(事实性预设要求说话者在话语中使用这一句子时形成特定的思想形式)显然，它出现在事实性谓词的具体语境中，并且是事实性谓词意思的组成要素。

在逻辑学术语中，事实性谓词是带有命题题元真值预设的谓词，即带有事实性预设的谓词。

如果V是事实性谓词，那么

V, что P ⊃ P 为真(=曾发生过)；

¬(V, что P) ⊃ P 为真(=曾发生过)。

换句话说，P不仅来自带有谓词V的肯定句，而且也来自其否定句。有利于语言学运用的对事实性谓词的定义建立在以下两个特征基础上：

特征1：要素'说话人知道P'(换句话说，"发生了P"，或P是事实)是带动词V的肯定句意思的一部分。

特征2：要素'说话人知道P'也是带动词或谓语副词V的否定句意思的一部分。

为了让谓词V是事实性谓词，带有该谓词的句子必须②具备特征1和2，哪怕在一个调型中。如：жалеть和забыть就属于事实性动词：

(4) a. Вася жалеет, что соврал ["说话人知道Вася撒谎了"是其语义公式的组成要素].

  6. Он забыл, что сейчас времена другие ['说话人知道现在时代不同了'是其语义公式的组成要素].

确定事实性动词时考虑调型问题是由于以下原因：语言学理解中的预设首先是在动词与否定的相互作用中被揭示的，而否定句的结构和意思则取决于原

---

① 我们使用谓词(предикат)这个术语，因为分析的范围内不仅有动词，而且还包括谓语副词(предикатив)，如интересно, жаль等。

② 必须的，但还是不够的，参见第一节中关于作为背景知识的预设的论述。

始肯定句的交际结构,尤其是取决于它的调型①。

> **说明**:有关线性语调结构与否定之间相互作用的普遍规则。否定落在述位上。在形式上述位是带有主要句重音的词。在内容上,重音取决于已知性。述位是新的内容,因此带重音;而已知的信息则不带重音。正常情况下重音落在句末,但是如果事实已知的话,也就是事实处于说话人和听话人共同的视野中,重音就从句末向句首移动,然后落在主句的动词上,从而使从属命题失去重音:

(5) A: Поздравляю тебя!
　　　B: Спасибо. Я забыл\, что у меня сегодня день рождения __.

所以,主要句重音落在主句动词上说明了说话者双方都知道预设 P 的内容,这是预设调型。主要句重音落在从属命题上说明了它不具有已知性。相反是通过这一语句让交际双方都了解。这时动词要么没有重音,要么带有次级升调重音(在非疑问句中主要句重音是降调),这是述位调型。使用在例(6)这样的提醒式言语行为中:

(6) Ты забыл/, что у меня сегодня день рождения \.

一个"理想的"事实性动词不仅有事实预设,而且还具备从属于受话人命题的已知性预设。比如动词жалеть实际上就不使用述位调型,因此句重音经常落在该动词上。因此:

(7) НЕ (Я жалею \, что это сказал _) = Я не жалею \, что это сказал _.

动词сожалеть也是如此(尽管对应英语词 regret 没有这种限定):

(8) * Мы сожалеем/, что ваш доклад не включен \ в программу.

但是也有同时带有两种调型的动词,如动词забыть,预设调型的存在(作为一种可能性)已足够说明动词是事实性的动词:

(9) НЕ (Я забыл \, что у тебя сегодня день рожденья_) = Я этого не забыл \.

句子在述位调型中否定不充分,如(10б)并不是(10a)的否定:

(10) a. Я забыл/, что у нее сегодня день рожденья \;
　　　б. Я не забыл/, что у нее сегодня день рожденья \.

如果动词不带主要句重音,对该动词的否定(语气词не)就不会表达出对原始句子准确的否定;(参见Богуславский 1985:29)如例(11)对主要句重音的载体я进行否定更确切的意思是'это не я придумал',而不是'неверно, что я сказал, что это я придумал'。

(11) Я не сказал/, что это я \ придумал [很可能不是我想出来的].

卡廷纳(1971)把事实性动词,也就是带有事实性预设的动词与其他非寻常

---

① 关于带命题题元的动词调型参见Кодзасов(1988), Paducheva(1995)。

的、但每次否定都有相同运作的动词进行了对比。例如，动词可以从 S 句的真值得出它语义上的从属命题 P 的真值，但是一经否定真值就不存在了。卡廷纳将这类动词称为蕴涵动词；它们具有真值蕴涵。比如，感知动词就属于这一类别，试比较（12a）句和（12б）句：

(12) а. Я видела, что он плакал ⊃ 'он плакал';

б. НЕ(Я видела, что он плакал) = Я не видела, плакал он или нет.

并且，感知动词也有事实性用法，如例（13）句中就具有意义要素：'я, говорящий, знаю, что они купались':

(13) НЕ (Ваня видел \, как они купались_) = Ваня не видел \, как они купались_.

双蕴涵词（биимпликативы）（удалось, сумел, добился）形成特殊的一类，这些动词中 S 带有蕴含 P，而 не-S 带有 не-P 的蕴含，参见例（14）。而对于否定蕴含动词来说，是 S 带有 не-P 的蕴含，参见例（15）：

(14) Он добился того, что статью опубликовали ⊃ 'статью опубликовали';
Он не добился того, чтобы статью опубликовали ⊃ 'статью не опубликовали';

(15) забыл закрыть ⊃ 'не закрыл';
делает вид \, что понимает_ ⊃ 'не понимает';
притворяется, что болен ⊃ 'не болен' [与重音无关]

扎丽兹尼亚克（1988）对此类现象进行了总结，并引入了"动词的蕴涵类型"这一概念。

没有蕴涵的动词，如 заставлять：句子 Он заставлял меня писать диссертацию，同它的否定句一样，丝毫没有谈及是否存在写出的论文。

下列主题类别的谓词属于事实性动词：

如：жалеть, сожалеть, рад, огорчен;

知晓动词，如：забыть, вспомнить, напомнить, признать;

告知动词，如：сообщить, информировать, предупредить;

非事实性谓词有：

言说动词，如：говорить, сказать, утверждать, заявлять, объявлять, настаивать, подтверждать, отрицать, уверять，如例（16）；

推断动词，如：предполагать, считать，如例（17）：

(16) Вася сказал, что живет на Басманной.

(17) Я считаю, что ему надо отдохнуть.

另外还有一个问题，动词 знать 是否为事实性动词。第一节里例（2）表明 знать 在所有用法中都具有事实性，但是现在时第一人称除外，原因是这一形式中动词знать的事实预设①会消失：

(18) а. НЕ (Иван знает, что она приехала) = Иван не знает, что она приехала;

б. НЕ (Я знаю, что она приехала) = Я не знаю, приехала она или нет.

第一节中的例(3)、(4)说明了这一情况是如何发生的：因为预设等同于陈说。

第一人称主体的特殊性只表现在现在时当中，在过去时中第一人称与第三人称并没有区别。参见例(19)和第一节中的例(36)：

(19) НЕ(Я знал, что она приехала) = Я не знал, что она приехала.

实际上，在'我知道P'的预设要素中确定的正是动词знать②的现在时形式。(参见第一节中的例(4))

第三节 支配间接问题的动词

到目前为止我们探讨的都是动词的事实性问题，这些动词的谓词题元表达的是一个命题——即可能是真也可能是假的一个判断。万德勒(1980/1987)对能够支配间接问题的动词曾使用了"事实性"这一术语。那么间接问题究竟表达的是什么？

根据辛基卡(1974)对带有间接问题句子的分析，句子逻辑结构中的疑问代词与变量对应，这个变量与具有最大辖域的存在量词联结，例(1a)表达(1#)的意思：

(1) Иван знает, где находится его жена;

(1#) 'Существует место X, про которое Иван знает: его жена находится в месте X'.

例(1)句子的逻辑结构存在量词处于знать的辖域之外，也不可能进入这一辖域并被替换为量化代词。为了方便比较，例(2)中的存在量词是通过существует表达的，但是也可能被替换成какой-нибудь；也就是说(2a)=(26)：

(2) а. Число X не простое, если существует другое число, на которое X делится;

б. Число X не простое, если оно делится на какое-нибудь другое число.

然而在例(1)中这样的替换是不可能的，(1)≠(3)：(3) Иван знает, что

---

① 需要强调的是，знать用于第三人称也可能是非事实的，参见Степанов(1996:178)的例句：Никто не знает, что он останавливался в этой гостинице [事实性动词] 和 Никто не знает, останавливался ли он в этой гостинице [非事实性动词].

② 试比较Апресян(1995:192)和Кустова(19986)关于动词думать的意义取决于人称和形式的论述。

его жена находится в каком-нибудь месте.

逻辑学中预设被定义为具有真值的命题，因此带有间接问题的动词不能被称为事实性动词，因为它们的题元不是一个命题，只是一个命题形式。

我们来探讨一下带有间接问题的句子：

（3）Вася сказал Дуне, где он живет.

这句话不带有"从属命题为真"这一预设：真值预设是说话人知晓的；然而例（4）甚至不要求说话人知道传达给受话人（即知晓主体）的命题内容：

（4）Вася сказал Дуне, где он живет ⊃
　　1) 受话人知道 P'（P'的存在是形成回答的命题）；
　　2) 说话人没有理由怀疑 P'的真实性/ P 曾发生过。

说话人设定 P'是真实的/曾发生过，也就是说Вася说了某些让受话人认为是事实的话，而说话人也没有被怀疑，这并不是知晓主体等同于说话人①的事实性情景。说话人的非参与性在例（5）中表现得更明显：

（5）Этот мальчик видел, кто сбил прохожего.

万德勒在研究能够支配间接问题的动词时提出了两个有意思的问题：

问题1：为什么动词（如сказать）在命题性论元的上下文中（сказал, что Р）经常没有真值蕴涵，而在间接问题的语境中却有：

（6）а. Он сказал Дуне, что живет в Сан-Франциско [а на самом деле он живет в Окленде, я знаю]；
　　б. Он сказал Дуне, где он живет = 'Он сделал так, чтобы Дуня знала' = 'сообщил'.

问题2：为什么推断动词不能支配间接问题：

*считаю /*уверен, где он живет；*предполагаю/*допускаю, кто взял.

现在已有对问题1令人信服的解释，支配间接问题的能力与知晓要素有密切联系；（参见 Baker 1970, Kiefer 1981）带间接问题的语义公式包含着'知晓'普遍涵义要素：（详见Падучева1988）

（7）Он интересуется, кто... = 'хочет знать'；
　　Он спрашивает, кому... = 'хочет знать, и потому говорит нечто'；
　　Он вспомнил, где... = '(знал, потом забыл), сейчас снова знает'；
　　Напомни мне, когда… = 'сделай так, чтобы я вспомнил, т.е. снова стал знать'.

但是在带间接问题动词的语义公式中，"知晓"要素并不是预设。首先，间接问题动词知晓主体并不一定是说话人本身，而是动词情景的参与者之一；因

---

① 因此，如果在句子中动词偶然有第一人称的主体，那么在肯定判断的动词中才有可能出现延续。（参见Булыгина, Шмелев1988: 55)例如Я придумал, что ему подарить: дудочку.

此,在例(6)中知晓主体是某个叫Дуня的人。其次'知晓'要素的地位在带间接问题动词的释义中也不是预设性的。相反,它一定是陈说性的:'知晓'要素是预设的动词,不支配间接问题;例如,在语义公式中存在'知晓'要素(因为这些动词带有事实性预设),但是存在于预设要素中,所以不能够支配间接问题,不能说:*Мне жаль, на ком он женился①。

当知晓状态不是行为或事件的直接结果,而是附带的推涵、蕴涵时,描写这一情景的动词也不能支配间接问题。以动词доказать为例:证明的直接后果是要使某人相信;而知道谁是举证者是这一行为的次要结果,(参见Падучева 1988)因此这一动词不具备支配间接问题的能力(或仅仅具有有限的能力)便不足为奇了。因此доказать不能支配间接问题并没有与已形成的结论相矛盾。

这样,所有带间接问题的谓词的共同属性是'知晓'要素处于陈说(或蕴涵)的地位:否定语境时则为'非知晓'要素。为了解释例(6),需要明确的是,不仅那些在结构公式中有'知晓'要素的动词可以支配间接问题,例如напомнить,而且那些能够将这一要素纳入自己结构公式的动词也具备这一能力,例如动词сказать。实际上,сказать在自己的初始语义公式中并没有这一要素,但是在间接问题语境中却能够将其吸纳进来,如例(66)所示。换言之,带有间接问题的结构要求带有陈说性'知晓'要素的谓词,并且对某些包含'知晓'要素或者能够将其吸纳的动词而言,这一结构也是可能的。这些动词的'知晓'要素并不与其语义本身相矛盾②。

布雷金娜和什梅廖夫(1988)曾注意到:相对于带'知晓'要素的谓词,在带有"不知晓"要素的谓词语境中,间接问题结构形式往往更加丰富。可以说 Интересно, где же они были,带语气词же,但不能说*Я знаю, где же они были。然而这并没有取消间接问题对支配谓词"知晓"语义要素的要求③。

现在万德勒的第二个问题就清楚了,为什么推断动词不能支配间接问题,答案很简单:间接问题语义所要求的要素不但不属于推断动词的公式组成,而且也不能参与其中,因为推断与知晓是矛盾的。值得一提的是,根据维日彼茨卡(1969:20)的分析,думаю要求有"不知晓"要素,但是"不知晓"这一要素的非陈说地位不能满足间接问题的需要④。

---

① 应当明确的是,我们把语义公式片段的某种类别称为"知晓"要素:'Х знает(Х知晓)','Х не знает(Х不知晓)','Х хочет знать(Х想知晓)'。如,否定интересоваться时,否定的是'Х хочет знать(Х想知晓)'要素。

② 类似的问题出现在带生格主体的动词中(参见第九章):这些动词或包含某种语义要素,或可以将这种语义要素吸纳进来。

③ 更为复杂的问题是:间接问题在认知动词语境中(即知晓动词)和зависеть动词语境中(参见 Boguslawski 1979)是否存在共同的语义:Что она думает, зависит от того, с кем она общается。

④ 间接问题与'знать'要素有关的问题不需要特别的揣度:'вопрос'在支配间接问题动词的语境中变为'знать ответ на вопрос(知道问题的答案)'。

支配间接问题动词在具体语境中具有共同的超音质特征：它们带有主要的句重音。可以认为，带间接问题的动词所带的固定重音来源于其释义中的陈说性"知晓"要素。而推断动词不带有句重音：*Я считаю\, что она хорошенькая. (参见Зализняк, Падучева 1987)

第四节 案例分析

第一章中的例(1)说明了不是通过真值性、而通过说话人的知晓来界定预设的某些优势。让我们再来看看这种类型的其他例子：

示例2. 为什么(16)句是异常的？

(1) a. Он думает, что знает, где я нахожусь;

б. *Он думает, что знает, что я нахожусь на Кипре.

第三人称形式的动词думать与非事实性推论兼容：

Он думает, я его испугался ⊃ 'Я его не испугался'.

过去时第一人称也会发生这样的情况：

Я думал, тебя нет в Москве.

扎丽兹尼亚克和帕杜切娃(1987)曾研究过推断动词的非赞许性阐释：

(2) a. Он думает, его за это похвалят.[非赞许性阐释：推断为假]；

б. Иван думает, что урожай будет хороший.[中性阐释：仅推断]

带有非赞许性阐释думать的(16)为异常句是因为存在非真实性预设。实际上，非赞许性阐释думать要求'Он не знает, что я нахожусь на Кипре'是真实的；但是因为не знает，这一命题具有了'Я нахожусь на Кипре'这一预设，这显然是非真值的：如果这一预设是真的话，他就一定会知道我在塞浦路斯，也就是说非赞许性阐释думать在这里不适合了。这样就产生了矛盾，其结果就是异常。而带有间接问题的(1a)句没有任何关于我的所在地的预设[①]。

示例3. 对于着眼于将来的动词，如предсказать，是否能够支配间接问题的能力取决于动词的时间。例如(3a)句是可行的并且要求知道预言应验了；但是(36)句不能这么解释，因为在现在时中不可能知道将来：

(3) a. Он предсказал, кто будет президентом;

б. °Он предсказывает, кто будет президентом.

(36)句中的предсказывает只能理解为惯常性意义。

示例4. 为什么(46)句是异常的，也就是说为什么未完成体动词вспоминать能够出现在间接问题语境中，而不是命题语境中？(Апресян1988)

(4) a. Он вспомнил, как ее зовут.

---

① 参见Булыгина, Шмелев(1988)对(1)类型例子的另一种解释。

б. Он вспомнил, что ее зовут Татьяна;

(5) а. Он вспоминал, как ее зовут.

б. * Он вспоминал, что ее зовут Татьяна.

原因在于想不起来她叫什么的人却正在回想起来：他的思想活动正专注于回忆。其实(56)句已经包含答案，而不是作为一个问题。句子 Он не помнит, что ее зовут Татьяна 是完全正常的，动词不表示活动，而是状态，客体不知晓和说话人知晓的状态。

第五节 事实性与知晓

万德勒因此确信，动词的事实性是动词能够支配间接问题的标志。但综上所述可以得出的结论是，这两种特性——句法属性（支配间接问题的能力）和语义属性（存在事实性预设）由不同类别的动词体现。一方面，动词释义中的'知晓'要素还不是说话人的事实性预设：知晓的主体可能不是说话人，而是其他人（Мальчик видел, кто сбил пешехода.）。另一方面，说话人的事实性预设并不能说明谓词有支配间接问题的能力，在 сожалею, что упустил 这个句子中存在事实性预设'упустил'，但是 сожалеть 并不支配间接问题。

只有在陈说（或蕴涵，但非预设）地位中"知晓"要素才能够和支配间接问题的能力相互预示。知晓谓词两次进入到 знать, вспомнить 这类具有事实性、同时又能够支配间接问题的动词语义公式中：一次是"知晓"要素属于语法主体，具有陈说地位；另一次是属于说话人，具有预设要素的地位。能够支配间接问题的能力保证了"知晓"的陈说性，而对于事实性来说则是"知晓"的预设性。

因此，支配间接问题谓词的一般语义特征和事实性（在广为认可的意义上）之间有以下区别：

1) 在有支配间接问题的语境中，不是说话人而是其中一个情景参与者知道某一事实，即问题的答案；只能在总体上说，说话人没有与之相矛盾的想法（也就是说他不会有相反的想法），不然他就不会使用带有相对于第三人称来说是事实性预设的动词。

2) 在带有间接问题的句子语义中，"知晓"要素不是预设。相反这一要素应该是陈说性的。因此，对间接问题动词进行否定的语境会出现'非知晓'要素，如：Иван не помнит, кто дал ему деньги ⊃ 'Иван не знает, кто дал ему деньги'；而此时无论是在说话人还是"普通的"情景参与者的意识中都不存在任何事实。(Булыгина, Шмелев 1988 将其称为"非显性正面判断")

一些命题假定类动词（如 подозревать, догадываться）可以允许有说话人事实性预设的用法。说话人知晓相关事实的预设则通过重音专门表达出来；例如在(1а)句中就有说话人关于欺骗的事实性预设，很可能他自己也是行骗者之一；而在例(16)中就不是这样的：

(1) а. Иван подозревает \, что его обманывают __;

б. Иван подозревает /, что его обманывают \.

因此，在任何情况下都要明确区分出充当说话人预设的事实和存在'意识主体(不是说话人)知道 P'要素之间的区别。带有间接问题的подозревать的用法具有边缘化特征，试比较：

Михаил был необычайно замкнутым человеком. Родственники́ даже не подозревали, чем он вообще занимается.<...> Михаил выступал [в эстрадных программах] с художественным чтением. (Довлатов. Наши).

没有根据地附会事实性预设与支配间接问题能力的原因是因为术语使用上的混乱，这方面万德勒是有责任的，他将那些基帕尔斯基认为仅仅是知晓动词的词称作事实性动词。万德勒(1980/1987)本人也在文章的最后承认，他对知晓和推断谓词感兴趣，原先他把它们称作客观和主观谓词，然后他发觉在基帕尔斯基P. & C.(1970)的研究中，这些动词类别相应地被称为事实性和非事实性动词。

万德勒有趣而又充满各种新材料的研究对此问题继续进行了大量分析，但是其中对事实性的理解并不统一。

布雷金娜和什梅廖夫1988年的文章《关于间接问题的问题：它们同事实性的关系是确定的事实吗？》实际可以视为对事实性的原初理解：两位作者将事实性看作从属于动词的命题(尽管在否定的情况下不一定保留)的真值问题，其出发点是：为了证明动词的事实性至少应该在带有间接问题的句子语义中找到一个应当成为事实的命题，于是充当间接问题答案的隐性命题就会显现出来。他们将动词分成两类：肯定判断谓词和疑问谓词，分类的依据是：不是所有能够支配间接问题的动词都暗示这一隐形命题。对间接问题来说最主要的上下文(即最大程度允许间接问题的上下文)恰恰就是不会产生隐性命题的疑问谓词。因此对文章题目中所提出的问题的回答是否定的：能够支配间接问题和具有事实性，这是不同性质的东西。

HOCC(1997)中继承了万德勒的思想，将知晓动词称为事实性动词，而能支配间接问题的特征被认为是"最无可争辩的事实性的标志"。但是如果不使用已用过的术语并且不将知晓动词称作事实性动词，而仅仅称作知晓动词(也就是将事实性换成更加明确的术语——知晓动词)，那么，就可以论及建立间接问题同知晓动词之间的联系，而不是令人费解的间接问题与事实性之争，前者给人的感觉相当令人信服。

因此，如果认同万德勒的观点，即事实性动词就是知晓动词的话，那么所有问题迎刃而解了。万德勒确信，间接问题是事实性最可靠的标记，这也消除了问题本身荒谬的一面，正如我们揭示的那样，同间接问题的搭配是知晓动词最显著的特性;此外,对于有两种支配方式的动词,如сказать,正是通过'知晓'要素来对其在间接问题语境的释义进行补充,这一点万德勒已介绍过。(参见第三章中的例(6))

现在可以明确地说事实性术语有两种不同的用法,但是需要指出的是,这两种用法之间也有相似点。万德勒的绝妙错误让我们注意到这两种动词之间的联系,即基帕尔斯基所指的事实性动词(带有真值预设的动词)和万德勒所指的事实性动词(能够支配间接问题的动词)之间的关系:这两种动词都有'知晓'语义要素。不同点在于,事实性动词的'知晓'要素存在于预设中,而且它的主体是说话人,而对于能够支配间接问题的动词来说知晓者是情景的普通参与者之一,而'知晓'要素本身是陈说性的并且首先会受到否定。

事实性动词概念目前在某种程度上失去了自身的价值。显然,语义分析的目标不应是动词分类(存在太多种类),而是结构公式,对每一个词语的单独释义(及语境变异的普遍规则)。在结构公式中,例如可以看出知情者是说话人,也可以是情景的普通参与者;"知晓"要素或可生成肯定评判;根据布雷金娜和什梅廖夫(1988)的观点,动词或可具有暗示出的肯定命题,也可以没有;动词的初始用法中'知晓'要素可以同"完结"一起纳入动词的初始语义中(вспомнить, что),或仅补充到间接问题语境的结构公式中,如动词сказать等。这种结构公式应该包括所有这些信息,并在相当广阔的语境类别中预示动词的用法。

因此,如今将知晓动词看成是一种主题分类之后,我们就可以把这两种角色配位看成是它们最显著的特征,即带有命题题元和间接问题。第五章中这两种角色配位相应地被称作直接和间接角色配位。区分动词знать和带有陈说性'知晓'要素动词的两种不同意义是语义学研究的历来传统。(参见 Wierzbicka 1969,Хинтикка 1974)这时应该将命题意义和疑问意义归入这些动词规律性的多义中。需要指出的是,词典中对这些意义并没有作出区分,例如:СЯП将знать的命题用法与疑问用法等同,如:Я знал, что вы мне поможете(命题用法)和Я знаю лучше твоего , что нужно для твоего счастия.(疑问用法)。

第六节 影响心智状态的动词

在第一部分第二章里我们引进过构建要素的概念,并指出了这样一些构建要素,如:使役、始发、否定等,它们并没有改变动词主题类别。因此,很自然就将показать和видеть, молчать和говорить, объяснить和понять纳入同一序列中。下面我们将讨论具有显著语义聚合体的心智状态使役动词。

影响心智状态的动词(如объяснить ="使明白"),可以包括纯信息性质的状态(сообщить = '使了解'),更广义的影响内心状态的词还包括:感知状态(показать, насторожить), 意愿状态(убедить ="使有意愿"), 情感状态

(испугать)。(影响情感状态的动词参见第四章，意愿动词参见第五章)

一个人影响另一个人内心状态的最自然的方法就是言语，(影响心智的言语类动词参见Гловинская 19936)但是信息载体可以不单是言语。内心状态变化的使役者可以是事件(отъезд огорчил; приход подтвердил)，事件信息(его слова обрадовали)或者事件发生过程中出现的信息(проверка показала, эксперимент объяснил)。例如，在Его приход меня испугал中，主体是事件，状态变化的使役者也有可能不是事件本身，而是有关它的信息，此类换喻性迁移具有普遍性。

心智状态使役动词包括：

(1) объяснить, прояснить, доказать, подтвердить, опровергнуть, подсказать, убедить.

改变心智状态动词的语义聚合体建立在分类范畴和角色配位这两个参数的基础上。

动词分类范畴的屈折变化与影响的可控性和不可控性有关：

(2) а. Иван показал мне, что коробка пуста;

　　б. Его смущение показало, что он это знал;

　　в. Проверка показала, что в кассе недостача.

相应的，这种类型的动词可以表示行为，如(2a)，也可表示事变，如(26)。我们以后再分析例(2в)。

至于角色配位，则(1)组动词包含可视为结果的参项，为了达到目的，即为了影响受话人心智状态，施事者制造某种精神或信息产品，如объяснение, доказательство, подтверждение, обоснование, подсказка, аргумент等。例如，объяснил = 'предложил объяснение'；доказал = 'предъявил доказательство'。在第四部分第二章中将详细阐述下述思想：当有表达结果的题元存在时，带有行为意义的完成体动词不能换成其对应的未完成体动词，例如(3a)句中未完成体动词的意义不是行为意义，而是表示结果的达成意义，(参见Падучева 1996：154)这里的объясняют表示已经解释过了。而在间接角色配位中，没有结果参项的动词也有可能表达行为意义；例(36)中很恰当地回答了"Что он там делает?"的问题。

(3) а. Отсутствие жены президента на вечере журналисты объясняют болезнью；

　　б. Он объясняет отсутствие на вечере своей жены.

在两个参数的基础上，即分类范畴和角色配位的基础上，объяснить这类动词出现了包含六个成员在内的典型语义聚合体。带有客体—施事的完成体动词可能有两种意义：意义1，带一般角色配位的完成体，表行为；意义2，带结果参项的角色配位完成体，强调结果的行为；意义3是在意义1范畴迁移作用下形成的,即将施事者替换为事件使役者,动词的分类范畴也相应发生变化,从行为到事变,参见例(2a)和(26)。接下来,在对应的未完成体的三种意义中,只有未完成体动词意义1与完成体动词意义1之间的体的对应关系是标准的;而未完成体意义2相对于完成体意义2来说,表示结果状态;未完成体意义3对完成体意义3来说,表示静态性使役:(参见Падучева1996:105)

		完成体	未完成体
施事－主体	1	行为;一般角色配位: Он объяснил начальству свое отсутствие	行为: объяснял нам причину своего молчания
	2	行为;带结果参项的角色配位: объяснил головную боль переутомлением	行为完成后的状态: объясняет головную боль переутомлением
事件－主体	3	事变: Появление Пети объяснило мне отсутствие Вани	静态的使役: Приход Пети объясняет отсутствие Вани

объяснить的初始意义与其衍生语义之间的派生关系图

- 1 完成体[行为;一般角色]:Он объяснил нам свое отсутствие = 'причину своего отсутствия';
- 2 完成体[强调结果的行为;带结果参项的角色配位]:Он объяснил отсутствие жены болезнью;отсутствие Вани приходом Пети;
- 3 完成体[事变]:Появление Пети объяснило мне отсутствие Вани;
- 1 未完成体[行为;一般角色配位]:Он объясняет начальству свое отсутствие;从1类完成体派生而来,两者之间为普通体的对应关系;
- 2 未完成体[行为结束后的状态]:Он объясняет отсутствие жены болезнью;从2类完成体派生而来;行为完成后的状态。
- 3 未完成体[静态的使役]:Приход Пети объясняет отсутствие Вани;由3类完成体派生而来。

静态性使役分类范畴的动词表达了信息属性,它是状态形成的动因。某种信息具有解释、证实和确认能力的原因在于该信息的特殊性:为了说服他人,该信息就应该具备说服力。例(4)中的объясняет(用作未完成体意义3)表达了别佳到来的属性,即向众人解释了万尼亚没来的原因:

(4) Приход Пети объясняет отсутствие Вани.

例(4)表明了приход Пети具有影响意识主体的能力,其方式是通过解释отсутствие Вани的原因。同样,句子Тряпка впитывает влагу也表达了抹布的属性(吸水性),能够吸附水分。

在静态性使役意义中,объяснить初始行为意义的受话人参项被泛化,并退

出话语外,在表达事变意义时它可能出现:

Приход Пети объяснил мне отсутствие Вани.

静态性使役意义经常作为事变动词体的对应物出现,并且超出了心智状态意义:

(5) а. Это возвысило ее в моих глазах [事变];

б. Это возвышает ее в моих глазах [静态的使役].

3类完成体(过去时)和3类未完成体(现在时)的区别在于:完成体不能揭示事件和主体Y心智状态变化之间的任何内在联系;仅确认事件X对主体Y施加影响的这一事实。而3类未完成体的静态使役就首先揭示了这一联系,它确认的是:由于事件X(确切地说,是X携带的信息),主体Y状态发生了变化。

доказать, опровергнуть, подтвердить, убедить这些动词的意义系统同объяснить一样。例如:(6a)为行为结束后的状态;(6б)为静态使役意义:

(6) а. Он подтверждает свое согласие;

б. Это исключение подтверждает правило.

动词уговорить与убедить意义相近,但是聚合体不完全:它有不能取消的言语要素,因此它不能用作事变意义。(关于言说动词的施事性参见第六章)

原则上,带有非施事性主体的结构有两种来源:一种是范畴迁移,如例(7),一种是角色配位,如例(8):

(7) а. Я объяснил истоки этих ошибок [行为];

б. Встрепанный вид Пети объяснил его вчерашнее отсутствие[事变].

(8) а. Сплошной проверкой редактор обнаружил массу ошибок [сплошной проверкой方式参项位于边缘];

б. Сплошная проверка обнаружила массу ошибок[сплошная проверка – 主体].

但是如果动词没有方式参项(如объяснить),那么非施事主体只有在范畴迁移的情况下才能出现。

第1—5节中命题结构和间接问题的对立也是某些心智影响动词的特点,然而关于派生的使役动词如何继承生产动词支配间接问题能力的研究还需另外加以研究。如动词сообщить, объяснить能够支配间接问题,而подтвердить, доказать却不能,探寻这一区别的语义根据则是另一项单独的课题。

第四章 情感动词的语义聚合体

> 少校拿出一个特大文件夹,在封皮上赫然写着我的姓,……我此时的感受恍若猪逛肉铺时的感觉一样。
>
> —— С. Довлатов. Чемодан

情感动词(或者说心理状态动词)作为具有典型语言运作特点的独立类别,比别的动词更早为人们所接受。动词参项的语义角色与其句法地位之间的复杂对应关系也更早地得到了揭示。下例表现了情感动词句法变体的多样性:

(1) а. Меня рассердила его невнимательность;

б. Он рассердил меня своей невнимательностью;

в. Я рассердился на его невнимательность;

г. Я рассердился на него за невнимательность.

在规律性多义层面上情感动词也引起了大家的兴趣。如,许多情感动词有派生的心智意义:(参见 Зализняк 1983)

(2) а. Я тебя боюсь [情感]; б. Боюсь, что ты не прав [心智].

另一种语义迁移是从情感到表达其言语行为。(参见 Иорданская 1984: 214; Mel'čuk 1988: 354)如,动词 восхищаться 表示典型的心理状态,在例(3)中表示一种言语行为:(Иорданская 1984)

(3) Гости почитали обязанностию восхищаться псарнею Кирила Петровича — один Дубровский молчал и хмурился (П.).

与此同时,展开词汇语义的动态研究,情感动词是一个相当合适的舞台。我们的任务是在大量不同的意义和用法基础上揭示情感动词的衍生关系。我们为每一个派生语义比对隐藏其后的衍生模式,最终得出情感动词的语义聚合体[①]。

第一节 作为一个主题类别的情感动词

情感动词语义的研究始于 Л. Н. 约尔丹斯卡娅 1970 年的著作,她指出,心理

---

① 关于词语的语义聚合体参见第二部分第一章,情感动词的语义聚合体包括派生的未完成体动词及反身动词。

状态动词的意义很少涉及状态本质:情感动词之间最大的区别首先在于引起原因。在这种情况下,心理状态的引起并不是因为事件本身,而更多的是主体对发生的事件的想法;从事件到人的心理状态要经过思考及理性的评价;事件本身并不会预先决定情感状态的出现。实际上,问及Вы(не)рассердитесь, если я сделаю то-то и то-то?是很自然的,因为尽管问的人知道将会发生什么,但他不可能预知受话人的心智反应以及其结果——他的情感状态:

（4）Правда, человеку необходимы и карманные деньги, хотя бы некоторые, но вы не рассердитесь, князь, если я вам замечу, что вам лучше бы избегать карманных денег, да и вообще денег в кармане (Д.).

对于Вы (не) огорчитесь, если я уйду?①也类似。

引起某种心理状态的原因可能是事件信息,或者是对情景的直接感知。(参见Арутюнова 1976)对于动词огорчить通常是第一种情况。但是例(5)的意义不确定;在(a)的解释中将来时被确定为事件的时间,而在(6)中将来时被确定为获知消息的时刻:

（5）Алену огорчит твой отъезд =

　　（a）'Алена будет огорчена, когда ты уедешь';

　　（6）'Алена будет огорчена, когда узнает, что ты уехал'.

一定语境中选取其中一种解释,通常不会产生歧义,然而,歧义现象可能不被察觉,因为对твой отъезд的两种理解具有换喻关系。

事件X会发生的看法可能为假,在主体Y的状态中没有什么因此而发生变化;下例表现得很明显:

（6）Ты вообразил, что твоя пьеса не нравится матери, и уже волнуешься (Ч.).

阿普列相(1995:459)的情感动词释义公式包括情感的表现,即情感的外部特征。实际上:

（7）Дрожь явление физиологическое и ничего общего с нормальным страхом не имеет. Впрочем, Анна Андреевна, услышав это, рассердилась: "Как не страх? А что еще?" (НМ)

但是,很难说情感有典型的表现,比方说喜悦;不同的主体因радость而表现出的特征是相当广泛的:

（8）От радости, что ее взяли гулять, она [Каштанка] прыгала, бросалась с лаем на вагоны <...> и гонялась за собаками (Ч.).

---

① 问句Вы (не) восхититесь, если...? Вы (не) разгневаетесь, если...? 没有那么自然;可能是因为动词рассердиться和огорчиться表示更加正常的反应,而восхищение和гнев在某种程度上有些过。

有一个著名的哲学问题 other mind(Austin 1961):人们如何了解他人的内心世界?其实,洞察他人的感情不一定会有多困难。通常周围的人们是通过他讲的话而了解其心理状态。正如我们在Довлатов的短篇小说中了解到了存衣室工作人员的心理状态:

(9) Инвалид-гардеробщик за деревянным барьером пил чай из термоса. Буш протянул ему алюминиевый номерок. Гардеробщик внезапно рассердился:

— Это типичное хамство — совать номерок цифрой вниз!..

动词сердиться, рассердиться的其他用法的例子(在第二个例子中要洞察其情感状态确实有难度):

(10) — Почему же вы сердитесь? Разве я сказал вам что-нибудь неприятное?(ММ);

— Вы его чем-нибудь рассердили? — отозвался князь, с некоторым особенным любопытством рассматривая миллионера в тулупе (Д.).

рассердиться描述的情感原则上讲是可以被察觉的,从рассердиться与副词вдруг的自然搭配中可以看得出来,副词вдруг有观察者语义配价:(Падучева 1996: 281):

(11) Дедушка вдруг рассердился и сказал мне: "Ну, бери как знаешь, ступай". Я вышла, а он и не поцеловал меня (Д.).

情感动词在形式方面也不尽相同:可以有对应的体的形式(огорчиться — огорчаться);可以只有未完成体(грустить);或者只有完成体形式(растеряться, разочароваться, сконфузиться.如果有未完成体,那么只用于寻常意义:Я всегда теряюсь, когда мне так хамят);可以是使役性的(испугать),也可以是去使役化的(бояться);可以是反身的(радоваться)和非反身的(сожалеть)。由此情景参项间出现了丰富的对应关系,这些情景的参项由动词语义及其句法角色给出。

情感动词的语言运作特点是由我们已知的词义参数决定的:分类范畴(即动词体的类别和施事性)、角色配位、主题类别。在某些情况中,同一个参数在词语的所有用法中都保持不变,这个词语就归入某个与参数意义相对应的特定类别。在另一些情况下,一个参数改变了自己的意义,产生了同一个词的不同意义/用法,其语义聚合体因此获得一定的结构形态。

第二节 情感动词的分类范畴

约尔丹斯卡娅(1970)将情感动词划分为两类:情感状态(бояться, радоваться, волноваться)和情感关系(любить, гордиться, презирать, нравиться类)。对我们而言重要的是,这两类词的差别是范畴性质的:любить, гордиться是一种稳定的状态,而радоваться,обижаться是暂时的状态。这种差别有这一系列的推涵,首先就是体方面的:稳定状态的动词原则上是没有对应体偶(Маслов认为любить — полюбить不是一对体偶,参见Зализняк,Шмелев 2007: 47 中 Маслов 对体偶的定义),而暂时状态动词通常有对应体:огорчиться — огорчаться, рассердиться — сердиться 等①。情感关系动词处于情感类动词的边缘,下面将要分析的是情感状态动词。

尽管情感动词常被称作心理状态动词,但是使役性动词组成了此类动词的结构核心,它们表示的不是心理状态,而是对心理的作用/影响(волновать, радовать)。在俄语中心理状态动词在形态上主要是派生的:反身动词волноваться对应于волновать,радоваться对应радовать.此外,语义上与情感反身动词相对的使役性动词可以通过其他方式表达出来,如пугать对于бояться,或者也可以完全没有,如отчаяться。

状态和影响可以进入一个主题类别,这点合情合理:区别这些动词的使役要素属于词义的构建要素,(参见第一部分第二章第二节),构建要素不决定动词主题类别的归属。

非施事性质是情感动词的主要特点,基本的情感动词возмутить, огорчить, взволновать, досадить, задеть, изумить, заинтересовать, опечалить, подавить, поразить, прельстить, обрадовать, смутить不能像行为动词一样使用,它们对应的未完成体(возмущать, огорчать等)表示的是一种状态而非行为。

属于施事性情感动词有:вдохновить, вознаградить, воодушевить, заинтриговать, обидеть(程度更高的还有 оскорбить), развлечь, раздразнить, убедить, утешить. 但对于原型情感动词而言,如огорчить, обрадовать, испугать,施事性用法要么不可能,要么是强制性的, Он пугает, а нам не страшно是有名的一例。Арутюнова(1976: 157)将запугивать当作пугать的施事对应词。一些毫无争议的施事性动词(如соблазнить的其中一个意义,参见Булыгина, Шмелев 1997:183,或издеваться, терроризировать),它们的情感类别属性通常受到争议。

有一种语义发展的途径,通过它情感动词可以获得施事性,这就是在情感动词的语义中(或者可简单加入其中)出现言说要素:信息通常是主体内心状态改变的原因,而人——信息的载体明显是施事者,如оскорблять,首先要说出侮辱性的话语。

吕韦(1995)对法语情感动词的施事性做了一系列测试,有些情感动词有施

---

① 当然,也有一些例外:наскучить, разгневать 是没有对应未完成体的完成体;забавлять, нервировать 是没有对应完成体的未完成体。由于体的对应性而产生的稳定状态和暂时状态参见Падучева(1996: 136),整个课题的研究起点参见Булыгина(1982)著作。

事性,而有些情感动词没有。在这些测试中,有很多词被鉴定为非完全施事性或貌似施事性。如在下列语境中的用法 вынужден / должен / боюсь вас огорчить; не хотелось вас огорчать; чтобы не огорчить 就不能证实动词 огорчить 是施事性的:

Я не хотел вас огорчить = "我不希望我的行为,包括信息的告知是您伤心的原因。"

动词出现命令式形式也不能准确无误地确定其施事性。当然,可以说 Удиви меня!,但是 удивить 的这个施事用法是强制性的,其能动性未被证实。

对俄语动词能动性最有说服力的测试是未完成体动词表示活动意义的可能性: оскорблял, убеждал, утешал, обижал, развлекал 表示活动,而 вдохновлять 不表活动(例如比较"奇怪的"对话 — Что он там делает? — Кого-то вдохновляет);而此时 вдохновить 甚至也不是行为。动词 удивить 在 Тебя ничем не удивишь! 中看似是施事性的;但 удивлять 不可能表示活动,удивить 的施事性令人怀疑。

另一个对施事性的测试:与施事性副词的搭配性,如 умело и тонко развлек. 这一测试能够鉴定完成体动词的能动性,与它是否有对应的未完成体无关。

动词的能动性特点还表现在其被动态结构之中:俄语的被动态词语只能来自施事动词,如 был вдохновлен, был утешен, успокоен <кем-то>,这是真正的被动形式,并且它们将动词 вдохновить, утешить, успокоить 确定为施事动词。而 был возмущен, огорчен, взбешен, заинтригован, восхищен, взволнован 是系词与只表示状态的被动形动词短尾的一种搭配;这些搭配不能作为施事性的认定依据,它们也不是被动态形式。(参见 Князев 1989:136):

(1) Он огорчен; *Он огорчен приятелем;

所以动词 возмутить, огорчить, взбесить, заинтриговать, восхитить, взволновать 不是施事性动词。(2)中的第五格不是施事性补语,也不能证明动词的能动性:

(2) раздражен шумом; не удовлетворен полумерами; испуган появлением полиции.

例(3a)因缺少施事性要素(是一般事件性的)而与例(36)有别:

(3) а. Он был взбешен;   б. Он был утешен <кем-то/чем-то>.

这样一来,对于情感动词而言,分类范畴完全是有代表性的参数:大多数情感动词是非施事性的。情感动词的范畴归属预先决定了体偶中的语义对应关系:通常完成体情感动词表事变,而未完成体形式表某种状态或者是某种性能(это подавляет, вдохновляет, настораживает)。

对于情感动词而言,"典型的"体偶 огорчить — огорчать 的未完成体形式

有两种释义模式:

模式 1。如同在 остаться — оставаться, охватить — охватывать 体偶中一样:未完成体表示的状态是完成体事件的推涵。在未完成体和完成体的释义中确定的是相同的要素,变化的只是这些要素的聚焦位次:未完成体动词的关注焦点在静态要素上,而完成体动词的关注焦点是变化的。(参见 Падучева 1996: 155–158)

模式 2。如同在 задержать — задерживать 体偶中一样:完成体动词表状态,为了这种状态延续下去,需要某些因素来维持。情感状态的这种因素往往是"不好"事情发生后的心理反应。(参见 Wierzbicka 1988: 105)在物理范围内,如动词 давить 就有这样的结构,它表示的状态是与作用因素同步出现的结果。(参见 Кустова 1998а)

第三节 角色和角色配位

学界对情感动词产生热烈讨论的问题之一就是参项的语义角色及其句法地位的相互关系,它在美国语言学中被称为连带问题(linking problem,参见 Grimshaw 1990; Jackendoff 1990; Levin, Rappaport Hovav 1995; Pinker 1989; Pesetsky1995 等)

我们将通过角色配位这一概念来描述这种相互关系。谈到动词的角色配位,需要用到参项的语义角色,而说到参项的角色,就需要动词的语义释义(分解)。

简明扼要的情感动词释义对我们来说就足够了,这样的释义主要反映动词在搭配中有明显表现的语义方面,这些搭配或多或少是动词的属性。动词 обрадоваться 的参项语义角色由它的以下释义结构确定:

(1) Y обрадовался X-y (X 表事件) =

　　发生了 X
　　Y 得知/看见/听见 X 的相关事情
　　Y 想: X(或:发生了 X)是件好事
　　这引起:
　　Y 感觉良好

根据释义(1),情感动词有两个必备参项:情感体验者(Y)和诱发物(X),它是情感产生的原因及内容。阿鲁玖诺娃(1976:177)认为,"在句子 Я восхищаюсь его героизмом.<...> 中'его героизм'不仅仅是赞叹的原因(动因),也是情感的内容。"看来,词组 содержание эмоции 除了有隐喻意义外没有他义:内容正常地存在于文本或者思想中,但是我们的释义赋予了它直义:在(1)中内容(命题)参项的依据不是"感觉"要素,而是心智要素"Y 想",X 是心智活动的内容。

因此,参项 X 不仅仅是情感产生的原因,也是与其相关的心智状态的内容。更准确地说,X 是所获信息(也可能是回忆)的内容;评价的对象从主体一方来说在一定程度上是精神性的,只有通过上述所有条件才能得出情感产生的动因。

情感动词命题参项的两重角色或是三重角色导致了情感动词反身派生词的释义,不同于形式上相同的状态变化动词的派生词。状态变化动词中,-ся表示去使役化的中态,(参见 Geniušienė 1987; Israeli 1997; Падучева 2001a);而去使役化的中态词的使役者(原因)参项不再是必备的,试比较 Я открыл шкаф — Шкаф открылся. 但情感动词使役者参项在去使役化中没有消失,在情感动词的语境中,去使役化的角色配位仅仅改变了参项的等级:情感原因/内容离开主体位置,退居边缘:

Его приход меня обрадовал — Я обрадовался его приходу.

这是逆向的去使役化。

俄语中许多使役性情感动词可以构成带-ся的逆向使役性动词,使役性动词及其逆向使役性动词间的相互关系是典型的角色配位迁移:

(2) восхитить — восхититься, смутить — смутиться, вдохновить — вдохновиться, возбудить — возбудиться, возмутить — возмутиться, воодушевить — воодушевиться.

在使役性情感状态动词中,没有逆向使役性动词的不多。досадить是不及物动词,理应没有去使役化动词。而没有去使役化动词的задеть和тронуть构成了令人质疑的另类:这些动词没有去使役化动词有没有语义上的原因? 原因在于,动词задеть和тронуть表示的是运动中才出现的接触,而运动动词青睐的并不是去使役化,而是自反参数的自反解释,(Падучева 2001a) 如,передвинуться, погрузиться, подняться, приблизиться.

简单说说有对应体偶的(удивить — удивиться)语义派生方向问题,有体验者 — 主体的反身动词 удивиться 比使役性的 удивить 更常用。对于огорчиться, беспокоиться, волноваться也是如此,很明显,волноваться的使用频率比волновать高。当然,就像梅里丘克(1967)所指出的那样,派生方向也可能发生变化,例如,将волновать表征为'каузировать (волноваться)'。但是也有反向的相互关系,如раздражать就比раздражаться常用多了。因此,讲求语义的派生性与形式相对应的衍生模式是完全合乎规律的,如例(3)中我们认为动词удивиться (испугаться, обрадоваться, огорчиться)是派生的,是удивить (испугать, обрадовать, огорчить)派生的逆向去使役化动词:

(3) a. Меня испугал (удивил, обрадовал, огорчил) его приход;

б. Я испугался (удивился, обрадовался, огорчился) его прихода/его приходу.

情感动词在其他反身动词中处于什么位置？情感非使役动词与中态动词不同，因为前者的诱因/内容配价是必备的；情感非使役动词与被动动词也不同，因为它们不要求施事性补语。这也不是被动—潜在意义，它首先出现在意动动词，即"特殊"的施事动词上下文中，其意义来自力求及成功要素。例(4)展示了非使役性情感动词与反身动词在被动—潜在意义方面的差别：被动—潜在意义与副词легко /с трудом兼容，而情感动词不行：

(4) а. Пятна от чая легко /с трудом отстирались；

　　б. Дети *легко/*с трудом испугались.

情感动词与被动—潜在动词在未完成体用法上的差别不是很明显。但是(56)中，在使用情感动词的情况下，不能用副词с трудом；而在легко的上下文中，就像часто一样，пугаться只是反复多次意义：

(5) а. Пятна от чая с трудом/легко/часто отстираются；

　　б. Дети *с трудом/легко/часто пугаются.

实际上，例(56)中反身形式具有被动—潜在意义，并且легко/с трудом отстираются = Агенс легко/с трудом может отстирать；但对于(56)而言，这种句式的转换未必合适。

很多文献均对使役性情感动词和去使役化情感动词的相互关系进行了研究。格里姆肖(1990)对英语动词 fear 'бояться'和 frighten 'пугать'进行了对比，并提出理论用以解释为什么体验者参项在一个动词中占据主体的位置，而在另一个动词中占据客体位置。稍稍将书中的术语更换为我们更熟悉的术语，可以这么说：格里姆肖分析了这些动词在论元(角色)结构中的差别：fear有一组参项(体验者、内容)，而frighten的参项是(原因、体验者)。下面要分析的是角色的通用层级，在这里原因比体验者占据更高的位置，而内容参项的地位更低：

原因 > 体验者 > 内容

这一层级差别也说明了这样一个事实：动词fear的主语是体验者，而frighten的主语是原因。

这种解释可能不尽如意。第一，所提出来的层级的通用程度并不十分明了，产生的疑点是，它正好适用于解释这个例子，即用于解释情感状态动词，这样一来，解释就同义反复了。第二，尚不清楚角色是依据什么特征分出层级的；主语位置的语义(或者交际)承载力还未分析：在何种意义上主语参项能高于其他参项？为什么是它成为角色层级的主要成员？可以设想的是，层级将通用的交际等级赋予带既定角色的参项，但这点显然没有明示。总而言之，fear与frighten命题参项的角色差别(fear中是内容，而frighten中是原因)不是那么清楚，还需要论证。将缺乏释义要素支持的语义角色赋予参项，现在已不能被视为是一种合乎规律的做法了。

另一部关注情感动词的著作是佩塞兹基(1995)完成的,在这部著作中不仅分析了 fear 与 frighten,还有其他心理状态动词:волновать(ся)、беспокоить(ся)、удовлетворить(ся)、рассердить(ся)、озадачить(ся)、наскучить 等,还有一些词对 like—please, detest—irritate, detest—imbitter. 某参项优先在句中占据某一位置,这一问题作者并没有研究,而只是谈到"相同的意义关系应该由相同的结构来表达"的原则,但是有些动词,可以用不同的句子成分来表达同一角色,这样一来,就与这一原则相矛盾了。在一系列的例子中包括:

(6) a. Ghosts frighten Bill 'привидения пугают Билла';
　　6. Bill fears ghosts 'Билл боится привидений'.

出现了以下问题:如果参项角色在例(6a)和(66)类型的句子中是同一个,那么为什么在(6a)以及(66)句子中这些参项对应不同的句子成分?佩塞兹基对此的回答与格里姆肖一样:使役性动词与去使役化动词的角色是不同的。

我们的论证如下:使役性动词(就像 frighten)除了表示事件与受事过渡到新状态间的使役联系外,没有别的意义,因此例(6a)有典型的使役性动词角色组成和角色配位〈原因—主体,受事—客体〉,而动词 fear 有角色配位〈体验者—主体,内容—客体〉,它描述的是体验者的情感状态,而状态的出现包含其中:体验者获得信息(有关内容)、作出评价以及情感反应。也就是说,实际上动词 fear 的内容角色掩盖了几个不同的角色。那样的话,原因参项就只能是原因参项了。因此,动词 fear 和 frighten 的论元结构在佩塞兹基(1995)中的区别是两个参项的角色不同,而不是格里姆肖(1990)所说的一个参项。

针对 пугать 和 бояться 提出的语义角色就如同其他的情感动词一样,产生了如下疑问:在(6a)中受事参项过渡到的状态正是(66)中体验者参项所处的状态。因此,这一参项在(6a)中不可能不是体验者(一个参项可能扮演不止一个角色,这已是广为认同的观点;因而体验者可同时成为受事)。另一方面,如果 привидения 是(6a)中恐惧的原因(非施事性使役者),那么它们肯定会成为(66)中的样子。

可以认为,两种试图描述情感动词参项角色与参项地位间对应关系的努力都由于同一个原因而失败,失败的原因是仅从同一些角色出发去解释换位词 fear 和 frighten 间的差别,而没有考虑与主语位置相关的交际语义。(有关交际层级的内容参见 Groft 1991)

我们分析的出发点是:бояться 与 пугать 的参项角色原则上是相同的,如同动词 рассердиться 与 рассердить, волновать 与 волноваться 等,而造成各参项句法地位不同的原因在于这些动词赋予参项不同的句法(和交际)等级,这正是所有换位词的特点。动词 бояться 的体验者占据主位位置,而 пугать 的原因参项占据主位位置,这样体验者就是占据主体位置的心理受影响的受事,而内容是占据非主体位置的原因参项。

当然，使役性与去使役化的结构在意义上有差异：去使役化动词与使役性动词的语言外情境观念化不同。正是使役性动词（如обрадовал）将体验者状态的变化完全归于诱因的影响；而去使役化动词（如обрадовался）表现的是体验者有某种选择的自由，他可以对所发生的事情承担部分责任，毕竟形式上去使役化动词是自反词的"近亲"。潜在施事性动词（如оскорбить, соблазнить, заинтриговать）的使役性角色配位与去使役化角色配位有很大的差别。因此，在意义层面上使役性角色配位与去使役化角色配位间有差别。不能将这种差别归结为我们所说的角色差别，则应该另当别论。

对(3a)以及(36)进行比较后可以发现如下参项角色的差异：带有去使役化动词的句子(36)有简单的角色配位〈体验者—主体，内容—客体〉，而(3a)句是双重角色的角色配位〈原因/内容—主体，受事/体验者—客体〉。但是原因以及受事的角色似乎是次要的，它们是参项的句法位置强加的，因此将(3a)及(36)之间的相互关系阐释为角色配位（交际）迁移是有效的。

还有一个情感动词特有的角色配位迁移：带有领有词组合的使役性动词主体的裂解。领有词组合分解为两个独立的参项，这种领有词组合的变换被称作领有词的提升，(Кибрик 2000)如：

(7) a. Статья Джона в "Times" [原因—主体] обидела меня ⇒

б. Джон [领有者—主体] обидел меня своей статьей в "Times" [被拥有者—边缘位].

(7a)句中，领有者组合由被拥有者、控点（在这种情况下是статья в "Times"）以及从属于生格(Джона)的领有者组成,(76)的转换使领有者(Джон)成了主体，而被拥有者成了五格形式的边缘题元(своей статьей в "Times")。

能产性稍弱的角色配位迁移是反身动词客体分解（也是领有者的提升，参见第一部分第三章）。我们来看例(8)：

(8) a. Я обиделся на статью Джона в "Times" ⇒

б. Я обиделся на Джона за его статью в "Times".

(8a)类型的结构可以通过情感去使役化从(7a)(Статья Джона в "Times" обидела меня)的结构类型中获得，而(86)通过裂解由(8a)中获得。在(8a)中由前置词组合（带前置词на）表示的内容角色在(86)中分解为二个，因此обидеться在(8a)中的角色配位是〈体验者—主体，内容—客体〉，而обидеться在(86)中有分解的角色配位〈体验者—主体，领有者—客体，被拥有者—边缘位〉，从领有者参项和被拥有者参项在(86)结构中的角色来看，它们相应可以被称作（情感的）目标和目标的角度参项。

阿鲁玖诺娃（1976：161）把 рассердиться, обидеться, разозлиться, разгневаться视为情感动词的特殊类别，它们的情感指向为人，并与原因参项表情景的动词（如огорчиться）相对立。如果说客体的分解只在类似

рассердиться一类动词中才有可能,就可以不去考虑例(8a)中现实程度较低的中间结构,对这些动词的角色与句法地位之间的相互关系直接作出描写了:обиделся(还有рассердился)на статью是否成立就令人怀疑。而客体裂解的转换在情感动词之外也广泛存在,比如言说动词:

Он осудил [легкомысленные обещания Берлускони] ⇒

Он осудил [Берлускони] [за легкомысленные обещания].

因此将(86)的结构阐释为分解结构是有依据的。

出现的问题是:如果原因,目标和内容是情感情景的不同参项,那么它们应该在同一个动词中兼容;而例(9)中结合了原因和目标参项,句子不成立:

(9) *Статья в "Times" рассердила меня на Джона.

我们对(86)结构做出的分析,是把它视为领有词组合分解的结果(带目标参项),该分析能够轻易解决例(9)存在的问题:目标参项是原因参项分解的结果,因此与原因不相容。

总而言之,带有前置词на的句法位只在去使役化动词,也就是反身动词中出现,参见例(8);而在使役性动词中是不存在的,如例(7)或者例(9)。这就可以解释佩塞兹基(1995)提出的另外一些有趣的例子:

(10) a. * The article in "Times" angered John at the government букв.
"*Статья в 'Times' рассердила Джона на правительство;

б. The article in "Times" made John angry at the government букв.
"*Статья в 'Times' заставила Джона рассердиться на правительство.

例(10a)中动词的使役性用法并没有保证前置词 at ('на') 的句法地位,而在例(10б)中的去使役化动词的语境中,就出现了这一句法位。因此,在去使役化形式上有标记的俄语例子中,(10a)中的使役性用法与在(10б)中的去使役化用法的差异是很明显的,这一差异产生了带前置词на结构的句法地位。

一个与例(9)相关的自然产生的问题是:为什么在生格词组合分解的情况下,目标(领有者)仍占据使役性动词主体的位置? 如例(9');而角度(被拥有者)参项退向边缘? 如例(9"),为什么等级的反向分解是不可能的? 如例(9''')=(9)就不可能。

(9') Статья Джона в "Times" меня рассердила;

(9") Джон рассердил меня своей статьей в "Times";

(9''') *Статья в "Times" рассердила меня на Джона.

对上述问题的解释如下:原因(目标和角度)分解出两个参项,其中目标参项有占据主体(即主位)等级的优先权,因为目标和角度在意义上相关,如同主词和谓词,即如同交际上的主位和述位的相互关系。(参见Апресян 1974: 154)

总之,在领有词组合的分解中,相对于被拥有者,领有者应该占据主位,因为被拥有者在指称上依赖于领有者,(参见第一部分第三章)如,在领有词组合 статья Джона中Джон指的是具体的人并有指称的自主性;而статья在指称上依赖于Джон:它只有在这个短语组合中才有指称;因此Джон应当比статья更能占据主位。(关于指称的依赖性参见Падучева 1985:151)

情感动词还有一种角色配位迁移——方式的提升。方式参项可以进入由施事性动词构建的情景观念中,借助于方式参项表示的行为施事可以达到自己的目的:

На последней минуте он метким ударом [方式] забил мяч в ворота "Спартака".

方式常用五格来表示,在这方面类似于工具。方式的提升是一种角色配位的迁移,迁移的结果使方式上升到主语的位置(试比较 Fillmore 1977/1981 中 Камень разбил окно一例中的工具提升),例如:

(11) a. Сплошным просмотром текста редактор обнаружил еще двенадцать опечаток ⇒

б. Сплошной просмотр текста обнаружил еще двенадцать опечаток.

承认方式参项和认可例(116)给出的解释,我们发现例(12)的意义不单一:

(12) Родственники раздражали его бесконечными вопросами.

一种理解是:раздражать有施事意义,(参见Соловьева 1991)如同злить;бесконечными вопросами就表示方式。另一种理解是:раздражать是非施事性的,例(12)中就可以看出带外部领有者的结构:родственники跃居主体位置的领有者,即目标;бесконечными вопросами是退向边缘的被拥有者,即角度;而例(12)可以作为例(12')领有词组合分解结果:

(12') Бесконечные вопросы родственников его раздражали.

因此,表人主体在使役性情感动词中可能是可控性使役动词中的施事,如воодушевлять;也可能是在静态的非施事性动词的上下文中的目标,如(76)中的обидеть。

非表人主体也可能有两个角色:原因(Грязь на лестнице меня раздражает;Мой проигрыш его огорчил)和方式,如例(116),试比较:Его пламенная речь меня воодушевила 和 Он воодушевил меня своей пламенной речью.

第四节 派生的主题类别

还有一种确定情感动词语义聚合体的词汇意义参数——主题类别。情感动词理应衍生两种主题类别,它们分别是 1)心智动词类别;2)言说动词类别。

扎丽兹尼亚克(1983)对情感动词的心智衍生词进行了研究,揭示了动词 бояться的心智衍生词(参见Зализняк 1992:79):Боюсь, что ты опоздал.

因为理性的评价进入情感动词的释义结构中,心智要素成为陈说要素来到前台,"情感"要素被取消也就不足为奇了。内容参项通过连词что获得了相应的句法形式:

Y испугался, что X='Y подумал, что X'и 'Y оценивает X как опасность'.
比如:

Я испугался, что там опять окажется что-нибудь неприличное, но ошибся (Войнович).

帕杜切娃和扎丽兹尼亚克(1982)提到过的动词восхищаться语义中的言说要素参见约尔丹斯卡娅(1984),阿普列相(2000)。约尔丹斯卡娅(1984)(即 TKC 词典中的 восхищаться 词条)把言说要素'X делает высказывания, выражающие его психическое состояние'放在括号内,统一表征为词语全部用法/意义组成中的非必备要素。阿普列相(2000)的提法 'испытывать или выражать словесно сильное чувство, какое бывает ...'包含了析取关系,实际上指восхищаться有两个认可的意义。我们倾向于后一种提法。两种意义的区别在于注意焦点:一种情况强调的是情感的出现,而另一种情况是当восхищаться表示情感的言语表达时,情感本身退居到后台,处于注意焦点的是言说要素。当词语转换到另一种主题类别时,这种焦点的迁移是很常见的。如треснуть的两个意义"变形"和"发出声响"。(参见第八章)

梅里丘克(1988: 354)指出了六个情感动词派生出言说用法的可能性,它们是:возмутиться — возмущаться, восторгаться, восхититься — восхищаться, изумиться — изумляться, негодовать, удивиться — удивляться, 还可以补充:ужаснуться — ужасаться, усомниться, утешить — утешать, оскорбить — оскорблять, сокрушаться; 还有сожалеть,它能自由地用于言说意义(近于施为意义)。

Сожалеем, что ваш доклад не может быть включен в программу конференции

[сожалеем = 'выражаем сожаление (и испытываем его)'].

比起完成体动词,未完成体动词中的言说要素更易被察觉到,试比较поражался和поразился。

几乎所有的情感动词都可以引入直接引语,在这样的上下文中言说要素成为关注的焦点:

Римский и Варенуха, касаясь друг друга головами, перечитывали телеграмму, а перечитав, молча уставились друг на друга.

——Граждане! — вдруг рассердилась женщина,--расписывайтесь, а потом уж будете молчать сколько угодно! Я ведь молнии разношу (ММ).

所以几乎所有情感动词都有言语情感表达的次要意义,在радоваться,

огорчаться中言说要素的突显不像在восхищаться, возмущаться中那样自然，但它们不排除言说意义用法。例如，如果图书馆员没有表达她的情感，我们便无从知道：

Если старуха-библиотекарша огорчалась, что аспиранты не читают "Капитал",

эта [читавшая Солженицына] интересовалась только "Четвертой Главой" и порядком (НМ).

扎丽兹尼亚克(1983)对情感动词的研究还预先估计到另一种派生主题类别，参见例句Книги боятся сырости：бояться所有意义要素中只剩下了情态和评价。

原则上讲，情感动词不像运动动词那么富有派生的其他主题类别。相反，情感动词本身通常是派生而来的，可以源于影响动词(поразить, покорить, возбудить, сокрушаться, гнести, давить, раздражать)，接触动词(тронуть, задеть)，运动动词(колебаться, волноваться, привлекать)等。参见动词волноваться的聚合体：

волноваться 1= 'пребывать в колебательном движении, порождающем волны' [о неживом]；

волноваться 2.1= 'пребывать в психическом состоянии возбуждения, вызванного, например, страхом, радостью, ожиданием' [в последнем случае присутствует идея неизвестности]；

волноваться 2.2= 'пребывать в состоянии недовольства своим положением и выражать его [о социальных группах]'.

2.1和2.2意义间的差别是由主体分类类别决定的：心理状态的体验者只能是人，而不是团体，句子Вся олимпийская команда нервничала更应该理解为均分单数的意义。

第五节　情感动词的语义聚合体

我们将使役性(即非反身)动词的完成体视为情感动词语义聚合体中的初始动词，如испугать, огорчить等。我们的任务在于，清点情感动词可能的意义/用法，描写通过派生模式(它们同样适用于其他词语的规则)实现的词义转换。

我们把聚合体用表格的形式来表示，除了初始意义方格，我们在每个方格都标明衍生意义的来源，来自词的初始意义还是别的派生意义，衍生意义可能有形式上的标志，比方说，它有去使役化动词和未完成体(体偶的语义派生)，也可能没有，就像在角色配位迁移时出现的情况，见表1。

表 1　情感动词的范畴—角色配位聚合体

	非反身动词		反身动词	
	范畴	角色配位	范畴	角色配位
完成体	I.行为	初始角色配位: Он воодушевил меня своим примером	Ⅲ.行为 Ⅲ'.强调结果的行为	被动—潜在角色配位: Эти люди воодушевились легко 自反的角色配位: Мы развлеклись
	Iд.	带方式—主体的角色配位 Мой пример его воодушевил	—	
	II.事变	初始角色配位: Мой проигрыш его огорчил.	Ⅳ.事变	去使役化动词: Он огорчился, что проиграл
	IIд.	带裂解主体的角色配位: Я огорчил его проигрышем	Ⅳд.	带裂解客体的角色配位: Я огорчился за него, что он проиграл
未完成体	i-I.行为	初始角色配位: Я утешаю Машу	i-Ⅲ.行为 i-Ⅲ'.活动	被动—潜在的角色配位: Слабые легко терроризируются 自反动词: Мы развлекались
	i-II.行为结束后状态/静态使役	初始角色配位: Мой проигрыш его огорчает	i-Ⅳ.状态	去使役化动词: Он огорчается, что проиграл
	i-IIд.	带裂解主体的角色配位: Ты огорчаешь его проигрышами	i-Ⅳд.	带裂解客体的角色配位: Я огорчаюсь за него, что он проиграл

　　表格按两种对立关系分为四个区域:直接的(非反身)/反身动词,完成体/未完成体。表1仅仅展现的是范畴及角色配位的交换。主题类别变化产生的派生意义是言说意义(громко возмущался)和心智意义(боюсь, что он занят),表格中没有收录。

　　每一个语义衍生物都与产生它的更初始的意义的变化相对应,变化适用于动词某个更原初的意义并产生新意义。聚合体的参数之一——分类范畴:罗马数字I和II相应表示行为和事变,方格Ⅲ和Ⅳ相应表示来自I和II的自反动词和去使役化动词,与I—Ⅳ表格对应的未完成体动词标有代码i-I—i-Ⅳ,标记"д"指派生的角色配位。例如,IIд表事变;带裂解主体的角色配位。对于每一个衍生物都标明从何派生而来(即派生依据)和衍生模式名称。派生反身动词以及派生的体(未完成体)都包含在衍生物之列。这样,聚合体有如下形式。

完成体的非反身(直接)动词

　　I.行为.初始角色配位:Он воодушевил меня своей пламенной речью.

　　Iд(源自I).带方式—客体的角色配位:Его пламенная речь меня воодушевила.角色配位迁移:方式提升。

II(源自 I)。事变。Мой проигрыш его огорчил. 范畴迁移：去施事性。

IIд(源自 II)。事变。带裂解主体的角色配位：Он огорчил меня своим провалом.

完成体的反身动词

III（源自 I）。行为。被动—潜在角色配位：Эти люди воодушевились легко = 'их оказалось легко воодушевить'。角色配位变换：去使役化。

III'(源自 I)。强调结果的行为。 自反动词：Мы развлеклись.

IV（源自 II）。事变。去使役化动词（逆向的）：Я рассердился на статью Джона в "Times".

IVд(源自 IV)。带裂解客体的角色配位：Я рассердился на Джона за статью в "Times".

未完成体的非反身动词

i-I(源自 I)。未完成体，表当下持续的活动/状态：Я развлекаю Машу.

i-II（源自 II)。未完成体，表行为结束后的状态/静态使役：Его проигрыш огорчает.

i-IIд(源自 i-II)。未完成体，带裂解主体的角色配位：Он огорчает меня своим провалом.

未完成体的反身动词

i-III（源自 III）。未完成体，行为。被动—潜在角色配位：Слабые люди легко терроризируются.

i-III'(源自 III')。活动。 自反动词：Мы развлекались.

i-IV（源自 IV)。状态。 去使役化动词（逆向的）：Я огорчаюсь его провалу.

i-IVд(源自 IVд)。未完成体，带裂解客体的角色配位：Я огорчаюсь за него, что он провалился.

下面我们从语义派生能力出发,分析了若干情感动词,用于说明动词衍生物系统是如何填充到角色配位 - 范畴聚合体表格中的(参见表2)。表2中带有+/- 号的图可以称为动词的加号简图(плюсовый контур),用它可以给动词分类。

表2　情感动词多维度分类表

			范畴	角色配位	возмутить	рассердить	испугать	огорчить	утешить	успокоить
完成体	直接动词	I	行为	初始角色配位	−	(+)	(+)	(+)	+	+
		Iд		带方式-主体的角色配位	−	−	−	−	+	+
		II	事变	初始角色配位	+	+	+	+	+	+
		IIд		带裂解主体的角色配位	+	+	+	+	+	+
	反身动词	III	行为	被动—潜在的角色配位	−	−	−	−	(+)	
		III'	强调结果的行为	自反动词						
		IV	事变	去使役化动词(逆向的)	+	+	+	+		
		IVд		带裂解客体的角色配位		+	+	+		
未完成体	直接动词	i-I	行为	初始角色配位	−	−	(+)	−	+	+
		i-II	行为结束后状态/静态性使役	初始角色配位	+	+	+	+	+	+
		i-IIд		带裂解主体的角色配位	+	+	+	+	+	+
	反身动词	i-III		被动—潜在的角色配位	−	−	−	−	+	(+)
		i-III'	活动	自反动词						
		i-IV	状态	去使役化动词(逆向的)	+	+	−	+	−	
		i-IVд		带裂解客体的角色配位		+	+	−	+	

возмутить

I 和 Iд. 没有。单义非施事动词。

II. 事变：

Клима возмутила грубость Дронова (Горький).

愤怒状态的使役者可以有：行为，如例(1)，包括言语性质的和以命题形式表达的思想，如例(2)：

(1) Посылка-фольксваген, в глубине души, возмутила академика (Аксенов).

(2) Его возмутила мысль, что он может быть орудием чужой воли.

IIд. 带裂解主体的角色配位：

Ответ [目标—客体] возмутил меня своей бесцеремонностью [角度—边缘位] ⇒ Бесцеремонность ответа [使役者—客体] возмутила меня.

III 和 III'. 是行为动词的派生角色配位：被动—潜在的和自反的角色配位；

如同其它情感非施事性动词，动词возмутить理应没有这些派生角色配位。

IV.事变。去使役化动词：

(3) Если бы сын умер дома, никто не возмутился бы крику и причитаниям матери, но внутренняя дисциплина не позволяла шуметь в присутственных местах(НМ).

(4) Он возмутился моим поведением.

反身动词中，内容参项的表达方式不固定，在例(3)中用予格表示，而在例(4)中用五格表示，内容参项在句法上常常不表达出来：

"Ну, конечно, это не сумма, —снисходительно сказал Воланд своему гостю, — хотя, впрочем, и она, собственно, вам не нужна. Вы когда умрете?" Тут уж буфетчик возмутился (ММ).

IVд. 带裂解客体的角色配位。方格没有被填充，возмутить 和 рассердить 以此相区别：

(5) а. Я рассердился на него за грубость;

б.*Я возмутился на него за грубость.

возмутить 和 рассердить 在语言运作方面间的差别并非来自语义：如同 сердит，通常是人的行为/表现能够возмущает。

i-I. 因为没有行为意义，由行为意义派生的未完成体理应就不存在。

i-II. 事变意义派生的未完成体(带有行为结束后的状态或静态性使役)：

Больше всего возмущало Султанмурата то, что Анатай вовсе считал себя невиноватым (Айтматов);

Его особенно занимали споры на тему: вожди владеют волей масс или масса, создав вождя, делает его орудием своим, своей жертвой? Мысль, что он, Самгин, может быть орудием чужой воли, пугала и возмущала его (Горький).

体验者没有出现在句法表层，他是类指指称：

Убранство пятирублевых номеров понравилось ему больше, но ковры были какие-то облезшие и возмущал запах (И. и П.).

i-IIд.带裂解主体的角色配位：

Я возмущал его своим независимым поведением;

Воронцов-Дашков все еще дергал его [царя] за рукав, возмущая этим Клима (Горький).

i-III 和 i-III'. 因为没有 III 和 III'，由行为动词派生的未完成体被动—潜在和自反角色配位也不存在。

i-IV. 状态，去使役化动词的派生未完成体：

Когда он лежал под кроватью, возмущаясь ходом вещей на свете, он среди всего прочего думал и об этом (Паст.);

Галиуллин просматривал только что полученные "Речь" и "Русское слово" и возмущался проблемами, оставленными в печати цензурою (Паст.);

Бывшие интернированные держались бодро, рассказывали где живут, учатся, работают, возмущались буржуазной клеветой (С.).

i-IVд. 没有，因为IVд不存在。

主题派生，派生的言说意义：

А теперь, еще главный редактор "Известий", еще кандидат Политбюро, вот он так же снес как законное расстрел Каменева и Зиновьева. Он не возмутился ни громогласно, ни даже шепотом (С.).

用于言说意义时，возмутиться改变了范畴，不表示事变，而是行为。未完成体形式尤其有代表性：

Сильно постаревший адвокат Гусев отрастил живот и, напирая им на хрупкую фигурку Спивака, вяло возмущался распространением в армии балалаек (Горький).

(6) Да, Михаил Александрович никуда не мог позвонить, и совершенно напрасно возмущались и кричали Денискин, Глухарев и Квант с Бескудниковым (ММ).

возмущаться语义中的言说要素由副词вяло, громогласно显现出来，例(6)中副词напрасно促成了对возмущаться的言语理解，因为行为意义得到显现。在例(7)中言说要素由地点状语显现：

(7) По поводу этого последнего открытия тоже возмущались на философском семинаре (Струг.).

动词возмущаться的言说意义在直接引语中也有表现：

Старики возмутились: "По какому праву убили марала?" (Айтматов)

下例是派生的心智意义：

〈...〉Что же случилось с Николаем Ивановичем? Не почуял ли он новое, надвигавшееся и угрожавшее всем нам? Не вспомнил ли он готовскую метлу, таскавшую воду по приказу ученика чародея? Не успел ли он уже сообразить, что ему и его соратникам уже не удастся остановить разбуженных ими сил, как не мог остановить метлу бедный ученик чародея? Нет, скорее всего, Николай Иванович просто возмутился, что какой-то паршивый следователь сунул нос не в свое дело и не выполнил распоряжения старших по иерархической лестнице (НМ).

рассердить

在表格2中,动词рассердить和возмутить之间的区别除了以上谈到的带裂解主体的角色配位外,见例(5),只能表现在能否有近乎施事的用法:①

рассердить的空格 I 和 i-I 都用"+"标记填充。以下是论证表2中рассердить的一些例子。

I. 行为:

В эпоху реабилитации Катаев все порывался напечатать стихи О.М. в "Юности", но так и не посмел рассердить начальство (НМ);

Попробую-ка я тебя немножко рассердить, подумал он (Струг);

Я замечаю, что вас сегодня ужасно трудно рассердить (Д.).

动词рассердить的施事用法是强制性的,要求特定的语境。显然语境不仅可以要求使役性动词表达可控行为,也可以要求去使役化动词рассердиться表达可控行为:

Промолчали чуть не с минуту. Иван Федорович знал, что он должен был сейчас встать и рассердиться, а Смердяков стоял пред ним и как бы ждал: "А вот посмотрю я, рассердишься ты или нет?" (Д.)

Самгин хотел рассердиться, но видя, что Иноков жует сыр, как баран траву, решил, что сердиться бесполезно (Горький).

Iд. 动词рассердить带有方式—主体参项的角色配位不存在,如同其他动词,它们的行为意义只能强制执行。

II. 事变。是动词рассердить最基本的范畴,如同很多其他心理状态,生气是对某种事件或情景理性(负面)反应的结果:

<…>она немного промахнулась и плечом ударилась о какой-то освещенный диск, на котором была нарисована стрела. Это рассердило Маргариту (ММ);

Дошло до Фомы Фомича, и, разгневавшись, он, в наказание, заставил учиться по-французски самого оппонента, Гаврилу. Вот с чего и взялась вся эта история о французском языке, так рассердившая господина Бахчеева (Д.);

Я сказал, что в прошлом история знала тоже много владык, которые считались вечно живыми или бессмертными, но все они в конце концов все-таки умирали. Это замечание Искру рассердило (Войнович);

Магду рассердило, что он сразу же ее не узнал (Н.).

IIд. 带裂解主体的角色配位。不同于大多数其他情感动词,动词

---

① Елена Модель 参加了词汇数据库中对рассердить的研究工作。

рассердить使役性事件通常是带有确定人称的事或已经由人完成了的事（即使在后一种情况中，这不一定指专门让人生气的行为）。因此人作为单独的情景参项突显出来，动词рассердить更多地用于带裂解主体的角色配位（而рассердиться不用于IV角色配位，而是IVд，带裂解客体），而不是初始角色配位：

Иван рассердил ее свой статьей в "Таймс";

Надобно заметить тебе, что на тебя здесь все сердятся. <...> — на меня? — спросил я, в удивлении смотря на дядю, не понимая, чем я мог рассердить людей, тогда еще мне совсем незнакомых (Д.).

生气的状态与对行为/事变的反应同时出现，但后来注意力很容易转移到人上，而角度参项可以退到话语外。所以，仅仅带一个目标参项的角色配位是可能的：

<...> она спокойно смотрела выше человека, который рассердил ее, и говорила что-нибудь коротенькое, простое (Горький).

III 与 III'. 不存在被动—潜在角色配位和自反词，它们要求动词表示未完成体当下持续意义。

IV. 去使役化动词。

На что она рассердилась?

IVд. 带裂解客体的角色配位。

Алеша болтал тоже иногда про какую-то графиню, за которой волочились и он и отец вместе, но что он, Алеша, одержал верх, а отец на него за это ужасно рассердился (Д.);

<...> радовался как ребенок, воображая, как я буду рада подарку, и ужасно рассердился на всех и на меня первую, когда узнал от меня же, что мне давно уже известно о покупке серег (Д.);

Наташа могла, не зная, в чем дело, рассердиться на меня за то, что я не приходил к ней сегодня (Д.);

<...> покраснел и рассердился на себя за свою ненаходчивость (Д.);

Еще в первое наше свидание я отчасти предупредил вас о моем характере, а потому вы, вероятно, не рассердитесь на меня за одно замечание (Д.).

i-I. 未完成体形式的活动意义（以及被动—潜在角色配位，i-III）显然是不可能的，因为动词рассердить的施事意义是强制性的。在Зачем ты меня сердишь?中，动词сердить发挥阐释的作用。

i-II. 行为结束后的状态。

Правда, себя я не считаю обиженным, и мне жаль, что вас это сердит;

Ее сердило, что посещение Франца доставило ей странное удовольствие и что удовольствием этим она обязана мужу (Н.);

Муж хорошо изучил эту привычку, и нисколько прежде она его не сердила, а лишь умиляла и смешила (Н.).

i-IIд. 带裂解主体的角色配位。

Она сердилась на него тогда за значительный карточный проигрыш (Д. Бесы).

i-III 和 i-III'. 被动—潜在的角色配位和自反词不存在。(参见 i-III 和 i-III' 的释义)

i-IV. 去使役化动词。

<...> не сердитесь на мое многословие (Д.);

Как бы беззвучно ни открывалась дверь, Кречмар сразу поворачивался в ту сторону и спрашивал: "Это ты, Магда?" А затем сердился на нерасторопность своего слуха, когда Магда отвечала ему из другого угла (Н.);

<...> она готова была сердиться на все — на зеленое платье, приготовленное на кресле, на толстый зад Фриды, копошившейся в нижнем ящике комода, на свое же злое лицо, отраженное в зеркале (Н.);

О.М. страшно сердился на все подобные сопоставления (НМ);

— Вы не сердитесь, что я так? — Нет, не сержусь (Д.);

Я сердилась, что он не отрицал всего, как подобает конспиратору (НМ).

在完成体倾向于分解性角色配位(рассердился на меня за то, что)的情况下，未完成体形式中完全可以出现无裂解的角色配位(сердится, что)。

i-IVд. 带裂解主体的角色配位。

Я хочу рассказать теперь эту историю, Анфиса Петровна, во всей ее ясности и подробности, чтоб видели, с чего дело вышло и справедливо ли на меня сердится маменька, что я не угодил Фоме Фомичу (Д.).

在例(8)中未裂解的角色配位使用前置词 за 的结构是错误的(应该说 сердиться на Степана Трофимовича за карточные проигрыши):

(8) Она создавала какие-то планы про себя и, кажется, сделалась еще скупее, чем прежде, и еще пуще стала копить и сердиться за карточные проигрыши Степана Трофимовича (Д.).

很多例子都证明情感动词的语义中存在"理性反应"要素:

"Они меня не слушают," — сообразил Клим и рассердился (Горький);

—Да, мы — атеисты, — улыбаясь, ответил Берлиоз, а Бездомный подумал, рассердившись: "Вот прицепился, заграничный гусь!" (ММ) [скорее наоборот: 'подумал и рассердился'].

原因在于，这一反应是可预知的，试比较以下搭配类型:

не говорил, боясь, что рассердится; чтобы не рассердить; побоялся рассердить.

假定式用法也证明了рассердиться在语义中理性反应发挥的重要作用：

Да и к чему было скрывать? Ведь Наташа угадала бы, что я скрываю, и только рассердилась бы на меня за это (Д.);

рассердиться的内容参项可以通过连词что, потому что, когда形成：

Но вот когда хорь сделал покушение на гусыню, Федя рассердился всерьез (Белов);

(9) Их отцы и родственники на меня рассердились все, потому что дети наконец без меня обойтись не могли и все вокруг меня толпились, а школьный учитель даже стал мне наконец первым врагом (Д.).

在例(9)中потому что = 'за то, что'。但是在例(10)中почему并不意味着 'за то'：问题涉及的不是角度，而是作出反应的依据。

(10) — Почему же вы сердитесь? Разве я сказал вам что-нибудь неприятное? (ММ)

连词когда在情感动词的语境中(рассердился, обрадовался, огорчился, когда)的运用是换喻起的作用。

<u>主题派生</u>：

与возмущаться不同，动词сердиться没有派生言说意义。

испугать

I. 行为。

Тут же в буфете приютился и просто веселый люд, даже было несколько дам из таких, которых уже ничем не удивишь и не испугаешь, прелюбезных и развеселых, большею частью все офицерских жен, с своими мужьями (Д.).

动词испугать比огорчить表行为的程度要高，但仍然不是行为，参见表格2中带"+"的标记。

Iд. 带方式－主体的角色配位不存在。如同第三节所述，动词испугать施事性是有限的：их ничем не испугаешь ≈ 'их ничто не испугает'.位于主体位置上的方式参项只有在货真价实的行为范畴中才被认可。试看下例：Твои угрозы их не испугают.

II. 事变。

Правда, пожар только еще начался, но пылало в трех совершенно разных местах, — это-то и испугало (Д.);

Но пугливый жест князя точно испугал и самого Ипполита (Д.).

IIд. 事变。带裂解主体的角色配位。

Пожар испугал нашу заречную публику именно тем, что поджог был очевидный (Д.) [т.е. пожар испугал очевидностью поджога].

III 和 III'. 不存在。

事变。去使役化动词（表情的，即逆向的）。

Она поскорей улыбнулась, испугавшись, что, может быть, ему не понравится упрек (Д.);

<...> князь чуть не испугался, увидев его (Д.);

Странно, он не очень удивился Порфирию и почти его не испугался (Д.);

Я, по правде сказать, вчера немного испугался, когда он так мрачно вошел (Н);

<...> раза два она дернулась так яростно, что я испугался, не треснула ли у нее кисть (Н);

Лариска заплакала, и Валерий испугался (Аксенов. На полпути к луне).

IVд. 带裂解客体的角色配位。

Я испугался за него, что он не выдержит.

i-I. 未完成体的活动意义如同完成体的行为意义，都是强制性的。关于3а чем ты меня пугаешь? 参见对 сердить 的注释。

i-II. 行为结束后的状态/静态性使役。

Прасковья Федоровна <...> закрыла штору, чтобы молнии не пугали больного (ММ);

Мысль о предстоящем ремонте его пугала.

i-IIд. 带裂解主体的角色配位。

Ты всегда пугаешь меня своими выходками.

i-III 和 i-III'. пугать 的被动—潜在角色配位和自反词理应是不存在的，被动用法需要更明确的、而非强制的行为意义，就像 пугать。

i-IV 和 i-IVд. 不存在。与 огорчить, обрадовать 相比，动词 пугать 体的聚合体不完全: 没有表状态意义的去使役化未完成体动词; 例如 радуется моему приходу 可以描写成 Он обрадовался 之后出现的状态，但是在 Он испугался моего прихода 之后出现的状态，不能用 пугается 描写，例 (11) 中 пугаюсь 表状态，就不够标准:

(11) —Ну, чего вы, например, так боитесь? Чего вы вдруг теперь испугались?

— Я боюсь и пугаюсь? Пугаюсь вас? Скорее вам бояться меня, cher ami (Д.).

对这种现象的解释是: 语义聚合体（在……之后出现的状态）中的这个方格是由动词 бояться 来填充的，因此 пугаться 只能理解为多次意义。类似 Ну что ты пугаешься?! (针对一次事件) 这样的句子可以理解为强调其多次性。(参见 Зализняк, Падучева 1974)

第四章　情感动词的语义聚合体

与动词испугаться有关的还有情感动词的事实性问题。

典型的情感动词是事实性的(如обрадоваться, огорчиться)，即带有真值性的预设(说话者预设是，发生了Х)，至少用于陈述式的过去式：

Джон огорчился / не огорчился провалу на экзамене ⊃ 'Джон провалился на экзамене'.

也有非事实性的情感动词(如бояться和надеяться)，它们着眼于将来(Зализняк 1983研究过非事实性动词)。至于испугаться，它可以有事实性和非事实性用法，例如：

(12) Я испугался громкого стука в дверь.

(12') И вообще я с большим удивлением узнал потом от Варвары Петровны, что нисколько не испугался смерти. Может быть, просто не поверил и продолжал считать свою болезнь пустяками (Д.);

<...> мы испугались, что Евгению Эмильевичу собираются что-то "пришить" (НМ).

相应的，испугаться有两个意义。

X испугался 1 того, что Y (как в испугался громкого стука в дверь)=
| 发生了 Y
| X 得知/看见/听见/明白，Y 的情况
| X 认为，Y 不好(因为妨碍了X想做的事情Z；或因为将导致不好的后果)
| 这引起：
| X 处于不好的心理状态(非必备推涵：X不再打算做事情Z)

X испугался 2, чтоY = 'счел, что возможно Y, что Y – плохое, и прошел в плохое психическое состояние'.

Я испугался шума意思并不单一：它可能表示a) 'я услышал шум, и это вызвало состояние страха'; б) 'мог возникнуть шум, я этого не хотел, и потому не сделал чего-то, что собирался', (参见Зализняк 1992). испугался и не поехал也与此类似。

испугаться 1 情景中，参项 Z 的出现表明：这个词位有否定的蕴涵。(参见 Karttunen1971的有关研究，如забыть, полениться, побояться等)：

Хотел сделать, но испугался [⊃ 'не сделал'];

Ягода прочел ему [Бухарину] наизусть стихи про Сталина, и он, испугавшись, отступился (НМ);

Туча солдат осадила училище, ну, форменная туча. Что поделаешь. Испугался генерал Богородицкий и сдался, сдался с юнкерами. Па-а-зор... (Булгаков).

我们把IVд的意义表征为来自于IV的派生角色配位(有分解客体)，这是非

事实性的,如испугаться:

X испугался за W (что Y) = 'X понял, что с W может произойти Y, и считает, что Y плохо для W'.

例如:

Папа не испугался ничуть. Вернее, он испугался, но только за маму и за меня (Струг.).

有意思的是,使役性动词испугать (его приход испугал меня) 通常有事实性理解。

огорчить

I. 行为。动词огорчить没有真正的施事性用法,例(13)中的用法并不是反例,伤心 (由推测而来,因为肯定性语境被消除) 不是主体的目的,而是其活动的伴随结果:

(13) — Ну что ж, поезжайте... — Да как же Наташа-то? Ведь я огорчу ее, Иван Петрович, выручите как-нибудь... (Д.);

Я пришел с тем, чтоб уговорить тебя сделать это по возможности мягче и без скандала, чтоб не огорчить и не испугать твою мать еще больше (Д.);

<...> он схватил меня за ушибленную руку и мне стало ужасно больно; Но я не закричала, боясь огорчить его (Д.);

<...> вызвал меня в сени, поцеловал и с каким-то беспокойством, с каким-то затаенным страхом начал мне говорить, что я умное, что я доброе дитя, что я, верно, не захочу огорчить его, что он ждет от меня какой-то большой услуги, но чего именно, он не сказал (Д.);

Только что мы заседали. Я вынужден вас огорчить. Видимо, кленовскую квартиру вы не получите (Войнович).

I$_d$. 带有方式—主体的角色配位不存在。

II. 事变。

— Полно, Елена, ну что ты можешь уметь стряпать? <...> Елена замолчала и потупилась. Ее, видимо, огорчило мое замечание (Д).

方格II和I通过范畴迁移,而不是在提升方式上相关:在II中事变的主体一般是事变,而不是行为。

II$_d$. 带裂解主体的角色配位。五格应该表示目标的角度,而不是施事的方式:

Ночью эти черновые куски вызывали у него слезы и ошеломляли неожиданностью некоторых удач. Теперь как раз эти мнимые удачи остановили и огорчили его резко выступающими натяжками (Паст.).

III 和 III'. 不存在。

IV. 去使役化动词。

Эта милость судьбы окрылила нас, и мы не очень огорчились неудаче Фадеева (НМ);

Они очень огорчились, что дети нарушают демократические традиции их отцов, и рассказали нам, что их посылают в общие школы и одевают ничуть не лучше их товарищей (НМ).

IVд. 带裂解客体的角色配位。

Я огорчился за него, что его не приняли.

i-I. 活动。如同它的完成体，未完成体的施事性令人怀疑：

не хотелось огорчать = 'быть причиной огорчения';

Ларисе Федоровне не хотелось огорчать Юрия Андреевича тяжелыми сценами. Она понимала, как он мучится и без того (Паст.);

<...> не хотел огорчать вас таким мелким осложнением (Рыбаков) [сообщая нечего].

огорчать 在例（14）中的用法可以认为是施事性的。注意：这是多次性的：

(14) <...> сердито жаловалась на бога, который совершенно напрасно огорчает ее, посылая на землю дождь, ветер, снег (Горький).

副动词短语（посылая）表示阐释意义，（参见第五章第五节）原因是动词 огорчить 是一种解释，它提供的是事件的间接称名。（参见 Кустова 1996, Зализняк 1992）如：

Норвежка Скари огорчила российских лыжниц. В гонке на 10 км классическим стилем она обыграла россиянок (Из газет).

i-II. 行为结束后的状态/静态性使役。阐释的选择取决于主体的分类类别——表个别的事件，产生行为结束后的状态，如例（15）；或静态，表静态性使役，如例（15'）：

(15) Меня так же мало радует твой выигрыш, как огорчает проигрыш; Меня огорчает только твоя несчастная страсть к игре (Т.) [行为结束后的状态]

(15') - Конечно, в общественности эта афиша вызвала волнение. Меня уж многие расспрашивали. Огорчает афишка-то! (ММ) [静态性使役]

在例（15"）中存在多次性，因为行为可以想象为由许多单个行为组成的。

(15") Если ее огорчало поведение мужа, она ничем этого не показывала (НМ).

i-IIд. 带裂解主体的角色配位。

Сын огорчал ее своей прямолинейностью.

i-III 和 i-III'. 不存在。

i-IV. 状态。

А к машинам у О.М. никакого отвращения не было — он интересовался ими, любил их умную работу, охотно разговаривал с инженерами и огорчался, что среди них у него не было читателей (НМ).

i-IVд. 带裂解客体的角色配位。

Напрасно ты за нее огорчался.

库斯托娃(1996)指出，在一些情感事实动词的否定句中有特殊的运作，如огорчить, омрачить, затруднить；在将来时和其他消除肯定性的语境中，它们不仅可以理解为事实性的，也可以理解为非事实性的。实际上，

（16）Он не из тех, кто огорчил свою мать женитьбой =

    а. 'он не тот человек, женитьба которого огорчила его мать', фактивное понимание；

    б. 'он не такой человек, который женился, тем самым огорчив свою мать'.

（17）Я не затруднил ее своей просьбой =

    а. 'не попросил, тем самым не затруднил'；

    б. 'обратился с просьбой, которая не доставила ей труда'.

而且，在这种语境中非事实性理解更为可能，有时甚至是唯一的理解：

Не оскорблю своей судьбы слезой поспешной и напрасной (Окуджава) [т.е. 'не буду лить слез']；

Квартирохозяин мой, почтальон, учится играть на скрипке, потому что любит свою мамашу и не хочет огорчать ее женитьбой. "Жена все-таки чужой человек",—говорит он (Горький).

утешить

动词 утешить 在表2中的语义比其他动词都要丰实，这点是可以解释的。我们从释义开始：

Y утешил X-а в Z-e =

由于 Z，X 处于不好的心理状态中

Y 采取行动(说/做 W)

这引起

X 不再想 Z/开始认为，Z 没什么不好 / Z′比 Z 更重要，

这样，X 不再处于不好的心理状态中

参项 Z 很少出现在句子表层，但它也不是内包参项：

хотелось <...> расспросить и утешить. В чем [Z] же утешить? Неля совсем не давала повода ее утешать (Белов).

I. 行为。

А они растерянно топтались возле, не зная, как быть, как утешить товарища (Айтматов);

И тогда он встал, побрел назад, рыдая громко и горько. Никак и ничем [W] не мог он утешить себя, и некому было утешить его в безлюдном ночном Аксае (Айтматов);

Михаил Александрович так и попятился, но утешил себя тем соображением, что это глупое совпадение и что вообще сейчас об этом некогда размышлять (ММ).

动词 утешить 有名副其实的行为意义，这点体现在它存在对应的未完成体形式，并且也表示这种意义（见下述内容）；还体现在它存在命令式形式（Скажи, Саня, утешь меня!），甚至还体现在派生的反身动词存在自反动词形式。

I$_д$. 带方式 – 主体的角色配位。

Это соображение его утешило ⇐ Он утешил себя этим соображением.

II. 事变。主体的范畴也应是事变。

Он не докончил свою мысль, почувствовав легкий приступ презрения к Лидии. Это [т.е. возникшее ощущение презрения] очень утешило его (Горький).

II$_д$. 带裂解的角色配位。

Заработок утешил его своим размером.

III. 可能存在被动—潜在的角色配位，尽管往往是一种强制性的：

?Долго его утешал, но он так и не утешился.

III'. 强调结果的行为。自反动词，行为 утешать 常常指向主体本身，由此产生自反衍生物的主动性：

(18) А предположить, что на земле могут существовать одновременно два Толстых, и, тем утешиться [= 'утешиться предположением'], я, понятно, не мог (Войнович).

用于 I、III 和 III' 意义时常常出现安慰方式参项，如果主体与客体同指（这种情况经常出现），那么例(18)中的предположение，例(19)的中мысль和例(20)中的соображение都可以用来安慰，它们都带命题题元：

(19) Мне показалось, она заснула, но прежде чем я утешился мыслью, что она не услышала, не поняла ничего из того, что убивает меня,

она шевельнулась, вернула бретельки на плечи и села (Н.);

(20) Он попытался утешить себя, что так грубо и гадко вышло потому, что он именно отступил от своих аккуратных правил (Н.).

如何区分 Iд 与 IIд，即区分都用五格表示的方式和角度？例(21)不能解释为例(22)的裂解结果（即填入空格 IIд），因为例(22)的范畴不符合方格 II：在例(22)中的主体是安慰，即方式；所以根据方式提升规则例(22)可以明确解释为来自例(21)，并填入方格 Iд：

(21) Я утешил его соображением, что время лечит.

(22) Мое соображение, что время лечит, утешило его.

IV. 去使役化动词不存在，自反动词不允许对反身动词作去使役化解释。(Падучева 2001а 以运动动词为例分析了类似的现象)

IVд. 带裂解客体的角色配位不存在。

i-I. 活动。方式参项可以属于理想范围，但也可能是言语的，甚至是物理的行为：

Но мальчик утешал себя догадкой: его не любят, потому что он умнее всех, а за этим утешением, как тень его, возникала гордость, являлось желание поучать, критиковать (Горький);

Нас вели на кухню <...> кормили, поили, утешали ребячьими разговорами (НМ);

<...>взялся его утешать, поглаживая по заду, словно бабу (Аксенов);

Жора показал Инке кулак и пошел утешать безутешную Алену, гладя ей колени и размазывая слезы по ее щекам (Незнанский).

动词体的类别取决于方式参项的分类范畴，如 утешать поглаживанием 是行为，утешать <себя> мыслью 是静态词，例(23) 用事实来安慰：

(23) И как чувствовал я в этот день всю сладость страстных рыданий матери, когда заливающийся тенор грустно утешал ее неизреченной красотою небесных обителей (Б.).

i-II. 行为结束后的状态/静态性使役。

<...> да утешал извозчика и тот неожиданный заработок, что дал ему какой-то господин из Сан-Франциско, мотавший своей мертвой головой в ящике за его спиною (Б.).

i-IIд. 带裂解主体的角色配位。

Заработок утешал только своей неожиданностью.

i-III. 被动—潜在的角色配位。

Слабонервные люди утешаются легко [только вынужденная интерпретация].

i-III'. 自反动词。

Так кончали жизнь красотки моего поколения, вдовы страстотерпцев, утешавшихся в тюрьмах, лагерях и ссылках тайным запасом хранимых в памяти стихов (НМ).

i-IV. 状态。因为施事性与去使役化解释不相融这一普通规则的作用，所以去使役化动词和i-IVд不存在。

主题派生：

动词утешать 广泛用于言说意义：

Отец Клима словообильно утешал доктора, а он, подняв черный и мохнатый кулак на уровень уха, потрясал им и говорил, обливаясь пьяными слезами <...> (Горький);

В ногах Кузьмина на шелковом стеганом одеяле сидел седоусый профессор Буре, соболезнующе глядя на Кузьмина, и утешал его, что все это вздор (Булгаков).

动词утешаться 属于为数不多的能表示超出理想范围之外的行为的情感动词，比如любовные утехи.

总而言之，утешить 可能由于非必备的，但是标准的言语要素，具有名副其实的施事意义，这点可以保证它比其他情感动词有更丰实的加号简图。

успокоить

动词успокоить有下面简单的释义：

Y успокоил X-a（Z-ом）=

X 处于激动的状态中

发生了 Y / Y 作用于 X（通过 Z）

这引起

X 不再处于激动的状态中

I. 行为。успокоить表示名副其实的行为，有时甚至带有意动意味'удалось'：

Чтобы успокоить его, ему посулили барана на завтра (Белов);

— Михаил Александрович! — крикнул он вдогонку Берлиозу. Тот вздрогнул, обернулся, но успокоил себя мыслью, что его имя и отчество известны профессору также из каких-нибудь газет (ММ);

Но врач быстро успокоил всех встревоженных, скорбных главою, и они стали засыпать (ММ);

Варенуху успокоили, как умели, сказали, что охранят его и без всякой камеры (ММ);

Нужно было успокоить ее. А как успокоить? (Булгаков);

<...> дерзкого безумца удалось успокоить, объяснив, что тело будет

погребено（ММ）;

<...> насилу-насилу успели ее успокоить холодной водой и всевозможными спиртами（Б.）.

Iд. 带方式—主体的角色配位。

Холодный душ его успокоил [试比较 его успокоили холодным душем].
如果方式用副动词表达出来，那么，它就不能在句法层面上转换为主语：

<...> прибежала Ксения Никитишна и совершенно его успокоила, сразу сказав, что это, конечно, кто-нибудь из пациентов подбросил котенка（ММ）.

II. 事变。

Приход брата успокоил ее.

IIд. 没有带裂解主体的角色配位，这与存在方式—主体的角色配位有关。

III. 在反身动词中不存在被动—潜在角色配位、III'和自反动词，这理应与存在中态去使役化动词有关。

IV. 去使役化动词。

Он отбивал косу, плевал на кончик молотка и тюкал по бабке <...>. Тюкал долго, размеренно, и уже совсем все встало на свое место, он успокоился от этого тюканья, как вдруг опять появился тот уполномоченный（Белов）;

Однако постепенно он успокоился, обмахнулся платком и, произнеся довольно бодро: "Ну-с, итак..." <...>（Булгаков）.

例（24）中激动状态的使役者几乎从不出现在句子表层：

(24) <...> лось, все еще не успокоившийся после осеннего гульбища（Белов）.

IVд. 不可能有带裂解客体的角色配位。

i-I. 活动。

Мария плакала. Я ее успокаивал;

Он долго лежал, стиснув зубы, слушая эти рыдания <...>. Затем шел успокаивать. Шли успокаивать и заспанные девки, иногда тревожно прибегал дедушка（Б.）.

i-II. 行为结束后的状态/静态性使役。

Ах, как хорошо сделал господь бог, создавши свет! <...> Как этот свет успокаивает, как укрощает и душу нашу, и все окружающее нас!（Б.）[静态性使役];

Он стучал кулаком в стену, давая знать, что ждет самовара, и, кряхтя, закуривал цигарку: это успокаивало сердце, облегчало грудь.（Б.）[行为结束

i-IIд. 带裂解主体的角色配位。

Мелодия успокаивала своей монотонностью.

i-III. 行为。被动—潜在的角色配位原则上说是可能的,但是强制性的:

Эти дети возбуждаются легко, а успокаиваются с трудом.

i-III. 自反动词不存在。

i-IV 和 i-IVд. 状态不存在;успокаиваться的未完成体理解为过程意义:

Больному сейчас лучше. Он успокаивается.

主题派生:

例(25)中успокоить用做施为动词,即具有言说意义:

(25) <...> но я должен успокоить игемона: замысел злодеев чрезвычайно трудно выполним (ММ);

Я успокоил ее, что все будет в порядке.

动词успокоить的加号简图说明,这是一个状态变化动词,而不是情感动词:它的使役者不是内容参项。不无重要的还有,符合方格 i-IV 的形式表示过程意义,而不是状态意义,就像情感动词успокаивается如同 разрушается[过程],而不是радуется[状态]。

第六节　本章小结

我们的研究材料可以得出以下的结论:

动词 огорчить, рассердить, испугать 的加号简图有实质的相似性。与 возмутить 不同,它们具有语义上的预见能力:具有很强的施事性,存在行为和活动范畴的衍生物(方格 i 和 i-I),不同点还表现为"个性鲜明"的指向上,возмутить 不具有这些特征(参见方格 i-IV)。

这些动词的加号简图对于情感动词来说是典型的,如 восхитить 和 обрадовать 的聚合体与 возмутить 和 огорчить 接近。

动词 пугать 仅仅在方格 i-IV 中有别于原型:去使役化动词 пугаться 没有状态意义(Он пугается звонков 是多次动词)还没有这方面的语义依据,结构置换原则可以视为一种解释,动词 бояться 占据了方格 i-IV。

至于说到动词 утешить 和 успокоить,那么它们明显是施事性的,它们提供了完全不同的意义聚合体。

在情感动词参数意义间普遍对应关系的基础上,本章的表格 2 提供了在语义方面预见某种参数意义可能性。

动词的加号简图本质上取决于初始词位的施事性,我们可以对原型情感动词 огорчить(绝对的静态词)和更具施事性的 оскорбить 做比较。动词

оскорбить的初始意义与言说有关,而言语原本是受控于人的一种活动;因此,同非施事性用法一起(Твои подозрения меня оскорбляют), оскорбить - оскорблять允许有施事性的用法。然而在огорчить的语义中,心理状态的使役者首先是体验者获得的信息,而非另一个人的言说活动,该动词没有纯粹的施事性意义。

简化的加号简图(反映的语义聚合体是不完全的)体现了原型情感动词的属性:

a) 施事性直接影响动词是否存在表活动意义的未完成体。试比较утешать, оскорблять和огорчать, удивлять, 完成体动词огорчить, удивить不表示行为,因此它们派生的未完成体是静态词;(参见方格i-I中的负号)

б) 非施事动词没有自反动词(方格i-III'),因为自反动词(мыться, одеваться)通常表示行为;

в) 来自施事性动词的逆向去使役化动词不如来自一般的情感动词好;但要是它存在的话(оскорбился),去使役化动词与使役性动词的差别(参见第三章)就表现得非常明显:оскорбился提供了推论'мог бы и не'的依据,试比较:Моя шутка его обидела 和 Он обиделся на мою шутку.

还存在一系列问题:从语义出发不能够解释动词的语言运作,尽管语义解释的可能性似乎还不能被排除。

1. 表示"指向性"情感的动词рассердиться, разозлиться, обидеться, разгневаться (рассердился на меня за мой выкрик)有带裂解客体的角色配位,即有目标参项,怎样解释возмутиться没有这样的角色配位?

2. 为什么растеряться, сконфузиться, сникнуть 没有静态未完成体? раздражаться几乎没也有? 也就是为什么不能说:

Неужели ты до сих пор *раздражаешься / *оскорбляешься[при допустимом обижаешься]?

3. 为什么动词восхищаться、возмущаться、восторгаться、ужасаться的言说用法比сердиться、огорчаться更自然? 这是否与огорчать是阐释动词有关? 是否应该将'情感的言语表达'要素列入一些情感动词的语义中,与其他动词均衡,如同ТКС词典中的做法? 或者把它纳入所有动词中?

4. 如果提到句法运作,就不得不提情感动词的副题元。显而易见的是,情感动词与程度指示是兼容的(очень огорчился, испугался, рассердился, очень волнуюсь)。

— Вы, кажется, уж слишком на него рассердились, заметил Мизинчиков (Д.).

怎样从释义中得到与程度状语(类似очень)的搭配性? 尤其是这种搭配远不是所有情感动词都允许的情况下。例如взбесить, вознаградить, заворожить, изумить, отчаяться, подавить, раскаяться, унизить就不允许，这显然是由于内包极端程度指数所致。试比较：очень удивился, *очень изумился, очень расстроился和*очень отчаялся.

动词的周围语境通常能够反映出其意思的某些侧面，如例（1）中несчастье的形式不隶属于动词утешать，但能反映出动词释义的重要方面；例（2）中потолковать能够反映出动词утешать非必备的，但是典型的一个方面：утешает的人通常在говорит：

(1) Вероятно, действия Банги должны были означать, что он утешает своего хозяина и несчастье готов встретить вместе с ним (ММ).

(2) Да я, впрочем, не спорить пришел, а, узнав про вторую беду твою, пришел утешить, потолковать с другом (ММ).

词语意思在语境中反映的"次生品"还没有得到研究。

5. 在没有对应体的未完成体动词中，没有逆向的去使役化动词（угнетать, гнести, давить, нервировать）占更大比率，这是偶然现象么？

6. 动词беспокоить在情感动词中占有特殊位置。典型的情感动词不和间接问题搭配，如Он рассердился, зачем я это сказал 不是间接问题，而是非固有的直接引语，然而беспокоить属于为数不多的情感动词，它们可以支配间接问题和参数名词：

(а) Меня беспокоит, какое решение он примет;
Ее беспокоит, вернетесь ли вы к обеду?

(б) Нас беспокоит судьба книги.

НОСС (1997) 对动词беспокоиться的解释是'вызывать неприятное чувство, какое обычно бывает, когда человеку неизвестно нечто важное о ситуации, которая его касается ...'，这就确认了间接问题和'知晓'要素的联系。（参见第三章）

动词беспокоить还可以有其他的支配类型：能导致危险后果的情景（ухудшение экологической обстановки：可能发生——不知道是否会发生），和仅仅指向不可知的将来情景。因此，间接问题仅仅只是一种可能，但是事实就是事实：不揭示未知晓与间接问题之间的联系，就不能确定"бескопоить"的情景参项和动词句法题元间的对应关系。

在其他动词的语义中可以发现隐匿的问题，如同беспокоиться一样可以支配前置词за，这样的动词还有испугаться, бояться, тревожиться, волноваться等，如：За ваш доклад я не волновался.

7. 还有一个单独的问题。情感动词的词汇意义如何影响其语法形式和词汇派生物的意义。词汇的派生能力不仅体现在语义方面，而且体现在形式上表现出的衍生中，体现在词语能够为某种派生意义提供理据的能力上。目前尚不明朗的是，能否根据情感动词的意义预知其动名词意义？也就是动词的语义能否给其预测提供依据？在一定程度上，答案是肯定的。如表达状态的名词是由有未完成体形式的动词构成：восхищение, возмущение, раздражение, изумление, обида, огорчение, смущение, удивление, возбуждение, успокоение（испуг 是个例外，对此不足为奇）。它们包含在状态名词的典型结构中：в возмущении, от возмущения. 然而 утешение, вознаграждение, развлечение, оскорбление 是用来安慰、犒劳……的名词，而убеждение X-а 表示то, в чем X убежден.

情感动词几乎不构成行为者名词，如возмутитель спокойствия是习用性组合，这是可以理解的：情感动词是非施事词。在这方面огорчение的表现很有趣，试比较：доставить огорчение 和 быть в огорчении。(Булыгина, Шмелев 2000)

对比一下情感动词与感知动词是非常有意义的，情感动词带体验主体的角色配位有反身语气词的标记（рассердился на Джона），初始角色配位是使役性的，与行为动词类似（Иван рассердил如同 Иван наследил）。而感知动词的初始角色配位带体验主体：Я увидел, он обнаружил. 它们在聚合体结构上的差别由此而来：情感动词带提升领有者的角色配位（Джон удивил меня своей статьей），其依据是它存在带同一动词的使役化结构（Статья Джона меня удивила）。而在感知动词中体验者占据主体的位置；为了使分解的领有者组合进入主体位置，聚合体中应纳入反身动词，只有去使役化可将领有者组合转换到主体位置上：

感知	情感
Война яснее обнаружила враждебность этих людей	—
В войну яснее обнаружилась враждебность этих людей	Статья Джона меня удивила
В войну эти люди яснее обнаружили свою враждебность	Джон удивил меня своей статьей

根据参数比较这些意义可以直观地表征词义的"解剖结构"，了解参数意义如何预测一些意义和排除其他的意义，这样能够提高释义要素的心理现实性。

尽管情感动词有许多独到的特点，但也有一些可以将情感动词与其他类别的词联合起来的东西。例如存在这样的规律：反身动词的自反意义切断了去使役化的路径（如同утешаться），这一规律也可以作用在情感动词之外，例如运动动词（катиться）。

第五章 决断动词

第一节 决断动词语义中的意愿要素

表决断意义的动词描述的是人在自由选择条件下的行为,它们与意愿类动词相近,这样的动词有:

решить, задумать, замыслить, надумать, предпочесть, договориться, рискнуть, решиться, осмеливаться, отважиться, одуматься, сообразить < сделать что-то>;

выбрать, облюбовать, наметить, избрать, выискать;

назначить, уволить, предназначить, приговорить, ограничить, установить, постановить, рассудить;

намереваться, хотеть, планировать, собраться, забыть (如 забыл позвонить = 'забыл о намерении';试比较,英语中动词 remember 'помнить' 在 remembered to take the umbrella = 'не забыл взять зонтик', 但是 *вспомнил взять зонтик), думать(如 думаю зайти).

其中还包括 мяться, вздумать, заблагорассудиться 等词,它们的显著特点是不用于第一人称形式。(参见 Падучева, Зализняк 1982)

如同其他主题类别,我们的目的是在不同词汇意义中揭示一致或接近的语义要素,它们影响词汇的搭配和规律性多义。

谈到规律性多义,那么对这类动词而言,最有意思的是 'мнение' – 'намерение' 转换类型,这种类型的多义性是 решить, (по)думать, забыть, предполагать 所特有的。

同时还应涉及到体的问题。为何在一定的语境中,意愿类动词的未完成体形式没有正在持续的意义呢?一种情况如动词 назначить 受到普遍规律的作用,它没有未完成体形式;作为施为动词,它属于瞬间动词。而另一种情况如动词 выбрать,它不是瞬间动词,但显示出一定语境中体意义聚合体的不完整。

我们的研究从决断的情景参项出发,按照阿普列相(1995:355)的说法,(在语言中)人是由一套特定的功能确定的,如活动、状态、反应等。正如谢格洛夫曾提到的,人类的每种功能都对应于某一完成该功能的器官(身体一部分):"器官是装置的某一部分(如人的),它完成的是同一组行为。"如手、眼以及大脑,这些器官都是相应用于完成人的物理行为、感知和智力功能。"意愿"可被视为形而上学的,也就是无器官来源的"器官"之一。

决断的标准语境是出现问题情景,它要求(或允许)主体实施某种行为;同时人还要明白,在这种情况下什么样的行为是理智的,合理的。如例(1),行为完成的必要性由夜晚来临来决定:

(1) Мы с помощником посовещались, где ночевать. Решили заночевать
    в предыдущей деревне.

人有两个"器官"可做出决断:理智和意愿①。理智可建立选择集合,即在该问题情景下原则上为合理的行为;筛选可能性,并从其属性及可能的后果等角度对每种潜在的行为做出评价:合理的－不合理的;好的－坏的,也就是正确的－不正确的,或可行的－不可行的等等。(参见 Арутюнова 1983: 331, Шатуновский 1996: 285)现在我们更详细地探讨这些基本概念:

1. 理智。这是对各种可能的选择进行思考和比较的器官;作出推理(研究某种选择可能出现的结果),这样就可以对选择的行为作出评价:好或者坏。在思考的过程中人们经常需要辅助的信息,这些信息可以不同方式获知。

2. 意愿。这是产生愿望的器官,并决定最终的选择。在借助动词решить观念化的决断情景中,理智提供了几种可行的选择,意愿此时介入其中,作出最终的选择。

阿普列相(1995: 352)认为"意愿<...>就是实现自己愿望的能力"。但是,意愿好像结合了两个功能,不仅能实现愿望,而且还要产生愿望。(参见Степанов 1997: 317对意愿的论述)

将意愿表征为结合了两种功能的器官与СЯП对воля的定义相符:意愿其中一个意义为:"想并要实现某种愿望的能力",如:

Воля и рассудок превозмогли; движение происходило не от ее воли; покорись моей воле; в нем не слабеет воля злая = 'не слабеет способность порождать злобные желания'.

意愿如同"权力",同样兼备两种功能:自由选择和施加压力,目的在于达到需要的状态,与之不同的是,意愿的权力特征包括对自己的控制。

说明:不同的语言用不同的方式回答人类的决断和意愿的来源问题。Иванов(1980: 95)谈到荷马史诗在决断情景中,尤其是做英勇的决断时,使用φϱένες('внутренности, душа, ум')这个词。这种决定来自上帝的影响(宙斯、赫拉);正是他们将某种决定赋予人类(在他的φϱένες中)。Иванов(1980: 98)认为,"可能术语φϱένες, ϕϱήν属于<…>人类的内部感官,它能迅速对来自外部强烈刺激作出反应,它们也属于人类的一部分或意识的一部分,通过它们上帝可以对人类产生影响。"

---

① 根据Ю. К. Щеглов(1964)的研究,情感也参与行为的决断。在我们的模式中,情感会影响愿望的出现,但在决断观念中情感要素位于话语外。

不管怎么说，人类具备产生愿望的能力，正如第一部分第四章第二节所述，这种能力在语言中常常被观念化为一种器官，它被毫无疑义地视为意愿。

这样，我们将意愿论证为决断情景参项之一，还有第三种参项——良心(Апресян 1995: 354)，这种参项的角色与理智角色部分吻合，因为"理智也与最高的道德准则联想在一起，就像善良与邪恶"。(Урысон 2000а: 186)。在决断动词类别中，第三个参项并未表现出来，因此不列入我们的研究范围。

无论是意愿还是理智都是内包参项，即它们在动词中没有规律性的句法位置。但是按照一般的规则，它们也可能"外包"，从而出现在表层结构中：

Может быть, детский ум его давно решил, что так, а не иначе следует жить, как живут около него взрослые (Гнч., МАС).

我们对决断动词решить使用语境的分析表明，在作出决定时，人们通常不会局限于自我，他会和别人商量(如果施事者是集体，那他的成员会展开讨论)，这点在语言学上非常重要，因为它架起了решить остаться 和решить на собрании，выбрать щенка和выбрать председателя之间的桥梁。在第二节中的例(4)和(5)中，решил сам с собою的搭配揭示了решить和договориться的相近性。从中可以看出，решить类型的推断动词与第三节提到的社会行为动词间的联系不是偶然的。

3. 选择的集合。决定怎么做，即知道事情处于何种状态：Я решил, куда поехать отдыхать意味着在不同可能性中做出了选择"Я поехал в Крым", "Я поехал на Соловки"等。这就是事物状态参数的不同意义，事物的状态一个选择集合。事物状态参项可由参数名词表示：выбрал маршрут = 'выбрал, каким путем идти'。在Это решило мою участь这一语境中，участь就是参数，它的意义是对我而言非常重要的未来生活状态的总和。исход也是参数性的，решить用于'быть решающим фактором'应该考虑到换喻迁移的可能性：это решало спор = 'исход спора'。

事物的状态也是参数。参数参项在许多动词的语义中都发挥着重要的作用，如动词изменить，事物的某一特征总在发生变化。(参见Mel'čuk 1992 对 changer 'изменить'的论述)

决断情景必须有意愿的参与，如果所有事情都靠理智来解决，那就不应使用решить，而要使用определить或понять。(参见Арутюнова 1988: 256; Шатуновский 1996: 288) 即意愿参与决断情景是必需的。在原则上，施事者也可以在理智限制的选择集合范围之外做出决定，例如а что вы с Рогожиным ехать хотели, то это вы в болезненом припадке решили (Д.). 一般而言，作出决定，有时也可以是行为本身，它们可以早于人们对自己的动机和理由的意识。例如纳博科夫在«Дар»中描写了这样一个典型场面："И в то самое мгновенье, когда он решил больше не прислушиваться и нераздельно заняться Гоголем, Федор Константинович быстро встал и вошел в столовую." 而推断是理智的选择。

4. 决策。决策是决断的结果：

（2）X намеревается P（其中P是X的将来行为）=

'X имеет в активной зоне сознания мысль: "Буду делать P"'.

决策意义出现在推断动词带有表示可控行为的从属谓词语境中：

（3）думал бежать, предполагал печатать, забыл запереть.

定义（2）给出的仅仅是намереваться词义的陈说要素，但是它还有第二个要素，它位于背景中：决策是主体的选择，是理智和意愿参与决定的结果。

有许多动词未完成体形式表示行为结束后的状态，（Падучева 1996: 153）即这种状态的出现是行为/事件的推涵或结果；比如обещать, огорчаться, выражать——这пообещать, огорчиться, выразить行为/事件结束后的状态。решить和намереваться之间的相互关系如同пообещать与обещать，即намереваться是动词решить行为结束后状态的某种异构形式。为了намереваться，首先应该решить，尽管决断需要多长时间不由主体决定。换言之，在决策的定义中包含先前自由选择的结果。（Шатуновский 1996: 288）

решить, выбрать和назначить在句法上有所区别：решить能够支配不定式和间接问题，参见例（4），而выбрать和назначить与名词连用，参见例（5），尽管这三个动词实质上都表示行为的决断（назначить和выбрать包括决策的完成）：

（4）решил построить дом; не решил, где строить дом.

（5）выбрал отделку; назначил преемника.

有趣的是，随着时间的发展，这些动词在句法上的区别逐渐加深。如动词решить以前可以用在非参数名词语境中，而现在变得不太合适了，参见例（6）；相反，назначить可以与不定式连用，参见例（7）、（8）：

（6）Этот визит, вероятно, уже давно был решен и обдуман（Д.）.

（7）Кирила Петрович <...> решился не тратить времени и назначил быть свадьбе на другой же день（П.）.

（8）Суда с вечера заняли те места, какие Ушаков назначил им занять без боя（Серг.-Ценск）.

这样，决断情景有以下几个必备参项：

具有理智和意愿的施事者；

事物状态；以选择集合的方式给出，它可以参数的方式给出。

参数值；决断情景中决策是参数值。

此外，还有两个非必备参项：

问题情景参项，或产生行为必要性的问题参项（内包参项）；它是做出决定和选择的理由。

动机(仅仅存在于动词的完成体中),即行为完成后最想得到的结果(Чтобы не мешать им, я решил уйти.),动机的非必备性拉近了决定和愿望的距离。

在以下的章节中我们将对几个决断动词进行详细的分析。

第二节 动词решить意义聚合体中的直接和间接角色配位

动词решить的语义聚合体建立在词汇意义参数的基础上(参见第一部分第一到第四章),它们是主题类别、分类范畴(体的分类)、角色配位和参项的分类类别。每个词位都与某个标号相对应,标号又对应于某个参数,它显示的是该词位在词的整个意义系统中所处的位置。

标号中区分出四个位置,分别针对主题类别、分类范畴、角色配位和参项的分类类别。每个参数都从"自己的索引"中获取意义。因此,如果词位在指定参数的特征是非相关的,那么它就可以被省略。在该序列中的最后位置上可以包含在其他地方没有找到自己位置的任意类型的信息。(例如补充的参项)

下面我们将分析以上四种参数是如何体现在动词решить语义聚合体的典型序列中的。

主题类别在序列中用罗马数字给出。在решить的一组词位中反映的主题类别有:意愿(Ⅰ),推断(Ⅱ),使役化(Ⅲ)。

动词的**范畴**由拉丁字母给出。решить的词位体系表示三个分类范畴:A(ction)——行为、H(appening)——事变、S(tate)——静态词,即状态或固定的相关关系。动词решить的意愿意义与其未完成体решать一样,表示行为。在推断意义上решить可能表行为或事变。只有未完成体решать才有属于状态范畴的用法。

角色配位。如同其他心智和意愿动词,решить存在直接和间接角色配位的实质性对立(参见第三章),我们分别以符号d(irect)和i(ndirect)来标示。直接角色配位被视为初始的,因为它包括结果参项。除了存在由直接角色配位向间接角色配位的转换外,还有许多其他类型的角色配位迁移。这时只需展示词位序列中存在角色迁移的事实就足够了,(在该用法中指与词的初始用法相对而言),标示符号为д.

参项的分类类别。每一个角色都与扮演者的初始分类类别相对应(譬如,意愿动词решить的初始施事者是人),它们在序列中没有表现,在特指情形下才能表现出来。例如,решить表示集体的意愿(也就是通过特殊的程序、表决等来表现)时,会发生施事参项的专指:C[施事者—集体](C来自"专指";还要补充程序参项。参项的专指可以导致动词的范畴、主题类别和角色配位发生变化（参见第一部分第四章），如果这种参项是区分意义的唯一参数时，才会把它单独指出。

用衍生的观点来分析词义的依据是：我们了解多义词的两个意义间语义派生的方向，即一个意义为另一个意义提供理据。对于动词решить而言，产生的问题是：哪一个主题类别是初始的：是意愿（如решил уехал中）还是推断（如я решил, что ты уехал）。如果把决策视为推断的一种个别情形，也就是作为情景必须实现的一种推断，推论主体是实施者或可以对情景进行控制，那么решить的意愿意义就表现为专指的推论。但是现实中的相互关系常常表现为一种反向关系。（参见Шатуновский 1996：290）решить的意愿意义是初始性的，推断意义通过其挥发性用法产生。实际上，推断包括"建立情景形象"和"意愿行为"，而在推断意义中只保留"建立形象"要素：решить的心智意义 ≈ 'оценить положение вещей, понять'. 并且，即便решить用于推断意义时，该意义也表现为在某种程度上自由选择的结果：решил, что сам виноват 表示 'решил придерживаться такого мнения'①。

'намерение' – 'мнение' 的多义类型不仅仅是решить的属性，动词убедить也有类似的多义性，它可以表示 'склонить к действию' 和 'внушить мнение'. （参见Гловинская 1993a，英语词persuade和convice的区别相近）

与表示意见类的动词相比，решить的意愿意义的初始性质在其衍生词上表现很明显。如派生的动名词решение在现代俄语中表示'намерение'的意义，而非'мнение'的意义。推断由另一个动名词表示。在例（1）中，убеждение充当решить的结果名词：

(1) Пробыв в Москве, как в чаду, два месяца, почти каждый день видаясь с Кити в свете, куда он стал ездить, чтобы встречаться с нею, Левин внезапно решил, что этого не может быть, и уехал в деревню. Убеждение Левина в том, что этого не может быть, основывалось на том, что в глазах родных он невыгодная, недостойная партия для прелестной Кити, а сама Кити не может любить его (Т.).

另一例，反身动词решиться与行为相关的要素也是核心要素решиться ≈ 'вознамериться сделать нечто трудное/рискованное'.

当主体的推断是必须要做什么的语境中，意愿意义和心智意义几乎融合：

---

① 有趣的是，完成体动词счесть也强调主体在选择情景的心智形象时的随机因素（Я счел возможным ≈ 'решил, что возможно'）；与此同时，在未完成体动词считать的语义中，主体推断的随机要素是不存在的。因此，根据Маслов的标准，счесть – считать不仅不构成体偶，而且也不组成非固有的状态保留体偶：считает没有规定之前要счел，就如同обещает相当于пообещал(Падучева1996：153)，或者相当于видит与увидел之间的关系。

решил, что надо / пора делать ремонт. 但是，意识到必要性还不是决策，这种语义上的对立在语言表达层面上也有显现。如例（2）中将来时形式（нужно будет）表明，这里并不表示推断，而是决策：

（2）Акакий Акакиевич с некоторого времени начал чувствовать, что его как-то особенно сильно стало пропекать в спину и плечо. <…> сукно до того истерлось, что сквозило, и подкладка расползлась <…> Увидевши в чем дело, Акакий Акакиевич решил, что шинель нужно будет снести к Петровичу (Г.).

如果нужно不带будет，那就不表示决策，而是对必要性的推断。

这样，решить的初始意义属于意愿动词主题类别，而它的心智意义是语义衍生的结果。

使役化的主题类别（如решить задачу）也是решить的派生物：这时意愿要素完全脱落，决断的过程成为建立新信息客体的活动（它需要一定的技能或/和使用一定的方法）。

以下是动词решить的词位聚合体：

Ⅰ. A.d/i (решил уехать/решил, кого уволить)[①]

Ⅰ. A.d/i (施事者—集体)(решил большинством голосов)

Ⅱ. A.d/i (решил, что все к лучшему / не решил, упрекает он или хвалит)

Ⅱ. H.(d) 'подумал'(Я почему-то решил, что ты уехал)

Ⅲ. A.i (решил задачу перебором)

Ⅲ. A.i.C (客体 - исход)(Наше войско дружным нападением решило исход дела)

Ⅲ. A.i.C (主体 - 事件)(Дружное нападение нашего войска решило исход дела)

Ⅲ. A.d.C (边缘参项 - 决定)(Она решила свою жизненную проблему замужеством)

Ⅲ. H.d+д (замужество решило ее жизненную проблему)

d/i 的斜线是一种减化形式：这是两个标号，即语义聚合体中两个单独的方格，对应于直接角色配位和间接角色配位。

动词的范畴可以不表示行为，而是事变（如 Эта битва решила исход войны）；这样решить的意愿语义中只保留可控要素，并转化为使役性。решить的类别Ⅰ表示确定自己的意愿；类别Ⅱ表示形成推断；类别Ⅲ表示建立客体或使事物形成一定的状态。这样，谢格洛夫（1964）的思想得到再次证实，推断动词实质上是成事动词。

---

① 标号d（来自英语direct）和i（来自英语indirect）分别表示直接/间接角色配位。

以下是решить其中一个意义的词条：
решить I.A.d（如 решил уехать）
图例：聚合体的初始词位

题元结构

名称	句法位	等级	角色	分类
A	主体	中心	施事者	人
P	不定式/компл.	中心	决策	将来的行为
M	Ø	话语外	选择的集合	集合：A 的行为
X	Ø	话语外	问题	/情景：不情愿的
(Q)	/чтобы	边缘	动机	情景

分类范畴：行为：强调行为的结果
简要释义：
0) 初始呈现的状态：至 t 时刻 < 观察时刻之前，主体没有打算完成行为P
1) 在 t 时刻出现问题：主体应该/能够采取行动解决问题
2) 主体想知道，应该采取什么样的行动
3) 因此
4) 活动：主体有目的的行为
5) 方式：全面地考虑问题；建立选择的集合；从集合中确定可行的做法；通过理智和意愿评价它们（：并考虑到 Q）
6) 使役化，这引起
7) —
8) 结果（与目的相符）：出现并且在观察时刻出现状态：主体认为与所有其他行为相比，P更符合其理智或意愿（：并且与Q相协调）；主体作出完成P的决策
9) —
10) 推论：事件若正常进行主体会完成 Q

主题类别：意愿
体的性能：完成体；对应的未完成体 решать I.A.d（寻常意义）
示例：

Я решил ночевать в деревне; <...> решил стать кинематографистом. Почему решил?

Да я подумал, что это дело безответственное (М. Ромм);

Она решила как можно скорее начать самостоятельную жизнь;

Чтобы облегчить задачу, мы решили соорудить на работе буфет.

因此，решить的初始意义是意愿性的。下面将描写语义衍生，通过它们可以解释从初始意义派生出的意义。

I.A.d ⇒ I.A.i

间接角色配位(Он решил, куда поедет отдыхать)与直接角色配位的不同在于，它不明确给出决定。在释义中它应反映在结果的表述中(第8行)'施事者认为与所有其他行为相比，行为P更符合其理智或意愿'，并且补充推论'说话者可能不知道，施事者选择了哪种可行的方案。'

相反，在意愿意义的直接角色配位中，选择集合不明确给出，可能只通过句子的交际结构给出。(如果决断不是为了完成某个行为，那么选择集合就由两种可能性构成：否定及相应的肯定：решил не ходить на банкет ⊃ 'выбирал, ходить или не ходить'.) 在间接角色配位中选择集合由间接问题给出；如решить, куда поехать отдыхать意味着从答案集合中选出一种对问题的解答。

I.A.d/i ⇒ I.A.d/i.C [施事者—集体]

也可以与其他人一起讨论问题的解决方案，因此，集体参项也可能出现在意义 I.A.d/i 中：

Думали-думали, толковали-толковали и, наконец, решили, что не худо бы еще расспросить хорошенько Ноздрева (Г.).

但是如果表决程序进入情景，那么就出现意义 I.A.d/i.C，并出现新的参项 W，程序参项(完全是内包参项，因为它只是表决)：

Большинством голосов решили похитить покуда одну Евгению (БАС).

与个体不同，在表决程序中施事者必须是集体。这里不仅仅是施事者不清楚意愿是什么，而且不同人的意愿可能是不同的。这样，关键不仅要做出合适的决定，而且还在于意见相协调。

参项 W 可以通过表明活动方式出现在句子的表层，在活动进行中完成表决(如на собрании решили)。在这种情况下，动机参项退到更深的背景中。

与个体不同，在表决程序中决断主体与行为的执行者不吻合，有时这种不吻合仅仅发生在句法层面：(Шатуновский 1996)

решил, что в Казань поедет Иван = 'решили послать в Казань Ивана'.

但是，施事者对其不在场情景的控制仍然是存在的，并且不仅仅包括表决程序(решили за меня = 'без меня про мое действие')：

(3) Посмотри, какое я письмо от старосты получил, да реши, что мне делать (Гнч.).

在施事者为集体的情况下，动词 решить 与 договориться 的意义相近：

Площадка, на которой мы должны были драться, изображала почти правильный треугольник. От выдавшегося угла отмерили шесть шагов и решили, что тот, кому придется первому встретить неприятельский огонь, станет на самом углу спиною к пропасти; если он не будет убит, то противники поменяются местами (Л.).

即使是个人做出的决定也有可能达成个人间的协议：

(4) "Все выскажу ему, все заставлю его высказать и покажу ему, что я люблю и потому понимаю его", — решил сам с собою Левин, подъезжая в одиннадцатом часу к гостинице, указанной на адресе (Т.).

(5) Потом, вспоминая брата Николая, он решил сам с собою, что никогда уже он не позволит себе забыть его, будет следить за ним и не выпустит его из виду, чтобы быть готовым на помощь, когда ему придется плохо (Т.).

I.A.d ⇒ II.A.d

由于意愿要素的脱落和理智参项的活动成为核心语义要素，后者在初始意义中处于后台位置并且是非必备要素，这时纯推断意义 II 可以从决策意义中获得。这样，从意愿到推断过渡的语义衍生机制是关注焦点的迁移。(参见第一部分第五章)

某种情景施事者作出的推断是该情景及其成因的心智形象。通常推断具有主词 – 谓词结构，如句子 свет решил, что он [Онегин] умен и очень мил (П.) 中，主位是 Онегин，述位是对他的评价。主位可能是非固有的 (Баранов, Кобозева 1983；Янко 2001)，推断就是对情景的解释：

А у тебя жар! <...> Вероятно, покушал лишнее, решает мама (Ч., БАС) [= 'мама решила, что ребенок, вероятно, покушал лишнее, поэтому у него жар'].

II.A.d ⇒ II.A.i

当选择集合处于中心位置时，即间接问题的位置时，相应的间接角色配位只可能出现在消除肯定的语境中 (Падучева 1985: 94)：

<...> не решу, упрекает он Бояна или хвалит (П.);

Что именно находилось в куче, решить было трудно (Г.);

<...> решить, которая из дам была сочинительница письма (Г.);

<...> он не мог жить, не решив вопроса: будет или не будет она его женой (Т.).

或者说，решить的间接角色配位只可能出现在没有决定参项（участник Решение）的情景中（即，如果思维活动没有达到目的），而且它也不在话语外（如同выбрать，参见第三节）。

推断与决策的区别可能不是很明显：решил, что пора ехать表示推断还是决策？再比如：

Они положили, наконец, потолковать окончательно об этом предмете и решить по крайней мере, что и как им делать, и какие меры предпринять (...) (Г.).

II.A.d ⇒ II.H.d

当решить表示的不是心智活动的结果，而是"非自由条件下出现的思想"时，布雷金娜和什梅廖夫(1989)将该意义独立出来作为心智事变意义：

<...> а там и праздник, а там кто-нибудь в семействе почему-то решит, что на фоминой неделе не учатся (Гнч., МАС).

事变意义在许多方面与广义的行为不同：

主体不是施事者，而是体验者；

不存在间接角色配位；因为没有在选择集合进行选择的要素：推断参项表现为基于特征基础上作出的结论（或者是完全没有根据的结论），但不表现为对各种不同可能性进行讨论后得出的结论。

I.A.i ⇒ III.A.i

例(6)中，решить用于客体参项具有信息属性(вопрос, задача)的语境中，而决定参项(问题的答案)通过对问题中的信息进行加工而获得。也可能出现方式参项(工具行为)标明活动类型，并将施事者参项转换为决定参项：

(6) а. Он решил задачу прямым перебором.

在这里，施事者的行为不算是一种选择：因为作出的决定是一个新的客体，решить这个用法属于使役性动词类别。如果认为施事者的任务是得到某种结果，不一定是信息，那么решить在例(6б)中的意义同例(6а)中一样：

(6) б. Мы решили эту хозяйственную задачу.

решить有若干使役性意义：它们因客体的专指而不同。在例(7)中，客体表示的情景可能有不同的结局(исход, удел"出现在句子表层")，施事者的活动会导致某一结果的出现，因此решить表示"注定<将有某种>结果"：

(7) а. Наше войско дружным нападением решило дело (исход дела);

　　б. Мы решим свой спор (='исход спора') пистолетами;

　　в. Он одним своим словом решил мою судьбу.

在例(7а)中可以看到带外部领有者的结构，参见例(7а)和(7')

(7') Дружное нападение нашего войска решило исход дела.

从另一方面讲，решить在例(7")中的用法可解释为角色配位的迁移，工具

的行为(通过换喻方式表达工具пистолет体现)转换到主体的位置,而施事者参项从情景参项中退出:

(7″) Наш спор решат пистолеты.

此时,例(7а)与例(7″)间的相互关系如同Я резал тупым ножом 和 Нож резал плохо.这种角色配位的解释仅仅适用于事件是主体行为的情况下,如例(7а)和例(7′)。

Ⅲ.A.i ⇒ Ⅲ.H.i С(主体—事件)

在例(8)中решить仍然表示'предопределить',但是使役者不表人,而是事件。当主体没有行为的目的时,行为可以转换为事变:

(8) Этот выстрел решил мою судьбу—я стал стрелком;

Поступок Кутузова решил жребий столицы;

Падение Новгорода решило вопрос о самодержавии в России;

Судьба вторично доставила мне случай подслушать разговор, который должен был решить его [Грушницкого] участь (Л.);

Победа Наполеона под Ваграмом решила исход войны.

在例(9)、(10)句中,事件是换喻性表示的;在例(11)中主体храбрость='проявление храбрости',也指事件:

(9) Эта минута решила его участь (П.).

(10) Княгиня была сперва твердо уверена, что нынешний вечер решил судьбу Кити <...>; но слова мужа смутили ее (Т.).

(11) Храбрость наших войск решила исход боя.

решить用于这个意义的补语是参数名词удел, участь, жребий, судьба, исход 等,而бой, борьба, спор, дело可理解为'исход (боя, борьбы, спора, дела)'.

当сомнение, недоумение, вопрос作补语时,решить的意义与Ⅰ.A.i 或者Ⅱ.A.i接近,但事件的使役者比施事者参项更为常见:

(12) Я колебался, стоит ли идти, но сильный дождь решил мое недоумение (='указал, какую из альтернатив следует выбрать').

有趣的是,在句法上例(13)与(76)是等同的,但是意思并不等同,因为例(13)中用工具格表示的参项可以理解为决定参项本身,因此它的间接角色配位转换为直接角色配位:

(13) Она решила свою жизненную проблему замужеством.

例(13′)通过角色配位迁移从例(13)获得,边缘参项转换到主体位置:

(13′) Замужество решило ее жизненную проблему.

这样,我们得到了动词решить的意义系统,该系统表明,从动态角度出发对词义进行研究可以解决一些规律性多义产生的难题:通过语义衍生模式可以达到词义的内在统一,该模式能够产生新的用法,或者多多少少具有规律性的意义。

第三节 选择的语义问题:выбрать和предпочесть[①]

选择动词(如выбрать, предпочесть, решить等)具有句法变异性,这一变异性可解释为角色配位的变换,即情景参项交际等级的协同变化,诸如态范畴的转换。选择动词的角色配位值得关注,因为它对这些动词体的语义、句子的超音质特征、情态及其语言运作的其他方面都会产生影响。

动词выбрать的意义(未完成体выбирать)可分为三个主题类别:

Ⅰ类别:心智—意愿类别;
Ⅱ类别:社会行为类别;
Ⅲ类别:物理行为类别。

3.1 выбрать的心智—意愿意义

表示心智—意愿行为的选择情景规定了下面一组参项:(参见Апресян 19986)

A——施事者,选择的人(根据自己的理智和意愿)。

X——问题情景(施事者将来的行为或其他情景,情景中的一个参数处于施事者的控制之下)。如выбрать место для отдыха中,情景X是отдых;这一情景的地点参数取决于施事者的理智和意愿。

M——选择集合;它可能通过直接列举可能性的方式给出(Он вынужден выбирать между карьерой и здоровьем);也可通过类别名词(выбирал себе лошадь),或者通过情景X的参数Y可能值的集合给出,如долго выбирал минуту, чтобы вступить в разговор中目的短语确定了问题情景,而минуту是Y,情景参数。因此Y和M是同一个参项:Y是选择集合提供的可能方式之一。

Z——选择的实体,如果选择的集合以参数的方式给出,那么Z就是参数的值参项,例如выбрал местом отдыха Ялту中参数(Y)是место,而它的值(Z)是Ялта.

W——标准,施事者在选择时遵循的标准,выбирать可以по уму, по работе, по внешнему виду, 或者是需要的实体特征(如:выбрал сосну повыше)。标准不是特征,它提供的是价值标尺(甚至有若干个,试比较выбирает по анкетным данным),不关心哪个值更好(如выбирает по весу,并不知道多重才好)。但是在每个情景中仅仅可能存在两个参项中的一个,或者

[①] 本章最初发表在《Известия РАН》. Серия лит. и яз., 1999, №5-6.

是标准参项或是特征参项。参项 W 不是必备的：如果它不表示出来，那么选择就是在施事者理智和/或意愿需求的基础上进行的。

在不同的语境下，参项的句法表达方式是不同的。如在 Он выбрал себе помощника 中，动词 выбрать 的用法是：在句子中没有句法上的突显部分可以直接等价于参项 X 和 M（问题情景和选择集合）的。原因在于，同其他大多数动词一样，выбрать 有若干支配模式，它们可以表征为不同的角色配位。在第一部分第三章中角色配位被定义为情景参项角色与其句法地位间的相互关系。角色配位间通过有规律（可以在不同动词中复现）的迁移相关联。我们要展示的是：角色配位的概念有助于说明动词 выбрать 的句法和意义间的联系，同时也能揭示它同其他动词的相似性，不论主题类别相近或相远。

выбрать 几乎和所有的意愿动词、心智动词或感知动词一样，有间接和直接（或参数的）角色配位①。在例（1a）、（2a）中动词 выбрать 有直接角色配位：占据客体位置是参数值参项（участник Значение параметра），所选择的实体名称；而在例（16）、（26）中是参数的角色配位，在客体位置上是参数本身：

（1）a. выбрал в жены Марию [直接角色配位]；

　　　б. выбрал себе жену [间接角色配位]；

（2）a. выбрал местом свидания Кистеневскую рощу [直接角色配位]；

　　　б. выбрал место свидания [间接角色配位]．

在带间接角色配位的例（16）、（26）中，占据客体位置的，同时也是交际中心位置的是参数参项，即在某种意义上的选择集合；究竟是哪个客体被选上，我们从这些句子中不得而知。而在（1a）、（2a）中，客体表明选择的结果（参数值参项）；参数参项（和与其相应的、由工具格或前置词组合表达的选择集合）占据边缘位置。在直接角色配位中两个情景参项——参数（Y）和参数值（Z）都获得了句法题元。但在参数角色配位中，任何一个句法题元都不对应于选择的结果，这种角色配位不提供选择实体的直接称名。

我们将详细研究 выбрать-выбирать 这对动词所有不同的句法结构（角色配位），因为词语用法在许多方面上都取决于句法结构。词典通常不把不同的角色配位当做不同的意义。每种角色配位是否提供单独的词位——这是一个特殊问题，这里不做讨论（对我们来说，同样不太重要的还有体偶 выбрать 和 выбирать 是一个词或是不同的词的问题）。

角色配位取广义上的理解，两种角色配位之间的区别不仅仅表现在交际等级上，还表现在参项的分类范畴专指方面，角色配位可能是参项裂解和粘合的

---

① 参数角色配位或间接角色配位是一回事。решить 接近于 выбрать，其角色配位由带间接问题的结构表达：решил, что делать。参数词是间接问题的等价物：определить длину = 'определить, какова длина'。

结果。多半可以认为，以下四种角色配位表示的是同一个意义，角色配位分析的任务在于指出语义角色在所有的用法中不发生变化；而不同意义中参项的构成通常也有所不同，区别或表现在角色方面，或表现在分类方面。

对大多数构成体偶的动词来说，其中包括выбрать，完成体形式是语义的初始形式，正是在这种形式中角色配位表现得最明显。动词выбрать（完成体）用于心智—意愿意义时（也就是用于意义I），具有以下不同的直接角色配位（角色配位编号取自词汇数据库"Лексикограф"中выбрать词条）。

我们从角色配位3开始，它不是最普遍的，但是在这个角色配位下所有参项都在句法上表现了出来（可能除了标准参项，稍后我们再讨论这个问题）：

(3) Он [A] выбрал местом [Y] отдыха [X] Ялту [Z].

例(4)表征的是角色配位3'：

(4) Он [A] выбрал для прогулки [X] тихую улицу [Z];

角色配位3'不同于3，它没有以明确的形式表现出来Z是X情景哪个参数参项的值：某个тихая улица被选为散步的地点是通过上下文确定的。所有的其他参项都有表现（表现为动词的句法题元或者它们的从属成分）。角色配位3'是角色配位3最简单的变体，结构上的不同仅在于，参项Y在角色配位3中具有句法表现形式，在角色配位3'中退居话语外。

在角色配位2中（如 выбрал советником Павла）问题情景X可归为：某个职位空缺Y（在X'手下，X'通常被默认为是施事者：Он выбрал советником Павла 意味着'своим советником'）还没有人填补。施事者选出的参项Z是即将完成角色/功能Y的人。问题参项X因此从参项组成中退出。角色配位2是参项X裂解的结果，参项X只有在角色配位3中得以明确表示，问题是要填补空位Y。

在角色配位1中（из всех баранов выбрал самого жирного <барана>；Из Италии и Германии он выбрал Италию）选择集合M直接出现在情景中（而不像X参数参项）；相应的名词性组合是有具体指称的（из всех баранов）。问题情景X没有明确指出；这个情景被默认为施事者与选择集合中的某一成员的接触。接触的性质和目的可以取决于Z（платье是用来穿的，барана是用来吃的等等），但也有可能不能确定。这样，选出的参项Z是选择集合M中施事者思考后想与之接触的部分，即взять его（выбрать = вы-БРАТЬ）。同样的角色配位也存在于这样的用法中：当M是自然机体集合中的客体，而Z是其中一个或若干部分的情况下，在例(5)中M是квартира，Z是чулан：

(5) из всей квартиры выбрала чулан.

以下是对выбрать意义1角色配位3的释义，如同它在词汇数据库《Лексикограф》中的表征（这个角色配位表现出了参项与句法题元之间最为完全的对应关系，注解明确显示出的各种变体保证了对其他角色配位的解释）。

выбрать I.3（如 выбрать местом отдыха Ялту）
图例：выбрать I 初始角色配位

题元结构

名称	句法位	等级	角色	分类
A	主体	中心	施事者	人
Z	客体	中心	参数值	如：улица, весна
X	X的领有者	话语外	问题—情景	/A的将来行为
Y	/工具格名词	边缘	X的参数	/地点，时间
(W)	Z的领有者	话语外	特征/标准	性能/参数

分类范畴：行为：强调行为的结果

简要释义：

0）—

1）A认为应该/可能发生X

2）X有参数参项Y

3）参数Y的值取决于A

4）活动：在t时刻<观察时刻 A的行动带有目的

5）方式：分析参数Y可能的值；从它们是否符合X实质的角度出发（：和具有W特征的程度）用理智和意愿评估它们

6）使役化：这引起

7）—

8）结果（=目的）：在观察时刻A推断，Z是情景X参数Y最好的值

9）—

10）推论—当情景X将要发生时，它的参数Y将有值Z

主题类别：推断；意愿

体的性能：完成体；派生未完成体 выбирать I.3（寻常意义）

例如：

выбрал местом для прогулки спокойную улицу; выбрал в качестве наблюдательного пункта чердак; выбрал, где поставить кровать.

在释义中，"结果"要素是陈说：не выбрал='не имеет мнения, что какой-либо Z больше всех других подходит для X'；"活动"要素可能是预设（не выбрал='выбирал, но не смог выбрать'），但也可能进入否定的辖域：

（6）Вы разговариваете, а места для ночлега не выбрали（='не начинали

第五章　决断动词

выбирать').

　　细化 выбрать 的直接角色配位可以直接确定相应间接角色配位,如果它存在的话。当直接角色配位中的选择集合被确定为参数值集合时,就有间接角色配位(还用这个标识,但带标号 i-indirect),也就是角色配位 2、3。例如,在例(1)中(б)有间接角色配位 2i,同 2 是成对的;在例(2)中角色配位 3i,同 3 是成对的:

　　(1) а. выбрал в жены [Y] Марию [Z] [角色配位 2];

　　　　б. выбрал себе жену [Y] [角色配位 2i];

　　(2) а. выбрал местом [Y] свидания Кистеневскую рощу [Z] [角色配位 3];

　　　　б. выбрал место [Y] <для> свидания [角色配位 3i].

标号 d 在表示直接角色配位时可以略去。

　　在对应的间接角色配位中参项 Y(参数参项)转换到客体的位置,即成为交际中心,而参项 Z(参数值参项)转换到话语外等级,在该角色配位下它没有直接称名。对应的间接角色配位与直接角色配位的不同仅仅在于参项的交际等级,即关注焦点的重新分配。

　　参数角色配位最明显的一种情况是参数名词(выбрал место 是为了某一行为)或普通关系名词占据客体位置:выбрал союзника, подарок, наказание 等。但是原则上几乎所有类指名词都能扮演未被满足的需求的角色:выбрал лошадь, дачу, пистолет.

　　说明:在参数占直接补语位置的结构中不可能表达参数值,这是普遍规则。存在以下普遍的搭配限制(参见 Падучева 1980):如果动词参数参项占据客体的位置,那么参数值参项,即 Z,既不可能用动词表示,也不可能用参数名词表示,例如:*выбрал себе жену Марию; *назначила цену своей любви смерть; *изменил место встречи вокзал. 某些没有具体指称的 Z 则是例外,在参数名词中,它们可能通过同位语词表达:назначили пенсию [Y] в 500 тысяч [Z]; выбрал профессию [Y] машиниста [Z]. 为了表达参数值,需要复合述谓结构:Он выбрал\жену — Марию\.

　　角色配位 1d 相应的参数角色配位只有在下述专指情况下才有可能,当参项 Z 归为以选择集合方式给出的类指名词时:

　　(7) а. из всех задач [Y] выбрал самую трудную [Z]=выбрал самую трудную \ задачу [直接角色配位 1d];

　　　　б. выбрал \ задачу [Y] [间接角色配位 1i]

　　выбрать 间接角色配位释义与直接角色配位相同的条件是,如果认为参项 Z 不在话语外,就不为听者所证同(参见第二节)。

　　可以认为,表心智意愿意义的 выбрать(完成体)的所有可能用法可以划分为间接和直接角色配位,并有释义来保证。

выбрать所有的句法位中仅仅是主体和客体是必备的,如果句子其他位置没有被填补,如例(8),那么它有什么样的角色配位就不能确定了:

(8) Он выбрал Венгрию.

但是例(8)的意思并不单一。它可以对应于角色配位 3d,如果从语境中可以看出,是选择休息的地点,还是独裁者首先会攻击的国家;它也可以对应于角色配位 2d,如果看出选择的国家是作为新的定居地。对于匈牙利是哪个参数和哪种情景意义的问题,说出例(8)句子的人不大可能以 Не знаю 形式来回答。根据 Panevova(1994)的标准,这说明 X 和 Y 是选择情景的必备参项。角色配位 1d 中,施事者同 Z 建立的接触性质可能并不明确,但此时选择集合应该是很清楚的。选择集合若没有,则不像非单义那样容易被察觉。但是可以明确的是,例(8)的不同意思取决于这个人能否在匈牙利和波兰、匈牙利和瑞士或世界上所有的国家间选择其一。

区分完成体动词 выбрать 的直接和间接角色配位可以对动词体的运作进行简单描写,即对应未完成体 выбирать 体意义聚合体的不完整性[①]。

就像我们说过的一样,角色配位,在情景参项集合的基础上确定了等级的层级性。完成体动词 выбрать 表示的情景是:由于感知、思想和意愿的参与,即施事者集中理智和意志,从选择集合转换到选择的结果(选出的实体)。完成体动词 выбрать 存在两种可能:处于焦点位置的可以是选择集合(在间接角色配位中)和结果(在直接角色配位中)。让结果成为焦点更为自然,完成体动词表示完结的行为和"获得结果",它们是释义中的陈说要素。因此,对于完成体动词而言直接角色配位就显得更加自然。从另一方面来说,未完成体动词 выбирать 用于体的当下持续意义时表示一种没有完结的活动,并且语义上排除有这种直接补语的用法,直接补语表示已经作出选择(因为未完成体表示的是结果还不存在的那段时间)。因此,未完成体动词只有间接角色配位,也就是句法结构的客体是选择集合。выбирать 的直接角色配位不允许把未完成动词理解为当下持续意义。

在这种情况下,存在以下简单规则:未完成体动词 выбирать 只有在间接角色配位下用于正在实现的持续意义,当它的直接补语表示选择集合(参数、角色、职位空缺),而不是选出的实体。如(16)和(26),未完成动词和完成体动词都可以使用;而在(1a)和(2a)中就不行。(符号°表示该形式不能用于正在实现的活动意义):

(1) a. выбрал/°выбирает в жены Марию [角色配位 2d];

[①] Булыгина, Шмелев(1997:156)揭示了能够支配间接问题的动词的属性(如 решать),这种属性是活动意义,仅出现在它们的间接问题语境中;而在与连词 что 或未完成体不定式连用时只具备寻常意义。实际上,这样的概括只适于名词的参数性用法(详见第四部分第二章)。

б. выбрал/ выбирает себе жену [角色配位 2i].

（2）a. выбрал/°выбирает местом свидания Кистеневскую рощу [角色配位 3d];

б. выбрал/ выбирает место свидания [角色配位 3i].

在直接角色配位 1 中，выбрать 有对应的未完成体和间接角色配位的条件是：1) M 必须由类指名词给出；2) Z 也是如此。在例（9）中，M 是 все задачи；Z 是 самая трудная задача：

（9）Из всех задач [M] выбрал / выбирает самую трудную <задачу> [Z], чтобы с нее начать.

除了与完成体动词相同的角色配位外，未完成体动词还有自己的角色配位：当选择集合处于核心位并由直接列举的成分给出，这是角色配位 4（间接的），带前置词 между，参见例（10）和带连词 или 的例（11）：

（10）Он выбирает между виллой в Испании и на Лазурном берегу; между дачей и машиной; между Машей и Наташей.

（11）Выбирай, жизнь или кошелек; Выбирай, я или он.

这里，交际的必要性是为了让在不同种类的客体中做出的选择由选出客体的直接称名表达出来。因此，完全不可能有完成体动词与前置词 между 和与连接词 или 连用的间接角色配位：

（12）??Он выбрал\ между дачей и машиной; ?? Я выбрала, ты или он.

未完成动词 выбирать 释义与完成体动词（在间接角色配位中）释义是不同的：当有参项 Z 时，完成体动词表示行为达到的结果；而未完成体动词描述的情景只有相应的目的，因此参项 Z 在观察的时刻是不存在的。此外，未完成体的施事者的活动是必备且唯一的陈说，完成体'活动'要素不是焦点，参见例（6）。

这样一来，我们就在角色配位和体之间建立了以下对应关系：未完成体动词在间接角色配位中可以解释为当下持续意义，而在直接角色配位下则不能。

可以列举一些其他的论据以证明区分直接角色配位和间接角色配位对于系统描写 выбрать 的词义，特别是解释它的搭配性能是很有必要的。

1）如果 выбрать 用于间接角色配位，那么这个句子就有好的否定：反之，用于直接角色配位，则没有这种效果。

（13）a. Он не выбрал себе преемника;

б.? Он не выбрал преемником Бибикова.

实际上，如果没选出来，就不应该存在结果。那么，直接称名是从哪里来的？即使有预期的选择，那么带 выбрать 的句子听起来也是很奇怪的，如应该说 Король Хуссейн не сделал преемником Хасана（而不是 *не выбрал）. решить 也是如此，试比较：Он не решил, куда поедет 和? Он не решил, что поедет в Крым.

2）выбрать的参数性用法不同于直接的超音质特征，参数性用法要求动词重读：

（14）Я выбрал\ тему диплома;

而动词的直接角色配位用法一般不带句重音。如，这种超音质特征足够区分例（156）中的角色配位 li 和例（15a）中的直接角色配位 1：

（15）а. Я выбрал кота\ <а не мельницу>; б. Я выбрал\ кота [среди других котов].

原因在于，直接角色配位中选择集合在预设的位置上，并且主要的句重音在选择的结果上，在参项 Z 上（выбрал черного \ щенка）。对于有直接和间接角色配位之分的所有动词来说，都存在完成体动词的参数角色配位与带有句重音的联系。（参见Апресян1988：66对动词вспоминать的说明）

3）выбрать的参数角色配位用法很容易与评价性副词搭配，这种副词可以解释为对已经作出选择的评价，参见例（16a）；而在直接角色配位中，对副词是完全另一种解释，如果它可能出现的话：

（16）а. Я удачно выбрал наблюдательный пункт = 'я выбрал удачный наблюдательный пункт';

б. Я удачно выбрал наблюдательным пунктом чердак = 'это удачно, что я выбрал наблюдательным пунктом чердак'（ ≠ я выбрал наблюдательным пунктом удачный чердак'）.

试比较：（15b'）Я удачно выбрал кота和（15a'）Я удачно сделал, что выбрал кота.

4）在参数角色配位中客体—名词通常可以展开为间接问题，而在直接角色配位中则行不通：

（17）выбрал место для кроватки ≈ выбрал, где поставить кроватку.

5）作为换喻迁移的变体，角色配位的迁移相当有规律，因此，不用奇怪动词назначить（参见第四章）也有与выбрать同样的间接角色配位。试比较例（1'）、（2'）与上面的例（1）、（2）：

（1'）а. назначил Юлая в коменданты [直接角色配位];

б. назначил коменданта [间接角色配位].

（2'）а. назначил местом встречи стадион"Динамо";

б. назначил место встречи [间接角色配位].

对выбрать的描写通过与решить的相似性得以充实。但выбрать和решить的这种相似性因句法上的区别而变得不明显：动词выбрать - выбирать要与名词连用，而решить - решать则支配动词不定式或间接问题：

（18）а. выбрал место для постройки дома;

б. выбрал местом для постройки пустырь за огородами.

（18'）a. решил построить дом в Ялте [直接角色配位];

b. решил, где строить дом [间接角色配位].

但是，实质上在两种情况下施事者都要为将成为行为结果的情景参数做出决定（因此参项 X 总是以某种形式出现在 выбрать 的所有角色配位中）。动词 выбрать 和 решить 是对同一情景的不同观念化：выбрать 把事物或实体放在核心位上（выбрал для него наказание），而 решить 将整个情景放在核心位上（如 придумать，试比较，я придумал，как я его накажу）。

6）另一方面，间接角色配位的存在是某些意愿动词区分于其他动词的重要特征。如动词 предпочесть 与 решить 非常相近，都只有直接角色配位。这意味着虽然 предпочесть 规定有选择集合，但是排除将选择集合放在观念化情景焦点上的可能性，而是坚决将选择集合留在边缘，如（19a），甚至在话语外，如（19б）：

（19）a. предпочел на завтрак [Y] овсяную кашу [Z]; б. предпочел уехать [Z].

角色配位聚合体的这种不完整性在其他动词中也有体现，如动词 намазать 可以有两个角色配位（намазать хлеб повидлом 和 повидло на хлеб），而动词 наполнить（бассейн водой）的角色配位则是强制的（参见第一部分第三章）。

这样，只有在完成体动词用于间接角色配位的情况下，完成体动词 выбрать 才可能替换为用于行为正在持续意义的未完成体动词 выбирать. 在相反的情况下，即使体的交换不会导致语法错误，那么这种替换几乎改变了句子中动词周围所有成分的阐释。

这样的话，如果未完成体动词用于行为正在实现的意义，那么它应该有间接的（参数的）角色配位，而此时直接补语组合中的形容词只能表示意愿特征参项，在施事者选择时会注意到这种特征。而如果用完成体动词替换未完成体动词，那么这种结构则被理解为直接角色配位，而形容词表示选出客体后才发现的属性，在选择的过程中它可以丝毫未引起注意。

（20）a. Он выбирает смирную лошадь; б. Он выбрал смирную лошадь.

（20a）意味着'选出的这匹马要比其他任何一匹马都驯服'，这是意愿特征。而（20б）= '原来选出的马还挺驯服'。

在例（21）中，完成体动词客体组合中的形容词表示对选择的经验性评价（或是施事者本人的评价，或是叙述者的评价）。

（21）Чтобы наблюдать казнь, он выбрал не лучшую, а худшую позицию（ММ）.

实际上，未完成体动词是把活动放在了核心位，并且特征参项适于作情景参项；而完成体动词处于注意焦点的是结果，特征应与结果相关，而活动则只占次要地位。如例（22）意味着'выбирал так, чтобы была повыше, и преуспел'，而如果事情没办成功，就不能这样说：

(22) Он выбрал сосну повыше.

标准参项则是另一回事。标准本身就具有参数特征,在完成体动词和未完成体动词中对标准的阐释是一样的。标准参项参与到选择情景中的理智与意愿活动的阶段,并且它首先描述的是未完成体表示的活动。但是它在完成体动词中也有可能存在,作为参数的任何一个别称:

(23) Он выбирал (выбрал) сотрудницу по анкетным данным/ по внешности.

的确,许多副词的意义并不单一,既可以表示标准参项,也可以表示结果的特征参项。在这种情况下,完成体动词自然要选择一种对解释自己更方便的方案——特征。在例(24)中,по вкусу表示的不是选择标准参项,而只表示食物对它而言是很可口的:

(24) Он выбрал себе еду по вкусу.

类似这样的重新思考也适用于选择集合参项,因为完成体动词的活动不在关注焦点,完成体动词描述选择集合参项的词语可以重新理解为一种结果的特征。在例(25a)中,带前置词из的组合显然表示选择集合,而在(25б)中可能仅仅是选出的客体特征:

(25) а. Он выбирает себе жену из казачек;

б. Он выбрал себе жену из казачек [не обязательно, чтобы Множество выбора изначально ограничивалось казачками].

3.2 выбрать的其他意义;常体问题

简要说一下выбрать的意义Ⅱ、Ⅲ和多义性的一般结构。

意义Ⅱ是通过对施事者参项的专指从意义Ⅰ中得到的,仅仅就是这种"不显眼的转换"改变了动词的主题类别! выбрать Ⅰ的施事者是具有个人意志的个体。根据定义,心智—意愿行为是同一个人的行为。выбрать用于意义Ⅱ的施事者是集体,集体的意愿要通过集体成员间的协商来确定,在极端情况下则是通过表决程序来确定。因此,意义Ⅱ引入了新的参项——程序(выбрали тайным голосованием)。

意义Ⅱ可以追溯到意义Ⅰ的2d角色配位,因为在这里的问题情景依然由未填补的空位来产生。

意义Ⅱ和Ⅰ之间的这种相互关系是语义派生的典型情况,当参项的分类别发生变化时,动词的主题类别也随即发生了变化。выбрать意义Ⅱ也有两个角色配位,意义Ⅰ有直接角色配位(выбрали председателем Иванова)和间接角色配位(выбрали председателя),这点并不奇怪。

выбрать的意义Ⅲ表示物理行为,即位移动词。MAC将выбрать划分为三种"物理"意义:

Ⅲ. 1.(выбрать картофель из борозды);

III. 2.(выбрать незрелые ягоды <и выкинуть>);

III. 3.(выбрать якорь).

物理行为意义来源于心智—意愿意义的1d角色配位,它要求施事者要与选出的客体建立接触。意义 III 显然不存在间接角色配位,直接补语总是表示具体的客体,而不是参数。但是物理行为类似于心智行为的方面在于,它也要求将集合中的一部分成员从另一部分中划分出来(或将部分从整体中划分出来)。因此,物理行为的集合参项(=整体)与心智—意愿行为的一样。但是物理行为的区别特征是确定的,分析集合成员的感知—心智要素退居后台,而意愿要素完成消失。

在意义 III.3 中对集合的成员的分析也消失。

意义 III.2 也可以在意义 I.1 的基础上产生,但是情景 X 要求与 Z 的接触不是固定的,而是暂时的,为了将 Z 从 M 中分离,关注焦点则从 Z 转移到了 M 上:

выбрать щенка ⊃ 'остальные элементы множества неинтересны';

выбрать гнилые ягоды ⊃ 'гнилые ягоды неинтересны'.

在动词выбрать所有"物理"意义中,未完成体都可以理解为一种正在实现的活动:Он стоял под пистолетом, выбирая из фуражки спелые черешни (П.),其中未完成体动词выбирать来自于выбрать III.1。通过前置词из形成的不是选择集合,而是地点(из фуражки)。

3.3 消除肯定语境及其他一般因素

完成体动词用于直接角色配位时,情景中存在有具体指称的参项Z(选择的结果),这样的解释也适用于完成体动词表示行为结束时的语境。例如,完成体动词用于陈述式的过去时肯定句。消除肯定的语境(产生的条件有:否定;将来时;命令式,假定式,条件式等。参见Падучева 1985:94)使完成体动词的释义发生变异,近似于未完成体用于正在持续意义的法位一样。(参见Булыгина, Шмелев 1997: 389对带有间接问题句子中类似现象的分析)实际上,如果行为没有结束,那么在情景中就不会出现有具体指称的参项Z,不管这个动词是否是完成体动词。参见例(16):

(1) a. выбрал лошадь посмирнее [есть индивидуализированная лошадь];

б. выбери лошадь посмирнее [нет такой лошади].

换句话说,仅仅在肯定情态句中完成体动词能够保证客体有具体指称。在消除肯定的语境中,完成体动词的释义发生变异,如同未完成动词用于当下持续意义。这就可以解释为什么在例(2)中,虽然动词是完成体形式,参数角色配位 4i 也是适用的,而这种角色配位在肯定的情态条件下,我们认为对完成体而言,交际上是不充分和不可能的。参见3.1节中的例(12)。

(2) Он не купил машину, потому что еще не выбрал между "мерседесом" и

"ауди"。

另一例。在例(3)中,закоулок被看作место的同义词(不是指某个具体的закоулок);即在客体位置上的名词被理解为有参数值,这种情况是未完成体动词выбирать特有的,而对完成体动词выбрать则没有。

(3) Нельзя ли для прогулок подальше выбрать закоулок?(Грибоедов)

对消除否定语境敏感的还有标准参项。如3.1节中的例(24),如果完成体动词用在肯定性的语境中,表示标准参项的по вкусу可重新界定为特征参项,不一定非要将其视为选择标准。但在消除否定语境的条件下,这个组合重新获得了标准参项的完全意义:

(4) Выбери себе еду по вкусу.

动词выбрать的客体指称状况对体和时态的依附性将它与其他所有的成事动词相区分(参见第四部分第二章第三节)。在某种意义上,动词выбрать用于心智—意愿意义时也是成事动词:在思想和意愿活动过程中施事者创造着什么,即对自己行为参数或者是某个他能控制的情景进行的思考,这可以将一个客体从其他类似客体组成的集合中分离出来。

这样,我们对动词выбрать的分析可以达成以下共识。词汇信息(尤其是词位和语境相互作用的信息)常常涉及的不是个别词位,而是词的整个语义类别。众所周知,许多心智—意愿动词(предпочесть, рискнуть, назначить)是瞬间性的,它们的关注焦点固定在结果上;这些动词不允许关注焦点转移到活动上,因此它们的未完成体动词不具有正在持续的意义。动词выбрать不在这些动词之列,它们对应的未完成体动词выбирать原则上可以有正在持续的活动意义。然而,如同我们的分析,动词是否有正在持续的意义的解释不仅取决于动词的词汇意义,而且还有它的角色配位:未完成体动词выбирать用于间接角色配位时可以表示活动,直接角色配位则不行。并且这种依附性以语义为条件,并具有共性。未完成体动词的释义与角色配位间的这种对应关系在其他动词中也存在:договориться, сообразить, наметить, выискать, установить.(参见第四部分第二章)

选择动词还有一个显著的属性。我们对动词выбрать的释义反映了这样一个事实,不仅理智参与了选择,而且意愿也参与了选择。意愿参与选择赋予这种活动某种自由度,它对于选择的情景而言是很重要的。实际上,如果排除意愿的参与,选择则具有简化的特点,如在выбрала из связки ключей нужный中就很难确定,这是说的是心智行为(也就是выбратьI.1),还是物理行为(即выбратьIII.1)。

意愿的参与自然也是自由要素的参与,它有语言学上的表现形式。施事者希望的客体Z的特征的正常表述方式是:选择要求一个预先设定的结果,由此产生副词的专门形式:

（5）выбираю сосну повыше；лошадь посмирнее.

选择常常发生在信息不全的情景中:选择集合不具有现实性;选择集合成员的特征并不是都明确;施事者并不能对所选客体的所有标准和相关特征都能作出相当明确的表述。因此,在选择过程中理应存在偶然因素:有时施事者的决定可能是意愿性的。这种偶然性表现在выбрать与词语удачно, неудачно的搭配比правильно, неправильно更常见。这就意味着不仅是动词题元还是副题元都受其词汇意义的制约。

第四节　назначить意义聚合体中的换喻和隐喻迁移[①]

词典给动词назначить确定的意义有5-8个。我们的任务就是弄清这些意义间的关系以及把某些意义表征为其他意义的衍生物。以下例子大部分都出自词典。

назначить的所有用法表示:某人具有足够权力做出决定——某个情景(事件、事物的状态等)将会发生或具有一定的参数。该词所有的不同用法(在传统的词典中它们通常被标注成单独的意义或引申意义,莫斯科语义学派将这些意义解释为单独的词位)都可以表征为初始意义发生语义迁移的结果(两种语义迁移中的一个),或者是由于角色配位的转换(角色配位的交替),或者是其中一个参项发生范畴专指。

如同我们在第一部分第三章中所述,角色配位的交替是一种重组,重组过程中参项可以改变交际等级,即主位突显等级中的位置:从核心位转换到边缘或者相反,退居话语外;发生"裂解",共存于同一个句法题元中等等。角色配位的转换可以解释为换喻迁移,因为它以说话人关注焦点从一个参项到同一情景另一参项上的转换作为其语义推涵。

情景参项的范畴专指,即压缩或改变动词对某一参项的范畴前提,我们如果把隐喻这个术语的最初意义稍稍扩大一下,可以将其解释为隐喻迁移。

动词назначить的角色配位可以分为两类:直接角色配位,当指定的结果是直接给出时(назначить консультацию на среду),和间接角色配位/参数角色配位,这时仅仅给出的是参数,而它的意义,即任命的结果,没有明示或根本还不确定(назначить коменданта)。

[①] 本节以Падучева（1999a）一文为基础写作而成。

动词词位的题元结构根据以下特征来描述参项:名称、句法位、交际等级、语义角色以及分类等,(参见第一部分第一章)语义角色有施事者、受事者、工具、地点等。分类类别有人、物质客体、情景、事件、参数等。在下面表格中列举出动词назначить词位的题元结构(角色配位)。本节中的表格是简化形式:参项句法位和交际等级在同一个纵行中指出,对于一些参项而言是等级,而对另外一些而言是句法。

4.1 直接角色配位

动词назначить有两个直接角色配位:角色配位1.1中,占据客体位,也就是在交际中心的是事件(назначил свиданье в роще);角色配位1.2中,事件的参数值占据了这个位置(назначил местом свиданья рощу)。

назначить 1.1(直接角色配位的根词位)

名称	句法位/等级	角色	分类
A	主体	施事者	具有全权的人
X	客体	宿生	将来的事件
Y	话语外	参数	时间/地点
Z	边缘	参数值	时间/地点
(X')	予格词	事件参项	人

在括号中参项X'是非必备的。

动词назначить1.1的意义可以表述如下:

"具有相应全权的人A做出决定(可能在完成必要的手续后),事件X将发生,并且它的参数Y将具有值参项Z"。

例如:(中括号里名词代表的参项出现在释义中):

Дубровский [A] назначил им [X'] свиданье [X] в Кистеневской роще [Z].

动词назначить 1.1有三种不同释义的交际模式,释义只给了第一种最主要的模式。其他模式需要相应调整释义。

交际模式1("事件将要发生"是预设):

事件X应该/将要发生[预设]

A做出了思想和意愿上的努力:

做出了对相关参与人物而言必需的决定[陈说]

这样

事件X的参数Y将获得值参项Z.

例如:

(1) Он [A] назначил отъезд [X] на 20 августа [Z]='что временем отъезда

будет 20 августа'.

（2）Она [A] назначила мне [X'] свидание [X] в метро [Z].

（3）Нам [X'] назначили консультацию [X] на 2 января [Z].

在该角色配位下参项 Y，也就是参数参项，不可能用动词的句法题元来表达：

（1'）*назначил отъезд [X] на время [Y] 20 августа [Z].

如同 3.1 节所述，这种限制具有普遍性，客体及其参数、参数值不能在同一个动词中通过单独的句法题元表达；如果实体占据了客体的位置，那么则不能明示描述它的参数，根据这个参数它可以表现出本质的特征。（参见 Падучева 1980，Семенова 1991）并且，根据参数值一般很容易理解参项表达的是哪个参数值。例（1）和（3）暗示出的参数是时间，而在例（2）中是地点。

交际模式 1。动词 назначить 1.1 词位中的参项 Z，也就是参数值参项构成句子的述位。

交际模式 2。要素'事件即将发生'不是预设，而是陈说。在词汇的释义中有两个陈说。相应地，在这种交际模式下带有 назначить 1.1 的句子中有两个述位——事件本身 X，及其参数值 Z。焦点分布如例（4）所示：

（4）Он назначил ей [X] прийти в двенадцать [Z].

交际模式 3。参项 Z，即参数值参项获得了话语外交际等级。因此要素'事件应该/即将发生'成为唯一的陈说，而事件参项变成述位：

（5）Она назначила мне встречу.

（6）Он обязательно назначит ей свиданье.

（7）Отъезд в Петербург назначен (П.).

例（8）明示出参数值，但借助的是同位语词，也就是借助另外的述谓关系来表示，因此出现了第二个陈说：

（8）Консультация назначена – на пятницу.

назначить 1.1a（назначить 1.1 发生裂解的结果，带交际模式 3）

名称	等级	角色	分类
A	主体	施事者	人
X'	客体	事件参与者	物理客体
X	边缘	宿生	事件

例如：

（9）Дом назначен на слом（МАС）='некто [A] назначил дом [X'] на слом [X]'.

（10）Участок назначен к продаже.

角色配位1.1a和带有交际模式3的角色配位1.1的区别在于,角色配位1.1a的参项X'(在参项X裂解下产生)提高了等级。相应地,在例(9)和(10)通过领有者的提升从(9')和(10')获得。领有者(如слом)提高到客体位,而被拥有者(дом)退至边缘:

(9') Назначен слом дома.

(10') Назначена продажа участка.

назначить1.2(通过角色迁移由назначить1.1产生)

名称	句法位/等级	角色	分类
A	主体	施事者	具有全权的人
Z	客体	参数值	实体
Y	边缘	参数	参数
X	Y的领有者	事件	将来的事件
(X')	予格词	事件参与者	人

参项Z(即参数值)变成客体,即从边缘来到中心;而参项Y从话语外的等级提升至边缘。在这种情况下,事件X已不可能是一个单独的参项,而成为参项Y的领有者——参数。这是一种在实体名称与其参数之间表达句法联系的通常方法。试比较:время прибытия, цена билета.

例如:

(11) Клеопатра [A] назначила смерть[Z] ценою[Y] своей любви [X].

(12) Дубровский [A] назначил им [X'] местом[Y] свиданья [X] Кистеневскую рощу [Z].

简要释义如同动词назначить 1.1。正如通常发生的角色配位迁移,这种差别可以归结为参项句法位(相应地包括交际等级)的变化。назначить 1.2的述位不是通过释义预先确定的:述位可能是Y,也就是参数参项可以是述位(在назначить 1.1中占零位),参见例(11);也可能是Z,见例(12)。参项X没有对应的单独句法位,只有在特殊的交际压力下它可能成为述位:

(12') Дубровский назначил Кистеневскую рощу местом свиданья\.

назначить 1.2a（通过参项X裂解从назначить 1.2中产生）

名称	等级	角色	分类
A	主体	施事者	具有全权的人
Z	客体	职务/角色的执行者	人
Y	边缘	职务/角色	参数

在这个角色配位中，参项X分解成Y和Z，并退居话语外，施事者"指定"的情景是——Z是Y的参数值。

（13）Пять веселых солдат [Z] интендантами [Y] сразу назначил（Окуджава）.

（14）Наследником [Y] назначу Карла[Z]（П.）.

（15）назначить Швабрина [Z] в коменданты [Y].

（16）Он [Z] назначен в начальники [Y] всем корпусом.

例（17）和（18）产生了新的"参项"——分类标志（назначил его на пост министра ≈ назначил министром）：

（17）назначил его на пост министра.

（18）Комендант немедленно посадил урядника под караул, а Юлая назначил на его место.

参项Y可能不是职务/角色，而由Z的行为或活动设定：

（19）назначен нас заменить.

（20）назначенный за мной смотреть.

但是如果Y不是某人的角色或职务（并且Z不表示行为，而是一种用法），那么назначить的用法不符合现代规范，应该使用动词предназначить（例句摘自MAC）：

（21）орудия [Z] были назначены для того, чтобы обстреливать лощину [Y].

（22）пальмы [Z], назначенные в награду [Y].

назначить1.2б（通过参项X的裂解从назначить 1.2中产生）

名称	句法位/等级	角色	分类
A	主体	施事者	人
Z	客体	值	反复出现的事件:疗程
X'	予格词	事件参与者	人
Y	话语外	事件参数	材料

参项X发生分解，如：

（23）Врач назначил Зине [X'] хвойные ванны [Z]='назначил [Z] в качестве средства [Y] лечения [X] Зины [X']'.

参数参项 Y 没有被表达出来,因为它被确定为一种材料;相应地,X 也没有表达出来,因为 X 本来应当从属 Y。客体被指定的范畴限定。因此现在不可能说:

назначил ему важнейший пост в государстве (П.)

назначить 1.2в（通过范畴迁移从 назначить 1.2 中产生）

名称	句法位/等级	角色	分类
A	主体	使役者	命运
Z	客体	事件参数值	实体
Y	边缘	事件参数	命/命运
X	话语外	宿生	事件/状态
X'	予格词	事件参与者	人

例如:

（24）<...>когда б не царское рожденье [Z] назначила слепая мне [X'] судьба (П.) [в качестве удела Y].

（25）Им [судьбой] назначено любить друг друга.

参项 X 没有表达出来,它分解成 Y 和 Z:命运注定的事件 X 表现为 Z 是从 X' 中产生的参数值 Y。由于 Y 被严格专指(удел/жребий),通常也不表达出来。

因为 назначить 1.2в 的主体不是有目的行为的施事者,而是力量,词位的分类范畴也相应发生变化,这已不是主体实施的行为,而是人所不能控制的事变。

4.2 间接角色配位

在间接(参数)角色配位中,当参数名词处于焦点并用于本身的疑问意义时(众所周知,参数名词就是简化的间接问题),参项 Z(参数值)不表达出来。它符合上述普通句法规律。如 измерил температуру, определил объем 的参数值就没有表现出来。这种规则的例外情况我们下文分析。

назначить 2.1

名称	句法位/等级	角色	分类
A	主体	施事者	具有全权的人
Y	客体	事件参数	参数
X	Y 的领有者	宿生	事件
Z	话语外	参数值	实体
X'	予格词	事件参与者	人

例如：

（1）Условия [Y] переговоров [X] я сам назначу = 'назначу, какие будут условия'.

（2）Сроки [Y] переезда [X] уже назначены.

（3）Он уже назначил день [Y] отъезда [X].

сроки, условия 的初始意义是参数性的，词汇 день 在相应的语境中派生出参数值。在间接问题中，事件参与者和参数可以同时表达：

（4）Назначьте, когда вам угодно будет выступить.

例（5）中 судьба 用于'命中注定'意义，并且 назначить 用于参数角色配位：

（5）Кому назначено-с, не миновать судьбы（Грибоедов）= 'кому назначен определенный удел [Y], его не миновать'.

назначить 2.2a（通过角色配位 2.1 中 X 的裂解获得；参数 Y 被确定为职务）

名称	句法位/等级	角色	分类
A	主体	施事者	具有全权的人
Y	客体	X 的参数	职务
Z	话语外	职务执行者	人称

例如：

（6）Государь сам назначил войскового командира [Y].

这时，词位 2.2a 与 1.2a 通过角色配位的迁移相联系，如同 2.1 和 1.1。试比较 назначил местом встречи рощу 和 назначил место встречи.

参项 Z 只有在参数值是数量性质的情况下才可能出现。

назначить 2.26（通过 2.1 角色配位中 X 的裂解得到）

名称	句法位/等级	角色	分类
A	主体	施事者	人：具有全权
Y	客体	退休金/工资	钱
Z	Y 的同位语词	Y 的规模	数量
X'	予格词	Y 的领有者	人

例如：

（7）Назначили ему пенсию в 5 тысяч.

（8）Ему назначен небольшой оклад в $300.

在下面这些例子中参数值就很难表达出来，因为有权做出决定的人还没有做出决定：

（9）Когда же вы назначите цену?

（10）<...> назначьте сыну/Приличное по званью содержанье...（П.）

说到参数的特点,它在所有间接角色配位下都可以表现出来:

(11) назначил ей работу несложную; назначил жесткие условия;

Судьба назначила ему удел тяжелый; Удел назначен нам неравный.

4.3 小结

综上所述,我们可以看到,词典中确定的назначить的所有意义都是可以通过有规律的多义关系相联,并且可以表征为两种转换的结果——角色配位的转换,即某种换喻迁移,和参项分类类别的专指,即类似于隐喻的范畴迁移。我们把назначить的单个意义表征为一个词义通过语义转换从另一个词义中获得,这种语义转换作用于该类别中带有共同意义要素的其他词位,这样我们从整体上获得了一个词的词义,如同获得通过特定方式组织起来的结构——一个意义聚合体。

在第一部分第三章第六节中我们通过直接角色配位与间接角色配位的对立论证了角色配位概念的扩大。将решить, выбрать, назначить放在一起研究有助于揭示它们在间接角色配位中表现出的非寻常共性。并且,它们不是决断动词的专有特征;间接角色配位也存在于知晓动词(забыл <, кто>; забыл <, где>)和言说动词(скажи <, кто>; скажи <, где>)中。

动词назначить与выбрать的区别在于,выбрать明显有两个参项:选择集合和结果,并且这两个参项的范畴限制都比较小;而назначить,就像我们看到的那样,与参数要素之间的联系越来越紧密①,因此,назначить的选择集合是参数所有值的集合,而结果是参数的值。

第五节 рисковать – рискнуть与词汇系统性问题

рисковать和рискнуть在某些用法中可以算作意愿类动词②。

5.1 рисковать——一个具有鲜明个性的动词

我们从动词рисковать表示的冒险情景的一套参项说起,这些参项由各种的语义角色确定。

菲尔墨和阿特金斯(1992)的研究很有意义且起着推动作用。他们给英语

---

① 在长达一个半世纪中,动词назначить的搭配能力不断收窄,如在普希金时代,该动词含有较为明确的"告知决定"要素,并产生下述用法: Апостол гибели, усталому Аиду/Перстом он жертвы назначал; Спрашиваю в последний раз: хотите ли назначить [= 'сообщить'] мне ваши три карты,这些用法在现代俄语中已经不使用了。

② 动词рисковать和рискнуть在某些意义中属于标准的对偶体,但是就像我们后来会弄清楚的那样,它们任何一个都不是另外一个对应体形式。为了简便,按照俄语词典的习惯,我们有时也说"动词рисковать",将带-ну结尾的动词视为派生的一次体动词。

动词risk划分出以下冒险情景参项：Y，施事者，"谁冒险？"；P，举动，"做了什么？"；Q，危险（换言之，可能出现的消极后果），"冒什么险？"；以及Z，价值（通常归属于施事者）。我们还要补充动机参项W，"为什么而冒险？"（换句话说是利益参项，这个词在Брокгауз&Ефрон大百科辞典中用于描述术语рисковая сделка）。其他一些角色我们将在以后的论述中提及。在动词рисковать的各种用法中，表现的是参项初始组合的不同子集，它们通过主位突显和句法表现出来。因此，我们需要角色配位的概念和参项的等级概念：核心、边缘、话语外。

凭直觉，最先出现的四个参项是动词рисковать的题元，动机参项（即目的参项）似乎是副题元。但是在某些用法中动机参项与其他参项不兼容，因此在描述与动词不同意义相对应的角色配位时，应该考虑到这个参项。总之，正如上文所述，动机理应出现在冒险情景中。

初看上去动词рисковать好像很独特，不仅在词汇方面，而且在体的语义方面再没有与此类似的动词。我们将描写这种独特性的表现以及与之相关的一些问题。

问题 I. 动词рисковать从属成分的形态形式与参项语义角色间的对应关系在两个方面的表现都不够单一，同一个形态——工具格、不定式、副动词——可能表示不同的参项。

在例（1a）中，工具格表示处于危险的价值参项，而在（1б）中，相反，表示冒险行为可能带来的消极后果：

（1）a. рисковал армией [工具格= Z, 价值参项]；

б. риковал потерей армии [工具格= Q, 可能的消极后果]。

但这可以做一个简单的解释：消极后果 Q 在个别情况下是丧失价值 Z，即冒险主体所属物。因此，价值在例（1a）中换喻性的替换了消极后果。后面的论述中我们一般不提参项 Z，而认为它是 Q 的语境变体。

但是我们还要继续探讨下去。例（2a）中完成体动词рискнуть后的不定式表示已经完成的冒险行为；而在例（2б）中未完成体动词рисковать后的不定式表示的是可能带来的消极后果，事物某个状态的出现不取决于主体意志：

（2）a. рискнул остаться один [不定式 = P, 行为]；

б. рискует остаться один [不定式 = Q, 可能的消极后果]。

最后，副动词在（3a）中表示冒险行为，如同（2a），而在（3б）中表示事物的一种状态，潜藏着不以主体意志为转移的消极后果。我们把冒险情景的这一参项（我们至今还未提到过）为危险源参项（участник Источник опасности），根据随后将澄清的原因，危险源我们将通过 P，也就是举动参项来表示：

（3）a. Оставляя ребенка одного [副动词.= P, 举动], я рисковала；

б. Вертясь у нее на глазах [副动词. = P, 危险源], ты рискуешь ей надоесть.

反之也成立：含同一个语义角色的参项可以有不同的句法表示方式（同样取自那套参项）。在例（2a）中行为是用不定式表示的，而在（3a）中是用副动词来表示的，在（4a）中消极后果是用不定式表示的，而在（46）中则是用工具格来表示的。

（4）a. рисковал потерять； б. рисковал потерей.

在这种情况下，用工具格来替换不定式并不是在所有的语境中都成立：

（5）a. рискнул прийти ко мне； б. ??рискнул приходом ко мне.

问题 II. 句法位的兼容性。这两个句法位置我们已经很清楚——工具格和不定式——它们在动词同一个用法中是不兼容的。如可以说（6a）和（66）：

（6）a. рискнул купить "мерседес"； б. рискнул большими деньгами.

然而相应的两种意思不可能在同一个动词中同时表达出来，即便它们两个同时发生或出现。

我们对此的解释是：两个位置，工具格和不定式，都属于交际中心，因此它们彼此相互排斥，动词中心位置不会多于两个；动词рисковать其中一个位置总是由主格占据，因此仅仅有一个自由位置。在欧洲语言中的宾格通常相当于俄语的工具格。

总体说来，词汇的题元结构很明显取决于其意义的多个方面，所以应该首先揭示意义，而后再谈（意义的，即词位的）题元结构及其表层体现。

问题 III. 对于带有不同评价主体的不同语境而言，复杂构造的评价要素是动词рисковать – рискнуть语义的一个特点。更确切地说，例（7a）中，行为主体对自己行为的评价是一种冒险；而例（76）是说话人对伊万行为的评价，可能他本人还没有意识到自己行为的冒险性：

（7）a. Иван рискнул выглянуть； б. Иван рискует опоздать.

问题 IV. 动词рисковать和рискнуть的否定以不同方式相互影响：

не рискнул остаться на мосту ⊃ 'не остался'；

не рисковал, оставаясь на мосту ⊃ 'оставался'.

问题 V. 关于体的语义问题，在未完成体动词рисковать与完成体动词рискнуть之间存在着与其他动词的不同之处。众所周知，未完成体动词与完成体动词从不同的时间点来描述情景：完成体动词——出自行为结束后的状态（至少在初始用法中，参见Падучева 1996：94），而未完成体动词——取决于部分体的意义。在动词рисковать – рискнуть条件下有这样一个事实，完成体和未完成体描写的是冒险情景中的不同时段，并产生了非寻常推涵。正因为如此，在观察时刻，完成体动词中正好处于行为结束后的状态，消极后果出现的危险性继续保留，参见（8a）；而如果动词是未完成体（过去时），那么在观察时刻就已经很明显，危险已过去了，参见例（86）：

（8）a. рискнул остаться на мосту [完成体；危险性还在]；

b. рисковал жизнью, спасая ребенка [过去时未完成体；危险已过去].

换句话说，未完成体动词рисковать至少在过去时允许出现观察者回溯性位置（如同Апресян1980:68对видеть的描写），并由专有推论来充实。

同时，对于未完成动词рисковать的所有用法而言，观察者的位置没有明确下来，在（36）中рисковать用于现在时，并表示未消失的，而是实际存在的危险性。

问题 Ⅵ。动词рисковать - рискнуть的独特性还表现在未完成体动词рисковать和完成体рискнуть分别有各自不同的角色配位。完成体动词核心位上可以有两个参项：举动参项 P（рискнул купить）和价值性/危险性参项 Z/Q（рискнул большими деньгами），参见例（6）。而未完成体动词中只有 Q 占据核心位；行为用副动词来表示，它常常用占据边缘位：защищая, рисковал.

体与角色配位之间存在相关关系，这是一个非常有意义但很少有人关注的现象。（Булыгина, Шмелев1997:156 揭示过动词решить的这种相关关系，Падучева 1999б和 Padučeva2000 也指出过выбрать, назначить的类似关系）但是这些动词词汇要简单些并且属于自然的语义类别，而动词рисковать - рискнуть到底隶属于哪一类语义类别从一开始就不是很明确。

可以认为，如果承认动词рисковать - рискнуть表示不同的词义，那么它们的表层语言运作会更加明了。这样一来，就需要揭示动词рисковать - рискнуть的不同意义——词位，并且比较这些公式，应该可以解释这些词位的语言运作，特别是能够解决上述I-Ⅵ问题。一项单独的任务是：不是通过清单来列举这对词的意义，而是将它们表征为一个系统，其各个要素之间通过一定的规律相联系，也就是这些语义联系在该类别的其他动词中也会复现。

5.2 关于动词рисковать - рискнуть的主题类别

从本质上来说，动词рисковать - рискнуть的语义特异性产生于未完成体和完成体属于不同的主题类别，尽管它们的词汇意义很相近：рискнуть按自身的语义与решиться, пожертвовать, попробовать 等类型的动词相近；而рисковать 的亲属词完全是其他的类型，如 Ты рискуешь! 相当于 Ты нарываешься!

完成体动词рискнуть的形式属于决断动词，即属于выбрать, предпочесть, назначить, решить, решиться, осмелиться, отважиться类型动词。这些动词一般会有两种角色配位——直接的（指明选出的结果）和间接的（不指明选出的结果）。动词рискнуть 只有直接角色配位：рискнул поехать，这就如同предпочел поехать，而不是решил / решаю, что делать，这时动词可以有间接角色配位，自然也有正在持续的活动意义。

而未完成体动词рисковать属于**阐释动词**,并且рисковать的很多特征都可以用这种类型动词的属性来解释。(参见Апресян 1988; НОСС 1997: ХХ; Гловинская1989关于内涵动词интенсиональные глаголы现在时的阐释意义; Падучева1996: 150通常把举动поступок阐释为品行поведение)

我们已经知道的阐释动词(如ошибаться, нарушать, подводить, грешить, подражать, унижать, придираться, обижать, омрачать, портить, выручать, спасать, угодить等,参见Кустова1996)具有以下特点:

1) 阐释动词本身不表示任何具体行为,这是间接称名动词。(参见 Зализняк 19916)

2) 阐释动词经常用在责备性的言语行为句中,并带有表明或暗示出的第二人称主体:

(1) Ошибаетесь, батенька!; Обижаешь!; Зачем вы меня обижаете?!

3) 阐释动词未完成体现在时可以与完成体的过去时在所指上等同: ошибаетесь⊃'ошиблись';(参见Падучева 1996: 150)但是意义上并不等同,完成体着重指单个的行为,而未完成体将这种行为解释为一种品行,它是某个更宽泛的时间段内主体的性能。因此,这些动词用于现在时具有现在时的扩大意义(而在过去时中是"过去时的扩大意义":Он подумал, что это конец, но он ошибался)。简言之,归根结底阐释动词的未完成体形式没有正在持续的活动意义。

4) 阐释动词具有共同的超音质特征,如同其他含有评价性要素的动词,它们自身带有句重音。相应的,语义焦点也转移到释义的阐释(评价)要素上,尤其是在动词的自足性用法中,如例(1)。

以上列举出的所有阐释动词的特征,也是рисковать(而不是рискнуть!)的属性。

这样,рисковать作为阐释类动词的典型特征是:在表征个别行为时可以使用未完成体的现在时/过去时形式,如例(2)中的произнесла:

(2) — Нет, почему ж, я вам верю, — произнесла она, но так, как она только умеет иногда выговорить, с таким презрением и ехидством, с таким высокомерием, что, ей-богу, я мог убить ее в эту минуту. Она рисковала [быть убитой] (Достоевский. Игрок).

例(3)体现了рисковать作为阐释动词的超音质特征,它带有主要句重音,并从本来的自然位置(在句尾)转移到рискует上,并且聚焦在评价性要素上——可能出现的消极后果。

(3) Петр Степанович, конечно, знал, что рискует \, пускаясь в такие выверты (Д.).

作为阐释动词的рисковать还有一个特征:倾向于使用副动词形式,并且有可能发生动词的人称形式与副动词形式间的准同义易位:

(4) рисковал жизнью, переходя линию фронта ≈ переходил линию фронта, рискуя жизнью.

(5) а. Рискуя жизнью, железнодорожники защищали пассажира от вооруженных бандитов; б. Железнодорожники рисковали жизнью, защищая пассажира от вооруженных бандитов.

НОСС(1997)指出,阐释动词用副动词填补了自己的一个配价。的确,在例(6)中,副动词сказав可以让我们明白,Виктор那个具体举动被阐释为выручил:

(6) Виктор выручил меня, сказав, что я в отпуске.

但是主要动词выручил与副动词сказав之间的关系不是主从关系,而是同指关系(这种通过同指联系起来的还有词组требование прекратить中的требование和прекратить)。因此阐释动词暗指的具体行为与该动词联系的方式可能不仅仅有副动词形式,还有同位语性质的联系(Он повернул налево: он ошибся),并列联系(Он повернул налево, и ошибся),或在句法上根本没有表现。

因此,如果承认副动词具备填补выручить, испортить类动词配价的能力,就应该承认存在这种并列联系(如Богуславский 1996所举的带изловчился, исхитрился的例子)、同位词性质的联系、复指性联系,以及所有意义上的联系。例(7)说明举动参项可以通过并列联系加入到动词рисковать中:

(7) Люди рисковали своей свободой, но переводили, печатали, распространяли (В. Суворов).

显然,并列关系可以同指,例(8)也是如此:

(8) а. не сдал вовремя статью и этим/тем самым меня подвел;
б. не сдал вовремя статью и (тем самым) подвел меня.

动词的人称形式和副动词的同指对于解释例(4)中出现的易位现象具有重要意义,正如博古斯拉夫斯基(1977)指出的那样,这种句法的可能性是动词人称形式与副动词同指的结果,并举例说明:

(9) а. Спуская отходы в реку, завод повышает содержание в воде соединений хлора;
б. Завод спускает отходы в реку, повышая содержание в воде соединений хлора.

实际上,动词рисковать描写的情景总体上与它的举动参项同指,如рискнул спросить中,提出问题就是在冒险:人在提问时,就在以此冒险。例(4)中переходить линию фронта就意味着冒险。例(10)中没有同指现象(因为没有一个动词有所指），就不可能发生动词副动词形式与人称形式易位。

（10）Приняв сражение, он рисковал бы потерей армии.

这样看来，рисковать – рискнуть属于不同的主题类别：рискнуть是意愿动词（即选择决定动词глагол выбора решения），同其他意愿类动词一样，没有带同指副动词的角色配位；而рисковать同其他行为阐释类动词一样，没有支配行为意义的动词不定式的角色配位。

5.3 动词рисковать – рискнуть的词汇意义

动词рисковать – рискнуть的意义可以通过5个词条表征出来（рискнуть有2个，рисковать有3个）

рискнуть 1"决定做"；角色配位〈P在核心，Q在话语外〉

完成体动词рискнуть1有瞬间行为意义，属于选择（并完成）决定的动词类型。在主要角色配位中，中心句法题元，即动词不定式，表示举动参项。在该角色配位中，没有参项Q（消极后果）的句法位置，它本来应该用工具格表达，但工具格与动词不定式不兼容。施事者参项在我们的角色配位公式中没有提及：它总是占据着同一个位置——主体。例如：

（1）Он рискнул пойти [P] верхней тропой, чтобы [W] к полудню добраться до базы.

（2）рискнул〈лечь〉на операцию [P].

（3）Он рискнул остаться [P] на мосту, чтобы [W] наблюдать за ходом событий.

（4）Майкл просил сообщить ему об обстановке. Но как? Даже если бы я рискнул оставить [P] Розалинду и Петру, чтобы [W] выйти на разведку, то вряд ли мне удалось бы вернуться (Струг.).

例（5）、(6)中P的表达不太合规范：

（5）Осина – дерево ненадежное, но он все-таки рискнул: подпрыгнул [P] и ухватился за ветку (БАС).

（6）Там мы задержались ненадолго, решая, стоит ли рискнуть и выехать [P] на поляну (Струг.).

рискнуть1在词汇语料库《Лексикограф》中的释义为：

题元结构

名称	句法位	等级	角色	分类
Y	主体	核心	施事者	人
P	不定式	核心	举动	行为
(W)	чтобы/ради	边缘	动机	情景
Q	∅	话语外	消极后果	情景

分类范畴：行为：瞬间性的

简要释义：

0) 在 t 时刻 < 观察时刻前 Y 在思考是否做 P

1)（因为想得到 W，而 P 会产生 W）

2) Y 知道 P 会导致消极后果 Q；

3) 尽管如此

4) 在 t 时刻 Y 决定要做 P，并且完成了 P [陈说]

5) — 9) —

10) 在观察时刻，t 时刻后不久，说话人不知道，是否发生了/将发生 Q [推论]

主题：决断动词；意愿；理智

体的性能：完成体；寻常的对应未完成体：рисковать 1

说明：

  题元结构。рискнуть 词位 1 排除参项 Q（消极后果）出现在表层：在例（1）—（6）中施事者的冒险行为可能引起的消极后果处于话语外。在例（5）中前句 Осина- дерево ненадежное 暗示了可能出现的消极后果。

  参项 P（举动）不仅能用不定式表示，在例（5）中它还以同位语形式出现（подпрыгнул），在例（6）中表现为并列关系。P 是必备参项，表现 P 的题元若不存在，可以理解为概括意义。Он не любит рисковать = '不喜欢做可能带来消极后果的行为（来达到某种目的）'。

  要素。рискнуть 1 表达的情景包括危险性，它至少在观察时还没有出现，（参见要素10）例（7）并不是反例，消极后果是在 рискнуть 1 语义中确定的观察时刻之后出现的。

（7）рискнул, для [W] выполнения задания, спуститься [P] на парашюте и убился [Q] до смерти（МАС）.

  许多冒险情景的重要因素在释义并没有反映出来（如，冒险者对利弊关系的评价（risk-benefit ratio）。冒险者总是希望得到顺利的结果等等）：揭示的要素只有：从中得出的有利推论在可以观察到的词语的运作方面是我们的形式操作力所能及的。从释义中我们并不清楚，例如为什么冒险与其说是轻率，还不如说是勇敢的体现（这点反映在俗语中，"冒险——崇高的事情"）；释义中也没有解释为什么 рискнуть 经常用于诸如 смелость, решительность 之类的词语上下文中，而表示否定时，相反，倾向于 страх, бояться 之类的词的上下文：

（8）Гёте сказал однажды: "Я хотел еще раз прочесть «Макбета», но не рискнул.

  Я боялся, что в том состоянии, в каком я тогда находился, это чтение меня убьет"（Олеша. Рассказы）.

рискнуть 可能不指出结果 Q，而指出与行为完成同步出现的副面效果；несмотря на 不反映 Q，因为它与动词不定式兼容：

(9) рискнул зайти в гавань, несмотря на опасность.

否定。рискнуть 1 有好的否定：

(10) не рискнул подойти = 'решил, что не надо делать Р, потому что понимал, что это может привести к Отрицательному последствию (Q).'

可以认为，存在一种普遍规则，根据这个规则，对（а）的否定可以理解为（б）：

(а) решил, что надо делать Р, несмотря на то, что возможно Q;

(б) 'решил, что не надо делать Р, потому что возможно Q'.

这是因为对让步关系的否定提供了原因。实际上，

Р, несмотря на Q = 'Q; поэтому ожидалось, что не Р; однако Р'

(Крейдлин, Падучева 1974а).

因此

НЕ (Р, несмотря на Q) = не Р, потому что Q.

要素'Q; поэтому ожидалось, что не Р'形成了让步意义的预设，因此在否定中（即语境'не Р'中），Q 自然被理解为'не Р'的原因。

рискнуть 1 的主题类别。属决断动词，上面已有论述。关键词 воля 和 разум 进入了 рискнуть 的语义中，因为它们也是 решить 的语义组成部分。

动名词：риск 1——冒险行为的名词，即需要勇气的行为（Риск, соединенный с расчетом, принес ему победу）; риск 2——可能出现消极后果的名词（с риском для жизни переправился через реку），来自动词 рисковать 2。(参见下述内容)

рисковать 1 "由 рискнуть 1 而来的寻常未完成体"

рискнуть 1 词位是瞬间性的，由它派生的未完成体形式 рисковать 1 只有寻常意义，包括多次性的和受否定语境制约的意义：

Немногие рисковали переходить линию фронта.

Я дождался окончания обстрела – не стал рисковать.

对于 рисковать 1 不太可能有历史现在时。

рисковать 2 "遭受危险"；角色配位⟨Q 在核心，Р 在边缘⟩

同 рискнуть 1 一样，未完成体词位 рисковать 2 表示行为。它与 рискнуть 1 的不同之处首先在于角色配位：在 рискнуть 1 中举动 Р 占据核心，而在 рисковать 2 中是消极后果 Q（一般用工具格表示）占核心位；举动可能用副动词来表示。通常 Q 表示丧失价值 Z，所以在句法层面上 Q 换喻性地被 Z 替换。如 рисковал жизнью [Q]= рисковал потерей [Q] жизни [Z]。例 (15)（译自英语）并

不如此，它多被理解为句子异常：

（11）Скрывая [P] Стефана у себя в доме, я рисковал жизнью [Q].

（12）Приняв [P] сражение, он рисковал бы потерей [Q] армии.

（13）Вкладывая [P] деньги в корпорацию, он рисковал своей независимостью [Q].

（14）Животное рисковало жизнью（Q）, пытаясь（P）отвести охотника от спрятавшегося олененка.

（15）Он не хотел рисковать повторением（Q）кубинского кризиса.

（16）Я рисковал потерей（Q）своих преимуществ.

（17）Он не любит рисковать.

如果рисковать 2有副动词形式，P就由主要动词来表现：

（18）А ведь вам кто-то тогда помог, рискуя головой（В.Суворов）.

（19）Рискуя увечьем [Q], он защитил [P] женщину от хулигана①.

рисковать 2独有的特征是：未完成体的主要意义是回溯性的（即所谓的"普遍事实性的"）：讲话人（观察者）根据自己的经验观察情景，也就是从某一个时间点上观察，在当时已知道危险已过去，即冒险行为可能带来的消极后果没有出现。

毫无疑问，可以对рисковать 2可做寻常解读，表示重复多次意义：

（20）рисковал жизнью, перенося сообщения через линию фронта.

词位рисковать 2的语义公式。

题元结构

名称	句法位	等级	角色	分类
Y	主体	核心	施事者	人
P	副动词	边缘	举动	行为
Q/Z	工具格	核心	消极后果	事件/Y的所属物
W	∅	话语外	动机	情景

分类范畴：行为：瞬间性的：回溯情景

简要释义：

0）- 1）—

2）在 t 时刻 < 观察时刻 Y 完成/实施 P　　[预设]

3）（因为想得到 W，而 P 会产生 W）

4）Y 知道 P 会导致消极后果 Q　　[陈说]

5）- 9）—

---

① 副动词рискуя有很多专有属性，我们在这里并不涉及。

10）在远离 t 的观察时刻，说话者知道可能出现的消极后果 Q 没有发生（即避开了危险 Q） [推论]

主题类别：阐释行为

体的性能：表普遍事实意义的未完成体

在某种程度上，词位 рисковать 2 是动词 рисковать 在整个系统中的主要意义，因为这是唯一一个展示情景全体参项的意义，而且情景是在完全明朗的时间点上被描写的；奇异的是，рисковать 的"完整情景"是由未完成体描写的。

这个意义的主要语境是过去时形式，它确保了观察者处于回溯情景的位置。在需要共时观察者的现在时中，消解了 рисковать 2 与 рисковать 3（参见以下内容）的区别。实际上，词位 рисковать 2 描写的情景是有意识选择的行为，即知道在冒险。而例（11'）可以理解为对自发形成情景的后果评价：

(11') Скрывая Стефана у себя в доме, она рискует жизнью.

在多次性上下文中，观察者的位置在每次重复中都是回溯性的。рисковать 2 用于现在时时被认同为单义：

(21) Она, конечно, знала, что рискует \, отказываясь от его предложений.

рисковать 2 的题元结构：Q（冒险行为的消极后果）处于焦点。如上述所说，рисковать 2 的意义是焦点迁移的结果：在 рискнуть 1 中举动处于核心，在 рисковать 2 中消极后果处于核心；动词转换为另一种主题类别——由意愿类动词变成阐释动词。如果在动词上有重音，рисковать 2 的阐释意义表现得会很明显，如例（22）中，Q 以单独的句子形式表现：

(22) Излагая столь ясно свои либеральные убеждения, он ведь и рисковал. Он ставил на карту все свое административное будущее（Салтыков-Щедрин, МАС）.

在表示价值参项的工具格上下文中，参见例（23a），рисковать 2 表示'导致有可能失去 Z'，而不是像菲尔墨和阿特金斯（1992）所说的'让 Z 遭受危险'：

(23) a. рисковал двумя кораблями, посылая их на край света;

    6. He had risked two of his submarines by sending them to the edge of the American beaches.

在 рисковать 2 中，举动参项 P 可以用副动词表示。可以认为，相对于对人称形式的动词 рисковать 来讲，从属的副动词的前置/后置对于 рисковать 2 的语义没有影响。如果副动词前置，那么句子就可以完全按释义来理解，释义中反映的正是副动词最普遍的前置位置，参见例（11）。但是如果句重音不在副动词上，如例（23），那么在后置位上的副动词也可以照此理解。而副动词后置，并且主要句重音迁移到副动词上，这显然是行不通的。

推论 10'避开危险'只出现在肯定的上下文中。在例（12）或（15）中，在缺少实际所指的情况下，推论就不会存在。

否定。行为的完成属于过去，并且是рисковать 2最典型用法的预设。因此，例（11）有正常否定：

НЕ（Скрывая Стефана у себя в доме, я рисковал жизнью）= Скрывая Стефана у себя в доме, я не рисковал жизнью = 'совершая P, понимал, что это не может привести к отрицательному последствию'.

体的语义。未完成体рисковать 2与完成体рискнуть 1的区别在于观察时刻的定位。施事动词рисковать 2主要体意义是普遍事实性的，即回溯性的。这样，在рисковать 2的释义中存在要素10：'说话人Y知道，Q没有发生'。而完成体动词рискнуть 1不可能有这个要素：完成体动词表现情景的时间视角为：当时行为已经完成，而结果还不明了。

情景回溯中决断时刻进入深层背景（在我们的简要释义中没有完全展现出来）。实际上，在回溯情景中处于焦点是已经明了的状态，即消极后果不会发生：只有在此之后可以说，危险属于过去。

例（24）展示了阐释动词倾向于使用未完成体的特点；因为副动词отказавшись是完成体副动词，那么动词рисковать 本来应该是完成体动词，它的未完成体形式可以通过阐释意义解释：

（24）Отказавшись, она рисковала – *Отказавшись, она рискнула.

5.2节中例（2）也反映了更倾向于使用未完成体的事实。

参项Z和P与原因状语（почему）相容：

（25）Почему он рисковал честью [Z], заступаясь [P] за мало знакомого человека?

除了例（11）表现的角色配位，其中副动词表示举动，рисковать 2还有另外一个角色配位（рисковать 2а），这时举动参项被动机参项W替代：

（26）а. рисковал жизнью ради дешевого удовольствия;
    б. рисковал собой во имя благородной цели;
    в. рисковал большими деньгами в надежде получить еще больше.

在чтобы / ради / во имя的上下文中，不可能出现表示举动的副动词：

（27）*Спасая ребенка [P], он рисковал собой во имя благородной цели [W].

有趣的是，рискнуть 1的动机参项与举动参项并不互相排斥，参见例（1）、（3）。

词位рисковать 2а的语义公式与рисковать 2的区别仅在于题元结构（相应的，还在于动机参项的等级）。

题元结构

名称	句法位	等级	角色	分类
Y	主体	核心	施事者	人
W	чтобы/ради/во имя/из	边缘	动机	情景
Z	工具格	核心	价值	Y的所属物
P	∅	话语外	举动	行为

分类范畴:行为:瞬间性的:回溯性

简要释义:

0) – 1) —

2) 在t时刻<观察时刻Y完成了/实施了P   [预设]

3) Y想得到W,而P可产生W   [陈说]

4) Y知道,P会导致消极后果Q(损失Z)   [陈说]

5) – 9) —

10) 在远离t的观察时刻,说话者已经知道,可能出现的消极后果Q没有发生(即避过了危险Q)   [推论]

主题类别:阐释行为

体的性能:表普遍事实意义的未完成体

рисковать 2a的语义含有两个陈说,因此,它不同于рисковать 2,没有好的否定:

НЕ(он рисковал жизнью ради дешевого удовольствия)= ?

动机参项的表达不仅可以借助ради,还可以通过前置词из-за,但是仅限于讲话者认为冒险是不必要的:

Ради них [денег] на преступление идти не стоит и рисковать из-за них незачем(В.Суворов);

<...> глупо-де рисковать жизнью из-за одной только гордости (Струг.).

动机参项的配价可以通过副词попусту填补:

Зачем рисковать попусту? = 'ради несущественного W'.

应当说,带前置词из-за的组合(出现在否定情态上下文'не буду/не стоит рисковать')有时很难得到角色证同。例(28a)中из-за свиданий = 'ради свиданий',而对(28б)的解释基于换喻转换的链条上:

(28) a. Видеться мы с тобой и не будем, пока приедет мой муж: рисковать из-за свиданий непростительно (Лесков. На ножах);

б. Недавно я на классом часе докладывала о политической обстановке в Гондурасе. Честно сказать, какое мне дело до Гондураса, а ему до меня, но Марья Ефремовна сказала, что аполитичных не будут переводить в девятый класс. Я подготовилась как миленькая и провела политинформацию.Буду я рисковать из-за Гондураса（УК）.

这样，在рисковать 2中举动参项不可能处于核心，焦点固定在潜在的消极后果或者潜在的失去价值上。用于这个意义时，рисковать属于行为阐释动词。

рисковать 3 '处于危险下'；角色配位<Q在核心，P在边缘>

рисковать 3的意义源自рисковать 2意义，是рисковать 2去使役化的结果。

在中心参项P不是Y的举动，而是自然形成的情景语境中，行为阐释意义就转变为评价情景可能产生的后果意义。

词位рисковать 3不像рисковать 1和2一样表示行为，而是静态意义：它是对事物状态的评价，该状态不受主体意志控制且往往潜伏着消极后果。所以我们以前表示为P的参项不是举动参项，而是危险源参项。词位рисковать 3的语法主体(Y)不是施事者。Y的角色是受损主体，它的分类类别比较自由，不一定非得是可以自由选择行为的人，像рисковать 1和2一样。在释义中所有涉及Y内部状态的要素都没有：'Y понимает....', 'Y надеется...', 'Y готов...'.

例如：

（29）В этой легкой куртке [P] ты рискуешь простудиться [Q].

（30）Он рискует остаться один [Q].

（31）Отвечая ей небрежно [P], ты рискуешь потерять ее доверие [Q].

（32）если [P] лингвистика окажется неподготовленной к новым условиям своего существования, она рискует утратить [Q] авторитет в смежных областях.

（33）Разумеется, я рисковал тем [Q], что Зильберович психанет и не возьмет меня, но риск, честно говоря, был в общем-то небольшой （Войнович）.

参项P的表示不是有续的：在例（29）中P是в этой легкой куртке；例（30）和（33）的危险源并未指出。例（34）、（35）中P是一种条件，完成它会产生可能性Q，在例（34）中是[мы] не поторопимся，在例（35）中是вы поторопитесь：

（34）Мы рискуем опоздать на семинар, если не поторопимся;

（35）Если вы поторопитесь, вы рискуете попасть к такому же Мельнику, от которого столь поспешно сбегаете（Маринина）.

还可参见5.2节中的例（2）：行为的消极后果，准确地说还没有被它的主体意识到。

рисковать 3词位的语义公式

题元结构

名称	句法位	等级	角色	分类
Y	主体	核心	受损主体	人/事物
P	副动词/如果	边缘	危险源	活动/Y 的状态
Q	不定式/工具格	核心	消极后果	事件:负面的

分类范畴:状态

简要释义:

0) Y 做 P(出于需要/不知情)或处于状态 P 中;即 P(Y)发生　　[预设]

1) – 9) —

10) 说话者认为,P(Y)会导致消极后果 Q [陈说]

рисковать 3 的观察者时间点通常与情景 P 同步,但也可能是回溯性的,如 5.2 节的例(2)(Она рисковала [быть убитой])。那么рисковать 3 与рисковать 2 的区别就只在于 P 的能动性。

рисковать 3 的动词不定式(рискуешь надоесть)表示的是消极后果,而不是рисковать 2 中的举动;рисковать 3 不排除工具格作为 Q 的表达方式(рискует опозданием),但并不是那么自然,特别是工具格表达的是 Q,而不是 Z,例如下面引自 MAC 中的句子是异常的:

*редактор рискует судом, *рискую пожаром.

只有在第一人称做主体的情况下,与 Y 吻合的说话者才是意识的主体,他感觉到危险,也就是在该情景中可能存在消极后果:Я рискую опоздать на семинар. 词位рисковать 3 与рисковать 2 区别在于观察者时间点上:рисковать 3 中它必须与 P 保持同步。因此,通常рисковать 3 的意义稳定在现在时,而过去时рисковал理解为рисковать 2 意义,并且需要形成相应的参项。如例(6)。

(a) Я рискую опоздать (??опозданием) на семинар [рисковать 3];

(6) Я рисковал (°опоздать) опозданием на семинар [рисковать 2].

副动词рискуя 保证了观察者稳定的同步位置,不依赖于主要动词的时间,因此例(36)中是рисковать 3:

(36) Матросы вынуждены были спускаться за борт под обстрелом, рискуя сорваться в воду (МАС).

体的语义。рисковать 3 的意义是静态的,按道理它没有对应的完成体。(Падучева 1996:127)

рискнуть 2 '使遭受危险';角色配位<Q 在核心,P 在话语外>

рискнуть还有一种用法:参项 Q(消极后果)占据核心位,它用工具格的形式表示,并将参项 P(举动参项)挤到话语外。工具格在这里表示价值 Z(潜在失去的），即所属物，但不是 Y 不可分的所属物：

(37) Нет, я бы не рискнул своим процессором.

(38) тот, кто рискнул бы для нас своим состоянием <...>

(39) Я рискнул пятью рублями и выиграл тысячу.

(40) Банк в свое время рискнул значительной частью уставного капитала.

(41) "Playboy" запускает новый Интернет-сайт для любителей рискнуть деньгами.

(42) Каким объемом средств вы желаете рискнуть и сколько прибыли хотели бы получить?

(43) хочешь рискнуть и есть чем рискнуть.

例(44)中，工具格不表示价值，而是消极后果，听起来不像是俄语：

(44) для этого <иногда> приходится рискнуть даже и временным ослаблением коммуникационной линии (Тарле. Наполеон).

在角色配位<Q在核心，P在话语外>中，рискнуть的用法具有边缘性质，因为它导致内部矛盾：动词的范畴是行为，而举动参项处于话语外，不能表达出来。词位рискнуть 2常常用于财产的损失中，参见例(38)—(43)，因此动机是赢利或利润，而举动是投入资金，或在更广的意义上，是在下注。

我们似乎可以把词位рискнуть 2解释为рисковать 2的完成体形式，因为它的角色配位中参项 Q(消极后果)位于核心。但是完成体动词рискнуть不支配副动词(*отдавая паспорт, я рискнул)，所以рискнуть 2的举动参项甚至还不像рисковать 2一样位于边缘，而是在话语外。总之，在рисковать 2 - рискнуть 2这对动词中，体的相互关系并不符合语义标准，因此如果把рискнуть 2解释为由рискнуть 1产生的角色配位(间接的)，会得到更有序的词义系统。

显然，рискнуть 2大部分用于非现实的语境中——不定式中，如例(41)，或者动词假定式，如例(38)。这种情况下，处于危险的价值甚至还可能是不可分割的从属物，如例(45a)，其中非现实的语境是正常的，而(45б)只能以玩笑的口吻说出：

(45) a. Ради этого можно рискнуть здоровьем；

б. Я рискнул здоровьем и закурил.

рискнуть 2的主题类别与рискнуть 1相同。

下面表格显示了рисковать -рискнуть的意义及其相互关系。

动词 рисковать – рискнуть 的语义聚合体

动词范畴及参项的分类类别	动词体和观察者的位置	角色配位及主题类别	词位
Ⅰ 行为； P – 举动 Y – 人	完成体	<P – 核心, Q – 话语外>；作出行为的选择	рискнуть 1; 寻常意义的未完成体 рисковать 1
		<Q – 核心, P – 话语外>；作出行为的选择	рискнуть 2
	未完成体 观察者位置是回溯性的	<Q – 核心, P – 边缘>；阐释行为	рисковать 2; 没有对应的完成体
		<Q – 核心, W – 边缘>；阐释行为	рисковать 2a
Ⅱ 静态词； P – 情景, Y – 任意的	未完成体 观察者位置同步或是回溯性的	<Q – 核心, P – 边缘>；评价情景	рисковать 3; 没有对应的完成体

如图所示，动词 рисковать – рискнуть 的不同用法的差别（在搭配中，在通过参项角色及其他方面解释句法位过程中）可以视为普通语义迁移的结果。

1) 范畴迁移：рисковать 1 和 2 的行为意义与静态动词 рисковать 3 区别在于分类范畴。

2) 主题类别的变化：在从 рисковать 2 转换到 рисковать 3 的过程中，即从行为阐释转换到对事物状态（潜藏有消极后果）评价，主题类别的变化以参项 P 的范畴变化为条件。

3) 观察者时间点：将带回溯意义的未完成体动词 рисковать 2 和大部分同步性质的 рисковать 3 相区别，并且也同 рискнуть 1, 2 相区别，后者带完成体动词特有的观察者位。

4) 主题类别：使词位 рискнуть 1（决断动词）与词位 рисковать 2（行为阐释动词）相对立。实际上，这时主题类别的变化是通过角色配位的交替实现的，即将举动参项从核心移至边缘。

因此，我们有充分理由得出结论，尽管动词 рисковать – рискнуть 的意义系统比较独特，但所有意义仍是基于某些特征发生相互对立，这些特征也同样复现在词汇系统的其他词类中。

5.4 案例分析

将词语 рисковать – рискнуть 划分为词位后，我们现在可对5.1节中的几个问题给出简要解答（第Ⅱ和第Ⅴ个问题已经就地解决了，此处不再重复）。

问题Ⅰ。5.1节例(2)中对不定式的不同解释可以这样说明，在(2a)中是词位рискнуть 1,不定式表示的是举动参项,在(26)中是词位рисковать 3,表示的是消极后果。

这里还出现了不定式可以扮演的角色和动词体之间的"奇怪"的依属关系:完成体动词рискнуть 1中可以使用表示举动的不定式,参见(2a),而在未完成体рисковать 2中则不能,参见(26)。原则上,未完成体рисковать与动词不定式搭配,但在这种情况下不定式并不表示有意愿完成的行为:

Он рисковал / рискует попасть за решетку.

因此рисковать不与单纯的行为动词的不定式搭配。

*рисковал предложить, *рисковал выглянуть.

对例(3)中副动词的不同解释源于例(3a)中的词位是рисковать 2,而(36)中是 рисковать 3。

只有在рисковать 3中,消极后果参项可以有不同的表示方法,如同例(4)。这也可以解释带未完成体动词的例(5)。рискнуть 2的工具格形式应该可以表示消极后果,但是在(56)中приходом的意思并不适合这个角色,因此,(56)是异常的。

问题Ⅲ。在5.1节例(7)中,评价主体与情景阐释主体是不同的,因为(7a)的词位是рискнуть 1,它描述的是带施事者的情景,他同时还是评价和阐释的主体;而在(76)中是рисковать 3,评价主体是说话人:此处说话人是唯一的参项,该参项必须表人。

问题Ⅳ。体的语义。在语义方面,未完成体动词рисковать既不能认为是完成体的初始形式,也不能认为是它的派生形式,因为在рисковать 1—рискнуть 1这对动词中,初始体是完成体,如同所有瞬间决断动词(未完成体只有寻常意义);而在рисковать 2中初始体是未完成体,如同所有的阐释类动词。

把完成体动词рискнуть与未完成体动词рисковать当作不同主题类别的动词的情况下,正如我们所看到的,对不同体和语境变体的释义彼此相近。原因在于它们虽属于不同的主题类别,但是焦点迁移的结果;焦点迁移反映在角色配位,即参项的交际等级的转换中。如果P是有意识的、经过考虑的行为,那么焦点就在行为上,这样我们就得到了决断动词。如果行为选择阶段退出了注意焦点,动词就改变了焦点要素和意思。

问题Ⅵ。动词体与角色配位的关联。在5.1节中已指出,只有完成体动词рискнуть有处于核心的角色配位的举动参项;在未完成体词位рисковать 2,3中,处于核心位的是消极后果。现在我们对рисковать体与角色配位的这种关联性理解有这样的解释:动词рисковать的完成体与未完成体属于不同的主题类别(在自身的非寻常意义中):完成体属于决断动词,未完成体属阐释动词;当然,在阐释动词中处于焦点中的是带有评价语义的消极后果参项。

这样，我们证明了рискнуть的表层语言运作的各种变体可以通过参数值确定，这些参数还在许多其他词语中复现，只是它们的组合形式各有不同。

对动词рисковать作出的分析能够给换喻迁移的机制提供新的说明，该机制被理解为关注焦点的迁移。焦点的迁移可以反映在词的重音上（试比较谚语的两个对立的涵义 что было, то было，一个是成语的固定意义："无法隐瞒"，而另一个是"过去的就过去了"）；焦点迁移也可通过参项句法等级的变化来表达，即角色配位的转换：заткнул щель паклей vs. заткнул деньги в щель.（参见第一部分第三章）最后，焦点迁移可能本身就是语义派生，以及能够改变词语的主题类别，它们已经在рисковать的不同用法中得到充分表现。所有这些都是同一种现象的变体，我们应该在它们的不同表象中识别出它们。

第六章　言语行为

第一节　言语行为的定义

言语行为动词类别的存在很大程度上归因于言语行为理论(speech act theory)，上世纪70及80年代在哲学逻辑学和语言学中言语行为理论获得了巨大的发展。以下我们将对此类动词进行纯语言学方面的描述。

许多动词的语义中，通常可以揭示出作为副题元的方式参项①。
(1) Мать убаюкивала ребенка тихим пением.
有时用副动词形式表达，如例(2)；有时通过换喻性工具表示，如例(3)：
(2) Я успокоил ее, объяснив, в чем дело.
(3) Пришлось забивать гвоздь топором [='используя топор'].

言语行为动词(或者按字面意思由英语直译过来，即 глаголы речевого акта)由于方式参项而统一为一个类别：言语行为动词中，施事者通过说话来达到自己的目的(对不同的动词而言目的各不相同)，现强调两个方面：

1) 言语行为动词的主体一定是施事者，即初始意义属于行为范畴。因此言语行为动词在分类范畴上不同于言语事变动词，如проговорился, заговорился。

2) 言语行为是一种以言行事的行为，而不是言语活动，行为有目的，并且在目的达成时会结束。因此言语行为与言语活动（如разговаривать, беседовать, болтать)的对立同样也是范畴性的。

因此，在界定言语行为动词时通常强调两种范畴的对立，而且我们也已多次在词汇的其他类别中用到：行为—事变，行为—活动。我们能够得到一个很简单的，几乎有点同语反复的定义：言语行为动词表示一种行为，这种行为可以通过言语来实现。

言语行为动词可以属于广义的言说动词类别，这些动词也有相同的主题要素，但分类范畴不同，观念结构自然也不相同。如шептать, бормотать 可以归为言说动词，但却不属于言语行为动词，因为其焦点在发音的方法上，而不是在说话的目的上。因此，我们的研究对象是言语行为动词。

---

① 方式(Способ)作为一种要素首先在运动动词的语义中得到揭示：кататься, скользить. 英文用术语 verbs of manner of motion.(Pinker 1989, Levin, Song, Atkins 1997, Iwata 2002)方式与方法(Прием)近似，但是与方法不同的是，方式可以成为非行为动词的涵义要素。

言语行为是唯一一个以行为方式为共同基础的主题类别。通常来说,动词主题类别的划分建立在目的共性和相应结果共性的基础上,如使变形类动词、接并动词(按另外一种说法是表面接触动词)、破坏动词、成事动词等。成事动词的行为方式各异,但是这些方式都导致了同一种结果,表现得尤为明显,试比较:построить дом, написать стихотворение, выкопать яму. 而言语行为动词恰恰相反,行为方式相同,而目的各异。

目的的差异可将言语行为划分为若干亚类,并对应于言语行为的结果。我们对 Searle(1975)言语行为的分类做了些改动,下面列出我们对言语行为动词的分类:

确认类言语行为,说话主体对命题的真实性负责;如 утверждать, заключать;与此接近的还有对受话人心智及信息状态产生作用的动词:сообщить, объяснить, убедить;(Шатуновский 2001:28)与 сообщить 不同的是,сказать 有可能出现受话人不认为所言为事实的情况(参见第三章);

承诺类言语行为(涉及主体将来的行为);如 обещать, предлагать, угрожать;согласиться, отказаться;

表情类言语行为,即说话人表达自己心理状态:благодарить, приветствовать, извиняться, поздравлять;

驱动类言语行为,即试图影响受话人的意志状态,使其产生某种行为;其中包括表示请求、要求、命令;建议、禁止/允许、威胁、警告等动词。例如,提问一般要求发生言语行为(回答)。

余下的是异类部分:объявлять <войну, перерыв>, назначать <срок> 等。

就目前语义学发展水平来说,分类的作用是有限的。一个动词的词义中可能会同时并存多种不同要素。例如 угрожать 通常属于承诺类言语行为(类似 обещать),因为要求主体有将来的行为(угрожал исключением),但同时угрожать 与驱动类言语行为动词(如 требовать)有许多共同之处,因为一个人在威胁别人的同时,还想强迫他做些什么。因此,有时把动词(即便在某种意义上)归于某一种言语行为类别是比较难的。(Tsohatzidis 1993:733)

由于言语行为有一定目的,因此,言说动词通常至少属于两个主题类别:一个类别是普遍的,表言语,另一个对每个亚类来说各异。例如,объяснить 是言说动词的同时,还属于作用于心智状态的动词,因而属于心智动词;назначить 属于言说动词,同时也属于意愿类动词。

言语行为经常出现在对话中[①]。从这个观点来看,还可以区分出两种类型的言语行为动词:

[①] 例如 Chojak(1991)把 отказаться 和 согласиться 视为小型对话中说话人(暗示出的)和受话人(该动词主体)之间的答话。

1) 反应动词,如согласиться, отказаться, ответить;
2) 诱发动词,相反地,要求受话人作出紧随其后的反应,如спросить, предложить.

诱发动词的语义中有所谓的"远目标",即不可能通过话语达成的目标。这类动词的完成体在表达完成近目标的同时也表达完成长远目标的意图。如спросить 表示提问,达成近目标后,意图得到答复和达成远目标。有的动词两类均不沾边——既不属于诱发动词,也不属于反应动词,如предупредить不一定出现在对话中。

动词обещать可以归入反应动词:"一般说来,在允诺之前有请求"。Wierzbicka 1987: 206)维日彼茨卡据此将要素"我知道,你想要这个"纳入动词 promise'обещать'(承诺)释义中。哈达谢维奇(2001)作品中有一典型片断,描写了自己与М. Гершензон 的对话:

— Вот какой вы народ, поэты: мы о вас пишем, а нет того, чтобы кто-нибудь написал стихи об нас, об историках.

— Погодите, Михаил Осипович, вот я напишу о вас. <···> Я потом всегда помнил свое обещание.

第二节　施为动词与准施为动词

众所周知,言语行为理论始于施为动词的发现:奥斯汀(1962)注意到为数众多的一类动词,这些动词在语句中的使用相当于完成了相应的行为。因此,形式上是陈述式的语句既不为真,也不为假。(参见Бенвенист 1974:299关于施为动词的研究;Падучева 1985: 19-29对言语行为参考文献的概述;Wierzbicka1991, Vanderveken, Kubo2001的研究反映了言语行为的语言学研究现状)

施为性是一项重要属性,以很多非寻常的方式体现在动词的用法中。因此也出现了一个问题:能否从动词的释义中推导出它的施为性用法。

维日彼茨卡(1987:179)指出:"当前阶段我还不能提出统一的规则来预言哪些动词可以抑或哪些动词不可以具有施为性用法"。在描述动词threaten 'угрожать'时,她指出,释义的形式特征妨碍了施为性:通过间接方式表达自己意向目的的动词不可能是施为动词,这时说话人的言外意图与客观陈述,即话语的命题内容不吻合。据维日彼茨卡的分析,在угрожает(威胁)别人时,一个人通常会说:"我会对你做不利的事情,如果你不完成D",也就是说强迫你做不想做的事D。在这个意义上说话人的言外意图与他所说的命题内容不相吻合。条件"如果你不完成D"是否为动词угрожать的要素,哪怕是非必备要素,有关这个问题我们可以在第四章中论述。

因此，根据维日彼茨卡的观点，施为动词的目的应该与陈述相吻合。因此，动词убедить不是施为性的，因为在该词的释义中无法确定陈述的特点，劝说者说什么内容，从убедить的意义中是无法了解到的。动词намекать的陈述与目的是有意不相吻合，按照万德勒的观点，这个动词的施为用法意味着以言行事的自毁，因为暗示者的目的在于告知受话人不明显的，隐晦的信息。

可以提出其他一些施为性的语义标准。言语行为动词可以分为两类。一类指行为的目的通过其言语达到，而另一类是言语只表示达成目的的意图。(Goddard 1998:137)施为动词的目的包含在该词的语义中（即以言成事的意图），并通过说出该词而确保实现（以一定的语法形式和一定的条件。参见Падучева 1994确保性使役概念）。很明显，如果一个动词只表示意图[①]，那么它就不可能成为施为动词。

如果言语行为改变了受话人的心理状态（心智状态或意志状态），这样的动词不可能是施为动词，仅靠说出词语不会影响别人的思想或意志。因此，одернуть, оборвать, осадить, срезать不属于施为动词。与убедить不同的是，动词уверить并不要求能成功影响受话人的心智状态，它只不过表达了说话人自己的信念；说完"Уверяю вас!"时我相信了，因此уверить很自然地成为施为动词。然而，他人的信息状态用语言是可以改变的，其中包括施为动词сообщить. 很明显，可以用语言改变自身的心理状态，如承诺时等；因此обещать是典型的施为动词。

如果动词没有对应的表达意向目的的完成体形式，则不可能有施为用法：只有完成体能完整描写言语行为。这足以解释возражать与перечить、хвалить与восхвалять之间的区别（Апресян1986б 比较了这几对动词）：перечить与восхвалять不允许施为用法，因为它们的语义中不包含界限标记，它们在语义上没有对应的完成体。但是在说Возражаю！的同时，表示我反对；在说Хвалю！时，表示我赞扬。

根据扎丽兹尼亚克(1991a)的释义，动词говорить指'说出有意义的话语'。这是一种活动，通过它说话人完成自己的意向目的，总是与简单将词说出不同。在施为语境中，这个动词扩大了语义：Я говорю, что... ≈ 'повторяю'；Говорю тебе, что... ≈ 'уверяю'。与其说它不是施为动词，不如说在施为用法时，它的意思发生了变化。

这与动词спрашивать类似，提出问题只需要说出疑问句就足够了。因此спрашиваю在例(1)中表示类似'不住地问'或者'再问一次'的意思：

(1) Я спрашиваю, хотите ли вы чаю.

库斯托娃和帕杜切娃(1994б)提出了准施为动词的概念。这是施为动词的

[①] НОСС词典将пытаться解释为："尽力完成P, 但不知道这些努力能否达成需要的结果"。

第三人称用法,这时说话人作为中间人向受话人转达信息:

(2) Хозяин просит дорогих гостей послушать пастораль "Искренность пастушки".

《大师与玛格丽特》第23章的片段中,прощают就是一个准施为动词:

(3) Тебе прощают. Не будут больше подавать платок.

动词прощать的暗示主体不是说话人,即不是Маргарита(不是她递的头巾);尽管Воланд百般教唆,她只把自己看做是Воланд与Фрида的中间人。(关于施为动词体与时间的特殊意义参见Падучева 1996:161)

第三节　言语行为动词与言语行为理论

对言语行为动词的研究要归功于奥斯汀(1962)及其追随者,首先当推塞尔(1969)。

他通过成功的条件来描写言语行为的基本类型,他似乎忘记了奥斯汀的主要发现:许多言语行为通过说出施为动词而完成。而如果动词与言语行为相符,那么要描述言语行为,只需给出相应动词的释义。而言语行为成功的条件不是别的,而是一些释义要素。维日彼茨卡(1991:202)认为"将词语 order 'приказать'分解为各语义要素,其实就是分析命令言语行为的言外力量"。这对于用言语行为动词表达的其他言语行为也是适用的。

当前语言语义学已把言语行为理论远远的抛在了后面。一方面,已经揭示出,对言语行为的描写归结为对相应动词释义的描写,并且与哲学逻辑学相比,描写相应动词释义时,语言学具备更精细的分析手段。(参见 Wierzbicka1987 以英文为语料对言说动词的描述;Головинская 1993а 一系列以俄文为语料的研究)另一方面,其中有一个主要的原因是语言学从言语行为理论中发现,说话人表达自己的言外意图不仅仅可以使用动词。维日彼茨卡指出,在没有动词表达相应的言外意图时,言语行为的概念更加重要,如例(1),(2):

(1) а. Вы посмотрите мои картины? б. Вы не посмотрите мои картины?

(2) а. Ты не знаешь, зачем он приходил? б. Ты знаешь, зачем он приходил?

以俄语为母语的人明白(1а)表达的是疑问,而(1б)是某种语气比较缓和的句子;(2а)中表达的不是知道不知道的问题,而是想要去了解的愿望;(2б)很可能表达的是说话人想要答复的意图。所有这些都是言语意图,语言可以表达非常细微的言语意图,而这些意图不归结于某个动词的意义。

维日彼茨卡(1987)对动词 promise 'обещать'的释义要素与塞尔(1969)中的成功条件作了比较。对于塞尔提出的每种条件都有相应动词的一种释义要素,而在出现分歧时,通常释义占优势。例如,对 promise 'обещать'的研究中,维日彼茨卡(1987:205)的释义要素'Адресат хочет, чтобы X имело место'比塞尔的'Адресат предпочитает, чтобы X имело место, чем чтобы не имело'更有力度、同时更适合。塞尔对 promise 的释义包含обязательство一词,它差不多与обещать一样复杂;而维日彼茨卡则没有用这一概念,将обещать归入更为简明的语义基元。

相对于言语行为理论中的一些最重要概念,目前语言学中也找到了类似概念。例如,语句的语旨之力,即说话人达成的目的。言语行为成功的条件是相应动词语义分解中的要素;施为性的语义根源,也会随着研究的深入而得到揭示。

虽然如此,言语行为理论对言说动词研究带来的贡献是不容忘却的。语旨功能的概念为按"话语目的"对句子进行的传统分类提供了明确的基础,正是塞尔(1969)描写的言语行为类型(或如我们现在所说的言语行为动词的类型)帮助我们揭示了动词未完成体命令式的使用规律,(参见Падучева1996:66)语效动词的概念也运用于描写体的对应性,(参见Гловинская 1993а)更不必说缺少真值的施为性能够解释为什么施为动词成功的条件,根据奥斯汀的意思,能够取代其真值条件。

第四节 关于言语行为动词的释义结构

释义范例

言语行为动词构成了一个完全合乎标准的主题类别——有自己的一套参项,简要释义和规律性多义模式。

М.Я.格洛温斯卡娅(1993а)的研究中,言说动词是以未完成体现在时形式释义的(如同历史现在时),如同所有的释义要素描写的是同时出现的状态和发生的行为。"Лексикограф"系统对动词的释义公式发展了维日彼茨卡的脚本理论,(参见 Goddard 1998)释义—脚本反映了情景在时间中的发展,也就是以戏剧形式清晰地展现事件在时间上的连续性,而剧本则由言说动词语义构成。

"Лексикограф"系统中言说动词的释义结构与维日彼茨卡不同。维日彼茨卡(1987)将言语行为的动机放在释义的末尾。问题在于,动机总是发生在行为之前,因此动机的合理位置是在开始位置。例如,动词отказаться的语义中,主体的意愿(他不想做D)为他的言语行为(他所说的话)提供了理据。

言语情景的主要参项有:施事者—说话人,受话人,内容。驱动动词(如предлагать)的言语行为交际对象和行为的执行者可能是同一个人。反应动词(如отказаться)有配合施事者参项,即隐性施事者。很明显,它们的受话人通常都是在话外的:*отказаться кому.

维日彼茨卡(1987)以第一人称,即句子形式对言说动词进行释义,例如,不用 X обещает Y-y（X 向 Y 许诺）,而是Я обещаю Тебе(我向你许诺)。尽管这种思想有一定的吸引力,然而还是引起了一系列争议。

我们以动词согласиться为例进行分析。这个动词的意思(其主要意义)要求有建议。通常情况下,建议来源于某个人,但从赞同情景的提议者Я(我)(主体)来看,不是我,而是你。脚本包括两个言语行为,其中参项我和你交换了角色,因此这些意义不能用于对二者进行证同。

此外,还有一些言语行为(如ябедничать, доносить)的意义中包含意识主体——否定评价者,说话人理应与其等同,而不是与言语主体等同。(参见Булыгина, Шмелев1997: 406)

还有一类动词,如намекать表示一个人隐晦地、不完整地表达自己的想法,指望受话人揣测其意,因此,暗示语义实际上包含一个参项,它是某些要素中的言语受话人,在另外一些要素中则是言语主体。

хвастаться 的要素:'X想表现出自己比别人更优秀',也可能出现在受话人对语句的解释过程中,因此,在这个要素中你或者他人可能是施事者(X),而绝对不是我。

简言之,言语行为动词语义通常要求的不是一个,而是多个言语情景,其中说话人与受话人交换角色。因此,如同其他主题类别,言说动词的释义,使用变元更加可靠。

以下给出了几个言语行为动词的释义,отказаться来自"Лексикограф"系统的释义公式,而подтвердить, угрожать, грозить是简化的语义公式。

отказаться 1.1(如отказаться от предложения)
图解:聚合体初始词位

题元结构:

名称	句法位	等级	角色	分类
X	主体	中心	施事者	人
D	不定式/补语从属句	边缘	内容	情景:有X参与将来;有具体指称
K	∅	话语外	配合施事参项	人

分类范畴:行为:瞬间性的
简要释义
0) 初始状态呈现:t时刻<观察时刻K建议X完成D   [预设]

1) 意愿状态:X不愿完成 D　[背景]

2) —

3) 因此

4) 范畴要素:X做了某事　[陈说]

5) :向K说:X不想去做P

6) 使役行为——这引起　[蕴涵]

7) —

8) 结果:K(及其他人)知道:X不想去做 D　[蕴涵]

9) 而且X有权不做 D

10) 推论:X不会做 D

主题类别:言说

体的性能:完成体;对应的未完成体:отказываться 1 [施为动词]

例句

Я отказался от ее предложения;

Он отказался идти со мной на концерт;

Иван отказался от путевки и теперь жалеет.

注释:

1. K 的行为可以专指为угостить, дать/предложить 等,而此时 D 就相应地充实为:отказался от мороженого ='отказался есть мороженое'。

2. не откажусь理解为间接肯定法,即'我很乐意接受'的意义。

3. D 的条件可以表示为将来的某个有具体指称的情景。这样的指称标记结合产生的效果是:将来的事件还没有发生,因此就有还没存在的一次性预设。然而,很重要的是,如果 X 拒绝散步,这意味着拒绝这一次散步——是建议的并属于某一时刻具体的散步,而不是拒绝所有的散步。

4. 值得注意的是,在拒绝的情景下,参项 K(онтрагент)在动词使用时原则上失去了句法地位,不可能表示为从属于动词的句法题元。很可能这是去使役化的产物,派生出отказаться的动词отказать不能接第四格;但是,在形成反身动词时某种句法位应该会丢失!很可能是予格:отказал <кому>。

5. 实际上,отказаться是一种反应—行为,释义注意到了动词的这类特征:所有反应动词的初始状态都包含他人的行为,这个行为产生了范畴要素"X做了某事"。

6. Chojak (1991)阐述了отказаться与не согласиться的区别:отказаться 中,K 预测主体会同意,那么не согласиться的同意位于焦点,而且无法事先预测。该要素在释义中没有体现。很可能,指望同意可以从动词предложить来(见简要释义中的初始状态呈现),建议者可以假定受话人同意,倘若他认为自己遵守真诚的条件,那么就做有利于他的行为。

отказаться 1.2(如 отказаться выполнить требование)

图解:1.1 的衍生物

题元结构

名称	句法位	等级	角色	分类
P	不定式	边缘	要求	行为:将来:具体指称
K	∅	话语外	要求主体	人:具有全权

分类范畴:行为:抽象性的

简要释义

0) 初始状态呈现:K要求X完成D / 按社会规则X应该完成D　[预设]

1) 意愿状态:X不能不完成P / 只有经K同意才可以不做P

2) X不想完成P

3) 因此

4) 活动:X采取了行动　[陈说]

5) 对K说,不会完成P

6) 使役:这引起　[蕴涵]

7) —

8) 目的/结果:出现状态:信息性质的:K知道X不会完成P　[蕴涵]

9) —

10) 推论:对X可能产生负面后果

主题类别:言语;冲突

体的性能:完成体;对应的未完成体:отказываться 2　[施为动词]

例句

Солдаты отказались стрелять в рабочих.

注释:

1. отказаться1.2词位的语义确定了意愿冲突情景。在1.1意义中,X只需要说他没有义务做他不想做的事。在отказаться1.2中,X让K知道他虽然不想做,但并未放弃义务做P:初始状态中的要素'K要求X完成D/X应该完成D'是预设性的,因此主体没有选择的权利。(Goddard 1998)如果他拒绝的话,就会导致不好的后果发生。要素10"负面后果"可以下例为证:

Кроме того, по данным следствия, Буданов и его подчиненный, начальник штаба 169-го танкового полка подполковник Иван Федоров, приказали командиру разведроты Багрееву начать обстрел дома в селе Танги, который, по данным разведки, был нежилым и использовался боевиками как наблюдательный пункт. При этом Федоров потребовал открыть огонь на поражение. Старший лейтенант Багреев отказался выполнять приказ, за что Буданов и Федоров избили его и посадили в яму (Из Интернета).

2. 在放弃继承权的情景中没有配合施事参项,根据一定的社会规则而建议X得到某些东西。在初始状态中包含'X应该完成D',但是在这种情况下拒绝不会受到处罚。

3. 我们划分的отказаться的两个意义:1.1(拒绝建议)以及1.2(拒绝要求)在词典里和维日彼茨卡(1987)均没有作区分。然而这个区别是很重要的,从初始状态到最终的推论。要求是不能够被拒绝的,所以拒绝要求会导致消极后果。但拒绝建议并不对X构成任何威胁;建议不是强制性的:K为X创造的可能性(考虑是否要完成D)未被X接受。

отказаться 2(如отказаться продолжать)

图解:1.1衍生物

题元结构

名称	句法位	等级	角色	分类
X	主体	中心	施事者	人
P	от+二格	边缘	活动	活动

分类范畴:行为:瞬间性

图式释义

0) 初始状态呈现:t时刻之前的时间段内X完成了D　[预设]

1) 意愿状态:X不想继续做D　[蕴涵]

2) —

3) 这导致

4) 范畴要素:X做了某事　[陈说]

5) :作出决定

6) 使役:这引起　[蕴涵]

7) —

8) 结果:X不想继续做D　[蕴涵]

9) —

10) 推涵:X不会做D　[蕴涵]

主题类别:阶段动词

体的性能:完成体;对应的未完成体:отказываться 2 [施为动词]

例句

Посещения стали реже, а потом я вынужден был вообще от них отказаться.

注释:

1. 词位отказаться 2并不表示言语行为。这是阶段动词:отказаться от посещений ≈

'перестал посещать'.

2. Я отказался от ее услуг意思不单一：1)'拒绝建议'отказаться 1.1; 2)"继续接受她的服务",отказаться 2.

现在来看一下动词подтвердить.

подтвердить 1; X подтвердил P = 'Y сомневался в том, что P; X сказал Y-у (в высказывании Z), что P'.

例如：

Там в присутствии всех, кого он желал видеть, прокуратор торжественно и сухо подтвердил, что он утверждает смертный приговор Иешуа Га-Ноцри (ММ).

подтвердить1的分类范畴是行为，主题类别是言说动词；初始用法表有声言语，但在自然的，即规律性的意义扩展时可以是书面形式。

X参项的原型类别为人。如果X是某个组织（министерство подтвердило），则发生范畴迁移，原因不仅仅在于某个组织能发布书面声明，而不是有声言语，还在于言语行为背后还存在其他预备条件。

Z参项是言语产品（篇章、信息文件）。比较：В этом интервью президент Буш подтвердил свою верность идеалам демократии.

P参项要么是一种情景（подтвердил, что знает; подтвердил существование）；这时，подтвердил, что P = '证实P发生过'；要么是信息/判断（подтвердил сведение, мнение, догадку, прогноз, подозрение, предположение, слух）；这种情况下，подтвердил, что P = '证实P是对的'。此外，还可以证实某种决定（一般是自己的，但并不一定）、意图、指示、命令；这种情况下，подтвердил, что P = "证实P有效"。

Капитан подтвердил приказ рано утром выйти в море;

Николай еще раз подтвердил свое распоряжение Воронцову <...> усиленно тревожить Чечню (П.);

Высшее учреждение подтвердило беззаконное решение низшего;

После собрания кто-то сострил, что пока не разошлись, надо собрать новое собрание, чтобы подтвердить решение этого собрания (Войнович).

与此同时，подтвердить的反义词在不同的情况下也有不同表现：可以是推翻（опровергнуть）谣言，(理由、论据，见подтвердить 2.1)但是，不能推翻自己的决定，只能отменить（取消）。有趣的是，подтверждать允许施为性用法，而опровергнуть则不能，要想驳斥，不能说опровергаю<...>，而说Заявляю, что не <...>.

一般来说,在某种情态上,P是已经提到过的情景,证实是对受话人/听众表达的或未表达的对P真实性怀疑的反应。这就是подтвердить与сообщить的区别所在。

有意思的是подтвердить与согласиться的区别。согласиться的情景如同отказаться,受话人具有优先权。而подтвердить的情景中,掌握真理的说话人具有优先权,(Шатуновский 2001:48)证实者的优先权参见下例:

Он не пользовался самоструйным пером — верное указание (как подтвердит вам всякий психиатр), что пациент — репрессивный ундинист (Н);

Вот тут находится молодой студент, он изучил предмет и, думаю, подтвердит мое мнение (Н.).

подтвердить在法庭审理的专指语境中具有特殊的意义:

— Ах ты негодяй! — задыхаясь, крикнула Варя. — Доносчик, вот ты кем оказался. Только попробуй! Ничего ты Софье Александровне не сделаешь, запомни это! Скажешь о ней хоть слово, я подтвержу, что не она, а ты все это говорил, ты, понимаешь, ты! (Рыбаков)

如果P是某种观点或判断,那么不一定要说出来;只要在场的人认为P有可能就足够了,例如,有关灵魂不灭的观点:

<...>мне в моем углу становилось восхитительно весело и легко, словно Бог подтвердил мне бессмертие души или гений похвалил мои книги (Н.).

语境中出现受话人第三格时,подтвердить明确表示言说意义:

Всякий душеврачитель, как и всякий растлитель, подтвердит вам, что пределы и правила этих детских игр расплывчаты (Н.);

Когда философу подтвердили настойчивое желание Остапа, черноглазый старец заволновался (И. и П.).

地点状语、时间状语、行为方式状语也使подтвердить具有言说意义:

Свидетели, очные ставки! Какая невидаль! Свидетель любую чепуху подтвердить может! Я вот сейчас скажу своим ребятам. И они где хочешь подтвердят, что никакого Турецкого в расположении части не было (Незнанский);

<...>он прервал свой рассказ, спросив у меня:"А его книга действительно называлась «Камнем»?" Ему было приятно, когда я подтвердила, потому что он лишний раз на этом проверил свою память (НМ).

подтвердить1词位可以引导直接引语:

— <...>они вам, чего доброго, второй обыск устроят.

——Может быть, очень может быть, — подтвердил высокий специалист Николка (Булгаков).

总之，подтвердить1用法的所有语境的共同特点是：为了证实某事，施事者只需完成言语行为就足够了。

подтвердить 1a 是подтвердить1派生的角色配位；言语产品参项（Z）转换到主体位置；主体参项隐藏于话语外：

Ее рассказ подтвердил мою версию событий⇐

Она подтвердила мою версию событий в своем рассказе;

<...>письмо подтвердило, что Аня и Костя будут завтра, с вечерним поездом (Б.).

подтверждать 1a 是由подтвердить1a而来的未完成体，表示静态使役：

——А то ведь дело в том, что этот человек на лестнице...: Вот когда мы проходили с Азазелло... И другой у подъезда... Я думаю, что он наблюдал за вашей квартирой...

——Верно, верно! —кричал Коровьев, —верно, дорогая Маргарита Николаевна! Вы подтверждаете мои подозрения. Да, он наблюдал за квартирой (ММ).

在这个用法中，подтверждать不表示言语行为，对Коровьев疑惑的证实并不是Маргарита叙述的直接目的：вы подтверждаете = 'то, что вы говорите, подтверждает'.

подтвердить 2.1 表示"Y 怀疑 P，X 得到了新信息 Z，新信息 Z 是对 P 有利的论据，因此 Y 现在不怀疑（或者怀疑程度最小）P 发生过"。

其中，X 参项和先前一样依然是人，Z 是信息，由此信息得出 P，或者是与 P 曾发生过有关的事实，即论据。Y 参项通常在话语外（不排除 X 与 Y 可能是同一个人的情况）：

И только надежду надо таить, что когда-нибудь подтвердят документами [Z] рассказ моего живого свидетеля (С.);

Мне стало известно из надежных источников, что за Вашей спиной группа каких-то лиц из СД налаживает контакты с врагом, зондируя почву для сделки с противником. Я не могу строго документально [Z] подтвердить эти сведения, но я прошу Вас принять меня и выслушать мои предложения по этому вопросу (Ю. Семенов).

Z 参项可以间接表达，如подтвердил экспериментально = 'экспериментом'.

从 подтвердить 1 转变为 подтвердить 2 时，主题类别发生变化：подтвердить 2 是心智行为。

подтвердить 2.1a 是 подтвердить 2.1 的派生角色配位：Z 参项转换到主体

位置("方法提升"迁移)。例如:

жизнь его была безукоризненна, новая проверка подтвердила этот неожиданный факт [проверка='сведения, полученные в результате проверки'];

показания Джона косвенно подтвердили вину Билла;

медицинское заключение не подтвердило его подозрений.

подтверждать 2.1a 由подтвердить2.1a而来,未完成体,表示静态使役。

—Подтверждается только то, что вы были пьяны, —сказал он. — Медэкспертиза не подтверждает, что вы были избиты (Струг.).

подтвердить 2.2 是подтвердить2.1的非能动化,表示'Y怀疑P;Y所知道的事实X变成了对P有利的论据;因此Y不怀疑P了(或怀疑程度最小)。

与подтвердить 2.1不同,这里的X不表人,而是事实,根据普遍规则(参见第二章第5.4节)Y在非能动性使役语境中转出话语外,也就是说,变成了观察者(只有在使役者,即施事者语境中予格体验者才有可能出现):

не находил ничего, что [X] могло бы подтвердить или опровергнуть роковой слух (Тург.);

<...>поспешное выступление Билова подтвердило справедливые слухи (П.);

Дальнейшее подтвердило мои предположения (Аксенов);

Немедленно разыскал он медицинское заключение и, не обнаружив в нем ровно ничего такого, что подтвердило бы его подозрения, казавшиеся такими естественными, потребовал разрешения обратиться ко мне (Струг.).

подтвердить 2.2 与подтвердить 2.1a的区别在于,X是事实,而不是主体活动的结果。

подтверждать 2.2 由подтвердить 2.2而来,未完成体,表静态使役。

Гнусная слякоть под ногами, мутный свет, заплеванные стены подтверждали и поддерживали это ощущение (Струг.).

例(1)中подтверждать未完成体表达подтвердить 2.2的多次意义:

(1) <...> всякий новый день все страшнее подтверждал, что она для него, для Мити, уже не существует, что она уже в чьей-то чужой власти, отдает кому-то другому себя и свою любовь (Б.)(день = 'события дня',参见第二部分第二章)

подтвердить 2.2a是подтвердить 2.2的派生角色配位,是被拥有者外推的结果(即主体的裂解):

(2) a: Отсутствием на собрании он подтвердил плохое мнение о себе.⇐

б: Его отсутствие на собрании подтвердило [подтвердить2.2] плохое мнение о нем.

подтвердить 3 = 'X 曾有属性 P; 对此 Y 怀疑过; X 完成了 Z 行为, 这个行为可能使 Y 像以前一样认可 X 具有 P 属性':

подтвердил мандат;

подтвердил своё право называть принцев прямо по имени;

Максим подтвердил мастерский результат и занял 2-е место;

подтверждать 3 是подтвердить3 的未完成体:

А прикажу я вам идти < ... > не из чувства долга перед Городом или, упаси бог, перед Гейгером, а потому, что у меня есть власть, и эту власть я должен постоянно подтверждать — и перед вами, паскудниками, подтверждать, и перед собой (Струг.).

подтверждать3 的主体是施事者, Y 参项出现在表层: и перед вами...и перед собой. подтвердить 2.1—2.2a 的主题类别是心智行为。而подтвердить 3 指的是 X 在现实世界中完成的行为(其最终的目的是影响他人的心智状态)。但是抽象动词是阐释动词(参见第五章第五节), 我们不清楚 X 到底做了什么事来证实属性 P。

可见, подтверждать1 允许施为性用法, 而подтверждать 2 和 3 则不能。

现在我们来看动词угрожать. 该动词有两个言说意义: угрожать1.1 表驱动, угрожать1.2 表补偿, 当受话人做了某些不利的事, 威胁者告之要进行补偿的意图。此外, угрожать还有两个非言说意义: угрожать2 = 'X 可能是不利于 Y 事情的原因', угрожать 2a = 'Y 身上可能会发生不好的事情 Z'。

угрожать1.1; X угрожает Y-у Z-ом, если Y не сделает D =

到说话时刻, X 想要 Y 完成 D;

Y 不想做 D;

X 告诉 Y, 将做对 Y 不利的 Z;

X 说这些是想让 Y 感到害怕并因此做 D;

在说话时刻 Y 知道 X 要做 D.

例如:

Разбойник [X] объявлял о своем намерении немедленно идти на нашу крепость; приглашал казаков и солдат в свою шайку, а командиров [Y] увещевал не супротивляться [D], угрожая казнию [Z] в противном случае (П.);

угрожал спустить [Z] на меня собак, если я не изменю[D] своего решения;

Кремль [X] угрожает закрыть [Z] московское отделение радио «Свобода».

угрожать 1.2; X угрожает Y-y Z-ом（за D）=
| 至说话时刻,Y 做了/正在做 D;
| D 不利于 X;
| X 告诉 Y,将做不利于 Y 的 Z;
| X 说这些是为了补偿自己遭受的损失(即惩罚或复仇);
| 说话时刻 Y 知道 X 要做 Z(并因此感到害怕).

例如:

(3) Немецкая еврейская организация [X] угрожает судом [Z] интернет-провайдерам [Y], предоставляющим [D] доступ к неонацистским сайтам.

但是,如果 D 是 Y 真正实施的行为,如例(3),那么угрожать1.2不仅仅是补偿行为,还是一种意图,去阻止受话人所做的事情,所以,1.1 与 1.2 的意义并不容易区分。

格洛温斯卡娅(1993a:187)还预测到угрожать在非争端性语境中的用法,此时,释义中只有'X 打算做 Z'和'Z 不利于 Y'要素:

(4) Они угрожают убить всех заложников.

(5) Неизвестный угрожает взорвать здание ГУВД Москвы.

维日彼茨卡(1987:179)排除了这种可能。实际上,如果(4),(5)语境中不包括任何的"如果"或者"因为",那么要么是威胁的企图,要么是警告,而不是威胁。

现在来看一下угрожать的非言说意义(这些意义来自于去能动化言语意义,参见Падучева 2001a)。

угрожать 2; X угрожает Y-y（Z-ом）=
| 正在发生/可能发生 X
| 可能 X 会引起不利于 Y 的事情 Z.

例如:

Интеграция[X] с Россией не угрожает [никаким Z-ом] украинскому суверенитету[Y]; Ее ревность[X] угрожала их счастью[Y].

угрожать 2a（来自угрожать 2 的角色配位）; Z угрожает Y-y = '可能 Y 要发生不好的事情 Z'

例如:

Затопление [Z] угрожает сотням домов [Y] в райцентре Майма на Алтае;
Полям [Y] Омской области угрожает нашествие саранчи [Z].
Местному самоуправлению [Y] угрожает опасность [Z].

угрожать 2 及 2a 词位的区别在于:угрожать 2 的主体是事件,本身是中立的(如интеграция),但是却能够产生危险的后果,而угрожать 2a 的主体本身就是危险的(如затопление)。

грозить也有上述相同的意义。(参见НОСС 2000:81-84)

грозить1.1 ≈ угрожать1:

Microsoft [X] грозит бомбой [Z] собственным партнерам [Y] – чтобы не заглядывались на конкурентов [D];

Тимошенко [X] грозит Кучме [Y] Страсбургским судом [Z];

Бородин [X] грозит дать [Z] показания против Путина.

грозить 2.2 ≈ угрожать 2;

России [Y] грозит стать свалкой ядерных отходов [Z];

В четверг областному центру грозит отключение электроэнергии = 'в четверг возможно отключение электроэнергии в областном центре';

"Эху Москвы" грозит национализация. Радиостанция может повторить судьбу НТВ;

Ему грозит пожизненное заключение;

Метеорологи предупреждают: Москве грозит ураган;

Новосибирскому городскому аэропорту грозит банкротство;

Потепление нам не грозит.

应当注意的是, грозиться, отказаться以及其他带-ся的言说动词表示纯反身意义时(不是去使役化)没有去能动用法。这种限制有其结构性解释：грозить, отказать是施事动词,(Вежбицкая 1999:60)可以说,它们去能动限制原因在于其形态方面。

第五节 有规律的多义性

言语行为动词类别有一整套规律多义性及语义衍生类型。

类型 I: "言语"——"推断"。这两种意义兼容在动词осуждать和обвинять中,这种多义性在противопоставлять, различать, расценивать等动词中也存在。初始意义是推断意义,言语要素"表达思想"是由语境强加而成。例如,在说Вы упрощаете! 时有此要素,但动词初始意义是心智性的。对于указывать, настаивать, соглашаться来说情况也是一样。言说用法的派生性表现在这些动词与地点状语的不兼容方面：*Он всюду настаивает, что ему нужно помещение(言说动词和行为动词与地点状语的搭配性能源于范畴)。

然而,动词отозваться—отзываться兼容了"言语"意义(Я звал——он не отозвался)和"推断"意义,言语意义是第一位的,这点从完成体的本性中可以看出：Он хорошо отозвался о моей работе="作出肯定的评论"。

类型Ⅱ:"说"——"驱动"('сказать'——'побудить'):

(1) а. напомнил, что сегодня воскресенье [='сказал'];
　　б. напомнил мне позвонить [='побудил'].
(2) а. сказал, что остается [='сказал']; б. сказал остаться [='побудил'].
(3) а. спрашивать <что у кого> [='говорить'];
　　б. спрашивать <что с кого> [='требовать совершения действия'].

驱动意义与从属不定式之间有对应的联系,见(1)、(2)。

类型Ⅲ:"说"——"完成"('сказать'——'сделать')

(4) а. подтвердить приказ [='сказать, что Р']
　　б. подтвердить право[='сделать нечто, подтверждающее Р'].
(5) а. ответить <на что>[='сказать'];
　　б. ответить <за что>[='понести наказание'].
(6) а. повторить <сказанное> [='сказать'];
　　б. повторить действие [='сделать еще раз']

动词доказать大体上也具有这两种意义。

类型Ⅳ:去能动化。例如:

(7) а. Он грозил мне судом; б. Разговор грозил перейти в драку.
(8) а. Он мне отвечает;
　　б. Диссертация отвечает [='соответствует'] требованиям ВАК.

此类语义转移在多种语言中能产性比较高。如英语词 threaten 与法语词 menacer 具有相同的意义兼容现象。

允许非能动化用法的其他言说动词有:доказать, подтвердить, опровергнуть, определить, напомнить; просить (Физиономия просит кирпича = 'кирпич желателен'), требовать (Обувь требует ремонта = 'ремонт необходим'), повторять, подчеркивать (未完成体表基本状态,而完成体表示言语行为,但原则上这两种体均可以有这两种意义,试比较:Он подчеркивает ——Композиция подчеркивает главную мысль произведения), приглашать ('провоцировать'意义), грозить, угрожать, извинять (Это тебя отчасти извиняет), обещать (Урожай обещает быть высоким), сулить, таить (试比较普希金作品中:от старой графини таили смерть ее ровесниц и Все, что нам гибелью грозит, /Для сердца смертного таит/ Неизъяснимы наслажденья), предупреждать, свидетельствовать, показать(言说意义是'дать показания')等等。

然而,不是所有的言说动词都允许类似的语义迁移。如уговаривать的言语要素不可取消:可以说Это убеждает,但*Это уговаривает不能这么用。

类型Ⅴ:角色配位变换<作者-主体>⇒<文本-主体>。如:

（9）а. Он подтвердил в письме свое согласие;

　　　б. Его письмо подтвердило его согласие.

（10）а. В своем романе он описывает андерграунд;

　　　б. Его роман описывает андерграунд.

（11）а. Он оговаривает это в примечании;

　　　б. Его примечание это оговаривает.

扎丽兹尼亚克(1991a)指出,言语环境中总是存在语篇参项(=言语产品),可能是内包参项;角色配位<文本-主体>(如英语中the label reads 'наклейка гласит')将其引至表层:

（12）а. он предписывает;

　　　б. правило предписывает.

（13）а. Миллер и Джонсон говорят;

　　　б. теория Миллера и Джонсона говорит.

类似的还有动词 воспеть, воспроизвести, изобразить, восславить, высмеять, извратить, изложить(仅未完成体), обнажить, очернить, разоблачить, разъяснить, смешать, сообщить, уточнить, упомянуть, сравнить.

类型Ⅵ:从口头言语到自由表达方式(书面文本、绘画、非言语声音等)。出现了能指与所指之间具有普遍性质的符号意义:多义性是"言语"——"言语手势",比较:грозить与грозить пальцем, кулаком.

动词вызвать的几个意义之间的联系初看起来比较独特:

вызвать1="请求/建议,即用言语（力求）使到来"(его вызвали к директору);

вызвать2="使役"(короткое замыкание вызвало пожар).

第二种意义通过两种转换从第一种意义中得来,每种转换都很普遍:

1) 从言语到事情的转变,如подтвердить, доказать, 类型Ⅲ;

2) 从"（使）来到"到"使P",其中P是自由情景,即去专指化,试比较英文词 invite 'пригласить кого-то' 和 invited inference,字面意义是被邀请的,意思是强制推理。

我们可以看出,就词汇意义的所有主要参数而言,言语行为动词展示了其典型的语言运作方式:分类范畴（施事性）、题元结构（内包参项是语篇）以及意义衍生潜力。作为言说动词主题类别的显著特征是:它们的共性不在结果,而在行为方式上;由此得出了意向目的的多样性及言语行为概念本身。言说动词的独特属性,即施为用法,自然源于其在语言中的特殊地位。

第七章 运 动

第一节 运动动词语义中的指示性要素

运动动词语义是一个非常广阔的领域,在这里我们只涉及对于理解多义现象本质的若干重要因素。

1.1 英语词 come 与俄语词 идти 和 прийти 的比较

运动意义对于动词,大体上常常或者更为合理地被视为原型意义,对运动来讲,动态性是必需的,也就是说,随时间而变化发展。维日彼茨卡(1996)将运动看作是语义原初形式,不涉及空间的变化。问题在于,在情景中,对于运动重要的不仅有空间,还有时间,运动规定的不是一个时刻,而是一个时间段,运动是在一个时间间隔中展开的。(Goddard1998:202发展了这一思想,也正是由于上述论断,Зенон的悖论才被推翻。Зенон认为,若运动物体每一时刻都处在不同的点上,那么则不存在这种物体运动的时刻。)动词将运动情景表征为在某一时刻发生的事件,那么它就不再是描写运动,而是描写别的什么东西。所以像прибыть, отбыть一类的瞬间动词就是运动意义的分解形式。

由此我们来看看动词прийти,根据马斯洛夫(1948)的设想,该动词(连同其他带前缀动词,我们只用一例就可加以说明)不允许将其未完成体形式приходить理解为当下持续的活动或过程。

而突显重点或关注焦点的概念能够给出简单的回答。在прийти的语义中"终点"是焦点;这样прийти描写的就不是运动,而是状态的出现,即运动对象处在自身运动的终点位置上。表示当下活动的未完成体则要求突显动词所描写情景的某一"中间"时间点。例如,спуститься一词有表示当下活动意义的未完成体形式спускаться,因为该动词允许将焦点置于尚在运动中但最终状态还未出现时的情景某一时间点。然而,动词прийти的语义不允许出现这种关注焦点偏移,未完成体形式приходить没有当下持续意义。

当然,我们的结论在语义观念的框架中适用,该框架不会导致语义表述过于贫乏,并且,可以给语义分解要素做"标记",尤其是从它们与说话人关注焦点的关系角度(详见第一部分第五章)。

用突显重点这一概念来解释该问题并没有就此结束:为什么прийти不允许焦点的偏移,而подойти允许呢?(подошел — подходит)总体说来,这些问题并不总是可以找到答案的。再比方,动词выбрать, предпочесть之间的差别可以完全归于以下原因：выбрать 允许关注焦点迁移到活动，而 предпочесть 则不可以：

выбрал: выбирает ≠ предпочел: предпочитает

并且 предпочесть 关注焦点的稳定性没有别的解释，只能解释为俄语词典里就是这样规定的。然而 прийти 就可以解释，对此我们将在1.4节结束时论述。

"фокус"一词有时我们并不用作术语，而是用于我们需要的意思中。例如，戈达德（1998：204）是这样描述 go('идти')的："它似乎更为关注离开或行进过程，而不是到达某个地方"。也就是说，在描写人从一个空间运动到另一个空间的情景的整个过程中，动词 go 的语义只突显了其中的某一部分，而把其他部分放在了暗处。正是从这里我们能够捕捉到 прийти 的特征：它将运动情景的"整个过程"的基本要素置于话语外，使它们断然难以受到未完成体过程化算子的影响，这种算子如同其他算子（比如否定算子）一样，被用于占据释义中心位置的语义要素。

如果是这样的话，прийти 的未完成体动词没有当下活动意义的原因，就可以像解释 выиграть, достичь 和其他一些达成动词那样得到解释。帕杜切娃（1996：110）阐述了将类似于 прийти 的动词和达致类动词纳入到一个统一的强调结果的动词类别中，即带有强调结果的关注焦点。

对于动词 уйти，其未完成体 уходить 是否存在当下持续意义的问题并不是很突出，但这种情况同样也可以这样解释。

动词 прийти 和 уйти 的有趣之处不仅在于自身特有的属性，还在于它们对指向参项——起点参项和终点参项所提出的要求，而后者将它们和英语词 come 和 go 拉近了距离。

菲尔墨在其有名的著作（特别是 Fillmore1971c）中分析了英语词 come 和 go 的指示性，实际上开启了80、90年代大量研究指示问题的先河。菲尔墨指出了 come 和 go 的以下区别：如果动词 come 与时间状语搭配，那么这个时间就是到达时间；如果动词 go 与时间状语搭配，那么这个时间是出发时间。试比较（1a）和（16）：

(1) a. When did he come? 'Когда он пришел?'

б. When did he go? 'Когда он ушел?'

比较 come 和 прийти 时会发现它们有一系列区别。阿普列相（1986a）认为，прийти 不具有与 come 同样的指示性。然而，我们不仅仅关注它们之间的区别，同时我们也试图探究它们之间的相似之处。

come 和 прийти 的区别首先体现在有地点状语的情形中。对 come 来说，地点会直接指明，正常理解为就是说话人所处的位置：

(2) John is coming to the shop to-morrow =
'Джон завтра придет в магазин'+'я буду там, т. е. в магазине'.

在这里 я буду там 是含义。但是这对俄语词 прийти 来说不是必需的;在说出例(3)时,"我"并未暗指本人也将去 Мария 那里:

(3) Завтра Джон придет к Марии.

一般说来,John came 表示'Джон пришел ко мне',因此若没有特定的上下文 John came to him'Джон пришел к нему'就会出现语义异常[①]。

事实上,英语中有更为复杂的阐释规则——这些规则能够"拯救"乍看起来异常的用法,也就是说,这些用法违反了例(2)所表现出来的规则。

1) 规则之一是指示投射规则。也可以用莱昂斯(1977:579)提出的术语更简单地表达,即所谓的阐释规则,这时出现了对第二个言语(指示性)情景参项——"受话人"指向,用来代替说话者指向(Падучева1996:260):如果不指向说话者,指示因素可能转向聆听者。这样,例句(2)就可以理解为带有另外一种含义:

(2') bJohn is coming to the shop to-morrow ⊃ 'ты будешь там'.

典型的指向转换发生在问句中:

Ваня дошел = 'до меня';

Ваня дошел? = 'до тебя'.

2) 第二种可能的策略是指向阿普列相所说的"说话者私人空间"(Fillmore 用的术语是"home based factor")。受话人在理解例(4)过程中得到的推涵 'я буду там' 和 'ты будешь там' 去相应地解释例(2)和(2')会行不通;但是例(4)却可以接受,因为商店与说话者之间存在"一般意义上的"某种联系:

(4) It's a pity John is coming to the shop to-morrow when neither of us will be there.

'Жаль, что Джон придет в магазин завтра, когда никого из нас там не будет '.

3) 在叙述语篇中,也就是说在叙述规则中,对说话人的指向可能会转而指向作品主人公。

(5) The thief came into her bedroom 'Вор вошел в ее спальню'.

戈达德(1998:208)在这三种对 come 及其参项的间接解释基础上,又增加了菲尔墨没有考虑到的第四种可能的解释:对说话人或交际对象到来的期待,尽管这种期待落了空:

(6) She came to the corner as we'd arranged, but I'd got stuck into the traffic and didn't make it 'Она пришла в условленное место, но я застрял в пробке и не смог туда попасть'.

[①] 参见 Булыгина, Шмелев(2000)有关情感的空间隐喻论述。

这里出现的问题是,这些投射规则在多大程度上具有普遍性。实际上,投射规则可能只对一部分词语适用,对另一些词却不可以。例如,莱昂斯就注意到 come 可以指示投射,而 here 和 now 却不可以。然而这种意见可以轻易驳回:只需承认某种投射参与词义构建的可能性即可。例如,здесь 和 сейчас 可能存在叙述投射(就如同 here 和 now 一样),而对于 вон 和 вот 就不可以。(Падучева 1996:260)至于这些区别在词的释义中怎么反映——这就是另外的问题了。

这样一来,英语词 come 要求其终点状语具有指示性。而对俄语词 прийти 来说,这一特征就表现得相对较弱。但是:

(7) а. Ты придешь завтра к Ивановым? [很可能指'我会在那'];
  б. Ты пойдешь завтра к Ивановым? [没有这种含义].
(7') а. Ваня завтра не придет в школу [很可能指'我们学校'];
  б. Ваня завтра не пойдет в школу [没有这种含义].
(7") Завтра я прихожу к вам / *к своему приятелю.

俄语词 прийти 和英语词 come 的相似之处还在于,它们两个都将观察者参项置于运动路径的终点处。那么上述区别可以归结于 come 用于初始意义时,要求有说话人充当观察者,而对于俄语词 прийти 而言,该条件不成立。试比较:

(8) Они уже две недели путешествуют по Кавказу и вчера пришли в Терскол.(Апресян1986а给出的是另一种解释)

该句中谁来充当观察者,我们稍后将会看出。

现在我们来探讨 идти 和 go(就像 прийти 和 come 一样,词典上认为它们在翻译时可以对等),此时差别就更大了。正如菲尔墨分析的那样,英语词 go 也是指示性的——它将观察者放在运动路径的起点,也就是说,更合适与俄语词 уйти 作比对。但是俄语词 идти 无论如何都不会将观察者作为自己的语义要素,并且在语句中起点和终点标记都不出现的情况下,它和所有参项都相容。观察者在哪个运动路径上的出现,可以由相应的上下文得出,而且动词 идти 跟它们都不冲突:

(9) Немедленно выключи телевизор и иди к себе в комнату. — Иду [='ухожу';观察者在起点];
(10) — Кто-то идет. — К вам? — Нет, кажется, мимо [观察者可能在终点和运动路径的中间段].

1.2 非派生的和带前缀的运动动词,观察者

如前所述,我们将英语词 come 的指示性表征为在其语义中存在嵌入的观察者—说话人参项(它应位于终点的位置,从而形成了终点状语的指示性),这样就解释了为什么不能说 *I came to him.

俄语词 прийти 在表达该意义时不具备指示性。然而它在另外一个意思中

有指示性——动词прийти具有指示阐释零位的特征,即表达终点的前置词短语不出现,这种缺席可以看作是一种信号:终点由观察者所处位置提供:Иван пришел = 'Иван пришел сюда'。

其他类别的动词也有这种指示性。例如,иметься的拥有者参项经常不出现,这时候为单一理解:泛泛而言,имеется表示'имеется у меня/ у нас'(详见第九章第2节)。运动动词展现的是一幅更为复杂的图景,但是到达动词指示阐释零位的倾向性是毫无疑问的。

对于带有句法上未出现的、语义上又是必需参项的句子,有以下几种可能的解释:(详见第一部分第三章第3节)

1)零复指:Ты видел этот фильм, а я не видел [Ø = 'этого фильма']; Я вхожу в комнату — на полу[Ø = 'этой комнаты'] лежит раскрытая книга.

2)零指示:也就是要参照观察者:Иван приехал[Ø = 'сюда, т.е. туда, где я нахожусь']; На горизонте показался корабль[Ø = 'вошел в мое поле зрения'].

3)量化(通常在情态性上下文中):Чувствуется рука мастера[Ø = 'любой может почувствовать'].

4)内包参项:Я поел = 'я съел нечто, что едят'.

非派生的动词和带前缀的动词在与方向性前置词短语的搭配以及对零位的阐释上是各不相同的。原因在于,对零位的阐释取决于该动词是否存在指向参项,而它们在非派生动词和带前缀的动词中有不同的句法地位。我们将会探讨表达运动方向(куда?和откуда?)的前缀和相应的指向参项。我们的研究将撇开以下因素,如定向运动语义中诸多的其他方面:存在诸如道路参项(обошел вокруг дома)等其他一些参项;朝向客体边缘的运动与进入客体里面运动的区别;纯粹空间指向与目标的区别。我们只研究不及物动词。

1.3 非派生运动动词

不带前缀的运动动词通常带有起点配价和终点配价,(Ферм1990:46; Всеволодова, Мадаени 1998)但是两个配价中,起点откуда? 和终点куда? 都不是必需的;例如идти可以同等地表达从哪儿或者去哪儿,而到底从哪儿或者去哪儿无关紧要:

(1)Мама идет с рынка; Шел отряд по берегу, шел издалека.

(2)Иди в школу.

(3)Мимо идет пьяный; По мосту идет Иван.

然而很清楚的一点是,在交际方面,куда?方向在идти以及其他运动动词中表现得更加有意义,所以这个配价的出现就频繁得多。这是源于"вперед – назад"这类方向(在语言上的表现)普遍不对称。(Lyons1977:691)运动方向——总是向前的运动。人的身体有前面和后面(脸和背)之分,人主要的感知器官都在前方——人总是向他看得见的方向运动①。除此之外,终点可以表示有意图运动主体的目的地,并且同时成为必需参项。因此终点被视为运动的基本方向是基于人的本性。相应地,起点的存在更多是逻辑上的依据:如果 X 出现在 Y 处,就意味着此前 X 不在 Y 处。该参项在情景观念中的出现取决于前置词短语:没有前置词短语,就没有该参项。

根据第一部分第三章第3节中的定义,无前缀动词的终点和起点参项占据副题元地位的意思是:在理解句子时,如果相应的前置词短语在句中不出现,它们就不被纳入动词情景观念中,这依据的是副题元参项不能被"不言而喻"的一般规则②。

无前缀动词的观察者位置,正如我们所说的那样,是非固定的,它可以在任意位置。我们仍以动词идти为例。存在以下几种情况:

I. 如果идти在句中没有任何确定端点的前置词短语,那么观察者可以处在任一端点,或者是中间。观察者的位置并不固定(也正是它决定指示阐释零位)。句子Автобус идет通常被理解为'идет сюда',但这是由语用上下文决定的,而不是由句子意思决定。

运动的方向有可能完全不明确,或者有多种;如例(4)中идут = 'идут в разные стороны':

(4) Люди идут на работу, торопятся; по воде идут круги [= 'расходятся'];
　　И про тебя, душа моя, идут кой-какие толки [= 'распространяются'], которые не вполне доходят до меня (П.).

II. 如果идти的终点配价是非指示性填充,那么占据这个位置的将不会是观察者;指示性确定起点的机会也因此增加。命令式中由言语行为确定的动词起点对说话者和受话人而言是共同的:Иди же к Невским берегам = 'иди отсюда, т.е. из места, где находимся и я и ты'。在非正规的言语行为中,说话人和受话人的位置不一定要求统一:иди, куда влечет тебя свободный ум (П.)。在动词其他形式中,观察者可能会在其他端点上(或者根本就不参与语句的阐释)。

Я встретил его, когда он шел к врачу.

III. 如果起点配价被填充,那么观察者通常就在终点:Мама пришла с рынка 多半是'сюда';От камина идет жар = 'идет сюда'.然而在 Я иду от мамы中终点并未给出。

---

① 该方向甚至还可以被语义中包含'назад'的动词表示,例如所说"Я пячусь всегда вперед."(Бродский)

② Goddard(1998:204)采用了另一种解决方式——go('идти')有三种不同的意义,每一种都有自己的一系列参项,所以,X went from A to B需要单独的释义,因为没有相应的意思建构规则可以解释这种搭配。

IV. 如果两个端点的配价都被填充,那么观察者往往处在运动路径的中间位置(同时观察者角色在这里被最小化):

Из Нью-Йорка в Лиссабон / Шёл корабль в сильный шторм (Из песенки).

这样,无前缀动词的非必需指向参项就以下述方式参与到对它们的解释中:如果状语(非指示性地)出现在句子中,那么观察者在这个位置上就不出现。观察者就像贯穿整个运动情景观念——有始有终。但是动词词义不能确定观察者的位置。

1.4 带前缀的运动动词

参项。带前缀的运动动词就是另一番景象了:建立必需的"方向"配价时,前缀可以改变动词的意思。可以这样说,是前缀明确了强调重点——将焦点定位在其中一个方向参项上,这在初始词位中是未给出的方向。所以,正如我们所见,对于某些带前缀的运动动词来说,由观察者位置决定的零位阐释,是由动词本身确定下来的。

终点参项Куда?或者起点参项Откуда?成为必需参项是联结了方向前缀的结果。可分为两类动词:

带有必需参项Куда?的去向动词(лативные глаголы);

确定参数Откуда?的来向动词(элативные глаголы)。

去向动词前缀包括:в- (войти в дом), вз- (взойти на вершину), до- (дойти до порога), за-1 (зайти за кустик), за-2 (зайти к приятелю), на- (на меня нашло уныние), под- (подойти к столу), при- (прийти к другу)。

来向动词前缀包括:вы- (выйти), от- (отойти от края), с- (сойди с лыжни, в данном случае — в сторону, ср. Розина 1999а), у- (уйти из дома)。

像о-/об-, пере-和про-这样的前缀都没有确定方向(这样的情形不在我们的研究之列),它们的方向由直接补语表示。

по- (пойти в магазин)通常不列入空间类前缀;然而前缀по-却表达了始发意义,并且间接地表达出起点:Сейчас пойду多半是表达'пойду отсюда'。

这里出现的问题是,在何种程度上,去向动词的必需终点参项排斥起点参项;并且反过来,去向动词的起点参项是如何影响终点配价的。这里存在着不对称性,阿普列相(1965)初步研究了这种不对称性。根据费尔姆(Л. Ферм 1990)的资料,我们可以勾勒出以下图景:

来向动词的起点配价并不妨碍表达终点的前置词短语的存在:

(1) вышел во двор, отошел к стене, сойди к нам, ушел в горы。

至于说到带有必需终点配价的去向动词,它们的起点参项即便是不被排除,保留下来也很困难。只有带前缀при-的动词(比如,пришел из Алабамы)可以与起点标记自由搭配；带有前缀в-的动词表现要差的多。

带有前缀за-1①、вз-、на-和под-的动词则完全排除起点参项，比如：* зашла за кустик с тропинки.

这种搭配行得通时，往往需要间接阐释；如例（2）中с юга表示的并不是起点，而是接近终点：

（2）подошел к городу с юга.

起点和终点两个配价同时满足的情形相当少。一种可能的解释是，这种双重方向暗含着观察者的位移。如例（3）乍看起来句子组织得并不成功：

（3）В это время из зала в гостиную вошла незнакомая Ларе девушка（ДЖ）.

句子放在特定的上下文中"елка у Свентицких"就行得通：主人公们总是在大厅和客厅之间走来走去，而Лара此时正处在这两个房间的交界地带，完全可以充当观察者的角色。

但究竟为什么выйти + в要比войти + из要好呢？看来，来向动词更容易将在交际上对任何运动都重要的终点语义"吸收进来"，而不是要给去向动词添加参项，这些参项又给原有的、自然的、向前方向的运动添加重复要素——添加的多半是非现实的重复要素，因为若是现实的，那么说话人就会选择来向动词了。起点对于去向动词而言——明显是副题元，相应地，终点对于来向动词，如同对于非派生动词，可能是题元。

零位阐释。现在我们来谈一下零位阐释，我们打算把它与观察者的位置联系起来。

Panevová（1994）进行过一种独特的测试，这种测试要求将非必需参项（副题元）和必需参项（处于"缺省"状态）区别开来。试比较例（4）和（5）：

（4）А: Он приехал на поезде.

　　Б: Когда он приехал?

　　А: Не знаю.

（5）А: Он приехал на поезде.

　　Б: Куда он приехал?

　　А: Не знаю.

Не знаю可以回答Когда?的问题，却不能回答Куда?的问题。这是因为时间是副题元，而终点是题元。Panevová（1994）的测试做得非常高明。然而我们要给出另一种解释，来说明他的测试。

在对话（4）中问题Когда?和回答Не знаю都是合理的，而时间参项是非必需的副题元。至于对话（5），Б的问题似乎只是表明了А在交际上失败：既然终点

---

① за-1表示绕行的运动。

在这里是必需参项,那么它就应该被表达出来,以使语句成立。然而,当我们听到A的回答时,却出现了大问题:原来A都不知道自己说了些什么,如果说话人自己都不知道他说的人要到哪儿的话,带有приехал的语句就不成立。但是事实上A说的这句话Он приехал на поезде拥有完全特定的意思:题元的缺席意味着指示性地(或者有可能是复指)约束变元Куда?:例(4)中的приехал像例(5)中的一样,表示'приехал сюда'。

可以这样理解,之所以回答Не знаю行不通,是因为指示性质,而不仅仅是终点的题元位阶。让我们来看其他两个例子来证明这一观点:

例子 1. 地点毫无疑问是动词прибить的必需参项:прибивают总是к чему-то;然而在例(6)中,对问题Где?的回答Не знаю是完全行得通的:Коля一定知道答案,而说话人者却不知道:

(6) Коля наконец прибил вешалку.

例子 2. 客体地点是动词видеть的题元。(Wierzbicka1980a:102)然而测试却给出Не знаю自相矛盾的解释:对话(7a)是异常的,把地点归为题元,而对话(76)则是把地点列为副题元。

(7) а. — Я вижу огонек. — Где? — * Не знаю.

　　 б — Он видел огонек. — Где? — Не знаю.

显然,原因在于测试判断的不是题元地位,而是地点配价的指示性填充:如果缺省参项是通过与言语情景的关系来确定的话,回答Не знаю就行不通。

现在我们回到定向动词的问题上。

在自足用法中,所有的来向动词都允许指示性约束起点变元:

(8) я выйду = 'отсюда'; я отойду = 'отсюда'; я уйду = 'отсюда'; я сойду = 'отсюда';

在动词第三人称过去时及命令式中同样如此:

(9) он вышел = 'отсюда'; он отошел = 'отсюда'; он ушел = 'отсюда'; он сошел = 'отсюда';

(10) выйди = 'отсюда'; отойди = 'отсюда'; уйди = 'отсюда';

再比如,Сойди сейчас же!(对爬梯子的孩子说的话)就表示'сойди сверху'(也就是说,从你所站的位置,这是指示投射)而不表示'сойди ко мне'①。

而被我们看作是来向动词的пойти的表现不很典型。пойти要有必需的终点句法配价,它妨碍自足用法,所以,Пойди!听起来有些奇怪。但我们倾向于把它理解为'пойди отсюда⟨куда-то⟩'而非'пойди сюда'。

似乎去向动词的自足用法应该允许指示性约束终点变元;例如:

---

　① 在动词现在时和过去时的第一及第二人称用法时,解释可能有多种,例如я вышел表示什么我们不清楚。

（11）войдите = 'войди сюда',
（12）подойди = 'подойди сюда',
（13）приходи = 'приходи сюда'/'ко мне',
（14）зайди = 'зайди сюда'[за-2].

但这绝不是普遍规则。很多去向动词不允许"缺省"终点参项；也就是说，对这个变元的指示性约束应该外在地表达出来——不能用（15a）来表达（15б）的意思：

（15）a. дойди;　　　　б. дойди до меня.

这样一来，动词дойти构成的情景观念中，观察者不能位于终点，也就是排除指示性阐释。

但是，应该说明的是，例（15）表明，在强调起点的命令式中不允许指示性地确定终点。在人称形式中，特别是在不表示行为的上下文中，дойти终点变元的指示性约束联系是有可能的：пакет дошел可以表示'дошел до меня'。

动词зайти（за-1）表示向有障碍物隔开的地方运动；观察者停留在障碍物的一侧，而不是在终点，所以可以说зайти за дом. 只能说зайти туда, 而不能说сюда。

在非自足用法中来向动词同样不能排除对终点变元的指示性约束：

（16）Однажды в студеную зимнюю пору / Я из лесу вышел (Некрасов) [= 'вышел сюда':叙述性指示].

然而，отошел от края, ушел из дома不表示'отошел / ушел сюда'.

对于去向动词дойти来说，在起点参项在场的情况下，终点参项不能被理解为"缺省"，也就是说存在指示上的联系。例（17a）中不能缺省до Москвы来指示性地理解句子，这不可能，并且搭配异常，比如（17б）：

（17）a. Он дошел от Казани до Москвы;
　　　б. *Он дошел от Казани.

只有прийти例外：Я пришел из Алабамы = 'сюда'.

这样一来，非派生动词解释句法零位的方法与带前缀的动词是完全不同的，可以形成以下一般规律：

1) 没有必需参项的非派生动词中，观察者极有可能与未表达出的参项联系；（18a）中是起点，（18б）中是终点：

（18）a. идет в школу — 多半是'отсюда';
　　　б. идет из школы — 多半是'сюда'.

2) 带前缀的动词中，观察者为必需配价。所以，来向动词的自足用法带有必需的起点配价，零位表示'отсюда'，例如（19a）；而去向动词就表示'сюда'，例如（19б）：

（19）a. я выйду ⊃ 'отсюда';　　　б. вошла женщина ⊃ 'сюда'.
　　　当然，可以改变观察者位置的交际结构在这里可以起作用：
（20）a. В этот момент женщина вышла из кабинета [观察者在里面];
　　　б. Из кабинета вышла женщина[观察者在外面].
　　在这里我们以纳博科夫的小说«Дар»里的一个片段为例进行比较：用 вошел 而没有用 вышел 是因为男主人公是以女主人公的视角、从她的空间中来审视自己：

　　И в то самое мгновение, когда он решил больше не прислушиваться и нераздельно заняться Гоголем, Федор Константинович быстро встал и вошел в столовую. Она[Зина]сидела у балконной двери.

　　充当观察者的不仅可以是说话者（和叙述性替代者），也可以是运动主体。
　　3）动词 прийти 的特别之处。прийти 经常不带终点状语，在这种上下文中，正如我们所看到的，прийти 是指示性的。那 прийти 在非指示性状语的上下文中会是怎样一种情况呢？
　　迄今为止，我们的出发点一直是观察者与说话者的吻合。然而，如果 прийти 表示的是已经计划好的运动，观察者并不一定就是表面看来与行为有关的人：观察者可能与运动主体是同一个人，对该主体而言，运动目的是到达终点。这就解释了 1.1 中的例（8），在这里 прийти 的终点参项不具指示性（в Терскол），运动主体本身就是观察者。所以说 пришел 带有缺省的终点状语就表示'пришел сюда'，而带有非指示性状语时，表示'пришел, куда хотел'.1.1 中的例（7）和（7'）中观察者与说话者吻合，并且表现得更为明显。
　　拉希丽娜（2001:309）曾提到在自足用法中，идет 常常被理解为'идет сюда'；以此为依据将 приходит 没有当下持续意义的现象解释为受到"系统置换原则"制约的结果：приходит 本来应该表示'идет сюда'，但是在这个意义上却"没有必要"，因为该意义已经被 идет 表示了。然而我们的分析表明，идти 往往当作去向动词来理解和 приходить 没有当下持续意义——这两个事实都可以获得简单的解释，用不着涉及系统置换的构造原则。对于 идти 以及很多其他运动动词来说，终点配价在交际上比起始点更为重要（也就是莱昂斯所说的不对称）；正因为如此我们经常遇到 идти 带着终点参项出现（不管它是借助前置词短语出现还是指示性表示）。而 прийти 就像其他带有前缀 при- 的动词一样，焦点位于终点，并且不再迁移，该焦点在未完成体中也不能偏移到过程中。
　　现在能够清楚地看到，我们在 1.1 节中讨论的 прийти 异常的体貌运作与其准指示性之间是存在联系的。动词 прийти 的语义包含观察者。观察者同时也是状态出现的见证者。所以在 прийти 语义中，交际重点迁移到状态上，而动态要素并不在焦点上，因而不能构成未完成体过程化算子的辖域。

第二节 运动动词的静态语义衍生[①]

本节任务是研究运动动词由动态转变为静态的过程,即运动在语义衍生过程中自然地转变为静止。我们关注的将是在词语范围内动态意义和静态意义的同步兼容性,还有意义之间相关联的语义衍生模式(包括能产的衍生模式和非能产的衍生模式)。

将运动动词从非运动动词中区分出来有时并不容易,任何主题类别的动词的边界都不十分清晰,其中包括运动动词类别。很多心智动词的语义(Розина 1999б)和其他心理动词的语义都建立在运动隐喻的基础上,比如:дрожать可以表示'бояться'意义,колебаться可以表示'сомневаться'意义;此外还有издергаться, трепетать, тянуться, сжаться, сникнуть, отойти; всколыхнуть, донимать, доводить, увлекать, захватывать等都有非运动意义。

几乎任何物理状态的变化都要求运动。例如接触动词(закрыть, наполнить)需要运动来发生接触;影响动词(побить, уколоть)也需要运动以使其施加影响;有时也把动词тонуть归入向下运动的动词。狭义上的运动——就是位移(空间上发生变化),并且不会因为附加的目的和后果而复杂化。但是如果从广义上理解运动的话,也就是说只要带有'运动'要素,不管该语义要素在词义结构中处于何种位置,都是运动动词,那么运动动词类别就包括:

1) преследовать — 'перемещаться вслед за, с целью',注意:这些动词不允许带速度标记:*преследовать быстро;
2) закрыть, наполнить 是突显结果的动词,并不强调行为方式。(Levin, Rappaport Hovav1991) 情景中应有运动,但是运动却在话语外:наполнить X Y-ом = 'налить \ насыпать Y-а в X до краев';
3) 在例(1)和例(2)中有'运动'要素,尽管运动主体——例(1)中的观察者和(2)中的声音——占据话语外等级:

(1) а. И тогда желанный берег из тумана выйдет к нам[因为观察者在向前行进];

　　б. Следующая станция — "Пролетарская" ["跟随"的不是车站,而是观察者].

(2) Уста жуют. Со всех сторон \ Гремят тарелки и приборы (П.) [声音从四面八方传向观察者].

从词义聚合体的结构来研究运动动词表明,很多静态动词其实是运动动词

[①] 本节曾发表在文集 «Логический анализ языка: Языки динамического мира», Дубна, 1999.

的语义派生词。如果不局限于运动动词,也将其他主题类别纳入研究范围(比如成事动词),那么从动态到静态转变的能产指标将会更高。所以,向静态动词转变这种现象并不是运动动词的独有特点,倒是静态动词具有派生的特征。正如万德勒(1967: 109)所说,"行为弱化,转表性能和关系。"比如:образовывать (река образует изгиб); охватывать (плотина охватывает озеро с юга); делить 〈комнату с приятелем〉; устраивать (смена губернатора их не устраивает)。

由对应的完成体动词派生的未完成体动词经常产生静态意义,并且仅在下述条件下行得通,如果完成体动词语义不突显情景的过程要素,那么就没有"语义材料"来派生动态的未完成体:свело \ сводит ногу; их доход составил \ составляет 2,5 миллиона。下面我们将研究几种语义衍生模式,这些模式的运作使运动动词产生静态意义。

I. 行为结果状态保留的未完成体(НСВ перфектного состояния)来自状态变化的完成体动词,这是由动态意义产生静态意义的最具能产性的模式之一。

对应体偶中这种结果对应的相互关系可以由以下的例子证明:

(3) В этом здании разместились \ размещаются редакции газет;

  Два университетских здания соединил \ соединяет бульвар.

在这些例子中完成体动词首先表示的是状态的变化①,动词的完成体语义中几乎没有产生状态变化的活动/过程要素;因而对应的未完成体动词产生了结果保留的状态意义。

对于很多完成体动词来说,状态变化意义是由运动意义派生而来的。比如,我们以войти为例。就初始意义而言,войти属于运动动词的主题类别,并且属于行为范畴。这一行为所要达到的最终状态就是——主体来到一个新的地点,也就是说,动词描写的地点变换正是主体有目的活动的结果:

(4) В комнату вошла молодая женщина.

对войти的行为词位的简要释义是这样的:

X вошел в Y =

| X的行为带有目的:向 Y 的方向走去

| 导致

| 状态出现:X 现在位于Y处

"行为→状态变化"语义迁移过程是:'活动'要素要么消失,要么退到交际边缘——退隐到背景里面,'最终状态出现'要素保留并成为主要的陈说(而初始的表行为意义的陈说要素是'活动')。例(5)表明了входить的状态变化意义:

---

① 这种类型的对应体偶动词Гловинская(1982: 91-100)曾做过研究;Падучев(1996: 116, 157)也阐释了这种完全对应关系。

(5) В дом вошла радость [≈ 'радость начала находиться в доме'].

如同例(4)和例(5)，例(6)分类类别的变化导致了语义迁移。对于'方位'意义而言重要的是让参项 Y 属于"容器"类别。如果 Y 的分类类别发生变化，那么最终状态会发生变化，并且意义从整体上也会发生变化。推论决定着变化。（Wierzbicka1972:93）

X находится в месте Y ⊃ X является как бы частью Y.

不带 как бы 的判断可以给例(6)一个明确的解释：

(6) Венгрия вошла в НАТО = 'наступило состояние: X есть часть Y-a'.

可能还有其他的一些语义变体，这取决于 Y 是地点、组织还是集体等等；例如，如果 Y 是个集合，那么成为 Y 的一部分，就意味着成为 Y 的成员。

最后，войти 第三种语义迁移是在表示状态变化的完成体动词派生未完成体的条件下实现的。例(6)中，完成体动词含有始发要素'状态出现'。而在例(7)的未完成体动词中，这一要素就消失了（或者退隐到背景中），保留下来的是静态要素'最终状态'，动词表达的是参项 X 和 Y 之间部分与整体的相互关系：

(7) Венгрия входит в НАТО = 'X есть часть Y-a'.

有趣的是，在英语中状态变化的动词极少会产生具有结果状态保留意义的语义派生词①。然而在英语中，始发动词是静态动词有规律的语义派生词，She stands there = 'она стоит там'，而 Stand there! 可能不仅仅表示'стой там'，还表示'встань туда'. 而在俄语中始发动词不可能是静态动词的语义派生词——它有专门的构词模式：

(8) а. Она стоит там; б. Пусть она встанет туда!

以下是与完成体动词相关的静态未完成体动词的例子，它们在初始意义中表示运动，而在派生意义中表示状态的变化：

входить (поездка входит в мои планы = 'является частью');

высовываться (≈ 'торчать');

выступать (скулы выступают = 'расположены так, что образуют выступ'; ср. отступающий подбородок — Набоков. Машенька);

выходить (Из одной точки выходят два луча);

доходить (Линия не доходит до краев; Сад теперь доходит до самой реки);

заваливать (Камень заваливает вход в пещеру)②;

нависать (Скала нависла над пропастью);

обнимать (Горы обнимают городок с трех сторон);

---

① 然而在 Kimball(1973b)中曾举过这样一个例子：I've got 可以用并且经常用的不是其字面意义'я получил'，而是其派生语义'я имею'。准确地说，这里'X имеет'是来自'X получил'的最终状态。

② 很多别的"覆盖类"动词也是这样派生模式。(Падучева, Розина1993)

падать (Подозрение падает на вас; Тень от лампы падает на тетрадь);

подступать (Сад подступает к самой реке);

проступать (от проступить в значении 'стать видным / начать существовать');

сводить (Ногу сводит);

составлять (Генеральскую свиту составляют молодые офицеры);

упираться (Балка упирается в стену).

在 Ласковые морщинки отходили от ясных, умных глаз (Н.) 中 отходить 表示状态。泰勒(1989)认为这种关系具有换喻性质。的确，морщинка 在这里被观念化为路径,该路径是经过后留下的痕迹:运动与运动留下痕迹在某种程度上是邻近关系。

行为动词语义中静态要素的增强(和行为要素的取消)可能源于观察者角色的增强。这能够帮助我们更为准确的解释动词 высовываться, проступать, выступать。感知主体必须在情景中出现解释了为什么对 заслонять (来自 заслонить 的未完成体) 只作一种静态的理解,而对 закрывать 则取动态和静态两种理解。

从内容上讲,不同动词的最终状态表现不一。可能表现为方位 (располагаться), 接触 (заваливать), 感知 (Стена соседнего дома закрывала небо), 相对方位 (коридор ⟨…⟩ упиравшийся в полуоткрытую дверь кухни), 部分—整体关系 (Венгрия входит в НАТО)。

例(9)中的动词对这种已经形成的最终状态的描写表现得不十分明显:

（9）выпадать (этот случай выпадает из общего ряда),

выходить (выходит, что я прав),

наталкиваться (здесь мы наталкиваемся на сопротивление),

отпадать (желание отпадает),

пропадать (пропадает охота),

складываться (складывается впечатление).

然而例(10)的句义说明,事情已浮现在脑海:

（10）Мне приходит в голову один случай.

与 пропасть 对应的未完成体形式也具有结果状态意义：Где ты пропадаешь?

II. 使役运动动词的派生未完成体动词构成了另一种类型的静态词——未完成体形式保留了初始完成体动词语义中的使役要素:

вести, вызывать, затрагивать, задевать, звать (путь, на который эти книги зовут вас)①; направлять, отталкивать, влечь, гнать, манить, оттягивать (Бутылки оттягивали нам карманы), приводить, продавливать, привлекать, призывать (Статья призывала к решительным действиям).

作用于客体并且引起相应的最终状态，以上这些未完成体动词以这种特定的方式表达出主体的(静态使役)特征。例如，完成体动词привести最终状态的产生，在初始意义中是X活动的推涵，而这种活动通常来说也可以无果而终：

X привел Y-а в Z =
| X 的行为带有目的：行走，以某种方式作用于 Y
| 导致
| Y 来到 Z 处

然而，派生的未完成体动词也具备施加影响的特征，这种特征转而表现为X的属性，它能够将Y引入一种特定的新状态，例如：Дорога ведет в Абрамцево. 受事Y类化后退入背景。

说明：表静态使役意义的未完成体动词在心智动词中表现很广，比如，某些对心智状态能够产生影响的动词的静态使役意义，诸如объяснять, доказывать, подтверждать, убеждать (详见第三章)。

去使役化动词的未完成体同样也可以表达这种属性意义；只不过不表示施加影响的特性，也就是说不表达静态使役意义：

клавиша западает = 'обладает свойством западать';
волосы лезут = 'обладают свойством выпадать';
X вмещает = 'может вместить'.

很多反身动词的未完成体也具有属性意义：

X сводится к Y-у = 'X можно свести к Y-у, и это есть свойство X-а' (замысел сводится = 'можно свести');
ящик выдвигается = 'можно выдвинуть';
кресло помещается = 'можно поместить'.

III. 当表示空间延伸的客体(诸如道路、河流、水渠、边界、围墙等等)作主语时，运动动词(доходить, проходить, поворачивать)可以构成静态派生词特殊的一类，这些客体如果没有明确规定沿其或顺其运动的方向，也是以自然方式制约着运动的方向。

阿普列相(1986a：25)也曾研究过这种运动动词"地理"用法在体的性能方面的独特性。同时，它们在语义衍生模式方面也表现得相当有趣。例如，这种

---

① 动词звать的初始意义要有声音的参与，但在这里该要素挥发了。

衍生将проходить的初始行为意义(主体在空间有目的的运动)与该词的静态意义(主语是静止的空间客体)联系了起来。例如:

(11) Дорога проходит через лес.

我们将地理位置动词(географические глаголы)当作静态词来理解:

впадать (Енисей, вечно впадающий в Ледовитый океан[Е. Попов]);

вытекать (Волхов вытекает из озера Ильмень);

доходить (Лестница доходит до самой воды);

идти (Граница все время идет по правому берегу реки);

обрываться (У реки дорога обрывается);

поворачивать (Тропинка поворачивает то направо, то налево);

подниматься (Дорога поднимается в гору);

проходить (На одном участке дорога проходит по ущелью; вдоль озера; под мостом; через поле);

сворачивать (Из передней направо был короткий проход, сразу сворачивавший под прямым углом направо же [Набоков. Дар]);

спускаться (Лестница спускается к реке).

然而,至少在某些上下文中,可以判定主语 дорога 在这里是隐喻(路自己"会走",因为它能引导人运动的方向),所以动词仍然是运动动词,并且未完成体的意义表示"当下持续"意义:

(12) Потом дорога входит в лес. Вскоре она выходит к реке.

道路和边界的共同点是:它们都是高度延展的空间客体,不能立刻被尽收眼底,所以这种客体(及其部分的形状)的空间位置最容易得到描写,只要想象某人沿其或者是从其一旁路过即可。在这种情况下,未完成体动词描写的不是客体或其部分的空间方位,而描写的是还需要走完的道路,运动主体尽管是想象出来的。换言之,可以将这种形式的语义理解为:存在一个虚拟观察者,他沿着我们所说的客体预先指定的方向行进:

(13) a. После переправы дорога уходит влево;

  б. Тут река повернула влево.

道路还可理解为移动物体留下的痕迹,而静止客体的方位则被理解为运动客体的位移。(Taylor1989:127)我们认为,利用想像出来的沿着延展性客体行进的观察者视线的变化来解释这一现象更为自然一些。正是被感知的事件,也就是带观察者的事件,在这里为完成体动词语义创造了条件,这种语义需要初始状态和新的状态:

(14) У сторожки тропинка повернула направо и спустилась к реке.

对于впадать, вытекать (о реке)这类动词来说,可以证明这类事件的观察者未必存在,但理论上不能排除:

Гляди, Волга таки впала в Каспийское море.

例(12)—(14)表明,在地理位置动词描写的情景中,道路的一段充当了其中一个参项,完成体动词语义要表明的也正是这一参项。例(14)中的方向参项 у сторожки 表明是路径的一段。路段可以通过时间表达,比如例(12)中的 потом。例(13)存在歧义:после переправы 和 тут 既可以当路段标记,也可以作为时间标记。

所以,地理位置动词完成体形式与未完成体的区别可以表现在两个方面。在未完成体的语义中1)观察者的运动只能是想象中的;2)观察者了解情况。在完成体语义中1)正常情况下,应该有观察者,观察者确实沿着或者在道路、河流等旁边行走;2)在运动过程中,观察者可能发现延展客体 X 的某一特定路段的特性,而在此之前他并不了解这些特性。

在与完成体的互换性方面,空间方位动词的未完成体区别于结果状态保留的未完成体。而事实确是如此,结果状态保留的未完成体与其完成体几乎是同义的:

Ивы нависли, целуют в ключицы (Паст.) [нависли ≈ 'нависают'];
Короткий коридор уперся в кухонную дверь [уперся ≈ 'упирается'];
Песчаная отмель глубоко врéзалась в море [врéзалась ≈ 'врезается']①.

而空间方位动词的未完成体表达的却是完全不同于完成体的另一种情景;例如(15а)是对房间布置的描写,而(15б)却是观察者顺着楼梯拐弯所做的现场报导:

(15) а. Короткий коридор сразу же сворачивает направо;

б. Коридор свернул направо. (Апресян1986а)

为了将地理位置动词看作静态的,必须将'运动'要素放在释义的背景处:
X проходит под Y-ом ≈
'X 的一部分位于 Y 下面'[陈说];
'说话者将 X 表征为运动客体'[背景]。
X вытекает из Y-а ≈
'X 以 Y 为开端'[陈说];
'X 正在流淌'[背景]。

然而在指示难以消除的上下文中(尤其是时间指示)中,如在例(12)和例(13а)中,不可能静态理解未完成体动词。

地理位置动词的意义中,还有不需要运动观察者的用法,那是因为客体完全在视线范围内。例(16)中运动动词表达了延展客体的"存在方式",并且具有存在意义:

---

① 该例曾被用于别的方面的研究。(参见 Гловинская 1982)

(16) а. С горы сбегает ручей; К реке сбегала коленчатая лестница;

б. Неподалеку протекает река.

IV. 未完成体动词由于角色配位的变化也会出现静态意义。例如

вода течет в лодку [过程];

лодка течет [性能];(Янко 1999)

该模式并不能产,可以说 лодка течет,而不能说 мешок сыпется.

角色配位的变化还能够解释例(17)中a与6的对应体偶相互关系的语义衍生过程。由于角色配位的变化,被注意的客体迁移到主语的位置并且成为能够产生影响的人物:

(17) а. Он обратил внимание на эту женщину;

б. Эта женщина обращает на себя внимание.

以下是一些初始动态意义用作静态意义的动词的例子,语义衍生模式就不再注明了。

достигать (Нильские крокодилы достигают 10 м в длину);

обходить (Он обходит этот вопрос молчанием);

влечь (Катя влекла его к себе все сильнее);

вытекать (Отсюда вытекает, что...);

выходить (Из килограмма муки выходит 20 пирожков);

вызывать ('речью каузировать прийти' ⇒ 'обладать свойством каузировать');

доводиться (Кем он ей доводится? Иметь такого наставника не всем доводится);

допускать (Допускаю, что смысл был, но понять я его не смог);

идти [о часах]; идти (ей идет);

исходить ⟨из конкретной обстановки⟩;

кончаться (Роман кончается свадьбой);

начинаться (Письмо начиналось приветствием: отношение часть – целое);

подходить 1 (Это мне подходит);

подходить 2 (Он подходит к этому вопросу философски);

пропадать (Где ты пропадал?);

располагать ⟨двумя часами⟩;

располагаться (Породы там располагаются в необычном порядке);

составлять (составляет главное препятствие = 'является').

研究语义从动态向静态的迁移,尤为要研究 следовать, предшествовать 这

类动词和它们的形动词 следующий, предшествующий（同义词 предыдущий）和时间标记连用时的上下文。这类动词我们将在 3.2 节中探讨。首先应该先考察一下时间语义问题。

第三节　时间的运动

读者会在 Срезневский 词典（т. 1:910, т. 2: 906）里发现一个奇怪的对应现象：

[передьнии, прэдьнии = 'прежний, прошлый']：

Како оуставили передннии кн(я)зи, тако платите дань（Новг. Ⅰ л.）；

Молю вы, за преднее бездумье покаите(ся)（Серап. сл.）

[передьнии, прэдьнии = 'будущий']：

Задыняа оубо забывая, а на прэдьняа простираяся（Панд. Ант.）

[задьнии = 'будущий']：

Се порядися Тэшата съ якымомъ про складьство про первое и про задьнее（Ряд. зап.）

[задьнии = 'прежний, прошлый']：

Задьняя оубо забывая, а на прэдьняя простираяся（Панд. Ант.）

这样的表述有时让人不理解。在《伊戈尔远征记》中有一个有名的令人费解的句子：

Преднюю славу сами похытимъ, а заднюю ся сами подэлимъ.

Срезневский 将这里的（**заднюю** 应为 **заднею**）翻译为"从前的"，而 **преднюю** 翻译为"将来的"，（这里的问题是：在别的用法中，**передьнии** 可以表示"位于前方"——Не сяди на прэдьнимь мэстэ, 和"上次的，从前的"，也就是"以前的"——Возвратимся на предняя словеса）。因为 **задьнии** 也可以表示"过去的"和"从前的"，对句子的理解从整体上存在歧义。

Хронографоу же ноужа есть писати все и вся бывшая, вногда же писати в передняя, вногда же востоупати в задьняя

这是 Срезневский 从 Ипатьевский 编年史中摘的句子并认为这里的 **передьнии** = 'будущий'. 但不能担保这样的解读完全正确。在诺夫哥罗德桦树皮古代文献中（Зализняк 1995:531），заду 可以理解为"已经发生的事情"和"将要发生的事情"（第二种解读方法可能性更大）：

Исправи слово то, ты моі брат <...>, а заду не боіся азъ в томъ = 'Что я говорил, то слово исполни, а последствий того, что ты сделаешь, не бойся, я в том порукой'.

由于出现了这种奇怪的现象：**передьнии**和**задьнии**虽为反义词，却都存在对立的语义关系——"过去的"和"将来的"。这个问题我们将在 3.3 节中做出回答。

3.1 时间模式

我们的研究根据的是布雷金娜和什梅廖夫（1997）的著作，他们列举了大量俄语词汇中表示时间意义的材料。然而我们会从以下两方面出发，来重新审视时间运动的方向问题。

1) 如果一个词有两个意义，那么就应该从规律性多义设想开始，继而在这些意义间建立衍生关系。

2) 一个词的用法以其分类（本体）范畴为依据，这不仅涉及动词（区分动词的行为、过程、状态以及性能等的重要性已经得到广泛承认），还涉及名词。

认为 время 一词的用法都是建立在空间隐喻基础上的观点未必准确，这种观点主张：该词具有自己特有的本体范畴。在考虑时间到哪儿去（КУДА）之前，先要弄清楚究竟是什么（ЧТО）在运动。因为 человек, дождь, поезд, часы, занятия (Тише, идут занятия!) 的 'идут' 的方式是截然不同的。

原因在于，语言中所有的名词（普通名词）都倾向于具有所指，也就是说，与"现实世界"中属于某种本体范畴的客体类别相关联，这种类别常规上是无穷无尽的。（详见第一部分第四章）время 也被理解为表示某种实体，而需要弄清楚的是 время 的所指属于哪个本体范畴。

维日彼茨卡（1992a）对 душа 所做的语义分析开辟了通往形而上学实体语义研究的道路：душа 的属范畴是 ОРГАН。那么 время 一词属于哪个属范畴呢？词典中给出 время 的意义有若干个，我们只需要其中的两个：

время 1 — бесконечный процесс прохождения мира через последовательность моментов (часов, дней, лет и т. д.):

(1) время идет; время подошло к полуночи.

время 1 词位会用在使役性上下文中：

(2) время изменило его черты; серебро почернело от времени.

время 2 —— промежуток времени в 1-м значении, т. е. отрезок или интервал процесса, обозначаемого как время 1：

(3) Прошло то время, когда сегодняшний день был похож на вчерашний.

(4) Во время ужина он встал из-за стола (Бродский); В это время она была в Австралии.

(5) Некоторое время он сидел спокойно.

время 2 的下限词（суббота, вечер, год）与其同属一个本体范畴。

在布雷金娜和什梅廖夫的著作中谈到了两种对立的反映时间的方式。一

方面,某些熟语让人们可以作出这样的设想——将来的在前面,过去的在后面:

(6) а. У нас еще две недели впереди; Нам предстоит одно интересное дело ['в будущем' = ВПЕРЕДИ];

б. Сейчас все несчастья позади ['в прошлом' = ПОЗАДИ].

另一方面,有些词的语义中有这样的假设:将来在现在的后面,而过去的在现在的前面:(Lakoff, Johnson 1980:41)

(7) на следующей неделе = 'на неделе, которая следует за данной, т. е. находится позади нее' ['в будущем' = ПОЗАДИ];

на предыдущей лекции = 'на лекции, которая шла перед данной' ['в прошлом' = ВПЕРЕДИ].

试与例(8)再作比较:

(8) Подожди, придет время; Наступила полночь; Пришла зима; Близится Рождество.

这里,就像例(6)中的一样,将来的在前面,但存在重要区别:例(8)中时间好像是在朝人的方向运动(如приходит, наступает等, Булыгина, Шмелев 1997持这种观点),而在例(6)中是人在运动。

可以这样理解,不同的用法是建立在对世界特定片段不同的语言观念化基础上,而且这里不是探究一个个单独的隐喻,而是整个模式;每个模式能够迅速覆盖某一特定的词汇运用体系。一种语言中可以同时存在各种不同模式。

模式1(现在时间)将时间表征为一种特殊的过程——超出三维空间界限的过程,即形而上学的过程。由время表示的过程主体是一个世界,并连同其所有的客体、状态、事件、过程:经过时间(时、日、年等)的序列,世界不断发展,我们据此来确定所有个体事件和过程的同时性和连续性。语言将这种发展过程表征为一种运动,因为它有自己的方向:当说到Время идет时,时间就是运动的,所有能运动的事物都被默认为是向前的运动。同处于一个世界的观察者目视前方,与世界一同运动。在现在时间的模式框架下время按照意义1来理解。

现在时模式可以解释例(6),并且基本上可以解释大部分时间指示语的用法。在по достижении намеченного срока(Булыгина, Шмелев 1997:374)中,对将来的表征就像一个我们前行应该到达的一个地方。而Прошел год就像Прошло собрание,它们都与我们同行。(9а)和(9б)几乎同义,表明了观察者的存在:

(9) а. Век подходил к концу; б. Мы подходили к концу века.

模式2(标量的)。直接物理意义上的运动是空间上的位移,而空间的原型状态是静止的。这就是说,按照模式1运动的客体(也就是世界)的路线应该有"边缘地带",并且有里程标杆,用来标示时刻以及把时间分为可以测量的片段,这就是**时间标尺**，一个没有穷尽的时间日历①。时间标尺就像是一条"路线"，而时间在模式1的框架下被观念化，以超越的方式沿该"路线"运动。

时间标尺静止时：

（10）За сегодняшним днем стоит неподвижно завтра,

  как сказуемое за подлежащим (Бродский. Часть речи).

路线的存在为время 1表示运动的观点提供了补充依据。这样，世界发展的过程——这种运动已经有两种依据：第一有方向，第二有路线。

标量模式解释了例（7）中的时间词语的用法，在该框架下还可以解释прежде, перед тем, вслед за тем, затем, после等的用法。

与模式1不同的是，标量模式是静态的：следующий和предыдущий表示在静止的标尺上点与段的相互关系：

| предыдущая неделя | сегодня | следующая неделя |
| (впереди) | | (позади) |

标量模式有别于模式1的另外一个特点是标量模式不需要观察者。点和间隔本身（标尺上的标注点）甚至可以指示性的表示（сегодня, сейчас），但是在表达它们之间的时间关系时，观察者不是必需的。

还剩下例（8）中的情况，解释它我们要用到模式3。

模式3（相对运动）。根据现在时的模式，世界的运动（带有朝前看的观察者）能够产生这样一种现象：时间标尺的标注点就好像在作相对运动。当人在河流上乘船航行时，树木、房屋以及所有在河岸上静止的物体都好像在朝这个人运动。在标尺上出现了标注点的反方向的准运动，这是运动着的观察者造成的。从人的身旁经过的时间我们只能用模式3来解释：

Шли годы. Они шли мимо меня (Пастернак 1998).

相对运动模式与现在时模式相似，但与标量模式不同，它具指示性和动态性，即要求运动。但是与现在时模式不同的是，这里运动的不是没有终点的время 1，而是标注在时间标尺上的独立时刻和间隔。这是время 2所属的分类范畴的本质，属于这一范畴的还有与发生时间有着换喻性联系的事件。根据模式1的思想，世界是向前运动的，而以观察者身份面向这个世界运动的并不是время 1（表示没有终点的过程），而是事件——尤其是在这个时间段到来时发生的事件：

（11）Миг вожделенный настал; Наступил конец;

  Когда же придет настоящий день? Пришла весна;

---

① 模式2将时间表征为空间—时间连续体的第四坐标，接近于爱因斯坦在现代物理学中提出的模式。

Близится час разлуки; Приближаются праздники;

Подошел день свадьбы;

День за днем идет, мелькая (П.);

Летят за днями дни, и каждый час уносит / Частичку бытия (П.);

Эти обычаи ушли в прошлое; отошли в прошлое; остались в прошлом [за счет того, что мы продвинулись в будущее].

 时间标尺有自己的结构——开头、前部、结尾、后部。对根据这一结构运动着的观察者来说,标尺的后部在前面,即在他的面前,而标尺的前部在他后面。

 对现实的观念化不能够被语言毫无歧义地预测出,同一个情景可能被不同的时间模式观念化:

Жизнь вступила в новую фазу [模式1];

Наступила новая фаза жизни [模式3].

 至于什么时间段、什么事件可以和наступать和прийти搭配,在这方面的条件限制仍不够明确。例如,为什么可以说скандал возник但不能说скандал наступил,也就是说,不能同时间一起пришел(而更准确的是在世界发展的过程中),尽管可以说Наступили холода, Наступила тишина; 尽管наступил конец成立,为什么*наступило начало不成立(参见第一章)。

 所以,存在三种互不矛盾的时间观念化模式。模式1具指示性,用于现在时; 模式2具客观性,它最适用于描写已经发生事件之间的时间关系,也就是说,用于过去时,或者用于不具指示性的时间。莱可夫和约翰逊(1980:43)明确指出,предшествовать和следовать确定的时间片段,相互之间构成相对关系,而不是与世界中的观察者相对。模式3带有着眼于未来的观察者,这个模式首先用于将来时。下面我们将重点研究模式2,它描写的是时间段之间的静态关系。

3.2 静态时间和动词следовать的语义

 时间标量模式可以帮助理解следовать, следующий, предшествовать, предшествующий, предыдущий的词汇语义和体的语义。

 动词следовать有三种意义,都属于运动语义场[①]。

следовать 1

 X следует за Y-ом = 'Y движется; X движется, будучи позади Y-a, в том же направлении', 这里 X 和 Y 都是物质客体。参项 X 多半是有生命的, X 有意维持着既定参数(相对于 Y 的位置和自身运动的方向)。动词范畴是行为; 主题类别是运动。例如[②]:

[①] 这里我们不研究下述意义'быть логическим следствием'和'поступать согласно'。

[②] 本节中的许多例子出自 MAC。

(1) Следуйте за мной; За обозом чинно следовали женщины; Грушницкий следует за княжной везде.

因为词位следовать 1表示行为，其未完成体有当下持续意义。根据马斯洛夫的思想，完成体последовать和未完成体следовать构成对应体偶（从语义上说，完成体是由未完成体形式而来的始发动词）：

(2) Еще ребенком он последовал за отцом, которого сослали в Сибирь;
За обозом чинно последовали женщины.

следовать作为运动动词不具有典型性是因为其语义中没有运动方式，主体可以像例(1)中的Грушницкий一样步行，可以游泳（Крейсер следовал за миноносцами），或者乘交通工具。动词的语义重点不是运动的特征，而是由前置词表达出来的限定意义，从而可以很容易向静态语义①转化。

следовать 2

该词位的初始形式是完成体。

X последовал за Y-ом = 'X наступил после Y-a'，在这里X和Y是时间片段或者事件，也就是要占据一定时刻或时间片段的情景：

(3) Ночь последовала за днем без промежутка, как это бывает на юге (Л.);
На "Гаврииле" показался огонь, за которым последовал взрыв;
За чаем последовал длинный и скучный вечер.

与之对应的未完成体следовать表示的不是行为，而是相互关系，动态只是作为参项X和Y的分类前提——它们在时间上有序分布。也不可能有当下持续意义，因为完成体语义不包含过程。所以，对未完成体而言就只有寻常意义了。例如恒常意义：За ночью следует день 表示的不是'сейчас'，而是'за каждой ночью, вообще'.

следовать 3

X следует за Y-ом = 'X и Y- составляющие некоторой последовательности (т. е. объекта, имеющего структуру однозначно упорядоченного ряда), и X занимает в этой последовательности место непосредственно позади Y-a'. 换言之，X следует за Y-ом = 'X располагается за Y-ом'. 在这种情况下，X和Y不一定非要是意义2中的事件，还可以是物质客体或者是符号学性质的客体：

(4) В греческом алфавите буква γ следует непосредственно за β.

следовать 1中的预设要素'X находится позади Y-a'在这里成为陈说要素。这时следовать表示的是两个客体的接续关系，这两个客体并不一定是时间

---

① 然而，即便是最为重要的语义要素'после'同样可以省略，следовать 1就只表示'运动'意义：Корабль следовал в Кронштадт.

实体。比如，следовать 3 可以表示词语在语篇中的相对位置，正常情况下，语篇是有连贯性的。这时 X 和 Y 语义中的动态要素也已经消失。例(5)就是这种用法：

（5）В 2000 году за 28-ом февраля следовало 1-е марта.

X 和 Y 若不是接续关系，而是置于某个序列①的安排中，就是另外一回事了。沿着序列运动就有了两种方向——去和来。所以，在 Камышинсий 支线或者是伦敦地铁的车站序列中，следующая станция（下一站）是不同的车站，这取决于旅客乘行的方向。在序列上下文中 следовать 要有一个运动的观察者，他以其自身运动的事实将序列转变为单一的、有序的接续关系。带有运动观察者的 следовать 的用法示例如下：

（6）За огородами следовали крестьянские избы;

За первой, комбинированной линией огня следует вторая, заградительная.

МАС 词典给 следовать 的释义是'располагаться, находиться непосредственно за чем-либо'，运动着的——无论是当下的还是惯常的——观察者没有被提及。然而观察者对于 следовать 3 来说是必需的，表示空间的 за 是指示性前置词，村舍对观察者来说到底是在菜园前面还是后面，要具体取决于观察者当下的（或者惯常的）运动方向。而 следовать 2 表示的是时间上的前后关系，失去了指示性，在时间标尺上的方向是明确无误地给出了。

我们似乎可以将 следовать 3 看作是从 следовать 1 得到的，理由是可以将主体的运动想象成其目光的移动②：

（7）Марья Ивановна, следовавшая глазами за всеми ее движениями, испугалась (П.); Старик 〈...〉, следуя за взглядом Ковшова, повернул голову (МАС).

然而在例(7)中 следовать 用于意义 1，因为仍然要求参项 Y 处在运动之中。而 следовать 3 中的 Y 是静态的，所以 следовать 3 意义要追溯到 следовать 2，而不是 следовать 1.

接续性和序列是不同的分类类别，试比较：прошел деревню из конца в конец 为正常句，这里 деревня 是一个序列，它有两个终端（和两个开端，在意大利语中从 конца в конец 被翻译为 da capo al capo），而 Из конца в конец апреля путь держу я.(Окуджава) 是异常句——四月只有一个终端(和一个开端)。

由于时间运动方向的单一性，只能向后 отложить（延期）安排计划好的事情：

---

① 在数学中 ряд 表示的 последовательность，不同于日常用语中 ряд 的意义。

② 然而在这种情况下，俄语中最好是用 следить，而不是 следовать；而英语词 follow 在这方面更为自由。

⟨...⟩ если бы я следил за этой работой времени, я одумался бы и перестал откладывать исполнение своих желаний (Пастернак 1998).

但是отложить(отодвинуть от себя)用于'拿开'东西就可以往任何方向。而передвинуть, перенести的表现略有不同;(Булыгина, Шмелев 1997:374)然而帕斯捷尔纳克的书信中就曾有这样的句子передвинутое на десять лет就表示'передвинутое вперед',即向前顺延了。

因此,时间标尺呈接续性。当涉及其组成要素或部分时,следовать的用法不需要观察者(尽管也没有排除观察者),следовать 3 表达的是静态关系——"空间"客体的线性排列方位,如例(4)。

следовать的三个意义加在一起构成了俄语动词典型的范畴聚合体。(Падучева, Розина1993)词位следовать 1是活动(主题类别是运动动词),它有对应的完成体形式последовать 1(试比较бежать — побежать)。接下来,следовать 2 是从последовать 2来的寻常未完成体,范畴是事变,在这里(по)следовать 2 已经不再是运动动词。最后,следовать 3表示的是相互关系,就像所有表示性能、关系范畴的动词一样(如принадлежать, гласить, Падучева 1996:129),这些词没有对应的完成体。在следовать 3中表现的语义转换是司空见惯的,例如,обозначаться 2 [= 'быть видным']与обозначиться构成对应体偶,但是обозначаться 3 [= 'иметь условное обозначение']就没有对应的完成体。

与следовать相比较,动词предшествовать的语义派生词聚合体不完整。第一,在现代语言中,предшествовать初始物理运动意义事实上已经消失了,(precede在英俄词典中常常译为'идет перед'或'находится/стоит перед',而不是'предшествует');例(8)的运动用法是有意识的仿古:

(8) Когда курфюрст въехал на площадь, ему предшествовали двести рыцарей с обнаженными, на солнце сверкавшими саблями (Форш, МАС).

第二,предшествовать没有对应的完成体,所以这个词没有事变意义(试比较следовать和последовать 2)。而事件意义由所谓的一般事实性未完成体表示:

(9) думать о ⟨...⟩ размолвке, предшествовавшей его [Григория] поездке в сотню (Шолохов, МАС) —

предшествовавшая只表示'наступившая перед'。所以第1个意义不存在;предшествовать 2就像следовать 2,用在恒常意义上下文中:

(10) крутящиеся ветерки, которые обыкновенно предшествуют грозе (МАС).

предшествовать的意义 3是静态的,如同следовать:

(11) В греческом алфавите букве γ непосредственно предшествует буква β.

动词предшествовать和следовать表示的静态意义可以解释来自该意义的

形动词следующий和предшествующий与语法时间之间的特殊关系。现在时形动词следующий(由следовать 3而来)也在这种用法之列,用来表示过去发生事件之间的关系:следовать 3没有过去时形动词,последующий不是来自完成体последовать的形动词。

对предшествующий来说也是如此,如果这个形动词来自предшествовать 2,那么它应该与X的时间协调一致,比如,例(9)中的过去时形式,而来自предшествовать 3的形动词现在时还可以用于过去时意义:

за предшествующий период; предшествующие поколения;

Понемногу в уме моем восстановились предшествующие обстоятельства (МАС).

而предыдущий就没有相应的过去时形式(*предшедший),它的现在时形式可以用于过去时意义;所以在3.1节中的例(7)на предыдущей лекции = 'на лекции, которая шла перед данной'。

现在时形动词следующий可以在叙述规则(нарративный режим)中得到解释——通过时间的现在时刻(а на следующий день...),但是如果它作指示性理解时,那么就是将来时了:на следующей неделе = 'на будущей неделе'。

3.3 古俄语例子

我们现在回过头来看一下古俄语的例子。根据以往所述,我们知道,诸如**передьнии** = 'прежний, прошлый',而**задьнии** = 'будущий'这些用法符合模式2(标量时间),每一个形容词在时间标尺上有自己的区域:

передьнии	задьнии

而**передьнии** = 'будущий', **задьнии** = 'прошлый'这样的用法则符合模式1(现在时间并带有向前看的观察者)。这样一来,

передьние — 1) то, что ВПЕРЕДИ согласно Модель 1, т. е. БУДУЩЕЕ;

　　　　　2) то, что относится к ПЕРЕДНЕЙ части шкалы времени, Модель 2, т. е. ПРОШЛОЕ.

задьние — 1) то, что ПОЗАДИ согласно Модели 1, т. е. ПРОШЛОЕ;

　　　　　2) то, что относится к ЗАДНЕЙ части шкалы времени, Модель 2, т.е. БУДУЩЕЕ.

这里的**передьнии**用于'прошлый'的意义,是由впереди派生而来,参照的是静止时间标尺,这是静态词。这种用法的语义已经脱离了运动的实质。而**передьнии**用于'будущий'意义时,是由вперед而来,参照的是现在进行时模式。

现代俄语将时间标尺观念化为没有终点的标尺,只能在标尺上标明标注点

的相对位置,而不是去参照它的前部或者后部。因而,在现代俄语中,只有时间标尺的终端区域被标示出时,才可以说в первое время(例如:в первое время пребывания в Дубне, в первые дни месяца, в первые годы жизни),也就是说,只要有开端,первый可以表示'начальный'. 而我们先辈的"完整"时间标尺也有开端也有终端。

应当指出的是,表'передний'和'задний'意义的词的非单一释义,这一现象并不是古俄语专利。梵语词 pūrva 的意义在词典中是这样描述的:

pūrva — being in the front; fore, fronting; being to the east of; preceding; former, earlier; prior to, ancient, traditional, of the olden time.(Macdonell 1954)

语义衍生模式在这里有其通用性。

动态时间模式与静态时间模式的对立可以解释现代俄语的很多现象。比如,为什么同一词根пред-既出现在表示'прошлый'的прежний中,又出现在表示'будущий'的предстоящий中? 简单的答案就是,прежний中的пред-位于时间标尺的前部(模式2),而предстоящий中的пред-属于将来(模式1),它处在运动着的观察者的前面。

综上所述,我们研究了用于一定时间上下文中一系列运动动词的语义,并表明,在某些我们认为是隐喻的情形中,隐喻被说成是揭示了时间运动的语言图景,而实际上是体现了时间标尺的静态关系。时间(время)这一观念被强加给它的一些词语的搭配条件给丰富和充实了。我们对следовать, предшествовать及其形动词的研究表明,它们在表示时间段的名词性上下文中改变了意义——从动态意义变为静态意义(体现在它们的体—时间聚合体的不完整上)。借此我们的研究就确认了这样一个论断,在俄语中除了动态模式外,还有将时间观念化的静态模式,它用于描写时刻之间或者时间间隔之间相互关系。

第八章 声响动词的规律性多义聚合体[1]

众所周知,每一主题类别的动词都包含其特有的语义派生词聚合体。声响动词聚合体成为第一批被我们揭示出聚合体的动词类别之一。

"完全"声响动词包括:

греметь, громыхать, грохать, грохотать, гудеть, дребезжать, звенеть, звонить, звучать, свистеть, скрипеть, стучать, тарахтеть, трещать, хлопать, хлюпать, хрустеть, шелестеть, шипеть, шуметь, шуршать, щелкать[2]。

这些动词形成了一个结构紧密的领域:语义衍生在这里具有相当高的能产性。因此,完全声响动词通常具有完整的聚合体,其中的细胞"空洞"可以视为聚合体不完整现象,我们会给它相应的语义解释。

第一节 聚合体的结构

完全声响动词的共性表现为:独立于使役者的声源是参项之一。所以声响动词可以有这样的角色配位变化:Нянечки в коридоре грохочут кружками – В коридоре грохочут кружки,前一种情况是使役者占据主体地位,后一种情况是使役者处于边缘或话语外。但是像завывать这样的动词就不能外显声源参项:

(1)〈...〉и неважно, о чем там пурга завывала протяжно (Бродский);

不能说*Чем завывала пурга? (试比较Чем грохотали нянечки?) 所以如果将动词грохотать作为原型,那么可以说завывать的聚合体不完整。

完全声响动词的另外一个共性是伴随声响的活动/过程不能被确指,例如爆震声可以伴随各种不同的活动和过程。所以храпеть(='спя, издавать звук'), топать, хрипеть, стонать, сопеть, пыхтеть, журчать不属于完全声响动词;而плакать根本不是声响动词,因为'发出声音'并不是它的必需要素(虽然名词плач属于声音范畴)。

聚合体的确定首先取决于典型声响情景中的一组参项。维日彼茨卡(1980a:111)认为,"大多数声响动词的语义结构是以与典型情景相关联为基础

---

[1] 本章是在发表在ВЯ, 1998, № 5的论文基础上完成的。

[2] 该词汇清单来自А. А. Зализняк(1978)所做的词汇表。此外,我们还使用了С. А. Крылов借助自己研发的С. И. Ожегов词典数据库而完成的声响动词清单。

的。以动词rustle'шуршать,шелестеть'为例,显然,这种典型情景还包括与枯叶相接触的运动"。在这里枯叶是变元,而使役者(或是来自使役者)的运动及其同声源的接触是常体,它存在于所有的完全声响动词中,比如свистеть,гудеть中,声音的使役者是空气的运动。完全声响动词的根词位的简要释义为:

声源与使役者——触发物接触,

触发物运动

导致声源运动

并发出声音。

使役者同声源发生接触的方式之一是通过摩擦,如шуршать;另一种方式是撞击,如звенеть.

声响情景中的参项还包括观察者,也就是位于话语外的感知者。对于观察者而言,当指示性地表达声源位置时,尤为证明了观察者的在场,例(2)中,前置词за表明观察者位于窗帘这边:

(2) море гремит за волнистой шторой (Бродский).

当表示过程的声响转变成活动或行为时①,就要相应地从词位释义中删除观察者。此外,由于出现活动者及其特有的意图,声响本身可能成为非必需参项,例如:

(3) Я звонил в дверь, но звонка не было.

词位聚合体的形成取决于词汇意义的四个基本参数:主题类别,分类范畴,角色配位,参项的语义特征(尤其是分类类别)。聚合体的结构见表1。表1中的横行是一组意义彼此兼容的四个参数,每一个都有其相对应的编号。比如звенеть2.1表示过程,角色配位带位于背景的使役者,这些特征与下例звенеть的用法相对应:

(4) Стекла звенели от проезжающих карет.

词的各个词位就可以按这种方式排成纵列,每个词位都与表1中的编号对应(详见表2中звенеть的基本词位构造)。主题类别的变化能够导致声响动词转化为运动动词、影响动词等等。(详见下文的分析)

聚合体内部可分基本部分和补充部分。基本部分包含的意义来自参项初始的、也就是内在固有的分类类别。比如,对于表达性能意义的звенеть而言,主体为物质客体的用法属聚合体的基本部分,而主体为装置的用法属补充部分。

---

① 观察者在过程动词语义中的重要作用参见Кустова(1994)。

表1 声响动词语义聚合体

主题类别 I	动词分类范畴 II		角色配位 III	参项的分类类别 IV
声响动词	1	过程-使役	（使役的）	人/自然力量/物质客体
	2.1	过程	去使役化的,有处于背景中的使役者	人/自然力量 ……
	2.2	过程	去使役化的,没有处于背景中的使役者	物质客体 ……
	3	性能	没有处于背景中的使役者	物质客体
				装置
				……
运动动词 ……	1 … …	行为 …… ……	…… ……	…… ……

我们先来看看聚合体的基本部分。

动词词位在聚合体基本部分中的位置取决于它的分类范畴和角色配位。声响动词的词位通常属三个范畴:过程—使役、过程和性能。过程—使役是声响动词的典型特征。如例(4):

(5) Он спускался по лестнице, звеня ключами.

由于声响使役具有可控性和不可控性,因而在例(5)中,这种不确定性就不能理解为存在歧义:声音的发出究竟是有意还是无意,无从知道,而且也并不重要。(Апресян1974:177)属于这种非确定能动范畴的动词还有很多运动动词,如двигать, качать, вращать, наклонять等。

阿普列相(1995:548)将от+生格名词的这种短语看作是非能动运动动词的特殊搭配形式,也就是一种无意识的特殊标记:

Он блуждает (мигает, моргает) глазами от яркого света; Больной скрипит (скрежещет) зубами от боли; Птица трепещет крыльями от страха.

表示声响过程的动词倾向于这种特殊的搭配。试比较:Ржавые ставни скрипели от порывистого ветра.

属于过程—使役范畴词位的角色配位都是清一色使役性的。使役者是主体,而声源作为客体。而属于性能范畴的词位只有一个句法题元,因此也只有一种角色配位。对于过程范畴的词位而言,存在两种可能的角色配位形式:第一,带有背景使役者。这时,过程依靠外力驱动,主体是声源,而使役者在边缘位,该过程的主体是消极的,如同 Стекла звенели от проезжающих карет; 第二,角色配位不带背景使役者。这时,使役者要么和声源被同一个表层句法题元表示(Звенят цикады),要么消失。

> **说明**:关于过程—使役范畴。以下带有 звенеть, стучать 的例句表明,即便在相当广阔的语境中也并不总是能够确定,声响事件是否受主体活动所控,也就是说,发出叮当声或敲击声是否是主体有意而为,例如:(摘自 MM)
>
> Римский же позвенел ключом, вынул из ящика несгораемой кассы деньги, отсчитал пятьсот рублей, позвонил, вручил курьеру деньги и послал его на телеграф.
>
> Один уже подносил спичку Бегемоту, вынувшему из кармана окурок и всунувшему его в рот, другой подлетел, звеня зеленым стеклом и выставляя у приборов рюмки, лафитники и тонкостенные бокалы, из которых так хорошо пьется нарзан под тентом...
>
> На месте того, кто в драной цирковой одежде покинул Воробьевы горы под именем Коровьева—Фагота, теперь скакал, тихо звеня золотою целью повода, темнофиолетовый рыцарь с мрачнейшим и никогда не улыбающимся лицом.
>
> Конвой поднял копья и, мерно стуча подкованными калигами, вышел с балкона в сад, а за конвоем вышел и секретарь.
>
> Сперва она бросилась меня целовать, затем, хриплым голосом и стуча рукою по столу, сказала, что она отравит Латунского.
>
> Прокуратор стукнул чашей, наливая себе вина. Осушив ее до самого дна, он заговорил.

表2是动词 звенеть 的一组词位,如上文所示,词位编号与表1对应:

表2　звенеть 动词语义聚合体的基本部分

звенеть1	过程—使役	Кони (使役者) тихо звенели узбечками (声源)
звенеть2.1	有位于背景使役者的过程	Ветки (声源) звенят на морозе (使役者)
звенеть2.2	无位于背景使役者的过程	Звенят бокалы
звенеть3	性能	Эти бокалы звенят как колокольчики

以 стучать 为例,初始意义 стучать1 的范畴属过程—使役(Дождь стучит по крыше),其语义派生词包含可控性使役化要素——活动(Кто-то стучит в дверь），该意义是在带有目的主体、有目的的活动上下文中产生。因此，参项分类类别的变化会导致动词范畴的变化。

不同的目的产生不同的行为。如 хлопнуть 有两个属于活动范畴的派生意义：хлопнуть ='ударить, произведя глухой звук'（如 по плечу 通常带有表达态度的目的），хлопнуть ='убить'（А все-таки зря старичишек хлопнул, МАС）。动词的主题类别同时也发生变化。

动词的主题类别取决于参项的分类类别。如 свистеть 2.2 表示过程，在主体为运动物体的上下文中，派生意义表示伴随运动的声音以及伴随声音的运动（Свистят пули）；在主体分类类别是声响的上下文中，表示声响过程的 свистеть 2.2 理所当然地转而表示存在意义。例如 Звенела музыка в саду 表示的已经不是声响的过程，而表示观察者能够感知到、听得见的声音，因为声音成了主体。在 Прогремел выстрел 中，主体是事件（выстрел），动词 прогреметь 表示的并不是声响，而是伴随声响的事件。在句子 Соколовская гитара до сих пор в ушах звенит 中，动词 звенеть 被赋予幻觉意义。（类似的语义转变还可参见第二章中对 видеть 的研究，所不同的是，звон в ушах 是一种生理现象）。свистеть 的意义 3 表示性能，在主体表示装置的上下文中转换为这种功能意义，如 Свисток не свистит [⊃ 'испорчен']。

用于区分意义的编号只用在动词具有完整聚合体的情况中。在其他情况中，简要说明要比编码更可取，可以包括说明性上下文、上限词和范畴。例如在 звенеть〈ключами〉中，звенеть 的意义出现在类似于 шел, звеня ключами 这样的上下文中，也就是在使役性角色配位情况下；而在 звенеть [о музыке] 中，звенеть 的意义如同 В саду звенела песня 中的表现，表示的是存在意义，等等。

聚合体成员之间以语义衍生关系相互联系，从原则上来说，派生词位的释义可以从更初始的词位释义加以变换得到（参见第 3 节）。聚合体的初始词位理应具有独立的释义。例如，звенеть 的意义 1（过程—使役范畴）的简要释义：

X звенит Y-ом（как, например, в Кони звенят узбечками）=
 X 把 Y 弄得叮当响（如：马匹把马笼头碰得叮当响）=
 初始情景交代：声源 Y 与触发物 X 接触
 使役者（触发物）：X 处于运动状态；X 作用于声源 Y
 导致
 效果：声源 Y 发出声音；声音如同……
 边界部分：观察者听见了响声。

释义中的边界部分是用来说明话语外参项（说话人，观察者）的区域。

声响动词的大致释义并不精确描写其音质特征（例如对 грохотать 与 громыхать，шуршать 与 шелестеть 加以区分），因为该特征在动词与类别庞大的词语搭配中并没有反映。

如何确定声响动词聚合体中的初始意义构成了一个问题。一种方案是将在使役性角色配位中实现的意义当作初始意义。完全声响动词表示不由自主的行为。阿普列相（1995：348）就将声响动词 скрипеть, скрежетать 与动词 моргать, трепетать（крыльями）, вилять（хвостом）, блуждать（глазами）同等对待。这些动词通常表示不由自主的（行为、活动、过程或对事件反应的）后果。活动作为有意识完成的行为，对于大多数声响动词而言是派生范畴，对于少数声响动词而言，它根本不存在。所以，原则上可以认为过程—使役范畴是声响动词聚合体的根词位，如 Кони звенят узбечками.

声响动词聚合体根词位的另一个候选者是过程范畴（звенят шпоры, гремит посуда, скрипят половицы）。这个候选者可能更具合理性，因为有些声响动词（如 шипеть, шуметь）在非熟语性标准用法中实际上并不存在使役性角色配位，如 *Паровоз шипит паром.

问题在于，无论是第一个方案，还是第二个方案都不能提供一个合理的语义衍生模式来把这些用法彼此联系起来，并且在声响动词之外的类别中也能起到作用。帕杜切娃（1998）将带有使役性角色配位的词位当作派生聚合体的初始成员。在 гремит посуда 这一搭配中，греметь 的过程意义被视为派生语义，也就是所谓的中性去使役化。的确，在俄语中去使役化作为语义衍生模式具有能产性。试比较带 -ся 动词 разбиться, открыться 与其非反身动词 разбить, открыть 之间的关联。但它们有语气词 -ся 作为去使役化标记，然而将 -ся 添加在声响动词上是绝对不可能的：*узбечки звенятся. 除此之外，只能对及物动词去使役化。而声响动词有两个题元时，原则上是不及物的，更何况从直觉上声响动词的使役用法就不是初始词位，它远不是对所有动词适用，并且在使役者参项分类类别方面有诸多限制。例如它不包括典型的去使役词语的基本参项——事件使役者，如 Стекла звенели от проезжающих карет 与 Проезжающие кареты звенели стеклами. 之间就没有关联。

另一方面，如果将动词的一元用法当作初始词位，我们就会遇到这样的问题，使役化并且还是形式上无标记的使役化，这根本不属俄语的表达方法。（例如词组 оттаивать мясо 不符合标准语规范）。所以我们将声响动词语义聚合体的语义衍生方向问题当作开放的话题来研究。

现在我们来查看一下聚合体的区域，动词的主题类别在这里超出了界限。这时存在着两种情况：作为语义衍生起点的声响动词与作为派生词的声响动词，例如 громыхать 的初始意义为声响动词（Слышно, как на кухне громыхают кастрюли），而其派生意义为运动动词（Каталка с кружками и ложками громыхала по коридору）。另一方面，плескать 的初始意义是运动动词（плескал воду себе на грудь），其派生意义成了声响动词 Море тихо плещет = 'вода, ударяясь обо что-то, издает звук'.

不同主题类别的词位存在是非常自然的。为了产生不同主题类别的意义，经常只须将（释义中的）强调重点从一个要素迁移到另一个要素即可。（详见第一部分第五章）грохотать, грохнуть是声响动词，而且声音可以伴随运动。但除此之外，грохнуть还可以表示'упасть'、'бросить/уронить с грохотом'（грохнул мешок с инструментами на пол），跌落成为被突显的主要要素。загреметь的'упасть'意义（загремел с лестницы）是来自греметь的派生意义，甚至声响要素都不是必需要素了。

正如我们多次所见，动词的意义本质上取决于参项的分类类别。这就需要对声响动词中经常出现的голос的分类类别加以阐明。

голос的初始词义是声带，也就是用于发声的器官（它可以作为装置或工具、身体的组成部分等），试比较Чей-то голос произнес.

说明：除此之外，голос还可以表示执行某种功能的能力，试比较голос пропал. 但是能力是一个抽象范畴，没有它也能行得通。根据器官属范畴，所有相应的用法都能获得解释：слабеет голос мой就如同слабеет фонарик或слабеет насос（详见第一部分第四章中对"器官→能力"的规则性多义的研究）。голос首先是作为具有发声性能的器官。(Крейдлин1994) 因此низкий голос是指发出低微声音的器官，голос мой отроческий зазвенел是指"开始发出清脆的响声"等等。

голос的第二个意义表示器官实际发出的声音：раздался, послышался голос, вдали звенели голоса. 因为器官是工具，而工具是用来发声的，个别情况下器官还可能是声源，这样голос是声源的同时还可能是声音本身。一定的上下文可以消除这种歧义。例如，在句子Голос у нее звенит中，与句子Эти бокалы звенят как бубенчики一样，动词звенеть表示的是声源的性能（голос是器官）；而在В вечернем воздухе звенели женские голоса中，如同在句子Звенела музыка в саду一样，动词звенеть表示存在意义（голос是声音）。但对于句子Буду слушать твой голос存在两种理解：一种是слушать радио（голос是装置），另一种是слушать музыку（голос是声音），尽管句子在本质上是单义的。

"声源→声音"这样的规律性多义模式将голос与乐器名称联系了起来：所有乐器名称既可以表示乐器本身，还可以换喻性地表示发出的声音，试比较играю на скрипке和слышу скрипку.这里出现的还是上面说到的歧义现象：

（6）гремят литавры=

    （а）литавры表示声源，而гремят表示带有背景使役者的过程意义；

    （б）литавры表示声音，而гремят表示存在意义。

例（6）这种特殊的、不明显的歧义是因为литавры的两个意义之间是换喻性联系。

第二节 不完整聚合体

根据声响动词根词位的语义能够预测其整个聚合体（聚合体的基本部分）。原则上声响动词具有完整聚合体，如果某个声响动词的聚合体不完整，肯定就有某种语义或其他方面的原因。

动词звенеть包含了属于聚合体基本部分的全部四个词位，也就是说它的基本聚合体是完整的。греметь, грохотать, гудеть, скрипеть, трещать, стучать, шелестеть, шуршать也是类似情况。

> **说明**：在звенеть聚合体的补充部分中，出现了区别于свистеть甚至其他所有声响动词的不完整现象：在主体分类类别为装置的上下文中（该装置专门用来发出声响），这个动词并不用作功能意义，而应该被自己的"远亲"звонить代替来实现：要说电铃坏了的时候，只能说Звонок не звонит；而Звонок не звенит（电铃没有响）只能按当下的意思来理解。原因在于，性能意义通常由多次动词（итератив）派生而来，而在历史上，звонить是使役动词，并且是来自звенеть的多次动词（就像носить是使役动词，并且是来自нести的多次形式）。所以动词звенеть的聚合体中"功能"那一行空缺，功能意义转而被动词звонить来表示。根据"系统置换原则"，звенеть的相应意义由于звонить的存在而无法扩展出来。

动词скрежетать的性能意义用法是被迫的，也就是说被强加的（Колеса у велосипеда скрежещут, надо смазать.）。这个动词的基本范畴是当前持续的过程：

(1) Колеса отвратительно скрежетали по щебню (Горький).

相反，дребезжать经常用于性能意义（пианино, голос дребезжит），尽管并不排除其当下过程意义：

(2) Когда гремел мазурки гром, /В огромном зале все дрожало,/Паркет трещал под каблуком,/ Тряслися, дребезжали рамы (П.); Подвязанное снизу ведро ожесточенно дребезжит (Серафимович); дребезжит сдаваемая посуда (Бродский).

动词скрежетать的句法特征表明，产生摩擦的条件是可以改变的：由金属部件组成的一个物体能够发出刺耳的摩擦；同时，用一个物体敲击另一个时也可以发出这种声音。例 (3) 就表明了动词скрежетать相应的两个角色配位：

(3) а. Лодка скрежетала <u>цепями</u>;

　　б. Лодка скрежетала <u>цепями о причал</u>.

在这里 о причал 参项可以被称为中间参项①（Медиатор），在可控性使役化中它的角色近似于工具，但又有别于典型的工具，这个参项是静止的，试比较 разбила очки о камень; бьется головой об лед, вытерла руки о подол.

动词 свистеть 描写的情景同样也有这种"双重所指"特点，振鸣声可以两种方式产生：

当气流受到压力通过缝隙时，缝隙参与了发声，但并不能将它理解为真正意义上的工具（更何况是作为发出振鸣声的工具），它也并未通过工具格形成。更准确的说，这是处所参项②：

（4）ветер свистит в проводах;

当急速运动的物体迅速将空气隔开或在摩擦情况下（наотмашь свистнул шашкой），свистеть 聚合体中就出现了词位 2.1，表示带有背景使役者的过程（Свистят на осях колеса; Где-то свистнула дверь）。

与 свистеть 不同，стучать 表示过程——使役意义的根词位得到了广泛运用，因为有许多物体在运动物体的作用下会发出这种声音。非受控的敲击声出现在自然界，而可控性用法（如 стучать в дверь, стучать соседу）根据一般规则就可以产生：当主体是带有符号性目的来发出声音的情况下，动词主题类别发生转换，成为信息传递动词。

动词 шелестеть 和 шуметь 并不表示活动，它们一般表示活动的伴随特征，所以它们大多以副动词形式出现。这些动词的单数第一人称形式实际上不用，如 *Я шелещу. *Я шумлю. 用于复数第一人称上下文中可以感觉到向受话人的移情：

（5）Мы тут шумим, наверное, вам мешаем.

шуметь 带有明显的评价要素（喧哗是不好的），而且声响几乎完全没有确定的所指③——这是阐释动词（详见第五章第 5 节），它没有使役性用法：На кухне гремят (*шумят) кастрюлями.

动词 звонить 是声响动词中的异类：它没有表示过程——使役意义的词位，不能说 *Ветер звонил колоколом. звонить 的基本范畴是活动（Квазимодо звонит в колокол）；还可能表示存在意义（Звонят колокола）和性能意义（Будильник не звонит 的一种理解是'坏了'）。звонить 的声源只能是装置，(не)звонить 只能和铃声、闹钟声和钟声的搭配。这是因为(не)звонит 可以用于所有不能发声的物体。因此，звонить 没有带背景使役者的角色配位：使用装置的只能是有目的的主体，他不可能是背景使役者。

---

① Медиатор 是超角色，用来概括以下参项：1)一般的工具或使役者和受事之间的消极中间者；2)它们或者被施事者有意识地使用，或者是不由自主出现在这样的情形中。

② 对 гудеть 来说也如此，试比较 Ветер гудит в трубе, Трубы гудят (*от ветра).

③ 对声音性质的某些限制依然存在：噪音总是由各种不同的声音混杂而成。

动词звучать的聚合体也不完整(详见第5节),它以自己独特的方式将声响动词的性能与感知动词集于一身。

声响动词聚合体与感知动词有类似的语义派生词。例如,звенеть的存在意义(Звенит песня)与隐喻意义(Ее голос звенит у меня в ушах)的相互关系类似于вижу的常规意义与想象意义之间的关系:вижу как сейчас.在第二种情况下,人们意识中浮现出物体的视觉形象,并且这时并未与之发生感知方面的接触。而видеть常规意义的视觉形象是通过主体与感知对象的视觉接触而产生,观察者及其相应的感知要素拉近了声响动词与感知动词的距离。

词汇的各个意义条件并不均等,一部分比较独立,而另一部分要在上下文的作用下才能产生。阿普列相(1995:150)提出了句法限制意义的概念,该概念用声响动词来阐释比较容易。在例(9)中по коридору, по степи是表示运动场所的状语,正是它们将声响动词转换成运动动词:

(6) По коридору застучали знакомые каблуки; Только пули свистят по степи.

例(7)中的мимо也扮演这样的角色:(Кронгауз1998, Филипенко1997)

(7) Поезд громыхал в темноте мимо запертых ставень(Бродский).

例(6)和例(7)中的句法题元规定并强制声响动词表示运动意义。例(8)也如此,借助于只有言说动词适用的支配关系(на ухо),дребезжать产生了意义'говорить дребезжащим голосом':

(8) —Вставай, вставай!—дребезжала ему на ухо нежная супруга (Г. МАС).

但并不总是可以认为,上下文制约着意义的变化;或者相反,意义的变化反映在句法中。例如,当声响动词转变为信息传递动词后,声响动词获得了只有言说动词才有的交际对象配价,试比较стучать пальцами по столу和стучать кому-то.声响动词向另一主题类别转变的标志可以是:客体(试比较щелкнуть языком和 щелкнуть кого-либо по носу);结果参项是具有一定结构的声响客体(свистеть мелодию);工具参项(试比较бренчать ключами和бренчать на гитаре)。在这些上下文中动词的意义未必就能视为句法限制意义。(Goldberg1995)

总之,通过对声响动词的研究可以证实这样一个设想,一个词不同的词位之间存在着规律性衍生关系。这样,与一个词相比照的不是某个清单,而是词位聚合体,词位之间以复现性语义衍生关系相联。在以下的章节中将探讨语义衍生模式在声响动词中的运作。

第三节 语义衍生

根据动词意义的基本参数,可将语义衍生分为以下四类:

动词主题类别的变化;

动词的范畴的变化;

角色配位的迁移,即参项交际等级的变化;

参项分类类别、指称状况及其他特征的变化。

我们将在 3.1—3.4 节中探讨这些衍生现象。

3.1 动词主题类别的变化

动词可以凭基本的初始意义或派生意义归入声响动词这一主题类别。第二种情况中,表示声响意义的词位来自另一个主题类别,如 треснуть,详见例(1)和例(2)。例(3)—例(6)表示的是声响动词派生出其他主题类别的语义:тарахтеть, звенеть, хлюпать 表示运动意义, стучать 则表示符号意义。

主题类别的变化通常是释义中的强调重点从一个要素迁移到另一要素的结果,这种类型的语义衍生可以在下述条件中发生:动词的意义至少有两个意义充实的要素。当位于边缘位的伴随影响行为(或使变形、移动等)的声响要素成为核心要素时,主题类别就会发生变化。

语义衍生所认定的规则能够从初始词位释义中得到派生词位的释义。我们这里仅仅展示初始词位和派生词位的大致释义——这种一般规则就显而易见了。(在第 3 节中的例 a 表示初始词位,例 б 是派生词位)

1)"使变形／作用" ⇒ (在变形或受到作用时)'发出声音'

(1) а. X треснул (например: Банка треснула) =

　　初始情景展示:X 原本是完好的

　　处于背景中的使役者:发生了某事

　　导致

　　结果:X 出现裂痕[核心位]

　　(可能性后果:X 发出断裂的响声[边缘位]

б. X треснул (например: Что-то треснуло в овраге — это медведь) =

　　处于背景中的使役者:发生了某事(可能是 X 断裂)

　　导致

　　结果:X 发出断裂的响声[核心位]

(1а)和(1б)的区别在于,(1а)中占据核心的是事件(能够但不一定发出声音),即发生了断裂;而在(1б)中事件要素退居背景,声音的发出则成为核心要素,也就是说各要素的焦点位阶发生了互换。例(2)也是类似的情况:

（2）a. A стукнул X-a Y-ом＝（как в Он [A] стукнул меня [X] прикладом [Y] по голове）＝

使役者：A 的行为带有目的

方式：通过急剧的动作使得 Y 和 X 接触

导致

结果：X 受到了物力作用（有疼痛感，会受伤等）[核心位]

可能性后果：X 发出撞击的响声[边缘位]

б. A стукнул Y-ом по X-у（как в Он стукнул кулаком по столу）＝

使役者：A 的行为带有目的

方式：通过急剧的动作使得 Y 与 X 接触

导致

结果：X 发出撞击的响声[核心位]

可能性后果：Y 受到物力作用[边缘位]

这种语义衍生类型不具能产性。

应当指出，承认 стукнуть 的两个词位分属不同的主题类别，即 1）作用（стукнул палкой по голове），2）发出声响（Кто-то тихонько стукнул в окно），在对其进行体的确认时，会遇到一些困难。原因在于 стукнуть 在表示作用意义时，有派生的多次动词 стукать（而不是 стучать！）；而 стучать 就如同其他声响动词一样，初始词位是未完成体，стукнуть 是从其派生的完成体一次动词①。

треснуть 也与此类似：它可以表示使变形意义（Лед треснул в нескольких местах）和声响意义（В лесу что-то треснуло）。但离表示变形意义的 треснуть 最近的未完成体形式是 трескаться，例如 Лед трещит 首先表示的是'发出声响'。这样 треснуть 的根词位属于使变形动词类别，另一个词位表示声响意义，它派生的完成体是从声响动词 трещать 词位而来的一次动词。

2）"发出声响"⇒"伴随声响的运动"

（3）a. Слышишь, как тарахтит Ванин мотоцикл?

б. Мотоцикл весело тарахтел по проселочной дороге.

（4）a. Стекла звенели;

б. По улицам звенели трамваи.

（5）a. Ваня [X] хлюпал носом и размазывал слезы по щекам.

б. Два часа мы [X] хлюпали по болоту [Z].

在（5a）中核心要素是'X издает всасывающие или чмокающие звуки'；

---

① бурчать, буркнуть, буркать 也构成了体的这种三元结构，它们都属于声响动词的主题类别：派生于表示多次行为意义 бурчать 的完成体一次动词是 буркнуть，而由 буркнуть 派生出带有迭代意义的未完成体动词 буркать。

(56)的大致释义为:
　　使役者——X 的行为是沿着 Z 移动[核心位]
　　引起
　　效果——与 X 接触的 Z 发出抽搭声或吧嗒声[边缘位]
　　像 бахнуть, брякнуть, бухнуть, ухнуть, грохнуть, загреметь 这样动词的衍生模式具有很强的能产性,它们都有派生的运动意义,尤其是其反身形式(Бухнулся в реку)。(关于声响动词与运动动词的联系可参见 Levin, Rappaport Hovav 1996 年的研究)
　　3)"发出声响"⇒"将声响用于符号目的"[①]
　　(6) a. X стучит (например, Стучат колеса);
　　　　 б. X стучит Y-у (например, Петя [X] стучал соседям [Y] — никого нет)=
　　使役者:X 的行为带有目的
　　方式:通过身体某部分或者用某种工具多次进行急剧的行为与 Y 接触,目的是将信息传递给 Z
　　导致
　　与目的相符的效果:X 发出声音
　　后果:X 以这种方式向 Z 传递了信息
　　Y、Z 这两个参项不能同时出现,只能表达为带有外在持有者的角色配位形式,如例(7в):
　　(7) a. Петя [X] стучал в окно [Y];
　　　　 б. Петя [X] стучал соседям [Z];
　　　　 в. Петя [X] стучал ей [Z] в окно[Y] ← Петя стучал в ее окно.
　　要素"X 的行为带有目的"表明,派生的符号类动词属于活动范畴,这种衍生模式具有能产性,这种偶然的符号性衍生词可为每个动词所有,哪怕是随便发出声音都可成其所指,例如大家熟知的 Я не тебе плачу.
　　能产力较弱的意义转换模式有'发出声音'⇒'声音所伴随的施加影响的行为',треснуть 用作'ударить'可成一例。

3.2 动词分类范畴的变化
　　1)过程—使役 ⇒ 活动
　　如果给词语的语义公式中添加目的要素,不可控的过程—使役意义可以转变为活动意义。例如,如果声音获得符号功能,也就是转变成符号,发出声音可以表示活动,如 стучать, звонить, 详见上文的例(66)[②]。像 отдыхать, играть 这

　　[①] 也就是对于某种所指发挥能指的作用。
　　[②] 不可控性使役与可控性使役词位之间的派生方向在不同类别的动词中表现不一。在大部分主题类别中,如成事动词,损毁动词,言说动词等,它们的初始词位具有行为意义,而不可控性意义出现在派生词位中。声响动词如同感知动词,派生方向是相反的。(Розина 2002)

些活动动词,其目的要素通常要在词典中标注。

在有 нарочно, намерено 或有目的标记的上下文中,活动意义是句法限制意义,如例(8):

(8) нарочно звенел ключами, чтобы было не страшно.

2)过程 ⇒ 性能。

在(9a)中动词表示声响发出的过程,而(9б)表示这种声源的性能:

(9) а. За стеной дребезжит пианино\;

б. Пианино дребезжит\.

这种语义迁移有超音质特征作为标记,过程意义强调声源或声响,如(9a);而性能意义将特征载体推上了主位,并且要求重音在动词上,如(9б)。

3.3 角色配位的迁移

从例(10)这种类型的句子中,我们可以看出声响动词的不稳定性,即可以用作自身的去使役化动词:

(10) а. Цыганка звенела серебряными браслетами;

б. Звенели серебряные браслеты.

但是不稳定性并非只是俄语动词的属性,因为通常受事向主体位置转换时,需要反身语气词:

(11) Река разрушила мост—Мост разрушился.

例(11)中的动词是及物动词;而例(10a)中的声源是以工具格表示的边缘参项,边缘参项向主体位置的转化是很常见的,这又是另外一回事了。

声响动词原则上的非及物性还是个谜题。我们可以认为声响动词的本质是成事动词,其内部客体是声音,但它是内包参项(在类似于 звенели тихим звоном 这样的结构中才能显现)。声音参项还能在动名词中显现:звон, скрежет 这些词是声音名词,也就是动词 звенеть, скрежетать 的内部客体,而不是情景名词。(Урысон1997)。шум 与 шуметь 之间的关系与 добыча 与 добывать、наследство 与 наследовать 之间的关系类似,而有别于 дрожь 与 дрожать 或 преследование 与 преследовать 之间的关系。俄语中不把声源理解为受事,而是作为工具来理解。

角色配位的变换是声响动词聚合体的依据:使役者由核心位转换为边缘位并成为背景使役者(或相反)。从形式化角度来看,从必备参项数量减少的角度来描写角色配位会更适宜,也就是去使役化角度。存在这样的相互关系:

〈Каузатор-Сб, Источник-Периф〉 ⇒ 〈Источник-Сб, Каузатор-Периф, факультативный〉.

例如:

(12) а. Спускался по лестнице, бренча мелочью;

б. Не бренчи ты в кармане, мелочь!(Бродский)

(13) а. Ветер гудит в проводах;

б. Провода гудят (от ветра).

释义中发生的变化在下面的示意图中表现很明显。4—8 行是核心部分,其余的是边缘部分。

使役—过程	有处于背景的使役者的过程
0) 声源与使役者接触	0)(声源与使役者接触)
1) —	1)(使役者处于运动状态)
2) —	2)(使役者作用于声源)
3) —	3)(因此)
4) 使役者处于运动状态	4) 声源发出声响
5) 使役者作用于声源	5) —
6) 导致	6) —
7) 声源发出声响	7) —
8) —	8) —
9) —	9) —

在过程—使役公式中,与前台使役者相关的、并占据核心位置的有四个要素,其中三个要素,在带有背景使役者的过程公式中退入边缘区域,并且成为非必备要素(如果句中没有相应的句法标记,它们就不存在,详见第一部分第六章)。

同时,角色配位的变化伴随着分类范畴的变化：Ветер стучит ставней [процесс-каузация]—ставня стучит [процесс].

角色配位迁移的结果是产生了背景使役者,即非必备参项,副题元。

有学者对 грохочут кружки 用法的去使役化解释提出过一个重要的反对意见。(Levin Song, Atkins 1997)原因是在使役结构中使役者同背景使役者的分类类别并不一致,核心使役者通常是无意间发出声音的、正在运动着的人;而背景使役者不可能属于这一类别。事实上,对于两种角色配位而言唯一共同的分类类别是——自然力,试比较 Ветер хлопал дверью—От порывов ветра хлопала дверь。

背景使役者并非在声响动词的所有意义中都存在,当动词表示性能时,背景使役者在上下文中不出现：Дверь скрипит, надо смазать,而在上下文 Дверь скрипит от малейшего прикосновения 中,скрипеть 表示过程,而非性能。

我们可以把不带背景使役者的过程意义视为语义衍生角色合并的结果,即裂价的反方向变异：(Апресян 1974)

⟨Каузатор-Сб, Источник-Периф⟩⇒⟨Каузатор-Источник-Сб⟩

例(146)中"积极"过程(不带背景使役者)意义的产生是由于句子带有主体

本身包含的声源参项,(或者主体就是声源,它自己好像就能达到这种积极的状态)。这种主体可能是一种用来发声的装置,也可能是活物。

(14) а. Ваня звенит ключами;

б. Звенит звонок; Звенят цикады.

3.4 参项分类类别的变化

动词意义的变化也可能是主体—参项分类类别的变化造成的。下文中,箭头→表示初始意义参项与派生意义参项分类类别之间的相互关系。

1) 物质客体→声音

(15) а. Посуда гремит [过程]；　　　б. Гремит музыка [存在意义].

这种变换的结果是动词产生了存在意义。存在意义词位中所有与声音产生有关的要素都退居到背景中:由动词句法题元表示的声音已经存在,要素'观察者听到声音'来到前台,这就足以证明动词表示存在意义。

声源与声音间的换喻关系十分密切,以至于在违反最普遍性质规律(参见Апресян 1974：186)的情况下,一个词的这两种意义在句中可以同时出现(Д. Шмелев1973：220曾阐述过这种具有换喻性联系的意义出现的可能性)。在例(16)中,相对谓语бередит,пианино表示的不是乐器,而是声音,因为只有声音才能作用于人的听觉,但是разбуженное属于工具类[①]。

(16) Одним пальцем разбуженное пианино бередит слух.

2) 声音→事件/过程(被声音伴随)

(17) а. Гремит музыка; б. Гремит выстрел.

在(17a)中主体是声音,动词的意义表示发出特定声音的过程的存在。在(17б)中主体是伴随有声音的事件。所以句子不仅表示声音存在,还有其伴随的过程。例(18)与此类似,显然,在寒冷的风雪中走路时,会伴随着清脆的响声:

(18) Морозно, остро пахло зимним лесом, а на безвестных станциях вдоль эшелона хрустели торопливые шаги.

参项分类类别的变化要求调整过程动词的释义公式:(Апресян1980：86; Баранов, Плунгян, Рахилина1993：9)如果过程主体是专门用来发送信号的装置,那么声音的发出就具有符号目的(звенит будильник, звонок; звонит колокол),在释义中,还应该给要素'观察者听到声音'补充'观察者领会信号'要素。释义发生变化的还有以装置或工具为主体的上下文,其声音的发出表明某一过程的进行(скрипят перья, трещит пулемет)或某一事件的发生(щелкнул курок)。

[①] Перцов(1996)曾经研究过这种意义叠合的问题,并举出他在 1988 年曾举过的一个例子:Через край полная аудитория была неспокойна и издавала глухой, сдавленный гул(Герцен. Былое и думы), аудитория在这里叠合了两个意义:'地点'和'位于该地点上的人'。

第四节　隐喻和换喻派生：在情景中纳入非固有参项

声音的发出可以视为声音朝向观察者的运动——产生对观察者的情景指示定位。在这种情况下声源的位置可以理解为运动的起点。这样，非自身的起点参项就被纳入情景中[①]：

(1) Откуда-то <u>сверху</u> гудит колокол; Колокольчик звенит <u>издалека</u>.

声响情景的参项可能构成部分与整体的关系，从而为换喻派生创造了条件。例(2)发出声响的其实不是烤炉，而是烤炉里面的，或者是其组成部分——柴草：

(2) 〈...〉Веселым треском / Трещит затопленная <u>печь</u>（Пушкин. Зимнее утро）.

例(3)也可以给出类似的解释，其中(а)和(б)参项之间是容器与内容物的关系：

(3) а. Магнитофон гудит; б. Вся квартира гудит 〈от этого магнитофона〉.

借助换喻迁移，说话人将房子当成了统一的声源，(36)中动词гудеть表示常规的过程意义（带有背景使役者）。

概括而言，声响情景的"固有"参项——部分和容器——有可能成为这种情景的非自身参项，也就是在初始用法中不出现，但出现在派生用法中。如例(4)，因为琴弦是吉他的一部分，струны就是(4a)情景中的潜在参项；而在(46)中成为了外显参项。звенеть的意义没有变化，但两个观念化情景之间的区别仅仅在交际层面上，关注焦点发生迁移：物体从暗处转移到明处：

(4) а. Звенела гитара; б. Звенели <u>струны</u> гитары.

由此可见换喻迁移对于情景观念的重要性。例(5)中，(а)和(б)之间的意思差别更为明显：

(5) а. Он судорожно хрустел бумажками;

　　б. <u>Правая рука</u> его судорожно хрустела бумажками（МАС）.

有生命的主体总有存在控制情景的可能性——动词的意思不会排除这种可能性，如果主体身体的部位充当主体，可以使运动变成单纯的不可控行为。

例(6)意义的形成也来自这种"部分→整体"的换喻衍生，但它涉及的不是普通参项，而是观察者：

(6) Ее голос до сих пор звенит у меня в <u>ушах</u>.

通过观察者的听觉感知，也就是用耳朵来感知，内包参项уши暗含在于所有声响动词的释义中。

[①] 将感知动词隐喻观念化为运动动词详见Talmy（2000：99）。

例(7)中的换喻迁移涉及的两个参项(其中一个是另一个的一部分)同时出现：

(7) Броненосец грозно скрежетал якорными канатами.

参项броненосец可理解为双重角色：

解释1：броненосец 是作用于声源канаты的使役者，这时скрежетать表示过程—使役意义；

解释2：броненосец 是广义的声源，如(36)中的квартира，声音并非来自于绳索，而是整个装甲舰(如同(3a)中的магнитофон，канаты仅仅是声音最集中的地方)。动词скрежетать 表示由外在背景使役者驱动的过程意义。скрежетать在例(7)中的角色配位可以表征为持有短语裂解的结果，也就是带有外在持有者结构，见例(7')：

(7') Якорные канаты броненосца [или: на броненосце] грозно скрежетали.

这时，例(7)与(7')的同义性可以精确到交际结构。

这两种解释间的差距会在一定的上下文中突显出来，例(8a)中强劲的声音来自发动机，而(8б)中则是摩托车。

(8) а. Неисправный мотор мотоцикла злобно тарахтел.

б. Мотоцикл злобно тарахтел неисправным мотором.

这样看来，使役性解释例(7)更为合理，因为装甲舰是交通工具，它好像自己能够做运动，而交通工具的一部分可视为受整体影响的单独实体。如：

(9) Поезд, скрежеща тормозами, остановился;

Танки двигались к вокзалу, рыча моторами, скрежеща гусеницами.

主体的"使役能力"越弱，就越难以对动词进行使役性阐释。在例(10б)中，整体(лодка)并未作用于部分(днище)，动词的范畴是过程：

(10) а. [Днище лодки] скрежетало о камни;

б. [Лодка] скрежетала [днищем] о камни.

在这里(a)和(б)实际上是同义的。类似的同义现象还有例(11)：

(11) а. [Конец весла] задел подол ее платья;

б. [Весло] задело своим [концом] подол ее платья.

在例(12б)和(13б)中，主体明显不是使役者。相对于声源(组成部分)来讲，它作为整体可以被理解为广义的声源，即通过换喻迁移引入情景中的参项。动词表示过程意义：

(12) а. [Ветки деревьев] слабо звенели;

б. [Деревья] слабо звенели [ветками].

(13) а. [Стремена конной статуи] звенели;

б. [Конная статуя] звенела [стременами].

人体部位的名称可以被视为单独的实体并且受到作用(也就是成为声源，

这时人就成了使役者),并且只是作为人体的一部分。这样就有可能对(14б)有两种理解:больной可以是发出声响的使役者,зубы是声源;或者больной还可以视为广义的声源:

(14) а. [Больной] скрежетал [зубами];

б. [Зубы у больного] скрежетали.

对工具格的解释取决于动词语义。例如,在动词свистеть表示的情景中,如上文所述,并非是工具发出声音,而是处所。所以在例(15)中主体是广义的声源,而工具格则表示的是其积极部分,即处所:

(15) Старик свистит всей грудью [когда дышит].

从这些例子中不难看出,裂价是换喻性偏离,它改变了情景观念中的焦点分布。如果充当主体的参项能对情景哪怕有些许的控制,转换后意义的差别会更明显。阿普列相认为例(16а)的шелестеть属过程—使役范畴,而在例(16б)及(17)中它可能是过程—使役范畴,也可能是活动范畴:

(16) а. Платье на красавице шелестело;

б. Красавица шелестела платьем [возможно, чтобы обратить на себя внимание].

(17) Собака шла через зал; стуча когтями по паркету; Танцоры стучали каблуками в такт музыке.

但在例(18)中,стучать的两个角色配位间的意思差别达到最小化:

(18) а. Тут Маргарита взволновалась настолько, что у нее застучали зубы и по спине прошел озноб (ММ).

б. Его затрясло, тело его наполнилось огнем, он стал стучать зубами и поминутно просить пить (ММ).

第五节 动词звучать的研究

最后我们探讨一下动词звучать,其初始意义是声响动词,但其派生意义却广泛表示其他主题类别。

以下我们研究звучать这个词的意义层级系统[①]。所谓的"说明"栏目中标明了所给意义是如何同之前意义发生联系的.

звучать 1а, устар. — '人К作用于物质客体并发出声音':

Наш брат [К,] звуча цепями [X], ссыльный / Под ним сидит, обритый, пыльный (Некрасов); Отряды конницы летучей, / Браздами, саблями звуча, / Сшибаясь, рубятся сплеча (П.).

---

① 该小节中的例子大部分摘自互联网。

说明:звучать 1а — 聚合体的初始词语①。

звучать 1б [关于声源] — 'X发出声响Z；观察者听到声音':

(1) Как звонко под его копытом /Земля [X] промерзлая звучит!(П.)；
Звучат ключи, замки, запоры（П.）；звучали, перестукиваясь, буфера.

说明:звучать 1б是звучать 1а的派生词,如同去使役化词语:звучать 1а中占据主体地位的声响使役者处于话语外。

这时参项Z звук成为内包参项。

词位звучать 1б可用于表示声源的性能,(звенеть与其他声响动词都有这样的意义):

Рояль в этом зале не звучит[т. е. звучит плохо] = 'звучание рояля плохое'；
Комплект [пластинок] звучал очень хорошо, но не могу сказать, что его звучание было выдающимся.

звучать 2а[关于声音/过程] — '在t时刻存在声音Z/伴随声音Z的过程正在进行；观察者听见声音':

Сзади нее звучали шаги [Z]；
Цоканье подкованных каблуков звучало еще громче, чем тиканье часов；
Старинные, знакомые мотивы / Порой вечернею откуда-то звучат （Плещеев, МАС).

说明:звучать 2а是звучать 1б的派生词；主体发生范畴偏离:звучать 1б中主体为声源,而在звучать 2а中主体为声音本身。

在例(2)中звучать 2а不像例(1)中的 1б,земля（промерзлая）本身就是声源,而在例(2)中声源则是被砍伐的树,所以топор是声响的换喻式表达,而不是声源的直接表达：

(2) Топор звучал все глуше и глуше.

在性质副词上下文中,动词可以理解为表示行为方式的名词,如песня звучала глухо='звучание песни было глухое',这是动词意义在副词上下文中的典型变化。

звучать 2б [关于言语作品] — "t时刻说出语篇Z；观察者听见并理解Z":

Много слов [Z] взаимной благодарности звучало на торжественном вечере；
Надо ли говорить, сколько шуток, каламбуров и острот звучало во время пленарных заседаний；

---

① 初始词位的选择是基于结构性思想:"发声"意义为звучать提供了最典型的参项语义角色和句法地位之间的相互关系。

第八章 声响动词的规律性多义聚合体

Он вдруг стал вспоминать, что звучало по радио в то время.

说明：звучать 2б 是 звучать 2a 的派生词；主体发生分类偏移：звучать 2a 的参项 Z 是非言语性声响。

词位 звучать 2a 和 звучать 2б 都可以与表示地点、时间和持续的状语搭配，甚至和声音隐喻性运动的起点搭配（即声音从何而来、在何方、在何时等）：

Само слово "скандал" [Z] практически не звучало с экрана телевизора.

речь 属声响/过程类别，也属言语作品类别，所以在例(3)中 звучать 可以理解为 звучать 2a 及 звучать 2б：

（3）Консул жалеет, что с новосибирского телеэкрана не звучит украинская речь.

звучать 3а [关于言语作品,符号] — "观察者将(由 A 创作的)语篇/符号理解为 Z"：

Его вопрос [R] звучал упреком [Z];

Однако русские имя и фамилия звучали заклинанием;

Это высказывание в устах Пал Палыча звучало как похвала.

在例(4)中 колокола' 换喻性地代替了 звон колоколов：

（4）Колокола звучали как напоминание.

在 звучать 3а 中，参项 Z 分解；产生了能指 R 和所指 Z。

звучать 3б — '观察者认为(由 A 创作的)语篇/符号表达了 Z'：

В его вопросе [R] звучал упрек [Z]; В этих словах звучит недоверие;

Сколько сарказма [Z] звучало в новогодних поздравлениях [R]!

说明：звучать 3б 是 звучать 3а 的逆义词，试比较 В ее словах звучала угроза 和 Ее слова звучали как угроза.

звучать 4——"是/似乎"；"观察者觉得(由 A 创作的)语篇/符号好像(或是)Z"：

Индивидуализм стал массовым явлением, как бы парадоксально [Z] это [R] ни звучало;

Звучит солидно, но не очень понятно;

Твое предложение звучит привлекательно = "似乎很吸引人";

Наверное, мой вопрос звучит наивно = "在 N 看来很幼稚";

Его доводы звучали убедительно.

动词 звучать 只是充当主体与副题元之间的系词。

звучать 的'быть / казаться'意义出现在副词性上下文中，这些副词表示观察者(更准确的说，是意识主体,详见 Падучева1996：280)对事情本质的看法，而不是对"звучать"字面意义的看法，即对所指的看法，而不是对能指的看法。在该意义中观察者可能体现在表层结构中：

По его мнению, это предложение звучало бы для жителей запада [N] более привлекательно.

在19世纪，动词звучать还可以像звенеть一样用作声响动词，表示过程—使役范畴。现代俄语中这种用法已经过时。现在звучать是слышать独特的逆义词，即звучать 16同звучать 2а, 6一样，大致相当于'слышаться'. 之所以称为"独特的逆义词"，是因为звучать有感知者，也就是有受话人，就像观察者一样位于话语外：

（5）а. Я слышу смех, крик, соловья [体验者为主体]；

　　б. Звучит смех, крик, соловей [体验者在话语外，观察者].

词位звучать 26在现代俄语中经常用于描述言语情景，即言语主体参项出现的情景。这样一来，звучать不仅可以表示'слышать'，还能表示'говорить'，即说出话语或用话语表达出某种意思，也就是让周围人都能感受到。其奥秘在于，动词звучать没有言语主体的句法地位，只好利用参项 R（即言语作品[①]）来弥补звучать的这个不足。言语主体，即说出话语并表达思想的人可以用名词性组合中的生格词或领有词表示：

（6）Это звучало в субботу в заявлении [Z] Юрия Михайловича [автор Z-а].

言语主体的另一种表达形式见例（7）和（8）：

（7）Похвалы [Z] в честь любимого издательства из уст ребятишек [автор Z-а] звучали наиболее торжественно；

（8）В его устах [автор Z-а] слово "стадо" [Z] звучало совсем иначе, нежели в наши дни.

звучать 2а的上下文中，声音是非言语性质的，就更有可能将施事表达出来：

Романсы звучали в исполнении солистки областной филармонии；

В большом читальном зале звучали песни на его стихи в исполнении лучших певцов；

Во второй части концерта звучали песнопения знаменного распева, исполненные тем же хором；

Драматично звучало у нее[='в ее исполнении'] "Вниз по Волге-реке".

存在一个特例，这种受限制并被排斥到后台的言语主体甚至可以由说话人自己来担当：

[①] Зализняк(1991а, 2000)曾研究过动词говорить语义中的言语作品参项（或篇章参项），并将其视为内包参项。但是，有例外：сказал в своем ответном слове.

Это звучало и в моем выступлении.

звучать排斥说话人是因为言语情景是从受话人的角度来表征的，但受话人被留在了话语外。

言语作品参项可以用来"解释"звучать 3а和звучать 3б，描述它们在звучать意义系统中的地位。这些词位表现了符号（特别是言语作品）的能指与所指之间的关系①。例如，звучать 3а是выражать的逆义词，这是一种特殊的逆义词，因为выразить的感知参项可以用句法题元表示出来，而在звучать中，它位于话语外。换句话说，感知者在выразить拥有句法地位，而在звучать中，它只能是观察者：

В своем вопросе [R-Периф] он [A-Сб] выразил нам [N-Дат] упрек [Z-Об] ⇒ Его вопрос [R-Сб] звучал упреком [Z-Периф].

звучать 3б并不像звучать 3а那样把参项 R 放在主体地位，而是放在边缘位，所以звучать 3а接近于'выражать'，而звучать 3б接近于'выражаться'（所以звучать 3а与звучать 3б表现为逆义词②）：

Он выразил [A-Сб] нам [N-Дат] в своем вопросе [R-Периф] упрек [Z-Об] ⇒ В его вопросе [R-Периф] звучал упрек [Z-Об].

звучать 3а和звучать 3б表现的意义派生与动词видеть的相应意义进行对比会有收效。表达听觉感知的звучать 1б, звучать 2а, б与表示对发声客体认知的звучать 3а, б之间的相互关系如同видеть的常规意义与видеть在句子 он видит во мне конкурента中意义的相互关系类似，对此阿普列相（1996）有以下说明：

А видит в Y-е Х =
'человек А имеет в создании образ Y-а, наделенный свойством X'.

звучать 3а的角色配位拉近了звучать与выглядеть之间的距离：两者的感知对象都通过主体表达，而感知者位于话语外。而听觉感知意义的消失使звучать 4实际上与выглядеть同义，并不令人奇怪：

Его предложение звучало /выглядело следующим образом.

звучать 2а也可以挥发，例如звучали песни是指表演了歌曲，唱过歌，概括而言是指歌曲像声音一样存在过（所以звучать是生格动词，详见第九章第3节）：

В этих выступлениях еще не звучало настоящей критики = 'не было';
Помимо авторских песен, звучали известные песни Александра Розенбаума.

使役动词озвучить的意义扩展与звучать类似：

---

① Зализняк(1991a)将这种表示符号能指和所指之间的相互关系的意义称为符号意义。
② 另一个将言语作品放在核心位上的动词是гласить.

Лужков озвучил мысли президента по поводу Чубайса; Антон Носик озвучил свои планы по развитию Рамблера; Председатель горизбиркома на заседании комиссии Городской Думы озвучил несколько фактов грубейшего нарушения закона.

звучать 3а, 3б的范畴属相互关系（区别于之前的所有词位），所以它们的未完成体都不具有当下持续意义。

因此，动词звучать是作为声响动词（звучать 1а）展开了语义发展的路程，然后变换为感知动词（звучать 1б和звучать2а, б是слышать的逆义词），继而进入到言语范畴中（звучать 3а, б），最终以意义的挥发结束，与声响的联系也完全中断：这时звучать的意思接近于выглядеть和быть（关于выглядеть与быть之间的联系详见НОСС2000）。

由于动词звучать细致入微的角色配位和分类前提，经常会出现不太准确的用法。因为звучать的言语主体没有句法地位，那么它就不可能有其他言说动词所固有的一系列搭配，例（9）和（10）中的что和о чем就不合规范：

（9）Часто в обсуждениях звучало, что без Тарасова не может быть качественного поединка.

（10）Есть проблемы и в самом игорном бизнесе, о чем звучало в выступлении Иванова.

我们已经说过，звучать 2б的主体是言语作品，而不是意思。所以例（11）—（13）语义异常，因为сведение, заявление, вопрос是言语内容，即所指，而非能指：

（11）*удалось в 10-дневный срок опровергнуть сведения, которые звучали в программе "Итоги".

（12）*на нем [собрании] были сделаны заявления, которые еще не звучали в Москве.

（13）*ответить на вопросы, которые часто звучали в последние дни.

表示说出或听到语篇或语篇片段的副词并不总是能和звучать搭配，例（14）和（15）的表达就不符合规范，сокращенно只可以修饰произносить，четко可以修饰говорить，只能用отчетливо来修饰слышать：

（14）*Его имя сокращенно звучало как Мор или Мавр;

（15）*Обращение "товарищ маршал" над площадью звучало не менее четко.

当然，搭配"继用"原则并不总是能准确预测。我们并不认为这个大家都熟悉的句子是异常句：Человек—это звучит гордо，尽管它应该被理解为'слово человек произносится с гордостью'.

综上所述,动词звучать的语义衍生表现得非常独特。在初始意义为非施事的情况下,它被用于应该有施事主体出现的言语情景的观念化中。

与突显言语主体动词говорить所不同的是,звучать将言语作品放在首要的核心位置,而将其作者放在暗处。

动词звучать的语义是言语发出者(主体)与言语感知者交锋的阵地:胜利者是受话人,因为位居前台的是对言语的听觉感知,但这时受话人参项在动词的题元结构中并不占据优势地位,他位于话语外,这是因为звучать的受话人也没有相应的句法位。

在表示言语情景时,根据自己的初始意义,动词звучать强调的是其发(声)要素,常规情况下,言语仍以内容的表达为已任。当言语主体换喻性地替代其言语作品时,强调发(声)要素来削弱内容要素这一现象就表现得更为明显:言语主体占据句法主体位,却屈就发挥无生命发声物体的功能:

Кто разборчивее звучит, того и слышат;

Собеседники звучали теперь, как люди, разуверившиеся в прогрессе.

从整体而言,动词звучать的意义构造的有趣之处在于,它表明沿着语言词汇系统典型的语义(换喻)衍生链条前进,我们会有长足的进展。

第九章 存在动词与生格主体

第一节 存在与方位

阿鲁玖诺娃和希里亚耶夫(1983)论述了存在句和存在动词,对存在意义和方位意义进行了对比,方位意义中存在构成一种预设。

在第二节中我们将分别从主题类别、分类范畴、主体的指称状况、参项分类类别、各参项句法的必备性、否定语境中的运作、交际结构等角度来研究动词находиться, присутствовать, иметься, существовать。我们将表明,这些参数将为这些动词提供一把独特的标尺:标尺的一端是方位动词(находиться),另一端是存在动词(существовать)。而其他动词则平均分布于这两极之间,因为存在动词与非存在动词之间并没有明确的界限。

然而,存在动词确定自身主体的存在,并对立于多数以主体的存在为预设的动词,确定这类动词无疑是有意义的。

存在动词的共同特点是它们都是静态词,它们或表示状态,或表示事变(状态的出现)。其一整套参项中固定不变的是地点和"存在客体"(该术语出自Арутюнова, Ширяев1983;而在Борщев, Парти 2002称为"事物"(Вещь));如果用美国的术语,如Jackendoff 1990:51,它的语义角色应称为主位(Тема);但实际切分理论中主位—述位的对立对存在动词尤为重要,所以我们不会通过角色来命名参项)。

存在动词的一个显著特征是允许在否定句中出现生格结构,主体为生格的结构。我们在第三节中将论述该结构,同时会指出,否定句的生格结构不仅标志着对存在/在场的否定(Денег не осталось),而且标志着对感知的否定(Следов его присутствия не обнаружено)。在许多情况下并不清楚是哪种否定,因为(正如我们在第二部分第一章所述)存在与感知之间通过规律性多义联系,动词意义的相关要素很容易相互转化,我们经常会难以确定存在还是感知,例如Желающих не появилось。

说明:带生格主体的句子是否是无人称句,生格主体是否是主语,这些问题我们留作开放性话题。应当指出,自反化时生格主体的表现与原型主语不同,参见Chvany(1975:134)的一个著名的例子:(a)Иван не был в своей комнате; (б) * Ивана не было в своей комнате. 我们认为主体是不存在否定时被主语表示的参项(即Падучева 1985:182中的语义主体),因此动词的被动态和人称形式的主体是不同的。

研究动词быть的第四节为本章做出了结论。初看上去，这个动词会推翻我们对生格结构的语义与指称存在关联的认识，因为быть的生格结构在其表示方位（位置）的语境也可能出现，因此事物参项的存在构成预设而且不被否定，Меня не было дома; Моего паспорта в сумке нет; Иванова нет в Москве. 我们对这种生格结构进行了描述，以消除动词быть表相的特殊性。

生格主体不仅可以通过存在要素产生，也可以通过感知要素产生，这一点毋庸置疑。正是这个感知要素能够解释быть用于方位意义时的生格主体：быть用于方位意义的情景中，生格结构标志着观察者的存在，他意味着事物不在地点（或意识主体，地点进入其"私人空间"）。这样一来，быть进入感知动词的类别，类似于第三节中描述的обнаружиться, наблюдаться等词语。

还有一种情况对了解быть生格结构的运用条件很重要，即быть的非存在用法可以分为两种词汇意义：быть 1，静态意义（Я был дома/в Москве和Меня не было дома/в Москве），和быть 2，能动意义（Я был вчера у Ивановых，即'пришел, побыл и ушел'，否定句中带主格主体，Я не был вчера у Ивановых）。词位быть1表示被动参项的方位，而быть2表示主动参项（施事者）的移动。生格结构不用在быть 2中，这很好理解：生格结构与动词的能动性不兼容。

从1999至2002年期间，在国家科学基金项目《词汇语义及其构造的整合研究》（项目编号№ BCS-9905748）框架内，由Б. Х. 帕尔基主持召开的研讨会上，曾热烈探讨过本章的内容，许多例句和表述的明确应归功于以下学者：帕蒂、博尔晓夫、拉希丽娜、基斯捷列茨。

第二节　动词быть及其同义词：
находиться, присутствовать, иметься, существовать[*]

将动词находиться, присутствовать（与其反义词отсутствовать）、иметься和существовать归在一起是因为它们可以视为动词быть的同义词。它们的区别首先在于交际能力，即预先指定用于某种交际结构[①]的句子。相应地，这些动词的交际结构记录在其词位意义中（虽然一般动词的交际能力是很广泛的）。

该组动词已成为研究关注的对象，帕杜切娃（2000）以及沙都诺夫斯基（1996: 133-171）揭示了находиться与существовать语义中重要的共同要素。但是在后一部著作的研究并没有特别关注词典学的需要。我们打算这样表述

---

[*] 本节曾发表于论文集Chrakovskij（2001）。

[①] 关于句子的交际结构——主位—述位结构参见Bogusławski（1977）, Hajičová, Partee, Sgall（1988）, Янко（2001）, Mel'čuk（2001）。

这些词的语义信息,以使其能在词典中寻得一席之地:至今许多存在动词的重要研究(Арутюнова 1976, Селиверстова 1975, Арутюнова, Ширяев 1983 及其他著作)在某种程度上仍处于词典与语法的夹缝中。

上述动词表示的是带两个必备参项的情景,其一用主语来表达,其二用方位格来表达。相应地,我们将这两个参项称为事物参项和地点参项。

这些动词的语义由两种关系决定——方位关系和部分—整体关系①。方位可以表征为暂时的部分—整体关系(Тифлис на Кавказе 表示 Тифлис 是高加索的一部分,而 Мяч в воротах 表示球好像暂时成为球门的一部分),这时事物参项的存在反映了一个事实,即事物参项是现实世界的组成部分,因此这五个动词形成了一个自然的整体。

既然 быть 可以作为上述动词的同义词,它就应该引起注意。不过动词 быть 除了可以表示方位、在场、存在之外,还可以表示许多其他关系:元素—集合关系(Среди его друзей есть бизнесмены),拥有物—拥有者关系(У Юдиной была комфортабельная дача),客体—性能关系(У него есть талант),客体—状况关系(У нее был грипп),或许还有其他关系等。表达这些关系的动词以及用于这些意义的 быть 不在我们的研究范围之内。

正常情况下,方位关系将两个指称上独立的客体联系了起来(参见 Падучева 1985:151 中指称依赖的概念),比如球和球门,或者 Тифлис 与 Кавказ:一个是事物参项,一个是地点参项。但是:

(1) У Ефросиньи есть седые волосы.

例(1)句法题元与情景参项的对应关系更加复杂,前置短语完全不表示地点,而是由表示事物的名词性短语构成的论元,它表达的不是方位关系,而是部分—整体关系,它联结的不是 седые волосы 和 Ефросинья,而是 седые волосы Ефросиньи 和作为整体的 волосы Ефросиньи。因此,事物参项与地点参项指称上的独立性是区分 быть 方位意义与其他意义的一条重要标准。

为了便于对不同动词进行对比研究,我们将按统一格式对其进行描写。

首先,揭示词位释义中的基本语义要素,哪怕其中之一都能确定词位的主题类别归属。释义要素应能够区分动词基本的、初始的及派生的意义(派生意义还可以通过分类范畴及其他参数与基本意义区分开来)。此外,还将指明:

1) 动词情景各参项(题元)的指称(所指)状况;
2) 各参项的分类类别,补充参项(除事物参项和地点参项外);
3) 各参项的句法地位;
4) 动词的分类范畴;

---

① 将方位关系归为部分—整体关系的研究参见 Wierzbicka(1972:93)。

5) 动词的交际能力,即多种交际(主位—述位)模式的集合。

对上述每个动词的描述都会止于对动词быть用于该意义的注释(关于动词быть的意义参见Апресян 1995: 503-537)。这可以是现在时形式(零位形式或非零位形式?),否定形式(一般的还是合成的形式?)等等。通常来说,对上述某个实义动词适用的,在相应意义上对быть也适用;但быть也可能有自己的特性,这需要单独进行说明。быть与其相近的实义动词的区别即便是纯语义上的,也总是存在。哪怕它是实义动词唯一的意义,而对быть来说只是众多可能意义中的一种(所以出现了被维日彼茨卡称为共鸣现象的情况),构成"实义"动词部分意义的要素在быть中很大程度上取决于具体语境。当然,我们试图区分动词быть的语境意义与动词本身意义,但目前还没有相应的方法。

2.1 находиться; быть用于находиться意义

(1) Воланд, по своему обыкновению, находился в спальне, а где был кот — неизвестно (ММ);

(2) Собака все время находилась при мне.

语义:

要素Ⅰ."事物似乎暂时作为地点的一部分"。

находиться的引申意义见例(3):

(3) Тифлис находится на берегах Куры; Манагуа находится где-то в Южной Америке.

此处释义简化为要素"事物是地点的一部分"。相应地,该词位的分类范畴是固定的相互关系。

对находиться基本意义描写。

参项的指称地位。事物参项一般具有确定的指称,见例(1)。它也可以没有确定的指称,如同例(4a-в),但不能是非指称的(如同существовать)。任何情况下动词находится的意义都有事物存在的预设:

(4) а. В небе находится неопознанный летающий объект;

б. На одном из верхних этажей здания в это время находилась уборщица, которая и предотвратила пожар;

в. Какая-то черная собака находится у вас на участке.

这对地点参项也是适用的,一般情况下这个参项有确定的指称,见(4в),但也可以是不确定的,见(4г):

(4) г. Они сейчас находятся где-то на севере.

参项的分类类别:事物参项为局限于空间的客体/实体;地点参项为空间的一部分。

句法特征。无论对находиться还是对быть而言,在用于'находиться'意义

时地点在句法上是必需的,虽然对其他动词来说地点参项可以回指省略,如例(56),或是指示性省略,如例(5в):

(5) a. *Я тоже находился; б. Я тоже присутствовал; в. Имеются пирожки.

分类范畴。动词находиться初始意义的分类范畴表示暂时的状态,如例(1)、(2),因此有"当下的"时间变异因子,见例(4г)中的сейчас。

交际能力。对于находиться的初始意义而言,主位交际模式是主要的,即事物参项做主位,见例(6)。也可能是述位调型,这时事物参项做述位,见例(7)(下面的图示中用字母V代表动词,T和R分别代表主位与述位)。

(6) Ельцин находится в Екатеринбурге: [Вещь + V]$_T$ [Место]$_R$

(7) В Москве находится сейчас кардинал Люстиже: [Место + V]$_T$ [Вещь]$_R$

当然,在选择带находиться的句子合理的交际模式时,要注意事物参项的指称地位,但是交际结构并不一定能被事物参项的指称地位准确预测出。例(4в)中事物参项不确定,但它构成主位。

动词在这两种模式中都构成主位,有一条不容置疑的规则,即动词находиться,包括быть用于'находиться'意义时,不可能成为句子的单独述位。一般来说,находиться不可能有句重音落在动词上的用法。比如,用于一般事实意义时:

(8) *Ты когда-нибудь находился в Казани? (摘自Падучева 1996)

显然,在находиться的释义中包含一般公理性要素,但在这种情况中该要素化为现实:'作为物质本体的事物参项应位于某地',它保证动词构成主位内容。

由于находиться不能做述位,所以,对带此动词的句子不能进行一般否定。比如,例(9)不能用作例(6)的否定句,它仅限于论辩语境:

(9) Ельцин не находится в Екатеринбурге.

该特征将находиться与该组的其他动词区别开,后者在句子中倾向作述位并适用于一般否定句。

быть用于находиться意义

词法。用于находиться意义时,动词быть具有现在时的零位形式:

(10) Отец сейчас, наверное, ø в банке.

指称。用于находиться意义时,быть与находиться相比,尤其要杜绝各参项(既指事物参项,也指地点参项)的不确定性:

(11) a. *Что-то на столе; *Кто-то в комнате[①]; б. *На столе что-то.

(11') a. *Чайник где-то; *Иван где-то;

[①] 过去时中,如在句子В комнате кто-то был中,быть用于另一个意义——存在意义,参见第四节。

б. *Где-то чайник; *Где-то Иван.

像(11б)类型的句子,如果加上есть或是别的存在动词就成立了(В холодильнике что-то есть),但此时быть不表示方位意义。

否定。быть用于'находиться'意义时没有好的一般的否定,否定句(13)对应的肯定句是什么样的,我们稍后加以解释,(12б)只有在对比性语境中才能成为(12a)的否定句:

(12) а. Иванов в Москве; б. Иванов не в Москве\.

(13) Иванова нет в Москве.

说明:有一点对理解地点状语否定句极为重要,即状语是否是预期的(包括一般的)事物位置/方位,或简单某个地方。带一般(或预期)地点状语时,如дома, здесь, в Москве[для москвича],对句子的否定可以构成一般否定句,不存在对比。而其他状语则不是这样。(а)和(а')间的区别就得到了解释:

(а) Маша была не дома (а также Маша не здесь; Я не дома).
(а') Маша была не в Киеве (а также Маша не в Киеве; Я не в Киеве).
(а') 句或被理解为论辩语境中的插入句,或是用来对比(即要求进一步明确),或是其他句子。而对(а)句的理解则非如此,它们本身被理解为一种信息,同时如同(а')句,给受话人一种不快的感觉,也可能这种感觉是说话人有意造成的,他有更明确的信息,但并不想说。奇怪的是,预期的地点状语会要求带句重音,例如:

(б) Иванова не было в Москве\; Меня не было дома\.
(в) Иванова не \ было в Киеве.
(в) 中重音通常落在动词上,而在预期地点状语中,见例(6),重音移到状语上。显然,句末重音表达的是动词与状语组成了统一的意思组合。

所有表示固定位置的动词都回避否定语境,如例(14a)很自然,而例(14б)则不自然,甚至例(14в)也与(14г)不同,它令人怀疑:

(14) а. Мой дом стоит на горе;
б. Мой дом не стоит на горе; Мой дом стоит не на горе;
в. ?Где стоит твой дом?
г. Где стоит твоя машина?

动词помещаться, располагаться, расстилаться与находиться一样,无重音(显然,依据的是上文提到的公理)。

超音质特征。быть用于'находиться'意义时,也有находиться本身具有的两种交际模式,例(15)构成主位模式,例(16)构成述位模式:

(15) Собака во дворе.
(16) Во дворе злая собака; На полу окурки.

与находиться一样,быть用于'находиться'意义时,不能使用未完成体过去时的一般事实意义，在例（8）中，动词быть的意义更像是'посетить'，而非'находиться'，参见第四节的内容。

2.2 присутствовать; быть用于присутствовать意义

（1）На собрании присутствовали все члены кооператива.

（2）Он присутствовал на дуэли в качестве врача.

语义：

要素Ⅰ：事物位于地点。

要素Ⅱ：事物参与在地点举行的活动。

例（3）中表达了присутствовать的次要意义：

（3）В растворе присутствуют примеси.

此处要素Ⅰ挥发为Ⅰ'：事物是地点的一部分，而要素Ⅱ消失。相应地，该词位的分类范畴是固定的对应关系。

基本意义描写。

参项的指称地位。 与находиться相同，事物参项通常指称确定，见例（1）、（2）。它也可以是不确定的，见例（4），但不可以是非指称的，这是присутствовать与существовать的区别。присутствовать的意义包含事物存在预设：

（4）В зале присутствуют иностранные гости.

参项的分类类别。 补充参项。присутствовать表达初始意义时，事物参项必须是表人的。补充参项（与находиться相比）是举行的活动参项（可以是出席讲座、课堂、会议、婚礼、戏剧、音乐会、排练等形式的行为，它要求主要参项和次要参项；动词участвовать也需要这样的名词分类类别），参见第一部分第四章有关Мероприятие参项分类类别的描述。可能还有一种补充参项，角色参项（举行活动中的事物参项），见例（2）中的в качестве врача.

句法。 地点参项在句法上不是必备的，可能会省略，不仅是语境省略，也可能是情景省略，参见2.1节中的例（5a）。地点参项与举行的活动参项很难兼容在一个句子中。沙都诺夫斯基（1996:164）曾明确指出了句子的异常现象：

（5）Соня присутствовала в зале при укладке хрусталя и фарфора(Т.).

应当说находилась в зале во время укладки，或者присутствовала при укладке，或者可以是присутствовать в зале во время укладки. 地点标记在присутствовать中换喻性地指举办在该地的活动，因此присутствовал в зале, в классе没有丝毫异常。

分类范畴。 动词присутствовать初始意义分类范畴是临时状态（与находиться相同），参见例（1）、（2）。但是，持续性标记与присутствовать搭配受限的原因并未完全明朗，它不应出现在临时状态中：

（6）*два часа присутствовал на собрании　присутствовал на собрании в течение двух часов.

（7）*уже два часа присутствует на собрании（试比较正常句 уже две недели болеет）.

交际能力。присутствовать 初始意义基本模式是述位交际模式，即事物参项作述位，见例（8）；也可以是主位模式，此时事物参项是主位，见例（9）：

（8）На лекции присутствовал Иванов: [Место]$_T$[v + Вещь]$_R$

（9）Иванов присутствовал на лекции: [Вещь]$_T$[v\ + Место]$_R$

动词总是述位的组成部分，如果 находиться 总是位于主位，那么相反，присутствовать 则更经常充当述位，甚至在有对比的情况下，可以独自构成述位，见例（10a）；动词作为主位的模式（10б）需要强有力的语境支撑：

（10）а. Кое-кто / | на лекции присутствовал \: [Вещь]$_T$[Место + v]$_R$;

б. На лекции / присутствовал | Иванов \:[Место/ + v]$_T$[Вещь]$_R$.

这样，находиться 与 присутствовать 的区别就在于前者原则上是无重音的，而后者则带了重音。

присутствовать 的重读现象可由其反义词 отсутствовать 做出某些解释。отсутствовать 因有否定意义，所以在搭配性上受到的限制要小得多，присутствовать 的意义是过于寻常，否定动词比肯定动词更为常用，这是用自己的预设"自救"的结果。существовать 在否定语境中的类似倾向见下文。

быть 用于 присутствовать 意义

быть 的'присутствовать'意义的产生因于举办的活动参项。

词法。быть 用于'присутствовать'意义时，在现在时中只有零位形式：

（11）Иванов присутствует в классе [на уроке] ≈ Иванов в классе（不是 *есть в классе.）

否定。与用于'находиться'意义不同的是，用于'присутствовать'意义的 быть 在否定时借助于生格结构中的 нет 使其意义接近于存在意义并与方位意义对立：

（12）Иванова на лекции <на занятиях, в зале, на заседании> нет.

如我们所见，在 быть 的意义系统中，'присутствовать'是特殊的一类，现在时的零位形式使其近于方位意义，而否定的生格结构则使其近于存在意义。

2.3 иметься; быть 用于 наличие 意义

动词 иметься 的用法可以分为三种。иметься 的初始意义与 иметь 相同，此时,事物参项是地点参项的一部分①。这是第一种意义。第二种意义是动词 иметься 在事物参项与地点参项指称上独立的上下文中的用法,要求专门的语境支持,需要有相关的人,他能够使用该事物参项。第三种用法,即部分—整体关系成为更一般的谓词—论元型关系,而事物参项表示抽象的实体,完全不受空间限制。

иметься 1

(1) На вокзале имеется камера хранения.
(2) В номере имеется телефон.
(3) У него на спине имеется шрам.
(4) В работе имеются ссылки на Якобсона.
(5) *У тебя на носу имеются чернила.

语义:

要素Ⅰ."部分—整体":事物是地点不可分割的一部分,即事物参项不可能与地点参项分离并独立移动,但并不是必需的,即事物参项出现地点参项中,不是由于其结构或属性决定的。

要素Ⅱ.方位(推涵):由于要素Ⅰ,事物参项可以被视为处于地点参项中。

例(5)显示,如果事物参项不是地点参项的一部分,那么 иметься 的使用就不是恰当的。

иметься 2

(6) На складе имеется мука и сахар.
(7) На веранде имеется кресло — ты можешь отдохнуть.
(8) Сообщить отрядам, в каких пунктах имеются <...> продовольственные склады белых (ДЖ).
(9) В городе имеются <...> продовольственные склады белых.

语义:

要素Ⅰ."方位":事物参项(临时)处于地点参项中。

要素Ⅱ.'意识主体':意识主体认为自己在地点参项中,因此他能感知事物并认为其在场是地点的属性。比方说,理由是根据他或其他人都有可能使用该事物②。

---

① 动词 иметь 在俄语中更常与非动物名词主语连用(见 Падучева 1974: 237),试比较 Ромб имеет ось симметрии; Ромб имеет осью симметрии диагональ 和异常用法 *Я имею дачу. иметь 的主语经常填充补语位置上的必需配价,比如,在句子 Это решение имеет один недостаток 中,недостаток 的未填充的配价由组合 это решение 来填充,недостаток этого решения。根据 Meillet(1926)的思想,具有'иметь'意义的动词在印欧语系中出现的相当晚。有关俄语中 иметь 与法语中 avoir 相比,使用范围的狭窄程度参见 Гак(1977: 246)。

② иметься 语义中的意识主体可能是 иметься 与 иметь 间派生关系的推涵,此时主体做主语: Имеются сведения ⇐ Я имею сведения.

当事物参项指称上独立于地点参项时,"方位"要素就是完备的,而"意识主体"要素的在场则是思维的必要条件。如例(10a)只有在花可以取出来以便能在别的地方使用的情况下才可能被理解,而(10б)则是异常的:

(10) a. ?В большой вазе имеются цветы;

б. *На полу имеются окурки.

"使用"要素隐含着相关人参项在情景中,他并不常与意识主体参项吻合。在иметься1 的语义中,意识主体参项同样可以出现,但是非必备的参项。动词находиться也具有"正面"事物参项倾向(多少在某种程度上派生自найти)。因此На полу окурки ≈ На полу валяются [不是находятся!] окурки.

иметься 3

(11) Были неприятности, имеются последствия. Например, долго нельзя на государственную службу(ДЖ).

(12) Имеется соглашение с военным командованием не вмешиваться в оперативные распоряжения(ДЖ).

(13) Имеются признаки, что условия жизни у нас действительно переменятся (ДЖ) [признак是可见的事实,它对某人意味着什么].

语义:

要素Ⅰ."存在":事物是现实世界的一部分(即存在或发生)。

要素Ⅱ."意识主体":事物是意识主体私人空间的组成部分。

иметься 3 的语义中没有'方位'要素,因为事物参项没有空间定位,该意义接近'существовать'。

下面将更为详细地描述иметься 的词汇意义 — иметься 1, иметься 2, иметься 3(它所有的三个词位)。

参项的指称地位。

事物参项指称不确定,但是具有指称性,说话人指的是某种客体,尽管它处于不太确定的状态。(Падучева 1985: 90) иметься1 中表示事物参项的名词组合在指称上通常是不完备的。① 它只在地点参项语境中与确定的客体相关联,шрам在例(3)中是某人身上的伤痕。在例(14)中必须恢复指称完备的名词性组合последователи Федорова.

(14) У Федорова имеются последователи.

(15) У нашей фирмы имеется представитель в Красноярске.

词位иметься1 的事物参项有唯一性的预设,它与该结构的名词性组合正常联系并可能会被取消。例如,当火车站的存物处不止一处的情况下,例(1)可以成立。

---

① 参见Падучева(1985: 205)中指称依赖性的概念。

事物参项甚至还可以被量化：

(16) В деле имеются все необходимые документы = 'все документы, которые должны быть в деле, налицо'.

但是，专有名词及单义确定性的名词在иметься 1 的语境中是不恰当的：

(17) *На кухне имеется мама.

地点参项具有指称上的确定性，它表示意识主体（说话人或是受益者）的私人空间。如果句中没有全句限定语，则默认说话人的私人空间为地点参项：Имеется крупа и сахар = 'имеется у нас'。这是иметься与существовать的主要区别，后者偏向于带有"他人"的地点参项。

参项的分类类别。通常事物参项不表人：*В комнате кто-то имеется.

句法。词位иметься 3 没有地点参项，参见例(11)—(13)，因为事物参项没有空间定位。例(18)中，地点参项是в доме，词位是иметься 2：

(18) У него в доме имеется плантация марихуаны.

分类范畴。词位иметься 1 和иметься 3 的分类范畴是固定的相互关系，而иметься 2 表示暂时的状态。

交际能力。带иметься的句子中（包括其所有的三种意义）带主位地点参项的交际结构更常用。例如，例(1)中不仅有事物参项，而且还表达地点参项的属性，即有存物处是火车站的属性：

(1) На вокзале имеется камера хранения: [Место]$_T$[v + Вещь]$_R$.

事物参项只有在强大的语境中才能占据主位：

(1') Камера хранения на вокзале, конечно, имеется [Вещь]$_T$[Место + v\]$_R$.

为了使释义能够预测иметься对主位地点参项倾向性，它应包含背景要素"意识主体想象自己在地点"。动词присутствовать的观念化情景中，说话人也可以想象自己在地点中，但присутствовать的语义并未要求它作为唯一可能性。

动词иметься在其所有三种意义中构成述位，即在交际方面的表现如同присутствовать和существовать，而非находиться.

动词иметься的共同意义是'наличие'意义。

быть用于иметься意义

词法。быть用于'иметься'时的现在时形式是есть（并非像用于'находиться'和'присутствовать'时的零位形式）：

(19) а. Ты устал? На веранде есть кресло.（摘自 Арутюнова, Ширяев 1983）

б. — У него в руках есть сверток? — Есть.（摘自 Шатуновский 1996: 170）

因此，在例(20)中零位形式的быть暗指'находиться'，而在例(21)中быть

用于'иметься'：

（20）На полу окурки; В огороде чья-то свинья.

（21）Почему ты пьёшь из бутылки? На кухне есть стакан.

例（22）中（а）与（б）的区别在于，动词быть零位形式表示定位，而'иметься'意义则用есть的形式来表示：

（22）а. В комнате девочки [='находиться'; т. е. комната занята];

б. В комнате есть девочки [='имеются'; возможные продолжения: так что выбирай выражения].

例（23）不能使用есть；иметься 1 因为墨水不是鼻子不可分割的部分而消失，而иметься 2 则因该事物无法使用而消失：

（23）*У тебя на носу есть чернила.

意大利语句子 Da fuori c'è rumore 不可相应地译为俄语 *На улице есть шум，如同быть用于'иметься'意义时不可能有作为噪音"消费者"的主体。

表示'наличие'意义时，быть有融合的现在时否定形式нет：

（24）Этой книги в библиотеке нет.

试比较иметься（以及用于'наличие'意义的быть）和находиться的区别：

（25）а. В таких населенных пунктах есть склады?

б. В таких населенных пунктах находятся склады?

例（25а）是关于居民点特征的问题，它是否有作为自己组成部分的仓库。回答是В пункте А есть, в Б есть等等。而对例（25б）的回答应指出每一个仓库在哪里：склад 1 – в пункте А, склад 2 – в Б等等。

在例（26）中лежит只能理解为'имеется'，而非'находится'，因为句重音落于其上，而находиться与быть及其他用于'находиться'意义的动词相同，应该是无重音的（参见2.1中例（11））：

（26）На столе что-то лежит.

2.4 существовать; быть用于существовать意义

动词существовать出现了令人意外的一个问题，因为这个动词确认存在，自然会期待它要求事物参项题元不带指称，或者至少是不确定的，即事物参项题元由说话人引入受话人的视野；反之则出现事物参项的存在预设，这使其对存在的确认变得没有意义。同时，существовать的事物参项可以具有指称上的确定性。顺便指出，正是这一点把существовать和иметься区分开来，试比较（а）Этот дом существует; Этот дом не существует; Этого дома не существует 和（б）*Этот дом имеется.

我们将动词существовать区分为带非指称性或不确定事物参项的词位существовать 1，和带确定事物参项的существовать 2. 此外，МАС词典还给出

了 существовать ≈ 'жить'的意义（Без пищи люди не могут существовать），它不属于我们的研究范围。

существовать 1

(1) Существуют равнобедренные прямоугольные треугольники.

(2) Существуют реки, которые летом пересыхают.

(3) Существуют положения, из которых нет хорошего выхода.

(4) Он чувствовал, что между им и ею существовала преграда (Тург.).

(5) <...> относительно Лары существовал на случай этих летних поездок такой неписаный уговор (ДЖ).

(6) Насчет того, что следует брать с собой и от чего воздерживаться, существовала целая теория (ДЖ).

语义：

事物参项裂解为类别参项和性能参项。

要素Ⅰ. 具有某属性的客体类别[或许可能是个体]是地点参项——现实世界的一部分。

参项的指称状况及否定。事物参项具有非指称性，或具有指称性但不是确定的，在例(1)—(3)中该参项表示客体类别与性能，该性能从该类别中分出了客体的次类别，比如，例(2)中реки是类别，летом пересыхают是性能，在例(4)—(6)中表示不确定的单个客体，句子的否定指的是没有一个客体在场。因此，在例(1)—(3)中的否定比带有微弱确定性的例(4)–(6)句更易理解。

参项的分类类别。事物参项是非活物，它基本上是抽象的实体或类别，即不需要在具体的物理空间定位（Существуют рыбы, способные передвигаться по суше）. 地点参项是现实世界或现实世界的片断（大的片断，如в Австралии, на севере, в пустыне）。

句法。地点参项在句法上不是必备的。如果句中没有地点参项的句法题元，即暗指在'в реальном мире'（可以认为，难道мир不是существовать的内包参项吗!）。地点参项可以是в мире, на свете, 但在 самом деле, в действительности不可行，这些词是重读的，并只有在现实世界与可能世界对立时才有可能，由此产生существовать 2。

分类。地点参项是世界或世界的一个大的片断：

(7) В Англии существует "Закон о выдаче тела".

(8) В стране существует сейчас около двух миллионов безработных.

(9) Советской власти было выгодно, что на окраине России существует такое образование, как Дальневосточная республика (ДЖ).

最常得到确认的是没有空间定位的客体的存在。在此意义上例(7)—(9)是例外。至于例(10)和(11)，方位组合会填充事物参项的配价。例(10)中的

власть有配价"Над чем",而方位格 на Дальнем Востоке 则对其作出填充:

（10）<...> существовавшая на Дальнем Востоке буржуазная власть (ДЖ).

（11）Земство, прежде существовавшее только в губерниях и уездах, теперь вводят в более мелких единицах, в волостях.

交际能力。基本的交际模式有倒装的:V+事物参项—述位,主位在地点零位时不出现,或者由某种偶然的材料组成,如例(6)中组成主位的前置词词组 насчет того, 填充事物参项 теория 的配价:

（12）На свете существуют добрые люди: [Место]$_T$ [v\ + Вещь]$_R$.

（13）=(6) Насчет того, что следует брать с собой <...>, существовала целая теория: [ø]$_T$ [v + Вещь\]$_R$.

существовать 2

表示事物参项的主体具有指称上的确定性。这样就会出现一个问题:如何肯定存在的才可能是合理的,如果这种肯定所涉及客体由确定的名词性词组来表达并带有存在预设? 原因在于,由名词表达的存在预设属于一个世界,而动词表达的是另一个世界里的存在,О.Н.谢利维尔斯托娃(1977)也有类似的观点。两种世界之间的对立可以用许多不同的方法来实现。我们来研究以下几种情况。

情形1. 主语表示个体或物类,它存在于神话、童话或其他集体意识中(也可能在科学虚构的世界中):

（14）<...> главное <...> в том, что Иисуса-то этого, как личности, вовсе не существовало на свете (ММ).

（15）Санта Клаус существует.

（16）Атлантида существовала.

（17）Кентавры (русалки, ведьмы) существуют.

语义:

要素Ⅰ:事物(个体或物类)是与现实世界对立的神话、童话、集体意识世界的一部分[预设];

要素Ⅱ:事物参项本身也是现实世界的一部分[陈说]。

在对句子否定时存在于某个世界中的预设可以保留,也可以消失,如例(18),(19)中的生格主体:

（18）Русалок не существует ='русалок не существуют в реальном мире'.

（19）<...> никакого наследства в действительности не существует, одни долги и путаница (ДЖ) [наследство существовало в мире ожиданий, до того как выяснилось, что его нет].

交际能力。基本交际模式为事物参项位于主位：

（20）Русалок не существует = [Вещь]$_T$ [v + Место\]$_R$.

在 существовать 2 的上下文中可能产生关于客体的跨世界同一性问题（Шатуновский 1996: 149）：

（21）Парнас существует, но не как обиталище Аполлона и муз.

情形 2. 按时间可以分成两个世界，现时世界与过去世界。事物参项是在过去世界存在过的特定的名词性组合：

（22）Что нашли вы дома? Да полно, существует ли он еще, этот дом?（ДЖ）

（23）<...> чтобы возврата к прошлому больше не было, чтобы Тверски-х-Ямских больше не существовало（ДЖ）[улиц и, метонимически, всего, что на них происходило].

客体的存在预设属于过去的现实世界。而对该客体存在的肯定发生在当前的现实世界，即讲的是存在的延续：

（24）Классовое общество не могло бы существовать, если бы о н о подчинялось заповедям "не воруй", "не укради"（Горький）[='не продолжало бы существовать', а не 'не существовало бы', иначе местоимение оно не имело бы антецедента].

情形 3. 与现实世界相对立的客体存在（或不存在）的可能世界，出现在假定式中或是表示世界生成的谓词中，即与情形 1 中的情景相反（例句中斜体部分是非现实成分的标记）：

（25）*Казалось*, этой зависимости, этого плена не существует, доктор на свободе и только не умеет воспользоваться ей（ДЖ）[в реальном мире "этот плен" существует].

（26）Отчего она ни словом не обмолвилась о них и о том, где они, *точно* их и вообще не существовало（ДЖ）[в реальном мире "они" существуют].

（27）*Если бы* мои родители не встретились, м е н я бы не существовало.

情形 4. 可能世界是个体意识的世界。

（28）Только что приподнялась портьера и он увидел Настасью Филипповну –все остальное перестало для него существовать（Д.）[≈'с того момента, как он увидел Настасью Филипповну, он перестал воспринимать все остальное'].

该例句从 'существование' – 'восприятие' 规律性多义角度看非常有意思（该多义性在很多动词中都有：появиться, исчезнуть, возникнуть, найтись, пропасть, обнаружиться, 参见第三节)。通常规律性多义包含某种语义衍生模式,即某种简单的相关性。在例(29)中(a)通过角色配位的迁移得出(6):在(a)中主体是活动者,而在(6)中则是自然力:

(29) a. Я залил картошку водой; б. Вода залила луга.

例(28)情况则不同,不存在替代了感知不到,主体不能感知到 X,它被表征为不在它的世界存在,依照下图所示:

Я сейчас не воспринимаю X ⊃ X-а сейчас не существует в мире моего восприятия ⊃ X-а для меня сейчас не существует.

也可能是相反的替换,例(30)中不存在表征为不可能感知:

(30) Вам не видать таких сражений = 'их не будет на протяжении вашей жизни'.

交际能力。肯定客体存在于可能世界时,存在于现实世界中的预设可能有,也可能没有;相应地,交际结构可能带占据主位的事物参项,如例(31),以及带占据述位的事物参项,如例(32):

(31) Это наследство существовало только в его воображении
 [Вещь]$_T$ [v + Место\]$_R$.

(32) В его воображении существовало какое-то наследство
 [Место]$_T$ [v + Вещь\]$_R$.

上文提到,иметься 要求地点参项进入说话人私人空间,существовать 则无此参项:

(33) a. Имеется выход [сейчас я его предложу];
 б. Наверняка существует выход, но я его не знаю.

(34) Имеются [у нас] (*существуют) заявления от пострадавших.

说到动词 быть,它只能表示 'существовать 1':

(35) Есть женщины в русских селеньях / С спокойною важностью лиц (Некрасов).

此处 женщины 表示类别,с спокойною важностью лиц 表示性能。

这样,我们本来要将存在动词划分为方位和存在两类,但我们却得到了从一个类别向另一个类别平稳过渡的链条。但是很明显,动词 находиться 和 присутствовать 不是存在动词。

第三节 存在动词的语义:否定句中的生格主体*

3.1 生格结构:句法还是语义?

否定句中的生格结构(即带生格主体和无人称谓语的结构,如 Препятствий не возникло, Ответа не пришло)。无论在俄语中还是其他斯拉夫语中都是非常能产的结构。但在否定句中用生格"置换"正常主格的条件并不明确。比如,为什么 Сомнений не возникло 是对的,而 *Сомнений не исчезло 是错的?

研究生格主体问题的论著颇多,巴比(1980)的研究具有里程碑意义,他提出应在语义表征框架内解决问题。但在随后的许多著作中从语义上解决生格主体问题的可能性遭到了质疑。依据阿普列相(1985)的观点,主体生格在否定句中由"语义上无理据的或语义上理据不完全的"句法特征决定,该特征记录在词典的词位上。我们将要阐明的是,基于研究者所收集的大量材料(首先是Ицкович 1974, Guiraud-Weber 1984),生格结构(ГК)在否定句中有明确的语义常体(虽然不像最初设想的那么简单)。生格结构的使用条件可以用语义学术语进行描述,并在此过程中揭示动词语义的重要方面。

生格结构的语义问题表现在下列例句中。有些语境中可能有生格主体,也可能是主格主体,而且格的交替会引起明显的意义变化,如:

(1) а. Тьма была кромешная. Ни одного фонаря не горело (= 'не было горящих фонарей, а возможно, не было никаких');

б. Ни один фонарь не горел (= 'фонари были, но не горящие')。

但是许多动词在否定句中必须用生格主体,试比较:

(2) Разницы не усматривается;

Семантической общности в классе генитивных глаголов не обнаруживается;

Финансовой катастрофы не вырисовывается,

而生格结构的语义在没有对立语境时变得模糊。此外,如果不引起明显的意义变化,则格的替换是可以的:

(3) а. Договоренности не достигнуто; б. Договоренность не достигнута。

如何使生格结构的常量语义与例(2)中生格的必备性、与例(3)中和生格近义的主格相协调一致?

我们认为,生格结构在例(1а),(2),(3а)中表示的意思相同,即它标志句子语义结构中存在确定的要素。在例(2)中该要素作为动词的语义推涵出现在否

---

* 本节以Падучева(1997б)为基础写作而成。

定句中,而在例(1)中该要素的存在与否是说话人自由选择的问题。例(36)中的主格是主格扩张后的变体形式,句子语义中有"生格"要素,但主格使其在形式上并没有标记①。因此,例(2),(3)与生格结构有语义常量的设想并不矛盾。

描写生格结构的使用条件自然得从揭示动词类别开始,这些动词在否定句中能构成生格结构(这个类别的词我们称为生格词)②。我们将指出,所有生格类别的词都有共同的语义要素(确切地说,是两个"近似"的不同要素,在生格动词的语义中出现其中一个要素)。实际上,如果生格结构有常量意义,那么理应在生格动词类别中也可以寻找到语义共性。

在任何情况下,语义上没有得到描写的动词不能解决否定句中主体对格的选择问题。

首先,属于生格类别的动词仅保证该动词具有生格主体的潜在可能,例如,在一定的交际条件下带否定生格动词的主体格只能是主格,见例(46):

(4) a. Реорганизации не было проведено;

б. *Реорганизации не было проведено в СРОК.

还有其他一些语境参数,它们在生格动词中妨碍生格结构的形成:主体的活物性、指称性和单数。(参见 Ицкович 1974, Babby 1980, Guiraud-Weber 1984, Апресян1985)在3.5节中我们将指出,所有这些因素都同等重要,因为它们在否定句中阻碍了生格结构意义要素的形成。

其次,生格结构受上下文影响也可出现在非生格动词中。该结构的这种用法我们理解为被迫的(如同我们熟知的例子 Вас здесь не стояло),或强制的。这种被迫性体现在结构所要求的语义要素在动词语义中缺失,却在句中生格主体的影响下出现。这种强制性用法只有用语义方法才能得到描写。

阿普列相(1985)指出,语气词 ни 无论是其本身,还是在组合 ни один, никакой, ни единый, ни малейший 中,都会影响生格结构的用法。我们将这些受"加强型"否定语气词制约的用法归入强制性用法。例如, находиться, тронуться 在例(5),(6)中不是生格动词,而 никакой, ни один 若缺席的话,生格主体是不可能出现的:

(5) Никакого атомного снаряда на борту корабля не находилось(摘自 Ицкович 1974).

(6) Зажегся зеленый свет, но ни одной машины не тронулось с места(摘自 Babby 1980).

说明:本节中我们从下述设想出发,认为生格结构形成的(非强制用法)语义要素应该

---

① 在扩展情景中我们有理由仅关注"历来的"变体形式,而不考虑以下用法:?Затруднения не возникли; ?Разница не усматривается; ?Падение курса не произошло,虽然它们并不能排除在外。

② 此外,在生格类别中还包括为数不多的短尾形容词形式(видно, слышно, нужно等)。

构成生格动词的语义。在第四节中将指出,该设想在大多数情况下适用于生格结构用法,但仍然不是对所有的都适用,生格结构可以为否定句补充来自自身的意义,它们在来源的肯定句中并没有。

在评价生格结构语法是否正确时,存在很大分歧。例如,以下两个句子我们感觉是不可接受的

? Таких примеров не рассматривалось;

? Афазий и других отклонений от нормы раньше не изучалось (摘自Ицкович 1974).

说话人对生格结构可接受性的评价存在很大差异,这种广泛的差异还需要解释。

下文的安排是:3.2节探讨否定句中生格结构的语义常量;3.3节及3.4节从与该常量的关系研究中探讨生格动词的语义;3.5节讨论在生格动词句的语义表征中制约生格要素出现的条件;在3.6节中则是关于生格类别之外的生格结构的强制用法以及评价句子是否合理时产生分歧的原因[①]。

3.2 生格结构的语义

带生格结构的否定句必须出现下面两个要素之一:

Ⅰ.事物X在世界/地点不存在;

Ⅱ.事物X不在意识主体的感知空间中。

事物参项指某种事体或现象,它被动词的(句法)主体表示。地点参项用方位格表达(若方位格不出现,则指的是在世界上的存在)。意识主体首先是观察者参项(参见第二章第三节)。位于意识主体的感知空间,即能够被意识主体所感知。

感知空间或者是意识主体的视野,即他实际关注的地带,或者是他熟悉的日常生活领域,阿普列相(1986a)将其称为"私人空间"。也可能是事物与意识主体间精神接触的其他领域,知识,预期甚至只是领有关系。

要素Ⅰ称为存在要素,要素Ⅱ称为感知要素(生格结构不仅可以表示为存在,也可以表示感知,参见Падучева 1992a)。例(a)中,存在要素充当生格结构语义,而在例(б)—(д)中则由感知要素充当:

(а) Существенных изменений не произошло;

(б) Коли на месте не оказалось; (в) Деревни на берегу не видно;

(г) Хозяина в доме не чувствуется;

(д) Новых пассажиров в купе не появилось.

同一个结构的意义中兼有存在和感知要素的现象并不奇怪,存在与感知由

---

① 本节中许多例子选自引述的语言学论著,因为它们已成为相关问题研究的某种标识。

于规律性多义关系而相互联系。(参见第二部分第一章)语言对存在的表征如同将其置于某个地点(并默认为在世界中),而包含事物的地点进入意识主体的视野,这等同于意识主体感知到事物。地点(其中包括地点的转移—变动)与存在和感知之间的联系能在谓词词汇各层中生成规律性多义关系。(详见Кустова 1999a)例如,事物可以在构成意识主体感知空间的地点中появиться或是исчезнуть(这将是感知的事件),也可以在世界中появиться或是исчезнуть(此时事物出现或消失)。

例(д)中动词появиться可以解释为'начать быть видимым'和'начать существовать',因为如果新乘客不出现在包厢中,那么就根本没有他们,从坐在包厢里人的角度看,没有进包厢的人不能称为"乘客"。

位置与感知的联系具有相应动词题元结构的相似性,带话语外体验者参项、观察者参项的角色配位中,感知与位置动词的格框架由两个相同题元组成,即事物参项与地点参项①。在地点参项题元表示视野的语境中,如(16),(26),或事物参项表示被观察的实体中,如(36),(46),初始意义表示开始存在/位于意义的动词表示感知的开始:

(1) a. выступил пот; б. выступили горы из-за облаков.

(2) a. возникли сомнения; б. возникло здание из темноты.

(3) a. представился случай; б. представилось зрелище.

(4) a. открылась школа верховой езды; б. открылась панорама.

在句子На экране появились странные изображения中,事物参项与地点参项都有感知的性质,存在、位于以及感知的之间的对立完全消失。

3.3 两组生格动词:存在动词与感知动词

否定句自然被认为是否定算子对初始肯定句作用的结果。可以这样提出问题:初始肯定句中动词语义应当是什么样的,以便在否定时出现(或可能出现)上述两个语义要素之一?②也正是在这种情况下,说话人应该(或可以)在否定句中使用生格结构。

在下列情况下动词属于生格类别,如果它的释义包含存在或感知要素,而且处于这样的交际地位中,即否定句子时存在或感知要素也会被否定,该要素可以是陈说或蕴涵,但不可能是预设。

要素Ⅰ和Ⅱ的肯定形式类似于:

Ⅰ'. 事物X存在于世界中/地点中。

Ⅱ'. 事物X处于意识主体的感知空间③中。

---

① 参见 Wierzbicka(1980a: 102)关于地点参项是感知动词必需参项的论述。
② 在第四节中说明,这种表述应该加以修正。
③ 两种情况都指主体在情景观念中只起积极作用,所有生格动词都是静态的。

生格动词相应地分为两组。在例(5)(第Ⅰ组的)中动词的语义包含要素 'Х существует'(或'Х имеет место'), 而且处于这样的交际地位, 即否定句子时该要素也被否定, 即处于陈说或蕴涵的地位:

(5) Существуют безвыходные положения —'Х существует';

　　Были затруднения; Произошла катастрофа —'Х имеет место';

　　Возник скандал —'стало: Х имеет место';

　　Требуется справка с места работы —'необходимо: Х существует'[①];

　　Сигнал повторился —'раньше Х имел место, сейчас снова Х имел место';

　　За выстрелом последовал взрыв —'после или в качестве следствия чего-то имел место Х';

　　Выпал осадок —'части чего-то переместились вниз; тем самым стало: Х существует';

例(5')中由第Ⅱ组的感知动词充当生格结构:

(5') Отклонений от нормы не было замечено.

能带生格主体的也可能不是动词, 而是动词的被动形式。动词построить与其他及物动词一样, 在主动语态中不属生格动词, 因为它的事物参项不是主体, 而是客体:

Y построил Х из Z =

| 至t时刻＜说话时刻不存在Х [预设]

| 在t时刻Y的行为带有目的: 以一定的方式作用于Z [陈说]

这引起:

| 在MP中存在Х [蕴含]

而在被动形式中它可以有生格主体, 因为被动转换将事物参项置于主体位置:

(6) Гостиницы не построено.

如我们所见, 带有Ⅰ组动词的否定句中, 动词意义与否定算子、各种语法形式语义之间相互作用, 存在要素正是作为这种相互作用的结果而出现的。

Ⅱ组还可分出亚组Ⅱа和Ⅱб。

Ⅱб组由感知类别的动词组成, 例如: Мороза не чувствуется, Деревни не видно.自然, 生格动词只能由下述感知谓词充当, 或具有被动意义, 如заметно, 或具有被动反身用法, 如чувствуется。体验者在此作为观察者参项, 但它不能是主语, 如同感知动词的来源角色配位(Лисица видит сыр), 因为生格结构要求事物参项占据主体位置, 但体验者参项可以由予格表示(Знакомых по дороге

[①] "情态"次组的词否定时事物的存在不会被否定, 而是受到怀疑。

нам не встретилось; Рыжиков ему не попалось）。

Ⅱа组动词的体验者以观察者的身份参与释义，体验者在话语外。观察者可以参与到特征显现类动词的语义中（Не белело вдали знакомых очертаний домов）。它也可以进入位移动词语义（Ответа не пришло）。此外，观察者可以被"虚构"进入方位动词быть（参见第四节）和其他的地点动词（Снега на полях уже не лежало）的语义中。

属于Ⅱа组的词汇有белеть, блестеть, звучать, прийти, дойти；属于Ⅱб组的词汇有 виднеться, выражаться, доноситься, встретиться, наблюдаться 等等。

两组生格动词间的对比关系如下图所示：

Ⅰ.存在于世界/在场	Ⅱ.位于	
	а) [+状态变化]蕴涵观察者参项：	б) [+感知/推断] 观察者–题元参项：
(1) Сомнений не возникло	(3) Ответа не пришло	(5) Деревни не видно <мне здесь>
(2) *Сомнения не возникли	(4) Ответ не пришел	(6) Деревня не видна <мне отсюда>

这样，生格结构在存在组中表示事物不存在，而在感知组中表示事物在视野中不在场。存在组动词中，主体永远是非指称性的（见3.2节例(a)），这源自存在的语义。而在感知组中没有什么能影响主体的指称性（Иванова в Москве нет и не предвидится）：对Ⅱ组动词来说，动词表示的情景必须包含或允许观察者参项（体验者、意识主体）在场。在亚组Ⅱа中，可能存在观察者参项在场/不在场永远的对立；而在亚组Ⅱб中观察者可以是必备参项。例如，动词оказаться（Маши дома не оказалось）表示的是观察者参项的转移，可能是想象中转移（Я звонил Маше, но ее дома не оказалось），转移到了主体不在场的地方，并且必须用生格结构。

所有Ⅱ组生格动词总会在某些用法中允许非指称主体；相反，与быть不同，动词присутствовать, участвовать, находиться, размещаться, располагаться必须要求指称性主体，即包含不能取消的事物存在预设，这些动词不属于生格动词。

быть与находиться的区别在于быть能够"虚构"观察者，而находиться则不能。

Ⅰ组词与Ⅱ组词的界限不是很明显。首先，同一个动词经常可以既表示存在，又表示感知：

（7）а. Аргументов не нашлось = 'аргументов не возникло, не начало существовать'[存在];

б. Нужного лекарства в аптеке не нашлось = 'Вещи нет в перцептивном пространстве Субъекта сознания' [感知;不肯定, 它不在另一个地方].

（8）а. Денег не осталось = 'стало: Вещи не существует'[存在];

б. Людей на площади не осталось = 'стало: Вещи нет в перцептивном пространстве Субъекта сознания' [感知;不肯定, 它不在另一个地方].

其次,感知组与存在组通过微弱的、容易被取消的语义要素——推论而关系变得密切。在Ⅱa组动词的具体语境中,生格结构(在X非指称情况下)经常为地点中对事物在场的否认补充事物在世界中不存在的推论:'可能X根本就不存在'。为了取消不存在的推论,应该使用主格,试比较:

（9）а. Письма не пришло = 'письма нет в Месте; возможно, его не существует';

б. Письмо не пришло = 'письмо существует, но его нет в Месте'.

这种对立在出现(于视野)类动词的语境也有:当情景观念中突显两个空间:事物在观察者的视野空间不在场,同它在另一个空间(在世界中)的存在与否可相提并论。

Ⅱ6组情况不同。此时在事物不在观察者的视野中的基础上,可以产生事物地点中不在场的推论:要素'X没有被意识主体感知到(在地点中)'强化为要素'X不在地点'。这种推论很容易被语境消除。例(10a)有这样的推论,而在(106)中则没有:

（10）а. Деревни не видно ⊃ 'возможно, ее здесь нет';

б. Отсюда деревни не видно, надо доплыть до поворота.

不在场的推论具有认知基础,即它是由思维的普遍规律而产生的,如果(在我们认为应该能看见的地方)没有看见(没听见,没感觉到)某物,我们倾向于认为它们不存在,因为习惯上感知总是以我们对世界的认识为基础的。

还可能存在进一步的转移:从某地不在场转换到在世界上不存在,如同Ⅱa组。例如:

（11）Хозяина в доме не чувствуется ⊃ 'возможно, его нет в доме' ⊃ 'нет вообще'.

（12）Звуков с улицы <сюда> не доносилось [возможно, звуков на улице не было].

而称名结构仍包含事物存在的预设:

(12') Звуки с улицы не доносились сквозь двойные рамы[='звуки были, но недоступные восприятию Субъекта сознания'].

(13) а. Новых слов в тексте не встретилось;

б. Новые слова в тексте не встретились;

в. *Незнакомые слова в тексте не встретились.

在例(13а)中没有任何预设,在例(13б)中生词存在的预设是作为说话人早先知道的、存在的某一集合,比如,可以是课上记的词。而例(13в)有些异常,因为包含生词集合存在的预设。

对于带存在预设的客体名词,包括表人名词,Ⅱ组动词不会出现不存在的推论。例如,确定了例(14а),说话人并不怀疑Маша的存在。例(14а)与(14б)的对立仅在于Маша在"这儿":

(14) а. Маши не видно ='Маши нет в поле зрения, и, возможно, ее здесь нет'.

б. Маша не видна ='Маши нет в поле зрения, хотя она находится здесь'[например, могло быть, что Маша спряталась].

当意识主体同时也是事物的领有者时,在集合物质名词的语境中不存在与不在场之间的区别就模糊不清了。在例(5а)中,钱不再存在是因为指的是所有者私人空间的钱。至于钱在另一个什么地方,也就不相关了,因为它们已经不是我的了。在例(15)中从事物在地点中不在场(即不在场的推论)可以得出事物是不存在的,因为只有进入所有者(感知)空间中的事物"范围"才有价值,即事物的存在原则上受到所有者私人空间范围的限制:

(15) Мороза не чувствуется [здесь] ⊃ 'мороза нет [здесь]' ⊃ 'мороза нет'.

在巴比(1980:XXII)的著作中,有关主格替换为生格条件的基本结论是通过元语言来表述的,生格表达的事实是名词性组合处于否定辖域。实质上,这与雅克布森和卡尔采夫斯基(Карцевский)的表述相同:在主体生格句中"主语自我否定",而在主格句中"否定的不是主语,而是其活动"。这种表述不能按字面理解,否定是句法算子,它的辖域只能是肯定。这些学者把主语的否定理解为对主语所表示的事物或情景之存在的否定。(Апресян 1985: 295)这里说的是存在组中出现上文所述的语义要素是必需的,而在感知组中则作为推论。但是,如例(7)—(15)中所示,不能将生格结构语义归结为对存在的否定。感知动词将方位动词语义纳入到生格类别。

生格动词表(最有代表性的有300多个)见附录"生格动词"。吉罗-韦伯(1984)明确指出,由于生格结构强制用法的高能产性,不可能编写出完整的生格动词词表,这样就提高了语义表述的价值。

这样,感知组动词中,生格词与主格词明显对立,主格表达事物存在的预设,而生格不受预设的限制。至于存在动词,通常不允许否定主格结构。实际上，如果从动词的否定得出事物不存在的话，那么只有生格结构在语义上是恰当的，如果不考虑主格"扩张"，此时事物的不存在并不表达出来，来看看MAC词典中的例子：

Побежал в адресный стол узнать о Тамаре. Но ему сказали, что такая не значится.

主格词与生格词的对立也可能出现在 I 组动词中，但表示的是另外的意思。例如，存在使役动词，如строить, совершать，在被动形式中表示出现，即开始存在。其主格是允许的，它表示该事物（还不存在）的计划性：

(16) а. Гостиницы не было построено；

  б. Гостиница не была построена [='но была запланирована']。

动词состояться看起来也是存在动词，但它不是生格动词，因为在它的词汇意义中包含主体所表示事件的计划性：

Господа, мы должны употребить все усилия, чтобы эта дуэль не состоялась (Ч., МАС)。

摘自帕杜切娃（1985）的例(17)、(18)不允许用生格，主体具有"假定性存在"(Reichenbach1947: 274)：

(17) *Установки не было введено в действие [ввести в действие можно только установку, которая так или иначе существует]。

(18) *Заговора не было раскрыто [чтобы раскрывать заговор, нужно иметь гипотезу о его существовании]。

类主体的主格词需要特殊的解释，参见例(19а)与(19б)：

(19) а. Лоси в нашем лесу не водятся；

  б. Лосей в нашем лесу не водится。

例(19а)是关于世界上的驼鹿，它们存在，但在（即"位于"）别的地方；例(19б)是关于我们森林中的驼鹿，它们не водятся，即它们不存在。例如：

Даже лебеды не родилось [нисколько]。（摘自 Guiraud-Weber 1984）

它不是生格结构，而是 genitivus partitivus；试比较Даже лебеда не родилась。

例(20)很有意思：

(20) а. Оригинала этого списка не сохранилось；

  б. Подлинник не сохранился。

例(20б)中，说话人实现了对所指具体事物的指称，该事物没能保存下来，即丢失了；而物体丢失预设的是该物体必须存在。但是(20а)中名词性组合оригинал этого списка是摹状词，它有限定指称。（参见 Donnellan 1966）生格结构表示符合摹状特征的任何客体的不在场。博尔晓夫和帕蒂（2002）指出，句子Ответа не пришло比Письма не пришло更好。实际上，ответ是摹状词，它不要求说话人有具体所指，并且在否定语境中比直接称名词письмо更容易失去具体的指称。

带有存在预设的主格结构与不受预设制约的生格结构之间的对立可反映在情态语境中：

（21）a. Твоя справка не потребуется; б. Справки не потребуется.

（22）a. Твои советы мне не нужны; б. Не нужно мне твоих советов.

3.4 貌似的反例

在阿普列相（1985，1995：34）的研究中坚持的一个思想是：即使生格动词具有某种语义共性，那么这种共性对其句法运作的明确预测显然是不够的，他还列举出若干语义上相近的动词，其中一个允许生格结构，另一个不允许：

（1）a. Симптомов болезни не появилось; б.*Симптомов болезни не исчезло.

（2）a. Старосты на собрании не было;

б.*Старосты на собрании не присутствовало.

（3）a. Перемен в технической политике фирмы еще не наступило;

б.*Перемен в технической политике фирмы еще не началось;

в. Перемены в технической политике фирмы еще не начались.

我们的分析可以为这些区别提供语义解释。исчезать不是生格动词是因为它的否定表示在场，而不是事物不在场。动词присутствовать不属于生格动词：它表示定位并可归属于Ⅱ组，但与быть不同的是，它不能虚构观察者。动词начаться在语义基础上也不是生格动词：X началось ≈ 'X имеет место сейчас и будет продолжаться в течение времени более долгого, чем уже прошло'（参见第一章第一节关于начаться的论述）。因此начаться根本不允许否定，否则如同"计划中的"事物，而计划性如我们所见，要求主格词；在（3в）中计划性由еще一词标记强调。

所有生格动词都是静态词，运动和能动性与生格动词不兼容。博尔晓夫和帕蒂（2002）的例子最典型：

（4）a. Письма не пришло;

б. *Автобуса не пришло.

例（4a）中，письмо的语境中，动词прийти具有静态意义，它只表示事物出现在观察者的视野中，生格结构是允许的。而在例（4б）中，主体是автобус（类别是交通工具），动词表示运动，在此意义上不属于生格动词。

下列组合也是不允许的：

（5）*не идет дождя, *не идет дыма:

动词идти不是生格动词，因为它表示的不是存在，而是时间流逝，甚至在转义用法中它也保留着动态意义（не идет речи是例外）。

существовать 是比较另类的生格动词之一。似乎它的意义就是位于陈说的存在要素；同时 существовать 在否定时常有主格主体。但是 существовать 带主格词的所有用法（参见第二节）在语义上都有理据性。①

谢利维尔斯托娃（1977）将存在区分为现实世界中的存在与虚构世界中的存在。个人的内心世界或其他某个可能世界都可能与说话人的现实世界不同，参见例（9）。在例（6）—（9）中，主格揭示说话人的世界（事物存在其中），与意识主体的世界相对立：

(6) *Для него* не существовал общезаводской распорядок дня (Панова. Кружилиха);

(7) Дрязги не существуют *для человека*, если только он не захочет их признавать (Тургенев. Отцы и дети);

(8) Этот реальный мир сейчас не существовал *для нее* (Гладков. Повесть о детстве);

(9) *В географическом смысле* Малая земля не существует (Культура и жизнь, 1978, № 1).

существовать 表不存在的句子中有个特殊的题元——不存在的世界。在例（6）—（9）中用斜体字标出，并且是必备参项，无论从句法角度，还是从真值角度来看都是如此。例（6'）不仅句法上可疑，而且在情景上也明显是不可信的，而在例（6）中此情景是真实的：

(6') Общезаводской распорядок дня не существовал.

还有另一种可能性：主格词能对同一事物现在或将来的不存在与其过去的存在进行对比：

(10) Владимир уже не существовал: он умер в Москве, накануне вступления французов (П.).

这在例（11）中十分明显，（11a）中主格赋予'перестать существовать'意义，而生格表示完全不存在：

(11) а. Я бы дорого отдал, чтобы они [мои поэмы] вообще не существовали на свете;

б. Я дорого бы отдал, чтобы их [моих поэм] вообще не существовало на свете (Богословский. Тургенев).

总之，大多数生格动词中的生格词仍然表达的是事物的不存在（可能是在有限的世界中），哪怕是处于推论地位。因此与当初简单的假设（即生格结构表示不存在）相矛盾的只有 II 组的词汇：быть, оказаться, ожидаться, предвидеться, обнаружиться, обнаружено, замечено, заметно, видно,

---

① 本节我们主要基于 Guiraud-Weber（1984：97-102）的研究。

слышно，它们的生格可以形成有明确指称的主体。而在此情况下，生格结构标志着对感知的否定，而不是对存在的否定①：

（12）Ивана не оказалось <не ожидается, не было, не обнаружено, не замечено, не видно, не слышно>.

动词быть在这个十词列表中似乎也有些特殊，因为它允许生格结构带有具体指称的主体并且不表示感知，第四节中将会讲到它。其他所有生格动词不允许有具体指称，尤其是表活物主体充当生格词：

（13）a. Мужиков в деревне не осталось; б. *Ивана не осталось.

（14）a. Тебе рыжиков не попадалось?; б. *Тебе Ивана не попадалось?

（15）a. Более простых решений мне неизвестно; б. *Его адреса мне неизвестно.

возможно, желательно, допустимо, исключено, обязательно等词汇是相反的例外，语义上感觉有存在要素的语境中，这些词不允许出现生格主体，试比较 *Провала не исключено, *Справки не обязательно（尽管 Справки не нужно, не требуется）。

3.5 生格动词中阻碍生格结构用法的语境

对生格结构用法的阻碍是指：在表征带生格动词的否定句的语义中，阻碍要素'事物没有（在世界上/观察者的视野中/意识主体的私人空间）'出现的一切条件。

动词的及物性总是被指为对生格结构形成的明显阻碍。(Пешковский 1956, Ицкович 1974)这一事实也有其语义解释：及物动词一般是行为动词，并有积极主体，而生格结构要求消极主体——它仅仅是存在着或是感知客体。此外，行为动词施事者的存在总会构成预设，（参见 Keenan 1976）而预设自然不会被否定。

当然，也有论据说不及物性也可作为形式特征。例如，разбиться 和 потерпеть аварию, произойти 与 иметь место 在语义上几乎相同，但是：

（1）a. Никакого судна там не разбивалось; б. *Никакого судна аварии не потерпело.

（2）a. Аварии не произошло; б. *Аварии не имело места.

另一个阻碍是主体的非活物性，许多感知组动词在有生命主体的语境中要求主格，尽管主体无生命时允许生格结构：

（3）a. Деревни не появилось [вопреки ожиданию];

б. *Пожарной команды не появилось [надо: Пожарная команда не появилась].

---

① 在句子Иванова в списке не значится中Иванов是姓而非人，所以значиться不属于例外。

原因在于有生命的主体是积极主体，在此类主体语境中动词一般表示行为，В. А.伊茨科维奇（1974: 78）认为："运用生格的可能性取决于谓语表达积极行为的逆向依赖性"。积极主体迫使把带有该动词的句子理解为关于该主体行为的表述，而非关于他的在场或存在。例(46)理解为'друзья ушли'，这就排除了生格：

(4) а. Друзей у нас не осталось; б. *Друзей с нами не осталось.

至于说到存在组动词，这里大多动词表示事物无生命主体的稳定状态。жить基本上是唯一带有生命主体的稳定状态动词。它从不表示积极行为，其主体的活物性也不阻碍生格结构的生成：

(5) Знакомых никого в ней не жило（摘自 Guiraud-Weber 1984）。

总之，如果讲的是个别的、个性化的客体，则活物性就很重要。在复数情况下，表人名词类似于物质名词，活物性停止起作用（例子引自 Guiraud-Weber 1984）：

(6) Огни реклам погасли, не осталось ни покупателей, ни продавцов.

(7) На такой фабрике не осталось бы работниц.

关于主体的指称状况会阻碍生格结构的生成我们已经说过，即确定的、有具体指称的主体，甚至在生格动词中由主格构成（3.4节中提及的感知组中的词是例外）：

(8) а. Книги [подходящей] не нашлось; б. Книга [потерянная] не нашлась.

(9) а. Знакомых нам пляже не встретилось;

　　б. Наши знакомые нам на пляже не встретились.

这方面还有博尔晓夫和帕蒂（2002）举的例子：

(10) а. Газеты не поступили; б. Газет не поступило.

在例(10а)中指的是确定的报纸（通常分发至报刊亭），而在例(10б)中是指不确定的、没有具体指称的"报纸"：比如与杂志相对的报纸。可以说，对例(10а)来说，初始肯定句是 Газеты поступили，而对例(10б)则是 Поступили газеты。

表示时间流逝的动词истечь, миновать, пройти的语境中，确定主体由主格词形成，而不确定主体则由生格词形成：

(11) а. Кириллин день еще не миновал;

　　б. Дня не проходило без скандала; Двух недель не прошло.

主体的单数形式构成对生格结构的阻碍，因为单数形式强加给名词性组合以指称解释：

(12) а. НЕВЕРНО（Принят новый сотрудник）= Новых сотрудников не принято;

б. *Нового сотрудника не принято.
　　в. *Новый сотрудник не принят.

带主格主体的(12в)也是不对的,因为人只有在被录用后才能成为新的同事。

相反地,名词的复数形式则有助于形成生格结构,因为它把个体名词变为集合性名词,同时生格获得均分意义和补充性的语义理据。

句子的交际结构也有可能对生格动词的生格结构产生阻碍:

(13) a. Разницы не усматривается;
　　б. *Разницы не усматривается невооруженным глазом\.

(14) a. Уличных звуков сюда не доносится;
　　б. *Уличных звуков не доносится сквозь двойные рамы\.

(15) a. Формы ед. числа не существует;
　　б. *Формы ед. числа не существует вне оппозиции чисел\.

例(136)—(156)中有突显的变异算子(状语),否定的只是这个变异算子,而存在-感知要素(对它的否定可以构成生格结构的语义)并没有被否定(Szabolcsi 1986, Kiss 1995也讨论了被称为 definiteness effect 的类似现象)。这样就解释了3.1中的例(4),同时也解释了Апресян(1985: 294)的例子:

*Ни одной болезни не протекает без осложнений\.

吉罗-韦伯(1984: 105)指出,生格结构不可能出现在行为方式状语的语境中:

(16) a. Такой мысли не возникает;
　　б. *Такой мысли не возникает неожиданно\ [надо: Такая мысль не возникает неожиданно].

原因在于,生格动词只有在述位位置上才构成生格结构。

动词可能不允许生格结构只是因为它根本不允许否定。正如罗素指出,否定的表述'не-P'在交际上通常是在期待P(尤其在事物正常状况被破坏时)的情景中恰当。当动词语义隐含偶然性、事件发生的突然性意义时,此时否定就显得异常:

(17) ?Несчастья не случилось; ?Беды не приключилось.

问题语境、间接问题语境、条件式语境和假定式语境消除了这种障碍,P和не-P被视为具有同等的可能性:

(17') От этого большой беды не приключится [от этого ='если это произойдет'].

(17″) пошел узнать, не случилось ли несчастья.

一般来说,期待P的语境可能会使非否定动词变为否定(作为推涵或生格结构)。例(18б)的生格结构是恰当的,因为是指不久前出现状态的消失(什么时候传来的枪声由больше表示):

（18）a. ?Выстрелов не раздавалось; б. Выстрелов больше не раздавалось.

因此，如果为动词случиться, раздаваться创造合适的语境，那么生格结构的出现就没有阻碍了。

3.6 生格结构的强制性用法

现在我们只剩下一个问题需要回答：不同说话人在评价带生格结构句子的正确性时有较大差异，其原因何在？其中一个原因是语言规范的变化、主格的扩张，这一点我们曾经讲过①。另一原因是生格结构强制性用法具有广泛的可能性（比较英语术语 coerced meaning, 详见 Pustejovsky 1991），即这些用法要求强大的语境支撑，在这种语境中动词的词典释义需要调整。

一般没有好的否定的动词可以使用生格结构的强制用法。例如，需要专门的语境，使例（1a）句的否定成立，其简单释义为'X开始以特定方式存在'：

（1）a. Разразился скандал, Грянул выстрел; Воцарилась тишина; Открылась гангрена;

　　　б. *Скандала не разразилось, *Выстрела не грянуло; *Тишины не воцарилось; *Гангрены не открылось.

生格结构在这里是不可能的，主格也无法挽救这种状况。在例（1a）中，句子的语义结构中要素'X существует'位于变异算子的辖域中，该算子只有在'X存在'前提下才能成立（参见第一部分第六章，以及Падучева 1996: 244）。如воцарилась тишина 的意思类似于'тишина наступила; она носит всеобъемлющий характер'.

一些动词的意思中除了要素'X находится в Месте'和'Наблюдатель это видит'外，还包括变异算子'X является таким-то/ находится в таком-то состоянии'，这些动词组成了近似的类别：

（2）Передо мной простиралась бескрайняя равнина; Вместо зуба зияла дыра; Развеваются флаги; На его груди блистали звезды.

此处算子阻碍了否定，与主体的格无关：

（3）*Флаги не развеваются; *Звезды не блистали.

对带变异要素（相应有生格结构）动词的否定是可能的，如果变异算子与P所有情景一起进入期待的情态框架（参见Богуславский 1985: 32，以及第一部分第六章）。期待是指：如果P情景将发生，那便是在该变异之中。期待将生格要素与变异算子联合成一个能被否定的统一命题：

（4）Ожидаемого скандала не разразилось; Звезд на его груди уже не

---

① 生格结构消失的进程在所有斯拉夫语中都有表现，尽管速度不同。关于普希金语言中生格结构的运用参见Падучева(2001б)。

блистало.

此处的否定是被强化了的，它要求强大语境的支撑。这样语境一旦建立，生格结构的运用也就不存在阻碍了。

生格机构强制用法的另一例。动词 стоять, висеть, сидеть 在目的主体中指的是活动，生格结构不可能出现。但是它们可以发生转义，并在复数主体语境中表示观察者习以为常的事物的稳定状态。这就使得它们有机会偶然进入生格结构：

(5) У школы не стояло детей (试比较 У реки не стояло домов).

(6) На заборах не висело мальчишек (试比较 На стенах не висело ковров).

此外，将情景表征为当前时刻之前长时间持续的稳定状态，即意味着建立该情景的期待语境，该语境中可用否定 (На заборах не висело мальчишек [背离常规])。

表示运动的庞大动词类别：бегать, блуждать, крутиться, кружиться, лезть, мчаться, плавать, ползать, проскальзывать, проскакивать, прыгать 等等，它们很容易虚构观察者，这样使得这些动词与感知组生格动词一样。如例(7)中生格结构是强制性的用法：

(7) Между бревнами и по косякам окон не скиталось резвых прусаков, не скрывалось задумчивых тараканов (Тург.).

动词 скитаться 的释义中不包含生格要素，尽管作为推涵可以推导出生格要素，скитаться 对客体的特定形式来说无异于'находиться'。这个推涵在观察者存在的语境中是重要的交际因素。博尔晓夫和帕蒂(1998)对句子 Парусов не белело 中的生格词的解释来自近义句 Парусов не было 的限制，语境为帆是白色的普遍认识。

在这些语境中，说话人对生格结构可行性的评价各不相同。例(8)、(9)中，在方位词的作用下动词发生语义衰减(方位词正是该动词表示行为的典型地点名词)，它们比例(10)、(11)更恰当：

(8) Таких у нас на предприятии не работает.

(9) Таких людей у нас в санатории еще не отдыхало.

(10) Свечи на столе не горело.

(11) Не прыгало лягушек на обочине.

生格结构强化用法的典型例子——一个套语笑话：Вас здесь не стояло (не сидело)。生格将目的主体的活动——стоять (сидеть)——转移至可被观察到的地点；在第一个层面上出现观察者，而主体作为无生命物体出现，赋予该表述侮辱的性质。

说明生格结构的语义要素可以不通过"强迫"动词意义生成,如例(5)—(10),而通过主体的特殊指称语义生成。如上文提到,语气词ни不仅其本身,而且在ни один, никакой, ни единый, ни малейший等的组合中,可以决定生格动词类别之外的生格结构的运用。实际上,ни один出现时,生格结构在表示破坏、带来损失及消失的动词语境中使用:

не разрушено <ни одного дома>; не разбито <ни одной тарелки>.

问题的复杂性在于,ни在各种不同组合中提供了多种准生格动词。我们在此简要分析一下никакой和ничто。

量化形容词никакой进入指称性名词组合,可以取消与该组合相关的存在预设,并且,当说话人不仅排斥句子述位,而且怀疑其主位存在时,量化形容词可以表示"完全"否定。因此,生格类别以外也可以产生生格结构,参见3.1节中例(5),(6)。表示强列不赞同对方的言语时,никакой在主格中也能取消存在预设,例如:

(12)—Произойдет катастрофа! —Никакая катастрофа не произойдет.

如果никакой对主体格的影响从其词汇语义中可提前预测,那么ничего的运作在语义上无法解释,ничего可以在下列动词出现时作主体,如кончиться, измениться, перемениться, выясниться, болеть, интересовать, чудиться; 而在кончено, забыто, спрятано, начато等语境中时,绝不是生格主体:

(13) а. Ничего не кончилось; б. *Войны не кончилось.

(14) а. Ничего не болит; б. *Головы не болит.

ничего甚至可能破坏生格结构与及物性之间的不兼容规律,而这个规律对其他词来说是必须遵守的。参见Guiraud-Weber(1984)中的例子(也可参见Guiraud-Weber 1973):

(15) Его ничего не интересует.

ничего不可预测的语义扩张可以在词法层次上得到解释。由于ничего只用在否定的上下文中,因此它在宾格意义上几乎总是以生格形式出现(Я ничего не вижу),而且这种状况也在聚合体中得到固定。另一方面,在俄语发展历史中形成的一个现实规则是,中性词的主格与宾格是一致的。因此ничего,特别是在口语中,不仅具备宾格功能,还有主格功能,这就解释了例(13)—(15)[①]。

这样,我们可以断定,生格结构词汇的界限问题在很大程度上是揭示静态词类别的问题,其词汇意义或者不包括主体自身存在的预设,或者标志情景中观察者的存在。

[①] 这是А.А.Зализняк提出的方法。

我们的分析最终可以从生格结构各部分意义推出生格结构的意义,无人称性和生格都限制了句法主体,它或者是非指称的,或者让位于闯入情景中的观察者。对被动形式的解释(参见3.3节例(6))有望将语义表征从主体生格词转移到客体上。(参见 Timberlake 1975)

是否属于生格类别可以由动词的语义性能决定,这些属性应记录在词典释义中,而且独立于生格结构的问题。在俄语中,生格结构在一系列语境中,在语法方面是必备的,如果我们想要达到词汇与语法的交互性,就应该在词汇释义中明确生格要素的存在(或者在强制性用法的情况下与生格要素的兼容性)。而且对其他语言来说,"生格"类别的动词不可能在语义上不关联。(参见 Kiss 1995中关于匈牙利语的语料)

第四节 动词быть的生格主体*

否定生格结构对维日彼茨卡通过语义研究句法的思想来说是有力的支持:通过语义研究句法的任务是在词义和句法结构的基础上预测语言中词语的搭配性能和其他运作特点。(详见 Wierzbicka 1988)

巴比(1980)研究生格结构的著作《存在句》(«Бытийные предложения»)影响深远,这也导致长期以来无法明确,实际上存在着不是一组生格动词,而是两组。

第一组,也是主要一组(通常被认为是唯一的一组)是存在动词,即释义中包含'存在X'(事物,X在哪儿,都由主体表示)语义要素的动词,而且该要素不是处于预设地位,而是处于陈说或蕴涵地位。带有这些动词的句子在否定时,按照陈说与否定相互作用的一般规律,会产生'X不存在'要素。主体X在第一组动词使用中,由于与'存在X'里存在谓词的语义一致,主体理应具有非指称地位:

(1) Сомнений не осталось[= 'никаких'];

Возражений не возникло[= 'никаких' или 'ни одного'].

但是还有第二组生格动词(以及谓词)——感知组生格动词,这组动词的语义常量是要素'X位于观察者的视野中'。主体X在这一组中可以是指称性的。以下是带有第二组动词的例子(在(2г),(2д)中有指称性主体)。

(2) а. Мороза не чувствуется;

б. Деревни пока не видно;

в. Хозяйки в доме не заметно;

---

* 第四节(除附言外)基本上是Падучева(1992а)发表的文章,改动不大。该文章早于第1-3节写成,因此某些交叉的地方不容易避免。近些年来对这个问题的研究又有一些重要的修正,参见附言。

г. Маши дома не оказалось;

　　д. Иванова не предвидится.

对于存在动词来说,否定句中的生格主体通常是必备的,参见例(1)。生格词由感知要素生成时,可能出现生格结构与主格结构的对立。主体没有确定的具体指称语境中,可能出现主体不存在的"误解",见例(2в),此时生格词标记存在两种要素——感知要素和存在要素。其他情况下,生格主体只表示观察者或意识主体在情景中的存在,参见例(2г),(2д)。

动词 прийти 在 Ответа не пришло 类型的语境中属于感知组动词,它失去了目的性运动的语义,仅表示事物出现在视野中。

现在我们分析动词 быть。быть 很早就区分出两种意义:存在意义,如(3a),和方位意义,如(3б)(参见 Арутюнова 1976: 210):

(3) a. Такая партия была[存在意义];

　　б. Геологическая партия была на базе[方位意义].

表示存在意义时否定句主体用生格表示:

(3') a. Такой партии не было,

这个句子正常,因为这种情况下,无论 быть 的意义还是主体的指称特点都与存在组生格动词的语义常量完全符合。

但生格主体在 быть 方位性用法中也可能出现。

(3') б. Геологической партии не было на базе.

初看上去,如果仅指生格动词的基本存在组,则生格主体在方位动词 быть 的用法中会有两种例外情形:

1) 方位动词 быть 的意义中无法找到陈说或蕴涵,即可被否定的要素'存在 X'在否定时该要素能"充当"生格;与之相反的是,客体的方位与其存在的预设密不可分:

Геологическая партия была на базе. ⊃ 'Геологическая партия существует'.

2) 存在组动词中的生格结构要求无指称的主体;而方位动词 быть 的主体可能是具体指称性的,如例(3б),(3'6)。

方位动词 быть 可能成为第二组生格动词,它允许指称性主体,但其语义中应具备感知要素。以下将说明这种情况的确如此。我们将指出动词 быть 的两种方位意义:быть1 和 быть2。此外:

быть2 不属于生格动词类别,即总是有主格主语;

быть1 在否定句中允许生格主体,即属于生格动词,而且"语义上完全合法",因为它包含的语义要素把它归入了感知组生格动词。原因在于,быть1 词位意义中可能包含观察者参项——感知主体。

下面给出 быть1 和 быть2 的释义,其中可以阐明 быть1 是生格动词(感知组),而 быть2 不是。释义以过去时为例:

（Ⅰ）X был 1 в месте Y [在时刻 t_0]=
 1) 在 t_0 时刻 X 位于 Y 地；
 2) 有一个人，他
  或者在 t_0 时刻也位于 Y 处——充当观察者角色，
  或者想象自己在 t_0 时位于 Y 处，
  或者 Y——这是此人正常的位置；
（Ⅱ）X был 2 в месте Y [在时刻 t_0]=
 1) 在 t_0 时刻 X 位于 Y 处；
 2) 在 t_0 时刻之前的某个 t_1 时刻时 X 不在 Y 处（并且在 t_1 时刻、t_0 时刻后也不在）；
 3) X 在 Y 的停留是 X 有目的行为的结果.

从上述释义中可以看出，быть 2 ≈ 'побывать'，即 быть 2 是行为动词（移动），因此它不可能是生格动词，因为所有的生格动词都是静态词。
быть 1 意义的一个特点是它记录了观察者（或意识主体）参与情景的情况：观察者参项要么在 X 不在的时刻位于 Y 点，见（4a），要么 Y 是其正常固定的方位，t_0 时刻他的方位则无关紧要，见（46）：

（4）a. мы зашли к Ивану, но его не было дома [观察者мы在 t_0 时刻位于 Y 处，即X不在的那里]；
 б. Меня вчера не было дома [观察者是我；他的正常位置是在家里].

借助于观察者可以解释为什么句子（a）Меня нет дома 与句子（6）Я не дома 相对立。因为说话人是观察者角色主要的执行者，生格在（a）中隐含着说话人在家里的意思，那么整个句子确定了他的不在场。

观察者/意识主体的正常位置如例（5）所示：
（5）a. Меня не было в Москве；
 б. Меня не было в Париже.

例（56）初看上去有些异常，因为读后我们首先想到的是动词быть的быть 2意思：'Я никогда не приезжал в Париж'，但是它要求主体用主格。若如果允许说话人—观察者参项，且巴黎对他们来说是正常方位，那么句子（56）和（5a）一样都可以成立（参见 Guiraud-Weber 1984:96）.

例（66）异常的原因显而易见：
（6）a. Меня вчера не было дома；
 б. ?Меня вчера не было в кино.

家是一个人正常的处所，而电影院不是，这也解释了（66）的异常：人作为参项不应该在地点（доме）中出现，而应以观察者身份出现。

生格主体在例（7）中更为自然，在例（7）中可以允许说话人"换做"第二人称并处于其位（设身处地），并以此想象自己在特定时刻处于地点（这是指示语投

射的典型情形,参见第七章第一节):

(7) Жаль, что меня вчера не было с вами[或 с вами в кино].

例(8a)初看上去有些异常:

(8) а. Неужели тебя у них не было?
　　б. Неужели ты у них не был?

但(8а)完全是恰当的,比如说话人在"у них"的情景中,正如他所认为的,在某特定时刻,看见了交际对象,而交际对象对此予以否认。这里的意识主体是期望主体,这种预期体现在неужели上。再比如:

(9) а. — Почему Вани не было в школе?
　　[当Ваня不在时,在校的老师或同学的询问];
　　б. — Почему ты, Ваня, не был в школе? [父亲问].

(10) а. Я не был дома[='当应该回到家或理应回到家里而没有回家'];
　　б. Меня не было дома [这应该说是对某人在某时刻试图遇到我时提问的回答].

(11) Знаешь, наших детей не было в цирке.

但是例(11)背后隐含的情景恢复后的一种情况是:说话人自己看过马戏并证明他的孩子没去看马戏;或者他是转达某人的话,该人是"缺席情景"的同步观察者。句子Наши дети не были в цирке未暗示有同步观察者。

综上所述,我们可以得出结论:带生格主体的быть1在否定句中具备的语义要素能将其意义归入生格动词其中的一个语义组(参见释义中的要素2):быть1是感知组的生格动词。

现在我们回过头来对比быть的两种释义:带生格主体的быть 1和带主格主体的быть 2。从释义中的差别可以得出一系列语义和句法推论。

I. 阿普列相(1980:70)描写了以下值得注意的语言事实,对于肯定句,如:

Отец был на море

可以对应两种否定形式:

(12) а. Отец не был на море;
　　б. Отца не было на море.

阿普列相揭示了在否定句中主体的格与动词体的意义之间有以下制约关系:

主体为主格情况下,如例(12а),只能作未完成体动词的一般事实性理解:

Отец не был на море[多半是'никогда не было'];

主体用生格时,如例(12б),更倾向于作当下持续性的理解:

Отца не было на море [例如,那时我已到那了].

主体的格与动词体之间的联系初看上去好像在句法上比较奇怪,实际上这种关联性有简单的语义解释,如果将动词быть区分出两种方位意义,即静态性的быть 1和能动性的быть 2,那么,一方面,在否定时主体格的不同选择源于其释义(正如上文所述),另一方面,对词位所允许的体的意义的选择差异也源于动词的释义。

我们将要阐述的是,例(12)表现的体的意义不取决于格,而是取决于动词быть的词汇意义。

1) 主格主体与动词一般事实意义之间的联系。因为带主格主体的быть是быть 2,быть 2的词汇意义记录了两个时间点t_i和t_0,观察者在带быть 2句子中的时间点可能只是回溯性的(或是展望性的),观察者所处的时间点应能同时看见上述这两个时间点。因此быть 2的未完成体仅具有一般事实意义,这是由其词汇语义所决定的。

2) 生格主体与体的当下持续性意义之间的联系。быть1的词汇意义记录了观察者的位置,他位于"X缺席的情景中"。很明显的是,быть在此用作当下持续性意义,这种意义出现在有同步观察者的情形中。但是如果在情景быть 1中出现的不是观察者参项,而是"想象"自己在该地方的意识主体,那么可以将生格动词быть理解为未完成体形式的一般事实意义,即回溯性意义:

(13) —Как, ты ничего не знаешь?

　　　 —Меня не было в Москве.[Сейчас я в Москве]

因此对于быть1,作未完成体的当下持续性理解更经常,但不是唯一可行的理解。

这样,在区分了быть 1和быть 2的词位后,我们就能够解释例(12)中对未完成体形式的不同阐释。

Ⅱ. 动词быть 1(不同于быть 2)允许指示性省略包含'здесь'意义的地点状语,即'就在说话人所在的地方'。如果考虑到быть 1记录的说话人的位置——位于"缺席情景",这一点也不奇怪了:

(14) а. Жаль, что Ивана не было![我去过的那个地方,быть1]

　　　 б. * Жаль, что Иван не был![主体的主格说明是быть 2;因此不可能
　　　　　 发生指示性省略;句子是不完整的]

对于быть 2只可能出现回指省略:

(15) Я был в кино$_i$, а Иван не был $\emptyset_i$.

Ⅲ. 没有指明时间的情况下,быть 2可以有两种理解:带具体指称和带量化时间暗示标记;而быть 1必须记录具体时刻——观察的时刻(Ицкович 1984: 53):

(16) а. Кто не был в музее Толстого? [= 'Никогда не был'或'не
　　　　　пошел в тот момент, когда ожидалось, что некоторая группа
　　　　　людей туда пойдет'];

　　　 б. Кого не было в музее Толстого? [= 'в тот момент, который

имеется в виду' например, 'когда кто-то там был'].

相应地，быть 2 不会对时间标记的指称状况进行任何限制，而在быть 1 中只可能是具体指称性的：

(17) a. Ваня здесь ни разу не был [быть2];
б. *Вани здесь ни разу не было [невозможно понимание с быть 1];
*Вани здесь никогда не было.

(18) a. Я никогда в этом доме не был [быть2];
б. *Меня никогда в этом доме не было[невозможно понимание с быть 1];
*Меня ни разу в этом доме не было.

Ⅳ. быть 1 和быть 2 之间的另一区别涉及定位算子指称状况：быть 2 允许非指称定位算子，而быть 1 要求具体指称定位算子（参见Апресян 1995：521）：

(19) a. Иван [никогда] не был в таком театре [быть2];
б. *Иван никогда не было в таком театре [невозможно понимание с быть 1].

这个区别最终也能从быть 1 的指示性得出，无论如何быть 1 要求观察者出现于主体缺席的情景中，这种情景也因此有唯一的具体指称，而它的定位算子也应是具体指称性的。

Ⅴ. 观察者参与对带量词句子的解释。博尔晓夫和帕蒂（2002）曾举过很有意思的例子：

(a) Иван нигде не был; (б) Ивана нигде не было.

我们倾向于在观察者的参与下对（a）与（6）之间的差异进行两者择其一的解释。我们都知道，具有普遍意义的词在其运用的自然语境中被量化的范围不管怎样都会缩小。但(a)句中依靠更大或更小的话语语境，以不确定的方式缩小；但例(6)以完全确定的方式表示：'Иван不在观察者找过的地方'。

Ⅵ. быть 1 和быть 2 与语气词еще和уже在搭配上的典型区别源自其释义。例(20a)带еще，可以出现主格结构；而(206)带уже，最好用生格主体，因为быть在уже的语境中用于быть 2 意义时无法被理解：

(20) a. В два часа я еще не буду в институте [其中一个理解为：'еще не приду'];
б. В два часа меня уже не будет в институте.

同样的情况也适用于'еще'和'уже'的意义是在暗示的情形下：

(21) — Давай встретимся в твоем институте. Я приду в два часа.
— Нет, в два часа я не буду в институте.

这里я не буду在时间状语в два часа的参与下可以理解为'я еще не буду'，即'я еще не приду'，此时可以把быть理解为быть 2 的意义，正如主格主体所要求的那样。生格主体出现时，еще和уже都可能出现，见例（22），而出现主格主体情况下只能用еще：

(22) Через два дня меня уже/еще не будет в Москве [быть1；生格主体].

(23) a. Через два дня я еще не буду в Москве[='еще не приеду'——быть 2；主格主体];

б. *Начиная с двух часов я уже не буду в институте. [быть1；主格主体不可能出现，应该说：меня уже не будет].

现在我们可以回头再关注带быть句子中指称主体生格的语义来源，如例（3'6）。至于быть 1的情景出现观察者，我们指的是быть 1包含有感知要素的情况。它还在быть 1否定时充当主体生格：观察者在быть1的语义中构建出语义要素，即在生格动词第二组，感知组中作为语义常量的要素。

但是在这种情况下，阿普列相揭示的动词体的意义与主体格之间的联系并不是быть独有的属性：类似的效果——主体生格词——也能够使其他表示方位的动词"构拟"同步观察者，如：не висело, не стояло, не лежало, не торчало等（这时做为一种推涵出现了对体的当下持续性理解）。例（246）中主体生格比例（24a）更加自然，因为（24a）缺席情景被确定为回溯性的：

(24) a. Этот портрет здесь никогда раньше не висел
[未完成体一般事实意义]

б. я окинул взглядом кабинет. Портрета на стене не висело
[未完成体当下持续意义].

还有其他一些动词，其生格主体表示观察者的存在或主体出现在观察区域内。如例（25）—（30）中生格结构表示'X没有出现在观察区域内'；而在相反方向运动中——远离观察者参项——主体只能用主格：

(25) a. Ни одна дыня не п о п а л а в магазин [从内部看];

б. Ни одной дыни не п о п а л о в наш магазин [从商店里看].

(26) a. Все ждут. Пока что ни одни человек не у ш е л;

б. Мы ждем Пока что не п р и ш л о ни одного человека.

(27) a. Посыпали тротуар песком, чтобы ни один человек не у п а л [试比较，错误的* чтобы ни одного человека не упало];

б. Вырыли яму, чтобы ловить людей, но ни одного человека в нее не у п а л о [упасть 这里表示'появиться в зоне восприятия'].

(28) a. Дома с дороги не видно. Сквозь плотные ставни свет ламп не п р о н и к а е т наружу;

б. Сквозь эти шторы не п р о н и к а е т дневного света [在内部，向观察者移动].

（29）a. До него эти звуки не д о н о с я т с я [指远处的人];

b. Здесь тихо. Уличных звуков не д о н о с и т с я [= 'не доходит до наблюдателя'].

（30）a. Механизмы отказали, и ни одна подлодка не в с п л ы л а；

b. Мы ждали, что ни одной подлодки не в с п л ы л о[即没有出现在观察者的视野中].

最后的一个例子来自巴比（1980），给出的解释是：生格主体是观察者存在的标记。

быть不是语义独特的动词，这一点可以通过比较быть和оказаться来证明：

（31）a. Вани не было дома；b. Вани не оказалось дома.

两个句子中生格都是观察者出现在情景中的标记，而这个观察者在句子的表层结构中没有出现（当然，与动词быть相比，动词оказаться标记观察者存在的确定性更大）。来看看оказаться用于例（31б）时的简要释义：

X-а не оказалось в Y-е =

| 观察者预计X会出现在Y处

| 观察者移动到了Y处

| 观察者看见X不在Y处

其他情况下也一样，需要对可能出现的非视觉感知做出某些修正，例如电话交际情景。

быть包含一个保障生格主体出现的参项，正如我们所见，它既可以是观察者参项，也可能是意识主体，如例（5），其中包括人，该地点是其正常处所。而оказаться要求的是观察者参项。从这里产生它们在搭配上的差别：例（32a）是正常的，而例（32б）仅仅可以在开玩笑时用：

（32）a. Меня не было дома； b. Меня не оказалось дома.

附　言

1. 帕杜切娃(1992a)对быть的研究仅局限于活物主体的语境。非活物主体可能会对быть 2的能动性阐释产生不利影响,这里还需进一步明确。

非活物主体主格形式与大多数地点状语不相容:

(1) a. *Мой паспорт не был в сумке　б. Моего паспорта не было в сумке.

但是对于例(2),我们很容易想到主格主体参予时的情景:

(2) a. Телевизор <явно> не был мастерской

　　　[:он по-прежнему работает плохо];

　　б. Этот костюм не был в химчистке;

　　в. Журнал не был в учительской;

　　г. Шампанское не было в холодильнике.

所有的这些例子对未完成体的解释都是回溯性的:例(2)中быть如同带有能动性быть 2的句子一样,意思接近'побывать'. 尽管主体无生命,但是例(2)会给人的感觉是好像所有的情景后面都有某种意志,它将我们的事物带到某处、持有一段时间并再归还回来(关于持续界限性前缀по-更倾向于能动语境的问题参见 Flier 1985, Падучева 1996:145)。当然,这里地点参项的特点也发挥着作用:它要求对事物施加有目的的作用(修理,清洗,制冷等等)。自然,быть 2仅在这样的语境中有可能出现:例(1a)被视为异常,因为语境不允许类似的解释。但быть 2的释义应该加以概括:保证事物在地点临时存在的目的主体可能不是事物本身,而是话语外的某个人。

2. 就同步观察者参与быть 1的释义问题,应表述得更加透彻。

生格结构中的观察者参项,即быть 1中,感觉出现在无生命主体中要比生命主体要好。例(3)很明确要求这样的语境:人来到修理坊并未发现自己的电视机。

(3) Телевизора не было в мастерской.

这种现象在现在时中体现得更明显,试比较例(4a)与(4б),例(4a)表示的是发现电视机不在场,例(4б)表达的只是知道它不在场(知晓可能来自观察,但是这种观察并不反映在说话人与情景构成对比的观念中):

(4) a. Телевизора нет в мастерской;　б. Телевизор не в мастерской.

阿鲁玖诺娃和希里亚耶夫(1983:91)探讨了下面这个例子。对于问题:

Твой брат дома? 原则上可以给出两种回答：带生格结构的回答，如(5a)，和不带生格结构的回答，如(56)：

(5) a. Нет, моего брат нет \дома;

б. Нет, мой брат не дома \.

很明显，一般更倾向于(5a)回答(Арутюнова, Ширяев 1983 肯定了这一点)。但是我们认为，这只是出于对说话人(以及提问的人)位于"缺席情景"的推测。如果说这个谈话发生在大学校园，那么对于问题 Твой брат сейчас дома? 来说，例(56)更合适。这种情况下我们毋庸置疑可以得出这样的结论：

观察者的在场不是由быть 1词位语义确定的，而是由生格结构本身的意义来确定的。

实际上，否定语境之外的静态词быть，如Отец был на море，要求观察者的程度等同于它进入未完成体当下持续语义的程度。

如果句子中有封闭时间段的持续性状语并且只记录过去，(Падучева 1996: 175)那么生格结构与主格结构可能形成对立：

(6) a. Его не было дома два дня [观察者在屋中，быть1];

б. Он не был дома два дня [≈ '两天没回过家'；быть 2].

同样对于"能动性"地点参项语境中无生命主体也适用：

(7) a. Куртки не было на вешалке два дня [быть 1];

б. Телевизор не был в мастерской два года [быть 2].

因此，非寻常的同步观察者只出现在生格结构中并由该结构本身产生。从否定转换的角度来看，быть 1词位意义中对观察者的推测是从否定变异的角度看待否定句的结果：如果否定句中有观察者参项，它也应该出现在来源肯定句中，否则这个参项从何而来呢？同时，正如已经阐明的那样，否定句的意思不总是由两部分组成(来源句子的意思+否定)，例(5a)中生格结构本身的意思是第三个组成部分。说话人根据他想表达的意思来选择某个结构。可以认为，我们对例(5)的分析显示了相对于转换观而言意义的构建观的优势。

3. 在帕杜切娃(1992a)的研究中只分析了动词быть方位意义中的具体指称主体。带非指称主体的句子还需要进行解释，即На полу окурки, 2.3节中例(20)，或者В комнате девочки, 例(22a)等这类句子。

非指称主体在方位句中实际上总是处于述位，这样拉近了方位句与存在句的距离。阿鲁玖诺娃和希里亚耶夫(1983: 65)认为，带非指称主体的句子不表示方位，而属于存在类型。但是现在时动词быть的存在的意义由есть表达，表示纯方位的零位形式与表示存在意义的есть之间的差别是毋庸置疑的：есть可能为方位意义补充"部分—整体"的意义(В комнате есть девочки = 'среди присутствующих')，补充必要性意义(на полу есть окурки 能够成立的条件是如果某人需要它们)，可能还有其他意义。因此，把例(20), (22a)解释为存在句是说不通的。

根据阿鲁玖诺娃的例子可以为есть与零位形式之间的对立建立良好的语境。对于问题Где тут есть булочная?可能给出两个完全相同的回答,如例(8а)和(8б):

(8) а. Булочная есть за углом;

б. Булочная за углом [='находится за углом']

但是显然,(8а)回答者使булочная的主体地位没有变——非指称性的,是存在句;而(8б)回答者说的是他知道的某个булочная,指明其方位,在功能性名词语境中这种差别微乎其微。对于Где мама?这个问题来说,其中主体是有明确指称的,只能用表示方位的быть,按例(8б)来回答。

带быть 1和非指称事物参项的句子,类似于На полу окурки(≈'на полу валяются окурки')类型的句子,没有好的否定(В комнате девочки"不好"的否定类似于Комната пуста;而对于На полу окурки就是На полу чисто)。那么这个句子的名词性词组中окурки特殊的存在地位理应只能出现在肯定句中。至于带生格结构的否定句(В классе нет девочек;На полу нет окурков及Окурков на полу нет等),理应被认为是对存在动词быть的否定。(详见Арутюнова, Ширяев 1983: 53-91对其他各种可能解释的讨论)

因此,研究方位词быть时我们仅限于具体指称主体,这样的考虑基本合理,因为带完结行为主体的方位句没有很好的否定。

4. 比较下面三个句子:

(9) а. Бутылки нет в холодильнике;

б. Бутылка не была в холодильнике;

в. Бутылка не в холодильнике.

显然,例(9а)是建立在直接观察的基础上。例(9б)中没有直接的观察者——说话人按照间接信息,即根据当前的痕迹、产生的后果作出评判,也就是说根据当前时刻的状态评判过去。而例(9в)中没有给出评判的理由,说话人信息来源是什么:这也可能是从第三方那里获取的信息,或是不愿告知更多详细的信息——随便是什么等等①。

分析这些例句可得出,生格结构可以解释为根据信息源情态(эвиденциальность)②表达对立的方法:例(9а)—(9в)意思的差别可以认为是说话人所用信息源的语法表达。(参见Плунгян 2000:322)在俄语中从来没有关注过信息源情态范畴问题,所以这些现象值得研究。

信息源情态对比只出现在否定语境中,这一点从类型学上说是合乎情理。

---

① 在此,(9а)与(9в)可以从现在时转换为过去时,而(9б)只可能是过去时:(9а')Бутылки не было в холодильнике; (9в') Бутылка была не в холодильнике.

② 这种解释由Я.Г.Тестелец提出。

例如,菲西(Fici2001)表明,马其顿语中肯定句里动词简单过去完成时与疑问句完成时之间的对立与信息源情态有关;即原则上信息源情态理应与非肯定语境相关联。

  5. 我们指出涉及быть语义的一个普遍宗旨的变化。90年代认为没有必要对一个词的不同意义的设定加以限制。然而,现代语义学思想认为,一个词中各种不同意义的兼容应在语义上(或类型学上)合乎情理。近些年来的研究阐明了有关同一动词中静态意义(如быть 1)和动态意义(如быть 2)①的兼容问题。有关运动动词能派生出静态意义的现象已经多次论及。例如,第七章中很多运动动词,如входить, следовать, нести等等都能派生静态意义。而动词быть的语义迁移显然是相反的:从静态意义转向动态意义。但我们认为这种语义过渡并不是它独有的。以касаться为例,它的来源意义是静态的(Ветки сирени касаются подоконника);然而语义派生情况下变成能动性移动动词(коснулся ее руки)。(参见Гиро-Вебер, Микаэлян 1999)因此,根据我们的定义,быть 1与быть 2之间的语义对应关系应该认为是规律性多义关系。意义随着两个参数而变化:主题类别——从方位类别转换到移动类别;分类范畴——从被动状态转换到主动行为。

---

  ① 有意思的是быть 1也能表示运动,填补两个方向性语义价"Откуда"和"Кому"(属于运动动词的属性)——От дяди Олега мне ничего не было(Набоков. Дар),其中не было ≈ 'не пришло'。

附录
生格动词

下表所列动词以单数第三人称现在时、过去时(或中性)形式列出。构成体偶的动词分别列出；如останавливаться是生格动词，而остановиться不是，例如：Иностранных туристов у нас в гостинице еще не останавливалось和*Иностранных туристов у нас в гостинице не остановилось；生格动词улавливаться（Различия не улавливается）没有对应的完成体形式。如果动词只在被动态时允许生格主体，则以被动形式列出——完成体和未完成体。反身动词作为词汇单位与理据性非反身动词分开。既没有反身用法也没有被动用法的反身动词才给出其对应的未完成体形式，如припомнилось, образовалось，而对于обнаружилось则不列出，因为已具有成对的被动形式обнаружено— обнаруживается.

此表分为两部分。第一部分包括：实际运用中已证实可以进入生格结构的动词(对应的另一个体在没有证实的情况下也可能补充进来)。第二部分相关语义的动词从词典中挑选获取，其生格结构的可行性已经过试验测试。

I

не белеет <ли парусов на горизонте >; не блистает <теперь бриллиантов в ее прическе>; не бывает <здесь песчаных бурь>; не было, нет <такой возможности; Иванова в Москве >; не введено / вводится <ограничений на вывоз валюты >; не ведется < наблюдений; строительных работ >; не взято <обязательств >; не виднеется <ли вдали жилья>; не видно <деревни>; не внесено / вносится <ценных предложений>; не водится < уток в этом пруду; за ним этого греха >; не возбуждается / возбуждено <дела >; не возникло / возникает <особых проблем >; не всплыло <трупов убитых бойцов >; не вспыхивает <ни искорки >; не встретилось <На кладбище не встретилось глазам никого, Серг.-Цен.>; не выдалось <ни одного теплого дня >; не выделено / выделяется <средств на оборудование >; не выкопано <сточных канав >; не вынесено <постановления >; не выпало <осадка; счастливого жребия >; не выписано / выписывается <даже газет >; не выпущено / выпускается <книг по лингвистике >; не выработалось / вырабатывается < привычки>; не выражалось <тревоги>; не высказывалось <таких мнений>; не выступило / выступает <ни капли крови из сосуда >; не вышло <бы ошибки >; не выявилось < способностей >; не выяснилось / выясняется <подробностей>; не дано / дается < названия >; не держится <Слуг в доме не держалось >; не доносится <звуков>; не допущено <грубых промахов> / не допускается <ни малейших отступлений>; не досталось / достается <билетов >; не достигнуто <договоренности > / не достигается <нужного эффекта>; не дошло / доходит <сведений >; не живет <знаменитых людей >; не заведено / заводится <дела >; не завелось <друзей; мышей; денег >; не задано / задается <лишних вопросов>; не затевается <ли новых развлечений>; незаметно <сдвигов>; не замечается / замечено <Вани среди присутствующих >; не запечатлелось <подробностей>; не запланировано / планируется <палисадника>; не зарегистрировано / регистрировалось < вспышек >; не звучит <пышных речей>; не значится <его в списке; этих расходов в смете>; не идет <дороги по берегу; О колокольне речи не шло >; не издается <книг>; не имеется <возражений>; не исходит <запаха>; не кроется <ли подвоха>; не куплено / покупается <еще муки на зиму>; не лежит <газет на журнальном столике>; не мелькнуло <ни искры интереса> / мелькает; не наблюдается <оживления в экономике>; не набралось / набирается <тридцати человек>; не набрано <команды>; не названо / называется <имен>; не найдено <желающих>; не накоплено / накапливается <материалов>; не наложено / накладывается <запрета>; не наладилось / налаживается <дружбы>; не намечено / намечается <поездки>; не написано / пишется <еще таких романов>; не наступило <поворота>; не начато / начинается <строительства>; не нашлось / находится <Думаешь, на тебя управы не найдется>; не нужно <его согласия>; не обеспечивается <точности>; не обнаружено / обнаруживается <отклонений>; не обнаружилось <Вани>; не обозначилось <тенденции>; не образовалось <корки> / образуется <форм пассива>; не обращено / обращается <достаточного внимания>; не объявилось / объявляется <добровольцев>; не ожидается <зарплаты; Вани>; не оказалось <препятствий>; не оказано / оказывается <должного уважения>; не опубликовано / публикуется <сводок>; не осталось / остается <сомнений; следов>; не открыто / открывается <детских учреждений>; не открылось / открывается <Ни просек ни полян не открывалось за стволами, Трифонов>; не отметилось <момента в памяти> / отмечается <отклонений>; не отпечаталось / отпечатывается <следов>; не ощущается <враждебности>; не передалось <ему отцовских склонностей>; не перепало <нам любви ни на грош>; не повторится <такого безобразия>; не подвернулось / подворачивается <возможности>; не подведено / подводится <итогов>; не поддерживается <связей с внешним миром>; не поднято / поднимается <вопроса>; не поймано <новых бабочек>; не показалось / показывалось <изображений на экране>; не полагается <обуви>; не положено <тебе халата>; не получилось / получается <разговора>; не получено <сведений>; не понадобится <белья>; не попало <арбузов в магазин>; не попалось / попадается <нужного примера>; не последовало <ответа>; не поставлено / ставится <вопроса>; не построено / строится <гаража>; не поступило / поступает <сведений>; не потрачено / тратится <денег>; не появилось / появляется <новых лиц>; не предвидится <улучшений; конца>; не предоставлено / предоставляется <общежития>; не предполагается <затрат>; не предпринято / предпринимается <попытки>; не представлено <доказательств>; не представилось / представляется <случая>; не предстоит <подлинного выбора>; не предусмотрено / предусматривается <ограничений на подписку>; не прибавилось / прибавляется <ума>; не прибыло <обещанных платформ>; не приведено / приводится <данных>; не привязывалось <ко мне никогда такой хвори>; не придается <значения>; не приложено / прикладывается <усилий>; не применяется <удобрений>; не принято / принимается <решений; мер>; не принято <у нас таких чаепитий>; не приснилось / снится <такого успеха и Элвису Пресли>; не пришло <мне в голову такой мысли> / приходит; не пришло / приходит <Не приходит на нашу станцию таких поездов>; не пробивается <Ни одной травинки вокруг него не пробивалось >; не пробито / пробивается <туннеля >; не проведено / проводится < электричества; мероприятий >; не проектируется <новых самолетов>; не производится < таких деталей > / произведено <подсчетов; вскрытия >; не происходит / произошло < существенных изменений>; не пролилось <ни капли крови>; не пролито / проливается < слез>; не проложено / прокладывается <новых дорог>; не проникло / проникает <света>; не прошло <дня > / проходит <там дороги>; не прячется <ли за печкой тараканов>; не растет <травы>; не родилось / рождается <таких смельчаков>; не рождено <еще на свет такого гения>; не сдано / сдается <в эксплуатацию новых печей>; не сделано / делается < поправки на возраст>; не сидит <галок на заборах>; не сказано / говорится <нужных слов>; не сквозит <тревоги>; не скитается <Между бревнами и по косякам окон не скиталось резвых прусаков, Г.>; не скрывается <Между бревнами <...> не скрывалось задумчивых тараканов, Г., примеры из Арутюнова, Ширяев 1983>; не случилось / случалось <неприятностей>; не слышится / послышалось <привычного шума>; не слышно <победных труб>; не собрано / собирается <сплетен>; не соблюдено / соблюдается <таможенных формальностей>; не содержится <прямого приглашения>; не создано / создается <условий>; не состоит <больных спидом на учете>; не сохранилось / сохраняется <следов; дома>; не спрашивается <желания>; не стоит <подписи на документе; у дороги таких домов>; не существует <безвыходных положений>; не сформировалось / формируется <рефлекса>; не сшило / шьется <мешков>; не таится <в нем ничего привлекательного>; не требуется <точности>; не уделено / уделяется < внимания>; не улавливается <энтузиазма в голосе>; не упало <ни одного волоса с ее головы>; не упоминается <имен>; не усматривается <даже трещинки>; не установилось < дружбы > / устанавливается <ограничений>; не уцелело <свидетелей>; не фиксируется / зафиксировано <колебаний>; не числится <его по спискам; за ним грехов>; не чувствуется / почувствовалось <перемен>; неизвестно <простых решений>.

II

?не бегает <по двору мальчишек>; ?не бежит <в траве ручейков>; ?не блестело <В овраге не блестело теперь битого стекла >; не блуждает <ли по земле других таких несчастных>; не бродит <котов по помойкам>; не брошено <вызова>; не вернулось / возвращается <обратно никаких писем>; ?не ведет <Хорошей дороги на ферму не вело>; не взошло <нового светила>; не висит <картин на стенах; игрушек на елке>; не воздвигается / воздвигнуто <памятника>; не вошло / входит <Не входило еще в наш порт таких кораблей>; не вселилось / вселяется <новых жильцов>; ?не встало <новых зданий > / стоит <на столе кувшина с цветами>; ?не вывелось / выводится <больше утят>; не выглянуло <из тумана новых вершин>; не выезжало <ли из подворотни иностранной машины?>; не выходило <ли подозрительных людей>; не вылезало <из норки полевых мышей>; не вылилось <ни капли из бутылки>; ?не вынырнуло <из мглы белых зданий>; не выросло <даже лебеды>; не вырвалось <вздоха>; не выскочило <на экране нужной цифры>; не высовывается <ли из ящика листа бумаги>; не вытекает <такого следствия>; не вытекло / вытекает <ничего из крана>; не выходит <отсюда никаких путей>; не вьется < флагов над судами>; не въезжало <машин через эти ворота; давно новых жильцов>; ⁾не горит <Все было по высшему разряду, разве что свечей не горело>; ⁾не грохотало <телег по мостовой; водопада>; не гремело <по этому поводу победных маршей>; не ездило < машин по улицам>; не желтело <на ветках яблок>; ⁾не жужжит <пчел над лугом>; не забежало / забегает <Не забегало ли собак на участок?>; ⁾не завивается <больше белокурого локона над бровями>; не загорелось / загорается <почему-то звезд на небе>; ⁾ не залезло / залезает <теперь мальчишек в огород>; не застряло / застревает <ли в щели горошины>; не звенело <теперь музыки по ночам>; не зеленело <бутылок на столе>; не зимует <теперь у нас птиц>; не капнуло / капает <ли сюда чего-нибудь>; не краснело <на ветке яблок>; не кружилось <хлопьев снега>; не крутилось <в голове ни одной полезной мысли>; не легло <на стол белоснежной скатерти>; ⁾не лезло < пены из пивной кружки>; не летало <по крайней мере самолетов над головой>; не мерцало <огоньков в тумане>; не мокло <привычного белья на веревке>; ⁾не мчалось <машин по улицам>; не нависло / нависает <угрозы>; не назрело / назревает <пока новых противоречий>; не настало < потепления>; не неслось <бешеных воплей из лаборатории>; не ночевало <таких людей>; не обрушилось <бы еще более страшных бед > / обрушивается; ⁾не опустилось / опускается <вертолетов>; не отделяется / отделилось <слюны>; не отдыхает <таких людей в нашем санатории>; не переводится <детских сказок>; не плавает <ли чего-нибудь подозрительного поблизости>; ⁾не погрузилось <желанного троса>; не подходит <к ферме хороших дорог>; не ползает <змей по берегу>; не порхает <бабочек по лугам>; не приехало / приезжает <туристов на базу>; ⁾не приземлилось / приземляется <больше парашютистов>; ⁾не присоединилось / присоединяется <Хотя бы ко всем его несчастьям не присоединилось болезни!>; не пристало <ли какой ниточки к его платью> / пристает; не причалило / причаливает <к нашему берегу корабля с алыми парусами>; не пробежало / пробегает <собак; таких мыслей в голове>; ⁾не провалилось / проваливается <больше никого в нашу яму>; не проглянуло / проглядывает <ли где голой земли>; не проживает < здесь Ивановых>; не прорвалось / прорывается <солнечного луча>; не прорезалось <еще зубов>; не прорисовывается <знакомых контуров>; не просвечивает <ли голого тела>; не проскользнуло / проскальзывает <ни тени иронии>; не проскочило / проскакивает <даже намека>; не проснулось <желания>; ⁾не простиралось <уже широких равнин за окном>; не проступило / проступает <знакомых очертаний>; не протекает <ли там какой-нибудь реки>; не проявилось <особых талантов>; не прыгало <больше лягушек по обочине>; не пылает <костров; прежнего румянца на щеках>; не разбито / разбивается <лагеря>; не развевается <флага>; не развелось / разводится <мух>; не развилось <дурных наклонностей>; не раздалось <призывного клича>; ⁾не распустилось <новых цветков>; ⁾не разразилось <бы скандала>; ⁾не расходится <ли кругов по воде>; ⁾не расцвело <цветов на лугу>; не реализовано / реализуется <ни одной возможности>; не реализовалось; ⁾не ревело <коров на лугу>; ?не резвится <детей на лужайке>; ?не решено / решается <проблем>; ?не сбегает <школьников с лестницы>; ?не свалилось <бы кирпича на голову>; ? не сверкает <звезд>; не светится <больше надежды в ее глазах>; не сидит <рыбаков на льду>; не сияет <на небе звезд>; не скакало <лягушек по обочине>; не скользит <лодок по воде>; не скопилось <ли толпы на площадке> / скапливается; не следует <из ваших слов такого вывода>; не служит <такого в нашем полку>; ?не созрело <еще слив>; не сошло < на него благодати>; ?не сохнет <белья на веревке>; ?не сыпется <больше муки из мешка>; не течет <реки под горой>; не толпится <студентов у ворот>; не торчит <ли у него ручки из кармана>; не хранится <документов>; не ходит <по улицам шумных компаний>.

第四部分　　词汇意义和语法

第一章　俄语动词瞬间性的语义来源①

第一节　瞬间动词的界定

过去凝视着未来。
……没有现在……
—— А. Блок

瞬间动词这一术语由马斯洛夫提出，根据他的思想，这类动词没有对应的未完成体表示初始的、正在实现的意义，它表示在某一时刻正在持续的活动（或过程），这类完成体动词称为瞬间动词（关于 Маслов 对体偶的定义的详见 Зализняк, Шмелев 2000）。根据这一定义，属于瞬间动词的还有 опомниться, скончаться, очнуться, поспать（没有对应的未完成体），以及 найти, признать（有对应的未完成体 находить, признавать, 但不用于正在实现的意义）等等。

马斯洛夫认为，вздрогнуть 这种一次体的动词类型也属瞬间动词，对应的未完成体 вздрагивать 有正在实现的意义，但并不表示完成体动词情景"过程化"结果，因此 вздрагивать 更应该视为 вздрогнуть 的多次体动词。

严格地说，只有完成体动词才能是瞬间动词：事件可以是（或不是）瞬间性的，而事件首先要用完成体动词表示。但是，瞬间动词对应的未完成体也可以称为瞬间动词，例如，完成体和未完成体被视为一个词的情况下。（参见 Апресян 1988）

根据俄语语法传统，完成体动词表示的是一个完整的情景，因此从情景中剥离出的某个中间阶段的对应未完成体，自然可看作是完成体的语义派生词，不仅包括由完成体构成未完成体时的情形（открыть – открывать），这时有形态上的保证，也包括形式衍生的逆向情况（сделать – делать）。

笼统地说，所有不是界限性的动词，即未列入界限性体偶中的动词都是瞬间动词。如果在界限性体偶中完成体表示的结果/界限是由未完成体动词表示的活动或过程所要达到的目标，则这时的体偶称为界限性体偶。（关于界限性参见 Падучева 1996: 16–19; Mehlig 1992）

увеличиваться 这类动词比较特殊，(Гловинская 1982 将其描写为独特的一类)：увеличиться – увеличиваться 不是界限性动词体偶；但是，从另一方面讲，很难认为 увеличиться 是瞬间动词：不能否认在 количество воды в реке

---

① 本章曾发表于《Типология вида: проблемы, поиски, решения》，М.: МГУ, 1998.

увеличивается 中 увеличиваться 表示的是过程。在其他语境下不能确认 увеличиваться 由 увеличиться 语义派生而来,或者相反,(Падучева 1996:119)试比较:цены на мясо увеличиваются.

俄语动词的体可以从两种前景中表征动词描写的情景:完成体表示回溯情景(如果是将来时,则表示前瞻情景),而未完成体也表示该情景,但是是共时前景①。在界限性体偶中,完成体向未完成体过渡时,前景的替换伴随有一次语义迁移:如果完成体动词表示行为(指可控行为,如 запереть дверь),根据定义,这个行为有一定的结果,那么这个结果就向目的状态过渡;如果动词表示非能动的界限性过程(如 растаять),根据定义,这个过程有一定的结局(итог),那么这个结局是向界限状态过渡。

"界限"这个词在用法上,很荣幸地既不取决于可控性(它掩盖了行为的可控性和不可控性——非能动性的过程/事件之间的区别),也不受制于前景(这时旨在达到界限的情景与已经达到界限的情景间的差别已经不那么重要了)。例如,"界限"一词能够在以下所有的情况下揭示 запереть, запирать, растаять, таять 这四个动词体的语义共性:可控的或不可控的,要么是旨在达到界限,要么是已达到界限,界限性动词在两种体的情况下都是具有界限性的。

与界限性动词对立的瞬间动词由于其词汇语义的原因,只能回溯性地表示情景所有要素,共时前景对于瞬间动词要么是完全不可能,要么表示完全转换了的情景。

无论是界限性动词的完成体,还是瞬间动词的完成体,对语义派生的未完成体动词的阐释取决于初始完成体动词的语义潜力。问题在于,完成体动词有什么语义特点可以在某些情况下将其所描述的情景(并且在共时前景的情况下)视为在某一时间段中正在延续的过程,而在另一些情况下,它不做这样的理解。可以认为,以这种观点研究体的语义对立从类型学的角度看也是合理的。

动词的分类(本体)范畴,或者是动词释义中的主题要素都可为动词的瞬间性提供依据,我们将在第二节和第三节分别考察这些因素。

第二节 瞬间动词的分类范畴

在有界限的行为动词中,对完成体动词的释义包括"活动"('X 的行为带有目的')。例如,X открыл окно 表示 1)'X 的行为带有目的'和 2)'达到了与目的相符的结果'。在完成体释义中'活动'要素保证了情景的共时前景性,将其作

---

① Маслов(1976:128)援引 Э.Кошмидер 的思想在动词体的意义与前景间的联系方面谈到:Währen 和 Eintritt 是情景类型的主要要素,前者指持续(还在相应时刻持续)的行为或状态,后者指某种新情况的出现。Währen 通过未完成体形式表达出来,而 Eintritt(除了多次性情况)通过完成体形式来表达。

为可能情景中的一个。在瞬间动词中这一要素要么根本不在场，例如事变类动词的亚类простудиться等，要么可能被"损坏"，不能作为语义衍生的基础，这种语义衍生本可以将回溯前景中完成体意义变换为共时前景中未完成体的正在实现的意义。

下面我们将阐明，在不同瞬间动词的语义中有一些复现的要素，它们可以将瞬间动词自然地分为不同的类别。

1. 事变。瞬间动词中的事变动词，其语义中的'活动'（旨在达到一定目的）要素不在场，因为动词是非能动的，这些动词包括 начаться, кончиться, лишиться, погибнуть, пропасть.

带有行为主体的事变动词组成了该类动词的亚类，这些动词有：опоздать, отдавить, отсидеть (ногу), подавиться, потерять, поскользнуться, проиграть, свалиться, споткнуться, стукнуться, удариться, упасть, уронить, ушибиться; забыть, испортить, недооценить, ошибиться, переоценить, перепутать, польститься, проговориться, прозевать, промахнуться, пропустить, прослушать, сбиться, спутать, упустить, упустить из виду; выпустить (из рук), найти, опрокинуть, порвать, разбить, разорвать, сломать, толкнуть.（参见 Grzegorczykowa 1991）

例如，在动词промахнуться的语义中，活动不是明示出的（X промахнулся ⊃ 'X целился'）；但是"新的状态"（是完成体动词的必需要素）不是与其目的相符的结果，因此，промахнуться是带有行为主体的事变动词，属瞬间动词。

动词уронить在"Лексикограф"系统中的简要释义为（由Г.И. Кустова提供）：

Y уронил X（如Иван уронил чашку）=
> 初始情景交待：t时刻 < 观察时刻之前 Y 持有 X;
> 同时 X 有支撑点，Y 的位置高于"低水平线";
> 使役者：在 t 时刻 Y 身上发生了某事;
> 这引起：
> 过程：X 失去支撑：过程开始：X 向下坠落;
> 新状态：在观察时刻 X 位于"低水平线"

这种情景中存在旨在达到某一目的的活动（'Y 持有 X'）；但是新状态的使役者不是该活动，而是某种不能确定的或是不明的事件。换句话说，新状态不是活动主体旨在达到的目的，而是某个附加事件的结果，在释义中是无法被证同的，'发生了某事'要素，是不可控使役。

动词可以表示不可控使役，动词其中的一个意义可因此使其成为瞬间动词。动词 порвать, разорвать, сломать, разбить, выпустить (из рук), опрокинуть, толкнуть, найти, встретить在这方面意义并不单纯：встретить可以表示瞬间意义'碰见'，也可以用作行为意义。

从原则上说，不可控的情景可以成为界限性的，如 разрушить: Река разрушает / разрушила мост，因为事变动词瞬间性的原因不在于使役是不可控的，而在于使役者是事件。

2. 行为。现在我们来研究行为动词。在行为动词的释义中有'活动'要素，而且活动旨在达到"需要的"界限，但是'活动'要素可能受到破坏——被隔离。但此时动词仍然属瞬间动词。阻碍'活动'对动词体的性能产生影响的这些因素可以将行为瞬间动词区分为以下类别。

1) 强调结果的动词是瞬间动词。在这些动词中'活动'要素不是固有的。该情景中由施事者完成的活动要么被另一动词表示，要么在动词的释义中没有确定的所指。因此，这些动词不允许将焦点从结果转移到活动上。例如，瞬间动词выиграть的活动要么是играть，要么是спорить, держать пари等其他的活动。而понять的活动要么是разбираться，要么是вдумываться：'努力思考'；достичь的运动方式没有确定所指，试比较 достичь вершины, совершеннолетия, высшей власти.其他的例子还有：

победил ⊃ то ли 'боролся', то ли 'воевал', то ли 'состязался';

догнал Х-а ⊃ то ли гнался, то ли соревновался с Х-ом как-то иначе;

попал (в цель) ⊃ целился; то ли стрелял, то ли бросал камнем, то ли что-то еще;

успел ⊃ 'стремился завершить действие к сроку'.

这样的例子还有 покорил, одолел, преодолел, выдержал (испытание), найти的活动(在可控性方面)可由动词искать表示，它近似于表示：

X ищет Y ≈ 'X看了一个地方又一个地方，X觉得在这些地方可能有Y。

顺便指出，与其他语言一样，俄语不会将情景'X ищет Y'观念化为一种带离散目的的行为，它原本可以将动词искать纳入界限性体偶中，其原因很特殊。马斯洛夫（1948）将искать列为"无前景性持续"类动词。显然，искать不属于效果累积类动词，被寻找的物体不会随寻找活动的进行而变得越找越多[①]，它根本不是受到作用的客体。

动词 подсматривать – подсмотреть, подслушивать – подслушать 也不能构成界限性体偶，在这些体偶中，动词的未完成体和完成体表示不同的情景：未完成体表示思想活动，但不是离散目的，施事者不知道，他会看到/听到什么；而完成体在某种程度上表示偶然获得的结果（参见第三部分第二章）。

[①] 这方面概念 incremental theme (≈накопитель эффекта累积效应动词)，参见第一部分第一章第3.2节。

2）带**指示性**语义的动词中，'活动'要素也非固有，如动词прийти．作为主体活动结果的新状态的出现可以从另一个方位进行审视，而不是朝向他的活动，从行走人的角度出发，活动可以表征为'X走向某地'，而从正位于某地的人的角度出发，新状态可以表征为：Посмотрите, кто пришел!（参见第三部分第七章），прийти的瞬间性由此而来。

3）**抽象动词**也可能属于瞬间性动词（参见第一部分第一章），这些动词的活动特征没有确定所指，未完成体正在实现的意义很难产生，但又不能完全排除。抽象动词包括许多状态变化类动词：облегчить <сани>, утеплить <помещение>，和参数意义变化类动词：удвоить <удой>; превзойти; исчерпать X（⊃'больше нет X-a'）; искупить <вину>（⊃'больше нет <вины>'）。

许多普通使役动词也是抽象的：вынудить, принудить, ввергнуть, изменить <курс>, помочь, спасти, выручить, учредить, основать, создать <прецедент>, оказать <услугу>。它们的语义不能确定指出'活动方式'（活动既可能是物理的，也可能是心理的，例如предотвратить），这个要素很难将焦点吸引到自己的身上，但是动词подвергать <воздействию>, причинять, защищать 中未完成体的正在实现的意义不能被消除。

4）**阐释动词**可以是瞬间动词。如 рисковать（详见第三部分第五章）。它们的完成体与未完成体不能兼容：рискнуть表示行为，而рисковать是静态词，在大部分的语境中都是对行为的阐释。

5）瞬间性动词还包括带固有回溯情景意义的动词，如посетить, зайти, заглянуть, навестить, переночевать，这些动词的语义确定了活动的起点和终点，只有在回溯性情景（或前景）中这两个时间点才能同时看见。因此不可能出现未完成体正在实现意义所需要的同步观察者（быть用于'побывать'意义中的必备回溯情景参见第三部分第九章第四节）。

6）一些动词在客体中的过程与主体的活动不是同步的，这些动词可以属于瞬间动词：活动只是给这种过程提供一个开始的推动力。例如отравить, взорвать的未完成体动词отравлять, взрывать不具有正在实现的意义，而выстрелить, бросить, отбросить, сбросить的未完成体动词是否有正在实现的意义还不确定（Апресян1988 对стрелять做出了否定的回答）。

一系列表示行为最普遍方式的词汇属瞬间动词。

a) 一次性动词。这些动词的完成体表示一次性完成的行为（шевельнуть, чихнуть, кольнуть），该行为可分解为未完成体正在实现意义所要求的若干时间段，并与表示活动一个阶段（一次量）的构词词缀意义相对立，它将活动表征为一个不可分割的整体。例如科姆里（1976）所举的例子，他比较了英语中的 to cough 和俄语的кашлянуть：英语中进行时使用同一个动词（is coughing），而俄语中кашлять没有过程化结果кашлянуть。

6) 持续界限动词。поспать, поплакать, покурить. 例如, поспал ≈ '睡一段时间', 它没有正在实现的意义:

*Он сейчас спит в течение некоторого времени.

в) 定量持续界限动词 (пердуративы)。просидеть полчаса 及其他一些有数量界限或允许数量界限的动词, 如 уничтожил полроты вражеских автоматчиков. (参见Падучева 1996:182)

г) 一些表示行为开始或结束阶段的动词可以属瞬间性动词; 如 побежать, залаять, отпраздновать, поужинать 没有对应的未完成体。还有阶段性动词: начать, кончить, прервать, отложить, перенести, 这些动词的未完成体没有正在实现的过程/活动意义。

第三节 瞬间动词的主题类别

行为的短时性, 尤其是物理行为的瞬间性, 本身并不能作为动词成为瞬间动词的充足理由, 物理行为总是能够表征为"慢拍的镜头"。(参见Парти 1997) 例如, 意义相近的动词 откусить 和 укусить; откусить 和 откусывать 构成界限性体偶, 而动词 укусить 是瞬间性动词; 或者 включить – включать 是界限性体偶, 而动词 щелкнуть <выключателем> 是瞬间性动词。显然, 动词的瞬间性与行为的短时性没有直接联系。

在一些表示理念情景, 不关涉物质性事物的动词当中, 瞬间性的表现要广泛得多, 在这里可以指出引起或促成动词瞬间性的一些语义要素, 即"语义主题"。

1. 作为瞬间性来源的感知要素 (新状态—感知)。实际上, 大部分感知动词都是瞬间性的, 如: увидел, услышал, почувствовал. '感知'要素瞬间性是其他大量带感知要素的动词瞬间性的成因, 不仅有使役动词, 如 заслонить, 还有非使役动词, 如 исчезнуть。

感知是瞬间性的, 而且这种瞬间性属绝对的范畴, 不能够像物理行为动词那样可以通过慢拍的方法拉伸。此外, 动词 увидеть 和 услышать (试比较 почувствовать, ощутить) 不会将 'X仔细看', 'X仔细听'作为必需要素, 自然也就不一定要求主体的控制。例如, X увидел Y 不一定意味着 'X将目光投向Y', X的目光随意就能落在Y上。(参见Урысон 1995) заслонить 就是感知类别瞬间动词, 下面我们阐明它的三个意义。

заслонить 1 ≈ 'защитить' [行为]

Y заслонил X-a (例如 Он заслонил собою свое детище; Он, идя сзади, старался заслонить ее от ветра, МАС) =

初始情景交待：X遭受了/可能遭受到W的不利影响
活动：Y移动自身/移动Z，以使Y(或Z)位于W和X之间；
这引起：
结果：X不可能受到W的不利影响。

заслонить 2.1 ≈ 'стать преградой для взора' [事变]
Y заслонил X-y W (Z-ом) (例如 Громадный домище заслонил мне/
*от меня солнце) =
初始情景交待：X能够看见W；这是X愿意的
使役者：Y移动或来到新的地方，出现在X和W之间；
这引起：
新的状态：X看不见W。

注释：参项Z只有在Y发生裂变的情况下能出现在заслонить2.1中，例如：Ты заслонил
мне экран своей шляпой ≈ 'твоя шляпа заслонила мне экран'. (你用帽子挡着
我看电影了 ≈ "你的帽子挡得我看不见屏幕")

заслонить 2.2 ≈ 'отодвинуть на задний план' [事变]：
Y заслонил X-y W (例如 Мечта стать актером заслонила <мне> все
другие жизненные устремления) =
初始情景交待：W在X的意识中占有中心地位
使役者：Y出现后，开始在X的意识中占据中心地位；
这引起：
新的状态：W开始在X的意识中占据边缘地位；同时X似乎已看不见W的
不利影响。

动词заслонить可以有行为和事变意义，但是仅在行为意义中它才是瞬间动词，这是由于感知要素具有瞬间性，它构成了动词的语义核心。关于对应的未完成体заслонять体的意义参见第四节，动词застичь有类似的瞬间性语义来源：

Y застиг X-a в Z-e (例如 Эти парни застигли меня ночью на улице) =
初始情景交待：X不想让Y看到他/看到他在Z处
使役者：Y实施了有目的的行为：来到某个地方
这引起：
新的状态：Y看到了X。

其他瞬间性动词还有：оказаться, показаться, появиться, явиться等。
所有这些动词瞬间性的成因是感知的瞬间性，即新状态的出现——"Y看见X"。
动词украсть的瞬间性来源比较有趣：красть很难理解为正在实现的意义，

因为未完成体正在实现的意义与情景的可观察性有关。

动词проникнуть的瞬间性也应归功于它的感知要素:跌落的过程是看不见的,因此情景没有共时性前景。动词прокрасться的瞬间性(代替прокрадывается的应该是крадется)多半是来自它表示的是看不见和听不到的行为。潜入本身的复杂性并不能成为它成为瞬间动词的理由,例如пробираться就有正在实现的意义。

2. 许多心智动词是瞬间动词,如 открыть <закон>, изобрести, заключить, обнаружить, счесть, передумать, подумать, догадаться, поверить, представить себе, задумать <число>。在这种情况下,动词的语义不会消除,有时甚至还要求有'活动'要素。

учел, принял во внимание ⊃ 'делал нечто'

但是,未完成体учитывать原则上不能表示这种活动的展开过程。

瞬间动词可以包含感知要素,根据上述第1点,感知要素可以产生瞬间性语义,例如узнал (твою жену) ⊃ 'увидел'. (关于动词подумать, узнать的瞬间性参见Булыгина, Шмелев1989)

3. '接触'要素可以促成瞬间性;新的状态是产生/失去接触,例如тронуть, притронуться, дотронуться, обнять, коснуться, нажать. 表示产生/失去接触意义(包括非物理性)的动词,要么其未完成体仅有静态意义(如прислониться, примкнуть, разлучить, напасть, оставить, остаться, столкнуться, привлечь <к себе>),要么根本没有非寻常意义,如подхватывать <простуду>, сваливаться, приходить <в голову>, получать <выговор>, встречать [случайно], терять, находить.

4. 许多言语行为动词,即以言行事的动词是瞬间动词,如потребовать, попросить, велеть, запретить, привести <пример>, разрешить, признать, отпустить, обязать, обещать, откликнуться.说话人的活动不能归于发出一些音或说出一些词,说出话需要一定的时间,但是在言语行为过程中时间是停滞的;因此言语占用的是一个时刻——"言语时刻"。(参见 Vendler 1970:86)

例如,根据格洛温斯卡娅(1993a:190)的研究:

X потребовал от Y-а P =
    X 比 Y 有更高的地位或位置
    X 想让 Y 完成 P
    这引起:X 对 Y 说应该完成 P;
    因此
    Y 处于应当完成 P 的状态。

5. 许多决断动词和自发行为动词是瞬间动词,如:предпочесть, пренебречь, воздержаться, оставить намерение, погнушаться (гнушаться 是

阐释动词),побрезговать (брезговать是阐释动词),избежать (избегать是阐释动词),ввязаться, вступиться, заступиться, уступить (в споре), довериться, ввериться, удостоить, порвать/разорвать <отношения>, восстать, одуматься, прибегнуть。

第四节 与瞬间动词对应的未完成体动词的本体范畴

……有些词,有时鬼知道表示什么。
——果戈理

瞬间动词对应的未完成体哪怕有非寻常的意义,也不表示来源瞬间动词所表示的情景。

由于从完成体动词构成的未完成体动词不能为整体情景找到一个简单的共时对应物,那么它就会寻求更为复杂的,并且在不同动词中有不同表现的对应物。但这里仍然可以揭示一些规律:完成体的语义不仅可以预测出对应的未完成体的瞬间性(也就是没有正在实现的意义),而且还可以预测出这种意义的本体范畴,如果它有的话。

1) 未完成体施为动词没有用作第一人称时,表示行为结束后的状态(参见Кустова, Падучева 19946):X обещает 是一种状态,出现在X作出承诺后,即用一种义务约束住自己。

2) 在决断表态类动词(экзерситив)语境中(Дж. Остин的术语),未完成体动词表示'面临'意义(参见Падучева 1996:115):

X назначает Y-а Z-ом (例如, комендантом) =
| X有权做出决定
| X向某人下达命令办理相应的手续

未完成体适合用于已经任命,而手续还没有办理前的时间段。

除了назначить,决断表态类动词还有:осудить <на пять лет>, вынести <приговор>, издать <указ>, упразднить, избрать <президентом>, исключить, вступить <в общество охраны природы>, развестись, разойтись, уволить отозвать <посла>, включить <в список>, зачислить, переименовать, присвоить <звание>, обложить <налогом>, выдать замуж, привлечь к <ответственности>等,活动位于话语外,处于焦点位的是决断后的状态。

罗吉娜(1998)认为拥有类动词在语义结构上与决断表态类动词相近,如:приобрести, лишить, принять <подарок>, дать, взять, подарить, предоставить, получить, потратить, завладеть, одолжить, уступить <за два миллиона>;例如 Он дает мне на субботу свой велосипед表示同意给,但还没给。

3) 事变动词对应的未完成体仅仅表示静态意义:доставаться (По завещанию имущество достается жене и детям; 此时 Ему здорово от нее

достается 是多次体），напоминать, нарушать, прерывать, заменять（Она заменяет ему мать）, заслонять, лишать（ся）（Если народ окажет доверие президенту, то съезд практически лишается возможности отстранить его от должности）; приобретать, наследовать, вызывать, причинять, создавать, порождать, возбуждать, подвергать, возникать。

4）事变动词对应的未完成体可能有趋向意义（当眼前的事件无法被主体控制的情况下）：проигрывать, опаздывать（Мы опаздываем；这时 Он опаздывает 是在他应该来的时间已经过去，此时还不在场的情景中，属静态词）, терпеть поражение, забывать（Теперь он Одессу забывает; 在 Ты забываешь закрыть окно 中，забывать 的意义可能只有寻常意义）, замирать（сердце замирает）, вытеснять。

上述许多动词除了有具体意义外，可能还有转义（свалиться, столкнуться, потерять, приобрести）, 瞬间动词词义在由具体意义向比喻意义转换的过程中，未完成体除了寻常意义外，还可能会出现静态意义（Теперь на меня сваливается новая беда）。

5）事变动词对应的未完成体可能有品行意义，品行动词的语义中（根据 НОСС 1997: XX 的观点具有阐释性），主体的行为会受到评价，即归入某类品行中。例如：губить, портить, приставать, нарушать, разглашать, выдавать <секрет>, изменять <жене>, обходить <закон>, предавать <родину>, подводить <товарища>, мстить, заступаться, сваливать вину, уходить от ответа, пренебрегать, компрометировать, позорить, совершать <грех>, кривить душой, присваивать, жертвовать, жульничать, обманывать, подтасовывать <факты>, подавать пример, обижать, преувеличивать, упрощать, впадать в крайность 等。品行动词的未完成体没有正在实现的意义，这类动词将具体的活动或行为表征为一种习惯。

在品行动词的语义结构中会包括一些要素："行为方式没有确定所指"；"说话人否定性施事者的活动"。

品行动词的未完成体现在时与完成体过去时同指（参见 Падучева 1996: 150）：Я пошутил ≈ Я шучу；现在时形式有扩展的现在时意义，因此体的形式不可能有正在实现的意义。

品行有时与趋向意义不好相区别，如 Ты отвлекаешься 可能表示品行'ты опять отвлекся'（你又走神了），也可能表示趋向'еще немного, и можно будет сказать Ты отвлекся!'（再过一会儿，你就要走神了。）

综上所述，瞬间性的语义来源多种多样。与此同时，我们赞成阿普列相（1988:59）的观点，"在所有的情况下，瞬间性的特点都有一个共同的语义依据"。这个依据是：如果动词不允许从整体上同步观察情景，即如果它的语义记录的是回溯情景,那么这类动词就是瞬间性动词,这类动词的未完成体形式如果存在的话,也不可能有正在实现的意义。

　　这种表述可以达到整合统一的效果,并可以解释一系列动词的瞬间性质:事变动词的瞬间性(свалиться, уронить),它是事件使役的后果;强调结果的行为动词(выиграть),其活动没有专门的所指,因此也不可能成为焦点;感知动词,因为感知原则上就是瞬间性的;回溯性质的动词(зайти),确定了起点和终点两个时间点;表示非同步活动过程的动词(выстрелить, отравить)等等其他一系列动词获得了统一的解释。

第二章　带结果参项的动词及其体的性能[①]

我们已经知道,动词的主题类别常常要求在其论元结构中出现扮演一定角色的参项,例如言说动词的交际对象参项。同时,不同主题类别的动词可能出现同一个参项,如成事动词(строить)的主题类别规定要有结果参项,但是该参项也可能出现在一系列其他主题类别的动词当中。

在体学层面对带结果配价的所有动词进行全面研究会非常有意义,这点并不奇怪,因为体的意义与结果性之间的直接关联显而易见。实际上,我们发现,带结果语义配价的动词具有体运作方面非寻常的共同特点,即,通常只有在结果参项不在场的角色配位中,这类动词的未完成体才有正在实现的当下活动意义。

第一节　结果参项及其交际地位

带结果语义角色的参项理应要在动词的完成体中寻找,完成体动词表示变化,这是完成体动词的语义常体(参见 Antinucci, Gebert 1975):以前没有的东西,现在有了(或者相反,以前有,现在没有了)。变化要求有原初的状态和新的状态,语义要素'结果'是使役者—施事者的作用引起的新状态,并且新状态符合其活动的目的(同时,新状态可能中止原初的状态)。结果参项只有在新状态要求有新参项的情况下才能进入到动词的语义中。

许多完成体动词没有结果参项,如прийти, встать, покрасить <забор>有新的状态,但没有新参项。

结果参项通常用客体表示,即动词的直接补语:Иван построил дом,但并不总是如此,在句子 Он дополнил свой рассказ новыми подробностями 中,工具格名词性短语 новыми подробностями 理应可以视为结果:X дополнил Y= 'X сделал дополнение к Y-у', а дополнение к Y-у = 'то, чем X дополнил Y, создав его'。

以及物动词为例,客体表示的参项常常扮演的角色是受事,即受作用的客体,相应的动词释义要素是"施事者作用于X"。客体另一个可能的角色是宿生,即属性载体或状态主体;它的要素是"X转入新状态"(在这种语境中,我们

[①] 本章的扩展论述发表在《Вопросы филологии》, 1999, №3。

最好认为是移动,即物体位置的变化,作用和带有相应角色的参项我们称为受事;尽管 Talmy 2000 将这种参项称为宿生)。最后,还有一个客体常常扮演的角色是结果(关于客体角色的多样性参见 Levin 1999)。

占据客体位置的参项,可能同时是受事和宿生,如 забор 在动词 покрасить 的语境中同时兼有这两种角色:

(1) Том покрасил забор [栅栏由于受到作用而进入一种新的状态].

但是受事和宿生的角色可以在不同的参项中分开,如在例(2)中占据客体位置的是进入新状态的参项,宿生 ребенок,而受事,移动的物体(платок)用边缘格,工具格来表示:

(2) Мать укрыла ребенка платком.

在例(1)和(2)中,完成体动词没有结果参项,带结果参项动词的基本主题类别是成事动词,新状态的出现会导致出现新的参项。

在成事动词中,语义上属非派生性的动词占少数(родить, создать),成事动词主要通过方式动词构成(verbs of manner,参见 Levin, Rappaport Hovav 1998: 147),有时通过前缀构成,例如:从 рыть 产生 вырыть яму,从 резать 产生 вырезать изображение 等。

动词的成事意义常常不是唯一的,如 сварить суп 表示煮汤,但 сварить овощи 表示通过一定的方法加工它们。叶斯别尔森(1958:183)列举了大量这种双重用法的动词,带一般补语和带"结果补语":

dig the ground 'копать землю' – dig a grave 'копать могилу';

bore the plank 'просверлить планку' – bore a hole in the plank 'просверлить отверстие';

light the lamp 'зажечь лампу' – light a fire 'зажечь огонь';

He ate an apple 'он съел яблоко' – The moths ate holes in curtains 'моль проела дырки в занавеске';

hatch an egg 'насиживать яйцо' – hatch a chicken 'высидеть цыпленка';

roll a hoop 'катить обруч' – roll pills 'скатывать шарики' 等。

有许多动词仅仅在以下条件下可以理解为具有成事意义,即在角色配位中结果参项占据客体位置的情况下。下面的例子显示,当动词的结果参项由内包参项的边缘(或话语外的)位置转换到客体的位置时,动词就可以成为成事动词。(参见 Апресян 1974:205 和 TKC 词典)在例(3)—(7)中用斜体字表示客体。

a) 'деформация' ⇒ 'разделение на части'.

在例(3a)中位于客体位的是变形的受事,例(36)中是其部分,结果:

(3) а. Он порезал *мясо* на мелкие куски;

б. Ты режешь слишком мелкие *куски*.

动词用作成事动词时，它的一个参项成为结果参项，其代价是受事，即受到施事者作用的材料退居话语外；例(36)中，参项мясо已经没有句法位置。结果参项将另一个竞争者挤出客体位，自己占据到它的位置上。

б)'деформация' ⇒ 'создание отверстия или полости'.

在例(4а)中客体是受事，在(46)中是结果：

(4) а. Пуля пробила *фуражку*; б.Пуля пробила *дырку* в фуражке;

　　а. прорубить *стену*; б.прорубить *окно* в стене;

　　а. продавить *диван*; б.продавить *ложбинку*;

　　а. рыть *землю*; б.рыть *яму*.

в) 'деформация' ⇒ 'создание части'.

(5) а. выжать *лимон*; б. выжать *сок* из лимона.

　　г) 'контакт' ⇒ 'создание формы'.

(6) а. выстроить *детей* в шеренгу; б. выстроить *шеренгу*;

　　а. нагромоздить *книги* грудой; б. нагромоздить *груду* книг;

　　а. сложить *дрова* в поленницу; б. сложить *поленницу* дров.

д) 'украсить X изображением' ⇒ 'создать изображение на X-е'.

(7) а. вышить *подушку*; б. вышить *узор* на подушке.

在上述所有情形中成事语义的产生都是由于结果参项转换到交际上更为强势的客体位：

превратить полено в куклу [преобразование] ⇒ сделать из полена куклу [создание].

成事动词的例子中没有受事(材料本应成为受事，参见 Wierzbicka 1980a: 175)，例(8)中из соломы和из трех яиц句法上更应该阐释为属于名词，而不是属于动词：

(8) построил дом из соломы; зажарил омлет из трех яиц.

这样，我们就揭示了成事动词的一个令人惊奇的特点：按常理应该在产生结果的活动层面上起相当重要作用的受事参项往往被忽略，受事和结果争夺客体位；为了成为成事动词，结果应该占据客体的位置。第三节中我们将要谈这一问题。

这样，我们看到，有一些成事动词，它们的这一意义是语义衍生的后果，成事意义在结果参项过渡到强交际位——客体位置之后产生。

下一章将讨论通常未列入成事动词的动词结果参项。

第二节 结果参项及未完成体动词正在实现的意义

角色配位也是影响到动词体意义构成的因素之一,也就是在一系列动词中,未完成体只可能在没有结果参项的角色配位中用作正在实现的当下活动意义。我们准备研究四类有结果配价的动词,1)从集合中分离出部分的选择动词,如выбрать;2)阶段动词,如закончить <что-л, чем-л>;3)影响内部状态的动词,如心智动词,объяснить <что-л. чем-л>;4)创造精神产品的动词,如определить <что-л. как что-л>.

2.1 选择动词

在выбрать类型的动词中,构成行为结果的实体不是建立在词的字面意义上,而是通过心智和/或意志活动从集合中(现实的或虚拟的)分离出来的。属于这类的动词还有назначить, наметить, выявить, выделить, установить, договориться, подобрать, найти <программиста>, решить等大量动词,如:

（1）договорились о сроках конференции; подобрали кандидата на эту должность.

结果参项对动词体的运作产生的影响(即未完成体动词产生正在实现的意义)可以在以下一些动词中表现出来:

а)完成体动词有包含结果参项的角色配位,和没有这种参项的角色配位;

б)不是瞬间动词,即在没有结果参项的上下文中,它们对应的未完成体有正在实现的意义。

动词назначить能够满足条件а)(试比较:назначил коменданта — назначил комендантом Беликова),但不满足条件б)。动词выбрать满足这两个条件,具有两个角色配位:

（2）а. Король Хуссейн выбрал себе в преемники своего сына Абдуллу;

　　б. Король Хуссейн выбрал себе преемника.

在例(2а)表现的角色配位中,选择的结果参项位于客体的位置,这是直接角色配位。例(2б)说明的角色配位,占据客体位置的是选择的集合(职务、角色等),而结果参项没有说出,这是间接角色配位。选择的结果在话语外,也可能完全没有,如果选择活动计划在将来. Когда он выберет себе преемника, ситуация прояснится.

如果是直接角色配位,即结果明确指出,则未完成体不可能有正在实现的意义用法。例(3)描写的是已做出选择的情景,例(3)中的现在时是历史现在时,未完成体表示事件:

（3）Король Хуссейн выбирает себе в преемники своего сына Абдуллу.

在有结果参项的语境中未完成体没有正在实现的意义用法有其语义理据：如果在情景参项中已经出现选择的结果，那选举就没有意义了。

这种观点也适用于非固有体偶искать – найти，在例(4a)中，动词用于间接角色配位，因为结果参项没有表示出来，完成体可以替换成有相应行为意义的未完成体；而例(46)的参项中有寻找的结果，即已找到的事物，这种替换就不可能：

(4) а. нашел/ищет помощника;
 б. нашел помощника в лице своей жены.

情景中结果参项的出现会禁止动词выбрать用作正在持续的活动意义，如例(5а)中меньшее из двух зол不表示结果，而是还没有确定的选择标准：施事者目前还不知道，什么样的恶更小点，可以使用表示正在实现意义的未完成体，而在例(56)中меньшая из двух сестер表示具体的人物，在这个语境当中，不可以使用表示正在实现意义的未完成体：

(5) а. Он выбирает из двух зол меньшее;
 б. Ленский выбрал из двух сестер меньшую.

2.2 阶段动词

在某些阶段动词中：закончить, начать, заключить <речь словами>, дополнить有结果参项，在这样的语境中，这些动词对应的未完成体没有正在实现的活动意义。如在没有结果参项的例(6а)中，未完成体形式可以表示正在实现的意义，而例(66)则不行，原因在于动词的角色配位有结果参项：

(6) а. Подожди, я заканчиваю письмо [未完成体有正在实现的意义];
 б. Он заканчивает письмо словами "Yours sincerely" [未完成体没有正在实现的意义].

2.3 心智影响动词

心智影响动词，即对心智状态产生作用，这样的动词有：

(7) объяснить, прояснить, доказать, подтвердить, опровергнуть, подсказать, убедить.

这些动词有两种角色配位，一种是带结果参项，如例(9)，一种是没有结果参项，如例(8)。在没有结果参项的例(8)中，объясняет可以理解为正在实现的活动意义，而例(9)中объясняет要求理解为'объяснил'.

(8) — Что он там делает? — Объясняет происхождение этих пятен.

(9) Он объясняет обморок у ребенка избытком впечатлений.

同样在(9')中：

(9') Они объясняют свой отказ цензурными соображениями.

可以将例(7)中的动词理解为成事动词：施事者创造出某个智能或信息产

品来作为达到自己目的的工具：объяснение, доказательство, подтверждение, обоснование, подсказка(参见（9）中的工具格)。这也是施事者活动的结果：объяснил = 'предложил объяснение'; доказал = 'предъявил доказательство'等。同时,我们也得到第三类动词,这类动词情景中结果参项的出现排除了对未完成体做当下持续意义解释的可能。

在有结果参项的角色配位中,完成体动词不能替换有当下持续意义的对应的未完成体动词：例(10a)中（болезнью是作出的解释,即结果）,未完成体没有正在实现的意义,而体现的是完成体意义。同时例(10б)中的动词是间接角色配位,即没有结果参项,例(10б)完全可以作为对"Что он там делает?"的回答：

（10）а. Он объясняет отсутствие аппетита утомлением;

   б. Он объясняет отсутствие на вечере своей жены [='причину отсутствия'].

这种解释也适用于доказать,例(11)中未完成体现在时只能用于事件意义中才能被理解：

（11）Блестяще проведенным экспериментом он доказал/доказывает свою гипотезу.

如果例(7)中动词的工具格表示的不是结果（这种结果的获得/找到会中止施事者的活动）,而是贯穿主体活动的工具行为,则未完成体可以有正在实现的意义；例(12б)中未完成体可以理解为正在实现的意义：

（12）а. Сторож стуком колотушки доказал, что он не спит;

   б. Сторож стуком колотушки доказывал, что он не спит.

2.4 创造精神产品的动词

创造精神产品的动词(глаголы создания интеллектуального объекта)与心智影响动词相近,它们也有结果参项。在这里,主体首先转换了自己心智的状态,而感知信息参项只能作为体验者、意识主体存在于话语外。它成立的唯一条件是：如果心智（内部）状态的变化没有告知任何人,那么就不清楚说话人是怎么了解到它的。这样的动词有：

（13）определить, обосновать, ограничить（ограничил присутствие тремя часами）, причислить, сформулировать.

心智动词证明了结果参项与未完成体当下持续意义不存在联系：

（14）а. Гегель определил свободу как познанную необходимость;

   б. Гегель определяет свободу как познанную необходимость.

例(14)中将自由定义为一种共识的必然,即活动的结果；因此,例(14б)不表示正在实现的活动,不是未完成体正在实现的意义,而是行为完结后状态保留意义（определяет = 'определил, и это определение сохраняет силу в настоящий момент'）。

第三节 创造物质客体的动词

但是,由此出现的问题是:如果выбрать类型的动词带有结果参项的角色配位不允许对未完成体做当下活动意义的理解,那么为什么同样也有结果参项的построить类型的未完成体动词可以用作这个意义?换句话说,为什么在成事动词(построить, вышить, прорубить, испечь等)中没有表现出结果参项对未完成体当下持续意义有破坏性的影响?完全可以说

(1) он строит дом, печет пирог, вышивает розочку и т. д.

显然,原因在结果的性质上,выбирать(和其他同类动词)**绝对**禁止施事者(选举人)知道选择的结果,因为选举活动只有在这种条件下才能成立:施事者事先不能知道选择的结果。因此,结果参项绝对不能出现在表示选举活动的角色配位当中。而在строить类型的一般成事动词中,施事者知道其活动的结果并不会导致其行为变得无意义。例如,施事者可以提前知道,他要创造的是什么,是交响乐还是名叫《叶甫盖尼·奥尼金》的诗体小说。

> 说明:Набоков在接受А. Аппель采访时谈到:"……起先在我的眼前浮现出一幅令人惊奇的整个小说的画面……对于我而言,还未完成的书好像存在于某种理念性的空间中,时而从中出现,时而模糊沉息。我的使命在于,将我在其中观察到的一切,尽最大可能准确地诉诸笔端。"(参见Набоков 1989)显然,Набоков与Пушкин不同,即使没有"魔幻的水晶"也可以进行创作。

Г. Е.克雷德林和Е. В.拉希丽娜(1981)提出了成事动词未完成体客体指称状况特殊性的问题。但是,如果выбирать和строить间的差异在指称状况上,那么这种差异完全是一种新的表现形式,而不是先前揭示的对立:在строить中没有客体存在的预设,而有客体已知性的预设;在这种情况下,只有存于创造者头脑中的某种未来结果的形象是已知的。而选择动词不存在客体指称状况方面的问题:即便是不选,它也存在着。

正如第一节中所示(参见例(3)—(7)),在成事动词的论元结构中,受事参项与结果参项不太兼容,两者都竞争客体的位置,结果参项常常挤出受事参项。如例(2)中,明显表示结果的名词性组合好像是被私下安排在应该是受事的位置上:

(2) заплетать косу; зажигать огонь;

　　косить сено; рубить дрова;

　　сушить изюм; завязывать узел.

就字面意义而言,(2)中的搭配显然是异常的:火不能点燃,它已经在燃烧;编结的不是辫子,而是头发;收割的当然不是干草,而是青草。但这样的搭配正

常使用在言语交际中,其中的未完成体动词有正在实现的意义。它们是如何克服这种异常的?结果参项如何进入这些表示当下活动的动词观念中?

结果参项进入表示当下活动动词的观念中是以其语义变化为代价的:可以将方式动词(manner of action verb)重新理解为一种表示词汇函数 Oper1 的抽象的、半辅助性动词,表示'使存在',它来自自己的补语:

(3) рубить дрова [в лесу] = 'рубкой деревьев/веток изготавливать дрова'.

这种变化可以表征为焦点变换:рубить 直义要求的行为方式及其受事退向边缘位;而本义表示结果的名词性组合重新被理解为活动的最终目的。

解释这种矛盾的另一种方法参见例(4),可以通过扩展名词性组合潜在的指称范围来达到对 строить дом, печь пирог 类型组合的理解,我们可以将没有建好的房子称之为房子;没有烤好的馅饼理解为馅饼等。如例(4)可以表示'该把将要做成的馅饼放在炉子里了',即指的是没烤好的大馅饼:

(4) Пирог пора печь.

例(5)表明,同一个名词性组合在活动的不同阶段可以先表示受事,后表示结果:

(5) Она вышивает розу [узор, т.е. Образ, и Результат, т.е. изображение].

例(3)—(5)表明,语言是克服某种障碍来符合时间的诉求,未完成体表现的是静态的情景,在其发展的某个"中间"时刻。在用初始材料制造物理客体的动词中,不能确定情景的中间阶段有几个参项:在起点时没有结果,在终点时没有材料。受事与结果竞争客体的位置,这种竞争的结果是直接补语有时表示受事,有时表示结果。

如果结果通过受事变异获得,受事会随结果的出现而消失(деревья и дрова, трава и сено, виноград и изюм),那么就会出现一种矛盾,它无关乎俄语,但英语却要避免:确定行为方式的活动动词替换为更抽象的动词,这样可以避免例(3)发生的语义重构;试比较:俄语 косить сено 和英语的 make hay 'делать сено'(*mow hay);俄语 жарить яичницу 和英语的 fry eggs 'жарить яйца'.

第四节 结 论

通过对不同类别含结果参项动词的比较,可以从新的角度表现完成体动词与未完成体间动词的语义相关关系。

构成界限性体偶的完成体与未完成体动词描写的情景相近,但属不同观念,区别在于焦点分布。完成体动词将结果置于核心,而活动带领其参项和方式退居后台,进入释义的背景区域。在未完成体动词中焦点是活动,而结果是以活动的目的形式出现,这是结果从未来在现实时刻的映射,这种用当下表现出的将来形式取决于动词的语义。

结果可能完全处于一种理念性环境中,即是一种知识、意见和意图。这种结果参项排除了将事件观念转化为旨在获得结果的活动观念,完成体动词观念不可能被重构为未完成体观念。由此产生选择动词、心智影响动词、创造精神产品动词和阶段动词的不同效果。

如果将来的结果有某种物质属性,那么它就能以结果形象的形式出现在当下,或多或少是清晰的(这种结果形象不仅能够,而且应该为施事者在其活动之前知道),否则就表现为未完成的结果。因此,在"物质"情况下,与完成体情景观念对应的是未完成体及其参项组合,而在"理念"的情况下则不是。

第三章 带 н/т 的形动词的时和体[①]

无论有多么奇怪，построен, открыт 类型带 н/т 的形动词在俄语语法中还没有得到应有的重视。我们的出发点是：带动词 быть 的被动形动词短语 был построен, был открыт（现在时为零位形式：открыт, построен）属于俄语动词形式系统的分析形式，而不是"名词形式＋系词"的组合。在这种情况下就需要揭示这些形式的语法属性；从所有语法参数上去描写它们，这些语法参数包括体、时、态，我们将要谈到的是体和时，时的形式只研究现在时和过去时。

第一节 体

有规律性形成的带 н/т 的形动词有一个引人注目的语义特点是，它有两个意义：事件意义和静态意义，两者似乎以换喻关系相互关联。实际上，在所指层面上，被动形动词短语描写的情景在两个意义下指的是同一个。在该情景中有两个要素：会导致出现新状态的事件（包括行为）和这种状态本身。但是，在事件意义下成为焦点的是事件，而在静态意义下成为焦点的是状态。来看看克尼亚泽夫（Ю. П. Князев 1989：153, 154）专门讨论该问题时的例子：

(1) Все стены, крыши, балкон минарета и даже купол мечети в считанные секунды были заполнены солдатами и казаками (Б. Васильев) [事件].

(2) Недавно поймали мирного черкеса, выстрелившего в солдата. Он оправдывался тем, что его ружье слишком долго было заряжено (П.) [状态].

带 н/т 形动词的句子就其本身，意义并不单一；通过上下文通常可以确定它的意义：

(3) а. В этот момент окно было открыто <и в комнату ворвался ветер> = 'на данный момент приходится действие открывания' [事件].

б. В этот момент окно было открыто <и мы наслаждались прохладой вечера> = 'в данный момент окно пребывало в открытом состоянии' [状态].

[①] 本章曾发表于ПОЛΤΤΡΟΠΟΝ. К 70-летию Владимира Николаевича Топорова. М.: Индрик, 1998.

非单义性是行为动词特性，与中性动词（влюблен, убежден语法上与влюбиться, убедиться相关）相关联的带后缀 н/т 形动词只有静态意义，参见例（4a）；相应的事件意义转移到动词的人称形式上，参见例（46）：

（4）а. Он был влюблен [状态]; б. Он влюбился [事件].

试比较：расстроен – расстроиться, растерян – растеряться, растрепан – растрепаться, взволнован – взволноваться.

болен, удален, расположен 等所谓的静态词组成了特殊的一类（Князев 1989）：

Район удален от центра; Поселок расположен высоко в горах.

静态词在语法上（即语义上）一般不与动词相关联，特别是静态词表示的状态没有与之有换喻性联系的事件时。静态词是单个的词，其意义理应与动词的意义相关联，但不是以动词的形式（Сазонов1989曾试图系统阐述这种差别）。

这样，被动形动词短语是一种特定的分析性述谓形式，并且需要在动词聚合体中确定其位置。对于被动形动词短语的语法属性而言，首先需要将它们分为两部分，把没有带动词的、纯形动词的形式（如открыт）与带助动词的形式（был открыт）分开。因为只有无动词的形式才有自己的"习用性"语义，这时非零位助动词形式的意义整体上是构建出的，即从部分意义中推导出整个意义。

1.1 带系词的形式

带быть非零位形式的被动形动词短语（如带动词быть的过去时）不会产生任何障碍。在这种情况下，分析形式的意义以非习用的方式来自各部分意义。其中，带有从完成体动词открыть而来的形动词组合был открыт形式的语法体可以认为是完成体。

例（5）中完成体动词的主动态人称形式同样具有例（1）和（2）表现出的事件和状态间的非单一性质：

（5）а. Ко мне приехали родственники [事件；说话时刻正在持续的状态];

б. Только один раз ко мне приехали родственники [事件].

例（56）中，随后状态的出现被状语только один раз取消，而例（5a）中，状态会被默认持续到说话的时刻。用作状态意义的完成体形式与时间变异算子是兼容的，后者标明状态的时间：Сейчас там провели электричество.参见第四章。

事件意义与静态意义常常兼容在一个形式中，这一点也不奇怪。实际上，在事件与随后的状态间常常有空间—时间上的邻近性，即换喻上的联系，这点可用以下图式表示：

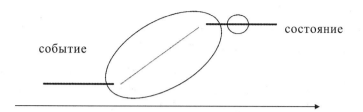

已经知道有少量的完成体动词,它们只有静态意义(参见Исаченко 1960:435),如:

Крыша покосилась; Я устал; Ты загорела.

焦点落在目前的状态(事态)上,而导致产生状态的事件消失,根本都不知道,它是否有过。例如Крыша наполовину обвалилась.可以表示事件意义的动词多半可能就不存在。因此,通常带非零位形式助动词的被动形动词具有的意义双重性,完成体动词的人称形式也有。这样没有什么因素可以防碍将例(1)—(3)中的被动形动词短语的体解释为完成体。

说明:完成体动词人称形式的静态用法与被动形动词短语的静态用法的搭配效果并非完全吻合;如,主动态完成体动词的静态用法从来不能保证它与带后缀н/т形动词一样,与持续性状语搭配,如例(2)中的слишком долго.但与持续性状语的搭配不仅取决于体,也取决于某种并不十分清楚的词汇条件,如:Утюг 45 минут был включен/*Отопление два дня было выключено; Два часа связь была оборвана/*прервана.

1.2 无系词形式

在没有助动词,即在动词быть零位形式表示现在时的情况下,体的证同会有一定的困难:

(6) Балконная дверь заперта.

形动词的述谓形式表示状态,但是它的语法体显然不能解释为未完成体,更何况在形态上它是完成体形式。同时,它在搭配性能方面与完成体截然不同:它不与原本可以指明事件时间的前置时间状语搭配。如果完成体动词人称形式的随后状态当下持续意义允许同事件意义(多半是次要的)同现,那么形动词只能表示当下持续状态意义,事件意义完全被消除。例(7a)中状语в данный момент将状态定位;而例(7б)不合语法,它的时间状语本来是可以定位时间的:

(7) а. В данный момент окно балконная дверь заперта [状态];

б. *Вчера балконная дверь заперта.

例(7a)可行是因为状语表示的是当下状态的时间;而例(7б)行不通是因为上下文要求事件意义,而该事件意义被动词的形式消解了。还有一例:

（8）a. Картина продана [状态]；

б. *На прошлой неделе картина продана（应为：была продана）；

в. Сейчас картина продана [状语将状态时间定位]。

例(9)和(10)显示了一般完成体动词（在人称形式中当下状态意义是弱语义要素，在矛盾语境中可取消）人称形式与形动词形式（其当下状态意义是唯一可能的意义，因为事件解释已被取消）的差异：

（9）a. Магазин закрыли [事件；说话时刻正在持续的状态]；

б. Вчера в два часа магазин закрыли и открыли только сегодня [事件]。

（10）a. Магазин закрыт [说话时刻正在持续的状态]；

б. *Вчера в два часа магазин закрыт [事件解释被取消]。

例(11)只能用于惯常意义，也就是静态意义可以成立：

（11）Магазин в два часа закрыт [узуальное состояние: 'каждый день в два часа бывает закрыт']

莱蒙托夫的诗歌《Бородино》的首句在现代俄语中已经无法表示莱蒙托夫实际所指：

— Скажи-ка, дядя, ведь не даром / Москва, спаленная пожаром, / Французу отдана?（该例选自 Падучева 20016）

现在应该说была отдана，因为在诗歌中描写的1812年战争时期的老兵与新战士的谈话时刻，这已经不是当下所处的状态了（Булаховский 1954:316 将"系词的省略"，即目前状况的固定归结于XIX世纪下半叶俄语发生变化的结果）。

马斯洛夫(1983)曾举过一个典型的例子，可以表现带后缀 н/т 形动词与完成体动词人称形式之间的语义区别：

（12）a. *Он увидел телегу и понял, что она сломана и после починена

（从保加利亚语逐字译出）的俄语是不对的，сломана表示的是与语境相矛盾的当下状态。当被动形动词短语可以解释为完成体时，则带完成体动词人称形式的(12б)和带动词быть非零位形式的(12в)是行得通的：

（12）б. Он увидел телегу и понял, что ее сломали и после починили；

в. Он увидел телегу и понял, что она была сломана и после починена。

这样，我们看到，完成体动词语义中静态要素是弱语义要素，它不够稳定（关于非稳定要素参见Зализняк 1992:24），在矛盾语境下会被取消，如例(5)。这也适用于人称形式以及带非零位形式助动词的形动词短语。而在没有助动词的形动词形式中，静态要素是强语义要素，在状态失去当前价值的上下文中，这种形式不可以使用，因为它表示的是在观察时刻正在持续的状态。

对于例(6)，我们认同马斯洛夫(1983:44)给出的解释，没有助动词的情况下被动形动词短语被视为一种特殊的体的意义（第三种体）——静态的完成体

（时）(статальный префект)；这种形式表示的是一种状态，这种状态被过去的事件引起，并在当下仍在持续。

其实，带后缀 н/т 的形动词（不带助动词用法）不仅在意思上，而且在搭配上都完全符合英语中的现在完成时形式（Present Perfect），叶斯别尔森（1958:314）这样来解释这种形式，英语现在完成时表示的是一种状态，它是相应事件的结果并一直持续到说话时刻。

> 说明：将形动词完成形式解释为一种完成体有悠久的传统，Шахматов（1941:489）认为："完成体表示的是当下已经有了结果的行为，在说话时刻前已经完成，如стол накрыт, письмо отослано（我们在此指出，Шахматов没有使用动词быть的现在时零位形式："形动词本身获得了人称形式的意义"）"。实际上，В. В. Виноградов（1947:564, 566）对这种解释也是认可的，他同意并引用了 С. И. Соболевский 关于带 н/т 的俄语被动形动词对应于拉丁语的现在完成时的研究思想。

通过对例（106）和（13）的比较可以看出，带 н/т 的俄语形动词与英语的现在完成时的相似性：

（13）*Yesterday my uncle has broken his leg.

俄语的完成体形动词和英语的现在完成时都表示说话时刻持续的当下状态，而导致这种状态的事件不是焦点，也不可能处于时间变异算子辖域中。

例（14）表现的是说话时刻状态的指向性。带 н/т 的完成体形动词与时间状语不符合语法的搭配，产生了一种特殊的效果，因为说话人，即剧院中的人同时存在于我们这个时代，就像 Герострат 同时代的人，即 в четвертом веке до нашей эры，而状态是当下持续的状态：

（14）Человек театра. В четвертом веке до нашей эры в греческом городе Эфесе сожжен храм Артемиды（Горин. Забыть Герострата!）.

值得注意的是，在句中占据主位的时间变异算子不与带 н/т 的形动词搭配，俄语中述位形式的时间状语与完成体被动形式兼容，参见 Маслов（1983:50）举的一例：

（15）а. Письмо написано; б. Письмо написано вчера.

与例（15а）一样，在例（15б）中出现说话时刻当下状态的语义；但是例（15б）有双重时间定位：вчера 表明事件的时间，而完成体形式将事件后的状态描写成说话时刻的当下状态。实际上，例（16）是行不通的，因为这种非当下的状态在我们的百科知识里有（教堂存在），例（17）也是不允许的，其当下状态被下文推翻了：

（16）*Церковь Спаса на Нередице разрушена во время Второй мировой войны；

（17）*Телега сломана два дня назад, но сегодня ее починили（应为：была сломана）.

例（18）也不成立，但如果是回答"А где же обещанный велосипед?"，那么它就可能成立：

（18）*Велосипед куплен два дня назад, но его украли（应为：был куплен）.

但述位形式的时间状语并不是与任何一种完成体形式兼容，积极状态比消极状态更容易与时间参数兼容：

Отопление включено（*отключено）неделю назад;

Телега починена（*сломана）вчера;

Магазин открыт（*закрыт）час назад.

时间状语的辖域明确认定了静态意义与事件意义的对立：在事件意义下，状语确定了事件发生的时刻（其中包括行为的完成）；在静态意义下，确定的是当下状态的时间，参见例（1）和（2）。这点很好理解：交际突显要素中的一个构成变异算子的辖域。

其他变异算子也能促成事件意义或静态意义表达的明确性，如例（19）中完成体动词可单纯地理解为事件意义，因为期限状语要求施事者（制定期限的人），закрыт就理应表示行为（即事件）：

（19）Ресторан был на этот период закрыт.

还有一些例子：

（20）Вот то, что нас с тобой надо.

　　　Надолго. Навсегда. До гроба（Бродский. Пенье без музыки）.

（21）Я прочел его [Достоевского], том за томом, на третьем курсе и сразу же, на всю жизнь был захвачен（Померанц. Открытость бездне）.

克尼亚泽夫（1989）描述了促成或阻碍静态意义和事件（广义的行为）意义出现的条件。

这样，如果说到体的形式，那么带н/т的形动词可以分为完成体（现在时）和一般完成体（所有形式都带助动词的过去时、将来时和不定式形式）。两种形式都描写过去的事件，但是现在完成体（时）表示的是一直持续到说话时刻的后事件状态，而过去时表示状态中断或（如果状态是不可逆的）状态的结果已经不存在。

我们可以指出，俄语中带н/т形动词的现在完成体（时）意义是在相对较晚的时间形成的（Булаховский 1954:316）.

第二节 时间

和体一样,带助动词形式的时间也不会产生障碍,我们只谈谈没有助动词的形式。没有助动词的语法时理应可以解释为现在时,它是动词быть现在时的零位形式。我们看一下,这种解释可以说明什么问题。

时间是指示性范畴,并且时间形式的语义取决于阐释维度。(Падучева 1986а, 1996)

时间形式可以分为三种阐释维度:说话时刻维度、句法时刻维度和叙述时刻维度。说话时刻维度中时间形式的起算点是说话时刻,句法时刻维度中时间形式的起算点是主句的时间,叙述时刻维度为文本当前时刻。

"类型化典型的"现在完成时的主要特点是它和起算点有关联:现在完成时相对说话时刻,着眼于后事件状态,并且排除任意的起算点,任意起算点对于过去时形式而言却很正常。但是,俄语倾向于从所有三个阐释维度没有区别地使用时间形式:无论是对于句法时刻维度,还是对于与叙述时刻维度对立的说话时刻维度(不存在"时间一致性"),俄语中都没有专门的形式(法语中有专门的叙述形式,参见Бенвенист 1974:270—284, Waugh 1990)。因此,俄语中现在完成体(时)的运作与简单现在时形式(这一形式可以用于主动态,当然,仅仅在未完成体动词使用中)很难区别,即它能够用于所有三种时间维度,这点并不奇怪。

在说话时刻维度中:

(1) Окно открыто.

在句法时刻维度中:

(2) Он увидел, что окно открыто; Я понял, что телега сломана.

在叙述时刻维度中,如果是基于叙述性时间,自然不可能有现在时形式,参见例(3а)。在这种上下文中,应该使用相应的过去时形式,参见例(36)。

(3) а. Он стоял и осматривал комнату. *Окно открыто;

  б. Он стоял и осматривал комнату. Окно было открыто.

但是,如果叙述是基于现在时,那么被动形动词短语的现在时可以表示与文本当前时刻同步:

(4) Он входит в комнату. Окно открыто.

俄语的现在完成体(时)与英语的还有一点区别,英语的现在完成时与说话时刻维度有明确的联系。

就过去时形式用于静态意义的问题还有一点需要说明,正如已说过的,原因在于它与未完成体相近,它与过去时未完成体一样,在说话时刻维度和叙述时刻维度中的解释各不相同:在说话维度中,它表示在起算点前发生的行为,而在叙述维度中它表示同步性。所以在说话维度中它不与сейчас搭配,而在叙述维度中这种搭配是可以的[①]:

(5) a. *Сейчас картина была вывезена в Америку [说话时刻维度];

б. Сейчас картина была вывезена в Америку и продана музею [叙述时刻维度]

第三节 对结论的探讨

我们还需要对动词时体形式系统的传统解释与加入完成体(时)后的情况进行比较。

传统图示

	主动态			被动态	
未完成体	现在时	открывает	未完成体	现在时	открывается
	过去时	открывал		过去时	открывался
完成体	现在时	——	完成体	现在时	——
	过去时	открыл		过去时	был открыт

新图示

	主动态			被动态	
未完成体	现在时	открывает	未完成体	现在时	открывается
	过去时	открывал		过去时	открывался
完成体(时)(перфект)			完成体(时)(перфект)	现在时	Ø открыт
				过去时	
完成体	现在时	—	完成体	现在时	—
	过去时	открыл		过去时	был открыт

[①] Lehmann(1992, 1996),Гаврилова(1975)都讨论过这种例子。

新图示包括几个空格,所以一看上去不是太完美,但是,我们需要再仔细看看。

在传统图示的现在时完成体空格内的空格线有其语义理据:完成体消除了情景的同步视角。在被动态一栏重复同样的空格线理应不会引起争议。这两条空格线同样在新图示中复现。

我们现在看看新图示的另一个空格,没有过去时的完成时(体),俄语中的时体系统与有经典完成时(体)的英语相比,其中的一个区别在于,英语中有现在完成时(体)和过去完成时(体),而俄语中只限于现在时。但是我们还可以再看一下什么是英语的过去完成时,这种形式有两种不同的用法(参见Есперсен 1958, Kamp 1991):

(6) a. When I phoned Mary had already left;

    6. [I phoned at 7.] Mary had left at 6 this morning.

例(6a)的起算点由从属句时间给出,这是某一过去时刻,过去完成时将主句动词的后事件状态确定为起算点前出现,这是静态完成体(时),即体的意义为现在时形式。而(66)的起算点由前面的句子给出,过去完成时形式将事件had left确定为起算点前发生的事件。这样,过去完成时的形式不仅可以有静态的,而且还有事件意义。我们还要指出过去完成时与现在完成时之间的另一个区别:(66)是一个叙述文本,根本就没有现在完成时必需的说话时刻。但是,在这种情况下,在体的语义方面没有什么可以妨碍将过去完成时的形式解释为完成体,它也可能有事件和静态意义。严格而言,完成体(时)是静态的完成体。

对于主动态的完成时(体)还剩下一个空格,但是只有完成时(体)被动态形式的系统在印欧语言中在类型上相符。因此新图示唯一的弱点在于,俄语被动态发展不够成熟,而将静态完成体(时)纳入俄语动词的分析形式系统中是被动态发挥的作用。

承认俄语中存在完成体(时)形式对于它的分类学研究非常重要,完成体形式的事件意义和事件完结后状态保留意义是有规律的多义性,它有所指方面的成因:事件与其结束后的状态在空间与时间上存在邻近性。因此,在不同的语言中这些意义共存于一种形式中是可能的。

第四章 完成体语义及其始发性[①]

我们曾多次表达过这样的思想,斯拉夫语中动词完成体语义包含始发性。维日彼茨卡(1967)不是十分明确地提到过这一思想,格洛温斯卡娅(1982)将始发性作为完成体语义常量进行过讨论。实际上,完成体动词表示变化,而究竟什么样的变化不像新状态出现呢?但帕杜切娃(1996:153)曾经指出,始发性不是所有完成体动词的属性。现在我们来更为详细地探讨这个问题。

始发意义由公式Ⅰ表达(第三部分第一章)(参见Богуславский 1998):

(Ⅰ)'以前没有P,现在有P'(P表示状态)

动词наступить准确表达了这种意义,начать有更复杂的意思(参见第三部分第一章),但是在典型的完成体动词语义中出现的正是这种始发意义最简单的形式——'以前没有P,现在有P',其中P表示状态。行为始发方式类动词表示过程的开始,如заговорить、побежать,此外还有отправиться。

始发要素最好"待"在没有界限体偶的完成体动词语义中不动,即不像построить,而像увидеть这样的动词。原因在于,完成体界限动词的语义包含过程的结束,该过程发生在非P和P的区间中。而瞬间动词完成体语义就不涉及由非P至P的"途中"发生了什么,我们的始发公式没有谈到这种时间间隔。因此,瞬间动词始发性公式包括了语义中更重要的部分。例如,动词сломаться语义中的始发要素:

(1) сломался X (如 Сломался топор) =
> 在t时刻,说话时刻之前的时间,X还是完整的,功能正常
> 随后发生某事
> 这引起
> t时刻后的某一时刻出现,并且在说话时刻发生的状态:X不再完整,功能也不正常

这样的简要释义也适用于испугать、наполнить、загородить、открыть等词上(在非能动性的用法中):区别仅在于初始状态,t时刻前,新状态,t时刻后。

释义(1)与公式Ⅰ的不同点在于,在(1)中始发性公式的后一半"现在有 P"分成了两个部分:不仅有"发生了P",而且还有"P出现并在说话时刻发生"。原因在于,完成体动词在言语的实际使用中,会发生动词初始语义向说话人不同注意域的"投射"(不同的聚焦、焦点分布、初始意思按不同方式化为现实)。存

[①] 本章的缩写曾发表在:Die Welt der Slaven, XLVII, 2002。

在两种可能的投射方式:事件投射("没有 P——出现 P"化为现实)和静态投射(化为现实的仅有"发生 P",而'没有——出现'退居后台)(参见Князев 1989,第三章第一节的例(1)—(3))。事件投射聚焦于新状态的出现,而静态投射聚焦于状态本身,释义(1)能够区分这两种投射。

当然,在许多的语境当中焦点无论如何不能突出地表现自己,但是,有些动词的焦点要素固定在它们的词汇语义上,参见第三章中的устать, загореть。

完成体形式语义焦点的不稳定有其"现实基础":在现实中事件及其产生的状态位于时空邻近性关系中,两种要素都包含在完成体动词产生的情景观念中;但在语句中如果一个要素进入焦点,而另一个就会消失。

在完成体形式的语义中焦点变换(从事件要素转换到静态要素)可以表征为一种换喻迁移(参见第二部分第二章)。这些要素描写了语言外现实的邻近片段:事件产生状态,和产生于该事件的**新状态**。

在第三章中谈到了完成体动词语义中焦点由事件要素迁移到静态要素的问题,这里我们列举数例,探讨焦点迁移产生的效果。

示例 1. 焦点从事件要素到静态要素的迁移可以解释连接词когда的多义性。如:

а. Когда Адам пахал, Ева пряла [事件2与事件1同时];

б. Когда Адам вернулся, Ева пошла в магазин [事件2在事件1后];

в. Когда Адам проснулся, Ева уже ушла [事件2早于事件1].

假设когда有三个意义可能会引起争议,更自然些应认为,когда不仅在(а)中,而且在其他的两个句子中都表示同时性,只是在(б)中,事件2与事件不是同时的,而与事件1结束后的状态同时(事件/行为完结后的状态还在持续时,事件2发生),因此它在事件1之后;而在(в)中,事件1与事件2结束后的状态重合;事件2 Ева уже ушла理应发生得早些,在下图中箭头表示时间轴,而标记处表示观察者的临时位置:

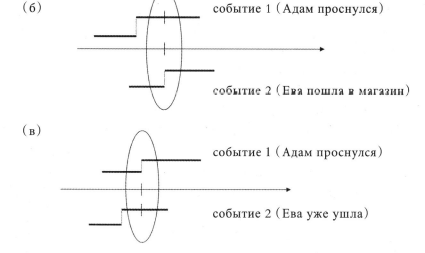

示例 2. 完成体动词事件意义与行为完结后状态保留意义的兼容似乎是在重复давно意义的兼容性（参见插述2），давно有两个意义，'long ago' 和 'for a long time'：

（2）Мы живем здесь давно = 'for a long time'，живем 只表状态。

（3）Покупал эти часы отец давно = 'long ago'，покупал 只表事件。

在例（2）和例（3）中，давно表示的意义很确定，而在例（4）中，完成体动词在давно的辖域，давно与完成体的两个要素相互作用，兼容了这两个意义：

（4）Он давно пришел = 'давно наступило событие, и долго длится его перфектное состояние'.

示例 3. 语气词еще和уже实现了始发语义焦点的迁移，它们通常在完成体语义中起到重要的作用。（参见Падучева 1996:59）

语气词еще和уже与完成体和未完成体的搭配不同，еще表示持续的状态（或过程）并与未完成体搭配，如例（5a）；而уже表示发生的事件并与完成体搭配，如例（5б）：

（5）a. еще спит [未完成体]; б. уже уснул [完成体].

但是，уже与未完成体也可以搭配，参见例（6）。因为未完成体动词可以理解为出现在事件之后的状态，它们有临近关系，如状态спит在уснул事件后：

（6）a. Я уже вижу ≈ 'я уже увидел';

б. Он уже спит ≈ 'он уже уснул'.

例（6б）спит中，转变为新状态的事件要素只能在уже的语境中，并且在уже的作用下出现，算子通常会"处理"自己的辖域。因此，为了使动词与уже的搭配成立，不一定非要动词自己来表示事件，而只需要动词的语义不与它表达事件的可能性相矛盾就行。例如，通过加入始发要素。例（6б）的情况就是如此，它接近表示 'он уже уснул'，尽管спать的字典语义并不包含始发要素。

现在我们说说为什么例（7）中的уже在предпочитала的语境中会显得异常？

（7）Как ни расхваливал я Кита,

Я ничего не мог добиться,

Поскольку вся моя семейка

Уже предпочитала Блейка (Б. Заходер).

这里的修辞效果基于算子уже用于事件，并且首先与完成体动词搭配。而从表示状态的未完成体动词"挤出"状态出现时发生的事件，然而如例（5a）所示，从时间状态中容易挤出事件，而从固定的状态中就挤不出来，如例（7）：根据马斯洛夫的看法，предпочесть – предпочитать就不是对应体动词，предпочитает不要求事先需要 'предпочел'.

但是уже也不是和任何一个完成体动词都能搭配，为了让уже与完成体动词的搭配自然,就需要完成体动词表示新状态的出现。例(8)中уже остался不具备这个条件,为了解释这一搭配,就需要强有力的语境:

(8) ?Он уже остался дома.

因为完成体动词остаться没有始发语义:X остался [某处]意味着X的状态如初,发生了某事件(若在心智层面,即为认知事件):X要离开的可能性未能实现,X决定不走了;X没有出现任何新状态。

其实,无论是什么样动词的体,уже处理情景的方式是要让情景出现始发公式中的两个要素:"以前没P"和"现在有P"。这时уже多半会突显完成体语义这两个要素中的静态要素。这样,正是уже保证了将示例1中(в)的когда的意义明确理解为事件2发生在事件1前。

至于еще,那么它与有始发语义的典型完成体动词根本不能搭配:

(9) *Ребенок еще уснул.

这样,уже和两个体搭配,而еще只能与一个体搭配,我们可以得到下图:

未完成体	**еще спит**	уже спит
完成体	***еще уснул**	**уже уснул**

但是出现的问题是,正像我们所说,如果在完成体动词语义当中,确实既存在事件要素,也存在静态要素,那么为什么еще与完成体不能搭配?换句话说,为什么在例(9)中,根据公式I出现在完成体语义中的状态,еще不能将其作为自己的辖域? 也就是说,为什么例(9)不表示'уснул и еще спит'?

如上文所言,完成体语义中的静态要素能够成为其他词的辖域,如示例1(в)句的когда,静态要素还能成为сейчас的辖域:

(10) Он сейчас уснул ≈ 'уснул и сейчас спит'.

那么到底是什么因素妨碍完成体动词的静态要素成为еще的辖域?

帕杜切娃(19926)曾对еще的一个主要意义给出了如下释义:

еще P [这里 P 表示状态] =

| 说话时刻发生了 P [符合P意义的陈说];
| (在说话时刻)预计,在某个更晚的时刻 t 将没有 P [符合еще意义的预设]

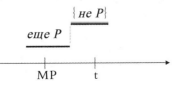

图示中大括号{не P}表示这个要素对应的不是当下事物状态,而是说话人的预期,它被定位于其内容所涉及的时间,而不是预期的发生时间。描写说话时刻事物状态的要素是陈说。

从这个释义中可以得出еще与情景P的兼容条件,P应当是一种状态,它要么自行中止或结束(如быть молодым与быть старым就不同),要么至少与其中止的语义相兼容。如果是前者,那么еще只是加强了期待结束的预设;如果是后者,那么对状态结束的期待可以直接用еще的意思表达,如,еще болеет意味着'ожидается, что выздоровеет'。无论如何,构成еще辖域的应该是这样的状态,它被"认为"是该结束了。

现在我们已经清楚,为什么完成体静态要素表示的状态不可能成为еще的辖域,受到体的语法语义的影响,行为完结后状态保留意义倾向于状态出现的时刻;уснул尽管要求一种状态(спит),但已经不能想当然地再添加要素'P将没有'(проснется)。完成体语义中的状态要素倾向于状态的始发,就不能把它同时还理解为状态的结束,即应当中止的状态。

但是,难道就没有一些例外的完成体动词,还能构成еще的辖域?

例外的情形倒有,它们也都很有意思,因为它们可以揭示完成体动词的语义特征,并且体现始发动词与非始发动词的对立特征。

能够与еще搭配的完成体的动词有остаться, сохраниться, успеть, застать①,例如:

(11) Крепостные валы <старые обычаи, кое-какие следы> еще сохранились.

(12) а. Рис еще остался; б. Отец еще остался на работе.

(13) Они еще успели купить билет.

(14) Неужели ты его застал?

显然,所有这些动词没有始发语义,如:

X сохранился(如 Крепостные валы еще сохранились)=
| 在说话时刻之前的t时刻,X还存在/出现/在视野内
| t时刻后,但还在说话时刻前,有可能:X将不在/不出现/不在视野内
| 在说话时刻X 存在/出现/在视野内

第一个和第三个要素一起共同表示持续的状态,这正好是еще所需要的。但是我们的出发点是完成体表示变化(参见第二章),变化不在于X出现新状态,而是相反,X的状态没变。这里变化发生在人的意识中,这是个认知事件,关于可能性的表征发生变化。动词сохраниться的事件语义就消失在可能性中。

因为释义中提到的X的状态不是由事件所引起,它不表示始发,所以原则上,动词сохраниться与倾向结束的语义兼容,这是еще的要求,参见例(11)和(12)。

---

① 对于动词застать的研究,作者在此感谢Светлана Михайловна Толстая。

动词сохраниться与еще的搭配取决于语境中是否存在状态终止的风险,因此例(15)不如例(11)好,因为要塞的土墙理应会随时间的流逝而受到损坏:

(15) Подлинник еще сохранился.

动词остаться的一个意义中,状态终止的风险就包含于动词的意义中:

(16) X остался <в количестве Z> (如Рис еще остался) =

    | X曾经的数量为Z'
    | 发生了某事
    | 这引起:
    | 状态出现,在说话时刻状态发生:
    | X的数量为Z,少于Z'

句子Рис [X] еще остался成立的依据来自于以下合理的结论(推论):因为引起X状态变化的原因可以复现(参项X的分类类别是资源,即消耗的材料,它的数量有限),X的数量将减少,当X用完时就会出现新的状态。由此得出остаться的语义中含有状态终止的风险,并趋向状态的结束。

这种表示资源消耗的内隐要素同样保证了еще可以正常使用在хватить的语境中,如Тебе еще хватило супа?中。

另一个能与еще搭配的完成体动词是успеть:

(17) X успел сделать P до t =

    | 本来只能在t时刻后完成P
    | X打算完成P
    | X完成了P

успеть的释义结构不是完成体动词的标准形式,释义中既没有始发性语义,也没有第三部分第一章I和II公式中的说话时刻指向。

这样,我们可以断定,始发性语义抑制状态的结束倾向,如果完成体动词没有这种始发性语义,那么它可与еще搭配。[①]

正如我们知道的,行为完成后保留的状态倾向于结束,这类完成体动词的数量很少。同时,存在庞大的一类完成体动词表示的状态类别,它们允许面向状态的终止,这是一些带否定词的动词:

еще не пришел, еще не понял, еще не уснул

未发生的事件可以理解为着眼于状态的结束,一直持续到事件发生的时刻,并且这种倾向性可以用语气词еще表示。

语言不情愿把倾向于终止的状态用词汇表达出来,这点不仅适用于动词,也适用于形容词。形容词беременный表示一种状态,它理应会自然结束,但

---

① 非常有意思的是,пока与еще相近,与остаться和сохраниться搭配,但不与успеть和застать搭配。(参见Барентсен 1980, 1983 对пока的研究)

是，很难为 Она еще беременна? 找出一个合适的语境，正常情况下应该问：Она еще не родила?

需要指出的是，无论是 еще 的释义，还是从其引申出的推理只适用于没有否定词的动词过去时的情况：动词将来时与完成体和 еще 的搭配比较自由 (Вы еще это поймете; Он еще об этом пожалеет)，在说话时刻事件 P 没有发生，产生了"不会出现的状态"，并与对状态终止的期待是兼容的。

以上就是对为什么 еще 不能将典型完成体动词的静态要素作为自己辖域的解释，这种状态倾向于开始，而 еще 倾向于结束；若搭配起来会引起焦点冲突。

示例 4. 最后一例。完成体动词与 опять 的搭配性。副词 опять 既可以与完成体，也可以与未完成体动词搭配。相应的，P 可能是事件，也可能是状态：

опять P [о событии] (如 Он опять пришел) =
| 以前发生过 P (至少一次)；
| 现在发生 P

опять P [о событии] (如 Жена уехала к матери, и он опять живет один) =
| 以前发生过 P，又终止了；
| 现在发生 P

字典给 опять 的释义是 'еще раз, снова'，它没有考虑到 еще раз 只适用于事件语境，因为状态不宜用"次"来计算，在静态情况下更适于用 снова (参见 Marcowicz, Paillard 1989, Киселева, Пайар 1998:115)：

(18) Замолкли звуки чудных песен, / Не раздаваться им опять (Л.) [= 'они не будут раздаваться больше, снова'; раздаваться – перцептивное состояние](参见第三部分第二章)。

这时非常重要的是，опять 如同 уже，与有始发意义的完成体动词搭配时，纳入自己辖域的可以不是事件，而是随后行为结束后的状态，这种状态"已经开始了"，即出现了：

(19) Время шло медленно. Все было тихо. В гостиной пробило двенадцать; по всем комнатам часы одни за другими прозвонили двенадцать, – и все умолкло опять (Пушкин. Пиковая дама).

显然，опять 虽然用于表示事件的动词 умолкло 语境中，但这里指的是已恢复的状态 'все тихо'，而不是复现的事件 'все умолкло'，因为上文已经说过 Все было тихо。例 (20) 也是类似的情况：

(20) <...> на минуту подняла глаза, но сейчас же опять опустила (Гаршин, МАС) [= 'глаза были снова опущенные' – как и до того, как она их подняла].

因此，опять 提供了一种回指，因为它指向的是前文。但是在与表示事件的完成体动词搭配时，опять 不仅可以表示事件的复现，该事件由动词表示并在上文明确提到，还可以表示状态的复现，这种状态是动词暗示出的。例(21)中 опять открывалось意味着窗户在此之前是开着的(而不是在此之前打开过，尽管这也成立)：

(21) Окно закрыли, а оно опять открылось.

但是，不能认为，опять语境中的状态总是可以替换始发，或者相反，试比较例(19)中的все умолкло和все было тихо。例(22)中понимал替换成понял会引起意思的变化；例(23)中опять蕴含的是'уже по крайней мере один раз терял'，而不是'уже один раз не видел'.

(22) Затмение прошло, и я опять ясно понимал суть происходящего.

(23) Я опять потерял нить[完成体] ⊃ 'опять не вижу связи'.

在这种情况下，可以说я только что видел их, а сейчас опять потерял <из виду>，可以说，这里的опять指向的是только что时刻之前看不见的状态。运动动词中这种替换没有限制，因为опять在这种语境中保持了自己的本义'вспять, назад'(这种思想应归功于А. А. Гиппиус)，并具有事件语义，参见例(20)和例(21)。但是，还剩下一个毫无争议的例(19)。在什么样的条件下，опять可以把完成体语义中的静态要素纳入自己的辖域，还是一个开放的话题。

Д. О. 多普罗沃里斯基(2001)分析了普希金《黑桃皇后》中的一个句子：

(24) Свечи вынесли, комната опять осветилась одною лампадою.

该例让我们注意到这个句子在某些方面似乎不够准确。(参见Виноградов 1947:633 对осветиться的分析)。根据多普罗沃里斯基(2001:175)的研究，该句描写了一个离奇的情景，因为"在现代俄语中动词完成体осветиться表达的是从(相对)黑暗的状态到更为明亮状态的一种变化"，而蜡烛拿走后发生的变化则肯定是相反方向的变化，我们可以用完成体语义中静态要素的资料来为该例的分析提供补充。

我们首先引用普希金早先说过的几句话：

Герман вошел в спальню [графини]. Перед кивотом, наполненным старинными образами, теплилась золотая лампада.

如果将例(24)的осветилась替换为была освещена，就得到了需要的意思——回到了原先的状态，当房间只用长明油灯照明时：

(24') Свечи вынесли, комната опять была освещена одною лампадою.

因此例(24')可以表示例(24#)的意思，也完全适切语境：

(24#) 'опять началось состояние: комната освещена только лампадой'

实际上，'комната освещена только лампадой'的状态还可以"再开始"，即恢复起来，其理由不仅仅只是点亮了长明灯，还因为所有的其他光源都熄灭了，便出现了这种状态。因此 осветиться 未必表示从（相对）黑暗的状态到更为明亮状态的一种变化。

例（24）的 осветились 和例（24'）的 была освещена 之间有什么样的差别呢？为什么第二种形式表达了需要的意思，而第一种没有？在下图中较稀的虚线条表示长明灯照明的状态，较密的虚线条表示由蜡烛照明的状态，I 和 III 是一个区间，在这段时间内房间只有长明灯来照明：

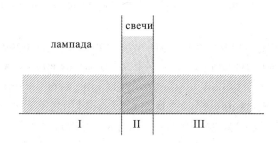

还可以认为，осветилась 在普希金时代可以视为完成体动词 осветить 的被动态。根据布拉霍夫斯基（Л. А.Булаховский 1954）的思想，19 世纪中期完成体的反身形式还可以自由用于被动意义。实际上，多普罗沃里斯基（2001）也是这样解释的例（25）：

(25) Служба совершилась с печальным приличием (П.) = 'была совершена'.

但是，这种解释在此行不通，例（24'）中 была освещена 不是被动态，真正的被动结构应具有施事性和事件性，即包含始发要素。尽管 осветить 的下述用法有一定的困难，但仍可以用：

(26) а. Фреска была освещена мною с помощью карманного фонаря;
　　　б. Фреска была освещена мною в 12 часов.

但是，与例（26）相比，例（24'）中 была освещена 的语法形式显然有其他的意思，它表示一种状态，并失去了事件意义，即始发性。

由此可见，通过我们已知的语法形式解释的变化来解释例（24）是不可行的。我们可以这样提出问题：需要设定一个什么样的变化可以将例（24）理解为例（24'）的意义 'опять началось состояние: комната освещена одной лампадой'？但是对于这个问题也没有答案，普希金的句子应当理解为有这样的语义结构

НАЧАЛОСЬ (ТОЛЬКО ...):

'только' 的意义进入始发语义的辖域。而在现代俄语中用完成体表达始发性不能将 ТОЛЬКО 纳入自己的辖域：

(27) Комнату осветила только лампада = 'комнату осветила лампада'
　　　& 'ожидалось, что осветит что-то еще'.

例(27)有ТОЛЬКО(НАЧАЛОСЬ...)的结构。正如我们看到的,未完成体动词语境中的副词可以将ТОЛЬКО纳入自己的辖域,如例(28a),但不用完成体形式,如(286):

(28) а. Теперь комнату освещала только лампада = 'комнату освещала лампада' & 'что-то другое перестало ее освещать' = началось (только ...);

б. Теперь осветился только потолок = 'не осветилось ничего, кроме потолка', т. е. ТОЛЬКО (НАЧАЛОСЬ ...), а не 'только потолок остался освещенным'.

普希金所需要的语义结构是ТОЛЬКО进入始发性的辖域,这种结构只有在始发性是通过未完成体动词语境中的теперь, опять等副词来表达,而在非完成体的条件下才能出现。

осветилась可以视为去使役化形式,这便可以圆满地解释例(24),试比较例(21),其中静态要素从открылось中剔除。但是,在例(24)中,去使役化的理解受到抑制,去使役化动词不允许带工具参项(лампадою),因为它要求施事者。(参见Падучева 2001а)顺便指出,去使役化动词表示事件,它不能够解释对辖域规则的破坏。简言之,例(24)抵触的规则是:ТОЛЬКО不能进入完成体动词表达的始发性辖域,而变得不能确定。自普希金时代起完成体动词表达的始发性辖域发生了变化,这种假设很难成立。

至于说到副词опять,那么在没有"情节加重"时,它很乐意与完成体动词语义中的静态要素相互作用:опять不仅可以表示事件的再次发生,也可以表示事件发生后状态的出现。

这样,始发性可以用最简单的形式表现为公式'以前没P,现在有P',借助该公式构建了'倾向状态始发'的要素,它包含在所有完成体动词的词汇意义中(除少部分外):在普遍都认可的表示事件的俄语动词语义中,实际上经常包含静态要素。有意思的是,与之对称的语义'倾向状态结束'在语言中的词汇化非常少,这种语义可分析式地表示为еще +未完成体或еще +не+完成体。原因在于,倾向状态始发通常是事件动词语义发生换喻迁移(焦点迁移)的结果,而对于倾向状态结束没有这种现实基础,通常这种状态与结束的语义不好搭配。

从类型学角度看,多义性'事件—新状态'的换喻依据很重要,这种多义性存在于事物本性中,所以也是许多语言的固有属性。

插述 2

ДАВНО 和 ДОЛГО：
完成体语义中的静态要素问题[①]

Я давно питаю к ней нежные чувства(我对她早就怀有柔情)
Из частного письма(摘自私人书信)

字典将 давно 分为两个意义：давно 1 = 'задолго до настоящего момента' 和 давно 2 = 'в течение долгого времени, долго'（Смирницкий 1948/1992 给出 давно 两种英译 – 'long ago' 和 'for a long time'）。可以说，давно 1 是时间状语，而 давно 2 是持续状语。例（1）中实现的是 давно1，而例（2）实现了 давно 2，它近似于 долго：

（1）Он умер давно, больше столетия тому назад.

（2）Мы живем здесь давно, третий год.

但是，令人存疑的是，第一，давно 2 仍然不是 долго；如，在本章卷首题词中 давно 不能替换为 долго：

（3）*Я долго питаю к ней нежные чувства.

例（4）也如此，在例（4б）中 долго 与动词现在时不能搭配，而在例（4в）过去时情况下，долго 与 давно 也不同义：

（4）а. Квартира давно пользуется / пользовалась странной репутацией；

б. *Квартира долго пользуется странной репутацией；

в. Квартира долго пользовалась странной репутацией.

这说明 долго 与 давно 在有些地方存在差别。

第二，时间状语意义和持续状语意义兼容在一个词 давно 中的独特性值得注意，在现代俄语中这两种时间参数通常在形式上有区别。如 в воскресенье 是时间状语，而 все воскресенье 是持续状语。这样，对 давно 意义的表征最好能够解释一个词兼容两个意义的情况。下面我们分析这两个问题：давно2 和 долго 间的区别，以及 давно 自身两个意义间的联系。

第一节　давно 的指示性

давно 2 和 долго 间的区别在于，долго 是一般在指称间隔上封闭的时间参数，而 давно 2 是开放的（这种对立的重要性的根据参见 Падучева 1996:175）。现在让我们更详细地说明一下指称间隔开放的概念。

一开始我们先不研究将来时的动词语境，在过去时和现在时语境中"通常的"持续状语才有封闭的间隔，即表示已经结束了的情景的持续时间，Он гулял два часа 发生在以说话时刻维度阐释的情况下，现在他已经不在散步了，持续状语 два часа 设定的是过去时。如果这

[①] 本文最先发表在论文集《Логический анализ языка: Язык и время.》 М.:Индрик, 1997。

种状语与未完成体动词的现在时连用(Он гуляет два часа),那么它的时体形式不可能被理解为当下持续意义,要么动词体的意义是惯常性的,要么动词的时不是言语现在时,而是历史现在时,долго正是属于这种状语。它用在例(3)中不恰当的原因在于,它要求用动词过去时表示已经结束的情景,而例(3)中使用的是现在时。相反在例(5)中

(5) Она долго смотрела ему вслед.

долго可以与动词过去时连用,过去时在说话时刻维度中可以解释为表示一种在说话时刻以前发生的事件。动词现在时形式在这种语境中(долго смотрит)不可能被理解为当下持续意义,долго将这种现在时判断为一种历史现在时。

开放的时间间隔参数,即期限未满的间隔,目前还没有引起关注,尽管它们的数量相当多,无论是时间参数(сейчас, на этой неделе),还是持续参数:с тех пор, со вчерашнего дня, шестой год, последние дни (не первые!), до сих пор, все это время, вот уже два дня等等。

开放间隔与封闭间隔上的差别可以按Рейхенбах的方法表征为起算点位置不同,或观察者时间位置上的区别。外部观察者对应一般的时间参数,在过去时情况下是回溯前景,对于外部观察者而言,情景已经完成(而在将来时情况下是前瞻前景)。未封闭的时间间隔参数要求观察者在共时的时间位置上,换言之,开放间隔的持续参数语义规定了一个情景证人,由他来确定已持续了一定时间的情景仍然还在发生。显然,давно 2表示的正是这种共时观察者的位置,状态或过程并没有完结。由此可见,давно 2与现在时关联,它把давно与долго区别开来,后者倾向于过去时。如例(3)和本章卷首题词。毫无疑问,давно 2用在叙述性过去时中也合适(Эти смутные предположения давно уже терзали его),在这种情况下观察者的位置也是共时的。

давно 2与долго间的区别可以用简图表示为(箭头表示观察者的时间位置):

```
долго + прош.      ───(───)────────▶
                         ⇧
давно + наст.      ───(──────────── ▶
                         ⇧
```

долго语义中包含的回溯前景可以通过不同的方法表现出,如:⇧

(6) Ехали мы долго.

说话时刻维度中,例(6)中的语义应当是'сейчас не едем',换句话说,долго有蕴涵语义:долго (S) ⊃ 'S прекратилось',而давно与此不同:

(6') Ехали мы уже давно.

动词过去时只能理解为叙述性过去时,并引申出在文本时间中的当前时刻'мы и сейчас едем'。

也可能存在这样的用法,其中与долго有关的情景完结蕴涵消失,即观察者的回溯位被替换为共时位,但是这种替换需要"强有力的"上下文;如例(8)中уже就是这种共时因子:

(7) Я жду его уже довольно долго.

例(8)中就不太清楚,究竟什么是这种共时因子:

(8) Что-то долго он гуляет.

但是,在例(8)中,去除语用色彩会消除观察者的共时位,也不能将时间的形式理解为言语现在时意义。

现在来说将来时语境，давно 与 долго 仍有区别，与以前一样 долго 保持着封闭的间隔，参见例(9)，而 давно 是开放的间隔，参见例(10)：

(9) а. — Я поеду к матери. — Ты долго у нее пробудешь?

б. И долго буду тем любезен я народу <...> (П.)

(10) К этому времени он давно уже будет где-нибудь за границей.

例(9a)中观察者的位置是前瞻性的，而在(96)中是共时的：情景已经开始出现，这种区别可以用下图表示(·点表示说话的时刻)：

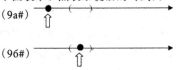

而 давно 的观察者位置理应与说话时刻吻合，即 давно 的基本用法是指示性的。давно 与将来时搭配仅仅在一定的状语语境下可行，该状语将观察者从说话时刻推向将来，参见例(10)中 к этому времени；同时保证了观察者的位置与将来情景共时，参见图示(10#)：

这样，我们可以得出结论，在 долго 的语境中观察者理应是非共时的，它要么是回溯性的，要么是前瞻性的，所以没有特殊的语境，долго 在说话时刻维度中与现在时不搭配，参见例(3)。уже 可以将 долго 与共时观察者兼容，如例(7)，也可以把将来时与暗示的 еще 兼容，如例(96)，其中 долго = 'еще долго'。

词位 давно 2 将观察者的位置确定在共时的位置上，对它的释义包含说话时刻。由此得出第二个差别：давно 2 的主要用法是指示性的，而 долго 的观察者位置与说话时刻没有被专门固定。

第二节 两个意义还是一个意义？

现在我们来看 давно 1 和 давно 2 的相互关系，它们真的是两个不同的意义吗？ давно 1 和 давно 2 的释义在许多方面是相似的，它们的区别实际上取决于动词分类范畴，而动词位于 давно 的辖域，давно 1 出现在事件语境中(Дождь давно кончился)，而 давно 2 出现在静态语境中(Он давно спит)。词位 давно 2 将观察者确定在与情景同步的位置上，或与情景完结了的状态共时。它们的释义为：

давно 1 (S) =

а) 在 t 时刻发生了事件 E，状态 S 是其结果；

б) 相对于说话时刻(MP)[①] t 时刻是很早的过去；

в) 状态 S 持续到说话时刻。

[①] 着眼于说话时刻可以将释义面向阐释的说话时刻维度，在叙述时刻维度中，这是文本时间的当前时刻，观察时刻，即观察者的当下时刻。通常可以称为计算起点。

давно 2 (S) =

а) 在 t 时刻出现状态 S；

б) 相对于说话时刻（MP）t 时刻是很早的过去；

в) 状态 S 持续到说话时刻。

可以将 давно 2 的释义归入 давно 1 的释义中，如果把 давно 2 释义中 S 状态的出现视为 давно 1 释义中的事件 Е。但为了更直观地解释，我们先分出 давно 的两种用法。

有三种语境，давно 用于 давно 1 的意义。

Ⅰ. 在动词完成体语境中，давно 1 的事件意义得到最充分的体现：

(1) Давно настала зима. Стояли трескучие морозы (ДЖ);

Грозовые тучи давно разошлись (ДЖ);

Он ведь не раз бывал в подобных положениях, продумал все возможности и давно признал эти планы спасения непригодными (ДЖ);

О, Тоня, бедная девочка моя! Жива ли ты? Где ты? Господи, да ведь она должна была родить давно! (ДЖ);

Приближается час, которого я не люблю, потому что давно уже потерял сон (Б.);

он уже давно заметил, что есть в нем еще кто-то – глупей его (Б.);

давно прошло то время, когда он с наивной гордостью верил, что и впрямь до самого Афона дошли слухи о нем (Б.);

узнали, что давно сошла с ума – от несчастной любви — и тетя Тоня (Б.);

сам окоченел уж давно (Б.);

картуз-то уж давно свалился (Б.);

я тебя давно полюбил (Б.);

уже давно стемнело (Б.);

Давно потонула в черном бархате долго переливавшаяся алмазами цепь огней Коломбо (Б.);

большинство нашего населения сознательно и давно перестало верить сказкам о боге (ММ);

Рассказчик указывал рукою куда-то в сторону луны, которая давно уже ушла с балкона (ММ);

Давно уже начало мести с севера, и метет и метет, не перестает (Булгаков. Белая гвардия).

在形动词和其他由动词派生的、表示状态保留意义的词汇中，如 подано, готово, 作为 S 状态起始的事件 Е 很容易被看出，它由构造出这些形动词的动词表示（подать, приготовить）：

(2) Лыжи, мешок с сухарями и все нужное для побега было давно запасено у него (ДЖ); то место, где стояла луневская усадьба, было уже давно распахано и засеяно (Б.); все давно скошено (Б.).

давно 1 释义中的 в) 要素基于类似 (3) 这样的例子：

(3) *Он давно пришел, а потом ушел.

例(3)异常的原因在于，句子的末尾 а потом ушел 与 давно 1 定义中的状态保留要素 в)：
'状态持续到说话时刻'相矛盾，应该说成 приходил какое-то время назад, а потом ушел, 因
为 давно 1 只是加强了完成体语义中的状态保留要素（参见第四部分第三、四章）。

在没有确定行为完结状态保留的动词语境中，不用 давно：*Я проспал давно \.

Ⅱ. давно 1 可以用在表示普遍事实的未完成体动词的语境当中，此时要素 в)'状态 S 持
续到说话时刻'失去动词语义的支持将消失：

(4) Я виделся с ней давно; Мы обедали давно.

在这种情况下，давно 在交际结构中的位置一定处于述位：

*Мы давно обедали \; *Я давно с ней виделся \.

为了保留词序，需要用完成体：давно увиделся, давно пообедали.

在未完成体普遍事实意义中，还有一些事件性质的 давно 的例子：

(4') Покупал их [стенные часы] отец давно, когда женщины носили смешные
пузырчатые у плеч рукава (Булгаков. Белая гвардия).

(4″) — Как у вас нынче сады? — Цвели давно, ваше преподобие, но ветер, господь с
ним, всю завязь обил (Б.).

在第三节中，我们再讨论 давно 语义的交际方面。

Ⅲ. 应当将动词 видеть, слышать 单独列出，尽管它们是未完成体，但是 давно 1 的释义
也可以完全实现：

(5) а. <...> объявила, что она давно уже слышала очень многое об его дочерях и
давно уже привыкла глубоко и искренно уважать их (Д.);

б. О посягательствах некоей Madame Alice, проживающей с детьми под
фамилией Живаго в Париже, я слышал давно (ДЖ).

这些动词是古时体还没有区分的遗迹，在现代俄语中 видеть, слышать 被理解为具有普
遍事实意义的未完成体动词，但是它们有完成意义：слышал 意味着 'услышал и знаю'；
видел ≈ 'увидел'（尽管这里不能说成 увидел），并且 давно 在例(5)中的意义同例(1)、(2)，但
不同于例(4)。如 давно 在 видеть 和 слышать 的语境中不必占据述位，参见例(5а)，但是时间
应当是过去时，如例(6)，在现在时语境中，давно 的意义不是事件性的（давно 1），而是静态的
（давно 2）：

(6) <...> давно слышу я, Горизонтов, о причудах твоих (Б.).

现在我们看看 давно 2，它的辖域是状态（或过程、活动），要素 а)'状态出现'占据背景
位，如：

(7) Я жду его давно =

а. 在 t 时刻出现状态 S 'я жду его'；
б. 相对于起算点，t 时刻是很早的过去；
в. 状态 S 持续到起算点。

对于 давно 2 而言，最典型的用法是用在未完成体现在时语境当中：

(8) О каком хлебе речь, когда его давно нет в природе? (ДЖ);

один командир знал, что эта пара нанята Ллойдом играть в любовь за
хорошие деньги и уже давно плавает то на одном, то на другом корабле (Б.).

Гаврила Ардалионович Иволгин, которого она знает и у себя принимает, давно уже любит ее всею силой страсти (Д.);

он знал, что его уже давно зовут Тугоногим ... нет человека без прозвища! (Б.).

давно 2语境中,未完成体过去时通常是从叙述时刻维度进行解释:

(9) Половина давно уже храпела по углам вповалку (ДЖ);

Семьи партизан давно следовали на телегах за общим войском (ДЖ);

Надо сказать, что квартира эта – № 50 – давно уже пользовалась если не плохой, то, во всяком случае, странной репутацией (ММ);

он спрашивал меня о том, кто я таков и откуда я взялся, давно ли пишу (ММ);

бараний тулуп его служил так давно, что весь пошел лысинами (Б.);

осиновые бревна, давно лежавшие на дворе за окном, ослепительно белели при вспышках (ДЖ);

Часы идут медленно. Надя <...> давно уже гуляла в саду, а все еще тянется утро (Чехов. Невеста).

例(10)中,两句间发生了文本时间的迁移,因为观察者的位置是共时的:

(10) Настасья Петровна давно собиралась погостить к знакомым в город. И наконец собралась и уехала (Б.).

然而,还有两种特殊的语境,其中давно 2可以用在说话时刻维度的未完成体过去时当中。

其中一种语境由内部状态动词(хотеть, желать, ждать, подозревать)构成,它们可以在言语过去时中与давно搭配,在这里,过去时与现在时同指,在例(11а)中,原本可以用现在代替过去时,因为状态出现在"现在"。相反,在例(11б)的情景中,本来可以用过去代替现在时:

(11) а. Она призналась, что сама давно желала спросить дружеского совета (Д.);

Расскажите, как вас расстригали. Я давно хотел спросить (Б.);

б. Я давно уже чувствую, что случилось что-то роковое и непоправимое в его жизни.

不能认为在这些语境中现在时形式与过去时形式同义,而且,这里的过去时形式并不意味着情景已经完结(давно чувствовал并不表示现在已感觉不到),而现在时形式也并不总是表示情景还在持续,句子Я давно тебя жду[≈ 'ждал']可以用在人已经来了,并且已经不再等待的语境中。

第二种语境为否定句,这里давно 2释义要素в)可以替换成в'):

Он давно нам не писал =

а) 在t时刻出现状态S 'не пишет';

б) 相对于起算点,t时刻是很早的过去;

в') 状态S一直持续到起算点;不能肯定在起算点时它已停止.

因此,Он давно нам не писал接近于долго не писал,只是在долго的情况下,状态占据的间隔完全不与说话时刻对应,而在давно的情况下,它与说话时刻邻接:

а. Он долго не писал, и вдруг я получаю сразу два письма;

б. Он давно нам не писал.

现在时形式与过去时形式仍然是不同义的,现在时表示的是某种应该出现/复现的事件没有出现或没有复现的持续状态;而过去时表示"现在的"状态可以发生变化或已经发生的变化(试比较:я давно не бреюсь和я давно не брился)。在过去时情况下,情景 'ни разу не ...' 可以视为一种特殊事件;而在现在时情况下,'узуально не ...' 发生在事物序列。试比较过去时的例(12)和现在时的例(13):

(12) К группе читавших подошел исхудалый, давно не мывшийся и оттого казавшийся смуглым человек одичалого вида с котомкой за плечами и палкой (ДЖ); давно уже не озарялось оно такою добротою, такою старчески-детскою радостью (Б.).

(13) лежал в своем темном доме уже давно не встающий с постели, седовласый, распухший, с заплывшими мрачными глазами о. Кир (Б.);

И в зеркале, помещавшемся в передней, давно не вытираемом ленивой Груней (ММ);

она жаловалась, что вы давно уже не даете ей отпуска (ММ).

例(14)表现的也是这种差别,例(14a)推测的是"现在"人们要么已走过去了,要么即将走过去,状态即将结束;而在例(14б)中状态还在持续:

(14) a. Видно было, что по ней [тропинке] давно уже не ходили люди;

б. Видно, что по ней [тропинке] давно уже не ходят люди.

давно和долго行为未完结的状态是不同的,долго要求一次性的未完结,而давно要求未完结的行为理应可以多次复现。因此долго не отвечал是正常的,而давно не отвечал就不合适,这就解释了一种微妙的准同义现象:

давно не звонил ≈ звонил давно

但долго не звонил没有规定在此之前打过电话:

Я попросил его позвонить. Он долго не звонил.

需要指出的是,完成体动词否定情况下不与давно搭配(参见Акимова1989),давно要求动词语义中含有静态要素。例(15)就显得比较奇怪:

(15) a. Какое забвение своих собственных предначертаний и мероприятий, давно не оставивших в жизни камня на камне!(ДЖ);

б. Это дает ощущение, давно не испытанное, ощущение чистоты и юношеской свежести (Б.).

例(15a)要比(15б)好的多,而例(16)展现了动词остаться的特殊属性(参见第四部分第四章):

(16) В душе его уже давным-давно не осталось ни даже горчичного семени каких-либо так называемых мистических чувств (Б.).

原因在于,давно与没有包含过渡到新状态要素的完成体动词的搭配能力较差(参见Падучева 1996:153):

*Мы давно посидели на лавочке; *Плащ давно защитил меня от дождя.

这种搭配特征可以直接从давно 1和давно 2的释义中得出。

这样,我们的释义可服务于两种动词的分类范畴,它们构成давно的辖域:状态和事件。

在状态语境中使用表静态的давно 2;而在事件语境中使用表事件的давно 1。回溯前景中可以观察到的状态被解释为一种事件,如例(4″)中的цветы,而在某种间隔中未完结的行为可以解释为一种状态。

давно 1 和 давно 2 意义彼此联系的方式是,有一些语境可以同时实现两个词位的所有要素。我们分析一下过渡到新状态的典型动词приехать,在该动词的语境当中,давно既可解释为时间状语(事件早就发生过),也可以解释为持续状语(作为事件后果的状态持续很长时间)①:

(17) Он приехал давно.

这里似乎存有歧义:一种理解是давно = давно 1,而另一种理解是давно 2。然而,在例(17)中没有任何歧义:давно的两种意义同时实现,还有一例:

(18) Юра давно обещал им статью о Блоке (ДЖ).

这里давно 1 与 давно 2 也合为一处,早就发生过事件'пообещал',这种'обещает'状态持续了很长时间。这里是叙述性过去时,它类似于现在时:давно обещает = 'пообещал, и обещание актуально в текущий момент',因为动词обещать可以有行为完结状态保留意义。(参见Кустова, Падучева 19946)

在完成体动词没有事件意义,只有行为完结状态保留意义语境中,давно不可能有事件意义,而只能有静态意义(давно 2):

(19) Слова, которые произносил Гинц, давно навязли у них в ушах (ДЖ).

давно的指示性还需要说明,давно的词典释义通常要通过现在时(如MAC将давно定义为'задолго до наст. времени'),如上所述,давно释义中应该确定的时刻通常不是说话的时刻,而以观察时刻为起算点;起算点与说话时刻吻合仅仅是其中的一种可能性。这样,давно可以在叙述时刻维度中进行解释,而起算点是文本时间的当前时刻;而在说话时刻维度情况下,起算点不是由说话时刻给出,而是由时间状语指称性给出,如例(20);或由支配性的命题意向谓词确定,如例(21)中的не знал:

(20) К этому моменту он давно уже будет вне досягаемости.

(21) Юра не знал, что отец давно бросил их, ездит по разным городам Сибири и заграницы, кутит и распутничает, и что давно просадил и развеял по ветру их миллионное состояние (ДЖ).

根据伊万诺夫(Вяч. Вс. Иванов)证实,В мои годы Толстой давно уже умер由施克洛夫斯基(В. Б. Шкловский)所写,这里起算点应当是托尔斯泰生命中从来不存在的某一时刻,也就是他活到施克洛夫斯基"现在"的岁数,也就是施克洛夫斯基说出这个句子的时刻。

第三节 交际结构

与давно相关的最后一个问题是它在句子交际结构中的作用。

原则上,时间副词可以占据三种交际位置:述位,如例(1a),一般主位(它可以是相反的),如例(16),和可被取消的主位,如例(1в)(它是述位属性,参见第一部分第五章):

---

① 因此,可以认为共时起算点(期限未满的时间间隔)是давно所有用法的常量。

(1) а. Он приходил вчера \;

б. Вчера приходил Иван \; Вчера / он приходил \;

в. Он вчера приходил \.

对静态давно 2而言最典型的位置是可被取消的主位，即主谓之间的位置，如第二节中的例（8）和（9）。述位也可行：

(2) Косматый, рваный дым костров, скрип шагов и визг полозьев способствовали впечатлению, будто они едут уже Бог знает как давно и заехали в какую-то ужасающую даль (ДЖ);

Они разговаривали уже давно, несколько битых часов, как разговаривают одни только русские люди в России (ДЖ).

同时，давно 2（和давно 1一样，但与大多数的时间状语有别）在句中不能占据一般主位，因此，давно可以占据可被取消的主位，而不能是一般主位：

(3) а. Они давно живут в Стрелецке;

б. *Давно они жили в Стрелецке.

例（4）和（5）表现了давно与давным-давно①以及与недавно的区别：

(4) Давным-давно они жили в Стрелецке;

(5) Недавно (*давно) к нам приехали знакомый из Болгарии. (摘自Падучева 1989a: 22)

主位上的недавно与过去时未完成体搭配，即可以用同步的目光看待用过去时动词表示的情景，这种情景不是发生在现在：

(6) Еще недавно / мы гуляли с ним по этим лесам \;

иду недавно по ярмарке \(Б.);

недавно / под сельцом Басовым катилось в сумерки тележное колесо (Б.).

这些语言事实值得进一步的分析，当然，最好释义能够完全预测出该词在句子交际结构中的作用。同时，давно的某些交际特征至今还是个未解之谜（参见Янко 1998, 2001:255-265对давно的研究）。

终上所述，副词давно可以展示下述不同寻常的语义现象，давно的语义中包含两个要素，并且该词有两种意义，давно 1和давно 2，这两种意义的焦点不同：давно 1是事件意义，焦点集中在事件要素上，表达很久以前的事件；давно 2是静态意义，表示状态的持续。但是，如果动词可以双重聚焦（一般来说，对于完成体动词是完全允许的），该副词可以同时将自己的两个要素"附加"在语境上，давно出现了双重聚焦的效果。可以认为，在这种情况下，如果两种要素间存在换喻联系，那么这种双重聚焦的效果，即两种要素同时化为现实，并生成不同意义理应是可能的。

---

① 关于давным-давно交际的特殊性，参见Апресян (1988)。

结　语

本书在接近完稿之际,我们不禁要问,动态模式在词汇语义研究中到底有何新意呢?

对我们而言,两种思想具有极其重要的价值:词汇的系统性构成和多义性,这种原则上的不稳定性是词汇的内在属性。顺便要指出的是,其他所有语言单位也具有这种属性。

词汇的意义是无法被穷尽的。即使就一个词而言,描写完它之后我们甚至都没把握,是否已穷尽其所有意义,更不用说一种语言中所有的词汇了! 我们的目的与其说充分描述单个语词,不如说揭示作为整体的词汇内在结构:先前提出的任务就是要弄清楚,就什么意义而言,词汇可以称之为系统。

在这种观点的框架内我们成功揭示了词汇意义的一系列重要参数,即各种特征,根据这些特征词汇能够联合组成更大的类别。这样一来,同一类别的词语在语言运作方面具有非寻常的相似性。一个词可以用来解释另一个词,它有助于我们从中发掘被一度忽视的某些特点。

对于动词来说,这些参数是(参见第一部分第一至第四章):

分类范畴。如 видеть 表状态, смотреть 表活动, высматривать — высмотреть 表行为, выглядеть 表性能;

主题类别,或称语义场。如 резать 是物理行为动词, просить 是言说动词, думать 是心智动词;

题元结构(一组语义角色)和角色配位。如动词 выбрать 具有直接角色配位(выбрал преемника Абдуллу)和不指明选择结果的间接角色配位(выбрал преемником);而动词 предпочесть 只有直接角色配位:предпочел Абдуллу(参见第三部分第五章和第四部分第二章);

参项的分类类别。如 литься 指液体, сыпаться 指颗粒状的散体物。

阐明这些参数后,我们似乎遇到了初看上去有些离奇的情况,各种参数对词汇进行描写并把它们划归为各种类别的同时,参数本身同时也是词义的不同侧面,这些词义侧面明显地发生变化。也就是说,它们对词汇来说是变量特征,正是这些参数构成了语义衍生的目标。如 интересоваться 表性能;但 Пойди поинтересуйся (≈'спроси') 表行为;行为很容易转而表示状态:Она требовала повышения зарплаты 表行为;Обувь требовала ремонта 表状态;

обнадежить 表言语行为，而在 Это обнадеживает 的语境中，表示静态性使役，即引起某种状态的能力。以上两例中，动词在语境的影响下改变了范畴。还有另外一些例子：открыл дверь 指物理行为；открыл закон 指心智行为；страдать 表情感，пострадать 用于"遭受损失"的意义时，表状态的改变：Замок пострадал от наводнения；动词改变了主题类别。所有的参数都是如此。

最新的研究显示，基本参数的双重性质并不是偶然的。原因在于，意义的变化同样也具有系统性特点，语义衍生的过程通常涉及的不是个别词汇，而是词的整个类别。各语义参数反映的意思侧面能够把该词与其他许多词划归一类。不足为奇的是，具有相同参数意义词的类别具有相同的派生模式，这些模式影响着该参数的意义。比如，去施为化是最为强大的派生模式之一，它可以把行为转变成非能动过程：Ваня/ветка стучит в окно. 另外一种模式，参项主题类别的专指，可以将运动动词转变为心智动词，试比较 столкнуться с грузовиком/ с непонятным явлением.

由此可见，一方面，这些参数可以区分不同的词，另一方面，它们可以区分同一个词的不同意义。这个事实不应该引起我们的惊奇，因为产生新词的词汇派生（构词法）与产生新义的语义衍生之间的相似性已无法引起我们的好奇。同样的意义变体在一种语言中是该词的派生意义，而在另一种语言中则是新词，这也是合乎规律的现象。比如英文中的 bake '烤'既有使役意义又有中态意义，而俄语中的这一区别通过反身词缀来标记，试比较 печь <пироги>, печься [о пироге].

为了描写词汇意义的动态过程，即一些意义向其他意义的转变过程，需要对词义做某种形式化表征。当然，这种形式化不仅用来描写语义衍生现象，而且对于从语义来预测语言运作的任何模式来说都是必需的；而这种情况下，语义元语言被赋予了特殊的意义。最终，我们是基于"Лексикограф"数据库中的词义表征——在需要的地方使用简化的公式。

很多语义元语言中的语义基元倍受关注，正是通过它们来构建词汇释义（语义分解）。实际上，语言词汇中的系统关系依靠的是初始的、不可分解的概念，这些概念在大量的词汇中复现，如'存在'、'使役'（即'引起'）、'知晓'、'看见'、'成为一部分'、'接触'等等（这些语义基元在不同语言的对比研究中也发挥着重要作用，参见 Wierzbicka 1994）但我们的形式化研究经验表明，语义元语言应相当丰富，其中不仅要包含语义要素，还要包括各种参数。

词汇意义表征语言的另一开拓与语义要素的聚焦位阶概念有关（同样基于"Лексикограф"的系统经验，参见第一部分第五章）。聚焦位阶，即对一系列对立关系的概括，其中包括：

在述位上的对立（使陈说、预设、推涵、限定诸成分在是否成为述位上对

立);

在主位上的对立(从关注焦点分出前景与背景要素;参项的交际等级:核心、边缘和隐性)

"词源"上的对立(来源不同语义成分的对立,正常或一般要素、推涵要素或隐含要素);

其他可能的关系,如反映说话人/观察者位置的要素很可能具有特殊的地位。例如动词высовываться在静态意义中确定观察者位于外部空间,而在其他意义中观察者不参与(参见第三部分第二章第3.3节)。

聚焦位阶不单是陈说与预设两者之间的区别,焦点对立的重要类型由焦点迁移产生。插述1表明,焦点是如何区分出вина的两种意义:"过错"(его вина была в том, что...)和"责任"(свалить вину)。залить的两种意义也通过焦点来区分:"位移",如залить бензин в бак;"状态改变",如залить бак бензином(参见第一部分第三章);треснуть中的'使变形',如банка треснула;"发出声音",如где-то треснула ветка(参见第三部分第八章);рисковать的两个意义也因焦点不同彼此区别:рискнул пойти рисковал, пряча пленного(参见第三部分第五章)。第三部分第二章讨论了动词решить两个意义之间的联系:由于意愿要素的脱落,决策意义变为纯推断意义,而初始意义中位于后台并且是非必备的理智活动意义变成核心语义要素,进入到焦点位置。可见,从意愿到推断意义的转变过程中,焦点迁移就成为语义衍生的重要机制。

词的初始意义中语义焦点可能受语境制约(смотрел, как скребут палубу焦点是'物理作用'要素;слышно, как скребет мышь焦点是'声音'要素),而在派生词中焦点是固定的。在第二部分第二章中我们以动词выйти为例对这种现象进行了说明,выйти的其中一组派生意义中焦点是"终止"要素(如вышел из повиновения),而在另一组派生意义中焦点是'始发'要素(如вышел на прогулку)。

与各参数一样,语义要素的焦点位阶一方面可以区分词的各种意义(或语法范畴意义),另一方面还可区别不同的词。如第三部分第二章中谈到感知要素的焦点位阶,这是区分动词увидеть和заметить意义的主要依据。

单个词的语义焦点与句子层面语义核心之间的共性是一个很重要的问题。在这方面,限定要素的概念引人关注(参见第一部分第六章),否定语境中,下述搭配出现了同样的不确定性резко затормозил(неверно, что резко затормозил = 'то ли не затормозил, то ли затормозил, но не резко'),动词опираться包含"接触"和"在接触点上着力"的要素(неверно, что опирается = 'то ли нет контакта, то ли контакт есть, но нет давления')。词位与句子的语义过程统一性的思想早在60年代就已被提出,但时至今日还没有研究完结。

这样，词汇意义的动态研究方法可以揭示作为词汇意义重要因素的焦点位阶，而焦点迁移是语义衍生的一种机制。先前认为是要消除意义要素的地方，现在被视为焦点的迁移，焦点从一个要素转向另一要素。意义的语境性迁移常常体现在焦点的变化，这比从释义中删除要素更为常见。

　　焦点的概念不仅用于词汇学，还用于语法学，包括动词体的语义研究。第四部分第三、四章中谈到了事件焦点和静态焦点，它们对于完成体形式来说都适用（Ко мне приехал брат 焦点是状态，行为完结后状态保留意义；Брат приехал вчера 焦点是事件，事件意义）。同时，界限动词的完成体词形包含一种不允许有焦点的意义要素，即完成体词形意义的动态要素不能成为焦点（如动词 открыть 语义中的'打开'要素）。

　　А.М. Пешковский（1938: 126）曾详细探讨过完成体语义中的这种离奇现象。在回答"完成体词干表示的过程是如何在时间上运行的"这一问题时，他得出结论："这些过程完全不在时间上运作"。在明确区分体的词形意义的语法与词汇方面之后，借助于焦点概念便可解释这种离奇现象（有关体的双要素理论参见 Смит 1998）。对于完成体来说，过程要素不是必需的；过程要素不是由语法形式产生的，而是由动词的词汇意义形成的，如 построил <дом> 中具有过程要素，而 сломался <топор> 中就没有。然而，即便是包含过程要素的地方，它也不会位于焦点，因此不大可能成为大多数语义算子的辖域，其中包括阶段动词（参见第三部分第一章）。这样就能够解释一个人所共知的现象，阶段动词不能与完成体动词搭配（*начал построить）。

　　界限体偶中的语义关系取决于焦点从结果向活动的迁移，сварить 的焦点在结果，而 варить 的焦点在活动。由此可见对未完成体动词一般事实行为用法的语用需求，如 Кто варил этот борщ? 只有使用未完成体动词才能把活动置于焦点位置，完成体动词强调的是结果，即结果保留状态，因而活动退居到后台，转入关注区域的边缘。第三部分第四章研究了情感动词，我们认为 огорчить—огорчать 体的区别可以归结为焦点的迁移。

　　完成体和未完成体的词形不仅可以通过焦点来区分，还可以在时间方面进行区分，未完成体确定的是活动还没有达到结果的时刻。由此可以发现未完成体与带结果参项动词的间接角色配位之间的关联，例如选择动词，договариваются—договорились, кого послать в Казань 是间接角色配位，договариваются—договорились послать Никиту 是直接角色配位；直接角色配位中未完成体不可能有当下的活动意义，因为假如结果已经明确的话，选举就失去了意义（有关这种关联性的研究参见第四部分第二章）

　　第四部分第四章研究了突显完成体静态要素所产生的语义效果。我们揭示出一组完成体动词（остаться, сохраниться, успеть, застать, смочь），它们一般没有完成体固有的始发要素，我们还论证了完成体语义中存在静态要素的两种形式：趋向开始和趋向结束。因此，уже пришел—*еще пришел vs. еще остался—*уже остался.

这样，我们研究的第一个板块是词汇意义的系统性问题，第二个版块是意义的动态性与语义衍生问题。

近十年来语义学的迅猛发展应归功于语言学研究将语句的语义结构视为现实片段的观念结构。可以明确的是，语句不表示现实世界的客体和情景，而是在某种特定意义上对其进行的创造。观念结构可能在形式上与语义结构吻合；但是在功能上有所不同，因为通过观念结构联想到的是"同一个"语言外现实的某一特定观念（认识）。多个观念化便是人类感知选择的结果，这种选择性是整体认知活动的基础，这也是近些年来科学和科普研究中广泛探讨的问题。（参见Князева, Туробов 2002）

观念结构研究中的首次战果以换喻为突破口。我们知道，一个现实片段可以对应多个不同观念，而且它们之间的区别首先在于焦点的不同。而换喻即是焦点的迁移（参见第二部分第一章），试比较Бокалы пенились и шипели与Шампанское (в бокалах) пенилось и шипело. 其实，已知的规律性多义的大部分都是基于换喻迁移的，试比较"过程"—"结果"关系，如изобретение, изображение; "情景"—"第一参项关系"，如защита, обвинение等等。（Апресян 1974: 193）对换喻本质的揭示有助于我们揭示多义现象的新层面，并将非近义的语言单位之间的语义关系的全新类型作为语言学研究对象。

先前从未意识到有某种共性的现象之间实际上彼此是相近的。属于诗学范畴的换喻与语义衍生（即多义性）之间似乎存在某种联系？其共性在于语义衍生与换喻转义一样，经常是（尽管不总是）焦点迁移的结果。

甚至在隐喻语义中焦点的迁移同样具有重要作用，隐喻Павел—это машина可以有完全不同的解释；它取决于多级观念машина的哪个侧面作为焦点。

换喻是一块充满魅力的研究沃土。隐喻的预测有一定的困难，大量的迁移中有哪一种能固定在语言中在很大程度上具有偶然性，例如成语след простыл和по горячим следам中与"打猎"有关的潜台词。而换喻性转义尽管处于词汇系统有限的区域内，但可以预测，可以列举出动词的角色配位；借助焦点从一个意义要素向另一意义要素的迁移列举出词的一组意义。

观念化的概念为各种语言的对比研究打下了坚实的基础，其中包括对比各亲属语言。众所周知，捷克语中的未完成体要比俄语中的少，未完成体用于"完成意义"；如未完成体不用作命令式表达祈使意义，如俄语中的Проходите! Садитесь!《真理报》上当时曾有过一句话"Пролетарий всех стран, соединяйтесь!"，捷克的《红色政权报》对应写的是"Proletári vsech zemi, spojte se!"，直译就是"...соединитесь!". 很难想象，俄语与捷克语之间的这种区分触及的是体的纯语义问题。实际上这里表现的是对某种语言世界模式来说司空见惯的观念化方面的差别。俄语把活动置于焦点（我们知道，这项活动的开始是最难的，参见"凡事开头难"原则和 Зализняк, Левонтина 1996 有关动词 собираться 的论述）。根据欧洲标准，捷克语简单地将焦点集中于结果。（参见 Петрухина 2001）语言的世界模式取决于该语言固有的一套观念，可以认为，这些观念的区别首先表现在位于"客观现实"各个方面的焦点上。

将词的多义性表征为焦点迁移的结果还可以推动常量思想的发展。常量作为词的不同意义的共同部分是非常小的，并且无实质内容。但是，可以尝试把常量解释为词汇所有意义的交叉点，其中每种用法都不会有任何损失。相反，常量在任何时刻都可能引起共振并变为现实意义。

可见，隐喻和换喻都是语义衍生的基本机制，大部分规律性多义都是换喻引申和隐喻引申的结果。然而本书中描写了一个重要的语义转义类别，很难把它划归某个具体类别。规律性多义'被看见'—'存在'是大多数语言的特点（参见第三部分第三章第3.3节），例如俄语词 появиться, исчезнуть 以及不同语言的大量神话中不被看见与死亡、不存在之间的近似关系。（参见 Иванов 2000: 78）这种多义性具有特殊的认识论基础，因为视觉是我们对存在认知的基础。

第二部分第二章中讨论了参项分类范畴的变化会导致与新的范畴不相兼容的要素消失现象。通过对动词 знать（пальцы не знали игл）, видеть（стены видели）, решить（Этот удар решил судьбу ['исход'] матча）的观察发现了意义风化和衰减现象（英文术语为 bleaching），大量的存在动词也是如此（не плавало [='не было'] уток）。试比较相反过程——由于语境的作用意义得以扩充。比如动词 дрожать 的初始意义是'颤抖'，MAC 词典中列举了派生意义：'害怕'，如 дрожать перед；"担心"，如 дрожать за；"吝啬"，如 дрожать над <копейкой>。

在第二部分第一节中，我们研究的出发点是，有规律的多义性就是多次复现的多义性。当然可能还有其他的定义。阿鲁玖诺娃（2002）讨论了 всё 的派生意义：вот и всё（='вот и конец'）, 'всего пять'（='пять, и это мало'）。未必能够再找出一个有类似意义的词语。然而，всё 的这两个意义理解起来很自然，很明显是因为这两个意义都是语境的自然产物。'结束'意义的产生有元语言基础，语境为一个接一个地罗列事实，因此 всё 就近似表示'теперь кончается всё, что я хотел сказать'. всего 的'и это мало'意义与句子的音律特征有关：

(а) Всего он привел пять примеров. [='в общей сложности']。

(б) Он привел всего пять примеров. [='это мало']

试比较第一部分第六章中列举的《外套》中的句子：Петрович провозился с шинелью всего две недели. 很明显应当按照（а）类型而非（б）类型来理解这个句子。这么说来，作为语境的推涵，非规律性的转义也可能是有规律的。

动词 запретить 的现代意义为'повелеть не делать',如例(в),在古俄语中还有'повелеть'的意义,如例(г):

(в) тако запрэти кмоу пакы творити(пример из СДРЯ, т.Ⅲ: 339);

(г) и запрэти имъ да ничьсоже не възсмльятъ на пять(Мариинск. ев., Мк 68);

在从句表否定意义的语境下,应当从词义中"去除"否定意义。语境的这种影响力也是规律性的。

现在我们再回到词汇意义参数的问题上来。

分类范畴。这里最重要的是力求通过释义公式给各个范畴以界定(参见第一部分第一章。与释义公式概念近似的是 Levin, Rappaport Hovav 1998 中的 event structure template)。范畴体现在动词的搭配方面,体现在题元结构中。最明显的一个体现就是体的性能方面(感知动词范畴及其体的性能参见第三部分第二章第5.2节)。

许多词的释义公式中会出现反映行为方式的要素。比如 ползти, плыть 类型的运动动词的语义中确定了运动方式,而 переместиться, сдвинуться 类型的动词只将最终结果、最终状态词汇化,这两类动词表层运作的很多特征都有所不同。列文和拉帕波尔特·贺华夫(Levin, Rappaport Hovav 1998)将方式动词(如 sweep/'мести', rub/'тереть')与结果动词(如 break/разбить, open/открыть)视为相互对立的,而结果动词与状态变化类动词接近。帕杜切娃(2001а)指出,派生的去使役化动词由方式没有专指的动词构成,试比较 разбилась чашка,'порезался хлеб.

描述方式的要素具有很强的语义区分功能,而且不仅仅是行为动词如此。试比较动词 знать 与 понимать。理解的最终结果就是知晓状态。最能够将理解与知晓区分开的就是知晓状态是通过何种方法达成的,理解是主体通过思维努力获取某种原本隐含的内容。因此,不能出现以下搭配: понимаю фамилию,(номер телефона, исполнителя роли Гамлета),尽管"姓氏"、"电话号码"、"哈姆雷特扮演者"可以 знать(参见 Булыгина, Шмелев 1997:164)。

主题类别也是揭示动词系统性的有力工具。通过声响动词我们对主题类别在释义格式化的作用进行了研究(参见第三部分第八节)。

建构要素的概念有助于我们探究主题类别的本质。像使役化、否定、始发等意义要素在大多数动词中都是建构要素。建构要素的差异不会影响两个词同属一个主题类别,如 видеть 与 показать 同属感知动词,говорить 与 молчать 同属言说动词,прыгать 与 запрыгать 同属运动动词。

从语义结构到观念结构的转变和将换喻视为焦点迁移的观点给**角色配位**注入了新的活力(参见第一部分第三章):借助参项等级的概念,角色配位获得了可靠的语义交际阐释。例如,揭示去使役化动词题元结构中背景使役者的地位(Казна истощилась от постоянных войн)使我们不必对作为自发事件的去使役化动词进行阐释。实际上，在去使役化过程中，前台使役者退隐至边缘变成背景使役者，如同被动态转换时施事者退至能动补语位置。其实，这种边缘参项形式在俄语中单独区分出来的时间并不长，前置词 от 现在只用于形成非能动使役者，先前也形成能动补语，如普希金的表述 исполнен долг, завещанный от Бога мне грешному = 'завещанный Богом'，或者 14 世纪文献中的记载：снъдени быша отъ львъ = 'были съедены львами'（СДРЯ, т.6: 213）。背景使役者与能动补语在同等程度上、由于同等原因都有脱落的趋势。

关于角色配位迁移即是换喻转义的思想在各类文献中以不同形式出现。比如 Dowty(2000)认为 Змеи кишат в саду 与 Сад кишит змеями 相互关系是以换喻为基础的。

对角色配位概念作出的重要概括得益于交际等级结构中零位等级的纳入，它是话语外参项的交际地位（已知的文献中对等级结构的研究不包括话语外等级，参见 Croft 1991 topical hierarchy）。角色配位的概念也因话语外参项的概念得以丰富。试比较 выбить пыль из ковра 与 выбить ковер，由于角色配位的转换而退至话语外的参项 пыль 在动词角色配位聚合体中取得了合法地位（Мельчук, Холодович 1970 对这种参项略有提及）。

话语外参项概念在下述例子中得到成功证实：Охотник обнаружил следы — Берлиоз обнаружил незаурядную эрудицию，根据阿普列相的观点，这些例子显示了观察者是在话语外位置的体验者（参见第三章第二节）。观察者成为参项并与那些初看上去各有特点又相互有别的现象为伍，如无主体被动态，выбить ковер 中 "脱落" 的参项 пыль；进入 вдруг, внезапно 语义中的意识主体等等。自然，并非偶然的是，像 пыль 这种冗余参项退到话语外时，实际上也就退出了前台，而体验者参项（意识主体）退到话语外时变成了观察者，也就是相反，体验者在说话人个性化的同时也提高了自己的重要性。观察者、体验者、角色配位、逆义词之间联系的确立提高了所有这些概念的价值。

词位语义（如同语法范畴）不仅可以确定观察者在空间中的位置（参见 Апресян 1986a），而且可以确定其在时间中的位置。帕杜切娃（1996: 42）把未完成体动词（过去时）的一般事实意义解释为需要观察者回溯的意义。在解决生格结构与称名结构对立有关的体的问题时，作为时间载体的观察者非常有用（参见第三部分第九章）。例如，例(a)正常的条件是，承认回溯观察者在场（观察者推测瓶子不曾在冰箱放过，因为是温的）：

(а) Бутылка не была в холодильнике.

这个句子不能理解为同步观察者，即例(a)不能表达相应的意思，应当说：

(б) Бутылки в холодильнике не было.

(а)与(б)的区别在于时间阐释的维度不同（Падучева1996: 291），(а)中是说话时刻维度,过去时先于言语时刻的时间;(6)中是带同步观察者的叙述时刻维度,过去时体现的是与文本时间某一时刻的相关性。

在对角色配位下新定义时,内包参项获得了合法地位(像уши对于слышать)。内包参项只在特殊语境中出现在表层,如слышал своими ушами。

现代语言学研究基于一种假设,即语言单位的表层运作(搭配性能、词的某形式、某形式的某意义、超音质特征等)在很大程度上由其意义决定。这一假设是维日彼茨卡(1987,1988)提出的句法语义研究的基础,该假设也源自于现代语义学的预测性倾向——建立解释模式的倾向(参见Апресян 1999)。

近几十年来,许多语言学家致力于解决题元结构与带该角色参项的句法位之间的对应关系问题。菲尔墨(1977/1981)的例子表明,这种对应性远不是相互单义的:

（1）(а) Джон открыл дверь; (б) Ветер открыл дверь.

　　 (в) Джон открыл дверь моим ключом. (г) Только мой ключ открыл дверь.

菲尔墨对(1б)和(1г)的解释相同,范畴转换,即隐喻转义。但(1г)理应视为焦点的转移,即换喻:(1г)如同(1в),句子观念结构中施事者在场,因为钥匙只有当施事者在场时起作用,区别在于(1г)中钥匙在话语外。

对于例(2а)—(2г)来说,情况更是如此。这里所有的情景明显包含所有的参项。区别仅在于它们在主位突显等级中所占据的位置:

（2）а. Я купил у Джона машину за 1000 долларов.

　　 б. Джон продал мне машину за 1000 долларов.

　　 в. Я заплатил Джону за машину 1000 долларов.

　　 г. Доллар покупает всё.

语言学家试图不考虑等级问题去解决"连接问题",最终以失败告终(参见第三部分第四章第三节)。

然而,用角色配位方法解决题元结构与其表层结构之间的对应关系遗留下许多问题。角色配位的转换经常伴随着明显的意义增生。有时为了描述这种增生需要一种词汇规则,在产生新词位的情况下,及时调整词典释义。

最后一个参数是参项的**分类类别**(它在动词词位中的作用参见第一部分第四章和第三部分第一章)。动词растаять在初始意义中具备一个实体作为主体,该实体在热能作用下可转变为液体;而在转义中(可称为隐喻性转义,因为这是由范畴迁移产生的),该动词用于其他范畴的主体,所以由其初始意义只能引出推论:在толпа растаяла, капитал растаял中指存在终止,在растаял от удовольствия中则是另一种推论,意指'和善起来'。

语言使用的参项分类类别可能有隐喻性的、甚至是形而上的属性;后者我们在范畴ОРГАН(参见第一部分第四章,第三部分第八章)与БЕСКОНЕЧНЫЙ

ПРОЦЕСС(参见第三部分第七章)中的例子已有所研究。

  同一个词通常可以从所指的不同方面进行研究，即该词不是非单义的，把它划归于的不同类别。第二部分第二章中，通过例子память 的 ОРГАН与ВМЕСТИЛИЩЕ类范畴的兼容性说明了该问题；对 море, снег 等词的ПРОСТРАНСТВО与ПОВЕРХНОСТЬ范畴研究也说明了该问题。

  第三部分的一至九章中我们有选择地研究了若干主题类别的动词。第三部分第一章研究了**始发**动词，确立了过程始发和状态出现之间的原则性区别。这有助于我们区分表示状态出现的完成体动词与表示过程/活动开始的行为开始方法动词。

  第三部分第六章对**言说动词**的研究带给了我们意想不到的效果。动词一般是在目的和结果的基础上联合成不同的主题类别，如成事动词、情感动词、客体位移动词等。而且言说动词的共同特征是行为方式，即言语。所以言说动词按照目的又可以分为各种亚类，不同情况下目的有所不同。这样也就出现了言语行为的概念。

  第三部分第二章对**感知**动词的研究有助于我们弄清"观察者"的概念，可以说，这是当代语义学最基本概念。

  由于否定句的生格结构和构造原则，存在动词也值得关注(参见第三部分第九章)。构造原则正式被词汇语义学关注的历史并不长。构造思想揭示了否定句语义的转换研究方法的局限性，而这种转换方法长期以来被认为是唯一可行的方法。第三部分第九章第四节表明，否定句的生格结构可以将自己的意义带入整个句子结构，而不是在初始句子意义上加上否定，带入可观察到的不在场的意义。下面的例子中，(3a)与(36)的区别在于前句中要求有缺席情景的直接观察者：

  (3) a. Нет, моего брата нет \ дома. б. Нет, мой брат не дома \.

  从否定转换的角度对否定句进行研究时需要一种假设，即быть的方位意义要包含观察者，如果否定句中存在同步观察者，那么这个观察者也应出现在初始肯定句中，否则这个观察者从何而来呢？事实上，这个结论并不正确：быть的词汇意义并不要求要存在一个同步观察者。观察者在否定句中出现是因为观察者进入了生格结构的意思中。这样看来，我们已经清楚的是，否定句的意思并不总是由两部分组成(初始句子的意义加否定)，例(3a)中，意思的第三部分是生格结构本身的意义——可观察性。其中方位动词(如быть, лежать, висеть)可以虚构观察者，可以允许生格结构(их не было/ не лежало /не висело)，而另外一些方位动词(находиться, присутствовать, располагаться)则不可以。这个例子表明意义研究中的构造方法要比转换方法更具优势。

  借助语义转换对多义性进行模式化描写时，有关模式的适切性问题还需进一步探讨。规律性多义是否总能视为大量词语中多次复现的意义的**变化**？换句话说，具有两种意义的词，其中一种意义是否总是可以派生出另外一种意义，即一种意义作为初始意义，而另一种意义作为派生意义？

语义派生与形式派生方向之间可能具有逆向关系的观点曾多次提及，比如 растворять—растворяться, испарять—испаряться 等这类词，反身动词描写自然过程，即描写的是本质上最简单的事物，而非反身动词只能表现为该过程的使役。размножаться 这个词表示自然界的某种现象，应当承认的是，与形态上更简单、但意义更抽象的 размножать 相比，размножаться 的意义更为初始。открыть—открыться 这类动词与上一组情况明显不同，可见，对所有的反身动词来说派生方向无论如何也不可能是统一的（参见 Падучева 2001a）。而 грохочут сапоги—грохочут сапогами 的派生方向表现得更加复杂（参见第三部分第八章）。

不过就整体而言，有一定方向的语义转换比单纯记录多义性更有价值。下面我们以使役动词和去使役化动词为例来看看类型学以及语言类型学比较的各种参数。

使役动词和去使役化动词属于相当常见的动词派生词。一些语言倾向一种衍生模式，另一些语言则倾向另一种衍生模式，但这两种模式常常并存在一种语言中，例如俄语中有使役性（如 гноить 由 гнить 而来），它不够能产，和去使役化（如 разбиться 由 разбить 而来），它高度能产。这两种似乎互逆的派生模式可能会引起我们的困惑。出发点应该是，语言中派生模式的形式方面及其语义之间存在某种象似性关系原则，因此形式派生与语义派生的方向通常是一致的——无论是在词形变化上还是在构词上，形式上有标记的词偶成分在语义上也会更复杂，如词形变化中的数、体、比较级；构词中的指小形式和谓词性名词（参见 Haspelmath 1993）。

语义关系可能在形式上并没有标记，例如英语中的及物动词兼非及物动词 to open；及物动词兼非及物动词 to match. 它们也可以视为语义衍生。从列文和拉帕波尔特·贺华夫（1995）的研究中可以得出结论：非及物动词 to open 是及物动词 open 的去使役化，及物动词 match 是非及物动词 to match 的使役化。象似性原则在这里被寻常化（语义上更复杂的词被认为是词偶中的派生词），但并没有破坏这个原则。

获得普遍认同的一种观点认为使役动词和去使役化动词——"反使役动词"是互逆派生模式的典范，而这些模式的存在与象似性原则相矛盾。科姆里（1989:167）认同使役动词与去使役化动词之间的互逆性关系。科姆里研究分析了派生使役动词的三种类型：句法型、形态型、异根异干型，他写道："还是可以找到一些逆方向派生的例子，其中表示纯效的谓词比使役动词带有更多形态特征"。他以俄语词 сломаться 为例，сломаться 在形态上是由 сломать 派生的，进而他得出结论，"互逆的派生方向是一个谜"。

使役动词与去使役化动词之间的互逆性思想的出现起因于两种不同的派生模式被表征为统一的语义关系(Недялков, Сильницкий 1969)：

动词(广义)⇒使役动词

使役动词⇒去使役化动词

动词(主要是静态动词)⇒使役动词

可见,在形态派生的情况下双箭头的方向是从左到右,向使役动词的运动,具有正常的(象似性)语义关系,语义复杂性增加,如果箭头从右到左,则会出现梅里丘克(1967)描写的逆构词现象,即使役性要素"消失"。

我们在研究中采用的观点是,使役化(完全意义上的使役化,不光针对状态动词)和去使役化无论在语义方面还是动词类别方面都不是互逆的派生模式。使役化是构词领域中的现象,而去使役化是角色配位迁移的一种形式,在交际任务方面(俄语中在形式方面)与被动态非常相近。若使役动词由状态变化动词构成(сохнуть—сушить),由该使役动词再构成去使役化动词(сушить—сушиться),这个变化路径的开始和结尾不吻合：сохнуть ≠ сушиться(参见 Мельникова 2002)。

可见,使役动词和去使役化动词在语言类型比较中应归入各自的范畴。只有如此,类似凯默(Kemmer1993)所说的中态"语义图"式的某种语言特有的语法标记的多义性结构才可能成为研究对象。

Haspelmath(1997)对不定代词进行了类型分析,建立了不定代词意义的语义图。各种意义相互之间联结的方式是,语言里的某些意义与同一种形式标记相符时,这些意义构成该图的联结部分。Haspelmath认为,这个条件可以遵守,因为图上邻近的关联处在语义上也是相近的。但达尔(Dahl 1999)认为,"一种意义在历时发展的进程中转向另一种意义时,这两种意义才可能被认为是邻近的";他还认为,语义的近似性不能预测哪些历时转变是可能的,而哪些是不可能的。现在可以认为,语义衍生的概念可以解决这一问题。一方面,历时性转变可以看作语义衍生的特殊情况,另一方面,语义迁移(反映规律的多义性)是对语义近似性思想的有力解释。

当代语义学仍在沿用结构主义提出的对立方法,这种方法为论证最小语法单位或词汇语义单位而要求找出最小的偶对。语法和概念范畴及其范畴形式、语法和词汇聚合体——这些概念时至今日对语言学研究来说仍保留着自己的价值。然而,现在的语言学家经常使用的不是对立方法,而转而寻求一种由各种方法组成的套路,可称之为反映法。一个词的意义就是各种反映的总和：

在其他词中的反映：近义词和反义词、意思上近似的和不太近似的词、与该词在形式上相关和无关的词；

该词在自然语境和非自然语境中的反映；

其他语言对等词中的反映等。

实质上,我们可以把语言的类型研究视为对反映方法有效性的认可。用类型学标准来对俄语进行研究的成果之一就是揭示了信源情态效果,实际上,否定句的生格结构可以解释为表达各种意义的方式,这些意义在其他语言中易受到信源情态范畴的影响。

我们不希望本书的研究给读者留下这样的印象,即词汇语义学是康斯坦丁·列奥奇耶夫思想中的"复杂的繁荣"。我们力图要表明的是词汇学在多个方面的广阔领域中都是一个构造简单的系统。

对语言学描写的精准度和可验证性的追求至今已成为现代语言学不容置疑的任务。形成于西方的语义学研究方法在本质上是对形式理论(生成语法和形式语义学)的回应,而要求精准度的宗旨明显遭到破坏。然而,总体而言,语言学继承了形式主义关于形式模式的观点,不论新增哪些修饰语,语言学在今后的发展中必将摆脱那种既无法证实又无法推翻的理论,这是语言学发展的希望所在。

参考文献

Словари

БАС — Словарь русского литературного языка. В 17 т. М.; Л.: Изд-во АН СССР, 1950—1965 (="Большой" академический словарь).

МАС — Словарь русского языка. В 4 т./Ред. А. П. Евгеньева. М.: Рус. яз., 1981 (="Малый" академический словарь).

Апресян Ю. Д. и др. Новый объяснительный словарь синонимов русского языка. Вып. 1. М.: Языки рус. культуры, 1997.

Апресян Ю. Д. и др. Новый объяснительный словарь синонимов русского языка. Вып. 2. М.: Языки рус. культуры, 2000.

Словарь древнерусского языка (XI—XIV вв.). В 10 т. Отв. ред. В. Б. Крысько. М.: Азбуковник, 2000.

Словарь Брокгауз и Ефрон — *Брокгауз Ф. А., Ефрон И. А.* Энциклопедический словарь. СПб., 1890—1906.

Словарь Даля — *Даль В. И.* Толковый словарь живого великорусского языка. Т. 1—4. СПб.; М., 1880—1882.

СлРЯ XI—XVII — Словарь русского языка XI—XVII вв. М.: Наука, 1975.

Срезневский И. И. Материалы к словарю древнерусского языка по письменным памятникам. В 3 т. СПб., 1893—1903.

Словарь русских народных говоров. Вып. 1—23/Отв. ред. Ф. П. Филин; Вып. 36—/ Отв. ред. Ф. П. Сороколетов. Л./СПб.: Наука, 1965.

Словарь языка Пушкина: В 4 т. М.: Гос. изд-во иностр. и нац. словарей, 1956—1961.

Мельчук И. А., Жолковский А. К. Толково-комбинаторный словарь современного русского языка. Wien, 1984. (Wiener Slawistischer Almanach. SBd 14).

Фасмер М. Этимологический словарь русского языка / Пер. с нем. и доп. О. Н. Трубачева. Т. 1—4. М.: Прогресс, 1964—1973.

Литература

Акимова Т. Г. Значение и употребление наречия *давно* // Функциональный анализ языковых единиц. М., 1989. С. 18—26.

Апресян Ю. Д. Опыт описания значений глагола по их синтаксическим признакам (типам управления) // ВЯ. № 5. 1965. С. 51—66.

Апресян Ю. Д. Экспериментальное исследование семантики русского глагола. М.: Наука, 1967.

Апресян Ю. Д. Лексическая семантика: Синонимические средства языка. М.: Наука, 1974.

Апресян Ю. Д. Типы информации для поверхностно-семантического компонента модели "Смысл ⇔ Текст". Wien, 1980. (Wiener Slawistischer Almanach. SBd № 1).

Апресян Ю. Д. К формальной модели семантики: Правила взаимодействия значений // Представление знаний и моделирование процессов понимания. Новосибирск: ВЦ СОАН, 1980. С. 47—48.

Апресян Ю. Д. Синтаксические признаки лексем // Russian Linguistics. Vol. 9. № 2—3. 1985. С. 289—317.

Апресян Ю. Д. Дейксис в лексике и грамматике и наивная модель мира // Семиотика и информатика. Вып. 28. М., 1986. С. 5—33.

Апресян Ю. Д. Перформативы в грамматике и в словаре // Изв. РАН. Сер. лит. и яз. 1986. Т. 45. № 3. С. 208—223.

Апресян Ю. Д. Глаголы моментального действия и перформативы в русском языке // Русистика сегодня. Язык: система и ее функционирование. М.: Наука, 1988. С. 57—78.

Апресян Ю. Д. Лексикографический портрет

глагола *выйти* // Вопросы кибернетики. Язык логики и логика языка. М.: Научный совет по комплексной проблеме "Кибернетика", 1990. С. 70—95.

Апресян Ю. Д. Словарная статья глагола РИСОВАТЬ // Семиотика и информатика. Вып. 32. М.: ВИНИТИ, 1991. С. 16—41.

Апресян Ю. Д. Лексикографические портреты (на материале глагола БЫТЬ) // *Апресян Ю. Д.* Избранные труды. Т. 2. Интегральное описание языка и системная лексикография. М.: Языки рус. культуры, 1995. С. 503—537.

Апресян Ю. Д. Избранные труды. Т. 2. М.: Языки рус. культуры, 1995.

Апресян Ю. Д. Новый объяснительный словарь синонимов: концепция и типы информации // Новый объяснительный словарь синонимов: Проспект / Ред. Ю. Д. Апресян. М.: Рус. словари, 1995. С. 7—118.

Апресян Ю. Д. О толковом словаре управления и сочетаемости русского глагола // Словарь, грамматика, текст: Сб. в честь Н. Ю. Шведовой. М., 1996. С. 13—43.

Апресян Ю. Д. Лингвистическая терминология Словаря // НОСС 1997. С. XVI—XXXIV.

Апресян Ю. Д. Словарная статья БЕСПОКОИТЬ 1 // НОСС 1997. С. 3—5.

Апресян Ю. Д. Каузативы или конверсивы? // Типология. Грамматика. Семантика: К 65-летию Виктора Самуиловича Храковского / Отв. ред. Н. А. Козинцева, А. К. Оглоблин. СПб.: Наука, 1998. С. 273—281.

Апресян Ю. Д. Некоторые трудности описания многозначных слов (на примере глагола *выбирать — выбрать*) // Русский язык в его функционировании: Тез. междунар. конф. М.: ИРЯ РАН, 1998. С. 1—7.

Апресян Ю. Д. Отечественная теоретическая семантика в конце XX столетия // Изв. АН. Сер. лит. и яз. 1999. Т. 58. № 4. С. 39—53.

Апресян Ю. Д. Словарная статья *восхищаться* // НОСС 2000. С. 34—38.

Апресян Ю. Д. Системообразующие смыслы 'знать' и 'считать' в русском языке // Рус. яз. в науч. освещении. 2001. № 1. С. 5—26.

Апресян Ю. Д. Взаимодействие лексики и грамматики: лексикографический аспект // Рус. яз. в науч. освещении. 2002. № 1 (3). С. 10—29.

Апресян В. Ю. Словарная статья глагола *гореть* // Семиотика и информатика. Вып. 32. М.: ВИНИТИ, 1991. С. 16—33.

Апресян Ю. Д., Гловинская М. Я. Юбилейные заметки о неюбилейных словах // Московский лингвистический журнал. Т. 2. М.: РГГУ, 1996. С. 11—26.

Арутюнова Н. Д. Предложение и его смысл. М.: Наука, 1976.

Арутюнова Н. Д. Сокровенная связка // Изв. АН СССР. Сер. лит. и яз. 1980. Т. 39. № 4.

Арутюнова Н. Д. Тождество или подобие? // Проблемы структурной лингвистики 1981. М.: Наука, 1983. С. 3—22.

Арутюнова Н. Д. Типы языковых значений: Оценка. Событие. Факт. М.: Наука, 1988.

Арутюнова Н. Д. Язык и мир человека. М.: Языки рус. культуры, 1998; 2-е изд., испр. М., 1999.

Арутюнова Н. Д. Всё про всё (по текстам Ф. М. Достоевского) // Логический анализ языка: Семантика начала и конца. М.: Индрик, 2002. С. 363—400.

Арутюнова Н. Д., Ширяев Е. Н. Русское предложение: Бытийный тип. М.: Рус. яз., 1983.

Ахманова О. С. Словарь омонимов русского языка. 3-е изд. М.: Рус. яз., 1986.

Бабенко Л. Г. Толковый словарь русских глаголов: Идеографическое описание: Английские эквиваленты. Синонимы. Антонимы. М.: АСТ-ПРЕСС, 1999.

Баранов А. Н., Кобозева И. М. Семантика общих вопросов в русском языке (категория установки) // Изв. АН СССР. Сер. лит. и яз. 1983. Т. 42. № 7.

Баранов А. Н., Плунгян В. А., Рахилина Е. В. Путеводитель по дискурсивным словам русского языка. М.: Помовский и партнеры, 1993.

Барентсен А. Об особенностях употребления союза *пока* при глаголах ожидания // Studies in Slavic and General Linguistics. I. Amsterdam, 1980. С. 17—68.

Барентсен А. О характере временных форм с элементом *буд-* и их функционировании в сложных предложениях с союзом *пока* // Dutch Contributions to the Ninth International Congress of Slavists. Amsterdam; Rodopi, 1983. С. 1—33.

Бенвенист Э. Общая лингвистика. М.: Прогресс, 1974.

Бирюлин Л. А. Диатезы русских глаголов, обозначающих атмосферные явления: Автореф. дис. ··· канд. филол. наук. Л., 1984.

Богуславская О. Ю. И нет греха в его вине (*виноватый* и *виновный*) // Логический анализ языка: Языки этики/Отв. ред. Н. Д. Арутюнова, Т. Е. Янко, Н. К. Рябцева. М.: Языки рус. культуры, 2000. С. 79—89.

Богуславский И. М. О семантическом описании русских деепричастий: неопределенность или многозначность? // Изв. АН СССР. Сер. лит. и яз. 1977. Т. 36. № 3. С. 270—281.

Богуславский И. М. Исследования по синтаксической семантике. М.: Наука, 1985.

Богуславский И. М. Сфера действия лексических единиц. М.: Языки рус. культуры, 1996.

Богуславский И. М. Сфера действия начинательности и актуальное членение: втягивание ремы // Семиотика и информатика. Вып. 36. М.: Языки рус. культуры: Рус. словари, 1998. С. 8—18.

Бондарко А. В. Вид и время русского глагола (значение и употребление). М.: Просвещение, 1971.

Бондарко А. В. Принципы функциональной грамматики и вопросы аспектологии. Л.: Наука, Ленингр. отд-ние, 1983.

Бондарко А. В. Теория значения в системе функциональной грамматики. М.: Языки славянской культуры, 2002.

Борщев В. Б., Кнорина Л. В. Типы реалий и их языковое восприятие // Язык логики и логика языка: Сб. ст. к 60-летию В. А. Успенского. М.: ВИНИТИ, 1990. С. 106—134.

Борщев В. Б., Парти Б. Х. Семантика генитивной конструкции : разные подходы к формализации // Типология и теория языка: От описания к объяснению: К 60-летию А. Е. Кибрика/Ред. Е. В. Рахилина, Я. Г. Тестелец. М.: Языки рус. культуры, 1999. С. 159—172.

Борщев В. Б., Парти Б. Х. О семантике бытийных предложений // Семиотика и информатика. Вып. 37. М.: ВИНИТИ, 2002. С. 59—77.

Бочаров С. Г. О художественных мирах. М.: Сов. Россия, 1985.

Булаховский Л. А. Русский литературный язык первой половины XIX века. М., 1954.

Булыгина Т. В. К построению типологии предикатов в русском языке // Отв. ред. О. Н. Селиверстова. Семантические типы предикатов. М.: Наука, 1982. С. 7—85.

Булыгина Т. В., Шмелев А. Д. Вопрос о косвенных вопросах: является ли установленным фактом их связь с фактивностью? // Логический анализ языка: Знание и мнение. М.: Наука, 1988. С. 46—62.

Булыгина Т. В., Шмелев А. Д. Ментальные предикаты в аспекте аспектологии // Логический анализ языка: Проблемы интенсиональных и прагматических контекстов. М.: Наука, 1989. С. 31—54.

Булыгина Т. В., Шмелев А. Д. Языковая концептуализация мира (на материале русской грамматики). М.: Языки рус. культуры, 1997.

Булыгина Т. В., Шмелев А. Д. Перемещение в пространстве как метафора эмоций // Логический анализ языка: Языки пространств. М.: Индрик, 2000. С. 277—288.

Вайс Д. Об одном предлоге, сделавшем блестящую карьеру // Типология и теория языка: От описания к объяснению: К 60-летию А. Е. Кибрика/Ред. Е. В. Рахилина, Я. Г. Тестелец. М.: Языки рус. культуры, 1999. С. 173—186.

Вежбицкая А. Семантические универсалии и описание языков. М.: Языки рус. культуры, 1999.

Виноградов В. В. Русский язык: Грамматическое учение о слове. М.; Л.: Учпедгиз, 1947.

Всеволодова М. В., Мадаени Али. Система русских приставочных глаголов движения (в зеркале персидского языка). М.: Диалог: МГУ, 1998.

Выготский Л. С. Психология искусства. М.:

Искусство, 1968.

Гаврилова В. И. Особенности активных и пассивных конструкций в абстрактно-логических научных текстах // НТИ, Сер. 2. 1973. № 12. С. 20—26.

Гаврилова В. И. Особенности семантики, синтаксиса и морфологии глаголов присоединения // Семиотика и информатика. Вып. 6. М.: ВИНИТИ, 1975. С. 144—164.

Гаврилова В. И. Квазипассивная конструкция и система залоговых противопоставлений русского языка // Язык логики и логика языка: Сб. ст. к 60-летию В. А. Успенского. М.: ВИНИТИ, 1990. С. 26—40.

Гаврилова В. И. Возвратные глаголы совершенного вида как средство выражения самопроизвольно развивающихся процессов и их место в залоговой системе русского глагола // Труды аспектологического семинара филологического факультета МГУ им. М. В. Ломоносова. Т. 5/Отв. ред. М. Ю. Черткова. М.: МГУ (в печати).

Гак В. Г. Сопоставительная лексикология. М., 1977.

Гак В. Г. Языковые преобразования. М.: Языки рус. культуры, 1998.

Гаспоров М. Л. Избранные труды. Т. 2. О стихах. М.: Языки рус. культуры, 1997.

Генюшене Э. Ш. Двупредикатные фазовые конструкции в литовском языке // Типология конструкций с предикатными актантами/Отв. ред. В. С. Храковский. Л.: Наука, 1985. С. 151—154.

Гиро-Вебер М., Микаэлян И. Л. Семантика глаголов прикосновения во французском и русском языках: *toucher, касаться, трогать* // Логический анализ языка: Языки динамического мира/Отв. ред. Н. Д. Арутюнова, И. Б. Шатуновский. Дубна: Междунар. ун-т природы, общества и человека "Дубна"; М.: ИЯ РАН, 1999. С. 18—35.

Гиро-Вебер М., Микаэлян И. Л. В защиту глагола *иметь* // Сокровенные смыслы: Слово. Текст. Культура: Сб. ст. в честь Н. Д. Арутюновой/Отв. ред. Ю. Д. Апресян. М.: Языки славянской культуры, 2003.

Гладкий А. В. Формальные грамматики и языки. М.: Наука, 1973.

Гловинская М. Я. Семантические типы видовых противопоставлений русского глагола. М.: Наука, 1982.

Гловинская М. Я. Семантика, прагматика и стилистика видо-временных форм // Грамматические исследования: Функционально-стилистический аспект. М.: Наука, 1989. С. 74—145.

Гловинская М. Я. Семантика глаголов речи с точки зрения теории речевых форм // Русский язык в его функционировании: Коммуникативно-прагматический аспект. М.: Наука, 1993. С. 158—217.

Гловинская М. Я. Русские речевые акты со значением ментального воздействия // Логический анализ языка: Ментальные действия. М.: Наука, 1993. С. 82—88.

Гловинская М. Я. Многозначность и синонимия в видо-временной системе русского глагола. М.: Азбуковник: Рус. словари, 2001.

Русская грамматика. Т. 1—2/Отв. ред. Н. Ю. Шведова. М.: Наука, 1980.

Григорьян Е. Л. Семантические и прагматические аспекты диатезы: Автореф. дис. ... канд. филол. наук. М., 1986.

Григорьян Е. Л. Синтаксические структуры как способы представления ситуаций // Филол. вестник Ростовского гос. ун-та. 2000. № 2. С. 25—32.

Гуковский Г. А. Реализм Гоголя. М.; Л.: ГИХЛ, 1959.

Дмитровская М. А. Знание и мнение: образ мира, образ человека // Логический анализ языка: Зна1ние и мнение. М.: Наука, 1988. С. 6—17.

Добровольский Д. О. О языке художественной прозы Пушкина: аспекты лексической сочетаемости // Ressel G. (Hrsg.). A. S. Puškin und die kulturelle Identität Rüßlands. Heidelberg: Peter Lang: Europäischer Verlag der Wissenschaften, 2001. S. 167—188. (Heidelberger Publikationen zur Slavistik. A. Linguistische Reihe. Bd 13).

Добровольский Д. О. К динамике узуса (язык Пушкина и современное словоупотребление) // Рус. яз. в науч. освещении. 2001. № 1. С. 161—178.

Добровольский Д. О. Регулярная многозначность в сфере идиоматики // Сокровенные смыслы: Слово. Текст. Культура: Сб. ст. в честь Н. Д. Арутюновой/Отв. ред. Ю. Д. Апресян. М.: Языки славянской культуры, 2003.

Долинина И. Б. Рефлексивность и каузативность (категориальная семантика рефлексивных конструкций, соотносительных с каузативными конструкциями) // Теория функциональной грамматики: Персональность. Залоговость. СПб.: Наука, 1991. С. 327—345.

Ермакова О. П., Земская Е. А., Розина Р. И. Слова, с которыми мы все встречались. М.: Азбуковник, 1999.

Есперсен О. Философия грамматики. М.: Изд-во иностр. лит., 1958. Англ. изд.: *Jespersen O.* The Philosophy of Grammar. London, 1924.

Жолковский А. К. Предисловие // Машинный перевод и прикладная лингвистика. Вып. 8. М.: МГПИИЯ им. М. Тореза, 1964. С. 3—16.

Жолковский А. К. Блуждающие сны. М., 1992.

Зализняк Анна А. Семантика глагола *бояться* в русском языке // Изв. АН СССР. Сер. лит. и яз. 1983. Т. 42. № 1. С. 59—66.

Зализняк Анна А. О типах взаимодействия семантических признаков // Экспериментальные методы в психолингвистике. М.: [ИЯ АН СССР], 1987.

Зализняк Анна А. О понятии импликативного типа (для глаголов с пропозициональным актантом) // Логический анализ языка: Знание и мнение. М.: Наука, 1988. С. 107—120.

Зализняк Анна А. О понятии «факт» в лингвистической семантике // Логический анализ языка: Противоречивость и аномальность текста. М.: Наука, 1990. С. 21—32.

Зализняк Анна А. Словарная статья глагола ГОВОРИТЬ // Семиотика и информатика. Вып. 32. М.: ВИНИТИ, 1991. С. 71—83.

Зализняк Анна А. Считать и *думать*: два вида мнения // Логический анализ языка: Культурные концепты. М.: Наука, 1991.

Зализняк Анна А. Исследования по семантике предикатов внутреннего состояния. München: Otto Sagner, 1992.

Зализняк Анна А. Праздник жизни проходит мимо: заметки о неоднозначности некоторых русских слов // Wiener Slawistischer Almanach. Bd 34. 1994. S. 261—278.

Зализняк Анна А. Опыт моделирования семантики приставочных глаголов в русском языке // Russian Linguistics. Vol. 19. 1995. P. 143—185.

Зализняк Анна А., Левонтина И. Б. Отражение национального характера в лексике русского языка (размышления по поводу книги: *Anna Wierzbicka.* Semantics, Culture, and Cognition. Universal Human Concepts in Culture-Specific Configurations. N. Y.; Oxford: Oxford Univ. Press, 1992) // Russian Linguistics. Vol. 20. 1996. P. 237—264.

Зализняк Анна А. Глагол *говорить*: три этюда к словесному портрету // Язык о языке. М.: Языки рус. культуры, 2000. С. 381—402.

Зализняк Анна А. Семантическая деривация в синхронии и диахронии: Проект каталога семантических переходов // Вопр. языкознания. 2001. № 2. С. 13—25.

Зализняк А. А. Русское именное словоизменение. М.: Наука, 1967.

Зализняк А. А. Краткий русско-французский словарь: Ок. 13500 слов. М.: Рус. яз., 1978.

Зализняк А. А. Об одной берестяной грамоте XII века // Grochowski M., Weiss D. (eds). Words are Physicians for an Ailing Mind. München: Otto Sagner, 1991. P. 503—508.

Зализняк А. А., Падучева Е. В. О контекстной синонимии единственного и множественного числа существительных // Информационные вопросы семиотики, лингвистики и автоматического перевода/ Отв. ред. Ю. А. Шрейдер. М.: ВИНИТИ, 1974.

Зализняк Анна А., Левонтина И. Б., Шмерев А. Д. Ключевые слова русской языковой картины мира. М.: Языки рус. культуры, 2003.

Зализняк Анна А., Падучева Е. В. О семантике вводного употребления глаголов // Вопросы кибернетики: Прикладные аспекты лингвистической теории. М.: НСК, 1987. С. 80—

96.

Зализняк Анна А., Шмелев А. Д. Лекции по русской аспектологии // М.: Языки рус. культуры, 2000.

Зельдович Г. М. О типах семантической информации: слабые смыслы // Изв. РАН. Сер. лит. и яз. 1998. № 2. С. 27—37.

Зельдович Г. М. Русский вид: семантика и прагматика. Toruń, Universytet Mikolaja Kopernika, 2002.

Земская Е. А. Словообразование как деятельность. М.: Наука, 1992.

Золотова Г. А. Синтаксический словарь. М.: Наука, 1988.

Иванов Вяч. Вс. Структура гомеровских текстов, описывающих психические состояния // Структура текста. М.: Наука, 1980. С. 81—117.

Иванов Вяч. Вс. Поэтика Романа Якобсона // *Якобсон Р.* Работы по поэтике: Переводы. М.: Прогресс, 1987. С. 5—22.

Иванов Вяч. Вс. Избранные труды по семиотике и истории культуры. М.: Языки рус. культуры, 1999.

Иванова С. А., Казенин К. И. О коммуникативных ограничениях на взаимодействие значений лексем // Вопр. языкознания. 1993. № 5.

Иомдин Л. Л., Мельчук И. А., Перцов Н. В. Фрагмент модели русского поверхностного синтаксиса // НТИ, Сер. 2. 1975. № 7.

Иорданская Л. Н. Попытка лексикографического толкования группы русских слов со значением чувства // Машинный перевод и прикладная лингвистика. Вып. 13. М.: [МГПИИЯ им. М. Тореза], 1970. С. 3—26.

Иорданская Л. Н. Словарные статьи *восторгаться, восхищаться* // ТКС. С. 211—212; 214—215.

Иорданская Л. Н. Семантика русского союза *раз* (в сравнении с некоторыми другими русскими союзами) // Russian Linguistics. Vol. 12. 1988. P. 239—267.

Иорданская Л. Н., Мельчук И. А. Коннотация в лингвистической семантике // Wiener Slawistischer Almanach. Bd 6. 1980. S. 191—210.

Иорданская Л. Н., Мельчук И. А. К семантике русских причинных предлогов // Московский лингвистический журнал. Вып. 2. М.: РГГУ, 1996. С. 162—211.

Исаченко А. В. Грамматический строй русского языка в сопоставлении со словацким. Ч. 2. Братислава: Изд-во Словацкой АН, 1960.

Ицкович В. А. Очерки синтаксической нормы // Синтаксис и норма. М.: Наука, 1974. С. 43—106.

Карттунен Л. Логика английских конструкций с сентенциальным дополнением // Новое в зарубежной лингвистике. Вып. 16. М., 1985. С. 303—332.

Кибрик А. Е. Очерки по общим и прикладным вопросам языкознания. М.: Изд-во МГУ, 1992.

Кибрик А. Е. Внешний посессор как результат расщепления валентности // Слово в тексте и в словаре: Сб. ст. к семидесятилетию Ю. Д. Апресяна / Ред. Л. Л. Иомдин, Л. П. Крысин. М.: Языки рус. культуры, 2000. С. 434—446.

Кибрик А. Е. Константы и переменные языка. СПб.: Алетейа, 2003.

Кириленко Е. И. Фазовые глаголы в английском языке. М.: ИЯ РАН, 1997.

Киселева К. Л., Пайар Д. Дискурсивные слова русского языка: Опыт контекстно-семантического описания. М.: Метатекст, 1998.

Кнорина Л. В. Классификация лексики и словарные дефиниции // Национальная специфика языка и ее отражение в нормативном словаре. М.: Наука, 1988. Перепеч. в кн.: *Кнорина Л. В.* Грамматика, семантика, стилистика. М., 1996. С. 87—90.

Князев Ю. П. Акциональность и стативность, их соотношение в русских конструкциях с причастиями на *-н, -т*, München: Otto Sagner, 1989. (Specimina philologiae slavicae, Bd 81).

Князева Е., Туробов А. Познающее тело: Новые подходы в эпистемологии // Новый мир. 2002. № 11. С. 136—154.

Ковтунова И. И. О поэтических образах

Бориса Пастернака // Очерки истории языка русской поэзии XX века. Вып. 5. Опыты описания идиостилей. М., 1995. С. 132—207.

Кодзасов С. В. Интонация предложений с пропозициональными предикатами мышления // Логический анализ языка: Знание и мнение. М.: Наука, 1988. С. 23—32.

Кодзасов С. В., Кривнова О. Ф. Общая фонетика. М.: РГГУ, 2001.

Козинцева Н. А. Таксисные конструкции в русском языке: одновременность // Chrakovskij V. S., Grochowski M., Hentschel G. (eds). Studies on the Syntax and Semantics of Slavonic Languages: Papers in Honour of Andrzej Bogusławski on the Occasion of His 70th Birthday. Oldenburg: Bibliotheks- und Informationssystem der Universität Oldenburg, 2001. P. 225—240.

Крейдлин Г. Е. Голос, голосовые признаки и оценка речи // Язык речевых действий. М.: Наука, 1994. С. 141—152.

Крейдлин Г. Е., Падучева Е. В. Значение и синтаксические свойства союза *а* // НТИ, Сер. 2. 1974. № 9. С. 31—37.

Крейдлин Г. Е., Падучева Е. В. Взаимодействие ассоциативных связей и актуального членения в предложениях с союзом А // НТИ, Сер. 2. 1974. № 10. С. 32—37.

Крейдлин Г. Е., Рахилина Е. В. Денотативный статус отглагольных имен // НТИ, Сер. 2. 1981. № 12. С. 17—22.

Кронгауз М. А. Приставки и глаголы в русском языке: семантическая грамматика. М.: Языки рус. культуры, 1998.

Крылов С. А. Диатеза // Энциклопедия "Россия on-line". www.krugosvet.ru.

Крысин Л. П. Словарная статья слова *резать* // ТКС. С. 700—716.

Кузнецова О. Д. О глаголах, изменяющих значение в связи с переменой субъекта действия // Современная русская лексикология. М., 1966. С. 56—63.

Кузнецова Э. В. Лексико-семантические группы русских глаголов. Свердловск, 1988.

Кустова Г. И. Глаголы изменения: процесс и наблюдатель // НТИ, Сер. 2. 1994. № 6. С. 16—31.

Кустова Г. И. О коммуникативной структуре предложений с событийным каузатором // Московский лингвистический журнал. Вып. 2. М.: РГГУ, 1996. С. 240—261.

Кустова Г. И. Производные значения с экспериенциальной составляющей // Семиотика и информатика. Вып. 36. М.: Языки рус. культуры: Рус. словари, 1998. С. 19—40.

Кустова Г. И. Некоторые проблемы описания ментальных предикатов // НТИ, Сер. 2. 1998. № 2. С. 22—28.

Кустова Г. И. Перцептивные события: участники, наблюдатели, локусы // Логический анализ языка: Образ человека в культуре и языке/Отв. ред. Н. Д. Арутюнова, И. Б. Левонтина. М.: Индрик, 1999. С. 229—238.

Лённгрен Л. О производности конструкций с глаголами полного охвата // Словарь. Грамматика. Текст/Отв. ред. Ю. Н. Караулов, М. В. Ляпон. М.: ИРЯ РАН, 1996. С. 230—240.

Лотман Ю. М. Стихотворения раннего Пастернака и некоторые вопросы структурного изучения текста // Труды по знаковым системам. Вып. 4. Тарту: Тартуский гос. ун-т, 1969. С. 206—238.

Мартемьянов Ю. С. Заметки о строении ситуации и форме ее описания // Машинный перевод и прикладная лингвистика. Вып. 8. М.: МГПИИЯ им. М. Тореза, 1964. С. 125—148.

Маслов Ю. С. Вид и лексическое значение глагола в русском языке // Изв. АН СССР. Сер. лит. и яз. 1948. Т. 7. № 4. С. 303—316.

Маслов Ю. С. Система основных понятий и терминов славянской аспектологии // Вопросы общего языкознания. Л.: Изд-во ЛГУ, 1965. С. 53—80.

Маслов Ю. С. Рец. на кн.: *Andersson S. G.* Aktionalität im Deutschen // Вопр. языкознания. 1976. № 2.

Маслов Ю. С. Результатив, перфект и глагольный вид // Типология результативных конструкций/Отв. ред. В. П. Недялков. Л.: Наука, 1983. С. 149—160.

Мельникова К. А. В поисках семантической

структуры медиальных глаголов и декаузативов (на материале отадъективных глаголов изменения состояния) // НТИ, Сер. 2. 2002. № 2. С. 30—36.

Мельчук И. А. К понятию словообразования // Изв. АН СССР. Сер. лит. и яз. 1967. Т. 26. Вып. 4. С. 352—362.

Мельчук И. А. Опыт теории лингвистических моделей "Смысл ⇔ Текст". Ч. 1. Семантика, синтаксис. М.: Наука, 1974.

Мельчук И. А. Русский язык в модели "Смысл ⇔ Текст". М.; Вена: Языки рус. культуры, 1995.

Мельчук И. А. Курс общей морфологии. Т. 2. М.; Вена, 1998.

Мельчук И. А., Холодович А. А. К теории грамматического залога // Народы Азии и Африки. 1970. № 4. С. 111—124.

Муравенко Е. В. О случаях нетривиального соответствия семантических и синтаксических валентностей глагола // Семиотика и информатика. Вып. 36. М.: Языки рус. культуры: Рус. словари, 1998. С. 71—81.

Набоков В. Рассказы. Приглашение на казнь: Роман. Эссе, интервью, рецензии. М., 1989.

Недялков В. П., Сильницкий Г. Г. Типология каузативных конструкций // Типология каузативных конструкций: Морфологический каузатив/Отв. ред. А. А. Холодович. Л.: Наука, 1969. С. 5—19.

Падучева Е. В. О способах представления синтаксической структуры предложения // Вопр. языкознания. 1964. № 2. С. 99—113.

Падучева Е. В. Опыт логического анализа значения союза *или* // Философские науки. 1964. № 6. С. 145—148.

Падучева Е. В. Семантический анализ отрицательных предложений в русском языке // Машинный перевод и прикладная лингвистика. Вып. 12. М., 1969. С. 5—35.

Падучева Е. В. О семантике синтаксиса. М.: Наука, 1974.

Падучева Е. В. Некоторые проблемы моделирования соответствия между текстом и смыслом в языке // Изв. АН СССР. Сер. лит. и яз. 1975. Т. 34. № 6. С. 548—559.

Падучева Е. В. Понятие презумпции в лингвистической семантике // Семиотика и информатика. Вып. 8. М., 1977. С. 91—124.

Падучева Е. В. Актуальное членение и структура имен объектов // Mayenowa M. R. (ed.). Text. Język. Poetyka. Wrocław etc.: Ossolineum, 1978. S. 59—71.

Падучева Е. В. Обнаружение сферы действия кванторов в предложениях математического текста // Синтаксический и семантический компонент лингвистического обеспечения/Отв. ред. А. С. Нариньяни. Новосибирск: Наука, 1979. С. 47—76.

Падучева Е. В. Об атрибутивном стяжении подчиненной предикации в русском языке // Машинный перевод и прикладная лингвистика. Вып. 20. М.: МГПИИЯ, 1980. С. 3—44.

Падучева Е. В. Прагматические аспекты связности диалога // Изв. АН СССР. Отд-ние лит. и яз. 1982. Т. 41. № 4. С. 305—313.

Падучева Е. В. Высказывание и его соотнесенность с действительностью. М.: Наука, 1985.

Падучева Е. В. Семантика вида и точка отсчета // Изв. АН СССР. Сер. лит. и. яз. 1986. Т. 45. № 5. С. 413—424.

Падучева Е. В. О референции языковых выражений с непредметным значением // НТИ, Сер. 2. 1986. № 1. С. 23—31.

Падучева Е. В. Выводима ли способность подчинять косвенный вопрос из семантики слова? // Логический анализ языка: Знание и мнение. М.: Наука, 1988. С. 33—45.

Падучева Е. В. К интонационной транскрипции для предложений произвольной синтаксической сложности // Вопросы кибернетики: Семиотические исследования. М.: НСК, 1989. С. 18—29.

Падучева Е. В. Идея всеобщности в логике и в естественном языке // Вопр. языкознания. 1989. № 2. С. 15—25.

Падучева Е. В. Отпредикатные имена в лексикографическом аспекте // НТИ, Сер. 2. 1991. № 5. С. 21—31.

Падучева Е. В. О семантическом подходе к синтаксису и генитивном субъекте глагола *быть* // Russian Linguistics. Vol. 16. 1992. С. 53—63.

Падучева Е. В. ЕЩЕ и УЖЕ в контексте обстоятельства времени: точка отсчета // le mot, les mots, les bons mots: Hommage à Igor A. Mel'čuk par ses amis, collègues et élèves à l'occasion de son soixantième anniversaire. Montréale : Univ. presse, 1992. P. 279—294.

Падучева Е. В. Глаголы действия: толкование и сочетаемость // Логический анализ языка: Модели действия. М.: Наука, 1992. С. 69—77.

Падучева Е. В. Типы каузальных отношений в семантической структуре лексемы // Russian Linguistics. Vol. 18. 1994. C.1—16.

Падучева Е. В. Семантические исследования: Семантика времени и вида в русском языке. Семантика нарратива. М.: Языки рус. культуры, 1996.

Падучева Е. В. Семантические роли и проблема сохранения инварианта при лексической деривации // НТИ, Сер. 2. 1997. № 1. С. 18—30.

Падучева Е. В. Родительный субъекта в отрицательном предложении: синтаксис или семантика? // Вопр. языкознания. 1997. № 2. С. 101—116.

Падучева Е. В. Парадигма регулярной многозначности глаголов звука // Вопр. языкознания. 1998. № 5. С. 3—23.

Падучева Е. В. Коммуникативное выделение на уровне синтаксиса и семантики // Семиотика и информатика. Вып. 36. М.: Языки рус. культуры: Рус. словари, 1998. С. 82—107.

Падучева Е. В. Наблюдатель и его коммуникативные ранги // НТИ, Сер. 2. 1998. № 12. С. 23—28.

Падучева Е. В. Вид и время русских причастий на Н/Т // Polytropon: К 70-летию Владимира Николаевича Топорова. М.: Индрик, 1998. С. 294—306.

Падучева Е. В. Метонимические и метафорические переносы в парадигме значений глагола *назначить* // Теория и типология языка: От описания к объяснению: К 60-летию А. Е. Кибрика. М., 1999. С. 488—502.

Падучева Е. В. Семантика глагола выбора // Изв. РАН. Сер. лит. и яз. 1999. № 5—6. С. 34—42.

Падучева Е. В. Принцип композиционности в неформальной семантике // Вопр. языкознания. 1999. № 5. С. 3—23.

Падучева Е. В. К семантике слова *время*: метофора, метонимия, метафизика // Поэтика. История литературы. Лингвистика: Сб. к 70-летию Вяч. Вс. Иванова. М., 1999. С. 761—776.

Падучева Е. В. О семантической деривации: слово как парадигма лексем // Русский язык сегодня: Сб. памяти Д. Н. Шмелева. М: Азбуковник, 2000. С. 395—417.

Падучева Е. В. Наблюдатель как Эксперинт за кадром // Слово в тексте и в словаре: Сб. ст. к семидесятилетию Ю. Д. Апресяна/Отв. ред. Л. Л. Иомдин, Л. П. Крысин. М.: Яыки рус. культуры, 2000. С. 185—201.

Падучева Е. В. Каузативные глаголы и декаузативны в русском языке // Рус. яз. в науч. освещении. 2001. № 1. С. 52—79.

Падучева Е. В. Русский литературный язык до и после Пушкина // G. Ressel (ed.). A. S. Pushkin und die kulturelle Identität Russlands. Frankfurt am Main: Peter Lang, 2001. S. 97—108.

Падучева Е. В., Зализняк Анна А. Семантические явления в высказываниях от 1-го лица // Finitis duodecim lustris: Сб. ст. к 60-летию проф. Ю. М. Лотмана. Таллин : Ээсти раамат, 1982. С. 142—148. Перепеч. в кн.: *Падучева Е. В.* Высказывание и его соотнесенность с действительностью. М.: Наука, 1985. С. 136—142 (ч. II, гл. VI).

Падучева Е. В., Розина Р. И. Семантический класс глаголов полного охвата: толкование и лексико-синтаксические свойства // Вопр. языкознания. 1993. № 6. С. 5—16.

Парти Б. Х. Вид и интерпретация именных

групп // Труды аспектологического семинара филологического факультета МГУ. Т. 3. М.: Изд-во МГУ, 1997. С. 121—140.

Пастернак Б. Начало пути // Знамя. 1998. № 4, 5.

Перцов Н. В. О некоторых проблемах современной семантики и компьютерной лингвистики // Московский лингвистический альманах/Редкол.: А. Д. Кошелев, Н. В. Перцов. Вып. 1. М.: Языки рус. культуры, 1996. С. 9—66.

Перцова Н. Н. Формализация толкования слова. М.: Изд-во МГУ, 1988.

Петрухина Е. В. Об универсальном и идиоэтническом компонентах языкового содержания // Исследования по языкознанию: К 70-летию члена-корреспондента РАН А. В. Бондарко. СПб.: Изд-во С.-Петербургского университета, 2001. С. 56—66.

Пешковский А. М. Русский синтаксис в научном освещении. 6-е изд. М., 1938.

Пешковский А. М. Русский синтаксис в научном освещении. 7-е изд. М., 1956.

Пискунова С. В., Минлос Ф. Р. Конструкции с внешним посессором в русском языке: семантика и синтаксис глаголов физического контакта // Компьютерная лингвистика и интеллектуальные технологии: Тр. междунар. семинара "Диалог-2002". Т. 1. Теоретические проблемы. М.: Наука, 2002. С. 347—350.

Плунгян В. А. Общая морфология. М.: УРСС, 2000.

Плунгян В. А., Рахилина Е. В. Сирконстанты в толковании? // Z. Saloni (red.). Metody formalne w opisie języków słowiańskich. Białystok, 1990. S. 201—210.

Плунгян В. А., Рахилина Е. В. Парадоксы валентностей // Семиотика и информатика. Вып. 36. М.: Языки рус. культуры: Рус. словари, 1998. С. 108—119.

Пупынин Ю. А. О роли перцептора в функционировании грамматических категорий вида, залога и времени в русском языке // Категории морфологии и синтаксиса в высказывании/Отв. ред. А. В. Бондарко. СПб.: Наука, 2000. С. 36—51.

Рахилина Е. В. Семантика или синтаксис? (К анализу частных вопросов в русском языке). München: Otto Sagner, 1990.

Рахилина Е. В. Лексическое значение и коммуникативная структура (к постановке проблемы) // НТИ, Сер. 2. 1992. № 6. С. 27—30.

Рахилина Е. В. Семантика отыменных прилагательных // Лики языка: К 45-летию научной деятельности Е. А. Земской. М.: Наследие, 1998. С. 298—304.

Рахилина Е. В. Когнитивный анализ предметных имен: семантика и сочетаемость. М.: Рус. словари, 2001.

Рахилина Е. В., Филипенко М. В. Об употреблении числительного ОДИН // Тез. конф. аспирантов и молодых сотрудников. М.: Наука, 1988.

Розина Р. И. Дарю (релевантный семантический класс глаголов обладания) // Лики языка. М., 1998. С. 305—314.

Розина Р. И. Концептуальные структуры и языковые правила порождения значений: глаголы движения вниз // Язык. Культура. Гуманитарное знание: Научное наследие Г. О. Винокура и современность/Отв. ред. С. И. Гиндин, Н. Н. Розанова. М.: Научный мир, 1999. С. 161—173.

Розина Р. И. Движение в физическом и ментальном пространстве // Логический анализ языка: Языки динамического мира/Отв. ред. Н. Д. Арутюнова, И. Б. Шатуновский. Дубна; М.: Междунар. ун-т природы, общества и человека "Дубна": ИЯ РАН, 1999. С. 108—118.

Розина Р. И. От происшествий к действи*Сазонова И. К.* Русский глагол и его причастные формы: Толково-грамматический словарь. М.: Рус. яз., 1989.

Розина Р. И. От происшествий к действиям (семантическая деривация как способ пополнения общего жаргона) // Русский язык сегодня. Вып. 1.: Сб. в честь Д. Н. Шмелева. М.: Азбуковник, 2000. С. 418—432.

Розина Р. И. Категориальный сдвиг актантов в семантической деривации // Вопр. языкознания. 2002. № 2. С. 3—16.

Сазонова И. К. Русский глагол и его причастные формы: Толково-грамматический словарь. М.: Рус. яз., 1989.

Селиверстова О. Н. Компонентный анализ многозначных слов. М.: Наука, 1975.

Селиверстова О. Н. Семантический анализ экзистенциальных и посессивных конструкций в английском языке // Категории бытия и обладания в языке. М.: Наука, 1977. С. 5—67.

Семенова С. Ю. Алгоритм извлечения информации о параметрах из текстов рефератов и первичных документов // НТИ, Сер. 2. 1991. № 6. С. 22—32.

Сичинава Д. В. К задаче создания корпусов русского языка в Интернете // НТИ, Сер. 2. 2002. № 8. С. 25—31.

Смирницкий А. И. Лексикология английского языка. М.: Изд-во лит-ры на иностр. языках, 1956.

Русско-английский словарь/Под общ. рук. А. И. Смирницкого. М., 1948; 17-е изд. /Под ред. О. С. Ахмановой. М., 1992.

Смит К. С. Двухкомпонентная теория вида: Пер. с англ. // Типология вида: проблемы, поиски, решения / Отв. ред. М. Ю. Черткова. М.: Языки рус. культуры, 1998. С. 404—421.

Соловьева А. А. Словарные статьи глаголов РАЗДРАЖАТЬ и БРЕЗГОВАТЬ // Семиотика и информатика. Вып. 32. М., 1991. С. 165—170.

Степанов Ю. С. Константы: Словарь русской культуры: Опыт исследования. М.: Языки рус. культуры, 1997.

Степанова Е. Б. Семантика и употребление косвенных вопросов с лексемой ли // Актуальные проблемы современной русистики. М.: МГУ, 1996. С. 151—184.

Тарский А. Введение в логику и методологию дедуктивных наук: Пер. с англ. М.: Изд-во иностр. лит., 1948.

Тестелец Я. Г. Введение в общий синтаксис. М.: РГГУ, 2001.

Томмола Х. Аспектуальность в финском и русском языках. Helsinki, 1986. (Neuvostoliittoinstituuttin vuosikirja, № 28).

Туровский В. В. О соотношении значений многозначного слова // Семиотика и информатика. Вып. 26. М.: ВИНИТИ, 1985. С. 83—104.

Туровский В. В. Словарная статья глагола *напоминать* // Семиотика и информатика. Вып. 32. М.: ВИНИТИ, 1991. С. 171—175.

Урысон Е. В. Фундаментальные способности человека и "наивная анатомия" // Вопр. языкознания. 1995. № 3. С. 3—16.

Урысон Е. В. Душа и сердце // Русский язык: Еженедельное приложение к газете "Первое сентября". Вып. 17(41). 1996.

Урысон Е. В. Аспектуальные компоненты в значении существительного // Московский лингвистический журнал. Вып. 2. М.: РГГУ, 1996. С. 380—385.

Урысон Е. В. Отглагольные существительные со значением ситуации и наивная энциклопедия // Тр. междунар. семинара ДИАЛОГ 97 по компьютерной лингвистике и ее приложениям. М., 1997. С. 283—286.

Урысон Е. В. "Несостоявшаяся полисемия" и некоторые ее типы // Семиотика и информатика. Вып. 36. М.: Языки рус. культуры: Рус. словари, 1998. С. 226—261.

Урысон Е. В. Голос разума и голос совести // Логический анализ языка: Языки этики / Отв. ред. Н. Д. Арутюнова, Т. Е. Янко, Н. К. Рябцева М.: Языки рус. культуры, 2000. С. 184—189.

Урысон Е. В. ЗВЕНЕТЬ // НОСС 2000. С. 124—130.

Урысон Е. В. Проблемы исследования языковой картины мира, Аналогия в семантике. М.: Языки славянской культуры, 2003.

Успенский В. А. К понянию диатезы // Проблемы лингвистической типологии и структуры языка. Л.: Наука, 1977. С. 65—83.

Успенский В. А. О вещных коннотациях абстрактных существительных // Семиотика и информатика. Вып. 11. М.: ВИНИТИ, 1979. С. 142—148. Перепеч. в кн.: Семиотика и информатика. Вып. 35. Opera selecta. М.: Рус. словари, 1997. С. 146—152.

Успенский Б. А. Избранные труды. Т. 2. М.:

Языки рус. культуры, 1996.

Ферм Л. Выражение направления при приставочных глаголах перемещения в современном русском языке. Упсала, 1990. (Acta universitatis upsaliensis. Studia slavica upsaliensia.)

Филипенко М. В. О сочетаемости глагола с наречием // Инт лингвистических исследований РАН: Тез. докл. XI конференции. СПб., 1992.

Филипенко М. В. Об иерархии аспектуальных характеристик в высказывании (к анализу адвербиалов — определителей "процесса") // Вопр. языкознания. 1997. № 5. С. 121—134.

Филипенко М. В. Адвербиалы с плавающей и фиксированной сферой действия // Семиотика и информатика. Вып. 36. М.: Языки рус. культуры: Рус. словари, 1998. С. 120—140.

Филипенко М. В. Семантика наречий и адвербиальных выражений. М.: Азбуковник, 2003.

Фрейденберг О. М. Поэтика сюжета и жанра. М.: Лабиринт, 1997.

Хализева В. С. Сопоставительный семантический анализ глаголов начала // Рус. яз. за рубежом. 1976. № 4. С. 74—77.

Хинтикка Я. Вопрос о вопросах // Философия в современном мире. М., 1974.

Ходасевич В. Ф. Некрополь. М.: Вагриус, 1991.

Храковский В. С. Пассивные конструкции // Типология пассивных конструкций: Диатезы и залоги. Л., 1974.

Храковский В. С. Диатеза и референтность // Залоговые конструкции в разноструктурных языках. Л.: Наука, 1981. С. 5—38.

Храковский В. С. Понятие сирконстанта и его статус // Семиотика и информатика. Вып. 36. М.: Языки рус. культуры: Рус. словари, 1998. С. 141—153.

Цветаева М. Мой Пушкин. М.: Сов. писатель, 1967.

Чуковская Л. К. Записки об Анне Ахматовой. Т. 2. М.: Согласие, 1997.

Шатуновский И. Б. Семантика предложения и нереферентные слова. М.: Школа "Языки рус. культуры", 1996.

Шатуновский И. Б. Дескриптивные высказывания в русском языке // Russian Linguistics. Vol. 25, № 1. 2001. С. 23—53.

Шахматов А. А. Синтаксис русского языка. 2-е изд. М.; Л., 1941.

Руский семантический словарь / Ред. Н. Ю. Шведова. М.: Азбуковник, 2000.

Шелякин М. А. Функции и словообразовательные связи начинательных приставок в русском языке // Лексико-грамматические проблемы русского глагола. Новосибирск, 1969.

Шмелев А. Д. Метафора судьбы: предопределение или свобода? // Понятие судьбы в контексте разных культур. М.: Наука, 1994. С. 227—231.

Шмелев А. Д. Референциальные механизмы русского языка. Тампере, 1996.

Шмелев Д. Н. Очерки по семасиологии русского языка. М.: Просвещение, 1964.

Шмелев Д. Н. Проблемы семантического анализа лексики. М.: Наука, 1973.

Шмелев Д. Н. Современный русский язык: Лексика. М.: Просвещение, 1977.

Щеглов Ю. К. Две группы слов русского языка // Машинный перевод и прикладная лингвистика. Вып. 8. М., 1964. С. 50—66.

Якобсон Р. Заметки о прозе поэта Пастернака // *Его же.* Работы по поэтике. М.: Прогресс, 1987. С. 324—338.

Янко Т. Е. Давно и недавно в коммуникативной перспективе // Русский язык в его функционировании. М., 1998.

Янко Т. Е. Движение к худшему: глаголы движения в значении порчи // Логический анализ языка: Языки динамического мира / Отв. ред. Н. Д. Арутюнова, И. Б. Шатуновский. Дубна: Междунар. ун-т природы, общества и человека "Дубна"; М.: ИЯ РАН, 1999. С. 506—510.

Янко Т. Е. Коммуникативные стратегии русской речи. М.: Языки славянской культуры, 2001.

Янко-Триницкая Н. А. Возвратные глаголы в русском языке. М.: Изд-во АН СССР, 1962.

Antinucci F., Gebert L. L'aspetto verbale in polacco // Ricerche Slavistiche, XXII—XXIII. 1975. P. 5—60.

Atkins B. T. S. Analysing verbs of seeing: a frame semantics approach to corpus lexicography // Proceedings of the 20th Annual Meeting of the Berkeley Linguistic Society. 1994. P. 42—56.

Atkins B. T., Kegl J., Levin B. Anatomy of a Verb Entry: from Linguistic Theory to Lexicographic Practice // International Journal of Lexicograghy. Vol. 1. № 2. 1988. P. 84—126.

Austin J. L. Other minds // *Idem.* Philosophical Papers. Oxford: At the Clarendon Press, 1961. P. 44—84.

Austin J. L. How to Do Things with Words. Oxford: Clarendon Press, 1962.

Babby L. H. Existential Sentences and Negation in Russian. Ann Arbor: Caroma Publishers, 1980.

Babby L. H. Voice and diathesis in Slavic // Comparative Slavic Morphosyntax. Bloomington, Indiana, 1998. [Ms].

Bach E. Informal Lectures on Formal Semantics. N. Y., 1989.

Baker C. L. Notes description of English questions // Foundations of Language. Vol. 6. 1970.

Black M. Models and Metaphor: Studies in Language and Philosophy. Ithaca; L.: Cornell Univ. Press, 1962.

Black M. Metaphors // *Idem.* Models and Metaphor: Studies in Language and Philosophy. Ithaca; London: Cornell Univ. Press, 1962. P. 25—47. Рус. пер.: *Блэк М.* Метафора // Теория метафоры / Сост. и вступит. ст. Н. Д. Арутюновой. М.: Прогресс, 1990. C. 153—172.

Bogusławski A. Problems of the Thematic-rhematic Structures of Sentences. Warszawa, 1977.

Bogusławski A. Indirect questions: one interpretation or more // Linguistica sylesiana. Vol. 3. Katowice, 1979. P. 31—40.

Borschev V., Partee B. H. Formal and lexical semantics and the genitive in negated existential sentences in Russian // Z. Boskovic, S. Franks, W. Snyder (eds). Formal Approaches to Slavic Linguistics 6: The Connecticut Meeting 1997. Ann Arbor: Michigan Slavic Publications, 1998. P. 75—96.

Borschev V., Partee B. H. The Russian genitive of negation in existential sentences: the role of Theme-Rheme structure reconsidered // Travaux du Cercle Linguistique de Prague (nouvelle série) / Eds E. Hajičová, P. Sgall, J. Hana and T. Hoskovec. Amsterdam: John Benjamins Pub. Co., 2002. P. 185—250.

Brown G., Yule G. Discourse Analysis. Cambridge Univ. Press, 1983.

Bybee J. L., Perkins R., Pagliuca W. The Evolution of Grammar: Tense, aspect and modality in the languages of the world. Chicago: Univ. of Chicago Press, 1994.

Carlson G. Thematic roles and the individuation of events // S. Rothstein (ed.). Events and Grammar. Dordrecht; Boston; L.: Kluwer Academic Publishers, 1998. P. 35—51.

Chafe W. L. Givenness, contrastiveness, definiteness, subjects, topics, and point of view // Ch. Li (ed.). Subject and Topic. N. Y.: Academic Press, 1976. P. 27—55.

Chierchia G. Dynamics of Meaning: Anaphora, Presupposition, and the Theory of Grammar. Chicago, 1995.

Chojak J. Uwagi o znaczeniu wyrażeń *odmówić* i *nie zgodzić się* // M. Gorchowski, D. Weiss (eds). Words are Physicians for an Ailing Mind. München: Otto Sagner, 1991. P. 107—111.

Chomsky N. Essays on Form and Interpretation. N. Y.: North-Holland, 1977.

Chomsky N. Lectures on Government and Binding. Dordrecht: Foris Publication, 1981.

V. S. Chrakovskij, M. Grochowski, G. Hentschel (Hrsg.). Studies on the Syntax and Semantics of Slavonic Languages: Papers in Honour of Andrzej Bogusławski on the Occasion of His 70th Birthday. Oldenburg: Bibliotheks- und Informationssystem der Universität Oldenburg, 2001.

Chvany C. V. On the Syntax of BE-sentences in Russian. Cambridge, Mass.: Slavica Publishers,

1975.

Chvany C. V. Backgrounded perfectives and Plot-line imperfectives: towards a theory of grounding in text // M. Flier, A. Timberlake (eds). The Scope of Slavic Aspect. Columbus, Ohio: Slavica Publishers, 1984. P. 247—273.

Comrie B. Aspect. Cambridge et al.: Cambridge Univ. Press, 1976.

Comrie B. Causative verb formation and other verb-deriving morphology // T. Shopen (ed.). Language Typology and Syntactic Description. Vol. 3. Grammatical Categories and Lexicon. Cambridge: Cambridge UP, 1985. P. 301—348.

Comrie B. Language Universals and Linguistic Typology. 2nd ed. Chicago: The Univ. of Chicago Press, 1989.

Croft W. A. Syntactic Categories and Grammatical Relations: The cognitive organization of information. Chicago: Univ. of Chicago Press, 1991.

Dahl Ö. [Review on]: *Haspelmath M.* Indefinite Pronouns. Oxford: Clarendon Press, 1997, xvi + 364 p. // Linguistics and Philosophy. Vol. 22. 1999. P. 663—678.

Davis W. A. Implicature: Intention, Convention, and Principle in the Failure of Gricean Theory. Cambridge: Cambridge Univ. Press, 1998.

DeLancey S. Notes on Agentivity and Causation // Studies in Language. Vol. 8. 1984. P. 181—213.

Dik S. C. Functional Grammar. Amsterdam: North-Holland Publishing Company, 1978.

Dik S. C. The Theory of Functional Grammar. Dordrecht (Holland): Foris Publications, 1989.

Dik S. C., Hengeveld K. The hierarchical structure of the clause and the typology of perception verb complements // Linguistics. Vol. 29. 1991. P. 231—259.

Dobrovol'skij D. Lexical semantics and pragmatic conventions // E. Németh (ed.). PRAGMATICS IN 2000: Selected Papers from the 7th International Pragmatics Conference. Vol. 2. Antwerpen: International Pragmatics Association, 2001. P. 165—173.

Donnellan D. S. Reference and definite descriptions // The Philosophical Review. Vol. 75. № 3. 1966. P. 281—304. Рус. пер.: *Доннеллан К. С.* Референция и определенные дескрипции // Новое в зарубежной лингвистике. Вып. 13. Логика и лингвистика (проблемы референции) / Ред. Н. Д. Арутюнова. М.: Радуга, 1982. С. 134—160.

Dowty D. R. Word Meaning and Montague Grammar. The Semantics of Verbs and Times in Generative Semantics and in Montague's PTQ. Dordrecht (Holland): Reidel, 1979.

Dowty D. R. Thematic proto-roles and argument selection // Language. Vol. 67. Part 3. 1991. P. 547—619.

Dowty D. R. 'The Garden Swarms with Bees' and the Fallacy of «Argument Alternation» // Y. Ravin, C. Leacock (eds). Polysemy: Theoretical & Computational Approaches. Oxford (UK): Oxford Univ. Press, 2000. P. 111—128.

Faber P., Mairal R. The paradigmatic and syntagmatic structure of the semantic field of existence in the elaboration of a semantic macronet // Studies in Language. Vol. 21. № 1. 1997. P. 129—167.

Faber P., Pérez Ch. Image schemata and light: a study in contrastive lexical domains in English and Spanish // Acta universitatis lodsiansis. Folia linguistica. Vol. 36. 1997. P. 63—107.

Fici F. Macedonian perfect and its modal strategies // Македонски јазик. Год. LI—LII, 2000—2001. Скопје, 2001. С. 61—88.

Filip H. Aspect, Eventuality, Types and Nominal Reference. N. Y.; L.: Garland Publishing, 1999.

Fillmore Ch. J. The case for case // E. Bach, H. Harms (eds). Universals in Linguistic Theory. N. Y., 1968. P. 1—90. Рус. пер.: *Филлмор Ч.* Дело о падеже // Новое в зарубежной лингвистике. Вып. 10. Лингвистическая семантика / Ред. В. А. Звегинцев. М.: Прогресс, 1981. С. 369—495.

Fillmore Ch. J. Lexical entries for verbs // Foundations of Language. Vol. 4. № 4. 1968.

Fillmore Ch. J. Types for lexical information // F. Kiefer (ed.). Studies in Syntax and Semantics. Dordrecht, 1969.

Fillmore Ch. J. Verbs of judging: an exercise in

semantic description // Fillmore, Langendoen (eds). Studies in Linguistic Semantics. N. Y. et al., 1971. P. 273—280.

Fillmore Ch. J. How to know whether you're coming or going // Linguistik. Athenäum, 1971. P. 369—379.

Fillmore Ch. J. The need for a frame semantics within linguistics // Statistical Methods in Linguistics. Vol. 1. 1976. P. 37—41.

Fillmore Ch. J. The case for case reopened // Syntax and Semantics. Vol. 8. N. Y. etc., 1977. P. 59—81. Рус. пер.: *Филлмор Ч.* Дело о падеже открывается вновь // Новое в зарубежной лингвистике. Вып. 10. Лингвистическая семантика / Ред. В. А. Звегинцев. М.: Прогресс, 1981. С. 496—530.

Fillmore Ch. J., Atkins B. T. Toward a frame-based lexicon: The semantics of RISK and its neighbors // A. Lehrer, E. Kittay (eds). Frames and Fields. Erlbau Publishers, 1992.

Flier M. The scope of prefixal delimitation in Russian // M. Flier, A. Timberlake (eds). The Scope of Slavic Aspect. Ohio: Slavic Publishers, 1985. P. 41—58.

Frege G. Sinn und Bedeutung // Zeitschrift für Philosophie und philosophische Kritik. № 100. 1892. Рус. пер.: *Фреге Г.* Смысл и денотат // Семиотика и информатика. Вып. 8. М.: ВИНИТИ, 1977. С. 181—210.

Geis M. L., Zwicky A. M. On invited inferences // Linguistic Inquiry. Vol. 11. 1971. P. 561—566.

Geniušienė E. The Typology of Reflexives. Berlin; N. Y.; Amsterdam: Mouton de Gruyter, 1987.

Givón T. Syntax: a functional-typological introduction. Vol. II. Amsterdam: Benjamins, 1990.

Goddard C. Semantic Analysis: A practical introduction. Oxford: Oxford Univ. Press, 1998.

Goldberg A. E. A Construction Grammar Approach to Argument Structure. Chicago; London: Chicago UP, 1995.

Green G. M. Pragmatics and Natural Language Understanding. Mahwah, N. J.: Lawrence Erlbaum Associates, 1996.

Grice H. P. Logic and conversation // Syntax and Semantics. Vol. 3. Speech Acts. N. Y.: Academic Press, 1975. P. 41—58. Рус. пер.: *Грайс Г. П.* Логика и речевое общение // Новое в зарубежной лингвистике. Вып. 16. Лингвистическая прагматика. М.: Прогресс, 1985. С. 217—237.

Grimshaw J. Argument Structure. L. etc.: MIT Press, 1990.

Gruber J. S. Studies in Lexical Relations: Ph. D. Dissertation, MIT.

Gruber J. S. Lexical Structures in Syntax and Semantics. Part 1. Amsterdam: North-Holland, 1976.

Grzegorczykowa R. O działaniach zamierzonych i mimowolnych // M. Grochowski, D. Weiss (eds). Words are Physicians for an Ailing Mind. München: Otto Sagner, 1991. P. 195—200.

Guiraud-Weber M. Concurrence des formes "NIČTO" et "NIČEGO" en Russe moderne // Cahiers de linguistique, d'Orientalisme et de slavistique, 1—2. 1973. P. 127—143.

Guiraud-Weber M. Les propositions sans nominatif en russe moderne. P., 1984.

Hajičová E., Partee B., Sgall P. Topic-Focus Articulation, Tripartite Structures and Semantic Content. Dordrecht: Kluwer, 1998.

Haspelmath M. More on typology of the inchoative / causative alternations // B. Comrie, M. Polinsky (eds). Causation and Transitivity. Amsterdam; Philadelphia: John Benjamins, 1993. P. 87—120.

Haspelmath M. Indefinite Pronouns. Oxford: Clarendon Press, 1997.

Ibarretxe-Antuñano I. What clauses and constrains polysemous structures? // ICLC Stockholm, 10—16 July. 1999. P. 1—6.

Ikegami Yo. What does it mean for a language to have no singular-plural distinction? Noun-verb homology and its typological implication // R. A. Geiger, B. Rudzka-Ostyn (eds). Conceptualizations and Mental Processing in Language. Berlin; N. Y.: Mouton de Gruyter, 1993. P. 801—814.

Iordanskaja L. N., Mel'čuk I. A. *Glaza Maši golubye vs. Glaza u Maši golubye: Choosing between Two Russians Constructions in the Domain of Boby Parts // Мельчук И. А. Русский язык в модели "Смысл ⇔ Текст". М.: Языки рус. культуры, 1995. С. 135—164.

Iordanskaja L., Paperno S. A Russian-English Collocational Dictionary of the Human Body. Columbus, Ohio: Slavica Publishers, 1996.

Israeli A. Semantics and Pragmatics of the Reflexive Verbs in Russian. München: Otto Sagner, 1997.

Iwata S. Does MANNER count or not? Manner-of-motion verbs revisited // Linguistics. Vol. 40. № 1. 2002. P. 61—110.

Jackendoff R. S. Semantic Structures. Cambridge etc.: MIT Press, 1990.

Jackendoff R. S. Semantics and Cognition // Sh. Lappin (ed.). The Handbook of Contemporary Semantic Theory. Oxford, UK: Blackwell, 1996. P. 539—559.

Jakobson R. Beitrag zur allgemeinen Kasuslehre // TCLP. VI. 1936. Рус. пер.: *Якобсон Р.* К общему учению о падеже // *Его же*. Избранные работы. М.: прогресс, 1985. С. 133—175.

Jakobson R. Shifters, verbal categories and the Russian verb. Cambridge (Mass.): Harvard Univ. Press, 1957. Рус. пер.: *Якобсон Р.* Шифтеры, глагольные категории и русский глагол // Принципы типологического анализа языков различного строя / Отв. ред. О. Г. Ревзина. М.: Наука, 1972. С. 95—113.

Janda L. The meaning of Russian verbal prefixes: semantics and grammar // M. Flier, A. Timberlake (eds). The Scope of Slavic Aspect. Columbus, Ohio: Slavica Publishers, 1985. P. 26—40.

Kamp H. The perfect and other tenses in French and English // Tense and Aspect in Englishi and French. Deliverable R 2.3. B. 1991.

Karttunen L. Implicative verbs // Language. № 47. 1971. P. 340—358.

Karttunen L. La logique des constructions anglaises à complément prédicatif // Langages. № 30. 1973. P. 56—80. Рус. пер.: *Карттунен Л.* Логика английских конструкций с сентенциальным дополнением // Новое в зарубежной лингвистике. Вып. 16. Лингвистическая прагматика. М.: Прогресс, 1985. С. 303—332.

Keenan E. L. Towards a Universal Definition of "Subject" // Ch. N. Li (ed.). Subject and Topic. N. Y.: Academic Press, 1976. P. 303—333. Рус. пер.: *Кинэн Э. Л.* К универсальному определению подлежащего // Новое в зарубежной лингвистике. Вып. 11. Современные синтаксические теории в американской лингвистике / Сост. и ред. А. Е. Кибрик. М.: Прогресс, 1982. С. 236—276.

Kemmer S. The Middle Voice. Amsterdam: John Benjamins, 1993. (Typological Studies in Language, 23).

Kiefer F. Questions and attitudes // Crossing the Boundaries in Linguistics. Dordrecht (Holland): D. Reidel, 1981.

Kimball J. P. The grammer of existence // Papers from the Ninth Regional Meeting Chicago Linguistic Society. Univ. of Chicago, 1973. P. 262—270.

Kimball J. P. Get // Syntax and Semantics. Vol. 2. N. Y.: L., 1973.

Kiparsky P. Remarks on Denominal Verbs // A. Alsina, J. Bresnan and P. Sells, eds. Complex Predicates. Stanford: CLSI Publication, 1997. P. 473—499.

Kiparsky P., Kiparsky C. Fact // M. Bierwisch, K. E. Heidolph (eds). Progress in Linguistics. The Hague: Mouton, 1970. P. 143—173. То же в кн.: D. D. Steinberg, L. A. Jakobovitz (eds). Semantics. Cambridge, 1971. P. 344—369.

Kiss É. K. Definiteness effect revisited // I. Kenesei (ed.). Levels and Structures. Szeged, 1995. (Approaches to Hungarian, Vol. 5).

Kulikov L. I. Passive, anticausative and classification of verbs: the case of vedic // L. Kulikov, H. Vater (eds). Typology of Verbal Categories. Tübingen, 1998. P. 139—153.

Kuno S., Kaburaki E. Empathy and Syntax // Linguistic Inquiry. Vol. 8. 1977. P. 627—672.

Lakoff G. Linguistic gestalts // Papers from the 13th Regional Meeting Chicago Linguistic Society.

Chicago, 1977. Рус. пер.: *Лакофф Дж.* Лингвистические гештальты // Новое в зарубужной лингвистике. Вып. X. М.: Прогресс, 1981. С. 350—368.

Lakoff G., Johnson M. Metaphors We Live by. Chicago; L.: Univ. of Chicago Press, 1980.

Langacker R. A. Foundations of Cognitive Grammar. Vol. 1. Stanford, 1987.

Langacker R. Concept, Image and Symbol: The cognitive basis of grammar. Berlin, 1991.

Langacker R. Reference-point constructions // Cognitive Linguistics. Vol. 4. 1993. P. 1—38.

Laskowski R. Body parts as instruments // V. S. Chrakovskij, M. Grochowski, G. Hentschel (Hrsg.). Studies on the Syntax and Semantics of Slavonic Languages: Papers in Honour of Andrzej Bogusławski on the Occasion of His 70th Birthday. Oldenburg: Bibliotheks- und Informationssystem der Universität Oldenburg, 2001. P. 241—263.

Leech G. N. Meaning and the English Verb. L.: Longmann, 1975; [first published 1971].

Leech G. N. Principles of Pragmatics. L.; N. Y.: Longmann, 1983.

Lehmann V. Le prétérit déictique et le prétérit narratif en polonais moderne // M. Guiraud-Weber, Ch. Zaremba (réd.). Linguistique et Slavistique: Mélanges P. Garde. Aix-en-Provence; P., 1992. P. 544—557.

Lehmann V. Die Rekonstruktion von Bedeutungsentwicklung und-motiviertheit mit Funktionalen Operationen // W. Girke (Hrsg.). Slavistische Linguistik 1995. München, 1996. S. 255—289.

Levin B. English Verb Classes and Alternations: A preliminary investigation. Chicago: Chicago UP, 1993.

Levin B. Objecthood: An event structure perspective // Chicago Linguistic Society 35, Vol. 1. The Main Session. 1999.

Levin B., Rappaport Hovav M. Wiping the slate clean: a lexical semantic exploration // Cognition. Vol. 41. 1991. P. 123—151.

Levin B., Rappaport Hovav M. Unaccusativity: At the syntax-lexical semantics interface. Cambridge, Mass.: MIT Press, 1995.

Levin B., Rappaport Hovav M. Lexical Semantics and Syntactic Structure // Lappin S. (ed.). The Handbook of Contemporary Semantic Theory. Oxford, UK: Blackwell, 1996. P. 487—507.

Levin B., Rappaport Hovav M. Building verb meaning // M. Butt, W. Geuder (eds). The Projection of Arguments: Lexical and Compositional Factors. CSLI Publications, 1998. P. 97—134.

Levin B., Song G., Atkins B. T. S. Making sense of corpus data: A case study of verbs of sound // Journal of Corpus Linguistics. Vol. 2(1). 1997. P. 23—64.

Levinson S. Pragmatics. L.; N. Y.: Cambridge Univ. Press, 1983.

Levinson, St. C. Presumptive Meanings. Cambridge (Mass.): MIT Press, 2000.

Lyons J. Introduction to Theoretical Linguistics. Cambridge, 1968. Рус. пер.: *Лайонз Дж.* Введение в теоретическую лингвистику М.: Прогресс, 1978.

Lyons J. Semantics. Vol. 1—2. L. etc.: Cambridge Univ. Press, 1977.

Macdonell A. A practical Sanskrit Dictionary. Oxford: Oxford Univ. Press, 1954.

Maienborn Cl. On the Position and Interpretation of Locative Modifiers // Natural Language Semantics. Vol. 9. Dordrecht, Netherland: Cluwer Academic Publishers, 2001. P. 191—240.

Marcowicz D., Paillard D. Le neuf et l'ancien: à propos de *snova* et *opjat'* // La Licorne, Publication de l'UFR de langues et littératures de l'Université de Poitiers № 15, 1989.

McConnell-Ginet S. Adverbs and logical form: a linguistically realistic theory // Language. Vol. 58. 1982.

Mehlig H. R. Satzsemantik und Aspektsemantik im Russischen: (Zur Verbklassifikation von Zeno Vendler) // Slavistische Beiträge. Bd 147. München: Verlag Otto Sagner, 1981. S. 95—151. Сокр. рус. пер.: *Мелиг X. Р.* Семантика предложения и семантика вида в русском языке // Новое в зарубежной лингвистике. Вып. 15. Современная зарубежная русистика. М.: Прогресс, 1985. С. 227—249.

Мелиг X. Р. Предельность и непредельность в

пространстве и во времени // T. Reuther (Hrsg.). Slavistische Linguistik 1991. Referate des XVII. Konstanzer Slavistischen Arbeitstreffens Klagenfurt. München: Otto Sagner, 1992. S. 242—250. (Slavistische Beiträge. Bd 292).

Meillet A. Sur les caractères du verbe // Idem. Linguisticque historique et linguistique générale. 2ᵉ éd. P., 1926. P. 175—198.

Mel'cuk I. A. Dependency Syntax: Theory and Practice. Albany: State Univ. of N. Y. Press, 1988.

Mel'čuk I. A. Changer et changement en français contemporain (étude sémantico-lexicographique) // Bulletin de la Société de linguistique de Paris. T. LXXXVII. 1992. P. 161—223.

Mel'čuk I. A. Communicative Organization in Natural Language: (The Semantic-Communicative Structure of Sentences). Amsterdam; Philadelphia: John Benjamins, 2001.

Miller J. E. Stative verbs in Russian // Foundations of Language. Vol. 6. № 4. 1970. P. 488—504.

Miller J., Johnson-Laird P. Language and Perception. Cambridge MA, 1976.

Nishimura Y. Agentivity in cognitive grammar // R. Geiger, B. Rudzka-Ostyn (eds). Conceptualizations and Mental Processing in Language: including a selection of papers from the First International Cognitive Linguistics Conference, Duisburg, Germany, March/April 1989. Berlin; N. Y.: Mouton de Gruyter, 1993. P. 487—530.

Nunberg G. The non-uniqueness of semantic solutions: polysemy // Linguistics and Phhilosophy, 3. 1979. P. 143—148.

Nunberg G. Poetic and prosaic metaphor // Y. Wilks (ed.). TINLAP-3: Theoretical Issues in Natural Language Processing-3. Las Cruces, NM: New Mexico State Univ., 1987. P. 198—201; Repr.: Y. Wilks (ed.). Theoretical Issues in Natural Language Processing-3. Hillsdale, N. J: Erlbaum, 1989. P. 177—180.

Nunberg G., Zaenen A. Systematic polysemy in lexicology and lexicography // Euralex' 1992. Part II, 1992. P. 387—396.

Nuyts J., Pederson E. Overview: on the relationship between language and conceptualization // J. Nuyts, E. Pederson (eds). Language and Conceptualization. Cambridge: Cambridge Univ. Press, 1997. P. 1—13.

Onians R. B. The Origins of European Thought. L.: Cambridge Univ. Press, 1954.

Padučeva E. V. La particule ŽE: Sémantique, syntaxe et prosodie // Les particules énonciatives en russe contemporain, Vol. 3. P., 1987. C. 11—43.

Padučeva E. V. Theme-Rheme structure: Its exponents and its semantic interpretation // B. H. Partee, P. Sgall (eds). Discourse and Meaning: Papers in Honour of Eva Hajičová. Amsterdam; Philadelphia: John Benjamins, 1995. P. 273—287.

Padučeva E. V. Verbs implying semantic role of Result: correlation between diathesis and aspectual meaning // Linguistische Arbeitsberichte 75. 3. Europäische Konferenz "Formale Beschreibung slavischer Sprachen, Leipzig, 1999". Leipzig: Institut für Linguistik, Universität Leipzig, 2000. S. 125—136.

Paducheva E. V. Definiteness effect: the case fo Russian // K. von Heusinger U. Egli (eds). Reference and Anaforic Relations. Dordrecht etc.: Kluwer Academic Publishers, 2000. P. 133—146.

Panevová J. Valency frames and the meaning of the sentence // Ph. A. Luelsdorff (ed.). The Prague School of Structural and Functional Linguistics. Amsterdam; Philadelphia: John Benjamins, 1994. P. 223—243.

Partee B. H. Compositonality // Varieties of formal Semantics. Dordrecht, 1984. P. 281—311.

D. Payne, I. Barshi (eds). External Possession. Amsterdam; Philadelphia: John Benjamins, 1999.

Pesetsky D. Zero Syntax: Experiencers and Cascades. Cambridge (Mass.); L.: MIT Press, 1995.

Pinker S. Learnability and Cognition: The Acquisition of Argument Structure. Cambridge, Mass.: MIT Press, 1989.

Podlesskaya V. I., Rakhilina E. V. External Possession, Reflexivization and Body Parts in Russian // D. L. Payne, I. Barshi (eds). External Possession. Amsterdam; Philadelphia: John Benjamins, 1999. P. 505—521. (Typological Studies in Language. Vol. 39).

Popper K. R., Eccles J. C. The Self and Its

Brain. Springer International, 1977. P. 148—210.

Postal P. M. On the surface verb remind // Linguistic Inquiry. Vol. 1. № 1. 1970.

Pustejovsky J. The generative lexicon // Computational Linguistics. Vol. 17. 1991. P. 409—441.

Pustejovsky J. The Generative Lexicon. Cambridge (Mass); L.: The MIT Press, 1998.

Reichenbach H. Elements of Symbolic Logic. N. Y.: The MacMillan Co., 1947.

Rogers A. Three kinds of physical perception verbs // Chicago Linguistic Society Vol. 7. 1971. P. 206—223.

Rozina R. Cultural constraints on meaning extension: Derivational relations between actions and happenings // Pragmatics and the Flexibility of Word Meaning. Cambridge (Mass.); L.: Elsevier, 2001. P. 245—271.

Reuther T. О сочетаемости фазовых глаголов с существительными в чешском и русском языках // E. Hajičová (ed.). Issues in Valency and Meaning: Studies in honour of Jarmila Panevová. Prague: Charles Univ. Press, 1998. P. 62—74.

Ruwet N. Les verbs de sentiment peuvent-ils être agentifs? // A. Balibar—Mrabti (réd.). Grammaire des sentiments. [P.]: Larousse, 1995. P. 28—39. (Langue française. Vol.105. Février 1995).

Searle J. R. Speech Acts: An essay in the philosophy of language. L. etc.: Cambridge Univ. Press, 1969. Рус. пер. одной из глав: *Серль Дж.* Референция как речевой акт // Новое в зарубежной лингвистике. Вып. 13. Лингвистика и логика (проблемы референции). М.: Радуга, 1982. С. 179—202.

Searle J. R. Indirect speech acts // Syntax and Semantics. Vol. 3. N. Y.: Acad. Press, 1975. P. 59—82. Рус. пер.: *Серль Дж.* Косвенные речевые акты // Новое в зарубежной лингвистике. Вып. 17. Теория речевых актов. М.: Прогресс, 1986. С. 195—222.

Searle J. R. Metaphor // S. Davis (ed.). Pragmatics: A reader. N. Y.; Oxford: Oxford UP, 1991. P. 519—539. Рус. пер. (с издания 1979 г.): *Серль Дж. Р.* Метафора // Теория метафоры / Сост. и вступит. ст. Н. Д. Арутюновой. М.: Прогресс, 1990. С. 307—341.

Shrage L. Factivity and the emotives // Studies in Language. Vol. 5. № 2. 1981. P. 279—285.

Spencer A. Middles and genericity // Essex Research Reports in Linguistics. Essex: Univ. of Essex: Dept. of Language an Linguistics, 1998.

Stalnaker R. C. Pragmatics // D. Davidson, G. Harman (eds). Semantics of Natural Language. Dordrecht: D. Reidel, 1972. P. 380—397.

Stern J. Metaphor in Context. Cambridge (Mass.); L.: MIT Press, 2000.

Sweetser E. Semantic structure and semantic change: English perception verbs in an Indo-European context. Trier: LAUT, 1984.

Szabolcsi A. From the definiteness effect to lexical integrity // W. Abraham, S. de Meij (eds). Topic, Focus and Configurationality. Amsterdam, 1986.

Talmy L. How language structures space // H. L. Pick, Jr., Acredolo (eds). Spatial Orientation: Theory, Research, and Application. N. Y.: Plenum Press, 1983. P. 225—282.

Talmy L. Lexicalization patterns: semantic structure of lexical forms // T. Shopen (ed.). Language, Typology and Syntactic Description. Vol. 3. Cambridge (Mass.): Cambridge UP, 1985.

Talmy L. Toward a Cognitive Semantics. Vol. 2. Concept Structuring Systems. Cambridge (Mass.); L.: A Bradford Book: The MIT Press, 2000.

Taylor J. R. Linguistic Categorization: Prototypes in Linguistic Theory. Oxford: Clarendon Press, 1989.

Timberlake A. Hierarchies in the genitive of negation // Slavic and East—European Journal. Vol. 19. № 2. 1975.

Traugott E. C. Semantic change: An overview // Glot International. Vol. 2. № 9—10 . 1997. P. 3—6.

Tsohatzidis S. L. Scenes and frames for orders and threats // R. Geiger, B. Rudzka-Ostyn (eds). Conceptualizations and Mental Processing in Language; including a selection of papers from the First International Cognitive Linguistic Conference, Duisburg, Germany, March / April 1989. Berlin; N.

Y.: Mouton de Gruyter, 1993. P. 731—740.

Ungerer F., Schmid H. J. An Introduction to Cognitive Linguistics. L.; N. Y., 1996.

Van Valin R. D., LaPolla R. J. Syntax: Structure, Meaning, and Function. Cambridge: Cambridge Univ. Press, 1997. (Cambridge Textbooks in Linguistics).

Van Valin R. D., Jr., Wilkins D. P. The Case for 'Effector': Case Roles, Agents and Agency Revisited // M. Shibatani, S. A. Thompson (eds). Grammatical Constructions. Oxford: Clarendon Press, 1996. P. 289—322.

Vanderveken D., Kubo S. (eds). Essays in Speech Act Theory. Amsterdam; Philadelphia: John Benjamins, 2001.

Vendler Z. Linguistics in Philosophy. Ithaca, N. Y.: Cornell Univ. Press, 1967.

Vendler Z. Say what you think // J. L. Cowan (ed.). Studies in Thought and Language. Tuscon: Univ. of Arizona, 1970.

Vendler Z. Telling the facts // F. Kiefer, J. Searle (eds). Speech Act Theory and Pragmatics. Dordrecht, 1980. Рус. пер.: *Вендлер З.* Факты в языке // Философия. Логика. Язык. М.: Прогресс, 1987. С. 298—318.

Veyrenc J. Diathèse et constructions pronominales // *Idem.* Le verbe russe. P.: Institut d'Etudes Slaves, 1980. P. 233—235. Рус. пер.: *Веренк Ж.* Диатеза и конструкции с глаголами на -ся // Новое в зарубежной лингвистике. Вып. 15. Современная зарубежная русистика. М.: Прогресс, 1985. С. 286—302.

Waugh L. Discource functions of tense-aspect in French: Dynamic Synchrony // N. Thelin (ed.). Verbal Aspect in Discourse. Amsterdam: John Benjamins, 1990.

Weinreich U. Explorations in Semantic Theroy // T. A. Sebeok (ed.). Current Trends in Linguistics. Vol. 3. L.; The Hague; P.: Mouton, 1996. P. 395—477. Рус. пер.: *Вейнрейх У.* Опыт семантической теории // Новое в зарубежной лингвистике. Вып. 10. Современная лингвистическая семантика / Ред. В. А. Звегинцев. М.: Прогресс, 1981. С. 50—176.

Wierzbicka A. On the semantics of the verbal aspect in Polish // To Honor Roman Jakobson. The Hague; P.: Mouton, 1967. P. 2231—2249.

Wierzbicka A. Dociekania semantyczne. Wrocław etc.: Ossolineum, 1969.

Wierzbicka A. Semantic Primitives. Frankfurt am M.: Athenäum, 1972.

Wierzbicka A. Lingua mentalis. Sydney etc.: Acad. Press, 1980.

Wierzbicka A. The Case for Surface Case. Ann Arbor: Caroma, 1980.

Wierzbicka A. English Speech Act Verbs: A Semantic Dictionary. Sydney etc.: Acad. Press, 1987.

Wierzbicka A. The Semantics of Grammar. Amsterdam; Philadelphia: John Benjamins, 1988.

Wierzbicka A. Cross-Cultural Pragmatics: The Semantics of Human Interaction. Berlin; N. Y.: Mouton de Gruyter,1991.

Wierzbicka A. Semantics, Culture and Cognition: Universal Human Concepts in Culture—Specific Configurations. N. Y.: Oxford Univ. Press, 1992.

Wierzbicka A. Talking about Emotions: Semantics, Culture, and Cognition // Cognition and Emotion. Vol. 6. № 3/4. 1992. P. 285—319.

Wierzbicka A. Semantic primitives across languages: A critical review // C. Goddard, A. Wierzbicka (eds). Semantic and Lexical Universals: Theory and Empirical Foundings. Amsterdam; Philadelphia: John Benjamins, 1994.

Wierzbicka A. Semantics: Primes and Universals. Oxford; N. Y.: Oxford UP, 1996.

Wilson D., Sperber D. Inference and implicature // C. Travis (ed.). Meaning and Interpretation. Blackwell, 1986. P. 45—75. Repr.: S. Davis (ed.). Pragmatics: A reader. N. Y.; Oxford: Oxford UP, 1991. P. 377—392.

人名索引

Апресян Ю. Д.	阿普列相	Маслов Ю. С.	马斯洛夫
Арутюнова Н. Д.	阿鲁玖诺娃	Маяковский В. В.	马雅可夫斯基
Ахманова О. С.	阿赫玛诺娃	Мельчук И. А.	梅里丘克
Ахматова А. А.	阿赫玛托娃	Муравенко Е. В.	姆拉维延科
Бабенко Л. Г.	巴宾柯	Набоков В. В.	纳博科夫
Богуславский И. М.	博古斯拉夫斯基	Падучева Е. В.	帕杜切娃
Борщев В. Б.	博尔晓夫	Пастернак Б. Л.	帕斯捷尔纳克
Бочаров С. Г.	鲍恰罗夫	Перцов Н. В.	别尔采夫
Булаховский Л. А.	布拉霍夫斯基	Пешковский А. М.	别什科夫斯基
Булыгина Т. В.	布雷金娜	Пирс	皮尔斯
Гаспаров М. Л.	加斯帕罗夫	Рахилина Е. В.	拉希丽娜
Гловинская М. Я.	格洛温斯卡娅	Розина Р. И.	罗吉娜
Гуковский Г. А.	古科夫斯基	Селиверстова О. Н.	谢利维尔斯托娃
Добровольский Д. О.	多普罗沃里斯基	Смирницкий А. И.	斯米尔尼茨基
Достоевский Ф. М.	陀思妥耶夫斯基	Тестелец Я. Г.	基斯捷列茨
Есперсен О.	叶斯别尔森	Урысон Е. В.	乌雷松
Жолковский А. К.	茹可夫斯基	Ферм Л.	费尔姆
Зализняк Анна А	扎丽兹尼亚克	Филипенко М. В.	菲利宾科
Зельдович Г. М.	泽里多维奇	Фрег	弗雷格
Земская Е. А.	泽姆斯卡娅	Хасина Е. Н.	哈希娜
Золотова Г. А.	卓洛托娃	Ходасевич В.Ф.	哈达谢维奇
Иванов Вяч. Вс.	伊万诺夫	Хинтикка Я.	辛基卡
Иванова С. А.	伊万诺娃	Чуковская Л. К.	楚可夫斯卡娅
Иорданская Л. Н.	约尔丹斯卡娅	Шатуновский И. Б.	沙图诺夫斯基
Казенин К. И.	卡泽宁	Шведова Н. Ю.	什维多娃
Князев Ю. П.	克尼亚泽夫	Шкловский В. Б.	施克洛夫斯基
Крейдлин Г. Е.	克雷德林	Шмелев А. Д.	什梅廖夫
Кронгауз М. А.	克朗高斯	Шмелев Д. Н.	什梅廖夫
Крысин Л. П.	克雷辛	Щеглов Ю. К.	谢格洛夫
Куайн	奎因	Якобсон Р.	雅可布森
Кузнецова Э. В.	库兹涅佐娃	Austin J.L.	奥斯汀
Кустова Г. И.	库斯托娃	Atkins B. T.	阿特金斯
Лотман Ю. М.	洛特曼	Babby L. H.	巴比
Мартемьянов Ю. С.	玛尔捷米扬诺夫	Black M.	布莱克
Маршак С. Я.	马尔沙克	Comrie B.	科姆里

Dahl Ö	达尔	Levinson S.	莱文森
Dik S. C.	迪克	Lyons J.	莱昂斯
Dowty D.R.	道蒂	Miller J.	米勒
Faber P.	费伯	Nunberg G.	那伯格
Fici F.	菲西	Partee B.H./Парти Б. Х.	帕蒂
Fillmore Ch.G.	菲尔墨	Pesetsky D.	佩塞兹基
Grice H.P.	格赖斯	Pustejovsky J.	帕斯捷奥夫斯基
Grimshaw J.	格里姆肖	Rappaport Hovav M.	拉帕波尔特·贺华夫
Goddard C.	戈达德		
Guiraud-Weber M.	吉罗-韦伯	Ruwet N.	吕韦
Jackendoff R.S.	杰肯道夫	Schmid H. J.	施密德
Janda L.	简达	Searle J. R.	塞尔
Johnson M.	约翰逊	Stern J.	斯特恩
Johnson-Laird P.	约翰逊-莱尔德	Talmy L.	塔尔米
Karttunen L.	卡廷纳	Taylor J.	泰勒
Keenan E. L.	基南	Ungerer F.	昂格雷尔
Kemmer S.	凯默	Vendler Z.	万德勒
Kiparsky P.	基帕尔斯基	Veyrenc J.	维任斯
Lakoff G.	莱可夫	Weinreich U.	威恩莱希
Langacker R.	兰盖克	Wierzbicka. A. /Вежбицкая А.	维日彼茨卡
Leech G.N.	利奇		
Levin B.	列文		